潘富恩自选集

日月光华 · 哲学书系

潘富恩 著

潘富恩自选集

上海人民出版社

本书获评"复旦大学哲学学院源恺优秀著作奖",
由上海易顺公益基金会资助出版

总　序

　　"日月光华，旦复旦兮"，思想之光，代代相传。在复旦哲学走过一个甲子之际，"日月光华·哲学书系"、"日月光华·哲学讲堂"应运而生。这既是过往思想探索道路上的熊熊火炬、坚实基石，以砥砺后学继续前行，亦是期许未来学术反思的灿然星陈，以哲学之力去勘探人类精神应有之高度与广度。为此我们当勤力不殆。

　　"兼容并蓄"是哲学成长的传统。复旦哲学建系伊始，胡曲园、全增嘏、严北溟、陈珪如、王遽常等诸位先生学识渊博，其来有自，奠定了复旦哲学的根基。他们不独立门户，不自我设限；不囿于教条，不作茧自缚；而是以思想和问题为导向，兼容并蓄，博采众长，由此造就了六十年来复旦哲学的特色。诸位奠基先贤始终秉持开放而专业的态度，强调严肃的学术训练，打破学科壁垒，追寻思想脉络，力图以真切而深邃的思考达致生活之本真，捕获时代之真精神。

　　"时代担当"是哲学不变的使命。自改革开放以来，以思想深入时代，对时代的根本问题做出积极的求索，是复旦哲学另一鲜明特色。真正的思想探索和学术研究理应紧紧抓住与时代血脉相连的命题，提炼精华，不断对人类生存的基本问题做出回应。优秀的学者须有冷静的观察和深刻的反思，但这并不等于将自己封闭在无根的象牙塔中，而是真实切入时代命题的必备前提。切问而近思，人类的根本命题始终激荡于胸！

我们将以开放和虚心的态度来传承这些特色。"日月光华·哲学书系"不但收录了复旦哲院教师以往的代表作，也以面向未来的姿态吸纳复旦哲学人的最新力作。我们希望这一书系成为一个开放式的平台，容括从复旦求学毕业、在复旦从事教学和研究，以及到复旦访问讲学的学界同仁的优秀著作，成为推动汉语哲学界不断发展前行的引擎。"日月光华·哲学讲堂"，则希望将国内外学者在复旦所做的系列讲座整理成文，编撰成册，努力展现他们思想的源初轨迹，推进其理论贡献。以"日月光华"为平台，以学术为标尺，使国内外学者的优秀成果在共同的学术园地上得以生动呈现。这必将是一个漫长而艰难的过程，需要敞开的思想姿态、精准的学术眼光以及异乎寻常的努力与坚持。我们希望把复旦哲学"扎根学术、守护思想、引领时代"的精神风格融入这两套丛书；我们期许它们不但能透彻地刻画出思想本身的发展历程，还将在更为丰满的历史背景中探索思想的作用。唯有如此，我们的"书系"与"讲堂"才能超出一般丛书的范畴，真正成为时代精神的捕获者、诠释者、推动者和反思者。

思想薪传在任何时代都是无声、艰辛和困苦的事业，隐于"日月光华"这一个美好愿景背后的深意尤为紧要：思想的守护与传承是"旦复旦兮"的意涵所在，精神的催生与创新是生生不息的事业。"书系"与"讲堂"的出版并不是书目的简单累积，也不是论题的无序叠加，而是思想的流动和生长，是已有思想激发新思想的创造过程，是不断厘清思想限度、拓展思想疆域的漫漫求索，是幽微星火燃成日月光华的坦荡大道。在几辈学人的共同理想和不懈坚持下，既往的成果已然成为了沉甸甸的责任。由此，在决定"书系"与"讲堂"的名称时，我们选择将我们的理想标示出来，以此自勉，并期望人类趋向光明的理想，终将启迪人类的智慧，并照亮那条崎岖不平却让人甘之如饴的精神道路。

是为序。

孙向晨

二〇一六年九月于复旦

目　录

作者传略

我于 1933 年 12 月 6 日出生于浙江省温州市的一个知识分子家庭，父亲潘子章早年由美国人创办的教会学校——艺文学校毕业后，又去上海三育神学院就读，以后为基督教安息日会浙南教区的牧师，擅长英语及古诗词，颇具辩才，然年甫四旬患肺结核病逝。我时值六岁，因避日寇飞机轰炸，一家人随母亲由温州城内而迁居郊外，即原永嘉县上河乡，也正是南宋永嘉学派巨子叶适的故乡，现属温州市瓯海区。母亲徐淑良是产科医师，自开诊所，独身守寡，抚养子女。在乡下从事医务工作六十余年，现年九十又七，尚健在。我自幼生长在农村，对旧社会农民的贫苦生活和受欺压的境遇是耳闻目睹的。母亲总是想要我通过读书以求有较好的前途。我就读于当地的中心小学，但是每逢寒暑假，母亲命我去邻村的一位姓丁的清末秀才处习读《三字经》《幼学琼林》之类的童蒙读物。因为母亲认为当时小学课本中"小猫跳，小狗叫……"太肤浅，必须另外补充点传统的东西。年渐长，母亲便要我背诵《古文观止》中的《桃花源记》《陋室铭》《卖柑者言》等等。在母亲的督监之下，能最初地接触到一点古文知识。

中学时代开始，我进城就读教会学校——浙南三育学校，在校喜欢阅读文艺作品，不习惯于教会学校的种种清规，一等到初中毕业，就考入瓯海中学高中部，当时教语文的老师游任遠先生，他讲课比较洒脱、国学根底厚实，吟读古诗时抑扬顿挫，富有韵味，他批学生作文成绩是具特有的方式，打一个圈20分，加一点是一分。及格者为三个圈，一次我的作文被批为四个圈加五点，便是85分，为全班的最高分。这对我来说是个很大的鼓舞，可说是我以后向中国古代文史方面发展的契机。读到高中二年级时，即1949年5月，温州市解放，同学中参军，参干者甚多。我也曾报名参军，未去成。1950年年初，遵母命，转学往南京中华三育学校继续读完高中，这时该校有一位年已75岁的老教师原是文史界知名的老前辈顾实先生，他晚年皈依基督教，性情有点怪癖，给我们上第一课时，就要大家用文言文写自传，全班同学也只有我还能"之乎也者"地凑成一篇，于是受其赏识，亲授以《说文解字》《昭明文选》，他对我说："文选烂，秀才半。"所以在这段时间里，我还是打下了一些国学的基础。

高中毕业，回上海姊姊家，统一高考时间已过，我于是便考入上海学院中文系，读了一年。这一年内政治运动有：有知识分子思想改造运动、三反、五反运动。该年我参加了新民主主义青年团，写了纪念鲁迅的文章，收入校内专刊。1952年院系调整，按专业，我们并入复旦大学中文系。当时复旦大学中文系有十大教授，郭绍虞先生为系主任，有刘大杰、陈子展、朱东润、吴文祺、赵景深、蒋天枢、张世禄、王蘧常、方令孺，还有年轻的教授贾植芳，讲师有鲍正鹄、蒋孔阳、王运熙、吴裕树等。中文系的教师阵营非常强大，我们学习也较认真，全班三十二人，每个人也都有自己的兴趣，选择自己学业上的发展方向，有的钻研美学、文艺理论，有的埋头中国古典文学，有的搞现代文学或搞语言学的，反正各人搞各人的。安排的课时甚少，一周总共不过十八课时。我对先秦诸子感兴趣，阅读了《墨子间诂》

后，写了《墨子散论》，此乃幼稚的习作而已。这时班级里崭露头角的该是我的老乡施昌东，他在《文史哲》发表了《论美是生活》，引起学术界的重视，但也是他招祸的根由之一。我撰写的本科的毕业论文是《论汉代的乐府诗》。我们正面临着毕业，各人怀着美妙的理想，准备奔赴分配的单位，干出一番事业。然而震惊于世的"胡风反党集团"案的风暴平地掀起，我们班级里的同学受不同程度牵连的竟达三分之一，施昌东被捕，有的开除党籍、团籍，有的受批斗，弄得人人自危。我由于平日木讷少言，且喜欢搞古典文学而与文艺理论较疏远，是一个不起眼的中庸之辈，因而避免"胡风"案连累，被学校留下当助教，起初是要分配在中文系中国古典文学教研室的，后被改调为学校政治课的哲学助教。我学生时代原本对哲学不太感兴趣，且抽象思维能力不强，觉得不适宜搞哲学，但又一想，同班的同学在"运动"中已被整得七零八落，自己能有这样的安排已属万幸了。于是也就跟着哲学课的主讲教师，做点教学辅助性的工作，同时旁听苏联哲学专家柯斯切夫的课，逐渐攻读马列哲学的某些原著，以弥补往日在哲学知识上的贫乏。

1956 年复旦大学筹建哲学系，并开始第一届招生，我作为哲学系的青年教师被派赴北京大学进修中国哲学史，当时北京大学哲学系是 1952 年院系调整后全国唯一的哲学系，而 1956 年复旦大学、武汉大学等校筹建哲学系，师资缺乏，所以就派人到北大进修，欲以"借鸡生蛋"。当时北大哲学系仅中国哲学史教研室就有十来位知名教授，冯友兰是室主任，张岱年为副主任，此外有朱谦之、周辅成及研究中国美学的宗白华、马采等。副教授任继愈，讲师朱伯崑。我被指定由张岱年教授指导。虽在短短一年多时间里，在张老师的指导下，更懂得为人治学的道理，他是我中国哲学史研究的启蒙导师，由此也奠定了我一生从事这门学科的研究和教学的方向。在北大进修期间，选听了各名家的专题课，冯友兰讲《孟子》，梁启雄讲《荀子》，朱谦之讲阳明学，容肇祖讲戴震，此外还有侯外庐、胡绳、艾思奇等人的哲学讲座，我受益很大。1957年春天还在北大未名湖旁的临河轩，召开了一次中国哲学史方法论的研讨会，冯友兰的"抽象继承法"便是这个时候提出来的。会上争议甚激烈，我参加了会议，增添了不少见识，我作为来进修的小字辈人物，自然是仅仅列席旁听罢了。我在岱年师的指导下，在1957年3月12日的《光明日报》上发表了中哲史的处女作《叶适的唯物主义认识论》。之后，我向北大图书馆古籍珍藏室，借阅了有关宋明思想家的文集并摘录有关资料，准备再继续撰写有关宋明理学的论文时，反"右派"斗争开始了。岱年先生也被莫明其妙地"按百分比"硬"划"了进去，我也只好中止在北大的进修，提前返回复旦。

1958年初，我被派至上海远郊莘溪乡劳动锻炼，名之曰"下放干部"或称之"当新农民"，而哲学系的大部分师生则至浙江海宁"下乡办系"，宣称"锄头里出哲学"。时值"大跃进"，"人民公社"运动搞得热火朝天，我也很快地成为农民中的一员，往往"挑灯夜战"，甚至睡倒在田头过夜。当时刮起"共产风"，大嚷"人有多大胆，地有多大产"，神话般的产量报道刊载于种种报刊，对农村干部进行"拔白旗、插红旗"，有些人说了真话则作为"白旗"拔掉，说空、假、大话的人，却作为"红旗"掌权。我在农村期间，脑子里就是一个"熬"字，拼了命的干活，对所发生的事件不去思考，也听信"点灯不用油，耕田不用牛"便是共产主义的说法。对公社干部郑重其事地宣布某时某刻"共产主义到咱公社"的荒唐事，当时不但不觉得可笑，相反，心中如存有怀疑，便有种犯罪感。这是当时环境的普遍心理。

1959年夏，在农村当了18个月的"新农民"之后，我被调回复旦大学哲学系，协助严北溟教授主讲中国哲学史，我帮他上辅导课，同时自己也逐渐上一些断代的中哲史课程。这时候有一个名叫季塔连科的苏联留学生，从北大哲学系转来我系，原因是他新婚的妻子迦丽亚在上海华东纺织学院留学，照顾他俩团聚于上海。季塔连科是新中国成立后复旦大学的第一个外国留学生，也是当时唯一的一个，所以在校里很显眼。

我们校、系领导都很重视这位苏联留生，生活上有特殊照顾。领导指派我担任他的中国哲学史的辅导教师，根据他的要求，每星期四次（足足12个小时），到他家里讲中国哲学原著，我一字一句地讲，他就认真地一字一句地译记，我讲解亦未必很准确，他的理解更有一层隔膜，究竟与原义相距多少？也只有天知道。不过，他非常用功、刻苦，因为他日以继夜地攻读古汉语，竟有一段时间弄得耳朵发聋，后来他说话也常常"之乎者也"起来了。他毕业论文选定以《墨子思想研究》为题，所以我根据孙诒让《墨子间诂》来讲解。我整整花了两年半的时间辅导他，并因此摆脱了其他教学任务，直至他的《墨子思想研究》论文答辩结束归国为止，我才算完成了任务。我在辅导季塔连科的两年多时间里，也学到他的刻苦学习的精神，同时也迫着我提高自己中国古典哲学的水平。

季塔连科归国后，中苏关系公开破裂，我与他从不通信息，"文革"期间工宣队还为此专门审询我一番。可时隔20年的1980年，我又突然被学校外办通知说季塔连科作为苏联外交部的高级顾问，随团在北京谈判两国关系正常化问题，借此机会他个人要求来复旦看望他的老师——胡曲园教授和我。当时中苏关系虽稍有解冻，但我们还是有一定顾忌。安排见面的那天上午，他热情地与我和胡老拥抱后，说了一句"我以为你们在'文革'中已经不在人世了，一直担心着……"。后来我才知道，他担任苏联科学院远东研究所所长、全苏苏中友协第一副主席。20年前他归国后，凭《墨子思想研究》获副博士学位，该书第一版印了五万册，后他又获科学博士、科学院院士的头衔。他曾是苏联戈尔巴乔夫总统的远东政策顾问，为苏中关系正常化作出过努力。1989年年底至1990年年初，他邀请我以"苏联科学院的客人"身份去莫斯科访问，一切费用和回程路费皆由对方负担。我访苏不久，苏联便解体了。

以上一段穿插叙述我与季塔连科交往的始末。现在接着说，我1959年从"下放"回复旦，担任教学工作，主要包括辅导季塔连科外，也撰写点有关宋明理学的文章，写过论朱熹、陆九渊思想异同问题探讨的文章"谈鹅湖之会"，在《学术月刊》1961年第7期上发表。我这时期也仔细阅读了《朱子语类》和《晦庵文集》，写了《论朱熹的哲学思想》，长达一万五千字。《哲学研究》编辑部认为该文对朱的评价过高，未采用，我便搁置起来，直至1981年于《浙江学刊》复刊号上才发表《论朱熹》。

我的同乡同学施昌东，著名美学家，他政治上历经坎坷，1955年"胡风"案被捕，1957年"反右"扫尾，补上"右派"。1960年"脱帽"后，仍受歧视。在中文系资料室工作，我深知他的为人正派，好学深思，才华横溢，虽数次政治蒙冤，仍潜心研究美学。我并不由于他身处逆境而疏远他，相反，我一直把他当作好朋友而毫不顾忌的同情他、鼓励他，并经常同他在一起谈论学术问题。当他从研究美学理论转到研究中国美学史的时候，利用业余时间同我探讨中国哲学史上的问题。开始合作撰写中国哲学史方面的论文。当时老子哲学性质的问题学界讨论正热，已发表达近一百篇文章，为此，我们俩人，细读了老子的各种版本和注疏，汇合各家争论的焦点，我们煞费苦心，从老子哲学的逻辑结构上，找出一个结论，那就是："道"是老子的出发点、同时也是它的终极点，是它的基石，也是它的核心。而"道"即虚无。"道"既然是"无"，而天地万物为"有"，那么，"道"的变动的全部过程就是："无—有—无"循环往复以至于无穷。这篇《论老子"道"学说》发表于《文史哲》杂志1962年的第4期上，此文发表后曾引起学术界的注意，《人民日报》和《文汇报》曾先后加以摘要报道。

60 年代之初，我注意到研究中国哲学史必须深入对中国哲学范畴和命题作专门探讨的重要性，于是我试图开始作系列的专题研究。为此我的第一篇范畴、命题的专文是《论格物致知》，作了较全面的历史性的探讨。此文发表于当时《新建设》杂志 1963 年第 3 期，本来原计划还有：形与神；有与无；有对与无对；形上与形下等范畴，陆续撰写专文，但不久就接连下乡，参加了长达两年的一、二、三期的"四清"运动，此期间也偶尔撰写"道德"问题的讨论，不久便"文革"了。

"文革"期间，多数知识分子都受到不同程度的冲击，"文革"是讲阶级出身的，而我却因 1958 年下放农村，与当地一个女青年产生爱情，而后结成夫妻，因妻子家庭出身系三代贫农，且与相继出生的三个子女一直都在乡下的岳父家，我由此沾光而得以免遭"造反派"的审查，省去了许多麻烦。在"文革"期间以至 1983 年之前，每逢农忙季节和星期日，都要骑自行车往乡间参加劳动，含辛茹苦达二十余年。葱花、酱油汤是家常菜。直至 1984 年小平同志落实高级知识分子政策，才将家属农转非调入复旦。

1971 年，复旦大学招收第一届"工农兵学员"，我被认为"可以当教师"，获准给学员们开设写作实习课，不久，毛泽东同志发出"学一点哲学史"的指示，于是，我又开设中国哲学史课，虽然在讲授的内容上免不了违心地讲一点"适合时宜"的话，但总算可以合法地重温中国古代哲学典籍，而不致使自己喜爱的专业全然荒废。在此期间我写了一本有关中国古代认识论的通俗读物《中国古代两种认识论的对立》，1972 年由上海人民出版社出版，发行了 80 万册，当然，该书打上了明显的时代烙印，在介绍中国古代认识论时具有简单化的倾向。为了弥补这一缺陷，更明确地表达在"文革"期间无法表达的观点，我在 80 年代初，对原书作了全面修改、增补，以《中国古代认识论史略》为书名，列为"复旦小丛书"于 1985 年 12 月出版。

"文革"结束，为了肃清"评法批儒"中的恶劣影响，我也积极地撰写文章批判揭露"四人帮"影射史学的阴谋伎俩和用心。如1977 年我在《解放日报》发表的《"四人帮"搞反革命权术的铁证——揭露姚文元授意注释〈韩非子·说难〉的险恶用心》等文章。

1978 年，在山东济南的南郊宾馆，召开全国哲学规划会议，我也应邀参加中国哲学史学科组，大家认真地讨论中国哲学史如何拨乱反正，如何科学地重建这门课程。接着于 1979 年，在山西太原的迎泽宾馆，召开了关于中国哲学史方法论问题的全国性的研究会，我也在大会上作了"中国哲学史如何贯彻实事求是的研究方法"的发言。在这次会议中正式成立的全国中国哲学学会，推选张岱年为会长，还有分布各省市地区的具有代表性的学者，当选理事。我算是代表上海地区的，列入理事名单中。

根据我自己中国哲学史的教学和科研的需要，在 70 年代末、80年代初，发表的论文较多，其中也包括若干与施昌东合作的部分，论文以先秦哲学和宋明理学的居多。先秦的有《论春秋时代"物生有两"的朴素辩证法思想》；《简论〈周易〉的"一阴一阳之谓道"的学说》；《论墨家的朴素辩证法思想》；《论孙武、孙膑"兵法"中的朴素辩证法思想》；《论名家从朴素辩证法走向诡辩》。此外还有与人商榷的文章，一篇是针对包遵信在《历史研究》1977 年第 4 期上发表的《论荀况宇宙观的形而上学特征》的这篇文章，于是撰写《论荀况的朴素辩证法宇宙观——与包遵信商榷》，另一篇是与丁宝兰先生商榷"关于柳宗元世界观的实质问题"。宋明部分发表了《论朱熹》《论吕祖谦》《论方以智的朴素辩证法宇宙观》。此外，也发表中国哲学史专题论文，如《略论中国古代关于量变与质变理论的历史发展》；《略论"理欲之辨"的历史发展》等等。

这时候，挚友施昌东已患癌症几年，病中已出版了《美的探索》《先秦诸子美学思想述评》《汉代美学思想述评》，且写自传体小说《一个探索美的人》（去世后，在北京出版社出版）。我与施昌东商量将我们合作撰写的论文能编为一集出版，作为我们友情的纪念。重庆出版社欣然同意出版我们的论文集。出版社在整理出版过程中，施昌东弥留之际，也只看到了该书的封面设计，1983年9月施昌东溘然去世。这部《中国哲学论稿》于1984年7月出版6000册，很快售完。

1980年高校正式恢复职称的评定，我被评为副教授，这时日本国立新潟大学派来一位助教授（即副教授）到复旦大学当高级进修生，名叫深泽助雄，他原是搞印欧比较哲学的，他来华主要的研究专题是宋明理学，学校里指定我当他的指导教师，这就成了副教授指导副教授了。我心里有点不自在，但我竭尽全力将自己二十多年研究宋明理学的心得体会毫无保留地传授给他，深泽也非常谦虚、好学，两人共同切磋，兴之所至，常谈到深夜。我带着他到杭州等地参加学术会议，也特地介绍他到北京拜会张岱年先生和我的同窗好友张立文。我辅导他用中文撰写两篇有较高学术价值的论文。一是《日本近代研究宋学的概况》，1981年发表于《浙江学刊》，另一篇则是《宋学与印欧哲学的比较》，此文达二万余字，经我与张立文的推荐，在《中国哲学史研究》上发表，这些成果颇引起中、日学界的重视。为了表示感激之情，深泽回国前夕，竟然向我行了三次叩拜礼，使我不知所措，此事被中哲史界传为佳话。深泽归国后不久升任教授，并成为推进日中友好和促进文化交流的热心者。1985年我随学术代表团赴日本筑波参加国际退溪学会，深泽闻讯后，特从北海道千里迢迢赶来东京机场迎接，且用重金聘人代课，一连几天陪着我们活动，这种讲究师生之情的表现，令我们代表团内的同行感慨不已。

继深泽助雄之后，来自比利时（荷兰莱顿大学汉学院硕士）的尼古拉·司汤达，汉名为钟鸣旦，他来复旦是为了撰写博士论文，研究的课程是明清之际西学东渐的问题。我主要给他讲程朱陆王的理学与心学。他以明末杨廷筠思想为论文的选题，他阅读了大量有关的资料，除跑了上海图书馆、浙江图书馆外，南京、北京等地也去查阅。此外他注意实地考察，到杨廷筠故乡杭州一带寻找遗迹，为了了解明末海外交通，西学东渐的窗口，我带他去福建厦门、泉州、福州等地参观实习。他写成论文《明末天主教儒者杨廷筠》回国后取得博士学位，论文用英文、中文两种文字出版，英文版是比利时鲁汶大学出版，中文版是香港出版，长达五十余万字。现在他担任职鲁汶大学汉学系系主任。此外，我还指导过德国的翟开林（汉名），研究中国古代时空观，现是德国的一位有点知名度的汉学家。

80 年代初，我教学上的任务，较多的是指导外国高级进修生和国内的进修教师（或访问学者），国内的有来自昆明、厦门、广州、宁夏、拉萨、乌鲁木齐、重庆等地的高校。其中有回族、彝族、维吾尔族的教师，他们学中哲史，是想与他们的少数民族思想史相结合。他们问学于我，我不敢以师长自居，完全以学友间关系共同切磋。现在这些当年来我处进修的，也几乎是已退休或将退休的教授了。

在科研方面，1980—1985 年之前除发表近三十来篇论文外，在专著方面，有与施昌东合作的论文集《中国哲学论稿》出版外，由复旦大学出版社《中国古代认识史略》，本书简要地记述了我国古代唯物主义和唯心主义两种认识论对立发展的历史，评析先秦至清代近 40 名有影响的哲学家以及他们所属的学派，从中引出古代理论思维发展的经验教训，对于学习和了解我国古代认识论发展的基本线索和主要内容有一定启迪和辅导作用。

我长期来，酝酿着如何探讨南宋浙东学派的问题。对于叶适、陈亮以往学界注意较多，而对浙东学派中另一代表人物吕东莱（祖谦）则研究不够，实际上吕东莱是调和朱、陆而又吸取永嘉"经世致用"的事功之学，他那兼收并蓄的"杂博"思想特点，正是南宋学术思潮的反映，于是我开始发表了《论吕祖谦》的文章，在此基础上又写了《吕祖谦思想初探》，1984年由浙江人民出版社出版。对南宋的浙东的金华学派吕祖谦思想作了较全面的探讨，成为国内近40年来研究婺学的第一部著作，起了填补中哲史研究领域的空白的作用。

1985年，我晋升为教授，担任中国哲学史教研室主任，亦被推选为系学术委员会主任，负责评定系里教师评定职称的工作，这是个最为敏感的事情，也是最容易得罪人的，但我还能主持公道，受大家的信任，所以能连任至今十多年。我是复旦哲学系建系时的助教，至今四十三年，老一辈的都作了古人，与我同辈的都离、退休了，我算是系里唯一在职的建系时的"元老"。

我开设课程的内容和特点：80年代以来，曾先后开设中国哲学史，先秦哲学、中国古代辩证法史、中国古代认识论史，宋明理学，程朱思想专题研究等课程，分别给本科生、硕士生、博士生讲授，但内容上分有不同深浅层次。方法上亦因讲授对象的特点而不同，我讲课不事声华、较重视典籍史料的疏解考证等基本功训练，亦重义理上的扶发，我80年代主要是为本科生讲课，带硕士研究生，毕业若十一名。自1990年经国务院学位委员会通过，批准为博士生导师以来，主要担任指导博士的工作。因为我专业的博士点，原来只有我一人为博导（严北溟教授于1990年去世），所以带博士生的任务繁重，至1998年，我有十七名博士生获得博士学位，而博士论文，大都已出版，其中有两部已先后在《中国社会科学博士文库》上出版，还有的也已在上海人民出版社出版，这些青年的一代，潜力甚大，真可谓后生可畏，作为一名教师，为此颇感欣慰。

在80年代的中后期，我主要的科研活动集中于参加编写三部辞书和撰写一部专著。第一部是《哲学大辞典·中国哲学史卷》，严北溟为主编，我任副主编，负责撰写宋元明清部分的条目。第二部是《中国历代思想家传记汇诠》，王蘧常任主编，我为副主编之一，负责撰写宋明部分传记的诠释。第三部是《中国哲学三百题》,是与夏乃儒、祝瑞开、丁桢彦共同主编的,此书是以问答形式,分别解答中国哲学史有关学派事件、人物思想、概念命题、典籍名篇等几个部分,内容深入浅出,通俗明白,能为广大中等文化水平以上的读者所欢迎。由上海古籍出版社1988年出版,尔后又再版。

然我主要的精力,是在完成撰写《程颢、程颐理学思想研究》。在此之前,即1980—1981年,我已开设《程朱理学研究》的课程,向硕士生讲授,逐渐形成一本略具规模的讲稿。1982年,应邀赴兰州大学哲学系,专门为哲学系本科生讲授程朱理学课,是一个月左右,兰州大学学生的好学精神,令人感动,白天讲完课,晚上尚有同学们结伴而来我的住宿处,以求解答疑难问题。我的讲课内容亦经他们录音整理、印发。那时兰大的校长兼党委书记刘冰同志,他不惜校内经费开支,为文、史、哲的学科建设,聘请全国知名学者来兰大讲学。正因为有了《程朱理学》的讲稿基础,给了我撰写二程有不少方便,关于朱熹的思想研究,我中学时代的同学、同乡、同行张立文教授,已有专著在1980年出版。所以我就把重点放在程颢、程颐的研究上。我认为对二程的著作,必须仔细的阅读,娴熟于胸,全面的思考,一定要把文章做足。张立文的《朱熹思想研究》也给了我不少写作方法上的启发,我的学生徐余庆在上海铁路局工作,他长期问学于我,且有相当的中国哲学功底,由他在业余时间协助我整理、摘录二程资料,订立篇目,在此书的写作过程中,先陆续撰写一些论文发表,投石问路,欲以此请教学术界的意见。

有关二程的论文在各杂志上先后发表了约八篇,如二程的认识论、程颐的辩证法思想、二程伦理学说、教育思想、人才观、政治观、对佛学的批判和吸取等。其中最具影响的是《论二程的变革理论和对熙宁新政的态度》,发表于《学术月刊》,而后《新华文摘》全文转载。文章的基本论点:程氏兄弟对王安石的熙宁新政变法虽持反对态度，并提出种种责难。然而二程和王安石之间的分歧并不是历来所说的守旧派或顽固派与革新派之间的斗争。尽管他们在"治国之要"的看法上和做法上表现不同的政见，但二程仍然是属于历史上重视变革的政治思想家。这种一反以往的因循旧见，颇引起学术界的重视。

《二程理学思想研究》一书，共37万字。全书共分八章，第一、二章是论述二程生平事迹和二程洛学与当时各学派的关系。自第三章以下，分别论述二程经济、政治、哲学、人性修养、伦理、教育学说，几乎覆盖了二程的所有思想。当时出版学术专著要赔本的，故出书不易。复旦大学决定要出，在纸张和封面设计上比较朴简，1988年出版，印了四千册，曾参加香港书展，故相当部分为港台的读者所购。据一位韩国的学者说，他1989年时曾在汉城就购买到这本书，但封面、纸张与复旦版不一样，纸张和装帧要比原本精美得多，很显然这是韩国个别书商盗印的缘故。总之，这部书的出版大陆学术界公认为研究二程思想较为全面、系统的专著。香港中文大学王煜教授，他在书评中写道："对二程本身的钻研，以潘著《研究》最全面和精详。"（《复旦学报》1991年第6期）刘康德博士在评论中认为："这部专著的出版，不仅在国内尚无系统研究二程专著情况下填补了空白，还将对宋明理学的深入研究起推动作用""作者对二程思想的疏解层层剥落有序"（《学术月刊》1990年第1期）。不过这部书也仅是草创之作，尚有待进一步完善。

80年代，我第一次出国参加国际学术会议的是在1985年8月份，我无意中收到国际退溪学会的邀请书，我对李退溪很陌生，他是16世纪朝鲜李朝时代，将中国朱子学传入朝鲜并发展成自己思想体系者。但《退溪全集》在我们国内找不到，便无法动笔写论文（大会要交论文），而不久却从汉城寄来了《退溪文集》（朝鲜于明清时代均用汉文）于是写了一篇《论退溪的教育思想》。我们一行十一人由中国社科院哲学所和北大、复旦、人民大学等几所高校，组成一代表团，集中上海，去日本筑波大学。这次会议是韩国国际退溪学会与日本筑波大学共同举办的。与会的台湾学者也有十来位。会议的组织者担心两岸的学者发生摩擦，故特地安排分住相隔一段路程的两所宾馆，起初我们与台湾学者也彼此存有戒心，见了面也各自退避不语，因为在1985年的时候，两岸学者基本上还是不接触的。而打破这种尴尬局面的，却是美籍华人学者美国费城大学的教授傅伟勋，美国夏威夷大学教授成中英，他们在两岸学者中穿针引线，促成我们两岸学者终于相聚，开了一个联欢会，交流了同胞间的情感，消除了长期隔阂的成见，学者终究是学者，一谈就拢，建立了初步的友谊。

1987年在中国大陆召开的国际性的学术会议有三次，可谓盛况空前：一是10月份的在浙江宁波的召开的"黄宗羲国际学术讨论会"；二是9月份的在孔子故乡山东曲阜，由中国孔子基金会和新加坡东亚哲学研究所联合举办的《儒学国际学术讨论会》，有亚洲、欧洲、美洲、大洋洲的12个国家和地区120余名学者来参加会议；三是12月份在厦门举办的《朱子学国际学术会议》。我参加了曲阜的"儒学国际学术讨论会"和朱子学的讨论会。黄宗羲的会，却因他事未能参加。1987年的8月30日—9月4日在曲阜的阙里宾舍举行的国际儒学会议，我在会上报告了《儒家"孝"观念的历史发展和影响》，后收入由齐鲁书社出版的《儒学国际学术讨论会论文集》中，日本著名学者金谷治教授还特为此次会议写了专题报告，其中也提到拙作，并作了简要的内容报道（见《东方学》1988年第76辑）。

1989年10月4日在北京举行的孔子诞辰2540年暨国际学术研讨会召开。当时海外学者因故没出席的不少，然韩国学者却来了六十多位，因他们同时还参加在北京举行的国际退溪学会议，这两个会议我都参加。在前者我的论文题目是《孔子人学思想述评》，后者的论文题目是《退溪论"士"》，同年的12月中旬我应邀去苏联莫斯科作学术访问，1990年1月返沪，为期一个月。我是独自一人，从北京坐飞机经历了十多个小时（因气候关系，被迫降在列宁格勒机场，停留了三个多小时），到莫斯科机场，已是半夜。好在季塔连科派自己的研究生和司机专候在机场出口处，他的学生萨沙在黑色大衣上挂着一张用中文写的条幅"接潘富恩同志"，这才使不通俄语的我放下心来。季塔连科恰巧那几天患流行性感冒住院，由他的学生萨沙按预先安排的活动日程实行，在苏期间到莫斯科大学哲学系、苏联科学院哲学所开了座谈会。远东研究所是个庞大机构，研究人员达四百余人，下属有自己的研究生院、出版社等，总规模不亚于北京的中国社科院。

季塔连科病愈出院，即到我住处，商量他主编的《中国哲学辞典》（俄文版）选目和体例的问题，聘请我为该书顾问，审阅有关条目（此书 1994 年由俄国远东所出版）。季塔连科为当时全苏汉学研究会理事长，他主持的远东所出版了大量翻译中国早期马克思主义者如李大钊、瞿秋白等文集，还有每年一本的《中国哲学大事纪》。季塔连科虽身居高官（总统顾问）兼院士，比我小两岁，但还是讲究师生名分，重视尊师之道，他逢人便介绍"这位是我在中国留学时的导师"。他招待我去听音乐会，看马戏团表演，一次他邀我去苏联人开的中国餐馆"金龙饭店"。烧的菜不敢恭维，徒有中国菜的菜名而却洋味十足，不过店里座无虚席，座客不少是季塔连科的熟人，原来这里很多食客是 50 年代在北京留学过的，他们来这里用餐，表达某些怀旧之情。我结束了苏联的学术访问，回国时坐了六天六夜莫斯科至北京的国际列车。这也是我苏联解体前的莫斯科之行，时隔不久，"苏联"便成了历史。

我从苏联访问回国，便是 90 年代由周谷城先生挂帅担任主编，复旦大学组织专家编纂《中国学术名著提要》的开始，由复旦大学出版社出版。这套大型丛书，共分为文学、艺术、语言文学、历史、哲学、宗教、经学、经济、政治法律、教育、科技等卷，使之成为一部类似于《四库全书总目提要》的大型工具书。周谷城先生聘我为该丛书哲学卷的主编，我便与二十多位作者共同完成这撰写任务，分为六编：先秦两汉编；隋唐五代编；宋元编；明清编；近现代编，共收录历代哲学名著 274 部（包括单篇），对上述的书名、卷数、年代、作者、版本、著述缘由，著作性质，章节篇目，内容大意，影响情况等，均予以精详的解说，具有较大的学术价值和文化积累价值。此书出版于 1992 年，受到读者的欢迎，一版再版，此书亦被作为中国哲学专业博士生中国哲学史史料学的参考书之一。

1990 年年初，南京大学名誉校长匡亚明先生主编"中国思想家评传丛书"开始陆续出版，我被定为写其中的《吕祖谦评传》，此书是我自 1984 年撰写出版《吕祖谦思想初探》的基础上进行的，因为《初探》毕竟是初探，随着对吕祖谦思想研究的深入，愈来愈感到《初探》不如人意之处甚多，当匡老和中国思想家研究中心决定由我承担《吕祖谦评传》撰写任务时，便欣然从命，写作过程中三易其稿。该书于 1992 年 1 月出版，出版后评论家们认为《吕祖谦评传》成功之处"首先在于作者通过对传主深厚的家学渊源的追溯，进行对传主兼容并蓄而又自我一家的思想特征加以把握，并由此揭示出其在中国思想史上应有的地位"（《复旦学报》1992 年第 6 期）又有评论此书时，归纳于以下几个特点：一、旁参广究，正本寻源；二、置于社会思潮的广阔视野之下；三、逻辑与历史的统一；四、看似平淡，读之，邃博。"代表了目前国内吕祖谦研究的最高水平"（《浙江学刊》1992 年第 6 期）认为该书是南宋"浙江学派"研究所获得的一项重大成果。也有的评论指出该书的特色是：一、把个案研究和思潮研究相结合，从当时的社会思潮中把握住思想家的个性。二、把考据求征和辨析名理相结合，从而体现了研究的力度和深度。三、全面介绍和重点论述相结合，从而做到了对思想家的把握既是整体的又是有重点的。（《孔子研究》1995 年第 5 期）诚然，该书也存在不足之处：其一，对吕祖谦思想的历史影响论述过于简略，其二，对吕氏的文学思想略而未论。以上一些评论一些赞誉之词，亦不免有名实难副之处，但作为填补中哲史研究"空白"的意义上说，却是较合乎实际的说法。

自 1989 年之后，"文化热"沉寂了一段时间。1993 年国内的"国学热"又悄然兴起，复旦大学以我们哲学系为主，向全校推出了"中国传统哲学精华论坛"的讲座，我也是主要策划者和演讲者之一。这个论坛的主题精神是向大学生宣讲中国传统哲学中的"做人之道"，这个"论坛"的讲座还在进行中时，我接到台湾联合系文化基金会的邀请，参加"两岸文化思想与社会发展学术研讨会"，而在办理出境手续过程中，又发生了"千岛湖事件"，曾带来两岸关系某些消极影响，不过，最后我们总算成行。我们经深圳达香港转往台北，住圆山饭店，开会的三天则住阳明山上的中国大饭店。在台北也遇到了一些老朋友，乃是最初在 1985 年日本筑波"退溪学国际研讨会"上相识的以及大陆举行的有关学术会议上认识的。而这次会议中又认识了些新的朋友，两岸的学者之间存在着息息相通的情谊。在会议安排参观活动的空隙里，《孔孟学刊》主编董金裕教授，由他联系了在台大、台师大、政大任教的几位教授，请我与北大的陈来教授，往乌来瀑布风景区一游，台湾大学教授有别墅在此。其中周何教授夫妇都是上海人，交谈间更见亲切。

我在会议上谈的论文是《现代大陆文化思潮在社会变迁过程中的角色与影响》，论述了 80 年代大陆"文化"问题的讨论热，主题有一个明显的转向，即由文化史、文化学的纯学术研讨，转向与现实社会结合，转向怎样认识当代中国社会，于是研讨的重点转向近现代化，转向对中国传统文化的再估计，转向中西文化比较，转向传统文化与现代化的问题。虽然观点还存在某些分歧，这是由于认识问题、观察问题的角度和层次的不同而造成。但在传统文化的大讨论中，建立了共识，即中华民族具有悠久、丰富、灿烂的文化，它是我们民族的生存和发展的出发点，应认真弘扬和研究，社会变革与文化思潮的两者互为影响，互相作用的关系。

会议期间台北联合报系的《民生报》，对大陆学者的学术报告均作了具体报道，会议结束后的一个晚上，圆山饭店的经理告诉我，有一个外国的神父来找我，我颇感惊讶、纳闷。一见面，原来就是80年代之初由我指导的比利时高级进修生钟鸣旦，他的博士论文是在复旦大学完成的《明末天主教儒者杨廷筠》。在复旦学成归国后的十年，先后获哲学博士、神学博士，在巴黎大学神学院、台湾辅仁大学神学院工作过。为神父，又在比利时鲁汶大学任汉学系的系主任。这时，他恰在辅仁大学。从报上得知我来台，特寻来相见。我们都很高兴，作了一次师生间的畅叙。

我自1990年由国务院学位办批准为中国哲学博士生导师以来，主要是指导博士生工作，其间也有给本科生上过中国哲学史基础课。在上海，中国哲学这门学科的学术力量，从总体上说是与北京相比有较大差距，但是，我们同行之间保持着团结协作的精神，如我们上海的《哲学大辞典》巨型工具书，经过了十年终于出版，真可谓十年磨一剑，获全国图书一等奖，该书由冯契先生主编，全增嘏、胡曲园、严北溟为副主编，我亦是编委之一。这一批老一辈学者（现皆成古人）在学术上各有所长，他们的学术水平伯仲之间，亦难言孰先孰后，但他们不计个人之私，不争名利，以大局为重。他们的文德殊堪钦佩，作为50年代开始从事中国哲学史教学工作的我，在上海地区的同辈同行中算是比较早的一个，然学术成就不大。我有自知之明，讲究为人之道，看重学术道德和气节，极鄙视那种妄自标榜的文人恶习。我一生最钦佩的是张岱年先生，他的道德风范和学问是我们后辈的楷模。我曾有幸为入室弟子，虽学问上不及张师之万一，但在为人的道德上，总不能有辱师门。我在一次与岱年师的通讯中，说起我们在上海的张门弟子（不论入室或私淑）都能团结合作，在学术上取长补短，与人为善，体现了"和为贵"的精神，岱年先生复信中为此表示非常高兴。

我对自己的学生比较宽厚，认为他们一般都具独立科研的能力，不必用固定的框框加以束缚，各因其才而让其自由发展。按朱熹老夫子的话说：教师只能"作个见证人，作个引路底人，有疑难处共商量而已。"实际上，"师者，友也"，师生间当是朋友的关系，有的博士生，入学前已是学术界有点知名度的中青年学者，也会珍惜攻博时的这三年深造的机会。我不像小程子（颐）那样太重师道尊严，而却像大程子（颢）的"一团和气""如坐春风"，但我也不是让其放任自流，还注意那个"度"的原则。我们中国哲学的博士生之中才高者也往往产生傲气，我经常用具体的事例说明狂妄自大者必然失败的教训，要他们记住以谦虚为美德的古训。我们中国哲学博士生的生活也是比较清寒的，但是他们还是甘于坐冷板凳，将学问做实，珍惜三年宝贵的攻博时间，不外出兼职谋利，在义利的关系上处理得较好。我是不同意自己学生在攻博期间与"海"（从商）水沾边的。我认为博士生的培养应当是为学与做人的统一，且以立德为首位，培养德才兼备、品学兼优的人才，作为导师更应真正地为人师表，处处要严格地要求自己。

1994 年 12 月 26 日是我加入中国共产党的日子，我已年过花甲，终于实现了我四十余年来的夙愿。我自 1956 年以来不知打了多少次入党报告，由于种种主客观原因而未能如愿，但其主要原因正是施昌东在《中国哲学论稿》的后记中说的："某些自以为最有'觉悟'的人指责他（潘富恩）竟然同我施昌东这样一个在政治上有'问题'的人亲密相处，公然合作写文章发表，说他同我划不清界线，阶级立场有问题等等……甚至在'文化大革命'中我又被打入'牛棚'的那些痛苦的日子里，潘富恩也不顾自己由于同我关系亲密而受到攻击，仍然情同手足一样的关怀着我，鼓励我积极地，坚定地活下去。"在那种"极左"思潮的影响下，我当然是入不了党的。1983年9月施昌东在生命弥留之际，光荣地加入中国共产党，《文汇报》《解放日报》都以"美学家施昌东入党"为题作了报道。施昌东去世后，我又向组织打了申请入党报告。

我在过了60岁之后，又写了洋洋万言的申请报告，非常坦诚陈述我年过花甲，无所他求，客观上早已无缘仕途功名，入党动机，纯正可鉴，主管组织的党委副书记，读后甚受感动，经过征求党内外人士的意见，口碑甚佳，就很顺利地被通过批准入党。之后还被评为"1997上海市教卫系统优秀共产党员"。

1996年我出版了两部著作：一是《范缜评传》，二是《程颢、程颐评传》。《范缜评传》是继《吕祖谦评传》之后列入"中国思想家评传丛书"中出版。写一篇文章论范缜较为容易，写一本书论范缜就比较难，难在资料之不足。本书由我的尚在攻博中的学生马涛协助我完成的。本书是从南朝佛教的盛行与士族门阀制度的联系中，阐明范缜反佛非一般意义上的"儒释道"三教论衡，而是有深刻的社会意义；其二，联系中国医学的成就，道家天道自然、生互气化观念以及在此观念影响下所形成的"薄葬"之风，并联系王弼"体用"概念的影响，既阐明了"神灭论"的科学性质和反对中国哲学"本体论化"的贡献，也说明"神灭论"产生于5世纪的中国，实为科学和哲学发展的必然；其三，联系中国无神论发展史，既论述了范缜以"刃利"喻"形神"的观点在中国思想史上的特殊贡献，也说明中国士人的无神论，要在反对统治阶级借"因果报应"实行愚民政治。

本书还提出一个新颖的论点：认可南朝竟陵王萧子良和梁武帝萧衍，他们尊重"士人"的学术见解。他们允许各抒己见的自由争鸣，注重"善析名理"，提倡以理服人，对那些学术持"异论"者，不搞政治迫害，当然也偶有发生那种通过利诱的方式要对方放弃自己所持的学术而"卖论取官"之事。但总的说来，没有把学术问题和政治问题的相混同，这无疑有利于中国文化的发展。如果范缜不生活在这种较为自由的学术氛围的环境条件下的话，他的《神灭论》思想也难能有如此淋漓尽致地超时代、超水平的发挥。他只有与强大高手相互论难中，受到启发，才使自己的理论更臻完善。这是我对萧衍评价上所持的"异论"，可供学术界讨论。

《程颢、程颐评传》为"中华历史文化名人评传·儒家系列"一种，由广西教育出版社出版，此书的基本内容是在《程颢、程颐理学思想研究》的基础上改写的，篇幅为 17 万字，分得较通俗，深入浅出，能适合于中等文化水平以上的读者阅读。该书分为七个部分：生平轶事、为政之道、经济主张、哲学思想、人性修养、伦理道德、讲学兴教。该套丛书获第八届全国图书"金钥匙"一等奖。

1998 年 5 月，我应邀参加日本九州地区的中国学研讨会，会议上安排我作特别演讲，题目是："中国大陆中国哲学史研究的现状与未来"，因为与会者都是日本的中国学（汉学）的专家，虽听和说汉语的能力不是很强，但阅读中文的水平较高，所以我事先印发了长达万言的发言稿，用中文宣读了主要内容（不另作翻译），文稿共分三个部分：一、回顾；二、现状；三、展望。"回顾"部分，是介绍了中国大陆"文革"结束后，1979 年在山西太原第一次召开中国哲学史方法论研讨会重点讨论如何拨乱反正肃清"四人帮"影射史学的余毒，会后成立了全国中哲史学会。又叙述了之后从"文化热"而至"国学热"。转变历程"现状"部分，介绍了近年主要环绕着的几个前沿问题：中国传统哲学的基本特征和核心精神；传统哲学在今天的价值和作用；中国传统哲学与西方哲学关系如何处理等。介绍了目前中国哲学史方面的代表性的多卷本"通史"著作以及有关各种断代哲学史的研究、哲学家、学派的研究。"展望"部分，认为学术的研究不宜太意识形态化，应破除学术等于政治的公式，在学术自由宽松、独立的氛围中，坚持历史主义的"实事求是"的方法。还认为中国传统哲学为核心的东方智慧与西方现代文明相互吸收和融合，这将是 21世纪的重要文化走向。这次大会特别演讲者有二人，一位是……另一位是日本京都大学的吉川教授，他讲演的内容是"论中国南北朝佛学。"九州地区是日本汉学家辈出的地方，也是明末杰出的思想家朱舜水抗清败后亡命日本的客居之地。他讲学二十余年，传播中国文化及建筑、农艺等方面的技术知识，受日本学者尊重。九州大学町田三郎教授、荒木见悟教授先后来复旦大学哲学系讲学，我这次九州之行，算是一次回访，为以后的学术交流打开局面，因为此前复旦哲学系未与九州大学有学术上的往来。

目前我们正在根据我们自己教学需要而着手编写中国哲学史的教材，以前我校本科生一般都是以 80 年代教育部委托九所院校，由萧萐父、李锦全主编的《中国哲学史》为专业教材，分量较适中，后来出版的冯友兰或任继愈的"多卷本"更适合为研究生们阅读。现在有关中国哲学史的新编的教材甚多，其中不少教材内容上大同小异，质量很一般。我们觉得要出一本适合哲学本科生的具有新特色的教材也是很不容易的事，于是我们就想将中国哲学史原著史料和理论分析结合一起，使学生们能更多机会接触代表性思想家原著，增强阅读哲学古典原著和理论分析的能力。所以由我负责与教研室内教师共同编写《中国哲学史论诠》，这种"论诠"形式目前似还未见，它以精选有关哲学家代表性的史料而加诠释为主，同时在归属每哲学家的"原著选"之前，写有适量的哲学家的评述，带有导读性质，使学生有较大的独立思考的能力。全书预计八十余万字，可望 1999 年上半年出版。

1998 年的 12 月，如果我按学校的规定，博士生导师六十五足岁理应如期退休，但是我的中国哲学博士点，暂时尚处于青黄不接之际，所以校里决定延聘我至 2000 年，也就是在这世纪之交时告退。现在我正迫切地物色我这个博士点的新的"掌门人"。1998 年（今年）我又招了两名博士生，他们可能就是关门弟子。如此，我带完自己门下的学生，也总共培养了 25 名博士。差可自慰。

老之将至，回顾四十余年来的教学、科研、农村"锻炼"和历经种种政治运动，从年仅弱冠的小子而至年过花甲的老者，学术上虽无显著成就，但也该是作一总结的时候。重庆出版社曾在 1984 年出版了我与亡友施昌东（1983 年病故）合著的论文集《中国哲学论稿》，为此深表感谢。

1998 年

中国哲学命题与学派研究

论格物致知

60年代之初,中国哲学史研究工作者,认识到要深入研究中国哲学史,必须了解中国古代哲学本来涵义及其演变过程,从而揭示和把握中国哲学思想内在的客观规律。然而当时有关中国哲学范畴、命题作专题开拓性探讨的论文则极少。这时候,也正是我从农村"锻炼"返回复旦任教,根据我教学的需要,便对宋明清时期认识论的一个重要命题——"格物致知"作专门的历史探索。

本文论述了"格物致知"始从《礼记》的《大学》篇中的道德术语演变为认识论命题后,如何相应于每个时期的社会政治和学术思潮的特点以及自然科学发展的水平,不同的哲学家对"格物致知"诠释和理解则赋予了不同的含义,使"格物致知"的论争上具有不同的形式和内容。随着社会历史的演变、人类思维的发展,"格物致知"的讨论也由粗而精,在两种对立论的认识论中,丰富和发展了"格物致知"的命题,他们从简单的论证进到比较科学的论证,逐步在历史发展的长途中,克服某些偏狭的经验论的因素,亦逐步地有了将感性认识和理性认识联系起来考察的尝试。

本论文发表于1963年第3期《新建设》,可作为对中国哲学史范畴,命题初期研究中的一次抛砖引玉之举。

"格物致知"原出于《礼记》的《大学》篇中:"致知在格物,物格而后知至。"其本来意思只是属于儒家的一种主观道德修养范围的术语。它是与同篇中所说的"正心"、"诚意"、"明德"等概念联系在一起的。"物格而后知至"是指人们经过了内心的道德自我修炼之后,对于外来的善恶事情就都能够辨识了。其所谓"物"并非指客观存在的事物,而是指抽象的善、恶之事。

汉唐时期对"格物致知"作了简单的字义上的训释，一般将"格物"的"格"字作"来"或"至"解释，至于"物"字，有解释为道德概念，也有作真实事物来理解的；但当时还没有单独地将"格物致知"作为专门认识论的命题来讨论。

汉和魏晋隋唐时代关于认识论方面的争论，是从"形"、"神"关系的争论中导引出来的。汉代的儒教神学和魏晋隋唐的佛学占据当时思想界的统治地位；神学和反神学的斗争是当时的焦点。这时唯物主义的哲学家坚持"形"和"神"是不可分离的观点，并认为形体是精神的基础。如桓谭、王充、范缜、柳宗元等，他们抨击了蒙昧主义的认识论："无知是真知""内视反听""言忘虑绝，方是真谛"等荒谬论调，提出以普通的日常生活事实为认识真理的依据，认定"神"是不能离开形体而单独存在的。因此，肯定了人的认识来源，在于人的身体和五官与外界事物的接触，在于亲身的实际生活体验和客观的"效验"。我们认为后来关于"格物致知"的争论和这些时代对于知识来源问题的争论是一脉相承的。

"格物致知"在宋代开始成为重要的哲学命题并引起激烈的争论，这决非偶然，而有其具体的历史和社会政治的原因。

宋代工商业的空前发达，引起社会经济的巨大变化，也促使人们在思想认识上进一步的发展，为人们开拓知识领域创立了优越的条件。手工业如造纸术、印刷术的改进，对个人的著书立说创造了有利的条件，给文化知识交流带来了方便。由于经商，航海事业也随之发展，扩大了人们的视野。宋代自然科学的成就，在天文、地理、数学方面都很突出。如对北极星的发现，对海陆变迁的问题，对月蚀、日蚀的原因，以及对打雷、虹等自然现象有了较科学的解释，使人们的思维认识能力大大提高一步。人们求知的欲望增强了，所以人们把知识来源的问题作为重要的课题来讨论乃是很自然的事情。宋代的哲学家们热衷于研究"物"和"知"的关系。他们袭用了儒家经典中原有的术语"格物致知"作为认识论的中心命题。

在"格物致知"命题的讨论中有不同的观点和态度，但不外是唯物主义和唯心主义两种倾向。

程颢的"格物致知"的学说是建筑在主观唯心论的基础上的，他认为一切知识皆存在于人的内心，因此人要获得知识必求之于内心，而不是求之外物。他说："不求于内而求于外，非圣人之学。"①但是怎样从内心里求得知识呢？程颢说："致知在格物。"为何要"格物"？程颢这里所谓的"物"一是指外物，一是指人们的物念；它与"知"是对立的，由于外物的存在使人"迁迷而不知"，故须"格物"，即摈弃外界事物。他说："致知在格物，非由外铄我也，我固有之也，因物有迁迷而不知，则天理灭矣，故圣人欲格之。"②同时，由于人心存在物念，使人心不正，而"役其知"，故须"格物"即摈弃物念。他说，"人心莫不有知，惟蔽于人欲，则亡天德（一作理）"③。这实质上不过是"正人心"，"存天理"而已。在程颢看来，不"格"去外物的"迁迷"，"则天理灭矣"，不格去"人欲"物念"则亡天德（理）"；"灭天理"、"亡天德"，人心则不"正"；心不"正"则意"不诚"，意"不诚"则"知"不至（致知即知至）；"知至则便意诚，若有意不诚者，皆知未至尔"④。因此，他说："致知在格物，物来则知起，物各付物，不役其知，则意诚不动，意诚自定则心正，始书之事也。"⑤从而得出"正己而物正"，"正己以格物"的结论。

司马光比程颢说得更彻底，他把"格物致知"的"格"解释为"御"。他说："格犹捍也，御也，能捍御外物而后能知至道。"⑥认为

---

① 《明道语录》。
② 《河南程氏遗书》卷二十五。
③④ 《河南程氏遗书》卷十一。
⑤ 同上，卷六。
⑥ 《司马温公文集》卷七十一。

只有抵御外物，才能达到"无所不通"的知。

程颢和司马光从主观唯心主义理解"格物致知"，而程颐则从客观唯心主义来理解。他认为"天下只是一个理"①，万物仅是这"一个理"的化身或体现而已。因此，"致知"在"明理"，"明理"则须"格物"，"穷理格物便是致知"②。他说："格犹穷也，物犹理也，犹曰穷理而已。"③ 因此，他所谓的"格物致知"即是去穷究那抽象的先于物而存在的"理"，那么，怎样去"穷理格物"呢？他说："今人欲致知，须要格物。物不必谓事物，然后谓之物也。自一身之中，至万物之理，但理会得多，相处自然豁然有觉处。"④ 又说："须是今日格一件，明日格一件，积习既多然后脱然有贯通处。"⑤ "集众理然后自有悟处"⑥。显然程颐所谓"格"并非求知实践的过程，而是指"理会"然后"有觉"，"积习"然后"贯通"，"集众理"然后"有悟"的过程，所以他所谓的"格"实际上就是"觉"、"贯通"、"悟"的工夫。既然"物不必谓事物，然后谓之物也"即"理也"，那么，他所谓的"格物致知"便不是从变革事物而后得知，而是"悟""万物之理"，而后"明理"，即"致知"。由此可见，程颐的所谓"格物致知"的学说就是一种"思辨哲学"。同时，程颐认为"一草一木皆有理，须是察"⑦。察得一草一木之"理"，也就是"贯通"了"万物之理"，因为"天下只是一个理"，一草一木的"理"与万物之理，皆是同一理。所以毋须"物物格之，还只格一物而万理皆知"⑧。所以他所谓的"格物致知"不是从复杂的客观事物之中不断地考察，求得有关各种事物的实际丰富的科学知识，而只要仅仅从一物而"悟"得"理"便可。

王安石在认识论上针对着二程和司马光提出自己的论点，但他并不采用"格物致知"的术语。他认为知识的来源在于多方面地接触事

---

① ⑤ ⑥ ⑦ ⑧　《河南程氏遗书》卷十八。
② ③　同上卷十五。
④　《伊川语录》。

物，以为"农夫女工无所不问"①，这样才能获得真实的知识，"能知其大体而无疑"②。王安石很注重实际的"试验"："苟有所闻，必加试验"，以丰富的现实世界作为人们求得知识的基础。这种认识方法与二程、司马光他们完全对立，既不是"反求诸己"，也不是去穷抽象之"理"，而是从现实社会生活中，从具体的事物之中去寻求真理。王安石代表当时较进步的思想，在认识论上重视现实的考察，对以后唯物主义哲学家从唯物主义角度来解释"格物致知"有一定的启发和影响。

关于"格物致知"的争论，在南宋时代有了进一步的发展。

理学的集大成者朱熹，在认识论方面承袭并进一步发展了二程的"格物致知"学说。在《大学章句》中他把"格物致知"的过程理解为"明明德""穷道理"的过程。认为"人心之灵，莫不有知"，然"为物欲所蔽"，如能"常自存得便去刮剔，不为物欲所蔽"，则能"明德""穷理"，然后"知之至也"。从这一方面看，与程颢的"正己以格物"的观点是一致的。朱熹说："致知乃本心之知，如一面镜子，本全体通明，只被昏翳了，而今逐旋磨去，使四边皆照见，其明无不照也。"③这就是说："格物致知"就是必先"刮剔"内心的"物欲"或"昏蔽"使之如明镜，照万物"至于其极"，"所以此心常要肃然虚明，然后物不蔽"④。这就是"知之至也"。因此他断言"心包万理，万理具于一心，不能存得心，不能存得理，不能存得理，不能尽得心"⑤。

但我们从另一更重要的方面来看，朱熹对这一理论却有进一步的发展。朱熹的"格物致知"学说是从他的理先气后的客观唯心主义哲

---

① ② 《王临川集》《答曾子固书》。
③ 《朱子文集》卷十五。
④ 《朱子语类》卷四十四。
⑤ 同上，卷九。

学思想导引出来的。他所说的"物"（或器、气）都是形而下的，而理（或道）则是形而上的，"气虽是理之所生……然理寓于气"①，所以他说："所谓格物便是要就形而下之器（气、物）穷得那形而上底道理而已。"② 这就是他所谓的"即物穷理"。究竟怎样"即物穷理"呢？他说："譬如吃果子一般，先去皮壳，然后食其肉，又更和那中间核子咬破才好，如不咬破，又恐里头别有多滋味在……"③ 他认为"物"是理的皮壳，"理"则是核仁，"格"了"物"的外壳，便是核仁——"理"了。他把"物"看成"理"的屏障，只有格破了"物"之后，才能穷究"理"，也就达到了"知"。所以他说："天下只有一个道理，紧包在那底下，撕破便光明，哪怕不通。"④ 所以朱熹虽说"理"是"在物里头""事事物物，皆有个道理，穷得十分尽，方是格物。"⑤ 但"物"，却是"理"所创造的。朱熹认为只要穷得了"理"达到了"知"，那时也用不着"格物"、"即物"，而可以像果子的皮壳一样把"物"弃在一边了。

朱熹"格物致知"的实际目的按《大学》篇中的成语来说，即使人"知止"而"止于至善"。按朱熹的解释，"止"是"守"的意思，"至善"则是"理"。

朱熹在"格物致知"的学说里也引用和利用了当时自然科学的成果，甚至在个别的地方有他独特的见地，如对虹的解释，从发现高山中螺蚌壳论证地势变迁说等。在朱熹的"格物穷理"的过程中，也包含对事物辩证发展的某些认识，在这点上突破了二程的范围。他认为人们在求知过程中只讲穷"悟"是不对的。他说："近世有人为学，

---

① 《朱子语类》卷四。
② 同上，卷六十二。
③ 同上，卷十五。
④ 同上，卷一百二十。
⑤ 同上，卷一百二十一。

专要说空说好，不肯就实，却说是悟，此是不知学，学问无此法，才说一悟字，便不可穷诘，不可研究，不可与论是非，一味说入虚谈，最为惑人。"① 正因为朱熹在"格物"说中突破了二程单纯"悟"的工夫，而较多地注意到一些实际的知识，使他的"格物致知"学说包含了某些合理的因素。

与朱熹同时的陆九渊，他的"格物致知"的学说与朱熹说法有所不同。他不同意朱熹认为"格物"应从理所派生的物中去穷理，而认为一切外物不存在于"心外"。所以"格物"在于"发明本心"而达到知。"致知在格物，古之学者为己，所以自昭其明德，己之德已明，然后推其明以及天下。"② 那么，怎样才能做到"自昭其明德"呢？那就必须首先"荡涤"内心的昏蔽。他说："人气禀清浊不同，只自完养不逐物，即随清明，才一逐物便昏眩了。……人心有病，须是剥落，剥落得一番，即一番清明。后随起来，又剥落，又清明，须是剥落得净尽方是。"③ 他认为"格物"就是"剥落"物欲，使人心"不粘于物"④，得以"清明"然后"致知"。否则"学者疲精神于此，是以担子越重，到某这里，只是与他减担，只此便是格物"⑤。由此可见，陆九渊的"格物致知"乃是"只自完养不逐物"，"自昭其明德"等通过主观内心的道德修炼而求得知。但陆九渊在谈"格物致知"时也强调"研究物理"而至"明理"，可是与程颐、朱熹的说法有所不同，因为他认为"心即理也"，故毋须格（训"至"）外物，而是力求"格"（训"捍"）内心的物念，认为"心不可泊一事，只自立心，人心本来无事，胡乱被事物牵将去"⑥。认为人的知识的求得，在于不断地洗刷和"剥落"那"习俗"的实际经验。陆九渊的"格物致知"学说是建立在"直指本心"的基础上，他认为"格物"就是

① 《朱子语类》卷一百二十一。
②③④⑤ 《象山全集》卷三十五。
⑥　同上，卷三十四。

"明心"。

在"格物致知"命题被南宋理学家们作了唯心主义的种种解释的同时，唯物主义者叶适却将"格物致知"作为唯物主义认识论的命题，与朱、陆所谈的"格物致知"树立起敌对的旗号，叶适是"左袒非朱，右袒非陆"，他对程朱理学及陆九渊的心学，作了最尖锐的批判。他在阐述"格物致知"时说："致知格物在心意之先为《大学》之要……《中庸》曰：'诚者物之终始，不诚无物。'是故君子不可须臾离物也。夫其若是则知之至者，皆物格之验也，有一不知是吾不与物所至也。"① 叶适在这里把《大学》里的"格物致知"完全作了唯物主义的解释。肯定了人们的"知"是不能离开事物的，知或不知是在于你是否有"验"于物。他批判了理学家们口头谈"格物"，事实上却是谈"格心"，"格心之功，既终不验"②。

叶适作为唯物主义的永嘉学派的巨子，在现实政治的斗争中坚持"事功"的观念，提倡积极面向现实，强调人为的作用："天下之物，未有人不极其勤而可以致其用者也。"③ 他指出人们认识的正确性在于"尽考"、"尽观"天下具体的事物，反对那种"以心通性达为学"的唯心主义认识论。但叶适"格物致知"的学说还有他的局限性，虽则他注意到考察和实验在认识中的作用，可是对当时自然科学的成果没有适当的重视，因此，朱熹常攻击永嘉学派知识"偏狭"、"疏脱"。从朱熹来说，是抱有偏见来攻击叶适学说的，但从叶适本身来说，不能不是他的"格物"说所具有的局限性。

"格物致知"学说到了明代中叶，流行的是王阳明主观唯心论的解释，其"格物致知"学说在当时是影响最广的。

王阳明在讲"格物致知"时，首先以"无心外之理，无心外之

① 《水心别集》《大学》。
② 《习学记言》卷十三。
③ 同上，卷三。

物"①的主观唯心论来立论，他认为一切"物理"都存在于"吾心"之中，"夫物理不外于吾心"。他以绝对化的"吾心"吞并了存在的外物，以为客观的事物只是"心"的具体化的表现。他说："身之主为心，心之灵明是知，知之发动是意，意之所着为物。"②可见他所谓的知、意、物都是"心"的显现。我们认清了这一点就可进而分析他的"格物致知"说的内容了。王阳明认为朱熹的"格物穷理"是将"心""理"看成了两件事，他则自谓与程朱"格物"说的方法不同，乃是以"心即理也"，以"心、理合一之体"。因此，他说"格物"是"格心"的工夫。认为"天下之物，本无可格者，其格物之功，只在身心上做"③。他说程朱是"舍心逐物（指穷理），将格物之学错看了"④，他不赞成宋儒"在物为理"而"格物穷理"的说法，他说："在物为理，在字上当添一心字，此心在物则为理。"⑤他所说的"格物"，用他自己所概括的一句话来表明："格物的物字，即是事字，皆从心上说。"

王阳明格物的具体内容是什么呢？他曾这样阐述："然欲致其良知，亦岂影响恍惚而悬空无实之谓乎？是必实有其事矣，故致知必在于格物。物者，事也，凡意之所发必有其事，意之所在之事谓之物。格者，正也，正其不正以归于正之谓也。"⑥王阳明认为"物"是"心"的附属物，它是有善有恶的，凡是属"私意"的则是恶的，是障碍"良知之发"的。因此他说："格物如孟子大人格君心之格，是去其心之不正，以全其本体之正。"因为王阳明说一般的人"不能无私意障碍，所以须用致知格物之功，胜私复理，即心之良知更无障碍，得以充塞流行便是致其知，知致则意诚"⑦。"自圣人以下，不能

---

① ② ④ ⑤ ⑦ 《传习录》上。
③ 《传习录》下。
⑥ 《王文成公全书》卷二十六《大学问》。

无蔽，故须格物以致其知。"① 因此，王阳明认为"格物致知"就是要"正念头"，"反身实践"，"破心中贼"。要完全"格"掉客观的物，而"求理于吾心"，因而反对向自然和社会进行斗争，以主观心理的活动来代替实践活动，否认客观的存在，否认客观事物的对立和矛盾，把认识规定为"从自己心上体认"，"不假外求"的自我认识。

王阳明"格物致知"的唯心主义理论，受到了当时唯物主义者尖锐的批判，如黄绾，他与王阳明学说反复辩诘，强调了学和行是认识论的前提，提出"致知之方"（认识方法）是必须"身履深历"，"困知勉行"。他说："若非身履深历不能知也。"② 他将"格物"和"致知"的关系说得很清楚："《大学》之要，在'致知在格物'一句。其云致知，乃格物工夫；其云格物，乃致知功效。"③ 特别指出事情的"功效"为认识的基础，这与王阳明的直觉主义是相对立的。

与王阳明同时的唯物主义者罗钦顺对陆、王的"格物"说的唯心主义本质也曾加以批判，他说："或者可见象山亦尝言致思，亦尝言格物，亦尝言穷理，未必不以为无背于圣门之训。殊不知言虽是而所指则非。"④

杰出的唯物主义哲学家方以智，他肯定了规律"理"是存在于事物之中，有了物才有理，不能舍弃物而去求理，"舍物则理亦无所得矣，又何格哉"？他认为认识事物的方法，应该注意事物本来的规律，同时人在认识过程中，其思维的作用是完全依赖于外界事物的。"若空穷其心，则倏忽如幻！"⑤ 把一向被理学家视为"小道"的自然科学，作为唯物主义哲学理论的基础，作为"格物致知"认识论的基础。他说："农书、医书、算测、工器乃是实务，各存专家，九流各

① 《传习录》上。
②③ 《明道编》卷二。
④ 《困知记》下。
⑤ 《愚者智禅师语录》。

食其力……总为物理，当作格致全书，践形者，神泯于事物。"① 他所说的"格物"的范围比以前唯物主义哲学家要广得多，弥补了像叶适等人"偏狭"的地方。他不仅只简单地注意到对现实考察的直接经验知识，同时深入到各种科学领域中，对前人的知识也要批判地吸收过来。

方以智在"格物致知"的学说中，较正确地说明了主观和客观的关系，认为人在认识事物的过程中是随着客观世界的变化发展，不断地提高主观的认识能力的。因此，他反对理学家们"离器而尊道"讲究"一旦贯通"之说。他说："其执格去物欲之说者，未彻此耳！心一物也，天地一物也，天下国家一物也，'格物'直统治平、参、赞，而诵诗读书，穷理博学，俱在其中。但云今日格一物，明日格一物，以为入门，则胶柱矣！知即是行，诚明合一，非穷理博学而一旦贯通之说，亦非自得本莫愁末之说（指陆、王说）②。方以智痛斥了程朱陆王唯心论的学说，指出人类的知识是如实地使主观和客观接近于一致的过程，即"格人我，格内外，格古今之大用也"③。他强调外物的存在是知识的源泉，认识的基础。"理以心知，知与理来，因物则而后交格以显，岂能离气之质矣？"④ 一切认识必须通过"因物而格"。概括起来，方以智的"格物致知"的认识论的特点，一是以自然科学的知识领域为"格致"的内容，二是主张人类的认识是主客观接近一致的过程，三是具有进化和发展的观点。

明末清初的唯物主义哲学家，他们"格物致知"的学说，是与他们爱国主义思想和民主主义思想相联系的。他们把"格物"的重点放在"当务之为急"的国家、政治的问题上，注意把民族矛盾和阶级

---

① 《通雅》卷首。
② 《一贯问答》。
③ 《通雅》卷首之二。
④ 《物理小识》卷一。

矛盾的问题提到首位。如潘平格就说："致知在格物,是未尝悬空有致工夫也。致其触物一体之知,在格通身、家、国、天下本是一体之物,未有舍家国天下见在事使交从之实地,而悬空致我一体之知者。"① 又说:"格物是打通一贯,物格是实到一贯。"② 把民族存亡的问题,作为"格物"的内容,把要求打破等级制度"打通一贯"的思想作为"格物"目的。所以这时候的唯物主义的"格物致知"学说的特点,是与政治的斗争结合得更为明显。顾炎武也是如此,他以为格物不能超时代脱离政治斗争,而要去格"当务之急"的物(爱国便是他的当务之急)。他说:"以格物为多识于鸟兽草木之名,则末矣。知者无不知也,当务之为急。"③

与潘平格、顾炎武同时代的陈确(乾初)在《大学辨》中对"格物致知"的问题作了探究。他反对程朱在认识论上"一旦贯通"之说,以为认识是一过程,不是"素知""臆知""概知"的,而是不断地由经验的长期积累而知的。他对"致知"作了这样的说明:"君子之于学也,终身焉而已;则其于知也,亦终身焉而已。故今日有今日之至善,明日有明日之至善,非吾能素知之也,又非可以一概而知也,又非吾之聪明知识可以臆而尽之也。……天下之理无穷,一人之心有限,而傲然自信,以为吾无遗知焉者,则必天下之大妄人矣,又安所得一旦贯通而释然于天下之事之理之日也哉!"④ 陈确在反对程朱"格物"说的同时,大胆地对《大学》中"物格而后知至"说的唯心主义实质作了揭露,说其中将心物的关系混淆,错乱安排了,"既先诚正,何得又先格致"? 最后,他甚至指责:"《大学》言知不言行,必为禅学无疑。"

与顾炎武同时代的王夫之则将"格物致知"的学说,作了唯物主

---

① ② 《求仁录》。
③ 《日知录》卷六《致知条》。
④ 《大学辨》。

义的重大发展，把"格物"解释作"推行于行"。认为"致知"的标准，要看是否能"推行于物"。他说"致知"和"推行于物"是并进的。可见王夫之了解到知和行有辩证的关系。"盖云知行者，致知力行之谓也"①，又说："将为格物穷理之学，抑必勉勉孜孜而后择之精语之详，是知必以行为功也。"② 提出行是知的基础。有力地驳斥了宋明以来的理学家的"瞑目据悟，消心而绝物"的那种闭目静坐，从事清谈，弃绝外界事物的态度。指出他们"取《大学》之教，疾趋以赴二氏之途，以其恍惚空明之见，名之曰，此明德也，此致知也，此致良知而明明德也"③。认为宋明理学家"致知"学说是和释老二氏之学的宗教思想联结的。王夫之强调"庶物之理，非学不知，非博不辨"的认识过程，反对宋儒冥解妙悟之说。因此，他在"格物致知"的命题中提出："有即物而穷理，无立理以限事。"前一句话还难以分辨与宋儒所说的"即物穷理"的区别，但后一句话则是明确了唯物、唯心的分界。因为宋儒是"立理以限事"，而王夫之则从客观的物中去认识"理"。尤可注意的是，他已初步地理解到感性认识和理性认识的关系。以为单纯的感觉经验（即格物）是有局限的，同时也要在感性的基础上"存神"而思（理性活动）。他说："多闻而择，多见而识，乃以启发其心思而会归于一，又非徒恃存神而置格物穷理之学也。"④

王夫之"格物致知"的学说，其重大的贡献，是较正确地阐述了知和行的辩证关系，对人的认识的两阶段也有了初步的理解，将"见闻之知"和"德性之知"看成是依联的关系，弥补了张载"德性之知不萌于见闻"的错误观点。他一方面驳斥了理学家们离开感觉经验而求"一旦贯通"，同时他也纠正了以前的一些唯物主义哲学家片面地只重视"格物"（感性知识）而忽视"存神"（理性认识）的缺点。

---

① ② 《读四书大全书说》卷四。
③ 《大学补传衍》。
④ 《张子正蒙注》卷三。

继王夫之之后的颜元，对宋明以来的理学家，持坚决反对的态度，给道学家的理论以总结性的批判。"格物致知"的学说在颜元的手里得到新的发展，使这一学说推向唯物主义的高峰。他首先肯定了人的"知"是由外界所决定的。"知无体，以物为体，犹之目无体，以形色为体也。"① 因此，他认为要认识任何一样东西，必须"亲下手一番"，他解释"格物"的"格"即是"手格猛兽"的"格"。人对客观现实认识的过程，也即是人亲身实践的过程。他说："按格物之格，王门训正，朱门训至，汉儒训来，似皆未稳妥。元谓当如史书手格猛兽之格，手格杀之之格，乃犯手捶打搓弄之义，即孔门六艺之教是也。"② 颜元的"格物致知"的认识论的重要特色，是初步地意识到实践对于知识的意义。他曾有这样的一段精辟的叙述：

"李植秀问'格物致知'。予曰：知无体，以物为体；犹之目无体，以形色为体也。故人目虽明，非视黑视白，明无由用也；人心虽灵，非玩东玩西，灵无由施也。今之言致知者，不过读书讲问思辨已耳，不知致吾知者皆不在此也。譬如欲知礼，任读几百遍礼书，讲问几十次，思辨几十层，总不算知，直须跪拜，捧玉爵，执币帛，亲下手一番，方知礼是如此，知礼者斯至矣。譬如欲知乐，任读乐谱几百遍，讲问思辨几十层，总不能知；直须搏拊击吹，口歌身舞，亲下手一番，方知乐是如此，知乐者斯至矣。是谓'知格而后知至'。……且如此冠，虽三代圣人，不知何朝之制也，虽从闻见知为肃慎之冠，亦不知皮之如何暖也，必手取而加诸首，乃知是如此取暖。如此蔬，虽上智老圃，不知为可食之物也，虽从形色料为可食之物，亦不知味之如何辛也，必箸取而纳之口，乃知如此味辛。故曰手格其物而后知至。"③

---

① 《四书正误》卷一。
② 《习斋记余》卷六。
③ 《四书正误》卷一。

从这段话里，我们可以看到颜元的"格物致知"的学说，充分地发挥了唯物主义的观点，初步从实践的角度来谈认识论的问题，这比以前的哲人是大大地前进了一步。颜元"格物致知"学说最可贵之处，是他将"格物"的范围，不限于书本的间接知识，也不限于日常生活的一般考察，而开始注意到社会的生活实践意义，当然，还不能说他对认识和实践的关系已达到合于辩证唯物论的理论。颜元极重视科学技术和社会生产，他说："博学之则兵、农、钱谷、水火、工虞、天文、地理，无不学也。"①主张每人须学一技一艺以利社会，强调生产实践，"农成佳禾，商聚财货，都须一段识见，一段包涵，一段勇气，方做得去"②。颜元的"格物"内容之所以比以前唯物主义哲学家丰富，主要在于以社会生产实践活动为认识的来源。

"格物致知"学说到了中国 18 世纪，在新的历史条件下，又具有新的特点。因为这时候正是乾嘉时代，满清王室对汉人的压迫和封建秩序的暂时安定，一度束缚了清初市民阶级的思想发展。当时一般学者都沾染着为研古而研古的考据学的风气，埋头于考证古代的文物典章、文字、音韵等，严重地脱离当时的社会政治斗争。戴震是当时杰出的唯物主义思想家，他在反对程朱理学中，在和反动势力作斗争中是一员勇猛的战士。戴震的"格物致知"的学说中唯物论的因素是最基本的，他首先肯定事物之理在客观的事物中，"是故就事物言，非事物之外别有理义也"③。注意对于客观存在的分析，在于"察之几微"，以为"事物之理，必就事物剖析至微，而后理得"④。"天下事情，条分缕析，以仁且智当之，岂或爽失几微哉？"⑤戴震在对客观事物进行分析、研究方面具有一定贡献的，但其方法仍不免有形而上学

---

① 《四书正误》卷二。
② 《存学编》卷四《性理评》。
③ 《孟子字义疏证》卷上。
④⑤ 同上，卷下。

的缺陷，缺乏历史的发展的观点，比之方以智、王夫之等大有逊色。他只对事物作静止的考察，因此，他在解释"格物"时，却强调了不易之则而具有形而上学的局限。他说："致知在格物，何也？事物来乎前，虽以圣人当之，不审察无以尽其也，是非善恶未易决也。'格之'云者，于物情有得而无失，思之贯通，不遗毫末，夫然后在己则不惑，施及天下国家则无憾，此之谓致其知。"（《原善》卷下）他以为只要掌握了固定不易之则，那么就可以"于物情有得而无失"，可以"贯通"而"不遗毫末"。这种认识方法的缺陷是当时历史特点的反映。

从"格物致知"的历史的发展中，我们可以得出以下三个方面的结论：

一、"格物致知"从道德术语演变为认识论的命题后，始终贯穿着唯物主义和唯心主义的斗争，相应于每个时期的社会政治和学术思想的斗争情况，自然科学发展的水平，"格物致知"的论争具有不同的形式和内容。

二、随着社会历史的演变，人类思维的发展，"格物致知"的讨论也由粗至精。唯心主义者不断地使"格物致知"的学说更巧妙地伪装起来，他们以"格物"的辞句来掩盖其唯心主义的本质。唯物主义者则在与唯心主义的斗争中，丰富和发展了"格物致知"的命题，他们从简单的论证进至比较科学的论证，逐步在历史发展的长河中，克服某些偏狭的经验论的因素，逐步地有了将感性认识和理性认识联系起来考察的尝试。

三、"格物致知"学说始终是与各时期的政治斗争紧密地联系在一起的。

论天理与人欲

　　天理和人欲的关系，是中国历史上长期争论的重大现实问题。它重点探讨的是道德伦理与物质欲望之间的关系问题。本文通过对中国历史上各派不同观点的考察及其对社会影响，揭示了对今天社会如何正确处理天理与人欲的辩证关系，对社会经济和道德文明的发展，仍具深远意义。

　　文章从三方面来论述：一，"天理"、"人欲"概念的提出和演变：论述天理、人欲作为一对道德伦理范畴始见于《礼记·乐记》，基本概括了孔、孟儒家崇理抑欲的观念，同时也评论了荀子明显的"以理节欲"观点的历史进步意义。二，宋明时期"理欲之辨"的发展和特点：论述宋明各哲学学派的观点，对程朱陆王的"存理去欲"作具体的分析，并指出他们间的异同。对两宋的事功学派的代表人物和明清之际思想家王夫之的"理寓于欲"的论点以及清代戴震提出的"天理者，节其欲而不穷人欲"的道德伦理思想，作为较为充分的论析。三，"理欲之辨"的历史评价和现代意义；说明"欲"即人们对物质生活的要求，随着社会经济的发展而不断提高，同时人的道德水准也相应提高。"以理节欲"的道理，不论古今，人们都应共同遵守。今天我们用社会主义道德调节公私义利的关系，使物质文明和精神文明并进而互成。本文发表于上海社会科学院《学术季刊》1994年第4期。

　　"天理"与"人欲"的问题曾在中国历史上长期为思想家、学者们争论不休，它重点探讨的是道德伦理与物质欲望之间的关系问题。它论辩的关键不外乎是"理存乎欲"，即认为道德伦理是建立在物质生活基础上的；或者是"存理灭欲"，认为道德伦理和物质欲望完全对立，不容并存以破除物质生活欲望为道德建立的前提；或者是"以理节欲",则承认人对基本物质生活要求的欲望是合理的,但必须用道德规范加以限制而不可让其放纵。以上便是历代争论不休的"理欲之辨"。

"天理"、"人欲"概念的提出和历史的演变

把"天理"与"人欲"作为一对道德伦理范畴提出的,最初见诸《礼记·乐记》中:"人生而静,天之性也;感于物而动,性之欲也。物至知知,然后好恶形焉。好恶无节于内,知诱于外,不能反躬,天理灭矣。夫物之感人无穷,而人之好恶无节,则是物至而人化物也。人化物也者,灭天理而穷人欲者也。于是有悖逆诈伪之心,有淫泆作乱之事……此大乱之道也。"这就是说,人天生的本性是淡泊好静,但由于人受物质生活的影响,于是便产生了欲望。有了对物质生活的好恶之情,这种对物质欲望的追求而不加克制就会丧失伦理道德。物质生活对人的吸引力是很大的,而人情感欲望若没有自制力的话,使人成为"物"的俘虏("人化物")。如此便是毁灭了道德而膨胀了人欲,终于造成了天下社会的种种罪恶,"此大乱之道也"。在以上的一段记述中,基本上承认那种合乎一定道德规范内的"节"(制)之中的"欲"的合理性,也就是《礼记·礼运》篇中说的"饮食男女,人之大欲存焉"。然而这里已经出现把"天理"与"人欲"对立起来的倾向,过分抬高道德伦理规范而尽力贬低物质欲望。但认为人对物质生活欲求的"好恶无节"是造成社会上"淫泆作乱之事"的根源,是"大乱之道"。《礼记·乐记》中的这种观点概括了先秦孔子、孟子的理欲观。

孔子认为"富与贵,是人之所欲也……贫与贱是人之所恶也"①,但人们必须"欲而不贪"(《论语·尧曰》),用"克己复礼"的办法加

---

① 《论语·里仁》。

以限制。孟子继承和发挥了孔子的论点，认为"好色"（追求美好的财物、女子），追求"富"、"贵"都是"人之所欲"。但是人仅在物质生活欲望方面获得极大满足却仍不能弥补道德精神上的空虚，"极天下之欲，不足以解忧"①。他承认"欲"是出于人的本性"口之于味也，目之于色也，耳之于声也，鼻之于嗅也，四肢之于安佚也，性也；有命焉，君子不谓性也"②，然而人要保持其性善就必须"寡欲"。孟子提倡"寡欲"并不是禁欲主义。他认为道德不可能完全脱离物质欲望的联系。比如抚养父母及妻子中所表现的"孝"、"慈"就不能没有基本的物质生活的条件。他说："必使仰足以事父母，俯足以富妻子、乐岁终身饱，凶年免于死亡；然后驱而之善，故民之从也轻。"③

不论孔子或孟子都已具有"以礼（理）节欲"的思想，而荀子则作了更明确的阐述。他说"饥而欲食，寒而欲暖，劳而欲息"，"好荣恶辱、好利恶害、是君子、小人之所同也"④。他又说"人生而有欲，欲而不得，则不能无求，求而无度量分界，则不能不争，争则乱，乱则穷，先王恶其乱也，故制礼义以分之，以养人之欲，给人以求"⑤。他认为人的物质欲望合乎自然本性，假如无限制地让人各自追求其欲望，势必引起社会纠纷和冲突，带来混乱和贫穷。于是由礼义来约束"欲"，并按封建的等级名分加以规定，达到"养人之欲，给人以求。"

在先秦的著作中也有认为道德伦理的根据在于社会物质生活的需要得到最低限度的满足。《管子·牧民》中说："仓廪实，知礼节，衣食足，知荣辱……"韩非也从社会经济生活来说明道德与物欲的关系，认为道德离不开物质利益。他说"饥岁之春，幼弟不饷；穰岁之

---

① 《孟子·万章上》。
② 《孟子·尽心下》。
③ 《孟子·梁惠王上》。
④ 《荀子·荣辱》。
⑤ 《荀子·礼论》。

秋，疏客必食，非疏骨肉爱过客也，多少之心异也。是以古之易财，非仁也，财多也；今之争夺，非鄙也，财寡也。"①韩非轻视道德的作用和价值，以为"先王之仁义无益于治"②。片面强调社会财物的多少而决定"仁"与"不仁"，实际上只讲物质生活而取消了道德和精神的作用。这种非道德主义的观点在现代社会是危害极大的。

汉代董仲舒继承了孔孟的理欲观。他认为人们的物质欲望是人类生存的天然本性，但是物质欲望不能超越道德伦理的规范，让人各逞其欲，势必造成社会的动乱。正是"富者贪利而不能为义，贪者日犯禁而不可止，是世之所以难治也"③，因此，他认为人不可能"无欲"，但是"欲"却不能"过节"。这是符合孔孟、荀子的儒家观点的。汉代王充明确指出："谷足食多，礼义之心生；礼丰义重，平安之基立矣"④。他一方面批评孔子"去食存信"过分抬高道德作用而贬低物质生活的道德决定论的观点，同时他也批评韩非的任刑法而不讲道德作用的观点，认为"治国不能废德"。

宋明时期"理欲之辨"的发展和特点

宋明时期对"理欲之辨"的争论发展得更为突出。由于理学虽以儒学为核心，但兼采佛、道而熔为一炉，因此先秦以来儒家传统的"以理节欲"的观点中又增加了佛道的"灭欲"、"无欲"的成分，所以宋明时期程朱理学提出的"存天理、灭人欲"如陆（九渊）王（阳明）所讲的"存心、去欲"，自然具有某些僧侣主义的戕性灭欲的性质。这种"存理灭欲"的理欲观是程朱陆王道德伦理思想的重要组成部分，对中国封建社会后期产生了深远的消极影响。我们对于宋明道

---

① 《韩非子·五蠹》。
② 《韩非子·显学》。
③ 《春秋繁露·度制》。
④ 《论衡·治期》。

学家理欲观的某些虚伪性反动性的揭露和批判是完全必要的，然而仅注意于此是不够的，虽然"存理灭欲"的理论主要是对劳动人民进行精神奴役和思想毒害，如清思想家戴震所说的"以理杀人"。但是不能否认在一些理学家中提出"存天理，去人欲"也具有对封建统治集团的讽谏和抨击，使之"去欲"而纳入"天理"（封建道德伦理）规范，从而稳定封建统治秩序的作用。"存理灭欲"的理论本身，将伦理道德与物质生活欲望对立起来，主张道德决定一切，显然是片面的。但是某些理学家在某些具体论述中，也较为尖锐地揭露了封建统治者的腐败，同时清醒地看到社会道德教育的重要性、见利忘义的危害性。

北宋的思想家张载与一般理学家一样，也主张"寡欲"，却不主张"无欲"。他认为"饮食男女皆性也，是乌可灭"①。他说："为政者在乎足民，使无所不足，不见可欲而盗必息矣。"②在上的统治者应给予百姓生存的起码物质生活的条件，但是"利欲之心"不可滋长，只有"寡欲"才能达到"天理"。他说："仁之难成久矣，人人失其所好、盖人人有利欲之心，与学正相背驰，故学者要寡欲。"③惟有通过道德修养工夫"变化气质"而"反归其天理"。张载所谓的"天理"是指"公天下之利"④。又说："利，利于民可谓利，利于身利于国（指封建统治集团）皆非利也。"⑤这种以"民利"为重，而主张限制统治者个人和集团的私欲，表现了张载政治上的进步思想。

程颢、程颐在关于"理"与"欲"的问题上，他们认为"天理"在人心中的表现，便是仁、义、礼、智、信，便是伦理纲常和道德意

① 《正蒙·乾称》。
② 《正蒙·有思》。
③ 《经学理窟·学大原》。
④ 《正蒙·大易》。
⑤ 《理性拾遗》。

识。但是人在先天禀受气质不同，如有人禀受浊气，则易为"物欲"所引诱，而丧失"天理"。程颐说："人之为不善，欲诱之也。诱之而弗知，则至于天理灭而不知返。"① "人心莫不有知，惟蔽于人欲，则忘天德也。"② 这就把物质欲望视为同道德（天理）相对立的东西，惟有通过内心的善（天理）恶（物质）观念的斗争，"灭私欲则天理明矣"③。程颐所说的"天理"的准则是封建主义的等级名分。"辨别上下之分，以定其民志，夫上下分明，然后民志有定，民志定，然后可以言治，民志不定，天下不可得而治也。"④ 他认为百姓们的本分是"勤其事，而所享有限"⑤，这是"天理"规定好了的，如果想改变自己穷困的地位，"日志于富侈"或"交骛于利"则是"人欲"。发展下去则是"泯灭天理"、"悖逆作乱"。二程认为百姓为求生存的"悖逆作乱"，是人心"昏蒙之欲"纵肆的结果。这就必须利用封建国家的法律进行镇压。"发下民之蒙，当明刑禁以示之，使之知畏，然后从而教导之。""畏威以从，不敢肆其昏蒙之欲"⑥。不过，程颐也知道专门空谈"天理"也还无济于事，所以他也不得不说："百姓安业，衣食足而有恒心，知孝悌忠信之教，率之易从，劳之不怨，心附于上，固而不可摇也。"⑦

南宋朱熹是理学的集大成者，他对二程的理欲关系的看法作了某些修正和补充。他提出"人欲中自有天理"⑧，"然天理人欲，同行异情"⑨，朱熹认为道德意识与物质欲望是联结在一起不可分的，他明确说"有个天理，便有个人欲"。⑩又认为"人欲"如果"安顿"在"天理"所规定的"恰好"处，本身便是"天理"，如果人欲"安顿得不

① 《二程遗书》卷二十五。
② 同上，卷十一。
③ 同上，卷二十四。
④⑤⑥ 《伊川易传》。
⑦ 《二程文集》卷四·为家君应诏上英宗皇帝书。
⑧⑨⑩ 《朱子语类》卷十三。

恰好"就为"天理"的对立面，就需要调整、除去那些不合"天理"的部分。当朱熹回答学生提出的"饮食之间，孰为天理，孰为人欲也"的问题时，他说："饮食者，天理也；要求美味，人欲也。"① 朱熹认为凡超越于"理"即封建道德原则规定的人欲，不容并立②，"天理人欲常相对"③。这与他前面说的"人欲中自有天理"、"天理人欲无硬定底界"似乎相矛盾，其实并不。前者的"人欲"指合"天理"之"节"，后者的"人欲"则是指"天理"之"过"。这就是他说的"饮食者，天理也；要求美味，人欲也"。

宋明时期的陆王心学，他们与程朱"去人欲、存天理"的观点是基本一致的。他们的立足点也是以排除人的物质欲望为道德伦理存在的前提。陆九渊提倡"存心"、"寡欲"。"夫所以害吾心者何也？欲也"④。明代心学派的陈献章也重弹程朱的老调，"人欲日消，天理日明"；"人欲日炽，天理日晦"⑤。王守仁更以"人欲"为"心中贼"。认为"去得人欲，便识天理"⑥。他认为扫除"人欲"就是杀"心中贼"，这同他镇压农民杀"山中贼"是一致的。在他看来，只有消除人心中的物质欲望和反抗统治者的意识——"人欲"，才能真正平定农民起义和反抗。

以上所述，我们清楚地知道程朱理学提出的"存天理、去人欲"的口号，主要是针对当时农民阶级的。然而也包含其对统治者的诤谏，甚至也作了某种程度的揭露。二程朱熹等人认为造成社会危机的重要原因之一，是由于统治者背离了封建主义的道德原则而逞肆私欲。为此他们规劝封建帝王能"正心窒欲"、"防未萌之欲"、"节嗜好

①② 《朱子语类》卷十三。
③ 同上，卷四十。
④ 《陆九渊集·养心莫善于寡欲》。
⑤ 《东晓序》。
⑥ 《传习录》上。

之过"①。程颐认为要解决社会危机的当务之急是"惟以格君心之非，正心以正朝廷，正朝廷以正百官"②。朱熹曾多次劝谏孝宗："一念之顷，必谨而察之，此为天理耶，人欲耶？果天理也，则敬以充之，而不使其少有雍阏，果人欲也，则敬以克之，而不使其中少有凝滞"③。程朱等理学家在对统治者指陈时弊中，揭露和抨击了当时的一些腐朽社会现象。例如朱熹概括地总结了后期封建社会宋代的情况："德业日堕，纲纪日坏，邪佞充塞，货赂公门；兵愁民愁，盗贼间作，岁异数见，饥谨存臻。群小相挺，人人皆得满其所欲。"④又如程颐揭露北宋社会官场的腐败时说："某见居位者，百事不理会，只凭个大肚子。"⑤并指出这些官吏"诛剥于民"，"竭民膏血"，造成"凶年饥岁，老弱转死于沟壑"。南宋"东南三贤"之一的张栻也是"存天理、去人欲"的积极鼓吹者，他在目睹当时"民食草根"的情况后，十分感慨地说："使人不忍开眼，大抵十室五六空矣。其见存者无人色，有位者终未肯沛然拯济，坐视天民之挤壑。"⑥认为这些"有位者"不顾百姓死活乃是"悖逆天理"的行动。上述这些理学家尽管表现了崇理贬欲的观点，竭力维护封建统治者的利益，但是他们在不同程度上抨击和揭露了种种弊端，企图调和阶级矛盾，减轻阶级压迫，也应该说是有一定进步意义的。

与宋明理学家"存理去欲"思想相对立的，是北宋的思想家李觏提出"人非利不生"的观点。他认为道德伦理是建立在丰富的物质生活的基础之上的。他说："治国之实，心本于财用。……礼以是举、政以是成、爱以是立，感以是行，舍是而克为治者、未之有也。"⑦南

---

① 《宋史道学传一》。
② 《二程遗书》卷十五。
③④ 《宋史·道学传三》。
⑤ 《二程遗书》卷十。
⑥ 《南轩文集》《与吴与叔》。
⑦ 《富国策第一》。

宋的功利学派的代表人物陈亮针对理学家"存天理，灭人欲"的道德准则，提出"功到成处，便是有德；事到济处，便是有理"①，以社会功利为道德的准则。叶适谈到"理"（或礼）与"欲"的关系时，认为"理"（或礼）是人所规定的社会秩序、道德规范，是调节人与人之间的关系的。人的物质欲望是人人皆具有的。"理"在于调节"欲"的作用，坚持"以礼养人"。认为"礼者欲而已矣"②。反对"抑情（情欲）徇伪（人为之礼）"。不同意"去人欲存天理"的观点。

明代的李贽表现了资本主义萌发时期的思想。对于理学家的"理"（或礼）的封建道德的虚伪性进行了揭露，认为理学家所宣扬的"理"是"非理"。真正的道德伦理不是"执之以为一定不可易之物"；而是"人心之所自然"。每人根据自己的欲望去干各样的事情，"千万其心者各遂其千万之人欲"。③因此那种强制人的"条教禁约皆不必用"④。李贽认为物质生活的欲望本身就体现道德的，"穿衣吃饭便是人伦物理"。他公然宣称"人必有私"，认为"虽圣人不能无势力之心"⑤。李贽对理学家的"存理去欲"的批判具有启蒙思想的意义。他所认为的"人人为私"是对封建主义道德虚伪性的鞭挞，但另外方面，这样笼统地说人皆"为私"，客观上却肯定了剥削者的为私。他幻想贫富之间"并育而不相害"，实际是不可能的。与李贽同时期的思想家吕坤虽然在道德的起源问题上持唯心主义观点，但他肯定人只有具备了基本的物质生活的条件，才能使道德伦理得以存在下去。所以他说："元气（指理）赖谷气（谷物）以存，无谷气则无元气"，故"圣人亦人耳，何能灭人心而去之乎"。因此吕坤认为人们能否遵守"道心（理）"——封建道德规范，也应以满足基本"人欲"的要求为前提，那么谁来满足全社会的基本"人欲"的需求呢？吕坤直截了

---

① 《四朝学案·龙川学案》。
② 《习学记言·荀子》。
③④⑤ 《明灯道古录》。

当地指出:"盈天地间只靠二种人为命,曰农夫、织妇。却又没有重他,是自戕其命也。"① 他隐约地、曲折地表示对劳动人民的高度重视的观点,并认为社会道德精神和物质生活皆离不开劳动者,他大胆地指出:"不生富贵人,贫贱安得死!""我亦轩冕徒,久腹民膏脂!"② 吕坤这种思想是极可贵的。吕坤批评了理学家将"天理"与"人欲"割裂开来、互相对立的看法,而且初步肯定了劳动人民是物质财富的创造者,从而保证了道德精神的存在。

王夫之在天理与人欲的问题上提出:"人欲之各得,即天理之大同","天理周充,原不与人欲相对垒";"私欲之中,天理所寓";"人欲之大公,即天理之至正";"人情之通天下而一理者,即天理也"③。这些观点肯定了人民要求生存的物质欲望的合理性。这与李贽所说的"穿衣吃饭即是人伦物理"的意思大体上是一致的。王夫之所讲的"理"的内容是与他坚贞的民族主义思想相联系的。他认为人的生活中应体现崇高道德理想,"圣人尽人道而合天德,合天德者,健以存生之理;尽人道者,动以顺生之几"④。又说:"生以载义,生可贵,义以立生,生可舍。"⑤ 王夫之关于理、欲关系问题,体现了这样一个观点,认为道德植根于物质利益,然而在某种情况下,以民族大义为重,可以舍弃自己的个人物质利益,甚至舍弃生命而追求崇高道德理想。因此,王夫之讲过类似理学家们所说过的话:"有公理,无公欲。私欲净尽,天理流行,则公矣。"⑥ 然而我们结合王夫之民族主义的具体思想内容,则可知道其所谓"公理"是民族大义,私欲是指个人利益,表现了舍生取义的道德情操。

---

① 《呻吟语·治道》。
② 《反抗歌三》。
③ 《读四书大全说》。
④ 《周易外传·无妄》。
⑤ 《尚书引义》。
⑥ 《思问录内篇》。

清代的思想家戴震对于宋明理学作了深刻的批判，指出宋儒去欲存理，实际上是以理杀人"后儒以理杀人，理之为害其法"①。戴震既反对"无欲"、"绝欲"，但同时也反对"纵欲"，故说："天理者，节其欲而不穷人欲"，而不可"快己之欲，忘人之欲"②。这是表现了某些人民性、民主性的道德伦理思想。

"理欲之辨"的历史评价和现代意义

从"理欲之辨"的历史发展来看，传统的儒家观点并不否定物欲的合理性，"欲"的善或恶的性质，在于有否超越"理"（或礼）的"规矩准绳"，因而既不主张"无欲"更反对"纵欲"，强调"以理节欲"。概括起来，其一，他们在解释道德的来源问题上是持先验论的观点，"理"乃"合乎天"的。其二，"以理节欲"乃是以道德原则来调节人们物质生活的关系。这一方面诚然有为封建地主阶级压迫、剥削劳动人民的本质作辩护，另一方面有强调统治者应当节制贪欲，爱惜民力，施行"德政"的部分，这对于减轻人民负担，安定民生，发展生产有一定积极意义。

特别是到了中国晚期封建社会，资本主义萌芽进一步发展的时期，出现了一些启蒙思想家，他们对于理学家空谈道德性命之理的虚伪性，作一定程度的揭露，而讲究"功利"，宣扬"人各有私"，"人各得自私也"等等，反映了新兴市民阶层的进步思想。然而这种单单强调物欲，固然也表现了新兴市民阶层和劳动群众生活欲望，但客观上也肯定了剥削阶级图谋私利的合理性。在某种程度上，也为当时以商人为代表的市民社会中的那种挥霍享受、纵情声色的行为起辩解的作用。因此，这种重欲轻理的观念也有较大的片面性。

---

① 《孟子字义疏证上·理》。
② 《原善》。

理学家们认为"天理人欲，同行异情"（朱熹语）。其间是既矛盾而又统一的。因为"人欲中自有天理"（同上）。"人欲是指通常人的物质生活欲望，不论圣凡，人人具有。但问题在于'人欲'是否由社会道德原则加以节制。"循理而公天下者，圣贤之所以尽其性也，纵欲而私于一己者，众人之所以灭其天也。二者之间，不能以发，而其是非得失之间，相去远也"①。就是说"人欲"是可以朝两个相反方向发展的：一是"循理"，以社会道德为准绳，重视国家的公利"公天下"；另是"纵欲"，为满足"私于一己"的物质欲望，损害国家和他人的利益，因此，主张以公胜私，以理节欲的原则。

今天，这种以公胜私，以理节欲的原则，在赋予新时代的内容后，仍然是应该坚持的。尤其在市场商品经济的冲击下，如果人们"纵欲而私于一己之利"，根本不顾社会主义的道德，必然产生社会上的腐败和各种丑恶的现象。要促使社会风气的好转，讲究社会的精神文明，是应该多讲"天理"。这"天理"的新内容，包括我们中华民族优秀的传统道德思想和社会主义道德原则，用"天理"节制"人欲"的道理，这是一条历史所总结出来的真理，谁也无法改变的。明代思想家罗钦顺说得好："欲，未可谓之为恶，其为善为恶，系于有节无节耳"②。古人说："欲壑难填"，物质生活的欲望任其膨胀就成为罪恶之源，问题的关键在于"有节"或"无节"，即是否能用道德来调节理、欲矛盾。

关于节制"人欲"的问题，中国传统儒家在这方面的论述是很多的。尤其是宋明时代的道学家们有不少专门的理论与实践，宋儒所谓的"主敬"的"内省"工夫，时刻注意道德上的自我约束，克制不合道德规范的"枉思邪念"。如王守仁所谓的"正念头"，达到"正不正

---

① 朱熹《孟子章句·梁惠王下》。
② 《困知记》卷一。

以归于正"的地步。关于这种道德的自我修养的方法和理论，不仅传统的儒家有，而且道家、佛教以及其他的宗教也都各有一套。但是任何事情，一旦流于形式，就会变成虚伪的东西，自欺欺人，危害甚大。明代一个崇尚程朱理学的学者叫袁黄（号了凡）的人，他搞了"功过格"，将自己所行之事分别善恶逐日登记，以考验功过。这种"功过格"类似于思想日记，它脱胎于早期儒家道德学说，有如"慎独"，"三省吾身"、"正心诚意"等，"功过格"不过是后儒个人道德修养具体形式化的一种。自古以来，个人的道德修养是指两种对立的道德观如善与恶，正与邪、是与非在人头脑里展开斗争，最终求达到以善胜恶，以正胜邪的目的。在历史上也有过不少品德高尚的志士仁人，他们曾认真地通过生活实践和自我道德修养的途径，达到崇高道德境界。为社会的稳定和民族的复兴曾作出历史的贡献。在我们今天社会主义社会，道德虽然具有了新的内容，但也非常重视个人道德修养问题。

新中国成立以来，一直提倡思想改造，并建立一定的制度，也有不少《论修养》的专书出版，这对增强道德自我约束的能力和提高个人思想素质以利国利民是有效的。但是完全用硬性的手段，在口头上强调，脱离实际，就会走向极端，祸国殃民。如"文化大革命"中所谓的"灵魂深处爆发革命"、"狠斗私字一闪念"，将这些口号书写在墙上，绣刺在枕套上，大搞形式主义，以"革命"、"斗私"为幌子，作为迫害广大知识分子的手段，这同宋儒提出"存理灭欲"命题后被明清统治者用来作为镇压进步人士的工具，确有历史的相似之处。"存天理，灭人欲"的口号在特定的历史条件下，也能使一些"儒者"蜕变为假道学，正如明代李贽所揭露的那种说"假话"，做"假事"、当"假人"的伪道学。他们言行不一，表里不同，"披服儒雅，行若狗彘"，"口谈道德而心存高官，志在巨富"，李贽就是这样对当时欺世盗名的伪君子进行无情的揭露。由此看来，任何过了头的形式主义，必然产生虚伪丑恶的东西。

　　"人欲"是"灭"不了的，随着社会经济的发展，人们对物质生活的要求在不断提高，与此同时，人的道德水准也当相应地提高。近年来，西方社会腐朽丑恶的东西往往与我们过去的沉渣纠合一起。"以理节欲"的道理，不论古今，都应是人们共同遵守的。这也正是我们今天所提倡的物质文明和精神文明并进而互成原则。用社会主义道德调节公私义利的关系，是很有必要的。

论儒家"孝"观念的历史演变和影响

1987 年 8 月 30 日至 9 月 4 日在孔子故乡山东曲阜厥里宾舍召开"儒家国际学术讨论会",会议由中国孔子基金会与新加坡东亚哲学研究所共同举办。本人应邀参加大会,提交论文并作发言。该文收入 1989 年齐鲁书社出版《儒学国际学术讨论会·论文集》。

本文对儒家"孝"观念的产生和发展进行了认真的历史考察、分析。认为"孝"观念在不同的历史时期有着不同的演变,因而在不同程度上存在着一些合理因素,大体可以归纳以下几点:一,提倡子女对父母的"尊"、"敬",年老时给予照顾和赡养。二,要完成父辈有利于人类的未竟事业。三,将孝亲、忠与民族的"义"相结合。四,反对形式上的繁文缛礼,重视父母在世时的赡养,死时不可厚葬久丧。凡此等等,是历史上"孝"观念的积极因素,我们可以加以继承改造,并赋予新的道德内容。这将有利于社会主义精神文明的建设。文章也还特别强调地指出儒家孝的观念极具封建专制主义的成分,具有浓厚的保守、愚昧的色彩。诸如"天下无不是的父母"、"父要子亡,子不得不亡"之类的愚孝,必须加以严正的、彻底的否定和批判。

两千多年来,儒家提倡的孝道,在中国历史上究竟起了何种作用和影响呢?对于这个问题,我们不能作简单的回答,而应该从历史的发展过程以及"孝"的具体内容的演变中进行认真的考察、分析,从而才能辨明什么是封建主义的糟粕而加以剔除,什么是可作为中华民族优秀的传统道德的组成部分而予以发扬,使之成为社会主义精神文明的养料。

"孝"观念的产生，当始自以血缘为纽带的氏族社会，由于其时生产水平低下，摆脱不了外部自然界力量的支配，人们从血缘的"亲亲"之情，就会很自然地发展为崇拜祖先，并祈求祖宗神对自己的保佑。正如孔子说大禹"致孝于鬼神"，就是孝敬祖宗神的表现形式。氏族社会后期，个体家庭经济开始出现，子女继承父母财产的权利为社会所承认，子女赡养父母的社会责任也随之确立，"孝"的观念也就正式形成。

"孝"观念虽产生于氏族社会，但用文字形式把"孝"的内容明确表示出来，却是在奴隶制鼎盛的西周时代。其表现为二点：一是周人以孝表达对祖宗神的敬服，"显孝于申（神）"①、"祖宗先王"②，其目的是求祖宗"降余多福"③，并通过对祖先的祭祀来巩固氏族奴隶主内部的团结。二是表现对在世父母的孝，即对父母尽奉养之责。这部分内容较多地反映了民间普遍的"孝"观念。《尚书·酒诰》载："肇牵车牛，远服贾，用孝养厥父母"，意谓当人子的为奉养父母，而不辞辛劳地到远方去经商。同样，在《诗经》中也有不少反映当时因战争频繁，造成土地荒芜，使人们无力奉养父母的篇章，发出了"父母何怙?"、"父母何食?"、"父母何尝?"之类的沉痛叹息。它强调子女孝父母在于报答父母的养育之恩。如《诗经·蓼莪》中说："父兮生我，母兮鞠我，拊我育我，顾我复我，出入腹我，欲报之德，昊天罔极"。

先秦诸子对以往体现氏族血缘关系的"亲亲"尊老感情的"孝"大多持肯定态度。道家高度美化氏族公社的原始道德，赞扬"绝仁弃义，民复孝慈"。墨家提出："爱无差等，施由亲始"、"为人父必慈，为人子必孝"的原则，主张在兼爱的基础上建立慈孝观，"若使天下

---

① 《克鼎》。
②③ 《宗周鼎》。

兼相爱，爱人若爱其身，犹有不孝者乎？视父兄与君若其身，恶施不孝，犹有不慈者乎？视弟子与臣若其身，恶施不慈，故不孝不慈亡有。"①墨子这种孝慈观，实际上是小生产者希求社会性的互利互助的道德要求。以孔子、孟子为代表的儒家学派，他们汲取了殷周时代关于"孝"的基本思想，并作了某些改造。其目的是为了用孝来巩固封建等级制度，把"孝"奠定为封建道德的基础。"孝弟也者，其为仁之本与。"②以"孝悌"为"仁义"的基础。"仁"是孔子学说的核心。实行"仁"则必须以孝悌为前提，从孝悌做起。孔、孟关于"孝"的学说，就其本身来说，亦包含着较复杂的内容。一方面继承了氏族社会原始的"孝"的道德观念，即子女有奉养父母，对父母尊敬、服从的职责，父母亦有抚养、爱护子女的义务。对此，孔孟从理论上进行了一系列论述，使之在长期的中国历史上发生了深远的社会影响，成为中华民族的传统美德。但另一方面，孔孟又按照封建社会的政治需要，对孝的观念进行了一番补充，使之逐渐成为封建统治阶级奴役人民思想的工具。这两方面的内容互相交织着，而历史上的不同思想家和学派对儒家孝的学说内容则各有侧重地进行取舍，故而解释也不尽相同。

孔子同意传统的"致孝于鬼神"的行为。他说："禹，吾无间然矣，菲饮食而致孝乎鬼神，恶衣服而致美于黻冕。"③认为禹平日衣食简单，却尽量孝敬鬼神，这是无可非议的。但孔子虽主张在祭祀祖先时要恭敬、虔诚，所谓"祭神如神在"，然而其着重点却不在乎祈求鬼神的福佑，而是偏重于子女对父母在世时的奉养和尊敬，因此当季路请教鬼神问题时，孔子说："未能事人焉能事鬼？"④在这里，孔

---

① 《墨子·兼爱上》。
② 《论语·里仁》。
③ 《论语·泰伯》。
④ 《论语·先进》。

子虽没有对事鬼神持否定态度，但强调的是"事人"。他认为父母活着时，做子女的不能尽孝，父母死后，也就谈不上孝敬鬼神了。因此"事人"是"事鬼"的前提，"事鬼"是"事人"的继续。孟子引曾子的话说："生，事之以礼；死，葬之以礼，祭之以礼，可谓孝矣。"① 至于孔子曾提出为死去父母守丧三年的主张，显得很迂腐，不过他的目的并非企图通过久丧以求得父母亡灵的福佑，实际上是要求子女以"事死如事生"，表示对父母养育之恩的长志不忘，其中并没有多少迷信的成分。孔子的学生宰我认为守丧三年时间太长，建议改革为一年，孔子骂宰我"不仁"，理由是"子生三年，然后免于父母之怀。夫三年之丧，天下之通丧也，予（宰我）也有三年之爱于其父母乎?"② 在这场关于守丧三年抑或一年的争执中，宰我的主张较为合理些，但孔子的三年之丧的主张却成为中国长期封建社会的守丧教条。

孔、孟不赞成仅仅将"孝"理解为奉"养"。他们认为孝的主要原则是对父母和长辈的尊重与顺从。孔子回答子夏问孝时说："色难。有事弟子服其劳，有酒食，先生馔，曾是以为孝乎?"③ 这是说，做子女的最难能可贵的是要始终如一地对父母、长辈和颜悦色。如果只是有重活由年轻的人去干，有酒食先让年老者去吃，而态度却生硬的话，就不能算已尽到孝。孔子说："今之孝者，是谓能养，至于犬马，皆能有养。不敬，何以别乎?"④ 意思是说人们以为能养活父母便算尽孝敬的话，那么犬马也一样被人养着，如果缺乏对父母一片孝敬心，这样，赡养父母和饲养犬马也就没有区别了。孟子对孔子关于何者为孝的问题作了一定补充。他指出世俗所谓不孝者有五，"惰其四支（肢），不顾父母之养，一不孝也；博弈好饮酒，不顾父母之养，

---

① 《孟子·滕文公上》。
② 《论语·阳质》。
③④ 《论语·为政》。

二不孝也；好货财，私妻子，不顾父母之养，三不孝也；从耳目之欲以为父母戮，四不孝也；好勇斗狠以危父母，五不孝也。"①前三种不孝皆属不供养父母者，后二种不孝是属行为不端而牵累父母者。孟子认为，实行孝道，仅停留在"顾父母之养"的要求上是远远不够的，而是"孝子之至，莫大于尊亲"，惟有对长者尊敬和恭顺才可算达到了"孝"。

诚然，人不同于动物，除了物质生活的需求外，尤其重要的是需要精神上的慰藉，只要家庭存在，子女总是父母的一种精神寄托，子女对父母的尊重则是父母最好的精神慰藉。从这个意义上说，孔、孟主张对父母的尊敬，应该说是中国古代道德文明的表现，在很长的历史阶段中，它作为中华民族的优良传统道德得到了继承和发展。

但是孔、孟提倡的"孝"除了上述一般意义上的对父母奉养和尊敬之外，主要是要求子女对父母不分是非曲直的盲目服从。父子间要相互"隐恶"等等，这对后世起了极大的思想毒害作用。《论语》中载："孟懿子问孝，子曰：无违。"②又"子曰：事父母几谏，见志不从，又敬不违，劳而不怨。"③意思是说子女应该顺从父母的意志。父母有过错，当委婉而谏，把自己意见表达后父母仍不听取，应照旧恭敬，劳而无怨。孟子还说："不得乎亲，不可以为人；不顺乎亲，不可以为子。"④认为得不到父母欢心的人不能算人，不能顺从父母意志的就够不上当儿子的资格，而且做子女的见到父母时要"战战兢兢、如临深渊，如履薄冰"，小心翼翼，诚惶诚恐，否则就是不孝。子女成为父母的驯服奴隶。孟子还认为父子之间不可以彼此责求善行。"父子之间不责善，责善则离，离则不祥莫大焉。"⑤在孟子看来，互相勉

---

① ⑤《孟子·离娄下》。
②《论语·为政》。
③《论语·里仁》。
④《孟子·离娄上》。

励行善，这是朋友之间相处的原则，而父子之间互相责求善行，就会伤害父子之间的恩德，"不祥莫大焉"。①

怎样才算父子相处得好呢？孔子提出了父子间隐恶扬善的原则。例如叶公告诉孔子其家乡有一个正直的人，向官府告发自己父亲的偷窃行为，孔子听了不以为然，说："吾党之直者异于是，父为子隐，子为父隐，直在其中矣。"②孔子自认为行公直之道原则是与告发父亲行窃之事相异。主张父子之间相互为之隐瞒丑行，以为这本身就包藏着公直之道。这种以私恩庇护丑恶行为，显然是很荒唐的。

孔、孟的"孝"又具有浓厚的保守、愚昧的色彩。他们不仅主张"父母在，不远游，游必有方"③，把子女牢牢束缚在父母身边，而且父母死后，子女必须对父母的一切，不论好坏都全盘继承，所谓"三年无改于父之道，可谓孝矣"。甚至要求子女对自己由父母所生的身体和肤发不能有任何损伤，否则就是不孝。曾参临死之前把门徒召集到自己的身边，要他们验看自己的手和脚有无损伤，希望门徒像他一样保身以孝亲。孟子主张"乡邻有斗者，被发缨冠而往救之，则惑也，虽闭户可也。"④孝子为了保身，见斗不劝，见死不救，采取关门不管的态度，这种独善自私的思想，与传统的见义勇为的道德思想格格不入，当被历史所淘汰。

"孝"，又被后世之儒规定为繁琐的仪式，这集中表现在《礼记》中。《礼记》是秦汉之际儒家文集，它承继了孔、孟的伦理学说。对于"孝"这一观念，它一方面保留了"孝"事亲养老的内容《大戴礼记》的《曾子大孝》说："大孝尊亲，其次不辱，其下能养"，曾参在先秦时代被当作孝子之楷模，他把孝看成是道德第一要义，认为孝的

---

① 《孟子·离娄上》。
② 《论语·子路》。
③ 《论语·里仁》。
④ 《孟子·离娄下》。

最高境界是尊亲，至于养亲则是起码的要求。同时在《礼记》中，孝又表现为虚伪的繁琐的仪式。它规定父母在世时，子女必须按时请安，在父母面前甚至"不敢哕、噫、嚏、欠伸……寒不敢袭，痒不敢搔。"①父母死后，子女当"思死不欲生"，"亲始死，……侧怛之心，痛疾之意，伤肾乾肝焦肺，水浆不入口，三日不举火"，又如"女子哭泣悲哀，击胸伤心；男子哭泣悲哀，稽颡触地无容"。再如"孝子丧亲，哭泣无数，服勤三年，身病体羸，以杖扶病也。"②父母亡故，子女思念父母而怀悲痛之情，这乃是人之常情，但因此硬性规定如何哭泣，如何"水浆不入"，以至"身病体羸"，这不仅矫伪做作，且是精神和肉体的自我摧残，是违反人性的野蛮教条，其虚伪、愚蠢的性质是很明显的。

西汉时代，由于封建经济基础已经稳定而且获得相当发展，为了适应封建大一统的中央极权的需要，董仲舒倡"独尊儒术"，以天人感应说论证"孝"的自然性和神圣性，把"孝亲"与"忠君"合二而一。《孝经》一书流传于汉初，反映了西汉儒家思想。它把"孝"分成为五等："天子之孝"——"爱敬尽于事亲，德教加于百姓"，其所谓"天子之孝"不过虚悬一格，着眼于"治民"；"诸侯之孝"——"在上不骄，满而不虚"；"乡大夫之孝"——"非法不言，非道不行"；"士之孝"——"以孝事启，以敬事长"；"庶人之孝"——"谨身节用，以养父母"。从上述"五等之孝"来看，除了层次最低的"庶人之孝"还具有尊敬、奉养父母的内容外，其他作为本来意义的"孝"的成分已很淡薄了。

《孝经》不仅把孝道说成是人伦之本，而且将它抬到"天道"的高度。"子曰：夫孝，天之经，地之义也，民之行也。"《孝经》作者借

---

① 《礼记·内则》。
② 《礼记·问丧》。

孔子之口将"孝"演衍为天经地义,"孝亲"的目的在于"忠君",绝对忠实服从封建统治。"夫孝,始于事亲,中于事君,终于立身。"① 又说:"君子之事亲孝,故忠可移于君。"②

然而《孝经》中对孔、孟的某些"孝"观念也作了根本性的修正。如孔、孟认为父母有过,子女要委婉谏说,父母不采纳则必须顺从,不能争辩。对此,《孝经》则提出完全不同的看法:"当不义,则子不可以不争于父,臣不可以不争于君。故当不义则争之,从父之令又焉得为孝乎?"③ 强调以"义"为准则。凡不合乎"义",臣子可同君父争辩是非。就这一点说,"孝"观念的变化也可说是一个历史的进步。汉代其他的思想家如贾谊对父慈子孝的理解,仅提出"亲爱利子谓之慈,反慈为嚚;子爱利亲谓之孝,反孝为孽。"④ 认为"孝"是建立在"利"的基础上。东汉初的王充也同样认为道德包括孝道在内,都是建立在物质基础上的。"口饥不食,不暇顾恩义。"⑤ "谷足食多,礼义之心生。"⑥ 因此"贤君之治国也,犹慈父之治家,慈父耐平教明令,耐使子孙皆为孝善,子孙孝善,是家兴也;百姓平安,是国昌也。"⑦ 王充认为家庭兴旺,"子孙孝善"以至国家昌盛,"百姓平安",都是以"谷足食多"的物质条件为前提的,这一观点具有唯物主义因素。

东汉末的《太平经》,反映了民间的道德伦理思想,其中也受到了儒家传统思想的影响。在《太平经》中出现的"孝"尽管仍遵循儒家"父慈母爱,子孝兄长"的道德原则,但具体解释则重点放在子女对父母赡养的义务和责任上。"日有积聚,家中雍雍,以养父母。"⑧ 又

---

①② 《孝经·开宗明义章》。
③ 《孝经·广至德章》。
④ 《新书·道术》。
⑤ 《论衡·问孔》。
⑥⑦ 《论衡·治期》。
⑧ 《太平经》卷七十三。

说:"子者年少,力日强有余。父母者日衰老,力日少不足也。夫子何男何女,智贤力有余,乃当还报复其父母功恩而供养之也。"①《太平经》认为就自然规律来说,父母日见衰老,子女年富力强,还报父母的养育之功也是理所当然的。做子女的应努力使家庭富裕有足够的能力供养父母,不能使他们老而无依。反之,"生不尽力养父母"②,甚至"反欺老者",则是"大逆之民",当受到严厉的谴责和惩罚。《太平经》中关于"孝"的观念,已部分地剔除了原来儒家中的迂腐不合情理的愚孝因素,而将其中"尊亲养老"的思想作了新的发挥,成为广大农民阶级自己所遵循的道德。

魏晋时代,封建统治阶级鉴于汉代神学化的粗糙儒学,已失去原有的统治作用,因而不得不采用先秦时代的老、庄思想,但不排斥儒学。如魏文帝曹丕的首次诏书就颂扬孔子是"命世之大圣,亿载之师表";晋司马炎做了皇帝以后则力倡"以孝治天下"。鲁迅曾指出:魏晋"为什么要以孝治天下呢?因为王位从禅让,即巧取豪夺而来,若主张以忠治天下,他们的立脚点便不稳,办事便棘手,立论也难了,所以一定要以孝治天下。"曹魏的王位篡夺于汉,晋司马氏的王位篡夺于曹魏,篡夺王位不符合儒家"忠君"的原则,所以魏晋"一定要以孝治天下"。实际上这时的统治集团往往利用"孝"作为政治上排除异己的手段。如曹操开始时并不讲究孝,在《求才令》中就公开说:"唯才是举",凡"不仁不孝而有治之术","污辱之名,见笑之行"的人都在招聘之列,可是后来为了除掉异己,竟用"不孝"之名杀了孔融。他根据路粹"引"孔融的一段话"父之于子,当有何亲?论其本意,实为情欲发耳。子之为母,亦复奚为?譬如寄物瓶中,出则离矣",以此作为孔融"不孝"之罪证。孔融是否有此说法颇值得

---

① 《太平经》卷九十六。
② 同上,卷一百十四。

怀疑。因为孔融本人也曾以"不孝"的罪名杀过人。"孔文举（融）为北海相，有遭父丧，哭泣墓侧，色无憔悴，文举杀之。"可见，此时"孝"已成为极端虚伪和政治上残杀的工具。三国末期，司马氏篡魏以后，在"以孝治天下"的幌子下，杀了不少不肯与之妥协和合作的"名士"。司马昭就曾用"不孝"之罪名杀了"竹林七贤"中的嵇康和名士吕安，而其原有的奉养和尊敬的成分已丧失殆尽。

晋代《颜氏家训》的作者颜之推，针对当时把"孝"变成虚伪形式的情况，主张恢复"孝"的原有内容。他提倡"孝为百行之首"[①]，但对其中若干繁琐、流于形式主义的做法，则进行了批评。他说："礼缘人情，恩由义断"[②]，应以"躬俭节用"为原则，祭祀时只要"唯下白粥清水干枣"[③]即可，不必浪费钱财。对于死去的父母表示思念之情是合乎情理的，但过了分就会变成"伪"。他认为实行"孝"，是发自内心的，不要停留在形式上。例如当时的陋俗有"父子遗书，母之杯圈，感其手口之泽，不忍读用"，"所住之堂，终身镵闭，弗忍开入也。"[④]对此，颜之推予以讽刺说：假如"亲以噎死"，难道子女就得"绝食"了么？他尖锐地抨击了那些贪求"孝"名的伪君子，举例说有一个假孝子在居丧期间竟"以巴豆涂脸，遂使成疾，表哭泣之过"[⑤]。这种"窃名者，厚貌深奸"是不齿于人的。

颜之推认为"父不慈则子不孝"[⑥]。然而父慈，不是对子女的溺爱，而是对子女的教育："父子之严，不可以狎；骨肉之亲，不可以简。简则慈孝不接，狎则怠慢生焉。"[⑦]"无教而有爱"的纵溺，实际上是害了子女。子女对父母的孝，不仅局限于报答私恩，当公私关系发生矛盾时，子女应"泯躯而济国"。他说："行诚孝而见贼，履仁义

①⑥⑦《颜氏家训》卷一《教子》。
② 同上，卷二《风操》。
③ 同上，《终制》。
④⑤ 同上，卷二《名实》。

而得罪，丧身以全家，泯躯而济国，君子不咎也。"① 这种思想内含着合理因素。

宋明时代，中国封建社会逐步走向后期，地主阶级更加强化了其封建专制统治，理学家将父权绝对化，突出"孝"观念，以此作为道德论中最重要的范畴之一。北宋的张载在其《西铭》一文中论述的孝道，其中有一定的进步意义，他说："尊高年，所以长其长；慈孤弱，所以幼吾幼。圣合其德，贤其秀也。凡天下疲癃残疾，惸独鳏寡，皆吾兄弟之颠连而无告者也。于时保之，子之翼也；乐其不忧，纯乎孝者也。"提倡人们尊老抚幼，照顾好社会所有的残疾穷苦之人，这是对儒家传统思想中合理部分的发扬。但与其同时，他为了达到稳定封建统治秩序的目的，要求人们必须忠君事长，恪守封建义务，此乃天经地义，任何人都不可逃避这种封建道德义务。《西铭》中所举的几位古代忠孝的典型：如晋献公之子申生，因顺从父亲自缢而死；孔子的弟子曾参为尊亲而保身；周大夫尹吉甫的八子伯奇，被父所逐而无怨等等，张载所提到的这几位古人都是奴从父权的典型，而张载却将他们作为世人的楷模，无非是要求人们也要像他们一样。张载还要求人们不论富贵贫贱，都应做到在世一天，就要尽一天的孝道，直到宁静地死去。张载这种"孝"观点，在宋明时期起了广泛影响，为程朱理学提供了伦理道德方面理论基础。

宋理学的集大成者朱熹，其平时起居就是当时道学家之典型："其闲居也，未明而起，深衣幅巾方履，拜宇家庙，以及先圣。"② 他编定《家礼》，勘订《孝经》，并将此作为教学内容之一，提倡绝对父权意义的"孝"。他为地方官时就在《劝谕榜》上写道："劝谕士民当知此身本出于父母而兄弟同出于父母，是以父母兄弟天性之恩至深

---

① 《颜氏家训》卷四《养生》。
② 李方子《朱文公年谱》。

至重，而人之所以爱亲敬长者。"①朱熹的弟子陈淳也以"人由父母所生"为理论依据论述"孝"的根源。陈淳初见朱熹时，朱熹便从"根源"两字启发他，说："凡阅义理，必寻究其根源"，"为人子何故止于孝，须穷孝之根源所自来。"②陈淳写了《孝根源》，可谓满纸荒唐言，但这正集中地表述了南宋理学家对于"孝"的基本观点。他说：

> 天之生人，决不天降而地出，木孕而石产，决必由父母之胞胎而生。天下岂不有父母胞胎而生之人乎？而其所以由胞胎而生者，亦岂人之所能必，而亦岂父母所能安排计置乎？是则子之于父母，信其为天所命，自然而然，人道之所不能无。俯仰戴履，有此身有生以至没世，不能一日而相离。如欲离之，必须无此身而后可，然人岂能无此身，岂能出于大理之外哉？既不能无此身，不能出乎天理之外，则是决不能一旦而相离，既不能一旦而相离，则决不可以不竭尽，决不可空负人子之名于斯世，决然在所当孝，而决不容于不孝。

文章翻来覆去论证"孝"根源的主要理论依据，乃是每个人从各自所属父母的胞胎中出来的，至于何人从何胞胎中出来，则是由"天理"决定的，这也就决定了人子当孝其从何胞胎里出来的父母。用胞胎决定论，论证"孝"根源，诚为可笑、愚昧，但陈淳的"孝根源"论却成为封建社会后期普遍遵奉的道德教条。朱熹后学黄震也认为"始于事亲是之谓孝，而推之为百行，是孝也者，其体源于造化流行之粹，其用达于天下国家之仁，本末一贯皆此物也。"③将"孝"确定为所有封建道德的根本。

---

① 《朱文公文集》卷第一百《劝谕榜》。
② 陈宓《有宋北溪先生主簿陈公墓志铭》。
③ 《黄氏日钞》。

在朱熹理学派的宣扬下，当时出现了许多愚孝者。如李坤臣因死了父亲，"日夜哭泣"，哭瞎了眼睛。郑觉民因母病"割股和肉以进"，父死竟为之悲哀而死。还有个叫范祖幹的因有孝行，被郡守"立纯孝坊"，而且被人称之为纯孝先生。可以推断，死于愚孝者是不可计数的。

南宋心学派的陆九渊，强调道德乃人心中"自然如此"，认为"孝"的情感是天生的。"汝耳自聪，目自明，事父母自能孝，事兄自能弟，本无可缺，不必他求。"① 又指出："成孝敬，厚人伦，美教化，移风俗。"② 他认为实行孝道主要靠内心的修养，而不是条约的约束，故说："存养是主人，检敛是奴仆。"③ 这表明他与朱熹理学派在治学方法上的区别，也反映了他们对如何建立儒学伦理观上也有认识上的差异。他说："事父孝，故事天明；事母孝，故事地察。是学已到田地，自然如此，非是欲去此而察此也，明于庶物察于人伦亦然。"④ 对父母的孝联系到对天地的明察，有袭"天人合一"旧说之痕迹，因为他认为尽孝道是"自然如此"的事，因而不注重仪礼形式上的工夫。

继陆九渊之后的心学集大成者王阳明，从"致良知"的哲学基础出发论述"孝"。他说："故良知只是一个天理，自然明觉发见处，只是一个真诚恻怛，便是他本体……故致此真诚恻怛便是孝。"⑤ 他认为人实现孝道有三个层次。一是"生而知之"的圣人，"只是依此良知，实落尽孝而已"；二是"学而知之"的人，"只是时时省觉，要依此良知，尽孝而已"；三是"困而知之"的人，"蔽锢之深，虽要依此良知去孝，又为私欲所阻，是以不能，必加人一己百，人十己千之功，方能依此良知，以尽其孝。"⑥ 王阳明这是从道德先验论来说明孝道。他

①③ 《陆象山全集》卷三十四《语录》。
②④ 同上，卷三十五《语录》。
⑤ 《阳明全集》卷二《传习录中》。
⑥ 《传习录下》。

以为恢复人的先天"良知",就自然而然地能尽孝道,和陆九渊一样,王阳明不讲究繁文缛礼。"父母丧葬,衣衾棺椁,但尽诚孝,……或盛设宴乐,倾家废财,俱于死者无益。"① 王阳明虽强调人们从内心遵守封建道德的标准,但不主张受种种矫伪形式仪礼的束缚,仅此一点,在当时是有进步意义的。

明清之际,处于社会大动荡的时代,满族贵族入主中原,民族矛盾极为尖锐,儒家传统道德观念也注入了某些新的因素。例如黄宗羲的孝道观就渗透了浓厚的民族主义精神。如何守住孝道?黄宗羲说:"守,如城守之守,父母生我,将此降表之理,完全付我。……故须血战孤城,待得夕死,交割还与父母,始谓之全归,不待身体肤发,受之父母而已矣。"② 这是说凡为国家民族利益,抗击外族而"血战孤城",甚至牺牲了,这是向生我之父母交还生命,这种舍生取义才算是对父母最好的报答——"全归"。这不同于曾子所片面强调的"保身"主张。黄宗羲也认为"孝"应具备"养老"的内容,以及继承先人之遗志。"孝,父之有子,原欲使其继我之志,我之所未尽而子尽之,我所未为而子为之以是仅有子也。"这种"孝"观念内涵着人类在代代相继过程中不断开拓进取的精神。他说:"后世如迁(司马迁)之因谈(司马谈)而成《史记》,固(班固)因彪而续《汉书》,苏子瞻缘老泉(苏洵)而著书易,皆观志之事也。"③ 这是对先秦儒家笼统地不分好坏的"观志"之说的重大的积极的修正。他还说:"人子之事亲,承欢膝下,事无更大于此者,顾不即以当大事许之。至于送死之时,则养生自此已尽,人子之大事始毕,如可谓之当大事,即送死无憾,养生有憾,仍不足以当大事也。"④ 应该说黄宗羲关于"孝"观念,注入了不少前人所不具备的内容,其中有若干积极因素。

---

① 《阳明全集》卷十七《南赣乡约》。
②③ 《黄宗羲全集》第一册《孟子师说·事孰为大章》98—99 页。
④ 同上,《孟子师说·养生章》109 页。

1840年鸦片战争失败后，中国开始向半殖民地半封建的社会转化，这是我国近代史的开始。首开一代风气之先的思想家龚自珍，继承了黄宗羲的部分"孝"观念，在《农宗》篇中明确提出"父不私子则不慈，子不业父则不孝"，认为子女如果不能继承父母的遗志，使父辈的事业发扬光大就是不孝。换句话说，"孝"就是继承、发扬前人的事业。

太平天国的农民革命，对封建伦理纲常是一次规模巨大的严重打击。曾国藩惊呼"举中国数千年礼义人伦，诗书典则，一旦扫地荡尽。"①事实上，洪秀全并不全部否定儒家的道德思想，只不过是将西方基督教的教义和儒家某些传统思想加以结合，作出了某些新解释。在《原道救世歌》中，就说过"《孝经》当明"之类的话。可见他是受《孝经》影响的。"父兮生我母鞠我，长育劬劳无能名；恩极昊天难报答，昭何孝养竭忠诚，……孝亲即是孝上帝，……逆亲即是逆上帝。"这里除了将儒家传统的"孝亲"观和基督教的"孝上帝"宗教观相结合外，也表现了近代史上太平天国农民革命所要维护的道德规范。

自太平天国农民起义被镇压后，统治阶级内部发生了新的分化，出现了一批具有初步的资产阶级思想的知识分子。他们开始宣扬变法自强的主张。但正式登上政治舞台当以1898年的维新变法运动为标志。他们反对禁锢人们精神解放的封建主义伦理道德的说教。如康有为在《礼运注》中就用资产阶级观点发挥"养老慈幼"的思想。他说："专待之于私亲而无可待也，不如待之于公而必恃也，故公世，人人分其仰事俯产畜之物产财力以为公产，以养老慈幼恤贫医疾。"康有为幻想建立一个大同世界，生、老、病、死都由"公产"来解决。在这个大同社会中，老年人则不必专门依赖子女的奉养，而赖之

---

① 《曾文正公全集·讨粤匪檄》。

于公共的福利。尽管康有为所反映的中国资产阶级乌托邦，打破了中国传统的"私亲"、"养老"的孝道观念的界限，但在私有制的社会中是永远不可能实现的。严复说："西之教平等，故以公治众而亲自由，自由故贵信果（结果）；东之教立纲，故以孝治天下而首尊亲，尊亲故薄信果。"① 严复认为中国封建社会"以孝治天下而首尊亲"，是使人们失去平等和自由，开批判"孝"观念之先端。

辛亥革命时期反封建的猛士章太炎，尖锐地抨击中国封建社会"君权太重，父权太极"，指出封建礼教是奴役和残杀人民灵魂的工具："三纲之慑人，足以破其胆而杀其灵魂，有如此矣。"② 特别对"父为子纲"作了较透彻的批判。他认为父子"肢体既殊，志行亦异，不得以父并包其子，亦不得以子归纳于父。"③ 说明父子之间各有各的个性，有其不同的志趣和活动，谁也代替不了谁。当儿子的有儿子的"志"，有施展自己才能的社会活动——"行"，不一定去"观"父之"志"与"行"。这是因为父不能"并包其子"，子不能"归纳于父"。

鲁迅先生更为深刻地批判了封建主义的"孝"观念。"以为父子关系，只须'父兮生我'一件事，幼者的全部，便应为长者所有。尤其堕落的，是因此责望报偿，以为幼者的全部理该做长者的牺牲。"④ 鲁迅先生认为父子之间都各有自己的社会责任和义务，这就是慈和孝。父母对子女的责任和义务是"健全的产生、尽力的教育、完全的解放"，当父母衰老时，子女则有赡养的责任和义务。鲁迅先生的这一看法，是具有社会主义性质的道德观。

我们通过对儒家"孝"观念的历史考察，对于其中宣扬封建专制主义的东西，诸如"天下无不是的父母"、"父要子亡，子不得不亡"之类的愚孝，必须加以严正的、彻底的否定和批判。但是"孝"的观

---

① 严复《论世变之亟》。
②③ 章太炎《訄书·订孔》。
④ 鲁迅《坟·我们现在怎样做父亲》。

念，在不同的历史时期有着不同的演变，因而在不同程度上存在着一些合理因素，大体可以归纳以下几点：一、如提倡子女对父母的"尊"、"敬"，年老时给予照顾和赡养。二、要完成父辈有利于人类的未竟事业，正如前引的黄宗羲之说："如迁因谈而成《史记》，固之因彪而续《汉书》"。三、将孝亲与忠于民族的"义"相结合，必要时"泯躯济国"。四、反对形式上的繁文缛礼，重视父母在世的赡养，死时不可厚葬久丧。凡此等等，是历史上"孝"观念的积极因素，我们完全可以加以继承、改造，并赋予一些新的道德内容，这将利于社会主义精神文明的建设。

略论中国古代关于量变与质变理论的发展

本论文探讨的中国古代哲学中量变与质变理论的历史发展，实际上便是中国哲学史上关于事物运动变化两种形式"渐"与"骤"这一对范畴历史演变的研究。张岱年先生早在 30 年代中期撰写的《中国哲学大纲》(正式出版于 1958 年) 曾结合中国哲学问题史而对中国哲学范畴作了开拓性的探索。60 年代之初，学术界虽也有过重视范畴的研究，然由于众所周知的客观原因，长期地被搁置起来，直到 80 年代的中后期才先后出版了中国哲学范畴发展史这样的专著。本论文是发表于 80 年代初的《社会科学战线》上。文章分别从三个大的历史阶段进行论述：先秦诸子时代；两汉至隋唐时代；两宋至明清时代。说明"渐""骤"观是中国古代朴素宇宙观的一个重要组成部分，具有历史进步意义。认为中国古代辩证论者，大都比较忽视突变形式（骤），而只注重渐变（积渐）形式，有的虽注意到事物的突变形式，然较集中于自然现象方面，而不在社会现象方面，像王夫之那样肯定突变在社会生活中重大作用和意义是不多的。文中又指出中国古代辩证论者关于质变、量变的理论不免带有朴素的猜测性质，因其未能与实验科学成果结合，以致在理论上有不少破绽和缺陷。但它作为祖国古代哲学遗产中的精华之一，是值得我们研究与批判地继承。

中国古代，人们在实践中早就猜测到事物的发展或新事物的产生是有一个从量变到质变的过程和规律的，并且不断地从理论上加以概括和总结，而成为古代朴素辩证法宇宙观的一个重要组成部分。

一

先秦时代，由于社会生产力的不断发展，引起了生产关系的变革，使当时旧的奴隶制日趋崩溃，新的封建制度逐渐形成。这种巨大的社会变革，促使人们从变化和发展的观点来看待现实世界，因而在哲学上就有比较丰富的朴素辩证法思想。如在《周易》、《老子》、《荀子》和《韩非子》等哲学著作中关于事物的量的积累会引起质的变化的思想，就是一个重要的方面。

早在《易经》中的"渐卦"就包含着对于事物的渐变过程及其发展规律的猜测，故《易传》解释说："渐者，进也。"[①] 它还明白地说："善不积不足以成名，恶不积不足以灭身。"[②] "臣弑其君，子弑其父，非一朝一夕之故，其所由来者渐矣。"[③] 这是说成为善人是由于"积"善的结果，取祸灭身则是由于"积"恶的结果；"弑君""弑父"这种暴烈事件并非偶然，而是有一个"渐"变的过程的。显然，这两段话无疑是包含着由于量的积累即量变以致引起质变的思想的。《易传》还猜测到自然界亦有此规律，如说"天地解（平静）而雷雨作，雷雨作而百果草木皆甲坼（生长）。"这是说天地看来平静，而突然发作的雷雨已经逐渐地在形成；雷雨发作则会使百果草木更好地生长起来。这也就是说"雷雨"这种突变或质变现象是由"天地"之间平静缓慢的渐变或量变发展而来的。在《老子》一书中所说："天下难事，必作于易，天下大事，必作于细。""合抱之木，生于毫末，九层之台，起于累土，千里之行，始于足下。"这也表明事物的运动变化，总是先从量变开始的，量变乃是质变的前提和基础。在《管子》一书中则有所谓"渐，谓革物当以渐也"的说法，其意思也就是说渐变乃是变

---

① 《易·序卦传》。
② 《易传·系辞下》。
③ 《易传·坤文言》。

革事物而使之质变的基础。

上述这种观点，在唯物论者荀子那里则更加明确。他认为自然界和人类社会的事物都是由于有所"积"即量的积累和变化，然后才会产生新的事物的。如说"不积小流，无以成江海。"① 又说："积土而为山，积水而成海，且暮积谓之岁。……故圣人也者，人之所积也。人积耨耕而为农夫，积斫削而为工匠，积反（贩）货而为商贾，积礼义而为君子。"② 这就是说自然界中有所"积"然后才会有"江海"和"山"等等事物的形成，人类社会也是如此，而且"人之所积"不同，就会有"圣人"与一般人或者"农夫"、"工匠"、"商人"等不同性质的差别。把这种观点用来解释人的思想品质的形成问题时，荀子就提出所谓"习俗移志，安久移质"③ 的说法，意思是说社会习俗是会逐渐改变人的思想感情的，久而久之就会改变人的根本品质，诸如"君子"会变为"小人"，而"小人"也会变为"君子"。这正是由渐变引起质变的规律的具体说法。

步荀子后尘的韩非又把这一哲学思想加以发展。他不仅一般地说明事物的发生"皆非一日之积也，有渐而以至矣"的规律，比如说"凡奸者，行久而成积，积成而力多，力多则能杀，故明主早绝之"④。而且还进一步猜测到事物之"积""渐"的变化发展到质变之时会发生突变的情况，如说："千丈之堤以蝼蚁之穴溃，百尺之室以突隙之烟焚。"⑤ "千丈之堤"的崩溃和"百尺之室"的焚毁，都是一种突变的现象，而这种突变则是由于堤上的蚁穴的增大和烟囱上的星火的蔓延这种"渐"变发展的结果，韩非又说："木之折也必通蠹，墙之坏也必通隙，然木虽蠹，无疾风不折，墙虽隙无大雨不坏。"⑥ 这近

---

① 《荀子·劝学》。
②③ 《荀子·儒效》。
④ 《韩非子·外储说右上》。
⑤ 《韩非子·喻老》。
⑥ 《韩非子·亡征》。

似现代科学所说明的水的温度降到 0 度以下如果没有空气的突然震动而不会结冰一样，其中无疑是包含着由渐变发展到突变的思想因素的，这比荀子所谓"积微者著"的说法要明确而深刻得多了。与此同时，韩非又进一步注意到事物由渐变发展到质变，其间还有一个"度"的问题，例如人必须饮水，但是"溺者多饮之即死，渴者则适饮之即生"①。在这里，饮水数量的增多或减少，超过一定的限度，就会导致"死"或"生"这种不同性质的变化。再如"视强则目不明，听甚则耳不聪，思虑过度则智识乱"②等等情况，都是同样的道理。因此，在韩非看来，人们在实际生活中掌握"适度"的原则是颇为重要的。

上述哲学观点都是把事物的量变与质变密切联系起来加以辩证的理解的。但在先秦时代的哲学家中也还有与此相对立的观点，例如庄子就不承认事物的突然质变是由量变或渐变的发展而来的规律。尽管庄子认为"物之生也，若骤若驰，无动而不变，无时而不移"，③一切都处在变化中，但是他却因此否认事物具有质的规定性，而鼓吹所谓"方生方死，方死方生"、"方可方不可，方不可方可"等等的相对主义观点，因而他所谓"若骤若驰"的变化，就没有规律可循，也没有一个发展的过程。如他所说的时而"臭腐复化为神奇"，时而"神奇复化为臭腐"④等等，这些都是偶然地无缘无故地发生的，是一种反辩证法的形而上学观点，因为在辩证论者看来，没有渐变是不可能有"骤"变的。再如名家学派的代表人物之一惠施也否认事物的变化有一个"积""渐"的过程。他与荀子的"积土而为山，积水而为海"的观点相反，提出所谓"无厚，不可积，其大千里"的说法，显然就是否认事物的"积"即量变的发展过程的观点，惠施从他所谓"合

①② 《韩非子·喻老》。
③ 《庄子·秋水》。
④ 《庄子·知北游》。

同异"的观点出发而提出的"天与地卑，山与泽平"、"日方中方睨"、"物方生方死"、"妪有须"、"卵有毛"等命题，虽然肯定事物可以互相转化，但却否定了事物的质的规定性，从而取消了由量变或渐变到质变或突变的发展过程，而成为诡辩。比如说女人（妪）可以生出有胡子的儿子，然而她本身并没有胡子，在这里从没有胡子的女人到生出有胡子的儿子，其间显然有一个变化发展的过程的，而惠施断言"妪有须"，就是完全取消了这个变化发展过程的诡辩。再如鸡蛋可以孵化出有毛的小鸡，然而鸡蛋本身是没有毛的，在这里从没有毛的鸡蛋到孵化出有毛的小鸡，其间显然也有一个变化发展的过程的，而惠施断言"卵有毛"，也就是完全取消了这个变化发展过程的诡辩。

以上说明在先秦时代哲学家们对于量变与质变问题的理解是存在着朴素辩证法与形而上学诡辩论的对立和斗争的。

二

自两汉到隋唐，是中国封建社会发展上升的时期。在这个漫长的历史时期中，由于社会阶级斗争和自然科学的发展，人们对于现实世界的运动、变化和发展规律的观察又深入了一步，不少哲学家看到无数的事实证明了先秦时代哲学论著中所提出的关于量变到质变的思想的正确性，因而无不把它继承下来，甚至在理论上进一步加以补充和发展。

首先是西汉初期的贾谊，就曾继承荀子等所谓"积渐"的观点，说："安者非一日而安也，危者非一日而危也，皆以积渐，然不可不察。"[①] 他认为社会政治安危的突然发生都是有一个量变或渐变（积渐）的过程的，如"刑罚积则民怨背，礼义积而民和亲"[②]，而民心的向背决定着社会政治的安危。但是，"凡人之智，能见于已然，不

---

①② 《汉书·贾谊传》。

能见于将然"①，而要"见于将然"，那就必须懂得事物的变化和发展"皆以积渐"的规律，从而能在政治上做到"绝恶于未萌"②。后来东汉的唯物主义无神论者王充也肯定无论是社会的或自然界的事物总是"有所渐化"而发生质变的，如他所说的"夫人之性，犹蓬纱也，在所渐染而善恶变矣。"③ "寒不累时则霜不降，温不兼日则冰不释"④ 就是例证。可贵的是王充还运用这个由渐变引起质变的道理来批驳汉代的神学谬论。例如，当时的"方术之士"认为人服了某种仙药，就会突然得道成仙而飞升上天。对于这种谬论，王充驳斥说，假若人能成仙升天，那他就必须有像鸟一样的飞行条件，即要有毛羽，然而"人禀驰走之性，故生无毛羽之兆，长大至老，终无奇怪"⑤，人只能用两脚走路，怎么能升天？"且夫物之生长，无卒成暴起，皆有浸渐"⑥，任何事物的生长、发展都不是"卒成暴起"的，而是有一个渐变的发展过程的；人如果从无毛羽会变为有毛羽、从不会飞变成能飞升，也必须有这样一个渐变的发展过程，"今无小升之兆，卒有大飞之验，何方术之学成无浸渐也？"⑦ 这就是说，"方术之学"认为人本无飞行的特性，一旦得道成仙，突如其来地变为有能"大飞"的特性，这是违反事物由"浸渐"到"暴起"的生长、发展的客观规律的。

比王充稍后的唯物论者王符在他的《潜夫论》中曾专门写了一篇《慎微》来具体地论证和发挥《易传》所说的"善不积不足以成名，恶不积不足以灭身"的观点。他说："凡山陵之高非削成而崛起也，必步增而稍上焉；川谷之卑非截断而颠陷也，必陂池而稍下焉，是故积上不止，必致嵩山之高，积下不已，必极黄泉之深，非独山川也，人行亦然，有布衣积善不怠，必致颜、闵之贤，积恶不休，必致桀

---

① ② 《汉书·贾谊传》。
③ 《论衡·率性篇》。
④ 《论衡·感虚篇》。
⑤ ⑥ ⑦ 《论衡·道虚篇》。

跖之名。非独布衣也，人臣亦然，积正不倦，必生节义之志，积邪不止，必生暴弑之心。非独人臣也，国君亦然，政教积德，必致安泰之福，举错数失，必致危亡之祸。故仲尼曰："'汤武非一善而王也，桀纣非一恶而亡也'。三代之废兴，在其所积。……"因此，王符认为"积微成显，积著成体"。亦即由于事物量的积累这种开始时是微小的变化会发展为显著的变化，以致引起质变（成体）乃是一个普遍的规律。所以，凡是"圣人常慎其微也。"这里，王符主要是从社会生活方面来说明这个规律的。而在三国时代的唯物论者杨泉则着重从自然界现象方面来加以说明，他在《物理论》中提出所谓"气积自然"的理论，认为自然界的事物都是由阴阳二气之所"积"引起变化而产生的，如"激气成风，涌气成雨"，"积风成雷，热气散而为电"，"游浊为土……土精为石"等等，而在这"气积自然"的过程中又有"徐"、"疾"、"顺"、"激"、"喜"、"怒"等等不同的变化形式，亦即其中既有渐变的形式，也有突变的形式。而事物的突变诸如风、雨、雷、电之发生则都是由渐变即"气积"而来的。杨泉认为这是"自然之理"，是自然界固有的一个规律。

魏晋时代的《列子》一书中亦有类似观点，如说："虹蜺也，云雾也，风雨也，四时也，此积气之成乎天者也；山岳也，河海也，金石也，火木也，此积形之成乎地者也。"[①]这里所谓"积"也是指事物的量的积累或渐变，天地万物就是由"气"和"形"的渐变而来的。这种变化无时无刻不在发生，尽管它们难以用人的感官来觉察到："形不顿亏，亦不觉其成，不觉其亏，亦如人自生至老，貌色智态，亡日不异，皮肤爪发，随生随落……"但在这种渐变的过程中却显示着不同的阶段，如"人自生至终，大化有四：婴孩也，少壮也，老耄也，死亡也。"而且这些阶段又有某些性质上的差别，如人在婴

---

① 《列子·天瑞篇》。

孩时"气专志一",少壮时"血气飘溢",老耄时"体将休焉",最终"则之于息焉"①。在这个事例中,《列子》的作者似乎是朦胧地猜测到在事物的渐变过程中包含着部分的质变,以致发展到根本的或总体上的质变。这在古代是一个难能可贵的朴素辩证法思想,虽然它还是很朦胧的。

《列子·天瑞篇》中的上述关于生命的朴素辩证法观点,到了南北朝时代由无神论者范缜的《神灭论》所继承和发展。范缜在反对佛教"神不灭论"的斗争中,明确指出人从生到死,是一个从渐变到质变的过程。他在驳斥佛教徒所谓"死体犹生体"的诡辩时说:"生形之非死形,死形之非生形,区已革矣。""生者之形骸"不是"死者之骨骼",前者有"知",而变为后者则"无知",这就是起了根本性质的变化了。他还明确地提出事物的生灭和变化有两种形式即"渐"变与"忽"变:"……生灭之体,要有其次,故也。夫忽而生者,必忽而死;渐而生者,必渐而灭。忽而生者,飘骤是也,渐而生者,动植是也,有忽有渐,物之理也。"②在这里,范缜认为如动植物之类的生灭是"渐"变形式,而如暴风骤雨、雷电之类的生灭则是"忽"变形式,并认为"有忽有渐"乃是自然界事物变化的规律,这种观点基本上是符合于实际情况的。但是范缜未能进一步地观察到这两种变化形式之间的互相联系,尤其是未能理解"忽"变在事物发展过程中的重要作用和意义。

在唐代,如刘知几所说的"珍裘以众腋成温,广厦以众材合构"③和刘禹锡所说的"以不息为体,以日新为道"④等观点,亦包含着由量变或渐变引起质变而产生新事物的思想。但在这里值得注意的

---

① 《列子·天瑞篇》。
② 《神灭论》。
③ 《史通·采撰》。
④ 《问大钧赋》。

是这些观点大都只讲事物的渐变形式，而忽视突变形式，这是一个显著的弱点。

事实上，我们从前面所述的可以看到，古代有不少辩证论者在论证事物的量变和质变问题时，都比较重视渐变的形式，而比较忽视或不注重、不强调突变的形式。有些哲学家虽然大谈特谈事物的突变或所谓"骤"变，"忽"变，然而却因根本否认或取消事物的渐变过程，而陷入形而上学或神秘主义的泥潭。如前所述，王充在《论衡》中所批判的"方术之士"认为人能"卒成暴起"而成为神仙的观点，就是如此。再如在魏晋时代的玄学家向秀和郭象认为一切事物都是"骤化"而成的。他们说："欻（同"忽"）然自生，非有本，欻然自死，非有根。"① 这是说事物的生灭都是突如其来的，根本没有一个由量的积累引起质变的发展过程。而且他们把各个事物绝对地孤立起来，认为一切事物都是"独化"的，亦即各自"忽然自生"、"忽然自死"，彼此不发生任何联系。这实质上是先秦的庄子和惠施等所谓"若骤若驰"、"方生方死"的形而上学观点的翻版。再如东晋佛学家曾肇在他的《物不迁论》中提出所谓"今而无古"、"古而无今"的说法，认为事物在根本上是不动、不变的，因而其过去、现在和未来的各个阶段，都是彼此孤立而不相联系的，是乍生乍灭而没有连续性的。这种观点实质上也是否认事物由量变引起质变的过程，而只讲乍生乍灭的突变的形而上学。后来五代的谭峭在《化书》中提出所谓"老枫化为羽人（即道士），朽麦化为蝴蝶"、"贤女化为贞石，山蚯化为百合"等等的说法也是如此：它既否认事物的转化必须具有矛盾的同一性这个必要的条件，也否认了事物的渐变过程，而宣扬主观想象中的突变。这些显然是神秘主义的观点。此外，唐代韩愈曾提出"物坏，虫由之生；元气阴阳之坏，人由之生"；"木朽而蝎出，草腐而萤飞"等

---

① 《庄子·庚桑楚注》。

等所谓"坏而后出"的说法，则是把事物转化的过程即新陈代谢的质的飞跃或突变的过程歪曲为事物没有一定条件和根据而互相生灭的过程，韩愈的这种观点曾被柳宗元和刘禹锡所批判。以上说明继先秦时代之后，哲学家对于量变和质变问题的理解，仍然存在着朴素辩证法与形而上学的根本对立和斗争。

三

从两宋到明清时代虽是中国封建社会逐渐走向衰落的时期，但古代朴素辩证法宇宙观却有较大的发展，这具体地表现在对于事物量变和质变规律的进一步深入理解上。而明末清初的唯物主义哲学家王夫之则在理论上给以较全面的总结。

北宋的改革家和唯物论者王安石对于这一规律的理解就比前人有所深入。他不仅一般地肯定前人已经论证过的关于事物由量变发展到质变的思想，如说："坏崖破岩之水源自涓涓，干云隐日之木起于青葱"①，而且还比较明确理解到量变之中已有部分质变等方面。如说："有凶，不必凶而凶在其中也；有厉，不必厉而厉在其中也；有悔，不必悔而悔在其中也。"② 这是说灾祸和不利事件尽管尚未完全爆发，但这些事件的性质变化已经孕含在其中了。同时王安石还比较明确地意识到事物的质变要有一定的条件，并因条件不同而不同，例如木，"灼之而为火，烂之而为土"；水与不同物化合就会"因甘而甘，因苦而苦，因苍而苍，因白而白"。又如火是烹调和冶炼的燃料，它能"革生以为熟，革柔以为刚，革刚以为柔"，蔬菜或金属等东西会因火的作用而引起质的变革。与王安石同时的唯物论者张载则从另一些方面比较深入地论证了这个规律。他把事物的"变"和"化"看作是两

---

① 《王临川文集》卷六九《风俗》。
② 《王临川文集·泛论》。

种有区别而又有联系的形式:"变,言其著,化,言其渐。"① 即把事物的显著变化叫做"变",而把事物的逐渐变化叫做"化"。张载说:"化而裁之谓之变,以著显微也。"② 这是说事物逐渐变化发展到一定限度,就会发生截断性变化,从而使隐微的渐变成为显著的突变。这种显著的突变,张载有时称之谓"暴"变。他说:《易》言感而遂通者,盖语神也。虽指暴者谓之神,然暴亦固有渐,盖语神也。"③ 事物因"相感"(对立矛盾)引起质的变化(神),而这种"暴"变则是由"渐"变而来的,例如"雷霆感动虽速,然其所由来亦渐尔。"④ 张载在这里不只是一般地猜测到事物变化的两种形式即渐变和突变的关系,而且提出所谓"化而裁之谓之变"的说法,在理论上具有渐进过程的中断即飞跃之意,这是一个为前人未能达到的难能可贵的见解。

南宋的朱熹虽是个客观唯心主义者,但在他的唯心主义理想体系中却有不少朴素辩证法思想因素。他把上述唯物论者张载的观点加以继承和发展,也把事物的"变"和"化"看作是两种有区别而又有联系的形式,如他所说:"阳化而为阴,只凭消缩去,无痕迹,故谓之化。阴变为阳,其势浸长便觉突兀,有头面,故谓之变。⑤ 因此,他又把"化"称为"渐化",把"变"称为"顿变"。前者是指事物"本无一息间断"的连续性的量的变化,是人所难以觉察到的隐微的变化,即所谓"凡物变之渐,不惟月变,日变而时亦有变,但人不觉尔。"⑥ 而后者则是指事物的"倏忽之变"或"忽然而变",但这"顿变"是由"渐化"而来的,因而二者的关系是"变者化之渐,化者变之成"。朱熹说:"化是渐渐移将去,截断处便是变,且如一日是化,三十日截断做一月,便是变。"又说:"化是亹亹地去,有渐底意思,

---

① 《正蒙·乾称》。
②③ 《正蒙·神化》。
④ 《正蒙·参两》。
⑤⑥ 《朱子语类》卷七十四。

且如而今天气，渐渐地凉将去，到得立秋，便截断，这已后是秋，便是变。"① 这里，他认为在"渐化"过程中的"截断处便是变"——"顿变"，这显然也包含着对于事物在发展变化过程中的"飞跃"的猜测。朱熹曾很赞同张载关于"化而裁之谓之变"的说法。并进一步解释说："化而裁之存乎变，只是在那化中裁截取，便是变。"② 这种观点比前人对于渐变到突变的理解显然是较深入一步的了。

然而明代的唯物论者王廷相和吕坤等哲学家在论证事物的量变与质变问题时，却后退了一步：他们只讲渐变而不讲突变了。王廷相说："变有要乎？春不见其生而日长，秋不见其杀而日枯，渐之义也，至矣哉！"③ 又说："四时寒暑，其机由日之进退，气不得去焉，日南至而寒甚，北至而暑甚，所积既深，不可骤变也。"④ 在他看来，事物的变化只有"渐变"而无"骤变"。吕坤认为天地万物乃是"一气流行"永恒地运动变化着的，而任何事物的发生和发展都有一个"续而渐"的过程。他说："盖阴阳之气，续接非直接，直接则绝。父母死而于始生，有是理乎？渐至非骤至，骤至则激。五谷种而能即熟，有是理乎？二气万古长存，万物四时咸遂，皆续与渐为之也。惟续故不已，惟渐故无迹。"又说："天地万物只是一个渐，故能成，故能久，所以成物。悠者，渐之象也；久者，渐之积也。天地万物不能顿也，而况于人乎？"⑤ 很清楚，吕坤也和王廷相一样，只讲事物的渐变，而忽视了突变。

到了明清之际，唯物论者王夫之对于事物的量变和质变问题的理解又比前人前进了一步。他继承和发展了张载等的朴素辩证法宇宙观，提出"天地之化日新"的理论，认为宇宙是由永恒运动着的阴

① ② 《朱子语类》卷七十五。
③ 《慎言·御民篇》。
④ 《慎言·乾运篇》。
⑤ 《呻吟语·天地》。

阳二气所构成，其间一切事物都处于永恒运动变化和发展的过程中，"荣枯代谢，弥见其新"就是它的一个最根本的规律。在具体论证这个根本规律的时候，王夫之又提出"质日新而形如一"的命题，认为世界上的各种事物从表面形式上看来似乎没有什么变化，而实质上都是在不断地变化、更新着的，只是人们未能觉察到罢了。他说："张子（张载）曰：'日月之形，万古不变'。形者，言其规模仪象也，非谓其质也。质日代而形如一，无恒器而有恒道也。江河之水今犹古也，而非今水之即古水；灯烛之光昨犹今也，而非昨火之即今火……人见形之不变而不知其质之已迁。"① 这里所谓"质日代而形如一"，实际上说的就是事物在隐微的渐变过程中已有质变的因素。不过，在王夫之看来，这种渐变过程中的质变因素，还不是事物的根本性质的改变，只有当它积累得多了或发展到相当的程度，才会发生根本性质的改变，从而另外产生出新的事物来。因此，王夫之又把"变化日新"分为两个阶段即量的变化和质的更新，而把前者称为"内成"，其特点是"通而自成"，把后者称做"外生"，其特点是"变而生彼"。所谓"通而自成"，就是指事物在量变过程中还没有超出自身所规定的质的界限，尽管其中已有某些质变的因素；所谓"变而生彼"，就是指事物由量变到质变而产生的新的东西。这也就是他所谓的"推故而别致其新"② 的意思。王夫之还认为事物由"通而自成"到"变而生彼"的变化会发生突变或激烈的骤变的。如他所说："盖阴阳者恒通，而未必其相薄；薄者，其不常矣。阳忽薄（迫）阴而雷作，阴忽薄阳而风动，通之变也。"③ 这是说阴阳二气之间互相贯通而不致互相对抗（相薄），乃是平常状态，而当二者忽然"相薄"就会发生"雷作"、"风动"这种暴烈的骤变。王夫之肯定这种骤变在人类社会现实

---

① 《思问集录·外篇》。
② 《周易外传》卷二。
③ 《周易外传》卷七。

生活中也是存在的，并且认为它并不一定是坏事，如他所说："势极于不可止，必大反而能有所定。故《易》曰：'倾否，先否后喜。'否之已极，消之不得也，倾之而后喜。"① 这里所谓"大反"就是指由于某种时势的不断发展而爆发的社会现实之突变。社会现实经过这种突变之后，却由"否"变为"喜"这也就意味着社会在"日新"、发展。王夫之上述观点标志着中国古代朴素辩证法宇宙观发展到了高级的阶段，因为在此以前的哲学家们都未有像他这样深刻而较全面地理解由渐变到突变的规律，尤其是肯定突变在社会现实生活中的重大作用和意义，尤为少见，更加难能可贵。

在王夫之以前的哲学家们大都只重视渐变而比较忽视突变这种形式，有的还把事物的渐变仅仅看作是量的增减，而否认它会引起质的变化，例如宋代的唯心论者邵雍认为宇宙是由一个神秘的"数"所构成，"数生象"，天地万物都是"数"的派生物，它从"一分为二，二分为四"以致"十分为百，百分为千，千分为万……"总之，"合之斯为一，衍之斯为万"，② 天地万物的变化只是"数"量的减增而已，并无质的变化。基于这种观点，邵雍还认为历史也是没有质的改变和发展的，他说："夫古今者，在天地之间犹旦暮也。以今观今，则谓之今矣，以后观今，则今亦谓古矣"。③ 这是说古与今并没有根本性质的不同。另一个唯心论者南宋的陆九渊也认为"千古一揆"，历史不变，更无所谓质变。这种观点显然是和辩证论者认为事物由渐变引起质变以致产生新东西的观点完全相对立的形而上学。这亦表明朴素辩证法和形而上学这两种宇宙观在量变和质变问题上的对立和斗争从未停止过。

从以上简要的历史论述中，可以看出，中国古代朴素辩证法宇宙

---

① 《宋论》卷八。
② 《皇极经世·观物外篇》上。
③ 《皇极经世·观物内篇》五。

观关于量变与质变理论的发展有以下一些显著的特点：首先，它是在与形而上学宇宙观否认和歪曲量变引起质变规律的观点的不断斗争中逐渐丰富和发展起来的，这既有唯物论者，如荀子、韩非、王充、王符、杨泉、范缜、张载、王夫之等，也有唯心论者如老子、朱熹等，但其主要的功绩则归于前者。因此，这个理论作为中国古代朴素辩证法宇宙观的一个重要组成部分，大都是与朴素唯物主义思想结合在一起的，所以更具有历史的进步意义，尽管它还是属于朴素的猜测的性质。其二，中国古代辩证论者，一般来说，大都比较忽视事物的突变形式，而只注重渐变形式，因而几乎不能从这个理论的基础上进一步提出具有革命性的思想来。这主要是由于这些辩证论者大都属于地主阶级的知识分子，他们对于历史上的农民反对地主阶级统治的暴烈的革命运动，几乎都是采取反对立场的缘故。有的虽也注意到事物的突变形式，但其注意力主要地是集中在自然现象方面，而不在社会现象方面，像王夫之那样肯定突变在社会生活中的重大作用和意义，实在是不多的。这大概是由于王夫之处于明清之际资本主义萌芽的历史时期，受到了某些与封建地主阶级思想体系相对立的民主思想的影响的结果吧。其三，中国古代辩证论者关于质变、量变的理论总不免带有朴素的猜测，虽然有些是很机智的，但因其未能与实验科学成果结合，缺乏科学性，以致在理论上有不少破绽和缺陷，是有明显的阶级的和历史的局限性，这也是不可避免的。

论洛学与宋代文化

1992年春应邀参加国家教委古籍整理研究工作委员会和四川大学联合举办的国际宋代文化研讨会。本文同年收入巴蜀书社出版的论文集中。

本文论述宋代文化中起主导作用的是理学思想，而程颢、程颐是洛学的创立者，也是理学的奠基者之一。文章首先认为洛学是对儒学文化的新发展。它承继儒家人本主义文化思想，力辟佛老出世之说而又对佛老新提供的哲理性资料加以吸取，使洛学成为一种比以往更富有哲理化、更系统的新形态哲学。其次，洛学强调文化主体的人的自觉性的思想。人的特点就在于人有理性"然人只要存个性理"。主张天人、人己、物我的和谐为理想，但肯定人的积极有为的作用"人事胜，则天不为灾"。洛学重点论述为人的道理，认为人们在险难环境之中能固守其节，独立不惧，"固其守"、"不失其正"，表现了威武不能屈的民族精神。其三，主张"民可明也"的文化启蒙教育，反对"尊君太过"的思想专制。幻想君主能在"求贤取士"上力求公正"好恶取舍，一以公议"。其四，洛学从理学家角度以"治经为本"，重视"求于内"的道德修养，讲理性而轻感性，曾以文学艺术和自然科学为"小道"，重视不够。然而他们对一些自然现象还是力图以自己所掌握科学知识以朴素的说明，反对怪异迷信的思想。本文指出洛学在宋代文化的发展中有着巨大的积极贡献，同时也有严重的消极影响，均有较为客观的、历史的评述。

宋代文化中起着主导作用的是理学思想，而洛学则是理学中最主要的一支学派，程颢、程颐是洛学的创立者，也是理学思想的奠基者之一。

宋代文化是随着宋代封建社会经济的发展而发展起来的。科技方面有如造船业的发展便进一步促使与海外贸易的交通，因而也开阔了人们的视野；印刷业的革新，却为学者们的著书立说提供了空前有利的条件；崇尚教育事业，致使地方书院林立，讲学之风盛行，为学术思想上的交流，带来了清新活跃的气氛。天文、地理、医学、数学等自然科学知识的新发展，也丰富和提高了哲学家的哲学体系的内容和层次。与宋代经济相联系的宋代政治，相对来说，赵宋王朝对文化思想的控制较松些，并采取优待士大夫的政策，学术上的言论思想也稍自由，这种思想上的某些自由与文化发展有着必然的联系。正因为如此，宋代文化有着自己的新特征，突破了某些传统的陈规，明显地表现在对儒家经典原义的重新理解和大胆的怀疑。在这种疑古、疑经的思潮下，人们力求改变汉唐以来儒家经师们寻章摘句的学风，从义理的深度进行探索，他们对儒家经典原义的理解，执着于"义理"上是否言之有理，而不管其言是否出于圣贤之口。如王安石主张"善学者读其书，义理之来，有合吾心者，则樵牧之言犹不废，言而无理，周、孔所不敢从"①。当时学者中有欧阳修写《童子问》，认为《易经》中《系辞》、《文言》等十翼非孔子之作，司马光疑《孟子》非孟子本人之作。宋初三先生之一的胡瑗在太学里立"经义斋"、"治事斋"。治经偏重义理，具有"开伊洛之先"之功。他和程颐有"知契独深"的师生关系，对二程的思想有较大影响，洛学的"义理学"也就是在这种疑古疑经的社会环境中建立起来的。

一、洛学对儒学文化的新发展

以二程为首的洛学学派，在宋代的整个疑古疑经的思潮中起着主力军的作用，力求从传统儒经句训章诂之学的教条禁锢中摆脱出来，主张独创精神，不盲目崇拜权威，提出"解义理，若一向靠书

---

① 释惠洪《冷斋夜话》。

册，何由得居之安，资之深，不惟自失，兼亦误人"①，强调学者必须有自信心，不可随便迷信古人的言语，而应当增强判断是非的能力。二程说："信有二般，有信人者，有自信者。如七十子于仲尼，得他言语，便终身守之；然未必知道这个怎生是、怎生非也，此信于人者也。学者须要自信，既自信，怎生夺亦不得。"② 对某种传统东西的怀疑，固然是一种前进的开端，但只有怀疑也是不解决问题的，更重要的是学者间针对疑难问题进行新的探讨，"疑甚不如剧论"③，使传统儒学文化内输入新的内容。洛学仍是"以儒为宗"，二程兄弟在创立洛学体系的过程中，儒家是其基本思想，他们也始终以儒家道统人物自居。程颐在为程颢作墓表中说："周公没，圣人之道不行；孟轲死，圣人之学不传。""学不传，千载无真儒"，"先生（程颢）生千四百年之后，得不传之学于遗经，志将以斯道觉斯民。"二程显然是从"道统"、"正统"的立场来确定其洛学的地位。然而他们也利用大量的佛、道两家的思想资料，成为其思想体系的有机组成部分。《宋史·程颢传》说程颢"出入释老者几十年"，其实这也正是宋儒的共同特征。清人全祖望曾说："两宋诸儒，门庭径路半出于佛老。"④ 这话是很符合历史真实的。

二程洛学基本上是承继儒家人本主义的文化思想，它不同于宗教文化，它反对儒、道的宗教意识，更没有把儒家变成宗教，但是洛学对佛、道新提供的哲理性的思想资料是加以吸取的。洛学从儒家政治伦理的角度出发，力辟佛老出世之说，认为"至于世，怎生出得，既道出世，除是不戴皇天，不履后土始得，然又却渴饮而饥食，戴天而履地"⑤，人是离不开现实生活的，人类总是"戴天而履地"地居住在

---

① 《二程遗书》卷十五。
②⑤ 《二程遗书》卷十八。
③ 《二程遗书》卷二上。
④ 《题真西山集》。

世界上，不可缺少渴饮饥食的物质生活条件，故"出世"之说是荒唐的。至于"出家"则是不尽君臣、父子、夫妇、兄弟的人伦之道，有悖于封建"秉彝"。洛学承继儒家传统，提倡道德教育，着重现实人生，故对宗教神学思想，基本上持否定的态度。因为任何宗教乃是以死后灵魂不灭为神学的理论支柱，洛学则不信生死轮回之说。"佛学只是以生死恐动人……圣贤以生死为本分事，无可惧，故不论生死"①，又说："古之言鬼神，不过善于祭祀……尝问好谈鬼神者，皆所未闻见……假使实所闻见，亦未足信，或是心病，或是眼病。"②以为鬼神是不存在的，鬼神仅是精神失常"心病"者或患有"眼病"者的幻影而已。对于道教的长生不死之说亦严加批驳，"若说白日飞升之类则无，若言居山林之间，保形炼气，以延年益寿则有之"③，并指出"释氏与道家鬼神甚可笑，道家狂妄尤甚"④。洛学对于佛、道的神学迷信思想进行尖锐的批判，然而对佛道哲学中的玄妙哲理加以吸取而融合于自己的思想体系之中。他们认为"异教之书，虽小道，必有可观者焉"⑤"佛庄之书，大抵略见道体，乍见不似圣人惯见，故其说走作"⑥，还说"释氏之学，又不可道他不知，亦尽极乎高深"（同上），"佛说道有高妙处"⑦。但洛学除肯定佛教哲学"有高妙处"外，也批判了佛教中形而上学的思想，二程指出："有生者，必有死；有始者，必有终；此所以为常也。为释氏者，以成坏为无常，是独不知无常乃所以常也。"⑧认为有生有死，有始有终，这是正常的，普遍的现象，佛教以为事物有成有坏为非永恒，无成无坏、无生无死才是

---

① 《二程遗书》卷一。
② 《二程遗书》卷二下。
③ 同上，卷十八。
④ 《二程遗书》卷二十二上。
⑤ 《二程遗书》卷二上。
⑥⑦ 《二程遗书》卷十五。
⑧ 《二程遗书》卷七。

永恒的说法是错误的。因为"物生死成坏，自有此理，何者为幻"①。二程也批评庄子的相对主义的"齐物"思想，强调"物之不齐，物之情也"②。洛学成为一种比以往更富有哲理化，更系统的新形态的哲学，这是熔儒、道、佛三教为一炉的结果，尤其是洛学中"理一分殊"、"格物穷理"说，更见其融合改造佛、道哲学的痕迹。洛学尽管兼采佛、道，然以儒为宗的原则始终不为动摇。洛学用义理之学的理性主义抵制了非理性主义的宗教，这也正是中国儒学传统文化的特点。

二、关于文化主体的人的自觉性的思想

洛学在确定"理"为世界本源的基础上，程颢提出了"天人本无二"的命题。它的理论依据是人和天地万物都是由理派生出来的，"所以谓天地万物一体者，皆有此理，只为从那里来"③，人和物都是理的体现者，"故有道有理，天人一也，更不分别"④，"天者，理也"。又说"性即是理也"，认为"性"就是"理"，理性是世界的最高实体。又说："人只有天理，却不能存在，更做甚人也？……然人只要存一个性理。"⑤人的特点就在于人有理性，人之所以为人就在于人有理性。"仁者浑然与物同体"，强调了天人、人己、物我的和谐为理想，主张以内心修养去实现这种和谐。把整个自然界看成一个"大我"，个人只是"大我"中的"小我"。程颢虽大讲天人间的和谐，但也不否定其间的矛盾，肯定人的积极有为的作用。他说："天人之理，自有相合，人事胜，则天不为灾；人事不胜，则天为灾。"⑥人在自然界和人事活动中并不是束手无策、无能为力，应当重视人在自然界，

---

① 《二程遗书》卷一。
②③④ 《二程遗书》卷二上。
⑤ 《二程遗书》卷十八。
⑥ 《二程外书》卷三。

尤其在社会活动中的作用。有以天下为己任的气魄，认为"圣人之所为，人所当为也，……凡人弗能为者，圣人弗为"①，众人的力量是与"圣人"之所为是一致的。社会的治乱的因素也完全决定于人，"治则有为治之因，乱必有致乱之因，在人而已矣"②。二程认为人民的聚合则表现巨大的智慧，他们说："夫民，合而听之则圣，散而听之则愚，合而听之，则大同之中，有个秉彝在前，是是非非，无不至理，故圣。"③听取广大民众的意见使人聪明，"合而听之则圣"，这话是正确的，而说听取分散个体之"民"的意见则"愚"，这就不一定准确了。

洛学重点论述为人的道理。他们说："孟子曰：仁也者，人也，合而言之，道也。"④程颢的《识仁篇》把"道"、"性"、"仁"、"心"贯通为一，认为人必须符合道德理性的原则，又提出"仁"即是公，肯定自己，也肯定他人。"又问如何是仁？曰：只是一个公字，学者问仁，则常将他公字思量"⑤，"仁之道，要只消道一个公字，公只是仁之理，不可将公便唤做仁。公而以人体之，故为仁，只为公，则物我兼照"⑥。程颢发挥了孟子的"仁也者，人也"的思想，推己及人。在对己对人方面要尊重人格，如程颢为地方官时，老百姓有事至县衙门，可以"不持牒，径至庭下，陈其所以，先生从容告语，谆谆不倦"⑦，又如他一生不喜坐轿，认为雇人来抬轿，这分明是"以人代畜，故不思乘"，这表现了对人的人格的尊重。二程不赞成富贵人家"买乳婢"，如果乳婢喂了主人家的子女，自己的小孩便无乳可吃，实际上是富人之家"食己子而杀人之子，不是道理"，认为雇乳婢的人，应该考虑到雇者和被雇者双方之婴儿皆得食乳方可。二程

---

① 《二程遗书》卷二十五。
② 《二程粹言·论政篇》。
③⑤ 《二程遗书》卷二十二上。
④ 同上，卷十一。
⑥ 《二程遗书》卷十五。
⑦ 《明道先生行状》。

尽管在政见上不同意王安石变法，但主张保留免役法，认为繁重的劳役制度不合"尚德"的"仁政"。上述的这些事例也正是二程所表现的人本思想的结果。二程以为佛教宗旨不符合"仁"的原则，因为它"言免生死，齐烦恼，卒归于自私"①。人应该有积极的、乐观的进取精神，"仁者不忧，乐天也。"②"须是实见得生不重于义，生不安于死也，故有杀身成仁者，只是一个成就而已。"③有舍生取义的气概，在艰险环境之中能固守其节，独立不惧，"君子处险难而能自保者，刚中而已，刚则才是以自卫，中则动而不失宜。"④这也正是中华民族的优良传统，是威武不能屈的民族精神之所在。二程生活在封建社会，无疑是以封建主义的道德原则来激励自己，"凡处难者，必在乎守贞正，设使难不解，不失正德，是以吉也。若遇难而不能固其守，入于邪滥，虽使苟免，亦恶德也"⑤，"昏暗艰难之时，而能不失其正，所以为明君子也"⑥。程颐说的"固其守"、"不失其正"，其所包含的内容，一方面是指如何恪守封建伦理纲常，但也有表现如何作为一个人必须有的人生态度，有贫贱不能移、富贵不能淫、威武不能屈的品格与大义。不过，二程的人生哲学先其理学思想在人生观上的反映，要求人们在日常生活中服从天理，安于天命，强调乐天顺命，随处而足，要使个人的物质和精神的生活，置于天理的支配之下。"大凡利害祸福，亦须致命。须得致之为言，直如人以力自致之谓也，得之不得，命固已定，君子须知他命方得。"⑦知命是为了安义，安义就是知命，认为君子知命不可强，就当遵循义理行动。"上智之人安于义，中人以上安于命，乃若闻命而不能安之者，又其每下

---

①② 《二程遗书》卷十一。

③ 《二程遗书》卷十五。

④ 《周易·程氏传》。

⑤ 《周易·程氏传·蹇》。

⑥ 同上，明夷。

⑦ 《二程遗书》卷二上。

者也。"① 真正做到安于命就要谦顺、退让，不能过于刚强进取。这种思想则又不合于前面所说的那种积极进取的精神了。

三、主张"民可明也"的文化启蒙教育，反对"尊君太过"的思想专制

二程强调教化，认为愚民政策尚不足维持封建统治。程颐说："民可明也，不可愚也；民可教也，不可威也；民可顺也，不可强也；民可使也，不可欺也。"② 在新的历史条件下，程颐觉察到"愚民"、"强民"、"欺民"是行不通的，他们看到"民"的伟大力量所在，并企图融化这个力量，使之纳入封建主义轨道，但又表现了人的自觉性的思想。程颐把"教化"列为当世急务之一，"夫民之情，不可暴而使之，不可猝而化之，三年而成，大法定矣，渐之仁，摩之义，浃于肌肤，沦于骨髓，然后礼乐可得而与也"③。公开批评仁宗皇帝不注重教化是"陷人于辟"，指出："州县之吏有陷人于辟者，陛下必深恶之，然而民不知义，复迫困穷，放辟邪侈而入于罪者，非陛下陷之乎？"④ 二程除主张社会的道德教育、教化的普及和深入外，尤其重视教育事业的发展、治国人才的培养。认为"教不立，学不传，人才不期坏而自坏"⑤。

关于如何培养人才的问题，二程则强调学以致用，"学者不可不通世务，天下事譬如一家，非我为则彼为，非甲为则乙为"⑥，又说"读书将以穷理，将以致用也。今或滞心于章句之末，则无所用也，此学者之大患"⑦，程颐认为教育事业关系国家政事的根本，社会道德

---

① 《二程遗书》卷十八。
② 《二程遗书》卷二十五。
③ 《二程文集·南庙试策》。
④ 《文集·上仁宗皇帝书》。
⑤⑦ 《二程粹言·论学篇》。
⑥ 《二程遗书》卷二十二下。

风气的形成。"士人微谦退之节，乡间无廉耻之行，刑虽繁而奸不止，官虽冗而材不足，此盖学校之不修，师儒之不尊，无以风劝养励之使然耳"①。二程认为人的文化素质不普及提高，于是知识阶层的"士"也不讲文明礼节，乡间村民不知廉耻，当官的人虽多，但却是食禄尸位的庸人，这关键在于"学校不修"、"师儒不尊"的缘故。然而如何整顿改革学校（"修学校"）呢？二程一再认为学习必须与运用结合起来，"百工治器，必贵于有用，器而不可用，工不为也，学而无所用，学何为也？"② 这正如"士之于学也，犹农夫之耕，农夫不耕则无所食，无所食则不得生，士之于学也，其可一日舍哉？"③ 至于"尊师儒"的问题，程颐曾经在为宋哲宗皇帝讲书时，希望改变站着讲的规定，而能让他坐着讲。这在封建社会来说是有逆于君臣之理的，但程颐为了"师儒"的地位能得到尊重，却敢与皇帝争了一争。不过程颐并没有因"尊师儒"而鄙视工匠、农夫和士兵。他说："今农夫祁寒暑雨，深耕易耨，播种五谷，吾得而食之；今百工技艺作为器用，吾得而用之；甲胄之士披坚锐以守土宇，吾得而安。却如此闲过了日月，即是天地间一蠹也。功泽又不及民，别事又做不得，惟有补缀圣人遗书，庶几有补尔。"④ 认为农民种粮养活我，工人做器具供我衣、住及生活用品，士兵用武器保卫国家领土，让我过平静的生活，而我一个读书人既不能种粮、做器具，又不能拿武器保卫疆土，如果一天不做事情，就成为天下的一条蠹虫，读书人唯有整理古籍，研究学问才是件有益的工作。二程将文化事业的发展看成是离不开工、农所创造的物质基础和国防军事的保障的，作为士人的责任就是传播和继承传统文化知识，否则便是"功泽又不及民，别事又做不得"的无用之辈。二程的这种思想在北宋思想家中亦难能可贵，对于后来也是有影

① 《二程文集》卷二。
②③ 《二程遗书》卷十八。
④ 《二程遗书》卷十七。

响的。如南宋吕祖谦就说："闻街谈巷语，句句皆有可听；见与台皂隶，人人皆有可取"①，重视民间蕴藏着的智慧力量。

洛学基本上是继承和发展孟子的某些民主思想，因而并不完全赞成君主专制主义。二程在北宋的政治变革中亦非保守派，他们也具有社会变革思想，但与王安石在"治国之方"的政见上有分歧而已。洛学以朴素辩证法为变革的理论依据，提出"动之端乃天地之心"的命题，"先辈皆以静为见天地之心，盖不知动之端乃天地之心也，非知道者，孰能识之？"②正因为运动变革是天地之道，"天道变改，世故迁易，革之至大也"③。故政治上亦需改革，"革天下之弊，新天下之治"。然而对改革应取谨慎的态度，"变革，事之大也，必有其时，有其位，有其才，审虑而后动，而后可以无悔……"④其所谓"时"就是适逢亟待变革的时机，"位"就是要有宜变革的政治地位，"才"指要具备进行变革的非凡才干。二程主张变革需有"时"、"位"、"才"为保证，不能说没有一定的道理，但二程坚持非具备万全的变革条件则为"妄动"、"革而无甚益"⑤，则表现了他"主静"的保守思想的一面。

二程洛学提倡以封建伦理道德维系宗法制，"名分正，则天下定"，认为"父子君臣，天下之定理，无所逃于天地之间"⑥，"父子君臣，常理不易"⑦，又说："为君尽君道，为臣尽臣道，过此则无理。"⑧然而臣子对于君主的错误要讲纠正，"治道亦有从本而言，亦有从事而言，从本而言，惟从格君心之非，正心以正朝廷，正朝廷以正百官"⑨。程颢曾上书力劝神宗"救千古深锢之弊，为生民长久之计"⑩。

---

① 《丽泽讲义·史记》。
②③④⑤ 《周易·程氏传·革卦》。
⑥⑧ 《二程遗书》卷五。
⑦ 《二程遗书》卷二上。
⑨ 《二程外书》卷六。
⑩ 《论王霸劄子》。

二程认为君主应接受臣下的规戒，而对君主的地位不可尊之太过。程颐指出："夫以居至尊之位，负出世之资，而不闻逆之言，可惧之者也"①。"人主居崇高之位，持威福之柄，百官畏惧，莫敢仰视，万方承奉，所欲随得，苟非知道畏义，所养如此，其惑可知。中常之君，无不骄肆，英明之主自然满假，此自古同患，治乱所系也。"②二程认为人臣对君主不能不尊，但是不能把尊君理解为不分是非的顺从卑折，"大率浅俗之人，以顺从为爱君，以卑折为尊主，以随俗为知变，以习非为守常，此今日之大患也"③。批评了那些对君主盲目愚忠的人，"世之愚者，有虽无邪心，而唯知竭力顺上为忠者，盖不知弗损益之义也"④。所以"君子之事君也，务引其君以当道，志于仁而已"⑤。而君主不能一人专制，应该选择贤良之士来辅助政治。程颐曾就人才问题和宋仁宗发生过一场争论，指出"四海之大，未始乏贤，诚能广聪明，扬侧陋，至诚降礼，求之以道，虽皋、夔、伊、周之比，亦可必有，贤德志道之士，皆可得而用也"⑥。程颐批评"今朝廷未尝求贤，公卿大臣亦不以求贤取士为意"⑦。君主在选择人才时要力求公正，"夫王者之取人，以天下之公而不以己……若乃喜同而恶异，偏信而害明"。总的原则当是"好恶取舍，一以公议"⑧。

洛学这种思想对南宋思想家有较大影响，如心学学派的陆九渊认为"纵暴君以凌生民，此诚本末倒置，悖反义理之说"。故"民为大，社稷次之，君为轻，'民为邦本，得乎丘民为天子'，此大义，正理也"⑨。又如金华学派的吕祖谦劝孝宗皇帝"勿以聪明独高而谓智足遍

---

① 《二程遗书》卷五。
② 《论经筵劄子》第三。
③ 《二程文集·上太皇太后书》。
④⑤ 《周易·程氏传·损卦》。
⑥ 《二程文集·上仁宗皇帝书》。
⑦⑧ 《代吕公著应诏上神宗皇帝书》。
⑨ 《陆九渊集》卷五。

察，勿详于小而遗远大之计，勿忽于近而忘壅蔽之萌"，批评后世之君，"自任一己聪明以临天下"①。洛学所表现的是儒家传统中如何调节君臣和君民的关系，以符合长远封建制度的利益，同时也发扬了儒家中某些"民为邦本"的思想。

四、洛学与文学艺术和自然科学

洛学的创立者二程是从道学家的角度来看待文化领域中的文学艺术和自然科学，认为这些都是属于"小道"，他们是以"治经为本"，重视"求于内"的道德修养，讲理性而轻感性，因此二程洛学在文学艺术上的成就是不能与以苏轼为代表的蜀学相比的，在自然科学知识方面更是远远落后于沈括、苏颂，甚至张载。程颐认为作文、写诗是"玩物丧志"。程颢为人较豁达，还偶能写出几首好诗，不过仍不脱道学家的气味。而程颐则不喜作诗，而且还指斥杜甫的诗是"闲言语"。他说："某素不作诗，亦非是禁止不作，但不欲为此闲言语。"②又说："既学诗，须是用功，方合诗人格，既用功，甚妨事。"③对于书法艺术亦加以贬低，"子弟凡百玩好皆夺志……如王、虞、颜、柳辈，诚为好人则有之，曾见有善书者知道否？平生精力一用于此，非惟徒废时日，于道便有妨处，足知丧志也。"④认为历史上王羲之父子，虞世南、颜真卿、柳公权等人，他们中有好人，但无从发现"善书者善道"，认为专心为书法，是浪费时间，妨碍于"道"的。又说写文章，"凡为文，不专意则不工，若专意则志属于此，又安能与天地同其大也？《书》曰玩物丧志，为文亦玩物也。"⑤这样不重视文学艺术，惟求内心道德修养，很不利于传统的文化学术的发展。

在自然科学知识方面亦不够重视，然而对一些自然现象，二程还

---

① 《东莱文集》。
②③⑤ 《二程遗书》卷十八。
④ 《二程遗书》卷二。

是力图以自己所掌握的科学知识予以朴素的说明。如"电者阴阳相轧，雷者阴阳相击也"①，长安的西风而雨"恐是山势使然"。二程也认为月亮本身没有光，而是阳光辐射的结果，"月受日光而不为亏，然月之光乃日之光也"②。程颐说"月不受日光故食，不受日光者，月正相当"③。以上虽然不是二程的发明，但他们还是承继前人的科学成果，并加以运用。此外，他们对于医学方面也有一定的重视，但是从总的说来，二程在与同时代的思想家沈括、张载相比之下则大为逊色，而且在洛学思想中也还不免夹杂一些汉儒董仲舒"天人感应"神秘主义的残渣，对后世带来消极的影响。

结　语

洛学在宋代文化的发展中有着巨大的积极贡献，同时也有严重的消极影响。洛学继承了儒家的优秀传统，以讲"义理"的理性压制了宗教思想。它吸取和改造佛、道的思想，熔三教为一炉，但"以儒为宗"，建立了系统的、完整的新的儒家思想体系，在宋代文化的发展过程中起着主导的作用。在宋代疑古、疑经的思潮中，创造性地发展了儒家传统的人本思想，提倡人的主观进取精神，提倡"民可明也"的文化启蒙，反对愚民政策，重视"修学校，重师儒"的文化教育，不赞成"尊君太过"的君主独裁，继承"民为邦本"的思想等。而洛学用"天下只有一个理"，用哲理的形式来论证封建制度的万古不易的合理存在，加强和巩固封建的等级制，偏重封建伦理道德的教育，忽视自然科学和文学艺术的发展，尤其表现了对妇女的卑视，于后世有很大的流弊。故对洛学在宋代文化中的积极和消极的作用，应有正确的评价。

---

①③ 《二程遗书》卷二下。
② 《二程遗书》卷十。

洛学及其实学思想

　　这篇文章是选自 1994 年 4 月首都师范大学出版社出版的《中国实学思想史》（上、中、下卷）之上卷的第五章，当时受该书主编葛荣晋教授之请而撰写的。《中国实学思想史》的内容是以宋元明清时期哲学家"实体达用之学"的学说为主线，简称"实学"。"实学"的涵义，不同哲学家的诠释也各有异。理本论者以"理"为实，心本论者以心性为实，气本论者以元气为实。由此而区别释老"空"、"无"为宗的观点。但是从"经世之学"的意义上使用"实学"概念，却是中国实学的基本内涵。

　　本文论述二程（程颢、程颐）为代表的洛学是明确地提出"治经，实学也"。他们站在"以儒为宗"的立场，指斥"释氏无实，其归欺诈"，否定佛教"以人生为幻""以天地为妄"的观点，批判佛家遁世出家"使人无类"的荒唐之说。二程指出"穷经将以致用"，认为读书穷理当与"世务"结合，否则"尽治五经，亦是空言"。二程对北宋存在的"国用不足"，财政匮乏的严重而深感忧虑。故有"不是吾儒本经济，等闲争肯出山来？"之叹。主张"力稼原生""渔猎有节"发展农业生产。又认为北宋中叶、吏治废弛、昏官庸吏尸枕禄位。提出"能者在职"，"贤者在位"的想法。主张要有"才与至诚合一"才德兼备者处理政务，在认识论上洛学是以"格物穷理"为主线而展开，所谓"一草一木皆有理，须是察"反对"凿空撰得"的先验论。承认"理"的客观实在性和就实处求理的实学思想。

　　在北宋理学思潮中，"洛学"被后人封为理学的正宗。

　　洛学是程颢（1032—1085）、程颐（1033—1107）兄弟所代表的学派。因为二程兄弟是河南人，又长期讲学于洛阳，故人们以洛学名其学。

洛学的主旨是性命义理。它尊道德贱事功，重义轻利，有着严重的空疏迂阔倾向。其末流则沦为"风痹不知痛痒之人"，"为士者耻言文章行义，而曰尽心知性。居官者耻言政事书判，而曰学道爱人。相蒙相欺，以尽废天下之实，则以终于百事不理而已。"① 明清实学思潮所着力批判的对象，就是这批"相蒙相欺，以尽废天下之实"，"终于百事不理"的理学家。

这里必须说明，尽管明清理学末流和北宋洛学有着密切的思想渊源，但是前者却不能涵盖后者的全部内容。二者的区别是明显的。洛学虽崇尚性命义理，却没有像理学末流那样完全忽视事功。它在研求性命义理过程中，很注重日用工夫，要求加强封建伦理道德的履行。二程兄弟始终关注着现实的国计民生，决不"耻言政事书判"，力倡贤者在位，能者在职；力斥释老空寂虚无之学；倡读书明理，治经致用；潜心于复杂纷繁的社会现象和自然现象的研究。所有这些，都是理学末流所不具备的。

实际上，在洛学的思想体系中，既有空谈性命义理之酵母，也有崇实黜虚之曲酿。正是这个缘故，"以经制言事功"而著称的南宋功利学派之一的永嘉学派才对洛学表示了一定程度的尊重。以致有永嘉学派"推原以为得统于程氏"② 之说。

洛学之前，虽然已有实学思想出现，但是明确提出"实学"这一概念的，当推二程兄弟。程颐说："治经，实学也。……如国家有九经，及历代圣人之迹，莫非实学也。"③ 通览二程全部著作，还可以发现"实学"二字出现多次。据此，将二程说成是中国实学的奠基人，未免过于牵强附会；但是完全否认洛学在中国实学发展史上的地位，

① 《陈亮文集·送吴允成运干序》。
② 《宋元学案·龙川学案》案语。
③ 《二程遗书》卷一（以下简称《遗书》）。

对其实学思想视而不见，同样是错误的。

第一节 "释氏无实，其归欺诈"

洛学是儒、道、佛三教汇合的产物。程颢、程颐兄弟"门庭径路半出于佛老"。史称程颢"出入于老释者几十年"，程颐又"多与禅客语"。程氏在创建洛学体系过程中，对佛氏思想资料撷取甚多。他们惊叹佛教理论"极乎高深"，"有高妙处"。然而二程并没有倾倒于佛教理论，认为佛学"多有纤奸打讹处"。如果听任"释氏之说衍蔓迷溺"，将会"其害无涯"。他们以实学理论为依据，对佛教及其宣扬的虚幻谬说进行了多方面的批判。

程氏批判了释氏妄幻无常论。二程认为世界上的一切事物不仅是存在着矛盾，而且矛盾对立面是转化的。二程说：

> 有生者，必有死；有始者，必有终，此所以为常也。
>
> 为释氏者，以成坏为无常，是独不知无常乃所以为常也。今夫人生百年者常也。一有百年而不死者，非所谓常也。释氏推其私智所及而言之，至以天地为妄，何其陋也。①

释氏所理解的"常"（永恒）是无生、无死、无始、无终的空寂。但现实世界的一切都是有生有死、有始有终，因而在释氏看来都成为了"无常"（非永恒）。极而言之，即使是天地，也是妄幻不实的。二程不同意释氏这一观点。他们认为有生有死，有始有终，这种表面看上去非永恒（"无常"）的现象，正是客观事物的普通的、永恒的存在方式。绝对不能将客观世界归结为妄幻无常。以一个人而论，其生命历程大约百年左右。在百岁之内死去，是正常的；而超过百岁未死之人

---

① 《二程外书》卷七。

则不是很多，从这一点上说倒可以视为反常。

二程坚定地否定了佛学"以人生为幻"的观点，指出：

> 以为生息于春夏，及至秋冬便却变坏，便以为幻，故亦以人生为幻，何不付与他。物生死成坏，自有此理，何者为幻。①
>
> 只如一株树，春华秋实，乃是常理。若是常华，则无此理，却是妄也。今佛氏以死为无常。有死则有常，无死却是无常。②

在二程看来，有生有死的人类，有华有枯的树木，有成有坏的其他一切客观事物，都是真实不妄的客观存在。"死"、"枯"、"坏"是正常的自然现象，而不是将客观世界歪曲为虚假妄幻的依据。

二程认为佛学之所以一直以生利诱、以死恐吓人们，主要是因为它本身不懂得"生死为本分事"，"死"对于一个人来说并不可怕，也无可避免。"佛学只是以生死恐动人。……圣贤以生死为本分事，无可惧，故不论死生。佛之学为怕死生，故只管说不休。"③佛教徒们自己贪生怕死，却以为别人也这样想。因此，编造了一套不生不死的谬论来混淆视听，实在愚蠢可笑。二程赞成庄子对生死采取"鼓缶而歌"的态度。"人之终尽，达者则知其常理，乐天而已，遇常皆乐，如鼓缶而歌。"④在中国历史上，对生死首倡"鼓缶而歌"的是庄周。二程对此观点表示肯定，是基于"死生存亡皆知所从来，胸中营然无疑"。⑤程颐72岁时，曾对门徒张绎说过这样的话："人待老而求保生，是犹贫而后蓄积，虽勤亦无补矣。"⑥表示决不做冀求长生之类的

---

① ③ 《遗书》卷一。
② 《外书》卷十。
④ 《周易程氏传》卷二。
⑤ 《遗书》卷二上。
⑥ 《遗书》卷二十一。

愚蠢之事。他直言宣称:"见摄生者而问长生谓之大愚;见卜者而问吉凶谓之大惑。"①洛学在对佛学幻妄无常观的批判中,表达了二程对生命现象的正确理解,闪烁着辩证法的异彩。

二程无情地鞭挞了佛学出家出世说,出家出世是佛学理论的重要内容。佛学认为人生在世有数不尽的烦恼和不幸。留恋家庭,向往世俗的正常生活,就会堕入无边之苦海。要永久地摆脱痛苦,就得彻底摈弃世俗生活,断绝一切正常的欲念和情感,走出世之路。这种学说悖逆于儒学传统的道德伦理观和人生观,引起了以儒为宗的洛学的激烈反对。二程指出:

> 其(佛学)迹须要出家。然则家者,不过君臣、父子、夫妇、兄弟,处此等事,皆以为寄寓,故其为忠孝仁义者皆以为不得已尔。②

他们认为家是不可出的。理由是,每个人在家庭中都有属于自己的等级名分,以及自己应尽的义务。佛学提倡出家,就是为逃避这些义务,这是很自私的。如果佛祖仅仅是为了自己独善其身而出家,最终"枯槁山林",权当世上少了这个人罢了,危害尚不大,倒可以不去计较。问题是佛祖不只是要一个人"自私独善",而是以此"率人",要求众人都像他一样逃父出家以"自适",这就不能等闲视之了。

二程认为,天下最大的祸害莫过于使人类绝种灭后,指出:

> 释氏自己不为君臣父子夫妇之道,而谓他人不能如是,容人为之而己不为,别做一等人,若以此率人,是绝类也。③

---

① 《遗书》卷二十五。
② 《遗书》卷二上。
③ 《遗书》卷十五。

二程的意思是说如果所有的人都像佛教徒那样，遁世出家，人类又何以繁衍延续，岂不是要绝种灭后了吗？

就这个问题，程颐和当时佛教信奉者赵瞻发生过一场争论：

> 子（颐）曰：祸莫大于无类。释氏使人无类，可乎？公（瞻）曰：天下知道者少，不知道者众。自相生养，何患乎无类也。若天下尽为君子，则君子将谁使？……程子曰：岂不欲人人尽为君子哉！病不能耳，非利其为使也。若然，则人类之存，不赖于圣贤，而赖于下愚也。①

赵瞻认为佛道弘大深奥，天下精通佛理之君子终究是少数，故而出家人也终究是少数，因此，根本用不着担心人类会绝种无后，程颐则认为依赵氏所言，出家的都是"知道"的君子，不出家的都是一些不"知道"的愚者，由此推论，将来人类社会的延续将会全由愚者们去维持，至于"知道"之君子们就会断子绝孙。长此以往，总有一天社会上将会连一个君子都找不到。对于程颐的这番诘问，赵瞻无言可答。这场争论的谁是谁非是显而易见的。

洛学承继儒家"内圣外王"理想人格传统，认为人生在世，既要讲求个人的道德修养，又要对社会有所贡献，为封建统治效力。用他们自己的话说就是："敬以直内，义以方外"。而佛学却只讲个人的宗教修养，根本不涉及治国平天下之理论，在这个问题上，二者的分歧是很明显的。二程说："他（佛学）有一个觉之理，可以敬以直内矣，然无义以方外。"②认为人人都"无义以方外"，不为社会做任何有意

---

① 《遗书》卷二十一。
② 《遗书》卷二上。

义的事情，"天下却都没有人去理。"① "则老者何养？幼者何长？"② 非但社会上的一切政治活动陷于瘫痪，而且老人都将得不到应有的赡养，幼者也失去了起码应有的抚育。这是一幅相当可怕的社会画面。二程在这里决不是故弄玄虚，制造耸人听闻的危言，而是完全可以料想得到的严峻的社会现实。

二程以为"敬以直内"，加强个人道德修养，目的是为了"义以方外"，为社会、为民众做些实事。如果"以天下国家不足治，要逃世网"，独善其身，"敬以直内"就失去了实际意义，也变得毫无价值。程氏指出：

> 今之学禅者，平居高谈性命之际，至于世事往往都不晓得，此只是实无所得。③

"性命"，个人修养之谓也；"世事"，治国平天下之事也。这也就是说，佛教徒不愿意也不懂得如何治国平天下，这样的性命之学即使再"高妙"，也是空的，只能是"实无所得"。

如果说出家之说大谬不然，而出世之说尤见荒唐。"其言待要出世，出那里去？……又要得脱世网，至愚迷者也。"（《遗书》卷15）地球上的一切空间都在"世"之中，无论是谁，都不可能真正做到"出世"，除非他不食人间烟火。"不戴皇天，不履后土始得"。④ 可是，佛教徒和其他人一样，渴饮饥食，戴天履土，这怎么能说是"出世"呢？因此，这种出世之说等于揪住自己的头发说要离开地球一样，完全是欺人之谈。

在程氏看来，佛教理论之所以漏洞百出，卒不可信，其中有一个

---

① 《遗书》卷二上。
② 《外书》卷十。
③④ 《遗书》卷十八。

很重要的原因，即佛教完全出于极端自私之目的。他说：

> 释氏之学，……然要之卒归乎自私自利之规模，何以言之？
> 天地之间，有生便有死，有乐便有哀。释氏所在便须觅一个纤奸
> 打讹处，言死生，齐烦恼，卒归乎自私。①

这就是说，从至公无私的天地之理考察，有生就有死，有欢乐亦有悲
哀。释氏出于自私猥亵之心理，讹称可以避免死亡，排斥烦恼，这既
与至公之原则相违背，也与事实不相符合。二程的结论是"释氏之
说，其归欺诈"②。

由此，二程又进一步以事实揭露佛教的欺诈之术，指出：

> 昔有朱定，亦尝来问学，但非信道笃道。曾在泗州守官。值
> 城中火，定遂使兵士舁僧迦避火。某（程颐）后语定曰："何不
> 舁僧伽在火中，若为火所焚，即是无灵验，遂可解天下之惑。若
> 火遂灭，因使天下人尊敬可也。此时不做事，待何时耶？"惜乎
> 定识不至此。③

佛教徒一向宣称佛法无边。如斯所说，城中失火，其他人与物都必须
避火，至于僧伽则完全可以不必担心为火所焚。如果置僧伽于大火之
中，不被烧毁，且能使火熄灭，则佛说不妄，确有灵验。相反，僧伽
不能灭火，而反被火所焚，这就说明佛法无边只不过是自吹自擂之谎
言。程颐这一"以其之矛攻其之盾"的做法，是颇为机智的。

鄠县南山有一寺庙，相传其中一石佛之首，一年一度放射佛光，

---

① 《遗书》卷十五。
②③ 《遗书》卷二十二。

周围几百里的善男信女们听信这一神话，争相聚观，"昼夜杂处，为政者畏如神，莫敢禁止"。恰逢程颢赴鄠县任主簿，他随即召该寺之僧，要其"俟复见，必先白吾，职事不能往，当取其首就观之。①石佛之首放光之闹剧就此收场。

第二节 "穷经将以致用也"

二程一生以极大的政治热情致力于封建教育事业，即使身处逆境，也从未放弃整理、诠释儒家经典和聚众讲学。程颐曾说："吾四十岁以前读诵，五十以前研究其义，六十以前反复绅绎，六十以后著书。"②从这个自述中，不仅可以看出程颐严谨治学态度，而且亦可知道他一生从未离开儒家经典。其门人对程颐苦心从事教育事业和研读儒家经典不甚理解，以为他这样做，未免太劳苦了。程颐是这样解释的：

> 今农夫祁寒暑雨，深耕易耨，播种五谷，吾得而食之。今百工技艺作为器用，吾得而用之。甲胄之士披坚执锐以守土宇，吾得而安之。却如此闲过了日月，即是天地间一蠹也。功泽又不及民，别事又做不得，惟有补缉圣人遗书，庶几有补尔。③

这段自述清楚地说明了二程从事封建教育的目的，是通过"补缉圣人遗书"，对于封建统治"庶几有补"。

二程以为当时天下不治，风俗不美，才能不足，主要是缺乏良好的教育所致。程颢说：

---

① 《文集》卷三十一《明道先生行状》。
② 《文集》卷二十四。
③ 《文集》卷十七。

宋兴百余年，而教化未大醇，人情未尽美，士人微谦退之
节，乡闾无廉耻之行，刑虽繁而奸不止，官虽冗而材不足者，此
盖学校之不修，师儒之不尊，无以风劝养励之使然耳。①

因此要扭转这个局面，就要加强封建主义教育。程颢曾对宋仁宗说：

既一以道德仁义教育之，又专以行实材学开进，去其声律小
碎，糊名誊录，一切无义理之弊，不数年间，学者靡然丕变矣。
岂惟得士浸广，天下风俗将日入醇正，王化之本也。臣谓帝王之
道，莫尚于此，愿陛下持留宸意，为万世行之。②

在这里，二程把教育作为"万世行之"的"王化之本"，足见其对教
育是何等的重视。认为只要坚持以道德仁义教育人民，久之，人民就
会受其熏陶，对封建统治矢志不渝，这样就会使封建统治从根本上得
到巩固。

一定的教育目的，决定了一定的教育内容。为了培养人们的封建
主义道德品质，二程主张学者要以学习儒家经典著作为主。所谓"为
学，治经最好。"③二程认为《诗》、《易》、《论语》、《孟子》、《春秋》、
《中庸》、《大学》、《孝经》这些著作概括了封建主义的基本义理，凝
聚了古代圣贤的心血与智慧。读这些书，既等于当面聆听封建圣人
的教诲。真正弄通了这些经典，并付之实践，就一定能裨益于封建
统治。

二程指出所有的儒家经典都是"涵蓄浑然，无一精细之别"，④因
而不能厚此薄彼，都必须认真学习。然而由于各经论述问题的角度有

①② 《文集》卷一《请修学校尊师儒取士札子》。
③ 《遗书》卷一。
④ 《二程粹言》卷一。

所不同，所强调的侧重点亦不同，所以在学习过程中，要根据各经的具体内容，采取不同的学习方法。他说：

> 凡看书，各有门庭。《诗》、《易》、《春秋》不可逐句看，《尚书》、《论语》可以逐句看。①

《尚书》是古代历史文献的汇编，《论语》是孔子言论的总集，对于修身治国关系最为密切，因此必须逐字逐句研习，才能领悟其中的微言大义。至于《诗》，由于作者的成分复杂，其中有些作品并非佳作，《易》深奥难懂，《春秋》是一部编年史。对于这三部书只要弄懂大意就行了，不必逐句看。在学习的顺序上，二程要求先学《论语》和《孟子》。他说：

> 学者先须读《论》、《孟》。穷得《论》、《孟》，自有个要约处，以此观他经，甚省力。《论》、《孟》如丈尺权衡相似，以此去量度事物，自然见得长短轻重。②

二程认为无论是谁，只要认真学习《论语》和《孟子》就都会"有所得"。学到孔子、孟子这些圣人的政治立场、思想方法，生活态度，接人待物之准则等等，在实际社会生活中，就有了处世应事之标准。

二程强调学习各部儒家经典，必须将重点放在对义理的追求上。读书而不明理，等于买椟还珠。他们说：

> 如圣人作经，本欲明道。今人若不先明义理，不可治经。③

---

① 《外书》卷六。
② 《遗书》卷二十二上。
③ 《遗书》卷二上。

> 读书将以穷理，将以致用也。今或滞心于章句之末，则无所
> 用也。此学者之大患。①

> 经所以载道也，器所以适用也。学经而不知道，治器而不适
> 用，奚益哉？②

二程认为学者治经的主要任务是明理识体。如果读了一辈子的圣贤书，仍不知"道"为何物，昧于义理，这样即使"尽治五经，亦是空言，……虽好读书，却患在空虚者，未免此弊。"③这对巩固封建统治又有什么实际帮助呢？

在提倡读书明理的同时，二程也反对学者刻意作文，潜心写诗及勤于练字。认为作文，写诗和练字属于玩物丧志，对明理知道的妨害极大。关于练字，程颢说：

> 子弟凡百玩好皆夺志。至于书札，于儒者事最近，然一向好
> 者，亦自丧志。如王、虞、颜、柳辈，诚为好人则有之。曾见有
> 善书者知道否？平生精力一用于此，非惟徒废时日，于道便有妨
> 处，足知丧志也。④

人一旦迷溺某一桩事情，就会置其他一切于不顾，这就叫做玩物丧志。对于学者来说，整天和文字书札打交道，容易爱好书法，喜欢自己的字写得漂亮，这就要花很大精力去研究其中的窍门，浪费大好的光阴，影响专心致志地去探索封建主义理论之精髓。从历史上一些著名书法家来看，如王羲之父子、虞世南、颜真卿、柳公权等人，不是说他们都不是好人，他们当中有好人。但是从来就没有发现"善书者

---

① 《二程粹言》卷一《论学篇》。
② 《遗书》卷六。
③④ 《遗书》卷一。

善道"。因此，凡是以读书明理为目的的学者，决不可以醉心于书法。

> 作文害道否？曰：害也。凡为文，不专意则不工，若专意则志局于此，又安能与天地同其大也？《书》曰："玩物丧志"，为文亦玩物也。吕与叔有诗云："学如元凯方成癖，文如相如始类俳。独立孔门无一事，只输颜氏得心斋"。此诗甚好。古之学者，惟务美情性，其它则不学。今为文者，专务章句，悦人耳目，既务悦人，非俳优而何？①

作文为什么"害道"？程颐认为大凡为文之人，都想使自己的文章写得工整些，"悦人耳目"，这就不能不花工夫，也就没有精力去"明理"。因此程颐赞成述而不作。然而人人都不为文，哪来的"六经"？程颐解释道：

> 人见《六经》便以为圣人亦作文，不知圣人亦据发胸中所蕴，自成文耳。所谓有德者必有言也。曰：游、夏称文学，何也？曰：游、夏亦何尝秉笔学为词章也？且如观乎天文以察时变，观乎人文以化成天下，此岂词章之文也？②

他认为圣人并不有意于作文，而《六经》只是圣人"发胸中所蕴，自成文耳"。程颐的这个说法实际上是混乱的。因为《六经》毕竟也是文。而"凡为文不专意则不工"的理论如果成立，其结论只能是要么《六经》文不工，使人不能卒读，要么是圣人也昧于道理，"志局于文"，同样的逻辑，孔门高足子游、子夏等的作品也是文，如果"为文亦玩物"，那么子游、子夏也是玩物丧志之人。

---

①② 《遗书》卷十八。

关于学诗，程颐说：

> 或问：诗可学否？曰：既学诗，须是用功，方合诗人格，既用功，甚妨事。古人诗云："吟成五个字，用破一生心"；又谓："可惜一生心，用在五字上"，此言甚当。①

诗有诗的格式，要使自己的诗符合这一格式，就必须用功学习，这样也就没有精力去研究义理了，这和读书明理的原则发生冲突。为了写几首五言诗，耗费一生心血，实在值不得。在程颐眼中，诗实在是没有什么实际价值的"闲言语"。他的结论是学诗"甚妨事"，最好是不学。程颐曾明确宣称："某素不作诗，亦非是禁止不作，但不欲为此闲言语。且如今言诗无如杜甫，如云：'穿花蛱蝶深深见，点水蜻蜓款款飞'，如此闲言语，道出做甚？某所以不常作诗。"② 在程颐眼中，诗词写得再多，再好，也是无益于治国安邦。杜甫号诗圣，像"穿花蛱蝶深深见，点水蜻蜓款款飞"这样的名句佳作，都被程颐视为毫无用处的"闲言语"，又遑论其他诗作呢？

程颐由此总结说："人有三不幸：年少登高科，一不幸；席父兄之势为美官，二不幸；有高才能文章，三不幸也。"③ 前两者不幸，从磨难和锻炼更利于人才成长这一角度考察，有一定道理。因为"年少登高科"，忙于官场应酬，义犊政务，就很少有空暇静心读书，而且容易使人生妄自尊大的心理，应该说这确实是一种不幸。不是通过自己的刻苦学习，奋发努力，凭就本身的真才实学去谋求官位，而是依靠"父兄之势"，充任肥缺美职，不仅政事办不好，而且也会耽误对义理的探求，这也可以说是做学问者的另一种不幸。至于第三种不幸，虽然失之偏颇，但这是程颐"作文害道"命题的进一步铺陈，是

---

① ② ③ 《遗书》卷十八。

与读书明理的学习目的相呼应的。

　　由此，二程提出了"善学者，要不为文字所梏"①的命题。并说："凡观书，不可以相类泥其义，不尔则字字相梗，当观其文势上下之意。"②又说："今之学者有三弊：一溺于文章；二牵于训诂；三惑于异端。无此三者，则将何归？必趋于道矣。"③这里的"牵于训诂"主要是针对汉唐儒生的训诂学风而言的。"牵于训诂"，就是"为文字所梏"，算不上"善学者"。那么正确的读书方法又是什么呢？二程说：

　　　　凡看文字，先须晓其文义，然后可求其意，未有文义不晓而见意者也。④

读经书，起码要求是通晓文义，否则就不知所云。二程认为只要正确理解义理，即使文字解释错了，也无关紧要："文义虽解错，而道理可通行者不害也。"⑤

　　他们特别提醒学者不要以文害义。指出：

　　　　观书者，亦须要知得随文害义。如《书》曰："汤既胜夏，欲迁其社，不可"。既处汤为圣人，圣人不容有妄举。若汤始欲迁社，众议以为不可而不迁，则是汤先有妄举也。不可者，汤不可之也。⑥

这是说如果完全从字面上去理解《尚书》所说的"汤既胜夏，欲迁其

---

① 《遗书》卷一。
②③ 《遗书》卷十八。
④ 《遗书》卷二十二。
⑤ 《外书》卷六。
⑥ 《遗书》卷二上。

社，不可"这句话，似乎是说汤想迁社，而没有迁成。这就损害了汤这个圣人的形象。二程认为圣人一举一动都是对的。凡是他们想做的必然会获得成功；不能获得成功的就一定不会去做。否则就是妄举。因此，这句话的正确理解是：众人欲迁其社，汤以为不可。十分明显，二程举这个例子是很不妥当的。这实际上是用固定的义理来更正或篡改史书记载，犯了削足适履的错误。

不过，二程对史书之所载，亦有疑对之处。例如：

> 神农作《本草》，古传一日食药七十死，非。若小毒，亦不当尝。一尝而死矣。安得生？其所以得知者，自然视色嗅味，知得是甚气，作此药，便可攻此病。须是学至此，则知自至此。①

人是不能尝毒的，这是常识。神农虽是圣人，但终究是凡体肉胎，若是尝剧毒之物，也会一尝辄死，哪里还有《本草》传世。故而"一日食药七十死"的记载是不可信的。真实的情况是神农通过"视色嗅味"辨别草药之性，而撰写了《本草》。

二程指出，真正的学者既要好读书，也不能迷信书。要有独立思考的精神。他们主张边阅读，边思考。"先生（程颐）始看史传，及半，则掩卷而深思之，度其后之成败，为之规划，然后复取观焉。"②程颐强调："凡读史，不徒要记事迹，须要识治乱安危兴废存亡之理。且如读《高帝》一纪，便须识得汉家四百年终始治乱当如何，是亦学也"。③这里说的虽是读史，对其他科目的学习，亦有重要的参考价值。

二程认为穷义理，固然离不开读古之圣贤之书，但是如果因此以

---

① 《遗书》卷二下。
② 《遗书》卷二十四。
③ 《遗书》卷十八。

为单凭书本即可穷尽义理，那就错了。他说：

> 解义理，若一向靠书册，何由得居之安，资之深，不惟自
> 失，兼亦误人。①

据谢良佐回忆说，明道先生尝教余曰："贤读书，慎不要寻数行墨。"② 所谓"不要寻数行墨"，就是不要囿于书本，食古而不化。

在这方面，二程是有其经验的。如三国时，孔明为了与曹魏长期抗衡，选择五丈原作为营地。司马懿宣称孔明这样做不会有什么作为。后来孔明在五丈原一病不起，蜀兵不战而退。不少人由此认为司马懿的说法很有道理。程颐"自观五丈原"，经过实地调查，断定孔明驻兵五丈原，此举非常高明，"非此地不可据"，指出司马懿说孔明"无能为，此伪言安一军耳。……英雄欺人，不可尽信。"③ 程颐的这个结论是否正确，可以商榷。重要的是这种务实的治学态度和方法值得提倡。

读书不是一件轻松的事情，困难重重，复杂纷繁，要真正学到一点东西，必须具备知难而进的精神。"人之于学，避其所难而姑为其易，斯自弃也已。"④ 学习不能"避其所难"，否则就难以有成。事实上学习如同登山，如果只是在平坦之处阔步前进，一遇险峻，就畏缩不前，则永远到达不了高山之顶峰，享受不到成功的喜悦。程颐曾颇有感叹地说：

> 今之为学者，如登山麓，方其迤逦，莫不阔步。及到峻处，

---

① 《遗书》卷十五。
② 《外书》卷十二。
③ 《外书》卷二十四。
④ 《二程粹言》卷一。

便逡巡。①

这种"知难而退"的学风，当在匡正之例。

二程指出学习是长期之事业，贵在持之以恒。程颐尖锐地批评了才读几天书就想成为知识渊博的圣贤的不切实际的思想，他指出：

> 驯致渐进也，然此亦大纲说。固是自小以致大。自修身可以至于尽性至命。然其间有多少般数。其所以至之之道尚如何。荀子曰：始乎为士，终乎为圣人。今人学者须读书。才读书，便望为圣贤，然中间至之之方，更有多少。②

从道理上说，每个人都可以通过学习而最终成为圣人。但其始与其终之间的距离是很大的。只有通过"驯致渐进"的工夫，日积月累，坚持不懈，才能稳步地达到目的。这里来不得半点小聪明，重要的是花大力气。世上往往有这样的事情，最终取得成功的，并不是那些天资聪颖的，而是一些反应迟钝之人。"参也，竟以鲁得之。"从天资上说，曾参在孔门诸弟子中并不是佼佼者，甚至可以说是木讷愚鲁。然而对孔学贡献最大的竟是这位不起眼的"鲁者"。这是什么原因呢？关键在于他脚踏实地，长期耕耘所致。程颐说得好：

> 学欲速不得，然亦不可急。才有欲速之心，便不是学。学是至广大之事，岂可以迫切之心为之？③

在此基础上，程颐提出了"务实"不务名的思想。他说：

---

① 《遗书》卷十七。
②③ 《遗书》卷十八。

> 学者须是务实，不要近名，方是。有意近名，则大本已失，更学何事？为名而学，则是伪也。今之学者，大抵为名。为名与为利，清浊虽不同，然其利心则一也。……大抵为名者，只是内不足。内足者，自是无意于名。①

学习的最终目的是为了提高自己的道德修养和处事应变之能力，达到"内足"，而决不是为了获得虚名。如果只是为了博得一个响亮的名头而学习，就会以出名而满足。一旦出名，就再也不会用功学习，百竿进尺。这实际上是一种浅薄的表现。真正的"内足"者，是不希望名过其实的。他们所追求的乃是名副其实。二程这一观点，应视为是治学的经验之谈。

必须说明，二程虽然把封建道德作为教育的首要任务，但是他们并没有完全忽视对学者实际办事能力的培养。大力倡明道以致用。二程说：

> 学者不可不道世务，天下事譬如一家，非我为则彼为，非甲为则乙为。②

天下之事总是要有人去做的，不是自己承担就是别人完成。要做事，就必须具备做事的能力，因此学者应该重视处事应变能力的培养。二程指出：

> 穷经将以致用也。如诵《诗》三百，授之以政不达，使之四

①《遗书》卷十八。
②《遗书》卷二十二。

方，不能专对，虽多亦奚以为？今世之号穷经者，果能达于政事专对之间乎？①

读书是为了使用。如果读了很多圣贤书，却不道世务，不能很好地处理政务，这种人书读得再多又有什么用呢？"经所以载道也，器所以适用也。学经而不知道，治器而不适用，奚益哉？"②即使是"尽治五经，亦是空言。"③程颐打了一个形象的比方："君子之道，贵乎有成。所以五谷不熟，不如荑稗。掘井九仞，而不及泉，犹为弃井。有济物之用，而未及物，犹无有也。"④庄稼看上去长得很茂盛，但不结果实，还不如稗子可充作饲料。井尽管掘得很深，没有水出来，还是一口无用之井。同样的道理，即使学习上有所创见，但不会运用于实际，那还是空的，所谓"学而无所用，学何为？"因此，只有学以致用，才是值得提倡的。

第三节　"不是吾儒本经济，等闲争肯出山来？"

任何社会要维持生存，都必须具备一定的物质基础。二程对北宋存在的"国用不足"，财政匮乏的严重局面深感忧虑。他说："不是吾儒本经济，等闲争肯出山来？"⑤（以下简称《文集》）他们明确表示要以扭转这种经济颓势为己任。

二程清楚地看到了经济萧条所孕育的巨大社会危机。"虽富室强宗，鲜有余积，况其贫弱者乎？或一州一县有年岁之凶，即盗贼纵横，饥羸满路。如不幸有方三二千里之灾，……则其患不可胜言

---

① 《遗书》卷四。
② 《遗书》卷六。
③ 《遗书》卷二上。
④ 《周易程氏传》。
⑤ 《二程文集·游鄠县山诗十二首》。

矣。"① 民力凋残，人民生活每况愈下，整个社会的经济形势呈现出令人惶惶不安的景象。"今天下民力匮竭，衣食不足，春耕而播，延息而待，一岁失望，便须流亡。"② 即使丰年乐岁，在封建地主阶级"急令诛求，竭民膏血"的超经济掠夺之下，也是"饥寒见于道路"，"困衣食者十居八九"。③ 一旦遇上水涝干旱，百姓们基本上没有活路可走。"凶年饥岁，老弱转死于沟壑，壮者散而之四方为盗贼，犯刑戮者，几千万人矣。"④

在这种情况下，衣食无着的劳动群众为了生存，愤而高举义旗，反抗封建统治。程颐忧心忡忡地说："方今之势，诚何异于抢火厝之积薪之下而寝其上。"⑤ 稍不留神，灭顶之灾就会接踵而至。

怎样才能避免农民阶级的火与剑的批判？二程的救世方案是从解决百姓的衣食问题入手。其逻辑是：民以食为天。他们有饭吃、有衣穿，安居乐业，就会接受封建主义的教化。他说：

> 百姓安业，衣食足而有恒心。知孝悌忠信之教，率之易从，劳之不怨，心附于上，固而不可摇也。化行政肃，无奸宄盗贼之患；设有之，不足为虑，盖有歼灭之备，而无响应之虞。⑥

百姓生活安定，再辅以封建教化，就不会反抗封建统治。这时即使有人站出来反对朝廷，响应的人也不会太多，容易扑灭，"不足为虑"。在新的生产关系没有产生之前，二程的这个设想是切实可行的。

二程指出，如果百姓衣食不足，"饥寒既切于内，父子不相保，尚能顾忠义哉？"⑦ 他们对封建统治的怨望之情、"思寇之心"就会油然而生，势必威胁封建统治。他们断定人民群众的生活有无着落与封

---

① 《文集·论十事札子》。
②④⑤ 《文集·上仁宗皇帝书》。
③⑥⑦ 《文集·为家君应诏上英宗皇帝书》。

建统治的稳定与否存在着一定的内在联系，一再强调为政之道，"以厚民生为本。"① 这里，二程粗浅地论述了社会存在决定社会意识，经济基础决定上层建筑的问题，虽然是不自觉的，但这样认识问题，毕竟是明智的。

针对国用不充，衣食不足的现实，二程主张大力发展农业生产。他认为"古者四民各有常职，而农者十居八九，故衣食易给，而民无所苦困。"② 言下之意，要摆脱衣食不足的困境，就得设法使全国十居八九的劳动力投入农业生产。然而"今京师浮民，数逾百万，游手不可胜度。观其穷蹙辛苦，孤贫疾病，变诈巧伪，以自求生，而常不足以生。日益岁滋，久将若何！"③ 后果不堪设想。二程建议朝廷制定有关政令，吸引浮民游手从事农业。"惟王谨以政令，驱之稼穑，且为生之本，宜教使以良勤，则从上也轻，盖丰余之自得。"④ 二程这一建议，要求发展农业生产，提高社会生产力，对于缓解百姓衣食不足和用民不充的矛盾，也有一定的益处。

有宋一代，土地兼并现象十分严重。在最高统治者的直接纵容下，大地主、大官僚疯狂地实行土地兼并，或是廉价市之，或是倚势占之。全国的肥田沃土大多控制在他们手中。一方面是占地过多，无力使所占的土地全部种上庄稼，致使"膏腴之田，遂成荒土"；另一方面是大批农民无寸锥之地，被迫到处流浪，成为新的浮民游手，社会生产力遭到严重破坏。这不仅使"贫者流离饿殍而莫之恤"，而且也减少了封建的财政收入。他认为这是天下动乱的根源，指出：

富者跨州县而莫之止，贫者流离饿殍而莫之恤。幸民虽多，而衣食不足者，盖无纪极。生齿日益繁，而不为之制，则衣食日

---

① 《文集·代吕公著应诏上神宗皇帝书》。
②③ 《文集·论十事札子》。
④ 《文集·南庙使佚道使民赋》。

癙，转死日多，此乃治乱之机也。岂可不渐图其制之之道哉？①

要使大批浮民游手辛勤力穑，生产出足够的粮食和其他的物质生活资料，以备异日国家征集，则首先要让他们有田可耕。很明显，把浮民游手驱之稼穑的设想与"富者跨州县而莫之止"的土地兼并的现实是极为矛盾的。

二程提倡抑制兼并。他们说："岂可谓无可奈何而已哉？此在酌古变今，均多恤寡，渐为之业，以救之耳。"②必须从土地兼并者那里分出一点土地，使无田者有田可耕。二程认为这个问题不解决，总有一天会出大乱子。他说：

> 民惟邦本。本根如是，邦国奈何？民无生业，极困则虑生，不渐善教，思利而志动，乘闲隙则萌奸宄，逼冻馁则为盗贼。……设或遇大饥馑，有大劳役，奸雄一呼，所在必应，以今无事之时，尚恐力不能制，况劳扰多事之际乎？天下安危，实系于此。③

在自给自足的自然经济结构中，土地是农民赖以生存的最主要的生产资料。失去了土地，也就失去了谋生的手段。穷则思变。严酷的现实将逼得他们铤而走险。一有风吹草动，就会形成强大的反对封建统治的力量。用程颐的话说就是"驱之于治则难，率之于恶则易摇"④。要想消融这股威胁封建统治的力量，则必须实行"均田务农"之方针。

二程的时代，农民承担着全社会的主要物质生产。他们不仅是封建统治阶级剥削和压迫的对象，而且还是封建社会物质基础的提供

---

①② 《文集·论十事札子》。
③④ 《文集·为家君应诏上英宗皇帝书》。

者。离开了广大农民的辛勤劳动，封建统治一天也维持不下去。所谓"无野人莫养君子"，说的就是这个意思。因此，"君子"们在享受"野人"劳动果实时，应该多少留给"野人"一些维持活命的剩饭残羹，不能竭泽而渔，杀鸡取蛋。否则就是掏空自己的统治基础。对于这个问题，二程的认识比较清醒，他们一直强调要"宽赋役"。指出：

> 损上而益于下为益，取下而益于上则为损。在人，上者施其泽以及下则益也。取其下以自厚则损也。譬如垒土，损于上以培厚其基本，则上下安固矣。①

所谓"损上"，当然不是要损害封建地主阶级的根本利益，而是为了封建地主阶级的政治统治，损去一些过度的骄佚奢侈，变横征暴敛，"急令诛求"为薄赋轻徭和有节制的征调。所谓"益下"，当然也不是专为劳动群众的利益着想，只不过是养鸡生蛋，饲牛挤奶。这样做有两点好处：（一）劳动群众有一点余力从事再生产，以保证封建统治集团取之有源。（二）劳动群众对封建从属关系"采取可以忍受"的态度加以接受。如其不然，尽管可以极一时之乐，却带来财政枯竭之恶果。凡以"损下"开始，无一不是以"损上"告终。这个道理很清楚。比如垒墙，只有先将墙基夯打结实，基础厚固了，高墙才不会倒塌。基础不牢，墙虽高，却经不起风吹雨打，容易"危坠"。

由此，二程论述了"保民而王"的问题。无庸讳言，二程是相信君权受命于天的。但是他们又认为"天"所以为民立君，主要是企图通过君来养民的。其谓："为民立君，所以养之也。"② 如果君不能致民以温饱安宁，也就辜负了天命。天就会废除此君，另择其人。程颐

---

① 《周易程氏传·损益》。
② 《程氏经说》卷四《春秋传》。

说:"天佑下民,作之君长,使安定也。……惟求民所定,故君不善则绝之。"① 要想永远得到天命之佑,就必须时刻以生民为念,以取悦民心为本:"君道以人心悦服为本。"② 假如有一天,民众不承认其君主"王天下"的资格,君主就会失去"天位之尊,四海之富,群生之众"而变成独夫民贼。他说:

> 夫王者,天下之义主也。民以为王,则谓之天王天子,民不以为王,则独夫而已矣。③

二程以幽王为例,说幽王"视民如禽兽",民视幽王为仇敌,不承认幽王为君之资格,幽王的身份随之发生戏剧性的变化,由天子变成"独夫"。和幽王朝相比,有些君主"虽无大恶见绝于天下"④,但他们无恩泽施及于民,起不到佑民安宁温饱之作用,民众对于他们的统治漠然视之,这些君主也就一个个地变成了名副其实的孤家寡人。

进而,二程提出了得天位思报民的思想。他说:

> 人主所以有崇高之位,盖得之于天,与天下之人戴之。必思所以报民。古之人君视民为伤,若保赤子。皆是报民也。⑤

二程说的报民有两方面的内容:(一)封建统治者对民众要像对待婴儿那样小心爱护。(二)"使民用天时、因地利","成其丰美之利"。⑥

二程强调报民,有一个很重要的原因,即他们认识到了人民是不

---

① 《程氏经说》卷三。
② 《二程粹言》卷二《君臣篇》。
③④ 《遗书》卷二十一下。
⑤ 《遗书》卷十九。
⑥ 《周易程氏传》卷一《泰》。

可威逼和欺伤的。指出：

> 民可明也，不可愚也；民可教也，不可威也；民可顺也，不
> 可强也；民可使也，不可欺也。①

先秦时代，老子曾说"古之善为道者，非以明民，将以愚之"，孔子也认为"民可使由之，不可使知之"。在很长的历史阶段中，老子和孔子的这一思想成为封建统治集团制定愚民政策的理论基础。在这个问题上，二程突破了传统的偏见，认为民可明不可愚，可顺不可强，可使不可欺，不能不说是一个很大的进步，亦是对"民惟邦本"这一命题的发挥，具有民本主义色彩。

第四节 "才与至诚合一，方能有济"

北宋中叶，吏治废弛，昏言庸吏尸枕禄位。或是终日饱食，无所事事；或是贪鄙狼藉，戕害百姓。对于这种现状，二程很不满意。程颐曾感叹地说："某见居位者，百事不理会，只凭个大肚皮。"② 于是，二程提出了"能者在职"、"贤者在位"的思想。

首先，二程论述了"尚贤"的重要意义。他们认为天下人口众多，事务繁杂，以君主一人独治天下，是根本不可能的事情。程氏指出：

> 夫以海宇之广，亿兆之众，一人不可以独治，必赖辅弼之
> 贤，然后能成天下之务。自古圣王，未有不以求任辅相为先
> 者也。③

---

① 《遗书》卷二十五。
② 《遗书》卷八。
③ 《文集·为家君应诏上英宗皇帝书》。

历史是现实的一面镜子。既然古代君王"未有不以求任辅相为先"，当今君主也就应该依此办理，将求贤作为处理政务的先决条件。

二程指出如果君主以为凭自己一人就可以将天下治理得井井有条，那就错了。"居尊位，……若区区自任，岂能周于万事？故自任其知者，适足为不知，惟能取天下之善，任天下之聪明，则无所不周。是不自任其知，则其知大矣。"①君主自任其知，临乎天下之事，看上去似乎是大智大睿，其实是很不明智的。因为个人之智总是有限的。只有善于撷取天下人的长处，运用天下人的聪明才智，才能将天下之事处理得当。

二程认为真正贤明的君主，不是事必躬亲之人。他的主要任务是发挥众人之能。"周公不作膳夫庖人匠人事，只会兼众有司之所能。"②二程由此得到启发，他们认定周公能把天下治理得有条不紊，是其"会兼有司之所能"。程颐曾发表过以下一段议论：

> 古之圣人，居天下之尊，明足以照，刚足以决，势足以专。然而未尝不尽天下之议。虽刍荛之微必取，乃所以为圣也，履帝位而光明者。若自任刚明，决行不顾，虽使得正，亦危道也。……有刚明之才，苟专自任，犹为危道，况刚明不足者乎？③

按照君主专制的原则，君主应当"居至尊之位，据能专之势"，然而为什么有时会成为"危道"呢？二程以为这是君主刚愎自用，拒抗"取天下之善"所致。

---

① 《周易程氏传·临》。
② 《遗书》卷七。
③ 《周易程氏·履》。

二程这一观点，从某种意义上是对君主独断论的否定。是对君主全知全能神话的否定。它不仅有助于封建政治生活的正常开展，而且在认识论上也有其积极意义。

求贤，当以知贤为前提。何谓"贤"呢？二程规定"贤"的标准是："当天下之任，必能成天下之治安，则不谩君上之所倚，下民之所望"①，同时又要坚持"致身任道之志"。很明显，要达到这个标准，起码要具备两个条件：一是要有很高的道德修养，对君主赤胆忠心，对黎民眷眷深情；二是要有很高的处理政务的实际才干。"德"与"才"缺一不可。

二程感叹当时朝中无贤人，致使北宋不"成天下之治安"。程颢和关学领袖张载在洛阳专门讨论了这个问题：

> 伯淳谓天下之才，亦有志在朝廷而才不足，才可以为而诚不足。今日正须才与至诚合一，方能有济。子厚谓才与诚，须二物只是一物。伯淳言才而不诚，犹不是也。若非至诚，虽有忠义功业，亦出于事为，浮气儿何时而不尽也。②

在程颢看来，朝中不少官员，尽管政治上是可靠的，主观上也想为朝廷出力，但缺乏干练之才；还有一些人虽然有一定的才干，却又缺乏良好的道德修养，对朝廷不能忠诚无二。这两者各有所偏，都不能算是贤能之士。只有将"才"与"至诚"有机地结合起来，才能有利于世。

二程虽然认为天下之贤不多，但这绝对不是说天下无贤。程颢说："天地生一世人，自足了一世事，但恨人不能尽用天下之才，此

---

① 《周易程氏传·鼎》。
② 《遗书》卷十。

其不能大治。"① 他曾和宋神宗就人才问题发生过一场争执。神宗认为当世无贤，程颢立即反对这一说法，认为这是"轻天下之士"。程颐明确指出：

> 四海之大，未始乏贤，诚能广聪明，扬侧陋，至诚降礼，求之以道，虽皋、夔、伊、周之比，亦可必有，贤德志道之士，皆可得而用也。②

这就是说，天下贤才有的是，只要君主求贤至诚，求贤方法对头，类似古之皋、陶之类的大贤都可求得，至于一般的贤能道德之士就更多。问题在于君主肯不肯至诚求贤，求贤的方法是否对头。程氏说：

> 虽天下常用易得之物，未有不求而得者也。金生于山，木生于林，非匠者采伐，不登于用。况贤能之士，杰出群类，非若山林之物广生而无极，非人君搜择之有道，其可得而用乎？③

金、木这些易得之物，没有专门的人去采伐，尚且不能为人所用，更何况是杰出的贤能之士呢？如果君主不诚心诚意搜罗，就不可能得而用之。因此，只要君主求贤志笃，天下之贤士就一定能为其所用。程氏指出：

> 夫以人主之势，心之所向，天下风靡景从。设若珍禽异兽环室奇玩之物，虽遐方殊域之所有，深山大海之所生，志所欲者，无不可致。盖上心所好，奉之以天下之力也。若使存好贤之

---

① 《遗书》卷一。
②③ 《文集·为家君应诏上英宗皇帝书》。

心如是，则何岩穴之幽不可求？何山林之深不可致？所患好之不
笃尔。①

人主总天下之威势，只要他追求什么，一般地说总会得到的。因而只
要"存好贤之心"，也就一定能得到贤能之士。

选贤任能，贵在公正。二程说："夫王者之取人，以天下之公不
以己，求其见正而不求其从欲。逆心者求诸道，巽志者察其非，尚孜
孜焉惧或失也。此王者任人之公也。若乃喜同而恶异，偏信而害明，
谓彼所言者，吾之所大欲也，悦而望之，信而感之，至于甚恶而不
察，恣欺而不悟。推是而往，鹿可以为马矣。……有之，则天下之所
戒也，尚改而自新者也。"②选拔人才的目的是为了安邦定国。因此，
这里不能掺杂半点个人之好恶。如果喜同恶异，偏信偏听，对于投其
所好者恩赏有加，欢悦信任，对于违背自己心愿者百般刁难，疏远冷
淡，就容易出现"甚恶而不察，恣欺而不悟"的情况——鉴别，务必
"好恶取舍一以公议"，虽然这在任人唯亲的封建社会中是很难实现
的，但作为一种思想原则，则是明智的。

从能成天下之治安的目的出发，二程激烈地反对当时盛行的科举
取士制度。他们认为这种取士制度不可能征求到真正懂得"帝王之
道、教化之本"的贤士能者。其所招举的只是一些"博闻强记之士"
和"以词赋声律为工"的人。这些人"惟专念诵"，虽然巧于词赋，
擅长声律，但缺乏处事应变之才。一旦征用他们为公卿相士，要他们
去处理政务，管辖百姓，则一窍不通，非坏事不可。然而只要现行的
科举制度不改变，这种人就会源源不断地挤进官僚队伍，而真正的贤
能之士则往往被排斥在外。程氏指出：

---

① 《文集·为家君应诏上英宗皇帝书》。
② 《文集·代吕公著应诏上神宗皇帝书》。

国家取士，虽以数科。然而贤良方正，岁止一二人而已。又所得不过博闻强记之士尔。明经之属，唯专念诵，不晓义理，尤无用者也。最贵盛者，唯进士科。以词赋声律为工。词赋之中，非有治天下之道也。人学之以取科第，积日累之，至于卿相。帝王之道，教化之本，岂尝知之？居其位；责其事业，则未尝学之。譬如胡人操舟，越客为御，求其善也，不亦难乎？①

国家取士，充实官吏，目的是要他们辅佐君主治理好天下。这就要求所选拔的人必须既晓"义理"，又有处理政务的实际才干。而科举取士这一方法却不可能达到这一目的，故不是真正的求贤之道。即使通过科举，录取到几个贤人能者，也不过是碰巧得之。而不是事先知道他们是合适之人选而加以提拔。正如二程所指出的：

今取士之弊，议者亦多矣。投名自荐，记诵声律，非求贤之道尔。今不以道，则得非其贤。间或得之，适有偶幸，非知其才而取之也。……以今选举之科，用今进仕之法，而欲得天下之贤，兴天下之治，其犹北辕适越，不亦远乎？②

有鉴于此，二程主张以推荐取士代替科举。程颢说：

凡选士之法，……在州县之学，则先使其乡里长老，次及学众推之。在太学者，先使其同党，次及博士推之。其学之师与州县之长，无或专其私，苟不以实，其怀奸罔上者，师长皆除其仕

---

① 《文集·上仁宗皇帝书》。
② 《文集·为家君应诏上英宗皇帝书》。

籍，终身不齿，失者亦夺官二等，勿以赦及去职论。①

二程认为推荐取士的好处是推荐人与被推荐人朝夕相处。熟悉其人品才能的实际状况。只要推荐者出于公心，则不难发现贤能之士。为了防止以荐贤之名，行授引私党之实，必须对那些出于私心举非其人的推荐者绳之以法，加以严厉的处罚，此弊即可减少或避免。

同时，还应该对"选士"进行必要的实际考察。"问之经以考其实，试之职以观其才，然后辨论其等差而命之秩"。② 对此，程颢有一具体设想：

> 朝廷设延英院以待四方之贤，凡公论推荐及岩穴之贤，必招致优礼，视品给俸，而不可遽讲以官。止以应诏命名。凡有政治则委之详定，凡有典礼则委之讨论，经划得以奏陈而治乱得以讲究也。俾群居切磋，日尽其材，行其志，使政府及近侍之臣，互与相接，陛下时赐召对，诏以治道，可观其材识器能也。察以累岁，人品益分，然后使贤者就位，能者任职，或委付郡县，或师表士儒，其德业尤异，渐进以帅臣职司之任。为辅弼、为公卿，无施之不称也。③

对公推出来的四方之贤，优礼以待，将他们先聘于延英院，给予俸禄，却不要急于授以官位，异以实权。可以暂时让他们参与有关政治、典章的议论，也可以让他们陈奏有关事务，讲究经划治乱的主张。政府要员应和他们经常接触，皇帝要不时地对他们进行咨询，观察其"材识器能"，经过一定阶段的实际考察，然后再授以官位职事，

---

①② 《文集·请修学校尊师儒取士札子》。
③ 《文集·论养贤札子》。

就不会用非其人了。凡是经过多次而长期的实际考察，证明具有优异的"材识器能"者，就应该大胆地破格提拔。"有宰相事业者，使为宰相；有卿大夫事业者，使为卿大夫；有为郡之术者，使为刺史；有治县之政者，使为县令。"①

二程认为举贤任能，不可论资排辈。指出：

> 以为专守常规，可以无过，不复以简擢为意，则天下将何望焉？②

> 历观前史，自古以来，称治之君，有不以求贤为事者乎？有规规守常，以资任人，而能致大治者乎？③

他们以为按照常规，以资历安排职事官位，是很难将那些具有真才实学的贤能之士迅速提拔到关键职位上来的。要想致天下之治也是不可能的。换句话说，要想得到名副其实的贤能之士，致天下之治，就必须坚决突破论资排辈的陈规陋习，实行破格选拔。二程这个观点，至今尚未失去积极意义。

二程认为要使贤能之士在处理国家事务中发挥更大的作用，不仅要对他们许以优厚的经济待遇，使他们"食天禄"，减去后顾之忧，尤其是要在政治上予以充分信任。指出：

> 信之笃，则人致其诚；任之专，则得尽其才；礼之厚，则体貌尊而其势重；责之重，则其自任切而功有成。是故推诚任之，待以师傅之礼，坐而论道，责之以天下治，阴阳和。故当之者，自知礼尊而任专；责深而势重，则挺然以天下为己任，故能称其

---

① 《文集·上仁宗皇帝书》。
②③ 《文集·为家君应诏上英宗皇帝书》。

职也。虽有奸谀巧佞，知其交深而不可间，势重而不可摇，亦将息其邪谋，归附于正矣。①

职也。虽有奸谀巧佞，知其交深而不可间，势重而不可摇，亦将息其邪谋，归附于正矣。①

君主对贤能之士应充分信任，任用专一，优礼有加，贤能之士就会感到自己所担负的责任重大，为感激君主的知遇之恩，竭尽忠诚和才智为君主处理好国事政务。这样，既保证了贤者尽心尽职，也使那些嫉贤妒能之徒无机可乘。只好"自息其邪谋"，改邪归正。如果不是这样，情况将会怎样呢？程颐说：

> 信不笃，则人怀疑虑；任不专，则不得尽其能；礼不厚，则其势轻而易摇；责不重，则不称其职。是故任之不尽其诚，待之不以其礼，仆仆趋走，若吏史然，文案纷冗，下行有司之事。当之者自知交不深而其势轻，动怀疑虑，不肯自尽，上惧君心之疑，下虞群议之夺，故萎缩不敢有为，苟循常以图自安乐。君子弗愿处也。奸邪之人亦知其易摇，日伺闲隙。如是其能自任以天下之重乎？②

程颐这一分析可谓条分缕析，具有内在的逻辑力量。他讨论的虽是封建社会的求贤任能之道，但其意义决不只是限于封建社会。

第五节　"一草一木皆有理，须是察"

在认识论上，洛学是以"格物穷理"为主线而展开的。二程认为呈现在人们面前的事与物，其中都有"理"的存在，都是致知的对象。所谓"一草一木皆有理，须是察。"③同时，二程还罗列了许多格

---

① ② 《文集·为家君应诏上英宗皇帝书》。
③ 《遗书》卷十八。

111

物穷理的具体方法，即"穷理亦多端：或读书、讲明义理；或论古今人物，别其是非；或应接事物而处其当；皆穷理也。"①"诵《诗》、《书》，考古今，察物情，揆人事，反复研究而思索之，求止于至善，盖非一端而已也。"②

很明显，二程所谓"格物穷理"，虽然带有浓厚的伦理学色彩，但他毕竟在理学体系中承认了"理"的客观实在性和就实处求理的实学思想，还是应当肯定的。

正是基于这一实学思想，二程极力反对"凿空撰得"的先验论。二程虽然同意人之智能有上智与下愚的区别，但他反对孔子的"不移"之说。程颐指出：

> 惟上智与下愚不移，非谓不可移也，而有不移之理。所以不移者，只有两般：谓自暴自弃，不肯学也。使其肯学，不自暴自弃，安不可移哉？③

二程言必称孔子，向以孔门嫡传者自居，但对孔子关于"惟上智下愚不移"观点的诠释，却是断出己意，与孔子本意大相径庭。认为这个"不移"，非是不能，而是"自暴自弃，不肯学也"。很明显，这一修正是对孔子先验论思想的否定。

同时，二程还对孔子"中人以上可以语上也；以下不可以语上也"的说法进行了修正。他说：

> 子曰："中人以上可以语上也；中人以下不可以语上也"。此谓才也。然则中人以下者终于此而已乎？曰：亦有可进之

---

① 《遗书》卷十八。
② 《二程粹言》卷一《劝学篇》。
③ 《遗书》卷十九。

道也。①

二程认为孔子这个说法仅仅是针对人的天资而说的。然而只要加强后天的努力，中、下之才完全可以弥补先天之不足，进入上等之才的行列。因此"中人以下不可以语上"的说法，不是什么时候都正确的。

二程虽不反对生而知之的说法，但他们强调指出即使是"生而知之"者亦有再学习的必要。程颐说："仲尼言，吾尝终日不食，终夜不寝，以思。无益，不如学也。……圣人固是生知，犹如此说，所以教人也。"② 又说："孔子，生而知之者也，自十五以下，事皆学而知之者。"③ 在二程心目中，孔子无疑是聪明绝顶的上智，但他也只是"自知义理，不待学而知"④，至于其他的具体知识，也还是要学而知之的。"纵使孔子是生知，亦何害于学？如问礼于老聃，访官名于郯子，何害于孔子？礼文官名，既欲知旧物，又不可凿空撰得出，须是问他先知者始得。"⑤ 不仅是孔子不能未卜先知，即使是被孔子吹得神乎其神的周公亦是如此。程氏说：

> 夫管叔未尝有恶也，使周公逆知其将畔，果何心哉？唯其管叔之畔，非周公所能知也。则其过有所不免矣。⑥

这是说当管叔之罪恶尚未充分暴露的时候，周公无法预知管叔即将反叛西周王朝，没有采取防范措施，以致管叔得逞于一时。这种过失是在所难免的。在二程心目中，周公也属生而知之者之列，然而无论是

---

① 《遗书》卷九。
② 《遗书》卷十八。
③ 《外书》卷三。
④⑤ 《遗书》卷十五。
⑥ 《遗书》卷四。

孔子还是周公，对于没有接触过的典章文物和尚未有征兆的事件都不能预先知道，世界上还有谁能未卜先知呢？

二程还进一步指出，圣人不仅有所不知，亦有所不能。

> 问，……不知圣人亦何有不能、不知也？曰：天下之理，圣人岂有不尽者？盖于事有所不遍知，不遍能也。至纤悉变曲处，如农圃百工之事，孔子亦岂能知哉？或曰：至之言极也，何以言事？曰：固事。极至之至，如至微至细，上文言夫妇之愚，可以与知。愚，无知者也，犹且能知，乃若细微之事，岂可责圣人尽能？圣人固有所不能也。[①]

二程对农圃百工之事表示不屑一顾，认为这是"至纤悉变曲处"，是"细微之事"，表现出了封建士大夫的偏见。但是他毕竟承认孔子"固有所不能"。程氏虽认定百姓是愚蠢的"无知者"，然而毕竟又承认了他们"犹且能知"。换句话说，就是世上每个人都有所不知，有所不能；也有所知，有所能。尽管这中间知、能的差距不啻天壤之别。连孔子这样的圣人都不能"遍知"、"遍能"，世界上又还有谁能够"遍知"、"遍能"呢？像孔子这样的人都必须学习，又有谁敢言不需要学习呢？程颐明确宣布："人初生，只有吃乳一事不是学，其他是学。"[②] 他们强调尽管从天资上说有"生知"与"学知"之分野，但只要努力学习，可以殊途同归，学而知之者一样可以取得与生而知之者相同的业绩。"大抵生而知之，与学而知之，及其成功一也。"[③]

二程虽然承认"德性之知，不假闻见"[④]，断定"德性之知"要比"闻见之知"更为根本，具有先验论的色彩。但是在常识上，他

---

①③ 《遗书》卷十八。
② 《遗书》卷十九。
④ 《遗书》卷二十五。

们并不否认闻见之知在认识过程中所起的巨大作用。"人之多闻识，却似药物，须要博识，是所切用也。"①"多识于鸟兽草木之名，所以明理也。"②断言闻见愈多，知识也就愈多，有助于"明理"，有益于"切用"。

正是基于这一认识，二程颇留意自然现象。如对雨这一自然现象，二程就下了一番研究之工夫。指出："云，阴阳之气。二气交而和，则相畜固而成雨。阳倡而阴和，顺也，故和；若阴先阳倡，不顺也，故不和，不和则不能成雨。云之畜聚虽密，而不成雨者，自西郊故也。东北，阳方。西南，阴方。自阴倡，故不和而不能成雨。"③天空尽管乌云密布，但还不能最终断定天是否会下雨，因为还要看风向。风向不对，阴阳二气"不和"，就不能成雨。

一般地说是刮东北风，则要下雨，然而长安这地方却是刮西风而雨。二程对此进行了具体的探索。他说：

> 长安西风而雨，终未晓此理。须是自东自北而风则雨，自南自西则不雨，何者？自东自北皆属阳，阳唱而阴和，故雨；自西自南阴也，阴唱则阳不和。……今西风而雨，恐是山势使然。④

"山势使然"的结论是否正确，无关紧要。重要的是二程对这一自然现象的实地观察和探求的实学精神，应当予以肯定。

有人曾问程颐，为什么一些名山大川能够产生雨水。程颐解释说："气之蒸成耳。"⑤认为名山大川每天要向空中蒸发大量的水蒸气，

---

① 《外书》卷七。
② 《遗书》卷二十五。
③ 《周易程氏传》卷一《小畜》。
④ 《遗书》卷二上。
⑤ 《遗书》卷二十二。

这些气到了空中，就造成了云致雨的原因。对于当时向神祈祷求雨的迷信行为，二程颇不以为然。他说：

> 今人不知此理，才有水旱，便去庙中祈祷。不知雨露是甚物，从何处出，复于庙中求耶？名山大川能兴云致雨，却都不说着，却只于山川外木土人身上讨雨露，木土人身上有雨露耶？①

庙中只是些木土偶像，没有半点雨露。向它们求雨，无疑是缘木求鱼，无济于事。由此看来，多懂得些科学，就少一些迷信，诚不谬也。

程颐还颇有兴趣地记载了当时预测天气的某些方法。如雉是"盛阳之物，故尾极长，又其身文明，今之行车者，多植尾于车上，以候雨晴。如天将雨，则先垂而下，才晴便直立。"②鸡尾之垂立，与空气的湿度大小有关，以此预测天气，不失为一个简易方法。这也表明，二程当时是留意自然科学成就的。

对于常见的一些自然现象，二程没有熟视无睹，而是以自己所掌握的科学常识予以求实的说明。关于雷电，程氏指出：

> 电者，阴阳相轧，雷者阴阳相击也。轧者如不相磨而火光出者。电便有雷击者是也。或传京师少闻雷，恐是地有高下也。③

电光闪耀，雷声轰鸣，这是阴阳二气相轧相击之缘故，一点也不神秘。雷行天下，唯有长安只是见电光不闻雷声，这是由于山势阻挡了声波的缘故。他说：

---

① 《遗书》卷二十二。
② 《遗书》卷十八。
③ 《遗书》卷二下。

> 雷所击处必有火，何也？曰：雷自有火。如钻木取火，如使木中有火，岂不烧了木？盖是动极则阳生，自然之理。不必木，只如两石相戛，亦有火出。惟铁无火，然戛之久必热，此亦是阳生也。①

雷既是阴阳相击的结果，所以它能自然生火。这犹如钻木取火。木本来无火，两木相戛，时间久了就有火。类似这种情况的，还有两石相戛。限于自己的科学水准和整个社会的科学知识状况，二程断定铁无火，则是误会。当然二程也不可能真正了解木石相戛起火的真正原因是由于分子运动加快产生了热量。但他们断言"动极而阳生，自然之理"，则是具备一定科学成分的。

二程还仔细观察了日、月，正确指出月光之来源。认为月亮本身没有光，而是阳光反射的结果。所谓"月受日光"。程颢是这样说的："月受日光而日不为之亏，然月之光，乃日之光也。"②而月食现象乃是"月不受日光故蚀。不受日光者，月正相当。"③故而用不着大惊小怪，很快就会恢复正常："日月薄蚀而旋复者，不能夺其常也。"④

二程认为每个具体事物都有自己的特性，"凡眼前无非是物，物物皆有理。如火之所以热，水之所以寒。"⑤所以不了解事物的特性就会干出蠢事。程颐说："今言天下万物之性，必求其故者，只是欲顺而不害之也。"⑥程颢说："铅铁性殊，点化为金，则不辨铅铁之性。"⑦要想把事情办好，就一定要依据事物的固有之性，"顺而不害"。世界

---

① 《遗书》卷十八。
②③④ 《遗书》卷十一。
⑤ 《遗书》卷十九。
⑥ 《遗书》卷十五。
⑦ 《遗书》卷六。

上之所以发生企图点化铅铁为金的荒唐事，就是因为这些人不了解铅、铁、金三者之性各殊使然。这就要求人们下工夫对天下万物之性，"求其故"，了解透彻。程颐还以医生处方为例，进一步强调了这个问题的重要性。他说：

> 医者不诣理，则处方论药不尽其性，只知逐物所治，不知合和之后，其性又如何？假如诃子黄，白矾白，合之而成黑，黑见则黄白皆亡。又如一二合为三，三见则一二亡，离而为一二而三亡。既成三，又求一与二；既成黑，又求黄与白，则是不知物性。古之人穷尽物理，则食其味，嗅其臭，辨其色，知其某物合某则成何性。①

医生处方配药，必须对物性了解透彻。不仅要知道诃子色黄，白矾色白，还必须知道把诃子、白矾这两种药化合之后成何色。这时既不是黄又不是白而是黑。不仅要知道每一种具体药物的特征和功用，还要知道几种不同性能的药物化合之后又可以治什么病。譬如甲、乙两物化合后为丙，虽然无甲、乙就不成其丙，但丙却既不同于甲，亦也同于乙，而是另外一种性质的新东西。一与二合成三，虽无一与二而不成其三，而三却不是一，也不是二，不能合成三之后又求一与二，把三分解为一与二之后，三也就不存在了。怎样才能"诣理"和"知物性"呢？程颐以为要"食其味，嗅其臭，辨其色"，程颐的这一观点，再一次强调了闻见是穷理的必由途径，认识事物离不开感官与见闻之知。

值得注意的是，二程常常将"知"分为"常知"和"真知"，强调实践的重要性。二程说：

---

① 《遗书》卷十五。

真知与常知异。常见一田夫，曾被虎伤，有人说虎伤人，众莫不惊，独田夫色动异于众。若虎能伤人，虽三尺童子莫不知之，然未尝真知。真知须田夫乃是。①

老虎凶猛而要伤人，这是连小孩子都知道的常识，可是老虎究竟厉害到什么程度，究竟怎么可怕，对未被老虎伤害过的人并无切身体会，惟有曾经被老虎咬过的田夫最清楚，所以一般人会谈虎色变，"独田夫色动异于众"。二程又举例说："贫人说金，说黄色，说坚软，道他不是又不可，只是好笑，不曾见富人说金如此。"②"且如脍炙，贵公子与野人莫不皆知其美，然贵人闻着便有欲嗜脍炙之色，野人则不然。"③穷人虽然也知道金有黄金和白金之分，甚至还可以说出金是坚硬还是柔软，但总没有富人对金的知识了解全面。因为穷人无金，他们对金的特征只是听闻，或者只是偶然看到一二次，属于"常知"，而不是"真知"。富人自己有金，经常和金接触，他们关于金的知识已非一般人的"常知"而是"真知"。同样，野人们没有亲口尝过脍炙，只是听别人说脍炙如何鲜美，故而他们对脍炙的羡慕只是"常知"而非"真知"。贵公子则不然，他们是经常品尝脍炙的，真正知道脍炙之真实滋味。二程关于"常知"和"真知"的区别，符合人的认识过程，含有实践出真知的因素。

二程强调指出，不经过认真思索，就不能达到"知"的完美境界，这种"知"是很肤浅的，易得也易失。"不沉思则不能造于道，不深思而得者，其得易失。"④ 他们认为通常人们所说的无思无虑而得

---

① 《遗书》卷二上。
② 《遗书》卷十五。
③ 《遗书》卷十八。
④ 《遗书》卷二十五。

到某一方面的高深知识，并非真的不思不虑，恰恰相反，是经过很长时间的深思熟虑。这就叫做思索既久，一朝得之。二程以唐代书法家张旭为例说：

> 张旭学草书，见担夫与公主争道，及公孙大娘舞剑，而后悟笔法，莫是心常思念至此而感发否？曰：然。须是思方有感悟处，若不思，怎生得如此？然可惜张旭留心于书，若移此心于道，何所不至？①

正因为张旭一直在思虑笔法问题，所以一见到担夫和公主抢道的迅疾以及看到公孙大娘舞剑时的遒劲，才能感悟而化成草书。如果不是平时深思于此，就会对"担夫与公主争道，及公孙大娘舞剑"熟视无睹，"怎生得如此"？二程的这一观点，应该视为是认识活动中的经验总结，具有很高的理论价值。

---

① 《遗书》卷十八。

金华学派及其实学思想

金华学派又称婺学，是南宋理学阵营中的一个重要派别，代表人物乃吕祖谦。本文着重论述该学派思想体系中讲求经世致用即"实学"的思想，它主要表现为以下几个方面：一、针对南宋社会"至贫之民，纳至重之赋"而"凋瘵之民，其何以堪?"的景况，吕祖谦提出"取民有制"主张废除重赋苛税，认为"广取不如俭用"的理论。二、认为宋王朝当克服崇文轻武的倾向，应是"文事"与"武备"相结合，修明政治，积蓄力量，在抗金问题不可"自卑"、"自弱"，而应不断以"强"、"霸"自勉自期。"天下事向前则有功"，坚持前进，方能雪"仇耻"而一统南北。三、"凡出仕者不问官职大小"都应"济世务"、"拊疲民"，提出"当官之法唯有三事：曰清、曰慎、曰勤"。吕祖谦在近20年的官场生涯中不"嗜利"不"贪财"，恪守清、慎、勤的原则。四、在认识论上有"务实"的特点"致知力行本交相发工夫，切不可偏"，提倡"泛观广接"不囿门户之见，主张以"实"验"名"。处理政事"事无巨细皆详考之"。五、在教育观上提倡"讲实理、育实材而求实用"。在历史观上强调"民听"、"群听"对于理治国家的作用，"定国是以一民听"。认为"国之兴亡，只看下情通塞"。吕祖谦认为决定"天下之事"并非君主"独运万机"，而是"合群策"、"广揽豪杰，共集事功"方能奏效。表现吕氏实学思想的进步性。本文编入《中国实学思想史》上卷第七章，1994年首都师范大学出版社出版。

南宋乾淳时期，东南一隅，人才荟萃，学派林立，其中，色彩斑斓的"婺学"（金华学派）颇引人注目。"婺学"的代表人物当推吕祖谦。

吕祖谦（1137—1181）字伯恭，学者称东莱先生。因其伯祖吕本

121

中人称"大东莱先生",故吕祖谦亦有"小东莱"之称。吕祖谦祖籍山西,"后徙寿春",继迁开封。北宋灭亡后,宋室南渡,曾祖吕好问携全家于婺州(今金华)定居。这也就是人称吕(祖谦)学为"婺学"之由来。

吕祖谦隆兴元年及第,所出任的均是学官与史官。其名重一时,不是因为显赫的政治地位、政绩,而是由于他恢宏的学术气度,渊博宏富的学识和"泛观广接"的学术交往。尽管吕祖谦壮年而逝,但其所创立的"婺学"却开"浙东之学言性命者必究于史"[①]之学风,其影响"历元至明未绝,四百年文献之所寄也。……为有明开一代学绪之盛。"[②]

"婺学"是理学阵营中的一个重要派别。全祖望说:"宋乾淳以后,学派分而为三:朱学也,吕学也,陆学也。三家同时,皆不甚合,朱学以格物致知,陆学以明心,吕学则兼取其长,而复以中原文献之统润色之,门庭径路虽别,要之归宿于圣人则一也。"[③]所谓"兼取其长"有这样两层意思:一是婺学企图调和朱熹理学和陆九渊心学之间的矛盾,著名的鹅湖之会就是吕祖谦为弥合朱、陆学术分歧而召开的。二是"婺学"确实具备综合朱学与陆学的特点。

"婺学"没有最终突破道德性命之说的窠臼。但是,它又受当世浙东永嘉、永康功利学派的影响不小。不以言道德性命之说为满足,讲求经世致用之学,力倡"讲实理、育实才而讲实用",故而在其学术体系中,又包含了若干实学思想的颗粒。

第一节 以民为宝,"取民有制"

南宋时期,由于封建统治集团既要满足自己的穷侈极奢,又要不

---

① 《章氏遗书》卷二《浙东学术》。
② 《宋元学案·丽泽诸儒学案》。
③ 《宋元学案·东莱学案》。

断地向金政权贡奉大批财物，以换取苟且偷安，故而对境内广大人民实行了敲骨榨髓的经济剥削，苛捐杂税，名目繁多，必欲将民众的血汗吮吸殆尽而后止。"万室连甍，剽夺时鸣于桴鼓；千艘衔尾，转输日困于舳舻。"① 南宋境内"民人凋残"，经济萧条，整个社会满目疮痍。"垣墙颓仆，庐舍倾摧，资用散失，生计萧然。"② "涧曲岭隈，浅畦狭陇，苗稼疏薄，殆如牛毛。"③ 平民百姓终年挣扎在饥寒交迫的泥潭之中。"细民崎岖，力耕劳瘁，虽遇丰稔，犹不足食。"④ 至于凶荒之岁，其境遇之悲惨，可以想见。"深山穷谷，至有年三十余，颜状老苍。"生命之源过早地枯竭。然而，封建统治集团仍然在那里横征暴敛不止，强迫"至贫之民，纳至重之赋"。吕祖谦说：

> 尫瘵困迫，无所从出。……官吏明知其害，迫于上司督责之严，汗颜落笔，蹙额用刑，笞箠缧系，殆无虚日，愁叹之声，闾里相接，强悍者穷塞无聊，散为攘窃。⑤

这不啻是人间地狱，民脂民膏早已被搜刮殆尽，官府还在不断地以严刑酷打，黑狱关押一无所有的百姓们，强迫他们缴纳"至重之赋"，"凋瘵之民，其何以堪？"⑥ "父子不能相保"，杀婴溺孺的事情时有发生。吕祖谦指出：

> 一岁之间，婴孺夭阏，不知其几。小民虽愚，岂无父子之爱？徒以厄以重赋，忍灭天性，亲相贼杀，伤动和气，悖逆天理，莫斯为甚。⑦

---

① 《东莱文集》卷一《代仓部去吉州谢表》。
②③④⑤⑥⑦ 《文集·为张严州作乞免丁钱奏状》。

谁无妻室儿女？谁无骨肉血亲？然而封建之"重赋"，将平民百姓的真情挚爱碾碎了。为了少受些交不起丁钱之非人折磨，只好"忍灭天性，亲相残杀"，世上还有什么事情比这更惨无人寰！

处于水火倒悬之中的人民，为了生存，被迫走上反抗封建统治的道路。如南宋初期的钟相、杨幺农民起义就是最明显不过的例子。吕祖谦痛切地感到封建统治集团过于"无道"，已给自身统治造成了很大威胁。他认为"民"本无"贪乱之心"，但现在的问题是统治者一味放纵骄佚而无所顾忌，这时"民"只好"不爱其身"，冲破封建主义羁绊，点燃反抗之火种，构成封建统治的"倾覆之患"。吕祖谦认为要解除人民群众对封建统治反抗的威胁，统治者必须体恤民间疾苦。他说：

> 小人之情惟利是嗜，既衣其帛，何恤乎不蚕之名？既食其粟，何恤乎不农之名？……天下之所以有侥幸而得帛者，以蚕妇阴为之织也；天下之所以有侥幸而得粟者，以农夫阴为之耕也。如使天下尽厌耕织，焚其机，斧其耒，则虽有巧术，何从而取粟帛？皆将冻于冬而馁于涂矣。[①]

粮食和布帛不会平白无故地冒出来，只能通过耕夫蚕妇的辛勤劳动方可获得。整个社会能够免于"冻于冬而馁于涂"，也就在于蚕妇之纺织和农夫之耕耘。因而统治者们在"衣其帛"、"食其粟"之际，应该同情他们，将他们"以为宝"，唯有这样，才能避免使蚕妇、农夫"尽厌耕织"，出现"焚其机，斧其耒"之局面，以保证统治阶级需要的"粟"、"帛"取之有源。

同时，还必须实行薄赋轻徭，做到"取民有制"。他指出：

---

① 《东莱博议·宋人围曹》。

损之卦，损下益上故为损。盖上虽受其益，殊不知既损下，则上亦损矣。然其下为兑。兑，悦也。……是下乐输以奉上，人君固可以安受之，何名为损乎？盖损下益上，人君之失也。乐输于上，人臣之义也。两者自不相妨。……凡上有取于民皆为之损。合上下二体而观之，下当乐输而不怨，上当取于民有制，不可无所止也。①

吕祖谦一向认为向封建国家缴纳赋税乃是"民"不可逃避的责任。民只有诚心悦服地向统治阶级贡奉自己的劳动果实，以自己的血汗养活他们，这才符合"人臣之义"。凡是"下乐输以奉上"的，封建统治集团均可以心安理得地享受。因为这也是"义"。但是"上"在接受"民输"过程中，要有一定的分寸，有所节制（"止"）。假如无休止地强迫"民输"，重敛不已，超过民众最大负荷的限度，这就变成"人君之失"了。

封建统治阶级的奢侈是重赋苛税的根源。要废除重赋苛税，统治阶级必须克服自身的奢侈。从这一认识出发，吕祖谦提出了"广取不如俭用"之命题。他认为与其千方百计地榨取民众之血汗，倒不如适当地减轻些开支，实行"俭用"方针。他说："大抵朴素简约，即兴之渐，奢侈靡丽，即衰之渐，天下国家皆然。"②吕氏这个说法不仅是对以往历代封建政权兴衰史的洗练概括，而且具有内在逻辑力量。因为统治集团"朴素简约"，耗费不多，所需有限，加在民众身上的负担就随之减轻。民力厚实了，国家也会相应地富强兴旺。相反，统治阶级一味地"奢侈靡丽"，挥霍无度，入不敷出，这就不可避免地要

---

① 《易说·损益》。
② 《史说》。

向人民拼命勒索。民力一凋零，社会生产力遭到破坏，阶级矛盾趋向激化，国家衰亡也就成为必然。

吕祖谦不仅提出了"取民有制"与"广取不如俭用"的理论，而且力求使之在社会生活中得到实施。吕祖谦的好友张栻出任严州太守期间，以"简省宴会，裁节用度"之方法，实行了部分减轻税赋的目标。对此，吕祖谦表示充分肯定，认为这是"极难得也"。[①] 他本人在严州当学官时，目睹封建统治者强加于严州人民头上的丁盐钱绢所造成的社会恶果，毅然接受张栻的要求，以严州太守的名义上书南宋朝廷，请求免除丁盐钱绢之部分数额，以减轻人民的负担，让他们有一个"息肩之日"。他说：

> 严之为郡，地瘠人多，丁盐钱绢数额繁重，民不聊生，此赋不除，永无息肩之日。……丁盐钱绢为民大害。[②]

坚持认为减免严州丁钱不是一件"细事"。它关系到能否使"一方民力甚宽"的问题。其实即使减免了严州丁钱，也未必能使严州"民力甚宽"。但是减免一点，总比一点也不减免要好一些，这也是必须承认的。

吕祖谦的伯祖吕本中在出仕期间，对自己提出了这样的要求：

> 当官处事，常思有以及人。如科率之行，既不能免，便就其闲，求所以使民省力。不使重为民患，甚益多矣。[③]

[①] 《文集》卷五《与学者诸弟子》。
[②] 《文集》卷一《为张严州作乞免丁钱奏状》。
[③] 《文集·舍人官箴》。

受伯祖这一影响，吕祖谦在给相知友人的信中，表达了以下志向：

> 但得庙堂之上，主张元气，俾得与鳏寡废疾者，俱安于蓬荜
> 之下，志愿毕矣。(《文集》卷4《与周丞相》)
> 使四方之虞，鳏寡废疾者得自佚衡茅之下，其必有自矣。①

吕祖谦这一留意民间疾苦的胸襟，可与北宋名臣范仲淹在其名著《岳阳楼记》中提出的"居庙堂之高则忧其君，处江湖之远则忧其君"的情怀相媲美，具有很强的历史进步性，这也是吕祖谦提出"取民有制"理论的思想基础。

在此同时，吕祖谦对一些志趣相投的官吏多次提出关心人民疾苦，为百姓做点好事的要求。朱熹在知南康期间，心情很不愉快，几次想辞职不干。吕祖谦写信勉励他说："耐烦忍垢，拊摩疲民，……使一方之民，小小休息，亦不为无补也。"② 当南康发生灾情，吕祖谦极为关注，主动写信给朝廷权臣，希望能适当减轻南康赋税，留给平民百姓一丝生路。汪端明入川主事，吕祖谦亦对他提出"填拊一方之民"之要求。希望他努力创造出一个与民休养生息的社会小环境。

毋庸置疑，作为封建官员，无论是吕祖谦，还是他的那些至交好友，既然要维护封建统治，就不可能真正做到"拊摩疲民"。然而他坚持"取民有制"，力求使"鳏寡废疾者，俱安于蓬荜之下"，还是受到劳苦大众欢迎的。

值得注意的是，吕祖谦之所以力主"取民有制"，以民为宝，固然出于对贫苦民众的同情，但更主要的原因在于：他从历代封建王朝的兴衰存亡之中，敏锐地察觉到了人民群众中蕴藏的足以摧毁任何封

---

① 《文集》卷四《与周丞相》。
② 《文集》卷三《与朱元晦》。

建统治的伟大力量。他说：

> 秦弱百姓而备匈奴，岂非惧匈奴之势强，而谓百姓何能为乎？然亡秦者非匈奴也。……隋炀帝以盗贼何能为而不戒也，故卒亡于盗贼。……人君必谓民怨何能为？故敢暴虐，必谓财匮何能为？故敢淫侈。[①]

秦朝统治者看不起老百姓，而疏于防范。因为惧怕匈奴的势力强大，而时刻戒备匈奴的进犯，为此专门征集全国民夫修筑防御匈奴的长城。然而，最后亡秦者不是秦一直惧怕不已的匈奴，而是它一向视为草芥的老百姓。隋炀帝轻视"盗贼"（即反抗封建统治的农民）而不小心提防，结果推翻隋朝的最根本的力量，还是农民起义军。历史上那些昏君暴主之所以敢于肆无忌惮地虐待百姓，究其原因就在于在他们的心目中，老百姓们不值得重视，以为劳动群众的怨声怒呼掀不起什么大的风浪，不必认真对待。吕祖谦指出这种认识是极其危险的，谁有这种想法，到头来谁就会受到历史的惩罚。吕祖谦说：

> 以柔顺文明之才，居君之位，自可怡然燕处，然位虽高而理实危。水能载舟，亦能覆舟，苟恃其尊，则必底于败。[②]

君主的地位至尊至贵，天下没有人能与之相比。但要想保住自己的九五之尊，则必须"柔顺文明"，善待其臣民。只有得到民众的拥戴，才能"怡然燕处"。假如君主"恃其尊"，肆意与民为敌，以虐民为能事，那么总有一天，民众会将其王冠打落在地。

---

① 《东莱博议·郑伯侵陈》。
② 《易说·离》。

在此基础上，吕祖谦提出了"以德结人"，争取民心归附的理论。他说：

> 马之不敢肆足者，衔辔束之也；民之不敢肆意者，法制束之也。衔辔败，然后见马之真性，法制驰，然后见民之真情。困之不敢怨，虐之不敢叛者，劫之于法制耳。大敌在前，抢攘骇惧，平日之所谓法制者，至是皆涣然解散矣。法制既散，真情乃见。……恩恩怨怨，各以真情报上，苟非豫暇之时深思固结于法制之外亦危矣。①

马不敢放开脚步奔驰，是由于衔辔约束。百姓不敢恣意行动，是由于法令制约。衔辔一坏，马肆足奔驰的本性就会显现；法制荡涤无存，百姓们的真实思想感情就会流露。平时百姓不敢因困苦而对统治者怨恨，不敢因其暴虐而反叛，主要是法制在起强迫作用。一旦强敌压境，平时使百姓骇惧的法制不复存在，百姓就会对统治者实行有恩报恩，有怨报怨。所以统治者一定要在太平无事之际"结深恩于法制之外"，否则一遇到意外事件的发生，就十分危险了。

怎样才算"深恩固结于法制之外"呢？吕祖谦赞成孟子提出的"乐民之乐，忧民之忧"的观点。他说：

> 大凡人君不与民同忧同乐，寻常无事固不见其祸福，及一旦有不测之祸，如卫懿公伐狄，兵有使鹤之怨，其失方见。②

吕祖谦认为统治者只有乐民之乐，忧民之忧，民才会乐君之乐，忧君

---

① 《东莱博议·齐鲁战长勺》。
② 《东莱文集·孟子说》。

之忧。民众如平时受到君之恩惠，届时就会"赴死地以答其赐"。相反，君主一向置百姓忧乐于不顾，一旦有难，百姓就会坐视不救。如卫懿公太平时候荒淫残暴，厚待其鹤而暴虐其民，有了战祸，士兵们就不会为之拼命，卫懿公即刻变成孤家寡人，只好束手待擒，由国君沦为阶下囚。吕祖谦提醒统治者一定要记取这个历史教训，做任何事情，都要"为民"着想。他指出：

> 大抵人君非特是坐庙堂临政事便是为民，凡一颦一笑，无非为民。①
>
> 天子凡一出一入也。……无非为民事也。如省耕省敛是也。……三代之时，君民相信。君省出入必为民，民见君之出入亦知其为己，故幸其来。②

当然，在吕祖谦的时代，统治者不可能真正为民着想，更不要说"一颦一笑"、"一出一入"全是为了关心民间疾苦。然而吕祖谦要求统治者留意民间疾苦，使百姓有一个比较安宁的生活环境的意图却是不应否定的，其积极意义也决不只是限于封建社会。

第二节 "为国者当使人依己，不当使己依人"

南宋时期民族矛盾异常尖锐。北方女真贵族军事集团不时对南宋进行军事讹诈和骚扰掠夺。这不仅给南方广大人民带来深重的苦难，同时也严重威胁着南宋小朝廷的统治。

吕祖谦为南宋政权深深担忧，唯恐其重蹈北宋之覆辙。提出了"有所不为有所为"的抗金主张。他说："天下之患懦者常欲一切不

---

①② 《东莱文集·孟子说》。

为；锐者常欲一切亟为。"① 所谓"一切不为"乃是懦夫自卑猥亵的阴暗心理，亦即主和投降之理论；而"一切亟为"则是轻敌急躁情绪的流露，将此付之实践，殆患无穷，因此，"一切不为"与"一切亟为"这两种倾向都必须加以纠正。正确的态度是"有所不为有所为"。也就是说，当北伐准备不充分，时机不成熟时，就不要贸然出击，而应修明政治，积蓄力量，耐心等待时机。而一旦时机成熟、条件具备，则应主动出击，雪国耻，复失地，完成统一大业。他这样说：

> 当天下之初定，患难之方解，又不可复有所往也。如秦之并天下，而欲有所往，故筑长城、平百粤，而终不免于难；隋之兼南北，而欲有所往，再伐高丽，而亦不免于难。故解贵于无所往，然岂无所作为耶？……晋武帝平吴之后，固未尝兴兵生事，然而君臣之间因循苟简，清淡废务，坐视而至于毙。故二者不可一偏，一于有所往，一于无所往。②

在这里，吕祖谦决不是在发思古之幽情，而是借评论历史事件表达在抗金问题上的基本立场。一方面，他不甘心"仇耻未复，版图未归"，不满意南宋统治者苟安于东南一隅，要求南宋统治集团励精图治，"有所往"，积极进行抗金的准备。另一方面他又清醒地认识到南宋当时处于"民力殚尽而邦本未定，法度具存而穿穴蠹蚀，实百弊具极"③ 的窘境之中，尚不具备全面北伐的条件，不能急于求成，只能"无所往"，徐图行事。

如何"有所往"呢？吕祖谦认为当时南宋是"文治可观而武绩未

---

① 《东莱博议·郑伯侵陈》。
② 《易说·解》。
③ 《文集·淳熙四年轮对札子二首》。

振，名胜相望而干略未优。"① 摆在南宋政府面前的当务之急是迅速扭转"武绩未振"、"干略未优"的局面。他的这个意见一语中的，抓住了问题的关键所在。

宋朝伊始，赵匡胤为防止出现五代武将强悍，尾大不掉的局面，实行崇文轻武，以文人治军的方针。这遂成"祖宗之制"，朝朝相沿、代代相承。虽然它有效地防止了藩镇割据，武将擅权，但也带来了"武绩未振"、"干略未优"的严重后果。对外战争很少胜算。即使"昌炽盛大之时，此病已见"②。吕祖谦有感于此，他指出对于一个国家来说，"文事"与"武备"犹如人之左右双臂，缺一不可。崇文轻武的倾向必须克服。吕祖谦说：

> 尧舜三代之时，公卿大夫在内则理政事，在外则当征伐。孔子之时此理尚明。冉有用矛，有若与勇士。孔子亦自当夹谷大会，未尝以为粗。③

尧舜时代，公卿大夫都是能文能武。在朝则理政，战时则披坚执锐，文武之道集于一身。孔子高足冉有善于使矛，而有若则与当世勇士友善相处。即使孔子本人在夹谷之会上也亲自抢枪执剑，从"未以武士为粗"，也没有不屑于武事。吕祖谦认为轻视武艺，视其为"粗"的看法是极其错误的。对于男子来说空暇之余从事"习射"这是本分之内的事。吕祖谦的这种议论在理学家中是不多见的。北宋张载青年时代"喜谈兵"，曾招致二程等理学家的微词。以张载本人而论，当他成为著名理学家之后，亦曾为此深悔不已。这说明吕祖谦的见识高于一般理学家，且有匡正时弊的积极意义。

---

①② 《文集·淳熙四年轮对札子二首》。
③ 《文集·史说》。

必须指出，吕祖谦并没有把自己的目光仅仅停留于此。他认为要报靖康之耻，收复大批沦陷的国土，只是"振武绩"、"优干略"还远远不够。尤其重要的是要与改革当时的社会弊政结合起来。吕祖谦忍痛揭开了南宋统治集团的黑暗内幕。他说：

> 官寺充满，而偷惰苟且，无庶绩咸熙之效；降附币于郡县，而未免于疑沮；帑藏耗于军屯，而未免于怨嗟。①
>
> 养痈护疽，偷取爵秩，各饱其欲。而日朘月削之患独归国家，是滔滔者既不可胜诛，号为有意斯世者，又不复审前后，不量彼己而轻发之，终无所是。②

官员虽然冗繁，但多是贪鄙无耻为"痈疽"。他们尸枕禄位，毫无政绩可言。平日所考虑的是如何偷取爵位，坐享俸禄，中饱私囊，关心的是自己的身家性命，个人的荣辱升迁，而根本不把国家"日朘月削之患"放在心上。虽然其中也有几个"有意斯世"，想干一番事业的官员，但志大而才疏，在有关国家兴衰存亡的问题上"不审前后"，"不量彼己"，轻举妄动，"终无所是"。更有一些善于钻营的无耻之徒，为了谋就高位，领取重禄，故意慷慨陈词，装出一副爱国忧民的姿态，俨然以刚直干练之吏自居。然而"高爵重禄，一得所欲，畏缩求全，惟欲脱去，无复始来之慷慨。"③官场之所以如此腐败混乱，根子是南宋最高统治者"偷惰苟且"，"养痈护疽"。

吕祖谦指出当时的形势是："仇耻未复，版图未归，风俗未正，国用未充，民力未厚，军政未核。"④认为南宋当局再不彻底改弦更

---

① 《文集·淳熙四年轮对札子二首》。
②④ 《文集·馆职策》。
③ 《文集·乾道六年轮对札子二首》。

张，进行"大经划，大黜陟，大因革"①，后果将不堪设想。他说：

> 当险难之时，必有动作施设，然后可以出于险。苟无所为而坐视其弊，则终于险而已，尚能免于险乎？②

吕祖谦认为南宋朝廷面临的局面不容乐观。如果朝廷一如既往，无所作为，"坐视其弊"，最终难免于险。唯一可行的是采取积极措施，实行变革，才能取得主动。

吕祖谦进一步指出，险难并不可怕，可怕的是自身的麻木不仁。他说：

> 天下之事胜于惧而败于忽。惧者福之原。忽者祸之门也。陈侯以宋卫之强而惧之，以郑之弱而忽之。遂以郑何能为而不许其成，及兵连祸结，不发于所惧之宋卫，而发于所忽之郑，则忽者岂非祸之门耶？③

意谓思想上的高度警惕和行动上的小心谨慎，乃是胜利之源泉。而疏忽大意、漫不经心则往往是失败之门户。例如春秋时宋卫两国强胜而郑比较弱些，故陈侯对宋卫怀有警惕而忽视了郑的潜在威胁。结果亡陈者不是陈一向惧之的宋、卫，而是它所忽视的郑。在这里，吕祖谦将人之主观努力与否和思想重视与否作为福、祸之契机，是颇有见地的。吕祖谦在评论楚人灭江这一历史事件时说：

> 秦穆公于江之灭，独怵然戒，惕然悟。避朝贬食，不胜其

① 《馆职策》。
② 《易说·解》。
③ 《东莱博议·郑伯侵陈》。

忧，非出于危乱之外，岂能深见可惧之真者乎？穆公信能推此惧心而充之，视天下之诸侯。国一灭则心一警，心一警而政一新，固可离危亡之门而得治安之基矣。岂止西戎之霸邪？①

他认为秦穆公之所以能使原先势单力薄的秦国"离危亡之门而得治安之基"，成为"西戎之霸"，主要是由于他不以秦国自身暂无危险而放松警惕，冷静地观察当时诸侯国之间的相互并吞，特别楚人灭江之后，引起穆公的戒惕和"心警"，发奋图强，革新旧政，变秦为强国。

由此，吕祖谦提出了"逆观"之命题。认为人们在观察事物，考虑问题时，不仅要看顺利之因素，更要看到其不利之成分。他说：

> 物以顺至者，必以逆观，天下之祸不生于逆而生于顺。剑盾戈戟未必能败敌，而金缯玉帛每足以灭人之国；霜雪霾雾未必能生疾，而声色畋游每足以殒人之躯。久矣夫！顺之生祸也。物方顺吾意，而吾又以顺观之，则见其吉而不见其凶，溺凶纵欲，盖有陷于死亡而不悟者矣。至于拔足纷华，寓目昭旷，彼以顺至，我以逆观。停筋于大食之时，覆觞于剧饮之际，惟天下至明者能之。②

吕祖谦于此再次铺陈了"天下事胜于惧而败于忽"的观点。认为国家处于"剑盾戈戟"武装威胁之际，如能保持"忧惕祗畏"，乾乾自强，就可以粉碎"剑盾戈戟"之进攻。人们在气候恶劣的条件下，时时注意对自身的养护调理，这就是"霜雪霾雾未必生疾"的原因。相反，敌国奉献"金缯玉帛"以示卑顺，容易使人"见其吉而不见其

---

① 《东莱博议·楚人灭江》。
② 《东莱博议·楚斗椒》。

凶"，放松对敌国之戒备，这是"金缯玉帛每足以灭人之国"之依据。一般地说，处于顺境之中，容易忘乎所以，"溺心纵欲"，陶醉于"声色畋游"，不注意对自己身体的养护调理，以至于弄垮了身体而不自觉。

事实正是如此。祸福无门，关键在于自身。吕祖谦举例说：

> 秦不亡于六国未灭之前，而亡于六国既灭之后。隋不亡于南北未一之前，而亡于南北既一之后。亡国之衅，夫岂在于邻敌耶？①

秦国在六国未灭之前怵惕自强，而在灭六国之后骄奢无道，致使民不聊生，天怒人怨，一夫振臂，万夫响应，这才终止了自己之国祚。隋朝在南北未统一之前政治修明，纪纲肃整，而南北统一后穷兵黩武，横征暴敛，故而重蹈秦之覆辙，为农民起义的浪潮所吞没。秦、隋两朝的教训是什么呢？亡国之祸根乃是自身之腐败！

进而，吕祖谦申明"国之存亡，系于我之治乱"②。他说："丰汝德泽，明汝政刑，固汝封疆，训汝师旅，四邻虽暴，于汝国何有哉！"③他认为邻国之强敌是本国安全的一种威胁。但只要自己政治修明，经济雄厚，军事力量强大，使邻之强敌无可趁之隙，这种威胁就不复存在。相反，本国经济萧条、国库空虚，政治混乱黑暗、军事力量单薄，就会时时处于敌人的威胁之中。基于这种认识，吕祖谦认为应该把国家兴盛的主动权紧紧操纵在自己的手中。他说：

> 为国者当使人依己，不当使己依人。己不能自立，而依人以为重，未有不穷者也，所依者不能常盛，有时而衰，不能常存，

---

① ② ③ 《东莱博议·邓三甥请杀楚子》。

有时而亡，一旦骤失所依，将何所恃乎？①

吕祖谦的这段议论用心极为明确，即希望南宋朝廷不要把国家安危寄于金兵是否恪守和议之上。只有依靠自己的励精图治，才能立于不败之地。这种依己不依人的观点直到今天，仍然闪烁着明智的火花。

吕祖谦分析了南宋统治者"依人不依己"的猥亵妄琐心理。他认为南宋统治者之所以心甘情愿地将自己的命运拱手相让给金兵主宰，乃是"安于弱"、"安于愚"的思想在作祟。为了取消南宋统治者"安于弱"、"安于愚"的卑鄙之虑，吕祖谦指出，虽然"大胜小、强胜弱、多胜寡"是"兵家之定论"②，但是强与弱、大与小、多与少又是相对的，是相比较而存在的。假如通过自己的努力，则完全可以使自己从弱、小、少向强、大、多转化。如果一旦实现了这一转化，也就用不着去害怕敌人的强、大、多了。他说：

> 君子忧我之弱而不忧敌之强，忧我之愚而不忧敌之智。强者，弱之对也。我苟不弱，则天下无强兵。智者，愚之对也。我苟不愚，则天下无智术。后之为国者，终岁忧敌之强而未尝一日忧我之弱，终岁忧敌之智而未尝一日忧我之愚，使其移忧敌之心而自忧，则谁敢侮之哉！③

好一段充满军事辩证法思想光辉的议论。敌我双方，一方强大则另一方就显得弱小；一方明智则另一方也就显得愚蠢。因此，不必担心敌人的强大与明智，而应将担忧自己的弱小和不明智，为扭转自己的"弱"、"愚"而作出最大的努力。做到了这一点，天下就再也没有什

---

① 《东莱博议·郑忽辞婚》。
② 《东莱博议·鲁卑邾不设备》。
③ 《东莱博议·隋伐楚》。

么"强"与"智"之敌,至此,谁还敢再来欺侮你。如其不然,"苟以龌龊自保为量力,则人自安于弱而终于弱矣,自安于愚而终于愚矣。"① 要使国家强大起来,就一定要克服安于"愚"、安于"弱"的自卑心理,树立远大而明确的治国目标。他指出:

> 天下之势不盛则衰,天下之治不进则退。强而止于强,必不能保其强、霸而止于霸,必不能保其霸也。驱骏马而驰峻坂中间,岂有驻足之地乎?②

天下之大势如不强盛就必然是衰弱,国家的政治如不努力向上就必然衰退。强国如果只是满足于原来之水平,就注定不能继续保持其强盛。霸主倘若只想保住原有之地位而不思进取,则必然保不住已获取的霸主地位。这好比骑着马奔驰在险峻的山路上,中间是没有"驻足之地"的。对于"强"与"霸"来说,尚且不能满足现状,而要不断进取才行,吕祖谦言下之意是何况本来就比较弱小的南宋朝廷呢! 更应该布仁义、行教化、振纲纪、肃吏治、充库实,使国势强盛,只有这样,方可雪"仇耻"、归"版图",直至一统南北。

由此,吕祖谦提出了"天下事向前则有功"的观点。他说:

> 天下之事向前则有功。不向前,百年亦只如此。盖往则有功。天下之事,方其蛊也,皆有可畏之势。如大川之滔滔然,于此而往焉,则有事而可治矣。③
>
> 天下事若不向前,安然成其大?④

---

① ② 《东莱博议·葵邱之会》。
③ 《易说·蛊》。
④ 《易说·临》。

138

在吕祖谦看来，南宋王朝只有坚持不断前进，方能成就国家统一大业。苟且偷安，畏缩不前，光阴虚掷，即使百年过去，南宋小朝廷只能仍然龟缩于江南一隅之地，不会有什么大的作为。吕祖谦可谓不幸而言中，后来南宋的命运的演变，和其所说的基本相符。

吕祖谦之所以一再要求南宋小朝廷改革弊政，不断以"强"、"霸"自勉自期，作为抗金的前提，还基于这样的考虑：只有政治修明，才能得到人民的广泛支持，才会使抗金获得坚实的社会基础。他说：

> 战亦死地也。……民既乐死则陷坚却敌特余事耳。盖尝论之，古人论战与后人之言战不同。盖有论战者，有论所以战者。军旅形势者，战也；民心者，所以战也。①

战争是残酷的，死人则是不可避免的。如果参战之民众为了报答朝廷平时之仁政厚赐，就会为其存在奋不顾身，拼死向前。民众一不畏死，"陷坚却敌"就是小事一桩。从这个意义上说，"民心"之向背才是战争胜负的最后依据。

必须指出，吕祖谦重视"民心"，将其视为赢得战争的决定因素，规定其为"所以战也"。但是他并没有因此而忽视"军旅形势"在战争中所起的重大作用。他说：

> 形势与德，夫岂二物耶？形犹身也，德犹气也。人未有恃气之充而置身于易死之地者。亦未有恃德之盛而置国于易亡之地者。王者之兴，其德必有先天下，其形势亦必有以先天下。②

---

① 《东莱博议·齐鲁战长勺》。
② 《东莱博议·周与晋阳樊温原攒茅之田》。

吕祖谦认为有利形势和君主的德行是统一的，二者不可分割。它们对于国家来说好比人的身体和血气一样。世界上没有人因为自己的血气强盛充沛而将自身置于"易死之地"，也没有一个国家的君主认为自己的仁德足以令天下臣服而将其国安置于"易亡之地"。一个政权的兴旺，固然君主的德行要"先天下"，而其所占有的地理位置也必须是"先天下"。他以周、秦兴衰为例。具体地论述了这个问题。周在"文武成康之世"，君主之德固然"先天下"，同时也占据了好地形："被山带水，四塞以为固"，所以"天下孰能御之耶"？后来周平王东迁，轻易放弃了歧丰之地。以其德行而论，固然不如其先人，而所占的地理位置亦不如先人，周室遂告衰落。秦原来是不起眼之小国，但自从它得周之歧丰之地，尽管其德行未能"先天下"，国势却也强盛起来。吕祖谦的结论是："是秦非能自强也，得周之形势而强也。秦得周之形势，以无道处之，犹足以雄视诸侯，并吞天下。"① 他对形势重视之程度，由此可见一斑。

鲁僖公二十五年，晋侯朝见周襄王，请以王礼规格（"隧"）为其先人送终，襄王以"王章也，未有代德而有二王"为由加以拒绝。为了不使晋侯过于难堪，遂割阳樊温原攒茅之田与之。对此，吕祖谦发表了如下的评论：

> 襄王之意，以谓吾周之为周，在德而不在形势。典章文物之制，子孙当世守之，不可一毫假人。至于区区土壤，吾何爱而以犯强国之怒耶？抑不知隧固王章也，千里之畿甸，亦王章也。襄王惜礼文不以与晋，自谓能守王章，抑不知割地自削，则畿甸之王章既不全矣。惜其一而轻其一，乌在其能守王章耶？形势犹身

---

① 《东莱博议·周与晋阳樊温原攒茅之田》。

也，德犹气也，披其肩背，断其手足，自谓能守气者，吾不信也。呜呼！周自平王捐歧丰以封秦，既失周之半矣。以破裂不全之周，竞竞自保，犹虑难立，岂复有所侵削耶？奈何子孙犹不知惜，今日割虎牢畀郑，明日割酒泉畀虢，文武境土岁朘月削，至襄王之时，邻于亡矣。①

吕祖谦认为周襄王不答应晋侯"清隧"是对的，因为典章制度体现等级名分，应"当世守之"。他的错误是轻易将大片土地割与晋。须知土地事关国家形势，是国家赖以存在的基础。而襄王竟将"千里之王畿"拱手送人，等于掏空了国家基础。吕祖谦在这里是借古喻今。因为割地求和乃是宋代统治者苟且偷安的拿手好戏。吕祖谦表面上反对的是周襄公"割地自削"，实际上是提醒南宋当局不可轻易地将大片国土畀敌，否则将"邻于亡矣"。重德不重势，这本来是一般理学家的共同见解。他们认为只要其德"先天下"，即使70里之地也能一统海内。吕祖谦却如此重"形势"，规定其为"德"的基础，这就使他突破了理学家之陋见，表现了他的不同凡响的真知灼见。

兵者，诡道也。"兵不厌诈"历来是兵家之格言。在这个问题上，吕祖谦持有不同看法。他主张用兵必须遵循"诚"。他说：

君子之用兵，无所不用其诚。世未有诚而轻者，敌虽欲诱之，焉得而诱之？世未有诚而贪者，虽欲饵之，焉得而饵之？世未有诚而扰者，敌虽欲乱之，焉得而乱之？用是诚以抚御则众皆不疑，非反间之所能惑也。用是诚以备御，则众皆不怠，非诡谋之所能误也，彼向之所以取胜者，因其轻而入焉，因其贪而入焉，因其扰而入焉，因其疑而入焉，因其怠而入焉。一诚既立，

---

① 《东莱博仪·周与晋阳樊温原攒茅之田》。

> 五患悉除，虽古之知兵者环而攻之，极其诈计于十百千万，君子
> 待之一于诚而已矣。①

吕祖谦认为轻敌、贪婪、干扰、众疑、怠备这五患是兵家大忌，而要
克服"五患"，最好的途径是"用其诚"。因为"一诚既立"，"轻"、
"贪"、"扰"、"疑"、"怠"等现象就不会发生，从而杜绝了敌人的一
切可乘之隙，尽管其诈计万千，亦无从下手，这样就会稳操胜券。吕
祖谦这里说的"诚"，含有思想高度重视、作风认真踏实之因素。乃
是对抗金大计必须"周密详审"、"精加考察"思想的延伸和发挥，而
非一般理学家所主张的道德决定战争胜负的老调，具有一定的合理
因素。

第三节 "百种奸伪，不如一实"

出仕究竟是为了什么？吕祖谦认为"凡出仕者不问官职大小"，
都应当是"济世务"、"拊疲民"。在执法过程中，"透得利害祸福关"。
他说：

> 苟其不计人主之喜怒者，自然尽其平允。缘不曾透得利害祸
> 福关，缓急如何作得主宰？②

当官的如果老是计较个人的"利害祸福"，升降沉浮，必定不能执
法平允，只能窥视君主和上司的喜怒好恶而"曲法"。而要遵循体
现"人情物理"之法令，即使事涉权贵，也必须"公平观理所在"。
他说：

---

① 《东莱博议·用兵》。
② 《文集·杂说》。

　　凡治事有涉权贵，须平心看理之所在。若其有理，固不可避嫌，故使之无理。若其无理，亦不可畏祸，曲使之有理。直须平心看。若有一毫畏祸自恕之心，则五分有理，便看作十分有理。政使见得无理，只须作寻常公事看。断过后不须拈出说。寻常犯权贵取祸者，多是张大其事，邀不畏强御之名，所以彼不能平。若是处得平稳妥帖，彼虽不乐，视前则有间矣。然所以不欲拈出者，本非以避祸，盖乃职分之常，若特然看作一件事，则发处已自不是矣。①

　　吕祖谦认为如果某一案件涉及权贵，执法者要平心静气，不能为了获得铲暴御强之名声，而故意使本来有理的权贵变成无理。也不能为了怕得罪权贵，连累自己的前程，"曲法"使无理变得有理。这里的标准只有一个：即唯"理之所在"。针对某些执法者"畏祸自恕之心"，吕祖谦主张不要将处理权贵无理之案讼看成了不得的大事。只要执法平允，结案后不张扬，就可以太平无事。如果为了"邀不畏强御之名"，特地把这些案件拣出来，"张大其事"，到处宣扬，这才是办案人自取其祸的根源。因为这种做法很容易激怒无理之权贵而促使其寻机报复。吕祖谦之所以不主张将涉及权贵案件"特然看作一件事"，还基于这样一种认识：公正办案乃是"出仕者"的"职分之常"，故而没有必要将"职分之常"、"拈出说"。否则就把本来正常的变成不正常，其出发点已属"不是"，岂能不自取其辱？吕祖谦同意其伯祖吕本中之说："当官大要直不犯祸，和不害义，在人消详斟酌之尔，然求合于道理，本非私心专为己也。"②既要坚持"合于道理"，又要顾及权贵的脸皮，可谓老到世故。

――――――――――

① ② 《文集·官箴》。

吕本中曾说："当官之法唯有三事：曰清、曰慎、曰勤。知此三者，则知所以持身矣。"[1] 对此庭训，吕祖谦铭记在心，奉为万世不易之言。曾书以赠初仕之门人相勉。在将近20年的官场生涯中，吕祖谦坚持了"清、慎、勤"。

清。吕祖谦认为出仕者廉洁而不"嗜利"、不"贪财"，这是持身于充满倾轧漩涡的封建官场的要术。吕祖谦为自己及初仕门人订立《官箴》凡二十五条，其中有关清廉的款项为多。诸如：

> 法外受俸；
>
> 多量俸米；
>
> 置造什物；
>
> 买非日用物；
>
> 不依实数清盘家送还钱；
>
> 托外邑官买物；
>
> 荐人于管下买物；
>
> 亲知雇船脚用官钱（须令自出钱）；
>
> ……

凡出仕者均可领取国家规定的俸禄，而"法外受俸"、"多量俸米"，则超出规定，当属贪污之列，必须自行禁止。一般说来，当官的不论官职大小，手中总有部分权力，可以在实际生活中给他人以方便或好处。正因为如此，也总有人会千方百计地讨好自己以谋求更大的便利。比如"托外邑官买物"，自己能付多少钱？"荐人于管下买物"，别人能不给予廉价？所以这类事情千万不能干。宋朝开国之初，赵匡胤为了换取大官僚政治上的支持，公开鼓励他们广置产业，为子孙

---

[1] 《文集·官箴》。

谋，在最高统治者的直接鼓励下，官员们大多利用出仕机会，巧夺豪取，大捞一把。对此陋习，吕祖谦深恶痛绝。他认为当官的要看淡一些家产，这毕竟是身外之物。在出仕期间不要"置造什物"，除了添置一些必需的日常生活用品如"饮食及合用衣服"外，不买"非日用物"。"生产收藏以待他日之用"，"及为相识置买之类皆当深戒。"公私一定要分明，"不以私事差人出界"，凡属应自己开支的费用，如"雇船脚"之类，不用官钱，而自出钱。

上述的这些禁条，吕祖谦本人是否完全严格遵循，已不可详考。但有一点可以肯定，吕祖谦本人确实是官场上少见的廉洁之吏。当时吕祖谦家道已经衰落，年成不丰之时往往要靠相知友好的接济才能免于窘迫。"方此歉岁，得数斛粟，在困厄中殊有所济。"①也许，吕祖谦的实际经济状况要比他本人所说的好一些。但不很殷富，大概不会距事实太远。以至于像他这样的人也不得不亲自操心家庭的日常开支，"不以仓庾氏为惮矣。"在"三年清知府、十万雪花银"的封建社会中，吕祖谦出任日久，如果稍有贪鄙，其经济境遇决不会如此清贫。

吕祖谦力主对贪赃之官吏绳之以法，指出："凡法令所载赃罪皆为不廉"，不得徇私枉法，同时他还一再告知其初仕之门人，一定要警惕自己手下的一些"猾吏"所设下的香饵，否则就会为其所卖，遗恨终生。他极度服膺吕本中所说：

> 后生少年乍到官守，多为猾吏所饵，不自省察。所得毫末而一任之间不复敢举动。大抵作官，嗜利所得甚少，而吏人所盗不赀矣。以此被重谴，可惜也。②

----

① 《文集·与赵丞相》。
② 《舍人官箴》。

此可谓警世之论。"猾吏"们要想"所盗不赀",总是想寻找保护伞,而挖空心思拖顶头上司下水则是他们惯用的手法。如果当官的"不自省察",受其贿赂,吞下他们的钓饵,就只能听任其摆布,而不能对他们的犯罪行为采取断然措施,将他们绳之以法,发展下去则必然会为其所累而遭"重谴"。这实在是得不偿失。吕氏所说的这种"猾吏"决不只是封建社会的特产,至于那些"不自省察"的官员也从未绝迹。总要引起警惕才好啊!

针对"贪财"、"嗜利"者的侥幸心理,吕祖谦指出:

> 临财当事,不能自克,常自以为不必败。持不必败之意,则无不为矣。然事常至于败而不能自己。故设心处事,戒之在初,不可不察。借使役用权智,百端补治,幸而得免,所损已多,不若初不为之为愈也。①

确实如此。贪赃者开始总是存在人不知鬼不晓而"不必败"的侥幸之心,对自己的贪婪之欲念不加克制。结果胆子愈来愈大,无所不为。在罪恶的泥潭中不能自拔,以"至于败"。对这类事情一定要"戒之在初",如果等到贪赃后害怕事情败露而"役用权智",竭精殚智地加以遮掩蒙混,即使有幸得免,也是惶惶不可终日,又怎么可以和"初不为之"心安意得相比呢?吕祖谦的这些观点,不仅是混迹于封建官场的持身之术,而且含有更为深刻广泛的社会内涵,直到今天仍然闪烁着明哲之异彩,给人以有益的启迪。

慎。谨慎小心之谓也。吕祖谦以为封建官场中人,不仅要廉洁,而且要谨慎。对待公务要尽心尽力,他说:"处事者不以聪明为先,而以尽心为急。"② 不管大事小事都要认真对待:"事无巨细,皆

①② 《文集·舍人官箴》。

详考"。尤其是在狱讼的审理上，更应该慎之又慎。因为它涉及是非曲直，甚至人命关天，故而必须弄清案情。他说："狱者，察其情也。"① 在这里切忌耍小聪明。

> 人多恃聪明以折狱，颇失之于过。君子虽聪明而不敢自恃其聪明，故于狱无敢折。大抵无敢折狱者，非谓淹延退缩也可，周密详审，常若不明者所为。②

在实际生活中，不是所有的案情都是一目了然，要透过扑朔迷离的现象，把握真实的案情，单凭一己之小聪明，是要误事的，难免"失之于过"。这就要求办案人员对案情反复推敲，"周密详审"，切不可"自恃聪明"，草率结案。案情一时不明，不妨反复阅读宗卷，做些调查研究。对于一些难以决断的案子，切忌急躁，暴怒。这里需要的是冷静思考。他指出：

> 当官者当以暴怒为戒。事有不可，当详处之，必无不中。若先暴怒，只能自害，岂能害人？前辈尝言凡事只怕待。待者，详处之谓也。盖详处之则思虑自出。……狱官每一公事难决者，必沉思静虑累日，忽然若有得者，则是非判矣。是道也，唯不苟者能之。③

这就是说案情的正确审理，来源于周密而冷静的思考，要做到这一点，则必须具备一丝不苟的负责精神。先入为主则与此相悖，一旦付诸实践，后果严重：

---

① 《易说·噬嗑》。
②③ 《易说·贲》。

> 凡听讼者，不可以先有所主。以此心听讼，必有所蔽。若平心去看，便不偏于一。曲直自见。①

只有不带成见，平心静气，才能避免于"偏于一"，分清是非曲直。

死人是不会说话的，被害身亡者不可能自行诉讼自己被害的真相。因此对于横死者进行必要的验尸成为审理决断凶案的主要手段。当时有一名叫黄兑刚的地方官员坚持不避臭秽，亲自验尸。对此，吕祖谦表示欣赏。"黄兑刚……遇验尸，虽盛暑亦必先饮少酒，提鼻亲视，人命至重，不可避少臭秽，使人横死无所申诉也。"②吕祖谦将此载入《官箴》，要求狱官仿效，这也说明了他在这个问题上的求实态度。

与此相一致，吕祖谦要求出仕者作风踏实，公文清楚，不要在文字上弄虚作假。他说：

> 当官处事但务着实。如涂擦文字，追改日、月，重易押字，万一败露，得罪反重。亦非所以养诚心事君不欺之道也。百种奸伪，不如一实。反复变诈，不如慎始。防人疑众，不如自慎。智数周密，不如省事不易之道。③

为官事君应该"诚心"、"不欺"，而弄虚作假一则与此道相悖，二则万一败露，张扬开去，于己极为不利。因而"百种奸伪，不如一实，反复变诈，不如慎始。"在这里吕祖谦讨论的尽管是封建出仕者的为官之道，但是对今人亦不乏启迪。

---

① 《文集·杂说》。
②③ 《文集·官箴》。

深究吕祖谦说的"慎",还有避嫌之成分在内。他认为在官场上走动,同僚、部属相互赠馈之事,时有发生。对于这类涉及人情世故之事的处理一定要慎重。如果为邀清廉之名,对于他人的馈赠,一概拒绝,未免不近人情,得罪同僚与部属。如水果食品之类的馈赠,不妨接受下来。但要立即回赠他物,以示礼尚往来。除此之外,"余物不可受"。在接到一些有包装的礼物时,为防人生疑,可以"当厅对众开合,置簿抄上",这样既照顾了馈赠人的情面,又避免了人的误会。如果是身为掌握钱财物品之官员,更应处处小心,时时关防。范育在作库务官时,为防备别人的怀疑,将随行箱笼都放在官厅,此举深得吕祖谦之赞成,他认为"凡若此类,皆守官所宜详知也。"①

勤。吕祖谦认为无论是京官还是外任,都必须做到"职分之内,不可惰愉"。尽一切可能将本职做好。对待官事要像对待家事一样,"如有毫末不至,皆吾心有所不尽也"。吕祖谦这样说:

> 前辈尝言:小人之性专务苟且。明日有事,今日得休且休。当官者不可徇其私意,忽而不治。谚曰:劳心不如劳力,此实要言也。②

"劳心",坐而论道,只说不干之涓也,或是脱离实际的闭门苦思冥索。"劳力"则是指亲自实践。吕祖谦这个观点不仅是较为正确的为官之道,而且还有更为广泛的社会意义。它是处理其他一切事务都要遵循的原则。至于他所说的"明日有事今日得休且休"的拖拉疲沓恶习,不只是为官者之忌,而且也是所有欲有所成就者之大忌。因为"吾生待明日,万事成蹉跎",乃是千古不易之"要言"。

---

①② 《文集·官箴》。

第四节 "致知力行本交相发工夫，切不可偏"

吕祖谦在观察社会、研究历史的过程中，深深地感到"实理难知"（《文集·陈同甫恕斋铭》）认为唯有对"天地变化、草木繁芜"精加考察，才能"求其故"。这就使其认识论含有实学思想的因素。

首先，在认识的标准上，吕祖谦坚持以客观为准绳的原则。他说：

> 如目疾，以青为红，以白为黑，色初未变也，今惟当自治其目而色自定，却无改色以从目之理。①

眼睛生了病，分不清青红黑白，唯一的办法是把眼睛治好，决不能改变色彩以从目。这也就是说当认识与客观实际发生矛盾时，只有纠正主观认识的偏差，而不是要求客观服从主观。他又说：

> 人君居尊位，最难自观，盖左右前后阿谀迎合。然却自有验得处。俗之美恶，时之治乱，此其不可掩而最可观也。②

由于君主特殊的社会地位和无上之权力，决定了他平时所听的多是阿谀奉承之词。如果仅仅是征求自己"左右前后"对朝廷所颁发的"德教刑政"的看法，往往是不真实的，人们会专拣君主喜欢听的说。而要考察"我之所生德教刑政"之臧否，唯一的办法是认真考察社会风气习俗之美恶，时政之治乱得失。吕祖谦的这一说法不仅具有很高的政治价值，而且含有实践为检验真理标准的成分。

---

① 《易说·无妄》。
② 《易说·临》。

与此相一致，吕祖谦指出无论是个人之"私见"还是众人之"共见"都是主观的，故而都不能作为判断认识正确与否的标准。他说：

> 吾人皆无常师，周旋于群言诸乱之中。俯仰参之，虽自谓其理已，安知非私见蔽说，若雷同相从，一唱百和，莫知是非，此所甚可惧也。①

这是说有时尽管主观上以为所要认识的客观事物已经了然在心，所谓"其理已明"，但实际上并不一定如此。因为这很有可能是"私见蔽说"。同样，对某一问题虽然是"雷同相从，一唱百和"，但也不能由此判定是"其理已明"，因为这也许是"莫知是非"。进而，吕祖谦强调认识的正确与否，是不能以人数之多寡为标准的。他说：

> 君子以独立不惧，遁世无闻。盖大过虽本于理不过。然其事皆常人数百年所不曾见，必大惊骇，无一人以我为是，非有大力量何以当之？若见理不明者，见众人纷纷安得不惧？见理明者，见理不见人，何惧之有？彼众人纷纷之论，人数虽众，然其说皆无根蒂，乃独立也，至此则我反为众，众反为独矣。②

吕祖谦认为见理明与不明，必须以符合客观事实为最后依据。在这里，人多人少是无关紧要的。如果是"见理不明"，虽然是"众人纷纷之论，人数虽众"，但缺乏客观依据，甚至是与客观事实相违背，这仍然是错误之见。"见理明者"，尽管人单势薄，但由于其主观符合客观，亦是不可屈服的，最终错误的"纷纷之论"是会服从"见理

---

① 《文集·与陈君举》。
② 《易说·大过》。

明者"。

基于此，吕祖谦指出在认识过程中，固执己见固然不对，但是胸中毫无主见，只是附和别人也不行。他说：

> 大率随人必胸中自有所主宰，若无主宰，一问随人，必入于邪，至于变所守以随人尤非小事。若所随不得其正则悔吝而不得其吉矣。①

"随人"，即改变自己的看法而随从别人。吕祖谦认为"随人"或不随人，要以"见得理明"（或曰"正"）为基础。如果自己随随便便地改变对某一事物的看法而"随"，弄不巧就会离开"正"而流于"邪"，招致"悔吝"。因此吕祖谦又说："自无所见，固人有警者不足恃也。"②

必须说明的是，吕祖谦虽然反对以"众人纷纷之论"作为检验认识是否正确的标准，但是他又认为在认识事物的过程中，必须充分利用"众人聪明"，以防止"自任一己之聪明"而产生错误。在他看来，个人之智只是一滴水，一盏灯，只有汇集众人之才智方能波澜壮阔，灯火通明。

> 譬如水积畜多，故波澜自然成文；又如灯烛，若一灯一烛固未见好，唯多后，彼此交光，然后可观。③

在此基础上，吕祖谦明确地提出："闻街谈巷语，句句皆有可听，见舆台皂隶，人人皆有可取，如此安得德不进？"（《孟子说》）吕祖谦认

---

① 《易说·随》。
② 《文集·杂说》。
③ 《易说·履》。

为"舆台皂隶",即身处社会下层的劳动群众,并非是一群毫无认识能力的群氓,他们每个人都或多或少地有着对事物的正确认识,不乏有可取之处。而老百姓的"街谈巷语"亦非全是粗言俚语,其中包含了大量有价值的见解。吕祖谦以为尧、舜之所以为后世君主望尘莫及,就在于他们认识事物、处理问题,不师心自用,而是善于从"街谈巷语"中吸收有益之政治营养,从"舆台皂隶"身上吸取智慧聪明。

正因为有此认识,吕祖谦非常重视劳动人民的经验之谈。他在乾道七年正月二十八日一首唱和诗中吟道:

> 平生老农语,易置复难忘。
> 麦苗要经雪,橘黄要经霜。

"麦苗要经雪,橘黄要经霜"这是老农从长期实践中总结出来的经验,虽属"街谈巷语",但是符合客观事物发展规律的正确认识,值得重视。从这里可以看出,吕祖谦是很看重实践经验的。

其次,在如何正确认识事物这一问题上,吕祖谦也发表过若干有价值的见解。认为对于所要认识的事物经常接触,就会消除对它们所产生的陌生感和神秘感,从而识别其中之原委。他说:

> 怪生于罕而止于习。赫然当空者谓之日;灿然遍空者谓之星;油然布空者谓之云;隐然在空者谓之雷;突然倚空者谓之山;渺然际空者谓之海,使未识而骤见之,岂不大可怪耶?其所以举世安之而不以异者,习也。熏蒿凄怆之妖,木石鳞羽之异,世争怪而传之者以其罕接于人耳。天下之理,本无可怪。吉有祥,凶有禖,明有礼乐,幽有鬼神,是犹昼之必夜也,何怪之有哉。夫子之不语怪,非惧其惑众也,本无怪之可语也。人不知

> 道，则所知者不出于耳目之外。耳目之所接者谓之常，耳目之所
> 不接者谓之怪。……抑不知耳之所闻者，声也……目之所见者，
> 形耳。①

事实正如吕祖谦所说。世界上的某一事情见得多了，听得多了，就会
习以为常，不觉得它们怪异。比如日、星、云、雷、山、海，"皆俗
饫闻而厌见者也，"所以人们并不认为它们神秘莫测。而有些事情百
年难遇，或者是人们平生第一次接触，如桃李冬华、石头发声、龙蛇
争斗、地冒异味之气，人们就会大为惊奇，甚至感到惶恐不安。假如
日、星、云、雷、山、海这些事物也是"未识而骤见"，人们也会感
到奇怪的。"天下之理，本无可怪"，所谓"怪"，不过是人们"耳目
之所不接"或罕接而已。孔子一生"不语怪"，倒不是担心"语怪"
容易引起众人的惊恐不安，而是因为"本无怪可语"。吕祖谦这段议
论颇为精彩，它不仅具有浓厚的唯物主义的色彩，而且还有反对迷信
的积极意义。

　　吕祖谦还认为事物虽然有未被理解（"幽"）的和已被理解
（"明"）的之分，但这二者是统一的："合幽明而为一"，故要弄明白
"幽"，不妨从"明"入手。弄清了"明"对"幽"的理解也就为期不
远了。他说：

> 　　使得悟于饫闻厌见之中，则彼不闻不见者亦将释然无疑矣。
> 子路学于夫子，以事鬼神为问，又以死为问。子路之心，盖以人
> 者吾所自知，不知者鬼神而已。生者吾所自知，不知者死而已。
> 吁！至理无二，知则俱知，惑则俱惑。安有知此而不知彼者哉！
> 果知人则必无鬼神之问，果知生则必无死之问。观其鬼神之问，

———————————

① 《东莱博议·妖祥》。

可以占知其未知人也；观其死之问，可以占知其未知生也。①

在人类认识过程中，往往是知此而不知彼，知其一而不知其二。因此吕祖谦关于"知则俱知、惑则俱惑"的说法并不符合人的认识发展史，存在着严重的理论缺陷。但也有这样的情况，许多未知可以通过已知求得。不少新知识是从以往之知与经验中推导出来的，从这个意义上看，又不能说"知则俱知、惑则俱惑"纯属主观臆测，荒谬不经。尤其是他认为"知人"则不必问"事鬼神"，"知生"则不必问死的观点，确实属于"知则俱知、惑则俱惑"的范畴，必须加以肯定。

吕祖谦认为人们之所以产生疑神疑鬼的想法，主要是"皆求其所闻，而不求其所以闻；皆求其所见，而不求其所以见。"在这里，吕祖谦虽然没有公开倡明无鬼神，但实际上留给鬼神的地盘已经不多了。

还应该说明，吕祖谦虽然强调要以其所闻，求其所不闻；以其所见，求其所不见，有重视间接经验的成分，但他尤为重视亲身获得的知，许其为真知实见。他说：

> 且如无事时戒酒皆非实见，因一次酒失，方知酒真不可饮。又如无事时岂不知江行之险？经一次风涛几覆舟后，必须相风色。②

人人都知酒不可多饮，常常提醒自己注意。但如不亲身经历一次醉酒误事，是没有切肤之痛的。同样，人人都知道江面水急浪高，行舟之凶险。但只有亲身碰上风涛几欲将船掀翻的凶险后，才会真正引起思

---

① 《东莱博议·妖祥》。
② 《文集·孟子说》。

想上的重视，以后行船必定注意风向。吕祖谦这一说法含有实践出真知的合理思想。

由此，吕祖谦论述了"名"与"实"的关系。认为"名"必须真实地反映"实"。他说：

> 名不可以幸取也。天下之事，固有外似而中实不然者。幸其似而窃其名，非不可以欺一时，然他日人即其似而求其真，则情见实吐，无不立败。名果可以幸取耶？受名之始，乃受责之始也。①

这是说欺世盗名者可以得逞于一时，却不可能永远不败露。因为一旦循其名而求其实时，就会"情见实吐，无不立败。"吕祖谦列举了历史上许多欺世盗名者虽然开始能"无毫末之劳，而有邱山之誉"，但到后来，莫不以"虚名"而招"实祸"。他的结论是"名要符实"，"幸取"其名者不足为训。

"白马非马"是先秦名家公孙龙的命题。对此，吕祖谦有一段评论：

> 昔人言白马非马之说，若无白马在前，则尽教他说，适有牵白马者过堂下，则彼自破矣。如三耳之说，我若随之而转，则必所惑，惟自守两耳之说，则彼不能眩矣。②

吕祖谦认为没有白马时，"白马非马"之说还可能会迷惑一些人。可是一有活生生的白马在眼前，"白马非马"之说就会不攻自破。《庄

---

① 《东莱博议·楚文无畏戮宋公仆》。
② 《文集·杂说》。

子·天下篇》曾有"藏三耳"之说，意谓做奴仆的人除了两只有形之耳，还有一只意识意义上的耳朵。吕祖谦以为只要坚信人只有两耳之事实，"三耳之说"就不可能再迷惑住人。在这里，吕祖谦提出了以"实"验"名"的思想，有一定可取之处。

在知行问题上，吕祖谦提出了"致知"和"力行"相统一的思想。他指出：

> 论致知则不可偏，论力行则进当有序。并味以两言，则无笼统零碎之病。①
>
> 欲穷理而不循理，欲精义而不徙义，欲资经而不习察，吾未知其至也。②
>
> 平居数日，凡所思量多近于理，只为此念不续处多，而临境忘了，今若要下工夫，莫若且据所闻，亦须得力。③

"致知"与"力行"是认识过程中相辅相成的两方面。必须在认识实践中同时兼顾。他又说："致知力行本交相发工夫，切不可偏。"(《文集·与朱元晦》)吕祖谦所理解的"知"与"行"的关系是认路和走路的关系："知犹识路，行犹进步。"④要行之力则必须知之至；然而，知而不行，知也就失去意义，必流于空虚。

十分明显，吕祖谦的认识论观点具有"务实"的特点，而为一般理学家所少有。

第五节 "讲实理、育实材而求实用"

吕祖谦是一位成就斐然的教育家。他与其弟吕祖俭在明招山创办

---

① 《文集·与邢邦用》。
②③ 《文集·杂说》。
④ 《文集·与学者及诸弟》。

了一座规模不小的丽泽书院。"四方之士"慕名前来求学者甚众，有时多达 300 余人。朱熹之子、张栻之女曾先后问学于吕祖谦。在执教期间，他亲自为学生编写教材，如现存的《丽泽讲义》、《东莱博议》就是他"为诸生课试之作"。① 在严州主持学政时，几次订立《学规》。

吕祖谦的教育思想可以用一句话概括："讲实理、育实材而求实用。"② "讲实理"，是指向学生努力灌输封建主义思想意识；"育实材"是培养目标，即造就封建主义的有用人才；"求实用"是治学态度与目的。

吕祖谦认为培养学生的封建主义品质，是封建教育的根本任务。他说：

> 为学须识义、利、逊、悌、廉、耻六个字。于此守之不失为善人，于此上行之而著，习矣而察，便是精义妙道。③

乾道四年九月，他亲手订立的《学规》第一条这样规定：

> 凡预此集者以孝、悌、忠、信为本。其不顺于父母不友于兄弟，不睦于宗族，不诚于朋友，言行相反，文过饰非者，不在此位。④

次年，又添加"以讲求经旨，明理躬行为本"之条文。他强调说：

> 圣贤千言万句，会其有极，归其有极，皆在乎致知。致知是

① 《东莱博议自序》。
② 《文集·太学策问》。
③ 《文集·杂说》。
④ 《文集·乾道四年九月规约》。

> 见得此理于视听言动、起居食息、父子夫妇之间，深察其所以
> 然，识其所以然，便当敬以守之。①

吕祖谦认为古代圣贤教育人们的准则（"极"）就是体察"父子夫妇"
之间的人伦纲常和等级品名的"所以然"，使人们对忠孝信悌"敬以
守之"，力以行之。其实这就是吕祖谦本人从事教育的指导思想。

他指出从思想上解决好拥护封建等级品名的问题，是搞好封建主
义教育的中心环节。他说：

> 学者若有实心，则讲贯玩索，固为进德之要。②
> 立心不实，为学者百病之源。③

吕祖谦认为内心不真正拥戴封建等级品名，行动上不认真履行封建
伦理纲常，只是口头上"讲贯玩索"孝悌忠信之概念，是无法达到
增进封建主义道德素养目的的。换句话说就是要"进德"则必须立
"实心"。

吕祖谦虽然承认"讲赏玩索，固为进德之要"，但他又认为尤其
重要的是在日常生活中认真践履，他指出：

> 如事亲、从兄、处家、处众，皆非纸上所可记。此学者正当
> 日夕检点，以求长进门路。④

这就是说，对于封建主义道德的践履，不是纸上功夫所能代替得了

---

① 《礼记说》。
② 《文集·与朱元晦》。
③ 《文集·太学策问》。
④ 《文集·与学者及诸弟》。

的，只有"日夕检点"，才能有所长进。他很不满意这样一种现象："推求言句工夫常多，点检日用工夫常少"。认为这决不可能明"实理"，也不可能真正具备封建主义的伦理道德。"虽略见仿佛，然终非实有诸己也。"① 这里，吕祖谦虽然说的是对封建道德的践履，但作为一种道德教育观，却颇有启迪意义。任何道德的学习，如果只是停留于书本，充其量只能见其皮毛，而不能领悟其精髓，只有将其付诸生活实践，才能使其成为自身品质的有机组成部分。

在生活中，榜样的力量是很大的。在吕祖谦心目中，孔子是道德的楷模。他要求学者效法孔子，促进自己的道德增长。他说：

> 羿之教人射，学者亦必以规模。大抵小而技艺，大而学问，须有准的规模。射匠皆然，未有无准的规模而能成功者，今之学者何尝有准的规模，欲求准的规模，在学孔子而已。②

没有规矩，不成方圆。比如射箭，要有"准的"，工匠制作器皿，非得有"规模"不可。同样，学习也要有"准的规模"。而孔子就是后世学者的"准的规模"。学者如要想使自己"步步踏实"，朝着成功之路迈进，唯学孔子。

吕祖谦认为决不能小看这个问题。他指出，学习的"门户"选择是否得当，对于日后之成就关系重大。如果"门户"没有选择好，即使再勤奋刻苦、劳神敝志，亦无济于事。"如人为学不得门户，虽伏几案，废寝具，劳神敝志，亦终无所得而已矣。"③ 他打了这样一个比方："如匠氏造屋为图，图有毫厘之差，则成屋有寻丈之谬。"④ 在吕祖谦看来，学者一旦以孔子为"准而规模"，就好比工匠选房屋，有

---

① 《文集·与朱元晦》。
②③ 《文集·孟子说》。
④ 《文集·杂说》。

了精确无误的图纸，将来的成就才会无可"限量"，"得其位，行其道，致君泽民而天下被其利。"① 为社会所用，为众人谋福谋利，辅佐君主治理好天下。吕祖谦在这里对选择学习门户的重要性，有夸大其词之嫌，但明确选择好学习的方向毕竟不是小事，对日后学习成就关系重大，不能等闲视之。

任何阶级要保证自己的事业不中断，必须后继有人，这是古今通例。培养封建主义事业的接班人，乃是封建教育的重要内容。吕祖谦企图通过封建等级品名及道德伦理教育，培养出一批政治上坚定拥护封建主义事业的人才。在这个问题上，吕祖谦和朱熹、陆九渊以及所有理学家并无二致。所不同的是朱熹、陆九渊和其他的一般理学家所要培养的是"醇儒"，即注重心性修养，实际上是"风瘫不知痛痒"的蠹物。吕祖谦认为这些人虽然是封建等级制度和伦理纲常的虔诚信奉者，但不通世俗，没有处事应变的真才实学，因而在关键时刻除了为封建统治尽忠尽节，以一死殉君之外，再也无补于封建统治。基于这种认识，吕祖谦认为培养目标应该既能以封建道德约束自己，又能对封建主义事业发扬光大，尤其是当封建统治面临危难之际，拿得出拯救朝廷具体办法的"实用"人才。

由此出发，吕祖谦指出看书学习主要是学习治国之技艺，而不是"徒观文采"。他说："观书不可徒观文采，要当如药方酒法求其君臣佐使，互相克制，有以益吾身也。"② 他针对当时以中举为读书学习唯一目的的状况，说："人能以科举之心读书，则书不可胜用矣。"认为一旦将读书作为叩开仕禄之门的敲门砖，这种书愈读将愈自私、愈愚蠢，他说：

---

① 《易说·大畜》。
② 《文集·杂说》。

> 后世自科举之说兴，学者观国家之事如越人视秦人之肥瘠，漠然不知，……异时一旦立朝廷之上，委以天下之事，便都是杜撰。①

很明显，如果将国家大事交给这些只知读书中举做官，其余什么都"漠然无知"的学者处理，非坏事不可。吕祖谦的这一说法曲折地批判了科举取士制的弊端，在当时有一定的现实意义。

吕祖谦力主读书学习必须"求实用"。他说：

> 百工治器，必贵于有用。器不可用，工弗为也。学而无所用，学将何为也邪？②

工匠们制作器皿是因为器皿在人们的日常生活中派得上用途。如果器皿无助于人们的生活，工匠们也就不去制作了。学者读书学习，就是因为书本知识能为社会所用，如果读书而对社会无用，这种书还要读什么呢？因此，读圣贤之经典，要以能用于事为贵。他说：

> 今人读书全不作有用看。且如人二三十年读圣人书，及一旦遇事便与闾巷人无异。或有一听老成人之语，便能终身服行，岂老成人之言过于六经哉？只缘读书不作有用看故也。③

在这里，吕祖谦颇有轻视"闾巷人"和"老成人之语"的倾向，不适当地夸大了"六经"对人们社会生活的指导作用。这是士大夫之偏见，但是他以为读书必须讲究"实用"、"要作有用看"，这无疑是

---

① 《文集·周礼说》。
②③ 《文集·杂说》。

对的。

以读经致用为目的，吕祖谦倡"惇厚笃实"之学风。他说："大抵为学，不可令虚声少，实事多，非畏标谤之祸也，当互相激扬之时，本心已不实，学问已无本矣。"① 吕祖谦这一说法与叶适批判理学家"虚声多而实力少"的观点是一致的。他认为学者之所以不要图虚名声，而要真正潜心于学问，就在于唯如此，方能使自己学习功力扎实，从而具备经世致用之真本领。

吕祖谦治学的主要特点是不囿于门户之见，对各家学说兼容并蓄。他认为在学术问题上应该具备求同存异之气度。这是因为世界上学术观点完全一致的情况终究少见。即使彼此意气相投，学术见解相当接近的人，也总有不一致的地方。他说：

> 人之相与，虽道合志同之至，亦不能无异同。且如一身早间思量事，及少间思之，便觉有未尽处。盖无缘会无异同。②

"道合志同之至"者也会有分歧，这个说法不难理解。以同一个人而言，早上考虑的问题，过了一会儿再考虑时便觉得刚才的思虑"有未尽处"，需要加以修正，唯如此方能进步。何况是不同的人呢？学者对于不同学术观点必须慎重对待，认真研究。不能凭个人的一时喜怒好恶而决定向背取舍。否则就无法开拓眼界，也妨碍了学问的增长。

基于此，吕祖谦提倡泛观广接，强调多接触些不同观点。他指出：

> 近日思得吾侪所以不进者，只缘多喜与同（臭）味者处，殊欠泛观广接，故于物情事理多所不察，而根本渗漏处，往往卤莽

①② 《文集·杂说》。

不见。要须力去此病，方可。①

这里，吕祖谦将学业"不进"，归结为"多喜与同臭味者处，殊欠泛观广接"，这是很有道理的。因为党同伐异，必然"所感浅狭"，而且容易因观点不同而将有价值的学术观点轻易否定。他坚决反对"道不同不相知"的理论，认为这是"缺乏广大温润气象"（《文集·与朱元晦》）的表现。

吕祖谦强调，评价某种学术思想或某一学者，"要须公平观理，而撤户牖之小。"②关于这一点，在对待王安石的问题上是很明显的。王安石在理学家那里，不啻是名教之罪人。理学的奠基人二程兄弟曾公开指责王氏之学"坏了后生学者"，表示要对其"先整顿"。后世大多数理学家继承了二程这一观点，对王安石其人其学诋毁甚多。吕祖谦尽管在政治上反对王安石变法，学术上与王安石分歧不小，但是反对将王安石的学术思想一笔抹煞。在一次谈论《易》时，他曾向内弟曾德宽建议说："且看欧（阳修）、王（安石）、苏（东坡）三集，以养本根。"③肯定了王安石论《易》之学术成就，从而也表现了"公平观理，而撤户牖之小"之雅量大度。

吕祖谦不仅自己力求对不同观点的学者持论公允，而且明确要求其门人"毋得……訾毁外人文字"，同时也不要在同一学派内部互相吹捧，"毋得互相品题，高自标道，妄分清浊。"④

吕祖谦在此提出了一种检验自己学力的方法，即能否与众多学术观点不合者相处平和。他说：

---

① 《文集·与刘衡州》。
② 《文集·与陈君举》。
③ 《文集·与内弟曾德宽》。
④ 《文集·学规》。

今之学者唯其不专意于讲习，故群居相与，多至于争是非，较胜负，使其一意讲习，则我见处众之可乐，而不见其多事矣。学者欲自验为学之进否？观其处众之乐与否可也。①

他的意思是，学者如都能将精力专意于讲习学问之上，就不会与别人较一日之是非，争一时之高下。大凡与人争论不休，固执一事一时之是非胜负，而不能和别人平和相处者，都是一些浅薄之辈。因为他们没有把心思放在对学问的探求之上。这不仅影响学问之"进"，而且会妨碍自己个人道德的升华。今天看来，吕祖谦这个观点仍有其可取之处。

吕祖谦还指出在学习问题上，不应该"讳过而自足"。他这样说：

譬诸人之成室，方其作也，一柱之不良，一梁之不正，斤削斫刻之或失其道，唯恐旁观者之不言。随言随改，随改随正，略无所惮。其心以谓吾知良吾室而已。凡所以就其良而去其不良者无所不至。此善学而逊志之说也。若夫聚不良之木，用不良之匠为不良之室，专心致志，自以为是，而以人言为讳，及其成也，自以为是，惟恐人言其非，如此，则必至于颓败而后觉悟，岂不哀哉。②

造房营室，需要旁观者的知无不言，而且是"随言随改，随改随正，略无所惮"，读书学习又何尝不是如此呢？吕祖谦认为大凡自以为是者往往是腹中无真才实学之辈。同样，凡是好向别人炫耀自己才能的人，一般是些浅薄之徒。"无文学者，恐人轻其无文学，必外以辞采自炫，实有者却不如此。"③这是说如果真有真才实学就不怕别人"轻

① 《易说·兑》。
② 《文集·杂说》。
③ 《易说·谦》。

其无文学"。而学问根底不深之人才会或以"自炫"掩盖其无知，或是根本就不知天高地厚而夸耀。吕祖谦的这个论述可谓是对"无文学者"的诛心之论。

读书学习贵在知其所以然。吕祖谦说："夫人之作文既工矣，必知所以工；处事既当矣，必知所以当。为政既善矣，必知其所以为善。苟不知其所以然，则虽一时之偶中，安知他时之不失哉？"① 文章写得好要知道之所以与得好的原因；事情处理得当，要知道之所以处理得当之根由；政令订得好，也要知道好在什么地方。如果不知道其所以然，即使碰上一次成功，也是带有很大的盲目性，很难保证下次还会成功。不要偶然的碰巧而要经常的"中"，则必须找出带规律性的东西。

怎样才知道其所以然？吕祖谦说：

> 学者不畏有病，畏无病。如作文，作出方见工拙；如做官，做出视是非。有工拙，有是非，固然不及浑然无失之人。比之袖手不作，不向前者做则胜矣。盖出来做后便见得病，方有下手可整理处。若不出做，则虽有病，无下手处，岂不费力。故病浮见于外者，病根犹浅，病伏于内而不外见者，病根最深。②

事情做出来才知道是与非，文章也只有写出来才知道工与拙。有非、有拙，固然比不上无非无拙；但总要比袖手旁观，什么事都不做要强得多。因为只有亲自动手，才知道毛病之原因，纠正起来才有下手之处。这好比医生治病，"须是寻他病根磨治，始得。"事情往往是这样，毛病暴露在外面，病根不难找到，可以对症下药，病就不难治

---

① 《文集·杂说》。
② 《文集·孟子说》。

疗。如果毛病之由不明，治疗起来就很困难。治病如此，读书学习也是如此。吕祖谦关于"学者不畏有病，畏无病"，闪烁着知识来自实践之异彩，从而深化了他"讲实理，育实才而求实用"教育思想。

第六节 "合群策，集事功"

中国封建社会是君主专制社会。在这种政治结构中，皇帝一言九鼎。天下人对于君命无论是对是错，唯有服从。君主开明，社会则相对稳定；君主昏庸，天下则苦不堪言。由此，一般理学家都坚持认为，社会的兴衰、政治的治乱、历史的发展演变，完全决定于君主之"心术"。朱熹曾说："天下之事，千变万化，其端无穷，而无不本于人主之心者。"①吕祖谦有时亦认为人主之"心术"在历史发展过程中有着重大影响，但他又坚持认为不应将人主"心术"看成是社会历史发展的决定因素。他在《与周子充》的信中这样说："秦汉以后，只患上太尊，下太卑。"尽管吕祖谦是封建等级制度的坚决拥护者，但他这种说法又毕竟是对君主专制制度的一种委婉批评。吕祖谦的时代，正是君主专制日益强化的时代，他敢于如斯说，确实需要过人之胆魄。

吕祖谦坚决否定"天下之事"，"无不本于人主之心者"之理论。他指出这种理论只能加重"上太尊，下太卑"之患，极不利于国计民生。为此，吕祖谦对君主"独运万机之说"进行了详尽驳斥，断言"独运万机"说至少有四大弊端：

第一，一人独断天下大事，总不免有所遗漏，因而会贻误治效。他说：

> 琐微繁细，悉经省览，酬酢臣划，日不暇给，而天下大计或

---

① 《朱文公文集·戊申封事》。

有所遗，治效不进，岂不甚可惜乎？①

无论是谁，其精力总是有限的。事无巨细，一人独揽，要想全无遗漏，是不可能的，尤其是在小事情上耗费过多之精力，就会忽略大政方针，势必影响治国之效果。

第二，大臣有职无权，有名无实。一旦天下有事，大臣们就无法为君主招集人马。"监司、守令，职任率为其上所侵而不能令其下。……一旦有事，谁与招麾而伸缩之耶？"②由于君主包揽大权，侵犯了大臣们之职权，大臣再去侵占其下一级部属之权职，以此类推，"监司、守令"之权职均为其上司所侵，而不能有效地"令其下"，失去了应有之权威，这样到了关键时刻，指挥系统就会混乱不堪。

第三，君主无人拥戴，有被架空的危险。"一命而上，大小相承，积而至于人主，然后尊重无以复加，苟万机独运，大臣而下皆为人所易，则人主岂能独尊重哉？"③君命一出，大小官员都遵旨办理，从表面上看君主之权威无以复加，但大臣之职位却变成了无论什么人都可以滥竽充数之虚位，这样一来，君主身边就没有得力的肱股辅弼，君主就不可能真正尊贵得起来。

第四，容易造成奸小佞幸之专权。君主事事躬亲，势必手忙脚乱，许多事情无法处理，这样就使身边的亲近佞幸有了越俎代庖之机。如果这时再有"妄意在旁者"，"工于揣摩"，投君之所好，骗得君主信任，至此，麻烦也就接踵而至。

吕祖谦指出凡是头脑清醒的君主都不应该迷信"独运万机"之说。他指出：

勿以聪明独高而谓智足遍察，勿详于小而遗远大之计，勿忽

---

①②③《文集·淳熙四年轮对札子二首》。

于近而忘雍蔽之荫。①

他曾当面规劝孝宗皇帝不要包揽一切。否则"天下徒闻陛下独运万机，事由中出，听其声，不究其实……声势浸长，趋附浸多，过咎浸积。"② 长此以往，对于国家的长治久安极为不利。

为了进一步驳斥心术决定论，吕祖谦还从社会伦理制度产生这一角度论证了这个问题。他认为"人纪"即社会伦理制度，并非是哪一位圣主明君独自建立的，而是"藉众人之力而共建。"他说：

> 大抵人纪乃天下之物，非汤得而私有之。既不得私有则亦多与天下共之。固非汤一手一足之力，亦当籍众人之力而共建明之。故汤因自然之理顺而不佞，乃汤之肇修人纪也。③

其言下之意是"天下之事"，"无不本于人主之心"之说根本不可信。试想以"人纪"这样重要的事情，都不是由"汤一手一足之力"而完成的，又遑论其他。

吕祖谦正确地认为决定国家大事和社会进步的决不是帝王之心术。必须"合群策，定成算，次第行之"，"广揽豪杰，共集事功"方能奏效。他说：

> 如勾践、种（文种）、蠡（范蠡），如高祖，良（张良）、平（陈平），相与共图大计，反复筹划，至于今可考，曷尝敢易为之哉？……夫一郡一邑之事，尚疑者半，难者半，参合审定，然后至于无悔，况天下大计果无可疑而无可难耶？……故先尽其所

---

① ② 《文集·淳熙四年轮对札子二首》。
③ 《书说·伊尹第四》。

疑，极其所难，再三商榷，胸中了然无惑，然后敢以身任之，虽死不悛。①

勾践、文种、范蠡以及刘邦、张良、陈平等古之君臣，凡要作出重大决策总要事先互相质疑，非常慎重，不敢轻易做出决定，而不是由勾践、刘邦"独运万机"。由于他们事先反复"参合审定"，故而他们所定下来的大政国策就没有什么大的差错，这是值得后世君主效法的。吕祖谦认为处理郡县中的小事尚且要再三斟酌才付诸实施，更何况是涉及天下大计之事呢？唯有事先"尽其所疑，极其所难"方能稳操胜券。

与"合群策、定成算、次第行之"的观点相一致，吕祖谦坚决反对君主"自任一己聪明"的"师心自用"。他说：

> 舜，格于文祖，询于四岳、明四目、达四聪，方说出治天下规模。如食哉惟时，蛮夷率服之类，此是圣人之治天下手段。必先资诸人而后展出规模。后世兴王之君即位之初必自用。如高祖一入关便约法三章，晋悼公一即位亦便自用。②

吕祖谦认为古代圣王治理天下，要订立治国安邦的大政方针（"规模"）总是要先广泛地征求别人之意见，做到"明四目、达四聪"，如舜就是这样做的。而后世君主一即位就"师心自用"，一点儿也不听取他人之意见，随随便便地颁布法令，这就很难避免失误。吕祖谦激烈地抨击了后世封建君主"自任一己聪明以临天下"的行为。他说：

后世之君，自任一己聪明以临下，适足为不知，盖用众人聪明以临下，此乃大君之所宜。①

在吕祖谦看来，尧舜这些古代圣王之所以超越"后世之君"关键就在于他们在处理问题时，注意吸取"众人聪明"，"是以天下之耳目为耳目，是上下远近俱无壅蔽不通下情者，此舜即位第一件事。"②

吕祖谦这些论述不是无意义的，它不仅在客观上否定了权力过分集中的君主专制制度，而且还涉及对历史发展决定因素的有益探索。吕祖谦敏锐地察觉到这么一个问题即国家的兴亡与"下情通塞"有着密切关系。他指出：

汉武帝穷侈、淫刑、黩武、比秦、隋无几。然秦、隋亡而汉不亡，要须深思。二世、炀帝只以下情不通，故亡。汉武下情却通，只轮台诏可见。外面利害，武帝具知之，国之存亡，只看下情通塞。③

这就是说，君主必须及时了解世务民情，才能维护自己的统治，如与外界隔绝，"下情不通"，就会导致国家的衰与亡。

因此，吕祖谦力主广开言路，以利于下情宣达。他说：

实以言路通塞，乃人主切身之利害也。侈心邪念，阙政舛令，出于我而恬不自觉者，夫岂一端？而乱萌祸机，群情众议，隐匿壅遏而不得上闻者，亦何可胜数哉！待言者之饬正宣达，不

---

① 《易说·临》。
②③ 《文集·杂说》。

> 啻疹之待砭，譬以待杖也。①

君主出于"侈心邪念"颁发了错误之政令，而本人又未能及时认识由此造成的"乱荫祸机"，民众激愤之情和怨怒之言，被"隐匿壅遏"不能上达君主的，也实在是太多了。要使君主及时认识"阙政舛令"之危害，准确掌握民情，唯虚心听取臣子的"饬正宣达"，这关系到君主本身的切身利害。吕祖谦的这一观点，否定了君主总是圣明的传统见解，如果没有对封建政治生活的认真反思和深刻认识，决不可能提炼着如此带有启迪意义的见解。

一般理学家所坚持和宣扬的是历史退化论，如朱熹就是这样认为的：三代一片光明，是天理流行之时代，而三代以降，则是一代不如一代。吕祖谦不同意上述见解。在他看来，历史的发展"有因有革"，即对历史既不能采取虚无主义的态度，一概否定，推倒重来，更不能借谨守祖宗之法而因循守旧，坐视其弊，必须大胆革除已经过时的陈规陋习。他指出：

> 祖宗之意，只欲天下安。我措置得天下安，便是承祖宗之意，不必事事要学也。②

吕祖谦以为，祖宗之所以订立法令、规矩，目的是要求天下太平。当这些祖宗的旧章程妨碍了天下太平，后人则应该加以革除，这是最好的师承祖宗之意，而不必每件事都要照老祖宗的办法去做。

吕祖谦主张"不必事事要学"祖宗，是基于这样的认识：即历史在前进，"先世制度"只适应于"先世"，而不适应于"后世"，因

---

① 《文集·馆职箚》。
② 《易说·蛊》。

此"施行先世制度于今日"是注定不能成功的。例如，战国时期不少人宣扬的"帝王之道"就是因为早已不符合当时的社会实际，变成了"迂阔难行"的空误："战国之时指以为帝王之道者类皆迂阔难行者也，知王道之近思者惟孟子一人而已。"① 意谓孟子学说之所以有生命力，就在于他修定了古之"帝王之道"，而比较贴切社会的实际状况。

吕祖谦还认为，人始终是推动社会前进的主体力量。"大抵有人事有天理，人事尽然后可以付之天。人事未尽，但一付天，不可。"② 在这里，尽管尚笼罩着一丝天命论的阴影，但他所强调的是尽"人事"即发挥人的主观能动性，而不是将一切推诿于天。与此相一致，吕祖谦高度重视人在历史变革中的作用。他指出：

> 和气致祥，乖气致异，二气之相应。犹桴鼓也。物之祥，不如人之祥。故国家以圣贤之出以为祥，而景星矞云神爵甘露之祥次之。物之异不如人之异，故国家以邪佞之出以为异，而彗孛飞流龟孽牛祸之异次之。③

这是说物产的阜哉、天气之吉兆，都不如德才兼备的圣贤对于社会进步、历史发展、国家安定作用大。只要社会上多些杰出之人才，历史的发展就会更快一些。

---

① 《大事记·解题》卷三。
② 《文集·孟子说》。
③ 《东莱博议·盗杀仅寿》。

论浙东学派的事功之学

本文论述浙东学派的事功之学，是指南宋时代浙东地区出现了一批著名的学者，他们各自创立学派，有以陈亮为首的永康学派，以叶适为代表的永嘉学派，有吕祖谦创立的金华学派，此外还有以所谓"甬上四先生"即杨简、袁燮、舒璘、沈焕为代表的四明（今宁波一带）学派等。其中当以叶适和陈亮为"事功之学"最为突出的代表。本文从四个方面进行论析。首先对事功学的理论"道不离器"的朴素唯物论作了分析，浙东学派主张为学务实，关心世事，反对空谈义理，认为人们认识和掌握事物规律"道"是离不开客观事物"器"的考察。其二，事功之学的政治、教育观——"实政与实德双修"，提倡"学与道合，人与德合"，认为杰出人物的"实德"是在"实政"的活动中培养出来的。强调"讲实理，育实才而求实用"的方针。其三，事功学派的伦理思想的特点——"义利双行"，即"道义"与"功利"相结合，其所谓"利"亦非仅指个人之私利，而主要是指"明大义，求公心"有"救时"，"除乱"之功者，国家民族的社会公利。其四，浙东学派皆重视历史的研究，其目的是"通世变"，"据往知今"，学习历史可以借鉴"可以观，可以法，可以戒"。以借古治今为中心思想。本文发表于 1994 年第 5 期《复旦学报》。

　　宋廷被迫南迁临安（今浙江杭州）之后，浙江便成为全国政治中心，尤其沿海的浙东地区，具有优越的经济生活条件，使文化教育事业有较好的发展，"宋之南也，浙东儒者极盛"（《宋元学案》卷四九），出现了一批著名的学者，他们各自创立学派，有以陈亮为首的永康学派，以叶适为代表的永嘉学派，有吕祖谦创立的金华学派，此外还有以所谓"甬上四先生"即杨简、袁燮、舒璘、沈焕为代表的四明（今宁波一带）学派等。这些浙东学派有共同的愿望，在哲学思想上又各有自己的特色。他们强烈要求恢复祖国领土的完整，"复故疆之半"，结束南北对峙的局面，以求统一；他们都主张从实际出发，整顿社会的各种弊端，讲求实事实功，反对虚妄不实的空谈，并注重从历史的研究中吸取有用于今的经验，这也正是南宋浙东学派事功之学的基本思想。而永嘉的叶适和永康的陈亮当为"事功之学"最突出的代表。明清之际的思想家黄宗羲曾经指出，"永嘉之学教人就事上理会，步步着实，言之必使可行。足以开物成务。"①

一、"道不离器"——事功之学的理论根据

任何学派的成立，总有它哲学理论的依据，并以此为立论的基础。讲求实事实功的南宋事功之学，其理论基础就是"道不离器"的朴素唯物论。

道与器是古老的中国哲学范畴。道是指事物的规律、法则，器是指规律、法则（道）所赖以存在的客观事物。南宋事功之学坚持"道不离器"的思想。他们主张为学务实，关心世事，"不敢不以天下为己任"②，反对空谈义理。永嘉学派的代表人物之一薛季宣就强调"道在器中"，"道不离器"的观点，他说："上形下形（'形而上谓之道，形而下谓之器'），曰道曰器，道无形埒，舍器将安适哉？且道非器可名，然不远物，则常存乎形器之内，昧者离器于道，以为非道，遗之，非但不能知器，亦不能知道矣"③。作为永嘉事功之学的集大成者叶适，继承和发展了薛季宣的"道不离器"的思想，提出"物之所在，道则在焉，物有止，道无止也，非知道者不能知该物，非知物者

① 《宋元学案·艮斋学案》。
② 《止斋集》卷二八。
③ 《浪语集》卷二三。

不能至道，道虽广大，理备事足，而终归于物，不使散流。"① 他认为"道"或"理"不能离开物而存在，"道"是从具体事物中总结出来的规律或原则，故掌握了"道"也就更深入地认识了事物的本质。认为作为理论的"道"在认识事物"该物"过程中也能使理论深化为"至道"，这两者有着辩证关系。

叶适也反对在客观事物之上有一个抽象的"太极"存在，"夫极非有物，而所以建是极者，则有物也"② 认为"极"是事物本身的特性，正如车一样，要有它一定的规格和标准，所需配件，缺一不可。"车之以为有车也，轮、盖、舆、轸、辐、毂、轩、辕，然后以载以驾"③。他认为脱离具体事物的"极"是不存在的，这也是对道学家所谓"先有理，然后才有是物"的否定。

叶适还认为人们对于事物的认识必须通过实际的考察，他说"夫能折衷天下之义理，必尽考详天下之事物而后不谬"④，指出人们正确的认识来源于对"天下之事物"的详尽考察，同样人们的思想、言论必须符合客观实际，要"有的放矢"。他说"无验于事者，其言不合，无考于器者，其道不化，论高而实违，是又不可也。"⑤ 此外，叶适认为人们不论是读书、著述、行为、思想都要同关心现实社会（"忧世"）和发展教育事业（"教事"）结合在一起，否则都落空无益。他说"读书不知接统绪，虽多无益也，为文不能关政事，虽工无益也。笃行而不合于大义，虽高无益也，立志而不存于忧世，虽仁无益也"⑥。

与叶适同是事功之学的巨子的陈亮，积极主战，反对和议。在哲学上也和永嘉学派一样坚持"道不离器"的观点，提出"夫盈宇宙者

---

① 《习学记言》卷四七。
②③ 《水心别集》卷七《进卷·皇极》。
④ 《水心文集·题姚令威西溪集》。
⑤ 《水心别集》卷五《进卷·总义》。
⑥ 《水心文集·赠薛子长》。

无非物"①,"夫道非出于形气之表,而常行于事物之间者也"②认为充满宇宙之间的都是物,"道"即是客观事物的规律,普遍地存在于具体事物之中,离开具体事物而独立存在的"道"是没有的,因此人们要获得知识和认识各种道理,也就必须在"事物之间"去认识。所以在陈亮看来,人们的知识才能是从后天的学习和锻炼中获得和培养起来的。"天下固无道外之事也,不恃吾天资之高,而勉强于其所当行而已"③。所谓"无道外之事",也就是认为"道在事中",人的知识的获得和才能的提高则是取决于人们在实际的生活中"行其所当然"的事而已。这也是事功之学"道不离器"观点在认识论中的体现。

陈亮的好友吕祖谦为金华学派的创始人,他在哲学上虽带有某些心学的色彩,但是他深受陈亮、叶适等人事功之学的影响。他的经世致用的思想,表现在他正视现实,大胆揭露时弊、积极主张政治改革。他在哲学本体论上往往谈论"心外无道",然而在认识论上却不自觉地接受"道不离器"的观点。在"名"与"实"的关系上,他认为"名"必须真实反映客观之"实",说"名不可以幸取也,天下之事,因有外似而中实不然者,幸其似而窃其名,非不可以欺一时,然他日人即似而求其真,则情见实吐无不立败"④。

在知行问题上,吕祖谦提出"知犹识路,行犹进步"(《东莱文集》卷五),认为"致知"和"力行"相统一,"致知、力行本交相发工夫,切不可偏"⑤。他认为亲身所获得的知识更可靠,"且知无事时戒酒皆非实见,因一次酒失,方知酒真不可饮。又如无事时岂不知江行之险?经一次风涛几覆舟后,必须相风色。"⑥认识和掌握事物规律

---

① 《龙川文集·经书发题》。
②③ 同上《勉强行道大有功》。
④⑤ 《东莱博议》卷四。
⑥ 《东莱文集·孟子说》。

"道"，是离不开对客观事物"器"的考察活动，吕祖谦的认识论正是贯彻"道不离器"的原则的结果。

二、"实政与实德双修"——事功之学的政治、教育观

"实政与实德双修"的观点，首先是由叶适提出来的。他认为在南宋社会，汉民族面临危难之际，如何救亡图存乃当务之急，他把"备成而后动，守定而后战"①，确定为抗金的基本方针，反对盲目用兵，不打无准备的仗，而具体措施则是"先定其论，论定而后修实政，行实德，变弱为强，诚无难也"②。叶适还批评了一些脱离实际，空谈性命之道的迂儒，"高谈远述性命，而以功业为可略，精论者妄推天意，而以夷夏为无辨"③。至于叶适所谓"实政"主要是指有利国计民生的大事。"使民有蒙自活之利，疲欲有宽息之实"④，使百姓享有自己生存的条件，能得到宽免赋税、休养生息的实惠，同时要严惩贪官暴吏，整顿吏治，"摧折暴横，以扶善类，奋发刚断以慰公言"，⑤"修治法度，振起百事，使天下富强，将士用命"⑥。针对宋代的冗官制这个很大的弊害，叶适主张精简冗官，起用有才能的"新进士"，使之勤于职守，改变"偷惰"之风，除去官场"保引私名之弊"等。

关于"行实德"，叶适认为，公义道德当落实到"民利"上，"本仁义而周民利"（《习学纪言》卷十四），他说"仁者，人之所以为实也，不求仁而失其所以为人，求仁而不得其所以仁，不可以止也。"⑦

① 《水心文集》卷一。
② 《水心文集·劄子》。
③ 《水心别集》卷十五《上殿札子》。
④ 《上宁宗皇帝札子》。
⑤ 《水心文集》卷二。
⑥ 《水心别集·治势》。
⑦ 《水心文集·李氏中州记》。

仁之"实"即是"就其民而利之"的行为。所谓"实德"乃是以百姓的利益为核心，因为道德不是抽象的，而是体现于人的行为上。叶适说"道非人不行，不行而天地之理不彰，古今之大患也"①。

选择人才也是叶适"行实德"的内容之一，他提出"今夫求天下豪杰特起之士，所以恢圣业而共治功"，人才是能肩负恢复祖国领土和治理社会责任的人，但人才亦非天生，要经过培养锻炼，"古者将取士而用之，则必先养之"②。学问虽有师传，但主要依靠学者"自善"的修养，"师虽有传，说虽有本，然而学者，必自善，自善则聪明有开也，义理有辨也，德行有新也，推之乎万世所共有不异乎。"③除此之外，主要靠从事于实践活动，"材智贤能，必见于事，必显于友"④。学问必须与道德结合"学与道合，人与德合"⑤，这才符合"士"的标准。

陈亮在关于"实政"、"实德"的论述上与叶适基本一致。他"留神政事，励志恢复，罔敢自暇自逸"⑥。他批评当时那些口言道学而不关心政事，言行不一的人，指出"为士者耻言文章行义，而曰'尽心知性'，居官者耻言政事书判而曰'学道爱人'，相蒙相欺以尽废天下之实，则亦终于百事不理而已"⑦。他主张积极投身于天下大事的实践活动中，认为作为"士"阶层的人，应当注重为社会办实事实功，能清醒地看清国家民族存亡的严峻形势，而那种"不知事功为何物"，也"不知形势为何用"者，则是"风痹不知痛痒之人"。陈亮认为国家所需的乃是"才德双行，智勇仁义交出"⑧的人才，他们有丰富的

---

① 《水心文集》卷十《蔡先生祠堂记》。
②④ 《水心别集·进卷·士学下》。
③ 《水心文集》卷二六。
⑤ 《水心文集》卷十一。
⑥ 《龙川文集》卷二《中兴五论序》。
⑦ 同上《送吴允成运干序》。
⑧ 同上《又甲辰秋书》。

实践经验"其谙历者甚熟而所见者甚远也"①。他又认为要培养出"实用适用"的人才正如金银铜铁经过"百炼"之后,才能成为精美的器具,因而他得出的结论,"自古英豪非履险知艰,往往不能济"。也就是说杰出人物的"实德"是在"实政"的活动中培育出来的。

与陈亮交往密切的吕祖谦,对当时南宋社会形势的评论是"民力殚尽而邦本未定,法度存而穿穴蠹蚀,实百弊俱极"②。故他提倡因时制宜,而不可因循守旧。他指出:"祖宗之意,只欲天下安,我措置得天下安,便是承祖宗之意,不必事事要学也"③,他认为,后人的主要任务就是要根据变化了的社会实际情况,增添造前人所没有的东西。"视前代未备者,固当激励而振起,其远过前代者尤当爱护而扶持。"④他在政治上要求从实际出发改革陈旧过时、弊端俱极的东西。这就是他"实政"的思想。

吕祖谦"实德"思想的内容则是提倡学以致用,培养为"实政"服务的人才。他抨击当时的举制的弊端,主张"讲实理,育实才,而求实用"⑤的教育方针。"讲实理"是指导思想,是以传统儒家的伦理纲常作为根本准则,"大抵为学之道,当先立大根本,忠信乃实德也,有此实德则可以进德修业。"⑥这里说的"实德"便是"实理"。"育实才"是培养目标,也就是必须培养一批能处理实际政务的,即具备驾驭国政、通观全局的实际才干,否则便是"无用之物"。"求实用"则是治学态度和目的,他说"百工治器,必贵于有用,器而不可用,工弗为学也。学而无所用,学将何为邪?"⑦为了与"求实用"的目标相

---

① 《酌古论·羊祜》。
② 《东莱文集》卷一。
③ 同上卷卷十二《易说·蛊》。
④ 同上卷一《淳熙四年轮对札子》。
⑤ 同上《太学策问》。
⑥ 《东莱文集·易说·乾》。
⑦ 《东莱文集·杂说》。

一致，吕祖谦力倡学者必须具备"惇厚笃实"的学风，他说："大抵为学，不可令虚声多、实事少，非畏标榜之祸也，当互相激扬之时，本心已不实，学问已无本矣。"①学者只有不图虚名，潜心于学问，才能功力扎实，学到经世致用的真本领。

吕祖谦在实际教育过程中，还要求学者独立思考，敢于跳出前人的窠臼，"今之为学，自初及长，多随所习熟者为之，皆不出窠臼，唯出窠臼外，然后有功"②。故吕祖谦告诫学者说："毋徒袭先儒之遗言，毋徒作书生之陈语。"③一定要根据每个人的切身体会，讲求"实理之所在"，认为看书学习不是"徒玩文字"，而是开拓视野，增进才干。综上所述，叶适、陈亮、吕祖谦等在"实政与实德双修"的观点上显然一致，这正是事功之学的特色之一。

还值得一提的是浙东的"四明学派"，他们的学术思想除师从陆九渊心学外，还直接受到金华吕祖谦、永嘉叶适，永康陈亮等文献之学和事功之学的影响，例如袁燮，强调政治上务实的重要，并不讳言功利而讲求事功，他认为作为一个"儒者"必须具有"必欲成大有为之事业"的远大志向，积极参与实际的社会活动，"谓学不足以开物成务，则于儒者职务有缺"。④再如舒璘，言事多于论学，颇关心现实的政治生活。在民族危难时刻，为此忧国忧民，"当今时势，深有可忧"，故而强调人们当有"刚大纯全之气"和"兢兢业业"的精神，做到为"国而忘家"和为国"从容而就义"⑤。又如沈焕，他重"仁义道德"但并不排斥事功，他主张从实事的功效上评价人才，批评"朝廷之上，不言功名之大小，则问官爵之崇卑，利禄之厚薄，此何等风

---

① 《东莱文集·杂说》。
② 《东莱文集·易说·随》。
③ 《东莱文集·太学策问》。
④ 《真文忠公文集》卷四七《袁燮行状》。
⑤ 《广平类稿》。

俗哉。"① 他提倡"平实"的治学态度，曾在《箴友》一诗中警诫虚浮不实的学风，"为学未能识肩背，读书万卷空亡羊"。

南宋浙东学派的事功之学，政治上重"实政"的思想打破了传统的重农抑商的看法。陈亮主张"商籍农而立，农赖商而行"，② 认为农业仍是国家的经济基础和根本，而商业只有在农业的基础上才能而"立"，农业依赖商业而"行"，使之互通有无，"求以相补"，这种见解颇有见地。叶适在承认农业生产重要性的前提下，反对政府限制工商业的发展的做法，批评"抑末厚本"的思想。他认为政府应该"以国家之力扶持商贾，流通货币"，发展工商业生产，然后才使"治化兴"③。这反映了当时地处浙东沿海一带自由商人的利益。

三、"义利双行"——道德与事功相结合的伦理观

南宋浙东学派的事功之学，其伦理思想的特点在于功利主义的道德观，但这种功利主义仍不违背传统的孔孟仁义观，而是一种"道义"与"功利"相结合的伦理观念。

永嘉学派的叶适从事功之学的观点出发，首先对汉儒董仲舒为代表的"正谊（义）不谋利，明道不计功"的观点，提出异议。他说："仁人正谊不谋利，明道不计功。此语初看极好，细看全疏阔。古人以利与人而不自居其功，故道义光明，后世儒者行仲舒之论，既无功利，则道义者乃无用之虚语尔。"④ 认为道义离不开功利，没有功利，道义是句空话。伦理道德也是以物质经济生活为基础的，"故古人以利和义，不以义扬利"⑤，义和利当是相互结合，而不是相互对立。永

---

① 《定川遗书·训语》。
② 《龙川文集·四弊》。
③ 《习学记言序目》卷十九。
④ 《习学记言》卷二三《汉书三·列传》。
⑤ 《习学记言序目》卷二七《魏书》。

嘉事功之学所讲的功利主要是指国家民族的社会公利，而并不着重于个人私利，讲"利"必须贯彻"义"的精神，否则就会出现多国乱的现象。因此叶适的义利观正如明代王直所说："然先生（叶适）之心，思行道于当时而见之于功业。不但为文而已也。"①

永嘉事功之学的先行者薛季宣曾说："唯知利者为义之和，而后可与其论生财之道"，否则这些"聚敛之臣，不知义之所在，害加于盗，以争利之民也。民争利而至于乱。则不可救药矣"。②叶适继承、发展了薛季宣的义利观，主张义利统一，认为在这种"以义和（结合）利"的思想指导下，就可以"明大义，求公心，图大事，立定论"，做到务实不务虚，择福不择祸，"课功什效，一事一物，皆归大原"③。

陈亮更直截了当地表述了道德与功利的关系。陈傅良曾这样概括陈亮的思想，"功到成处便是有德，事到济处便是有理，此同甫（陈亮）之说也。"④其"事功"的具体内容是要解决国计民生的大事，即人们衣食住行的物质生活条件如何能得到保障的问题。陈亮认为人的伦理道德（"人道"）是不可须臾离开物质生活条件的。他说"万物皆备于我，而一人之身，百工之所为具，天下岂有身外之事，而性外之物哉？"⑤而人必有"衣焉而衣之"，"食焉而食之"，"室卢以居之"等，"有一不具，则人道为有缺"⑥。陈亮的这种观点为明代李贽所继承和发展，即所谓"穿衣吃饭便是人伦物理。"

陈亮虽肯定物欲是人的自然本性，"人生何为，为其有欲"⑦，但认为物欲当有所限制，如果"不度其力，无财而欲以为悦，不得而欲

---

① 《黎刻水心文集序》。
② 《浪语集》卷九《大学辨》。
③ 《水心文集补遗·历代名臣奏议》。
④ 《宋元学案·龙川学案》。
⑤⑥ 《龙川文集·问答下》。
⑦ 《龙川文集·刘和卿墓志铭》。

以悦，使天下冒冒焉惟美好之是趋，惟争夺之是务，以至于丧身而不悔"①。因此人的物质欲望，如人的情感，都应有道德的准则予以限制，"夫道岂有他物哉？喜怒哀乐恶得其正而已。"②"得其正"即是以社会的道德原则来规范人们的行为。

陈亮寻找历史的依据，来论证"事功"符合"道"（德）的准则。他认为古代圣贤在历史上凡有所作为的总是离不开事功，提出"禹无功，何以成六府"。陈亮"以为古今异宜，圣贤之事不可尽以为法，但有救时之志，除乱之功，因其所为虽不尽合义理，亦不自始为一世英雄"③。凡历史上立功建业的汉高祖、唐太宗就不逊色于"三代"圣王；反之，有如秦桧"专权二十余年"，其"倡邪说"（投降言论）成为"违天下之心"的"国家亡贼"。总之，凡有"救时"、"除乱"之功者，其本身就体现了"道"德。四明学派的袁燮也主张"功利"应"合于义理"，指出"义所当为，勇于必为也"④，凡为国家社稷之安危而"卓然奋发"、"功盖一世"的英雄人物都"足以起人之敬慕"。⑤

四、"通世变"、"据往知今"——借古治今的历史观

南宋浙江学派的学者非常重视史学的研究，而其研究的目的则是为了"治今"。叶适曾说过"永嘉之学，必弥纶以通世变者，薛（季宣）经其始而陈（傅良）纬其终也"⑥。陈傅良曾对薛季宣这样评论说："公自六经之外，历代史、天官、地理、兵、刑、农，末至于隐书小说，靡不搜研采获，不以百代故废，尤邃于古封建、井田、分遂、司马之制，务通于今"⑦。说明薛季宣注意从经史百家之分中探索

---

① 《龙川文集·问答下》。
② 同上《勉强行道大有功》。
③ 《晦庵先生文集》卷三六《答陈同甫书》所引。
④ 《絜斋集》卷三。
⑤ 《絜斋集·武学登科题名记》。
⑥ 《水心文集》卷一《温州新修学记》。
⑦ 《止斋集·薛公行状》。

出："务通于今"的经验教训。

叶适承继和发展了薛季宣的"通世变"、"务通于今"的史学思想，认为社会历史是发展演进的过程，因此主张考察历史必须有发展变化的观点，肯定"古今异时，言古者常不通于今"。在不同时代"法度立于其间，所以维持上下之势也。唐、虞、三代，必能不害其为封建而后王道行，秦、汉、魏、晋、隋、唐，必能不害其为郡县而后霸政举"①。叶适认为研究历史是为了"当世"有所借鉴的目的，即所谓"据往鉴今"。他以为"不能知古则不能知今"②。他还提倡编写有借鉴意义的历史书，其内容应求务实可信，力求避免虚妄失实之处，指出"以空文为实事，其害浅，易正也，质之以实则信矣，以实事为空文，则其害深而难正，以为虽实犹弗信也"③。他强调历史的真实性及其现实意义，主张一切议论当有史实的依据，为此他曾批评孟子"若孟子之论理义至矣，以其无史而空言，或有史不及见而遽言，故其论虽至，而亦人之所未安也。"④他对孟子的这种评价，是否妥当，可另作别论，但他反对理论脱离史实的空言，却是很明智的。

吕祖谦认为历史的发展有着自身的规律，因此研究历史应从具体的实际出发，他说观史"当如身在其中，见事之利害、时之祸患，必掩卷自思，使我遇此等事，当如何处之，如此观史，学问亦可以进，知识亦可以高，方为有益。"⑤所谓观史"当如身在其中"，也就是从历史的客观实际即从当时当地的具体历史环境来分析和考察问题，总结历史经验，锻炼自己处世应事的能力，这样学习历史才有益于经世致用。

① 《水心别集》卷二《进卷·民事下》。
② 同上《财总论》。
③ 《习学记言》卷九。
④ 《习学记言》卷十四。
⑤ 《东莱文集·史说》。

吕祖谦认为研究历史是一门科学，因此应该根据历史的发展次序有系统地阅读史书，这样可以进行前后比较，对于历史发展过程"洞然明白"。他还认为历史总是向前发展的，"向前则有功"。后人主要的任务是根据社会发展情况，不断增添创造前人所没有的东西，因此得出结论说历史"有因有革"，即有继承和改革，社会历史不会永远停留在原有的水平上，"天下事若不向前，安能成其大"①。故"先世制度"只能适应"先世"，而不能适应"后世"，指出"施行先世制度于今日"②是注定不能成功的。但是历史是现实的一面镜子。"大抵看史见治则以为治，见乱则以为乱……见事之利害，时之祸患，必掩卷而思，使我遇此等事，当如何处之"③。从中吸取历史的教训。吕祖谦曾形象地将历史比作为一座"药山"，其中蕴藏不少救世妙药，几乎可以"随取随得"④。

陈亮也同样认为研究历史是为了出于"中兴"、"复仇"大业的需要。他十分重视总结和借鉴历史的经验。陈亮在《酌古论序》中曾自述其撰写《酌古论》的用意欲在古史的探讨中"使得失较然，可以观，可以法，可以戒，大则兴王，小则临敌，皆可以酌乎此也，命之曰《酌古论》"。这里，陈亮把他研究历史的目的性，说得非常清楚。总之，南宋浙东学派事功之学的历史观，就是以"通世变"，"据古鉴今"，借古治今为中心思想的。

以上各浙东学派在理学思想盛行的情况下，高举"实事实功"的旗帜，勇于正视社会现实，反对清谈误国，要求改革弊政，以达恢复中兴的目的，在当时起了积极作用，也丰富了宋明的哲学思想。其思想对我们今天仍有借鉴意义。其一，南宋浙东学派的学者，都具有强烈的民族自尊心，关心国家民族的前途命运，主张实事实功，力主国

---

① ② 《东莱文集·易说·蛊》。
③ ④ 《东莱文集·史说》。

家的统一。针对南宋社会的弊端，尤其是冗官制所滋生的庞大的官僚机构对民众造成的莫大祸害，他们提出了不少"实政"的建议和措施。其二，南宋的事功之学决不是道学家们所指责的那样"在利欲胶漆盘中"。因为他们所提倡的事功主要是指国计民生的大事，是公利，公利本身便体现道德，他们把道德的标准放在人们对社会事业的实际贡献中去考察。其三，"浙东之学言性命必究于史"，他们从"学以致用"观点出发，尤为注重从历史与现实的考察中寻求有利于今的方法。

论 "东南三贤" 理学思想之异同

本文亦可算是比较哲学研究性质的文章。南宋时期理学家朱熹、张栻、吕祖谦的学术活动均在当时中国东南沿海地区，故世称 "东南三贤"。朱、张、吕三人都是一代大儒，其学术思想之异同，正反映了当时重要的社会思潮的特点。通过这种思想异同的比较研究，对我们再深一层了解南宋理学的内容和实质是有帮助的。本文发表于 1991 年第 5 期《甘肃社会科学》，日本汉学家高烟常信教授将此译成日文，刊载于《东京学艺大学·人文科学第 47 集》。本文论述 "三贤" 师承渊源关系，他们对二程思想的承继各有偏重，然又作了各自的发挥。他们间虽有某些学术观点上的分歧，但他们之间过从甚密，或书信往来切磋学问，或合作研究共同著述，如朱、吕合著的《近思录》。本文从天理观和理欲观上指出 "三贤" 间思想之异同。朱熹始终坚持天理（理）之一元论，张栻主张 "理" 为世界本原之同时而更强调 "心也者，万事之宗也" "心统万理"。吕祖谦则企图调和朱、陆的理学派和心学派观点，使之 "会归于一"。"三贤" 在理欲观上基本一致，而吕祖谦以理节欲的思想更明显。"三贤" 在治学观上的异同，主要表现在史学观上。吕祖谦和张栻认为学习历史有助于经世致用，朱熹则提倡用 "天理" 标准陶铸历史、统率历史 "会归一理之纯粹"。

我们从 "东南三贤" 思想异同比较中，使我们认识到比较研究方法是研究中国哲学史的好形式之一。既可弄清某一时代社会思想的共性，又可明了具体哲学家的个性，有助于哲学史研究的深入。

朱熹、张栻、吕祖谦是齐名于南宋时期的理学家。因三人的学术活动均在当时中国东南沿海地区，故世称 "东南三贤"。其中，朱熹（1130—1200 年）为宋代理学的集大成者。他的思想在中国封建社会后期一直居于正统地位。张栻（1133—1180 年）、吕祖谦（1137—1181 年）的学术成就和影响虽比不上朱熹，然而各有特色。吕祖谦有深厚的家学渊源，注重历史和文献的研究，同时注意吸取当世不同学派的思想资料，创立了以史学见长、杂博著称的"吕学"。张栻是抗金名将张浚之子，也是一个关心民瘼的思想家。他承继二程的理学思想，特别受程颢的影响更大，有较明显的心学色彩。他在学说上重"明人伦"、"明义利之辨"。朱、张、吕三人都是一代大儒，其学术思想之异同，正反映了当时重要的社会思潮的特点。

一、师承渊源与密切交往

朱熹、张栻、吕祖谦三人的师承渊源，可谓同出于一条根脉。朱、吕二人曾先后师承胡宪。胡宪是南宋著名学者胡安国的从子。他少从学安国，后又师事二程传人谯定。朱熹十四岁即师事胡宪，而吕祖谦青年时亦问学于胡宪。就这一点而言，朱、吕还有同师门手足之谊。张栻二十七岁时遵父命师事胡宏。胡宏是胡安国的少子，与胡宪是堂族兄弟。胡宏始从学其父，后师事二程弟子杨时，有较深的理学造诣，也称五峰先生。张栻初曾长期以书信方式求教于胡宏，后又正式拜其为师。张栻受胡宏的思想熏陶至深。张栻自己说："自尔（指胡宏死后）……绅绎旧闻，反之吾身，寝识义理之所存……如是有五载。"[①] 由此可见朱熹、吕祖谦与张栻均为二程后学，他们的师承渊源有着密切关系。三人思想上的异同，与二程有关。程颢、程颐在哲学总体上说是相似的，不少观点互为补充，然而也存在着一定差异。如程颢常以"心"、"理"并称，显示出心学倾向，而程颐则很少有这种说法。二程间这种小异往往为他们间的大同所掩盖，所以不被人注意。但到了朱、张、吕这里，情况则有所变化。由于他们对二程思想

---

① 《朱文公文集》卷九十《屏山先生刘公墓表》。

的承继各有偏重，且又作了各自的发挥，于是三人之异就显示出来。

朱熹气质与程颐颇相近，其对二程理学的继承和发展为张、吕二氏所不及。后世程朱并称，程朱理学成为正宗理学。关于张栻，黄宗羲曾客观地指出："南轩（张栻）之学得之五峰（胡宏），论其所造大要比五峰更纯粹。"①就张栻整个理论体系看，张栻比胡宏更加宗崇二程之学，他的风格与大程更为相近，所谓"南轩似明道"（全祖望语）。张栻着重承继和发挥了大程心学之余绪，建立了初具规模的心学思想。

至于吕祖谦，情况则显得更复杂些。据《吕东莱先生本传》说："先生之学以涵养性情为主，大概有志于程伯子（颢）之为人。然明道本源了彻，精言粗语，皆归第一义谛，先生尚隔一间，惜乎无年，需以岁月，岂不足以入室乎"？吕祖谦的性格与程颢颇相似，为人随和。同张栻一样，他受程颢心学观点影响颇深。由于谢世过早，吕祖谦尚未来得及对心学进行系统的发挥，也没有像程颢那样把"心"与"理"熔铸一炉，因此说他尚未"入室"也不无道理。另外，吕祖谦的理学思想也比不上张栻纯粹。因为他素来学无常师，并还接受了点永嘉学派功利观点。正如朱熹所说："合陈君举（陈傅良）、陈同甫（陈亮）二人之学问一之。"②吕祖谦主观上想对心学、理学甚至功利之学委曲调护，"未尝倚一偏而主一说"，而客观上导致了其理论体系上的矛盾。

应该指出，朱熹、张栻、吕祖谦尽管学术观点上不太一致，然而他们从来没有因为学术观点上某些分歧而产生隔膜。相反，他们过从甚密。三人经常或相聚长论，或书信往来，交换心得，切磋学问，彼此结下了深厚的友谊。在中国哲学史上留为佳话。

① 《宋元学案·南轩学案》。
② 《宋元学案·东莱学案附录》。

"东南三贤"学术研究合作也是较为突出的。如淳熙二年（1175年）吕祖谦与朱熹相会于福建崇安朱熹的住所——"寒泉精舍"，他们一起阅读和研究北宋四人（周敦颐、程颢、程颐、张载）的理学著作。二人一致认为四子之书"广大宏博、若无津涯"，对于初学者来说，很难一下子掌握其中精义。为方便初学者起见，二人决定就四子之书"掇取其关于大体而切于日用者"编为《近思录》。全书凡六百二十二条，分十四卷，作为初学者学习理学的入门教材。书成之后，朱熹曾抄录其中有关章节寄给张栻，征求意见。对此，张栻大为欣赏，并告诉朱熹如能增添一段四子论举业之文字则更好。《近思录》由朱熹署名传世，实际上应看作是朱、吕二人共同著作，同时也代表了张栻在这一问题上的看法。

朱熹、吕祖谦的这种合作还可以追溯到更早一些时候。乾道年间（1165—1173 年），朱熹"欲作《伊洛渊源录》一书，尽载周、程以来诸君子行实文字"①，写信征求吕祖谦意见，并委托其帮助留意"搜访"资料。吕祖谦赞同朱熹这一计划，详尽地谈了自己对编《伊洛渊源录》的设想，并答应书成之后，为之作序。对吕祖谦的这种积极合作的态度，朱熹大为高兴，认为"甚善"。淳熙六年（1179 年）十月，朱熹在庐山唐代李勃隐居的地方复建"白鹿洞书院"，朱熹时知南康军，他亲自作白鹿洞赋，白鹿洞牒，并邀请吕祖谦作《白鹿洞书院记》，叙述白鹿洞书院创建变迁历史始末。朱、吕二人在频繁的交往中，彼此推崇。吕祖谦对朱熹学术成就的评价"殊不可量"，朱熹则称赞吕祖谦治学精密"为古今未有"（纪昀《四库全书（大事记）提要》引）。诚然，双方这种推崇不无溢美之意，但在一定程度上反映二人彼此在学术上的尊重和他们之间真挚的友谊。

吕祖谦出任严州（现属浙江省）学官时，适逢张栻为严州太守。

---

① 《朱文公文集》卷三十三。

两人住所相近，旨趣相同："张丈邻墙，日夕相过讲论"①，因而两人接触很自然地频繁起来。双方推诚相见。吕祖谦对张栻的看法是："举措评审，问学平正，而又虚心从善，善类中其难得也。"②张栻对吕祖谦的学识也极为赞赏，引为知己。在许多重大问题上，两人取得了一致的见解。著名的《为张严州作乞免丁钱奏状》，就是吕祖谦应张栻的请求，以严州太守的名义奏请朝廷免除严州丁钱而作。这篇奏状收进《东莱文集》，事实上也表达了张栻与吕祖谦二人的某些共同的政治主张。

朱熹和张栻的关系，似乎要比吕祖谦更深一些，相互之间的交往更为密切。朱熹在祭张栻文中说："或面讲而未穷，又书传而不置。盖有之所是，而兄以为非，亦有兄之所然，而我之所议；又有始所共御，而终悟其偏，亦有早所共挤而晚得其味，盖缴纷往反几十余年。"从这里可以看出朱、张二人学术虽时有分歧，但都是通过切磋探讨而得到完满解决的。

朱熹与张栻交往凡十四年，他们书信络绎不绝，往来频繁。两人讨论的题材，范围极其广泛，上至性命义理，下至洒扫应对，无不涉及。两人通力合作，终于建立了伊洛之学的道统。

在北宋，周敦颐的理学地位并不为人注意，但经过朱熹、张栻的宣传，周敦颐作为理学开山祖师的地位终于得到社会承认。《宋史道学传》谓："张栻之学，亦出程氏，既见朱熹，相与博约，又大进焉"。点明张栻得益朱熹颇多。不过，朱熹能最终成为理学集大成者，亦得益张栻非浅。关于这一点，朱熹自己说得明白："己之学乃铢积寸累而成。如敬夫（张栻）见于大本卓然先有见者也"。朱熹这样说，也并非全是自谦之语。朱熹得终天年，有条件"铢积寸累"，张栻虽

① 《东莱文集·与朱元晦》。
② 《东莱文集·答潘叔度》。

192

"闻道甚早","大本卓然有见",终因去世过早,来不及使思想体系臻于完备,故学术成就不及朱熹巨大。

综上所述,我们认为"东南三贤"之间的友谊是纯真的,尽管各自学术有所偏重,亦有所分歧,但毕竟基本倾向是一致的。他们在相互切磋过程中,都各自受到对方的启迪,增进了知识,使理学臻于精密,博大。对理学的发展,"东南三贤"各有自己的贡献。

二、天理观和理欲观之异同

众所周知,理学家之所以得名,是以天理为哲学最高范畴的。正如程颢所说:"吾学虽有所授受,天理二字却是自家体贴出来。"① 作为二程的后学,朱熹、张栻、吕祖谦都赞成以天理作为世界本体。

朱熹说:

"未有天地之先,毕竟也只是理,有此理便有此天地,若无此理,便亦无天地,无人无物。"②

"且如万一山河大地都陷了,毕竟理却在这里。"③

"天地之间有理有气。理也者,形而上之道也;生物之本也。气也者,形而下之器也,生物之具。"④

张栻说:

"有是理则有是事,有是物。"⑤

---

① 《上蔡语录》卷上。
②③ 《朱子语类》卷一。
④ 《朱文公文集·答黄道夫书》。
⑤ 《孟子说》卷四。

"事事物物皆有所以然，其所以然者，天之理。"①

吕祖谦说：

"理之在天下，犹元气之在万物也。一气之春，播之品物、根之枝叶，……名虽千万而理未尝不一也。"②
"天理与乾坤周流不息。"③

这里，关于世界的本质，朱、张、吕三人作了相似的回答。他们认为理存在于物质之先，物质世界由理派生并支配。有理才有物，无理便无物。世界上其他事物有生有灭，有始有终，惟有"理常在"④。即使世上物质荡然无存，理还是永存的。

和二程相一致，"东南三贤"都把封建等级制度和伦理纲常抽象为世界本原。

朱熹说：

"宇宙之间，一理而已。……其张之为三纲，其纪之为五常。盖皆此理之流行，无所适而不在。"⑤

张栻说：

"所谓礼者，天之理也；以其有序而不可过，故谓之礼。"⑥

吕祖谦说：

---

① 《孟子说》卷六。
②③ 《东莱博议》。
④ 《东莱文集·易说·离》。
⑤ 《朱文公文集》卷七《读大事记》。
⑥ 《宋元学案·南轩学案》。

"夫礼者，理也。理无物不备，故礼亦无时而不是。"①

"君尊臣卑，夫倡而妇和，上天下地，理之常也。"②

朱熹、张栻、吕祖谦都坚持认为封建品名和伦理纲常就是天理的具体体现。

在讨论本体论的时候，朱、张、吕显然注意到了周敦颐《太极图说》提出的观点，引进了"太极"这一范畴。"太极"是周敦颐的基本哲学范畴；二程则很少提及。在这一点上，"东南三贤"和二程稍有区别。首先，朱熹赋予太极以理的内涵，认为太极是理的最高境界和全体。他说："极是道理之极致。"③"总天地万物之理，便是太极。"④太极具有理的一切性质，它为天地万物的总根源。"原极之所以得名者，盖取枢纽之义，圣人谓之'太极'者，所以指夫天地万物之极也。"⑤朱熹认为太极和具体事物的关系是体用关系。它产生万物，又不脱离万物。他说："自其本而之末，则一理之实而万物分之以为体，故万物之中各有一太极。"⑥"统体是太极，然又一物各具一太极。"⑦朱熹的这些观点实际上是对二程"理一分殊"观点的进一步发挥，同时也是对周敦颐和二程哲学的综合。

和朱熹相比，张栻着重强调的是太极为万物之根源。吕祖谦则从太极推衍"理一分殊"之理论。张栻说："先生（周敦颐）之学渊源精粹，……而其妙乃在太极一图；穷二气之所根，极万化之所行。"⑧又说："太极动而二气形，二气形而万物化，生人与物，俱本乎此者

---

① 《丽泽讲义》。
② 《东莱文集·易说·咸》。
③⑤ 《太极图说解》。
④⑦ 《朱子语类》卷九四。
⑥ 《通书·理·性·命章》注。
⑧ 《南轩文集·濂溪周先生祠堂记》。

也。"① 他认为周敦颐理论高明精粹之处，集中体现在他的《太极图说》一文中。太极是天地万物之本。吕祖谦同意朱、张两人的观点。他说："乃有太极，是生两仪，非谓两仪生后无太极也。卦卦有太极，事事物物皆有太极。乾元者，乾之太极也；坤元者，坤之太极也。"② 这里说的"两仪"，是指阴阳二气。他认为太极产生阴阳以至事事物物，而阴阳以至事事物物都有统一的太极。这一观点是对二程理一分殊观的补充。

由上所述，我们认为"东南三贤"都是融合"太极"与"天理"为一体，并以此作为哲学的最高范畴。如果仅就这一点而言，朱熹、张栻、吕祖谦三人是没有什么分歧的。但是，在本体论上，三贤也有不一致的地方。朱熹是全面继承和发挥二程天理观的第一人。他在论述世界本体过程中，始终坚持一理贯之的观点，所谓"宇宙之间，一理而已"。在讨论性·天·命与理的关系时，发挥了程颐"性即理也"的思想。认为"伊川'性即理也'四字，颠扑不破。"③ 他说："心也，性也，天也，一理也。"④ "理也，性也，命也，初非二物。"⑤ 这就是说心、性、天和理属于同一性质。朱熹的门徒陈淳说得更明白："何以不谓之理而谓之性？曰盖理，是泛言天地间人物公共之理，性，是在我之理，只这道理，受于天而为我所有，故谓之性。性字从生从心。是人生来具是理于心，方名之曰性。"⑥ 陈淳这一观点来自朱熹，这是说性是理在人身之上的体现。这样，朱熹就以理包罗了天、性、命。可见在世界本原问题上，朱熹始终坚持了天理（理）之一元论。

张栻则不然。他在主张以天理为世界本原的同时，又以"心"为最高哲学范畴。虽然，他在讨论理与心、性、命的关系时，曾提出

---

① 同上《存离记》。
② 《易说·乾》。
③ 《朱子语类》卷五九。
④ 《孟子集注》卷十三。
⑤ 《四书或问·论语或问》卷三。
⑥ 《北溪先生字义》。

"同体异取"的观点，认为"理之自然谓之天命，于人为性，主于性为心。天也，性也，心也，所取则异而体则同。"① 然而他又说："心也者，万事之宗也。"② 还说："心者，贯万事统万理而为万物之主宰者。"③ 这里，张栻把心说成是万事万物的宗主，大千世界包括"理"在内，都是由心统率与主宰的，这正是心学的特征。

在世界观问题上，和朱熹、张栻相比，吕祖谦的思想体系显得杂博些。他主张心理并重。在发挥天理观时，又提出了"气听命于心"和"以心御气"的命题。他断言："圣人之心，万物皆备不见其外也。史，心史，记，心记也。"④ 这实际上是说宇宙万物包括人类社会历史都是由"心"派生的。"心"囊括了整个宇宙——"天"。这一观点与陆九渊说的"宇宙便是吾心，吾心即是宇宙"的心学命题如出一辙。吕祖谦企图调和朱熹和陆九渊即理学派和心学派的观点，使之"会归于一"，于是把天理和人心熔于一体。"人言之发，即天理之发也，人心之悔即天意之悔也。"⑤ 同时他在某些地方又接受了永嘉学派的观点，如在理气关系上，曾说："然物得气之偏，故其理亦偏，人得气之全，故其理亦全。"⑥ 认为理之偏全由气决定，这种观点显然与其世界观体系是矛盾的。

朱熹、张栻、吕祖谦基本上都拥护二程关于"存天理、灭人欲"的思想。但他们对此命题的理解亦存在细微之差。

朱熹认为"发挥天理、遏止人欲"是"拨乱反正之大纲"。⑦ 强调"天理人欲，不容并立。"⑧ 要"革尽人欲，复尽天理。"⑨ 虽然他也承认

---

① 《孟子说》七。
② 《南轩文集·静江府学记》。
③ 《敬斋记》。
④⑤⑥ 《东莱博议》。
⑦ 《送刘圭父序》。
⑧ 《孟子集注·滕文公章句上》。
⑨ 《朱子语类》卷十三。

理与欲存在着某种同一性。如说："天理人欲同体"，"人欲便也是天理里面做出来，"①但更多的是主张理欲对立。

张栻认为每个人都是有欲的，所谓"无欲"是指"无私欲"，而不是指"天理自然"的饮食男女之欲。作为一个关心民瘼的地方官，他曾目睹"民食草根"的现象，指斥那些"有位者终未肯沛然拯救，坐视天民之挤壑。"②张栻认为"天理人欲，同行异情，毫厘之差，霄壤之谬"③。因此他要求首先应辨别何为天理，何为人欲，这样也就可以"天理可识，而不为人欲所乱。"④

吕祖谦没有像朱熹那样将天理和人欲尖锐对立起来。他就朱熹"天理人欲，同行异情"命题，曾写信给朱熹，认为天理人欲"实未尝相离"，理、欲是同一事物的不同方面，各有其作用。关键在于人们如何去正确把握天理与人欲间的分寸。吕祖谦着重指出："天理在人欲中，未尝须臾离也。"⑤他的这一观点与永嘉功利学派的观点接通。

三、治学观上的异同

"东南三贤"都是治学严谨的学者。他们的治学态度和治学方法有不少相似之处。朱熹的学生曾概括朱熹的治学经验为六句话：循序渐进、熟读精思、虚心涵泳、切己体察、着紧用力、居敬持老。这一概括也同样适用于张栻。张栻认为学问"其间曲折精微，能用力者当渐知之耳，升高自下，陟遐自近，循序而进，久自有所至，不可先起求成之心。"⑥"大抵读经书，……要切处乃在持敬，若专一工夫积垒

---

① 《朱子语类》卷十三。
② 《南轩文集·与吴与叔》。
③ 《谭州重修岳麓书院记》。
④⑤ 《南轩文集·答直夫》。
⑥ 《南轩文集·答陈平甫》。

多，自然体察有力。"① 又说："所谓观书，当虚心平气，以徐观义理之所在。"② 可见张栻的治学态度和朱熹是基本一致的。吕祖谦治学亦有不少过人之处，尤重对历史的学习和研究，认为以往的历史著作和经书一样重要，要求学者经史并重，把学经和学史有机地结合起来。"观史先自书（《尚书》）始，然后次及左氏（《左传》）、通鉴。"③ 他甚至一反儒家传统见解，把史官和孔子等量齐观，说："仲尼之圣未生，是数百年间中国所以不沦丧，皆史官扶持之力也。"④ 对此，朱熹很不满意。

朱熹认为学习历史，如果离开"天理之正"的准则，那么"看史只如看人相打，相打有甚好看处。"⑤ 他不承认史学本身是一门科学，凡专治史的人都是一些见识短浅的人"史甚么学，只是见得浅。"⑥

朱熹和吕祖谦在史学上的分歧还表现在对历史的具体学习和研究的方法上。吕祖谦认为研究历史必须从具体的实际出发，他说观史"当如身在其中，见事之利害，时之祸害，必掩卷自思，使我遇此等事，当如何处之，如此观史，学问亦可以进，知识亦可以高，方可有益。"⑦ 其所谓观史"当如身在其中"，即是从当时当地的具体历史环境来分析和考察问题，总结历史经验，锻炼自己处世应变之能力。朱熹认为研究历史，必须从抽象的天理出发，以天理作为评说历史事件的最高标准。所谓"陶熔历代之偏驳；会归一理之纯粹。"⑧ 他认为学习历史的唯一目的就是"合乎天理之正，人心之安。"⑨ 基于这一观点，他对吕祖谦的史学务实学风有所讥评："问东莱之学，曰：伯恭于史分外子细，于经却不甚理会。"⑩ 这种评论不符合吕祖谦治学的实

① ② 《南轩文集·答潘叔度》。
③ 《东莱文集》卷四。
④ 《东莱文集》。
⑤ ⑥ 《朱子语类》卷一二二。
⑦ ⑧ 《东莱文集·史说》。
⑨ ⑩ 《资治·通鉴·纲目后序》。

际情况，因为吕祖谦于经也有较高的造诣。吕祖谦的史学研究，实开当时一代之风，朱熹颇不以为然，说这"全然不是孔孟规模。"①

关于朱熹和吕祖谦这种史学分歧，张栻没有直接表态。不过，从他对史学的议论中，可以看出，张栻是倾向吕祖谦的。他认为学习历史可以有助于经世致用："读史之法，要当改其兴坏治乱之故，与夫一时人才立期行己之得失，必有权变则不差也。"②又说："观史工夫，要当改其治乱兴坏之所以然，察其人之是非邪正。"③张栻的这些论述和吕祖谦观史之法相契合，而有别于朱熹提倡的"陶熔历代之偏驳，会归一理之纯粹"的史学观。

应该指出，朱熹毕竟是杰出的学者。他虽然不同意吕祖谦的史学观，但对其史学成就还是加以肯定的。吕祖谦生前曾编《大事记》，所采用的方法是在编年体的基础上，参考《左传》和《资治通鉴》的写法，"自成一家之言"。对此，朱熹十分钦佩。认为《大事记》"其精密为古今未有"，表现了一位有成就的学者应有的见识和胸襟。

我们对"东南三贤"的思想异同进行了一番粗略的比较，是件有意义的事。正如朱熹所说"凡看文字，看诸家异同最可观，"④这也就是今天所说的思想比较研究。首先，从朱熹、张栻、吕祖谦三人的理学思想的异同比较中，可以看出南宋思想界粗略的概貌，也曲折地反映了具有不同倾向的思想汇合而成的南宋社会思潮。这正说明了任何时候都不会有孤立的纯之又纯的思想的存在，惟有在"诸家"思想相互补充、渗透、融合的情况下，才有思想的活力。才能形成具有时代代表性而又占优势地位的哲学思想。朱熹之所以成为理学的集大成者，诚然得益于张、吕二人颇多，但同时三人思想中的疵瑕也在辩论

---

① 《朱文公文集·答刘子澄》。
② 《南轩文集·西汉蒙求跋》。
③ 《南轩文集·答胡季随》。
④ 《朱子语类》卷一〇四。

中互见。这对我们再深一层了解南宋理学的内容和实质是有帮助的。其次从"东南三贤"思想异同比较中，使我们认识到比较研究方法是研究中国哲学史的好形式之一，既可弄清某一时代社会思想的共性，又可明瞭具体哲学家的个性。这有助于哲学史研究的进一步深入。再次"东南三贤"切磋学问，增进学术友谊，求同存异，取长补短的优良学风是其获得学术成功的重要条件，值得今人学习并发扬。

中国若干哲学家的专题研究

孔子人学思想述评

1989 年 10 月，在北京召开孔子诞辰 2540 周年纪念与学术讨论会。本文是向大会发表的学术报告的内容，收入 1991 年上海三联书店出版的论文集（上、中、下卷）之上卷。

本文认为人学是孔子学说最重要的组成部分"仁也者，人也。"孔子充分肯定了人的价值，反复强调"爱人"这一话题。他视"民"为最基本的政治力量，反对"不教而诛"，并主张先富后教。"富"是使"民"从经济上摆脱奴隶地位："教"是使"民"从思想文化的愚昧状况中解脱出来。认为"民无信不立"，对一个政权而言，取信于民尤为根本。

本文概括了孔子对人的基本属性的论述：一、德。道德属性是人的基本特征，而且人还有道德自我升华的潜能。二、志。每个人都有独立的人格和意志，"匹夫不可夺志"。亦不把自己的意志强加于人，"己所不欲，勿施于人"。人应立志恢宏，任重道远，志存高洁。三、欲。提倡"欲而不贪"，"见利思义"、"见得思义"，表现了崇义节欲的观点。四、知。人为万物之灵。主要是有思维能力。孔子重视"思"对人类认识的重要作用。本文关于孔子的理想人格，作了如下的论析："孔子一生追求的最高目标是做一个圣人，他的理想人格是圣人。一般人无法企及，孔子自己也不敢以圣人自居。"仁"仅次于"圣"。凡有功于天下"博施"，"济众"可谓"仁"。孔子称其弟子颜渊"三月不违仁"。认为管仲有功天下，民"受其赐"，也可称其"仁"。

至于如何实现理想人格？孔子是设计了一套道德修养的方法：本文作如下的归纳：一、志于道。这里的"道"，是专指人道，为人遵循的总原则、总目标。志于圣人之道。二、"躬自厚而薄责于人"。做到严己宽人。三、"笃信好学，守死善道"通过学习、明了"道"之精髓，不与无道的当权者同流合污，始终坚持"善道"。四、"非礼勿为"要遵守一定的社会规范。五、从"和为贵，礼为用"

出发，认为只有"无所争"才能达到"和"。六、"内省吾身"，改过为贵。本文认为孔子人学思想为后人留下一笔宝贵思想遗产，当认真总结、挖掘。

早在孔子以前，中国古代人学思想萌芽已经出现，但较为成熟的人学体系则是由孔子确定的。孔子思想的核心是"仁"，一部《论语》竟有一百多处论及了仁。不少学者称孔学为"仁学"，这是很有道理的。"仁也者，人也"。研究孔学，决不能将其人学搁置一边，因为孔子学说探讨的重点是关于人的问题。人学是孔子学说最重要也是最基本的组成部分。

一、孔子充分肯定了人的价值

孔子认为在世界一切事物中，人是最可贵的，抑或说人是价值最大，所谓"天地之性，人为贵"。这句话虽然出自《孝经》，而不见于《论语》，可能不一定出自孔子之口，但这无关宏旨，因为这符合孔子的一贯观点。《论语·乡党》载：孔子家中马厩失火，孔子知道后，他关心的是"伤人乎"，而"不问马"当时马的价格远远大于奴隶的价格。秦穆公手下有一个著名大夫百里奚。人称五羊大夫。原为虞大夫，虞亡为晋俘，沦为奴隶，被牵至奴隶市场拍卖。秦穆公以五张牡黑羊皮买回。由此看，其他奴隶的价格也不会高出多少，无论如何，总不会超过一匹马的价格。马厩失火，最有可能为火伤及的是经常出入马厩劳作的奴隶。孔子问人不问马，说明他不是把奴隶看成会说话的牲口，而是当作人来看待的。在孔子心目中，奴隶的价值是马无法比拟的。

正是鉴于这种认识，他才发出"始作俑者，其无后乎"[1]的诅咒。因为"作俑"是"象人而用"代表的是活人殉葬制度，所以遭到了孔

---

[1]《孟子·梁惠王上》。

子的激烈抨击。孔子是孝道的提倡者，他不反对厚葬。但是坚决反对以人殉葬，即使代替活人的"俑"也不能列为殉葬品，体现了鲜明的人道主义立场。

孔子曾反复强调"爱人"这一话题。他说"君子学道则爱人。"① 樊迟问仁，子曰：'爱人。'"② 这里提及的"人"是全称判断，而非特指。是指一切人，自然也包括奴隶在内。"泛爱众"③ 命题中的"众"，也是指的所有人。世界上没有无缘无故的爱。特别是在阶级社会中，谁也不可能去爱所有人。就是孔子本人也从来不曾去爱少正卯、阳货之类的人。因此，无论是"爱人"还是"泛爱众"，都不免过于理想化，甚至带有虚伪。然而孔子却不可能认识到这一点。就其主观愿望来说，他以为通过自己的游说，当时的"君子"或有志于成为"君子"的统治者，能对平民和奴隶有所慈悲的表示，尽管这无异与虎谋皮，但至少不存在什么诱惑平民奴隶去爱奴隶主贵族的欺骗。

与"爱人"这一命题相一致，孔子反对"不教而诛"。谓"不教而杀谓之虐。"④ 并将其列为"四恶"之首。并具体提出了"先富后教"的思想。"富"，是使"民"从经济上摆脱奴隶地位；"教"，是使"民"从思想文化的愚昧状况中解脱出来。富是教的前提，教是富的延续，两者是辩证的统一。

孔子认为对于一个政权而言，"足兵"、"足食"固然重要。但是相比之下，取信于民则尤为根本。在不能兼顾的情况下，宁可"去兵"、"去食"、也不要失信于民。因为"民无信不立"。⑤ 一旦失去了民众的信任和支持，非但什么事情都做不成，而且将有覆巢之患。在这里，孔子显然是视民为最基本的政治力量。是其"天地之性人为

---

① 《阳货》。
②⑤ 《颜渊》。
③ 《学而》。
④ 《尧曰》。

贵"命题在政治领域中的逻辑结论，含有民本主义因素。在中国产生了深远而积极的影响。

任何时代，"民"始终是人的主体。只有真正把"民"当作人来看，人学才具备坚实广阔的基础。这也就是西周初期以至春秋中前期只能出现人学萌芽，而形成不了人学体系的症结所在。孔子之所以能成为中国古代人学的奠基者，原因亦在于此。

二、孔子对人的基本属性的论述

孔子没有对人和动物的区别，作出系统而又明确的规定。但是在其众多的议论中，对人的基本的属性论述颇多。现述评如下。

（一）德。道德属性是人的基本特征。孔子说"人而不仁，如礼何？人而不仁，如乐何？"[1] "仁"首见于《尚书·金滕》："予仁若考"。指一种好的品德。而在孔子这里，"仁"被规定为多方面的伦理原则。其内容包括恭、宽、信、敏、惠、智、勇、孝、悌等，成为一切优秀品德的总汇。孔子认为凡是人就应该具备"仁"，"人而不仁"，不只是难以协调与他人的关系，为世不容，而且领悟不了人生真正的乐趣所在。道德是一定经济基础的产物。在阶级社会中，又总是为一定阶级的利益服务。孔子将封建主义的道德总汇"仁"，规定为人生第一要义，具有明显的道德决定论倾向，并非至论。然而人是应该具有道德的，没有道德的人终究不是完整意义上的人。

人不仅具有一定的道德，而且还有道德自我升华的潜能。孔子说："仁远乎哉？我欲仁，斯仁至矣。"[2] "有能一日用力于仁矣乎，我未见力不足矣。"[3] 认为实现仁德，全凭自己的主观努力。仁德并不远离每个人，也不是高不可攀。只要主观上有成就仁德的愿望，并付诸

---

① 《八佾》。
② 《述而》。
③ 《里仁》。

实践，总是可以提高自己的道德修养的，永远不会出现心有余而力不足之状况。问题是想不想而不是力足不足。

（二）志。每个人都有独立的人格和意志，这为其他动物所不备。孔子说："三军可夺帅也，匹夫不可夺志也。"肯定了人的独立意志和人格具有坚不可摧的力量。谁都有权按照自己的意志和愿望，选择生活方式，决定人生之路。既要坚持自己的人格和意志，又要尊重别人的人格和意志；既不能在外来压力影响下放弃自己的人格，改变自己的志向，又不能将自己的意志强加于人。所谓"己所不欲，勿施于人"①，说的就是这个意思。

孔子指出人应该立志恢宏。他说："士不可以不弘毅，任重而道远，仁以为己任，不亦重乎？死而后已，不亦远乎？"②人，始终是社会的人，总是生活在人群之中的。如果凡事都坚持唯我主义，无视人际关系的基本准则，不管其个人事业取得多么巨大的成功，都不能算是志向恢宏。只有时时以他人为念，处处坚持高尚的道德和气节，"造次必于是，颠沛必于是"，死而方休的人，才有资格称得上是弘毅之士。

然而始终如一地坚持独立的人格和远大的志向，并非易事。生活中坎坷迭起，磨难纷沓。意志稍不坚定，就会改变初衷，甚至背叛自己的意志和信仰。这就要求有经得起难苦生活磨炼的思想准备。孔子说："志于道而耻恶衣恶食者，未足议也。"③毋庸讳言，孔子所说的"志于道"，是有明确之内涵，即坚守封建主义节操。然而一个人如果真想做一个志向远大，品德高尚的仁人志士，而又贪图物质生活的享受，"耻恶衣恶食，"受不了艰苦生活的熬煎，则注定是要失败的。

孔子认为物质生活虽然贫困些，但只要精神生活充实，也未尝

---

① 《颜渊》。
② 《泰伯》。
③ 《里仁》。

不是人生一乐。"饭蔬食饮水，曲肱而枕之，乐亦在其中，不义而富且贵，于我如浮云。"① 这也就是说要敢于蔑视通过不正当手段而获得的富贵荣华。志存高洁，即便粗饭淡茶，身居陋室，也是其乐无穷。孔子这一人生观点，包含着积极进取之精神，应该加以吸取和继承。

（三）欲。人的生存是要靠一定物质条件维持的。人而有欲，乃天性使然。孔子认为每个人就其主观愿望说，都希望自己物质生活优裕、社会地位显赫。他说："富与贵，是人之所欲也。……贫与贱、是人之所恶也。"② 曾明确表示"富而可求也，虽执鞭之士，吾亦为之。"③ 在日常生活中，也是"食不厌精，脍不厌细"，吃穿非常讲究。但是孔子又认为不能无节制的膨胀一己之私欲，一味地为自己欲念所驱使，就很难保持自身之刚强，"枨也欲，焉得刚。"④ 因此必须"欲而不贪"⑤，"见利思义"⑥，"见得思义"⑦。孔子这一观点包含了节欲之成分，而不同于后世"灭人欲"之说教，有其一定的合理性。因为人欲恶性发展，必然会见利忘义，为所欲为，将会引起什么样的后果是不难想见的。

（四）"知"。人为万物之灵。这个"灵"就是指的人的思维能力。人能思维，才能"告诸往而知来者"⑧。以已知求未知，从以往的实践经验，推断未来发展的趋势，有的"闻一以知十"⑨，有的"闻一以知二"⑩。按照"知"的能力，孔子曾将人分为三等，即"上智"、"中人"、"下愚"，又说"生而知之者，上也；学而知之者，次也；困而

---

① ③ 《述而》。
② 《里仁》。
④ ⑨ ⑩ 《公冶长》。
⑤ 《尧曰》。
⑥ 《宪问》。
⑦ 《子张》。
⑧ 《学而》。

学之，又其次也；困而不学，民斯为下矣。"①孔子这一观点历来备受责难。因为它不仅宣扬了天才论，属于唯心主义认识论，而且其中流露了轻视民众的倾向。但是它毕竟承认了人可以通过学习，扩大自己的知识面，知道原来所不知的事物。而且遇到困惑，即能产生学习的愿望。这正是人类能够统率利用万物之奥秘所在。世界上除人之外的其他一切生物，既不具备"学而知之"的能力，也不会产生"困而学之"的愿望。

孔子很重视"思"对人类认识活动的重要作用。主张将"思"贯穿于人的生活各个方面。"君子有九思，视思明，听思聪，色思温，貌思恭，言思忠，事思敬，疑思问，忿思难，见得思义。"这里的"思"有二义。一，内心反省；二，思考、思维。在这里，孔子接触到了人的本质之一。因为思维是人类特有的认识、改造世界的能力。尽管孔子说的"思"之主体是"君子"，而不是指所有人，但是其内在逻辑是，无论是谁，只要做到"九思"，即使是"民"，亦可臻于"君子"境界。

孔子对人的基本属性的论述，虽然算不上严密周详，但大致勾画出了人与动物相区别的轮廓。

三、孔子的理想人格

孔子一生最大的心愿和追求的最高目标是做一个圣人。换言之，圣人是其理想人格，按照孔子的理解，虽然"圣"和"仁"一样，都是道德的最高准则，但是圣的境界更高。只有造福于社会、恩泽于民，具有盖世功绩的仁者，才有资格配享圣人之名号。《论语·雍也》载："子贡曰：'如有博施于民而能济众，何如？可谓仁乎？'子曰：'何事于仁，必也圣乎！尧舜其犹病诸！'"很显然，"圣"兼含内外之

---

① 《季氏》。

义，然而"博施"、"济众"实行起来极为困难，即使像尧、舜这样贤明的先王也没有完全做到，因此尧、舜还算不上是孔子理想境界中的圣人，只能说是准圣人。不过，在现实社会中，尧、舜已经是凤毛麟角，绝无仅有的最高典范了。可见，孔子为"圣"订立的规格极高，一般人根本无法企及。

孔子在其门徒心目中，无疑是合格的人之楷模。颜渊曾推崇孔子的道德和学问是"仰之弥高，钻之弥坚，瞻之在前，忽焉在后。"[①] 表示自己已竭尽全力仿效孔子，但总不能望其项背。无论怎样努力，都无法达到孔子的水准。有一次吴国太宰伯嚭问子贡，孔子大概算得上是位圣人了吧，为什么他能这样多才多艺？子贡不加思索地回答："固天纵之将圣，又多能也。"[②] 这说明至少在子贡心目中，孔子是位博学多才的圣人。然而孔子本人则明确宣布："若圣与仁，则吾岂敢。"[③] 认为自己距离圣与仁的标准还相差许多，这倒不是孔子自谦。因为孔子对自己的估价一向高得可以。诸如"天生德于予"[④]，"文王既没，文不在兹乎！"[⑤] 从这些话中可以看出孔子根本不是一个矫揉造作之人。因此"若圣与仁，则吾岂敢"应看作是其肺腑之言。他曾感叹地说："圣人吾不得而见之矣！"[⑥] 在他看来，当世没有一个人达到"圣"的境界，自然也就"不得而见之矣"。

在孔子这里，仁仅次于圣。如前所说仁的主要内容是"爱人"。志于仁者，就必须尊重人、关心人、对别人有同情心。要"能近取譬"，设身处地地为他人着想。孔子说："夫仁者己欲立而立人，己欲达而达人。"[⑦] 即要推己及人。自己有所"立"时，也要使他人有所"立"；自己有所"达"时，也要使他人有所"达"。在特定的社会环境和条件下，当个人利益与社会利益发生冲突，可能要危及仁之原则

[①][②][③][⑤] 《子罕》。
[④][⑥] 《述而》。
[⑦] 《雍也》。

时，宁可放弃一己之利乃至丢掉性命，也要顾及社会，坚持仁德。所谓"志士仁人，无求生以害仁，有杀身以成仁。"①孔子指出，在其他问题上可以谦让，唯有坚持"仁"不能畏缩不前，即使对于自己的老师也不例外。"当仁不让于师"②。孔子的这些论述，并不包涵高深的哲理，然而它又确实是人类道德生活和道德完善的经验总结，不可以迂腐空阔说教视之。

《论语》中记载了孔子和颜渊、子路"言志"的对语。"颜渊、季路侍。子曰：'盍各言尔志。'子路曰：'愿车马、衣轻裘与朋友共，敝之而无憾。'颜渊曰：'愿无伐善，无施劳。'子路曰：'愿闻子之志。'子曰：'老者安之，朋友信之，少者怀之。'"③孔子师生的这一对话，是对仁的内涵的具体表述。孔子的志愿是要让老年人得到安宁，让朋友得到信任，让少年人得到关怀，体现了对他人的同情与关怀。颜渊、子路所说的也都是个人对社会、他人所应尽的义务与责任。这里的仁，不再仅仅是个人内心的道德行为，而且外化为对社会的贡献。所以尽管孔子认为"为仁由己"，但从不以仁轻许于人。在同代人中，孔子只许"不迁怒，不二过"的颜渊"三月不违仁"之称。

孔子以前，穆叔曾提出"立德"、"立功"、"立言"的三不朽思想。孔子尤重"立德"、"立功"。他评判人物往往以此为标准。他说："齐景公有马千驷，死之日，民无德而称焉。伯夷、叔齐饿于首阳之下，民到于今称之。其斯之谓与?"④孔子认为齐景公虽然生前很富，但无德于民，一死即为人淡忘，自然不能算是"不朽"之仁者。伯夷、叔齐为成就仁德，主动让出君位。尽管他们生前很穷，饿死在首阳山下，然而民众还是对他们称颂不已。可谓"不朽"之仁者。这是

---

① ② 《卫灵公》。
③ 《公治长》。
④ 《季氏》。

依据的"立德"。在对管仲的评价上，孔子则着眼于"立功"。他说："桓公九合诸侯，不以兵车，管仲之力也。如其仁！如其仁！"① "管仲相桓公，霸诸侯，一匡天下，民到于今受其赐。微管仲，吾其被发左衽矣。岂若匹夫匹妇之为谅也，自经于沟渎而莫之知也。"② 必须指出，管仲不是孔子理想人格的化身，孔子曾批评他"器小"而不知礼。但是管仲有功于天下，民"受其赐"，属于"立功"之人，故而孔子亦破例许其仁。在这里，孔子提出了一条重要的人生原则，即为民众办好事，使他们过上安定的日子是最要紧的。谁能做到这一点，谁就是一个值得嘉许的人，一个富有价值的人。

孔子的门人曾参曾把孔子概括为"忠恕之道"、"夫子之道，忠恕而已矣。"③ 在孔子这里，"忠"不像后世那样专指处理君臣关系的道德规范，而是协调和他人关系的准则之一。诸如"主忠信"④，"与人忠"，"为人谋而不忠乎？"⑤ 在这些论述中，"忠"包含着真心诚意为他人着想之义。"恕"，即宽恕，指容人之气度和雅量，孔子认为仁者在和他人发生交往的过程中，"恕"是必不可少的品德之一。要有"不念旧恶"。自己不愿做的事情，也不要强加于人。"诸己而不愿，亦勿施于人。"因此，所谓"忠恕之道"其内涵与"仁"是相通的，是指一种推己之心以爱人的精神。

孔子理想人格的标准很高，为人所难以企及。但是并不能因此沉沦，放弃一切主观努力。孔子力主每个人都应该以圣人自期，激励自己的思想和行为，只要目标明确、方法对头、坚持不懈，总有一天会达到或接近理想人格的水准，实现自身最大的人生价值。为此，孔子专门设计了实现理想人格的道德修养方法。

（一）"志于道"。在孔子的时代，"道"有天道与人道之分，这里

---

① ② 《宪问》。
③ 《里仁》。
④ ⑤ 《学而》。

说的道，是专指人道，也就是做人必须遵循的总原则、总目标，理想人格之道。孔子认为"志于道"对一个人来说至关重要。只要明了做人的道理，即使马上去死，也是值得的，所谓"朝闻道，夕死可矣。"① "道"见诸行动就是"德"。它是一切思想行动的依据。"仁"是德的集中体现，只有符合仁的行为与思想才是道德的。孔子将"志于道"列为成就理想人格修养之首，是有其依据的。因为立志的趋向决定思想行动的趋向，只有志于圣人之道，才会在思想行动上朝着"圣"的目标迈进。

（二）"躬自厚而薄责于人"。用现在的话说就是要严于责己，宽于对人。孔子认为"为仁由己"。一个人最终能否成为圣人仁者，关键在于自己的主观努力。所谓"君子求诸己，小人求诸人"② "求诸己"即要挖掘自身的潜能，在这里不对自己始终如一地严格要求是不行的。他指出对于一个人来说，应该考虑的是自己无能，"君子病无能"，而不是总是去抱怨别人不了解自己，"不病人之不己知"。只要自己真正德才兼备，总有一天人们会了解自己，而不至于受人之曲解、怨恨。

（三）笃信好学，守死善道。"志于道"是可贵的，但问题是要首先知道何谓圣人之道。否则就会弄出南辕北辙的笑话。这就要求认真学习圣人之道。孔子十分重视"好学"对于成就理想人格的作用。他说："好仁不好学，其蔽也愚；好知不好学，其蔽也荡；好信不好学，其蔽也贼；好直不好学，其蔽也绞；好勇不好学，其蔽也乱；好刚不好学，其蔽也狂。"③ 孔子认为"不好学"，就缺乏对圣人之道应有的认识，即使主观上爱仁好德，也会发生"愚"、"荡"、"贼"、"绞"、"乱"、"狂"之类的流弊。只有既有立于道之志，又肯认真学习"道"

---

① 《里仁》。
② 《卫灵公》。
③ 《阳货》。

的人，才有可能最终跨进理想人格的神圣殿堂。

通过学习，知道了道之精髓所在，"守死善道"的问题就被顺理成章地提了出来。孔子指出："天下有道则见，无道则隐。邦有道，贫且贱焉，耻也；邦无道，富且贵焉，耻也。"[1]个人仕途之进退和身家之贫富，要根据具体的社会政治环境而定。如果统治者行苛政、虐其民，就不能贪恋官位、留意富贵，而应该"隐居以求其志"[2]。因保持自己的理想人格和高尚的志向，而导致生活贫困，地位卑贱是不可耻的。例如纣无道，原其三位大臣，"微子去之，箕子为奴，比干而死"，孔子称他们为"三仁"。相反，屈服于无道，以丧失自己志向和人格为代价，换来荣华富贵，则不足为训。有一点必须说明，孔子所说的"隐"并不是要求人们在浊世独善其身，或是像后世所说的采取遁世主义态度，隐居山林。这样做不符合"博施于民而济众"的理想人格。而是不与无道的当权者同流合污，始终坚持"善道"，想方设法改变天下无道的状况，要有一点知其不可而为之的精神。当时有位隐士桀溺曾劝子路不要再跟随孔子周游列国，从事无法收到实际成效的愚蠢之事，而像他们一样隐世而居。孔子知道，感叹颇深。他说："鸟兽不可与同群，吾非斯人之徒而谁与？天下有道，丘不可易也。"[3]意思是说，人活在世上，是不能与山林中鸟兽同群的，不和人在一起而和谁在一起呢？正因为天下无道，我才要积极地改变它。如果天下有道，那就用不着我东奔西跑了。孔子的这段话是对"守死善道"的注脚。即在任何时候都不要放弃自己对社会的责任。这是积极入世的人生观，而与消极遁世的颓废情调不相容。

（四）非礼勿为。人总是处于一定的群体之中的，人与人的协调和谐是保证社会和群体安定的基本因素。这就要求人们必须遵循与他

---

① 《泰伯》。
② 《季氏》。
③ 《论语·微子》。

人相处的约定俗成的社会准则，而仁人志士首先应该模范地做到这一点。在当时的历史环境中，调整人与人关系的社会准则，实际上就是等级森严的封建制度。孔子特别强调人们必须自觉地用体现等级制度的道德规范——"礼"，约束自己的思想和行为。《论语》载，"颜渊问仁。子曰：克己复礼为仁。一日克己复礼，天下归仁焉。……颜渊曰：请问其目。子曰：非礼勿视，非礼勿听，非礼勿言，非礼勿动。"① "克己复礼"就是遵循礼之规范，使自己的一言一行，一举一动都符合礼之规定。人当然要遵守一定的社会规范。非如此，则没有一定的社会秩序。然而孔子要求人们一切循规蹈矩，则抹煞了人的个性，使众多的社会成员按照一个模式生活，势必压制甚至绞杀人们的生活创造力。作为具体人的价值就不能得到充分体现，这不能不最后影响社会的进步。

（五）"无所争"。从"和为贵，礼为用"出发，孔子认为只有"无所争"才能达到"和"。他说："君子无所争。必也射乎。揖让而升，下而欲，其争也君子。"② 孔子提倡为人谦让，本不失调节人际关系的一种美德。每事必争，当然要造成社会之混乱。但是说世界上没有什么事情值得"争"，这就差之毫厘，谬以千里了。近人章太炎曾说，人之智慧自竞争始。孔子不懂得竞争乃是人类进步的催化剂。"无所争"之命题同样对中华民族的文明和繁荣起着阻滞作用。

（六）"内省吾身"，改过为贵。世界上是没有不犯错误的人的。问题是要经常反省，及时发现和改正错误。孔子说："过而不改，是谓过矣。"③ 又说："闻义不能徙，不善不能改，是吾忧也。"④ 人犯了错误并不可怕，只要及时改过就是。令人担忧的是犯了错误又坚持不

---

① 《论语·颜渊》。
② 《八佾》。
③ 《卫灵公》。
④ 《述而》。

改。严格地说，真正的错误在于"过而不改"。

当事者迷，旁观者清。常常有这样的情况，犯了错误而不能自觉，这就需要他人及时指出。孔子认为别人知道并能指出自己的错误，实在是一件值得庆幸的事情。孔子曾出于为尊者讳的动机，为鲁昭公娶吴国之女辩护，受到了陈司败的批评。孔子听到后高兴地说："丘也幸，苟有过，人必知之。"①

孔子提出了"见贤思齐"的命题。他说："见贤思齐焉，见不贤而内自省也。"②一个人要想增进自己的道德，实现理想人格，就应该善于吸取他人之长处。看到比自己强的人，要向他学习看齐。而看到别人的错误则要及时自我反省，我有没有类似的错误，保持应有的警惕。孔子的这些话，类似老生常谈，而乏新意，然而又确实是自我道德升华的格言。必须加以继承和发扬。

综上所述，我们以为孔子人学思想是孔子为后人留下的一笔宝贵思想遗产，必须加以认真的总结和挖掘。而这项工作是目前学术界所重视不够的。

---

① 《述而》。
② 《里仁》。

论老子"道"的学说

关于老子哲学思想的讨论，50 年代的中、后期有过一阵老子问题的讨论热。1959 年由中华书局出版了《老子哲学讨论集》选编当时代表性的讨论文章。论争的焦点是老子哲学性质问题，不外于老子"道"学说是唯物的或是唯心的？论辩双方似各亦言之成理，莫衷一是。60 年代初，我与已故美学家施昌东觉得研究老子必须在研究的方法和角度上有新的突破，于是《老子》便是我们开始合作探讨撰写的第一篇中国哲学史方面的论文。为此，我们俩人细读了《老子》的各种版本和注疏，汇合各家争论的论点。在此基础上，我们从老子哲学总体的逻辑结构上进行剖析。

首先认为"道"是老子哲学的出发点，同时也是它的终极点，是它的基石和核心。文章从七个方面反复论证"道"即"虚无"。"道"的变动的全部过程就是"无——有——无"循环往复以至无穷。从《老子》的"道"派生"有"，"有"又归于"无"的说法综合起来看就可以得出这样的图式："道——自然界——立德（"孔德之容，惟道是从"）（无）（有、天地、万物）（人、从"道"，精神）这和列宁在《哲学笔记》中介绍黑格尔所做的图式非常相似。

"天——自然界——精神，打倒天，唯物主义"（《哲学笔记》中文版 79 页）最后得出老子的哲学是客观唯心主义的结论。这篇论文发表于《文史哲》杂志1962 年 4 期上。此文发表后引起学术界的注意，《人民日报》和《文汇报》曾先后加以摘要报道。

"道"是老子哲学的出发点，同时也是它的终极点；是它的基石，也是它的核心。

老子对于"道"的反复变化的种种论证，构成了老子的整个宇宙观。这个宇宙观，在《老子》第一章里，老子作了概括性的表述："道可道，非常道，名可名，非常名。无名天地之始；有名万物之母。故常无欲以观其妙，常有欲以观其徼。此两者同出而异名，同谓之玄。玄之又玄，众妙之门。"我们认为这是老子整个宇宙观的概括，因为其中包括老子宇宙观最基本、最重要的论点，而《老子》第一章以后的论述，都是环绕这个核心进行的，因此，理解《老子》第一章是理解老子哲学路线的首要关键。

《老子》在这里概括了哪些决定老子哲学路线的最基本、最重要的论点呢？我们认为有以下几个方面：

首先，老子认为天地万物即自然界是由"道"派生出来的。这个论点，按老子的说法如下："道冲……渊兮似万物之宗。……吾不知谁之子，象帝之先。"① "道生一、一生二、二生三、三生万物。"② "人法地、地法天、天法道、道法自然。"③ "道法自然"的"自然"是"自然而然"的意思，并非自然界。有老子"功成事遂，百姓皆谓'我自然'"可证。老子这些话，都清楚地说明了天地万物和上帝及人之先就已有一个"道"存在，而天地万物即整个自然界都是"道"派生出来的，都是它的子孙后代。所以，"道"是最高的祖宗或祖先。这很清楚，用不着证明，而哲学界对于这点还并没有争论。

其次，老子认为"道"即"虚无"，因此，天地万物即自然界是从"无"中派生出来的。这一论点，按照老子的说法如下："道冲而用之，或不盈，渊兮似万物之宗。"④ "无名天地之始；有名万物之母。"⑤ "天地万物生于有，有生于无。"⑥ "道冲……"的"冲"即盅，

---

① ④ 《老子·四章》。
② 《老子·四十二章》。
③ 《老子·二十五章》。
⑤ 《老子·一章》。
⑥ 《老子·四十章》。

《说文》皿部："盅，器虚也。"由此可见，"道"即"虚"。"道"既然是万物之宗，而"无"也是天地之始；"有"是万物之母，而"有生于无"，由此可见"道"即"虚无"。

第三，老子认为"道"派生天地万物即自然界，但"返者道之动"①，这就是说"道"之"动"是返复归回的。因为，天地万物生于"道"而又复归于"道"。"道"既然是"无"，而天地万物为"有"，那么，"道"的变动的全部过程就是："无——有——无"循环往复以至于无穷。这一论点，按照老子说法如下："吾不知其名，字之曰道，强为之名曰大，大曰逝，逝曰远，远曰返。……"②"其上不皦，其下不昧，……复归于无物。"③"常德不忒，复归于无极……为天下谷。为天下谷，常德乃足，复归于朴。"④"万物并作，吾以观其复，夫物芸芸，各复其根。"⑤这些话很清楚地说明了"道之动"是"返"或称"复"。这就是说，"道"首先是一个派生自然界的出发点，然后又是它的终极点，即"道"派生自然界从"无"到"有"，"有"又归于"无"。这是老子哲学的中心内容，是他的世界观的灵魂。因此，老子说自己是"致虚极，守静笃，万物并作，吾以观其复"⑥。可见"复"是老子观察的主要对象。正因为"道"之"复"就是"无——有——无"的过程，所以，老子说："故常无欲以观其妙，常有欲以观其徼"⑦。对老子这两句话，现在虽然有着各种不同的解释，但我们认为其中没有一个解释是符合老子原意的。从老子哲学体系上来看。此二句应作如下理解：前句中的"妙"字有误，据清学者毕沅考证，"古无'妙'字"，马叙伦认为"妙"应作"眇"字，我们认为是对的，

① 《老子·四十章》。
② 《老子·二十五章》。
③ 《老子·十四章》。
④ 《老子·二十八章》。
⑤⑥ 《老子·十六章》。
⑦ 《老子·一章》。

据说文:"杪,木标也,"老子"夫物芸芸,各复归其根"。"杪"或"木标"从"根"生出,亦即从"道"即"无"中生出,"杪"或"木标"均属"万物",故是"有"。由此可见,"故常无欲以观其杪",亦即"故常无欲以观其有"。此其一。又后一句中的"徼"乃"窍"字,据说文:"窍,空也"也就是空虚的意思,亦即"无"。由此可见"故常有欲以观其徼(窍)"亦即"故常有欲以观其无"。为什么是"常无""常有"呢?有些人把此处之"常"当作"恒常"的意思是不对的,因不合老子的原意。据老子说法如下:"万物并作,吾以观复。夫物芸芸,各复归其根。归根曰静,是谓复命,复命曰常。"①

由此可见,"常"就是"归根"或"复命",也就是根本,本性,本来的意思。"无"生"有","有"归于"无",二者的更替和变化形成"复"的过程,而"复命曰常",所以是"常无""常有"。

综合上述,由于老子"以观复","复"即"无——有——无",也可作为:"常无——常有——常无。"所以老子"观复"就能从"常无"中观察"有",也能从"常有"中观察"无。"因此,老子说"故常无欲以观其杪(有),常有欲以观其徼(空、虚或无)"。

同时,正因此"道之动"的过程是"复"(返)是"无——有——无",所以老子说,"常无""常有""两者同出而异名,同谓之玄。"既然,每一次"道之动"的过程"复":"无——有——无""同谓之玄,"那么,"道"的无数次地"复":"无——有——无,"这就是所谓"玄之又玄"了。而天地万物是"道"的返复过程中派生出来的,所以"玄之又玄"也就成了观察天地万物即自然界的门路,即所谓"众杪(妙)之门"了。

第四,既然老子认为自然界是"道"派生出来的,是"无"中派生出来的,而"返者道之动"即"复"是"无——有——无",因

---

① 《老子·十六章》。

此，老子认为自然界和生活中存在着从"无"开始的运动，而且"无"是一切运动的基础。所谓老子的"辩证法"的实质就在于此。我们再看老子说："道常无为，而无不为。"①"故物或损之而益，或益之而损。"②"大盈若冲，其用不穷。"③"为学日益，为道日损，损之又损，以至于无为，无为而无不为。"④"大方无隅，大器晚成，大音希声……"⑤"天下皆知美之为美，斯恶矣；皆知善之为善，斯不善矣。故有无相生，难易相成，长短相形，高下相倾，音声相和，前后相随。是以圣人处无为之事，行不言之教。……"⑥"不尚贤，使民不争……为无为，则无不治。"⑦这些话清楚地说明了老子把他的"道"所派生出来的自然界和生活中如美与恶、善与不善、长与短、高与下、难与易、益与损、盈与冲、大与希等等对立现象都看作统一于"无"，归根到底是以"无"为基础。因此，双方的对立是相对的，暂时的，如果用老子的话来说，就是"逝"而"返"，"返"于"无"的。所以"无"是绝对的，永恒的，是"久"而"不殆"的。因而，老子说："物壮则老，谓之不道，不道早已（亡）。"其次，美与恶，长与短，益与损等等对立面的双方之所以相互转化，其内在原因，并不是由对立面双方的矛盾与斗争，因为老子是最不要斗争的，他认为只有"不争"才能符合"道"的精神，才是绝对的，永恒的，其对立面双方之所以相互转化，是由于双方都是"道"即"无"所派生而复归于"无"的缘故。因此，事物的变化，或者一生二、二生三……等那样的"发展"就绝不是事物内在的矛盾与斗争，而是由于"道之

---

① 《老子·三十七章》。
② 《老子·四十二章》。
③ 《老子·四十五章》。
④ 《老子·四十八章》。
⑤ 《老子·四十一章》。
⑥ 《老子·二章》。
⑦ 《老子·三章》。

动"的"返复"的表现。所以所谓老子的"辩证法"可以说是"无"的"辩证法"。不过，老子从他面对着的自然界和生活中看出了无数对立面的矛盾现象，并且肯定它们的存在，这是值得称道的，但是老子把这些对立面的矛盾现象安放在自己虚构的"道"即"无"的基础上，从而得出"圣人处无为之事"，"为无为，则无不治"等的结论，那就极端荒谬了。

这样，老子既然从其"观复"中得出上述的道理，老子就从他的宇宙观导出了他的人生观、社会观、政治观、伦理观来。老子说："孔德之容，惟道是从。"① 在老子看来，既然，"道"即"虚无"；"道之动"始于"无"而复归于"无"，"无"是一切的根据和基础，那么，人的行为、言论等等即所谓"德"也应如此。这就是老子所谓的"人法地，地法天，天法道，道法自然（即自然而然）。"② 因此，"孔德之容，惟道是从"，就成为老子自己和老子教人的座右铭了；成为老子所谓"无为而治"等等虚无主义的人生哲学的理论基础。

第五，老子所以说"孔德之容，惟道是从，"是由于这个"虚无"的"道"具有无比巨大的威力，它派生一切，同时主宰一切。而人如果违"道"而行，必遭灾祸，或失败，这就是老子所说的"不知常，妄作——凶。"如果人从"道"而行，即"处无为之事"，就能"功成名遂。"由于"道之动是复归于'无极'"的，因此，如果人在"功成名遂"之后而不"退"那就是违"道"而行了，亦必"凶"。所以老子称："功成名遂身退，天之道。"③ 这个论点，按老子说法如下："道常无名。朴虽小，天下莫能臣也，侯王若守之，万物皆自宾。"④ "道生之，德畜之，物形之，势成之，是以万物莫不尊道而贵德。道之

---

① 《老子·二十一章》。
② 《老子·二十五章》。
③ 《老子·九章》。
④ 《老子·三十二章》。

尊，德之贵，夫莫之命而常自然……"① "道常无为而无不为。侯王若能守之，万物将自化，化而欲作，吾将镇之以无名之朴。无名之朴，夫亦将无欲，无欲以静，天下将自定。"② 在老子看来，"道"具有"天下莫能臣"的无比威力，比"神"更为神通广大，而"道"之所以有无限的神通广大的威力，就在于它本身是"虚无"，圣人、王侯、将相以及百姓人民之所以能"功成名遂"处不败之地，就在于其"德"从"道"而行，即"不争"、"不怒"、"不辱"、"不信"、"不言"、"不处"、"不彰"、"不恃"、"不行"、"不见"、"不宰"、"少私（思）寡欲"、"无欲"、"无事"、"无行"、"去甚"、"去奢"、"去泰"等等，总之，"处无为之事"，以不变应万变谓生活的"辩证法"。所以，我们可以说，《老子》全书是"道"的赞美诗，也是虚无主义思想的颂歌。

第六，老子认为"道"派生自然界和主宰自然界的威力，在于它是"无"；被派生和被主宰的自然界万物是可以被消灭的，而且会自行消灭的，因为它是"有"，必然复归于"无"。但"道"本身是无论如何也毁灭不了的，因为它是"无"，因此，老子认为"道"是不依赖于天地万物等自然界而独立存在的东西，是永恒的东西，绝对的东西。这个论点，按老子的说法如下："道冲而用之，或不盈，渊兮似万物之宗，挫其锐，解其纷，和其光，同其尘，湛兮似或存。吾不知其谁之子，象帝之先"。③ "寂兮寥兮，独立不改，周行而不殆。可以为天下母，吾不知其名，字之曰道，强为之名曰大，大曰逝，逝曰远，远曰返。"④ 就清楚地说明了由于"渊兮似万物之宗"的"道"即"虚无"，任你怎样的"挫"它"解"它"和"它……它仍然是"湛兮

---

① 《老子·五十一章》。
② 《老子·三十七章》。
③ 《老子·四章》。
④ 《老子·二十五章》。

似或存"，仍然独立不改地存在着。它独立存在哪里呢？存在于天地万物即自然界之先，因为它是自然界"之始"、"之母"、"之宗"，它本身却没有父母和祖宗，所以老子也不知道它是"谁之子"，只知道它"象帝之先"。同时，"道"虽然也会变化，会动，甚至形成前面所讲的种种"对立面的统一"；它"逝"而"远"，"远"而"返"，即"无——有——无"循环往复而至无穷，仍然是"独立不改，周行而不殆"。

这样，如果按照我们的理解，这"道"就是与神一样性质的东西。况且老子也把它当作"神"来称颂哩。老子说："谷神不死，是谓玄牝。玄牝之门，是谓天地根。绵绵若存，用之不勤"。① "谷神"就是养生之神，亦即"虚无"（中虚曰谷），"玄牝"就是最初的生殖器，皆有生殖之功。而"道"即"虚无"，是"天地根"，有派生万物之功。老子把"谷神"称为"道"，这是很合他的哲学逻辑的。

第七，老子认为"道"本身是不可能认识的，但"道之功"即"返"或"复"，"无——有——无"的周行过程是可以观察的。这就是说，"无"即"道"不可认识，而"无"所派生的"有"是可认识的。但也只能观其"复"。所以老子说："万物并作，吾以观其复"。这个论点，按老子说法如下："道可道，非常道，名可名，非常名"。② "其上不曒，其下不昧，绳绳不可名，复归于无物。是为无状之状，无物之象，是谓惚恍。迎之不见其首，随之不见其后"。③ "道之出口，淡乎其无味，视之不足见，听之不足闻，用之不足既"。④ "前识者，道之华而愚之始"。⑤ 由于"道"是一个恍恍

① 《老子·六章》。
② 《老子·一章》。
③ 《老子·十四章》。
④ 《老子·三十五章》。
⑤ 《老子·四十八章》。

惚惚的虚无的存在，所以它是"绳绳不可名"的，人的味、视、听、触等感觉器官，对于它是无能为力的。人所认识，最多只能是"道"之"华"，而不是它的"根"，只能识其派生物，而不能识其本身。只能识其现象，而不能识其本质。但，在老子看来，只能认识的"华"（"有"或现象）是没有用的，反而是愚昧的开始。因此，老子开宗明义："道可道，非常道，名可名，非常名"。据前述："常根""复命曰常"，"常"就是根本；本来，本性等之意。"常"只能从"道"的"复"中见出。由此可见，"道"在"复"："无——有——无"的过程中可言"常道"和"非常道"。"常道"即"道"，就是根本的"道"，本来的"道"，是"绳绳不可名"的，而"非常道"就是并非根本的"道"，并非本来的"道"，这是可道可名的。前者可以说是彼岸的，后者可以说是此岸的，即前者是不可认识的，后者是可认识的。以上就是老子所说"道可道，非常道，名可名，非常名"的涵义。因此，老子认为"前识者，道之华"，而不是"根"（本）。按照前面所说的关于"孔德之容，惟道是从"，从"道"而行，则"功成名遂"，反"道"而行，则败，等等说法，老子就必然得出这样的结论："前识者，道之华而愚之始"，① "知常曰明，不知常，妄作——凶。"② 这也很合老子的哲学逻辑的。

正因为如此，老子就竭力否定人的感官的认识作用和意义。例如："五色令人目盲；五音令人耳聋；五味令人口爽；驰骋田猎令人心发狂，难得之货，令人行妨"。③ "绝学无忧。唯之与阿，相去几何？"④ "大巧若拙，大辩若讷"。⑤ "知者不言，言者不知"。⑥ 诸如此

---

① 《老子·四十八章》。
② 《老子·十六章》。
③ 《老子·十二章》。
④ 《老子·二十章》。
⑤ 《老子·四十五章》。
⑥ 《老子·五十六章》。

类的说法，都可以说明老子认为的目、耳、口等等感官的认识活动以及"学""驰骋田猎""言"（说话）"巧"（技巧）等等实践活动都只能是识"道之华而愚之始"，以致"不知常，妄作——凶"。这是老子认识论的一个方面。

正因为这样，在另一方面，从其"知常曰明"的说法，在认识论上就必然导向愚昧主义，以及他的愚民政策的反动理论。怎样获得"知常"而"明"呢？老子认为与前面相反，要在"致虚极，守静笃，万物并作，吾以观其复"①中获得"知常"而"明"。"明"就是"明""道"，因此，老子断言："不出户，知天下。不阚牖，见天道。其出弥远，其知弥少，是以圣人不行而知，不见而名，不为而成"。②老子否定人的感官实际活动的认识作用，而在"虚静"中"明""道"。这就是老子的愚昧主义和愚民政策在认识论方面的理论基础。老子断言："……是以圣人之治，虚其心，实其腹，弱其志，强其骨，常使民无知无欲，使夫智者不敢为也，为无为，则无不治"。③"绝圣弃智，民利百倍，……"④"其政闷闷，其民淳淳，其政察察，其民缺缺"⑤"故以智治国，国之贼；不以智治国，国之福。知此两者亦稽式，常知稽式，是谓玄德"。⑥"玄德"就是"惟道是从"，老子的愚昧主义和愚民政策的反动理论的基础就在于此。

以上七个方面是构成老子的宇宙观最重要最基本的因素，也是他的哲学体系的一个轮廓。

那么，老子这个宇宙观是属于什么哲学路线呢？这是很明显的，老子的哲学就是客观唯心主义的哲学。

---

① 《老子·十六章》。
② 《老子·四十七章》。
③ 《老子·三章》。
④ 《老子·十九章》。
⑤ 《老子·五十八章》。
⑥ 《老子·六十五章》。

列宁教导我们说："物体世界生产于精神，产生于神的说法会得出世界是从无中创造出来的论调"。① 老子认为自然界是从"道"即"无"中派生出来的，难道不就是列宁所说的这种论调吗？

列宁教导我们说："在自然界和生活中是有着'发展到无'的运动。不过，'从无开始'的运动，倒是没有的。运动总得是从某个东西开始的"。② 老子认为，"道之动"是从"无"出发复归于"无"，即"复：无——有——无"，难道不就是列宁说的客观世界中"倒是没有的"现象吗？

如果人们把老子的哲学理论与列宁这一段表述对照一下，就很明显看出，列宁这一段话就好像是对老子哲学的描写和评判似的。据此，我们认为老子哲学是客观唯心主义哲学，这难道不是确信无疑的吗？

综合上述，我们认为老子哲学有下面四个特点：

第一，老子在他的"道"即"虚无"的基础上建立客观唯心主义的宇宙观。

第二，老子在他的"道"即"虚无"的基础上建立唯心主义的辩证法。

第三，老子在他的"道"即"虚无"的基础上建立愚昧主义的认识论。

第四，老子在他的"道"即"虚无"的基础上建立虚无主义的人生观。

以上四个特点，我们在前面都曾论及，但是为了更进一步探讨老子客观唯心主义宇宙观的秘密，同时也为了能借此弄清争论中的一些问题，我们认为有必要把老子的"道"派生自然界的具体过程作一次

---

① 列宁：《哲学笔记》48 页。
② 列宁：《哲学笔记》112 页。

更仔细的分析，以便更加明确老子客观唯心主义哲学的特点。

恩格斯说："凡断定说精神先于自然界存在，因而归根到底这样或那样承认创世说的人（在有些哲学家里，比如在黑格尔那里，创世说往往采取了比基督教那样还要混乱而荒唐的形式）便组成了唯心主义的营垒"。老子在唯心主义的营垒里是怎样承认创世说的呢？他采取怎样的荒唐的形式呢？他就是预先主观地虚构出一个先于自然界而独立存在的"道"，即"虚无"，然后通过"道之动"，"返"或"复"、"无——有——无""恍兮，惚兮"的过程派生出自然界，而承认"创世说"的。根据我们对老子的理解，老子虚构"道"（"无"）的派生自然界或者说"道"的"创世"有以下几个程序：

首先是"道""寂兮寥兮""独立而不改，周行而不殆"的存在在那里。

其次，"道""惚兮恍兮"之中产生了"象"，"象"是甚么呢？按老子的说法："……无状之状，无物之象，是谓惚恍"，可见在"惚恍"中的"象"还只是"无状之状"的，还没有"物"的东西。故老子说"大象无形，大道无名"。

再其次："恍兮惚兮，其中有物"，这时已产生出物了，而这个物经过"无状之状，无物之象"的过渡之后，它从"无"过渡到"有"了，所以它不再是"惚兮恍兮"，而是"窈兮冥兮"的了。但这还只是最原始的"有"。

第四，"窈兮冥兮，其中有精，其精甚真，其中有信"，于是就产生了天地。故老子说："有物混成，先天地生"。就是说"天地"是在"物"混沌中生成之后形成的。

第五，"无名天地之始，有名万物之母"。据说文："始，女之初也"，"母"则"象杯子形，一曰象乳子也"，这说明"始"与"母"是有着"始"为"母"之先，"母"为"始"之后的关系。所以老子说"天下有始，可以为天下母"。由此可见，天地形成之后，才产生出万物来。为什么天地会生万物呢？因为"其中有精"。"精"是什么？"精"就是生物借以繁殖的东西。老子说："未知牝牡之合而全作，精之至也。"① 由于"天地"中有"精"所以繁殖出万物来。这样在派生中就有着从少到多，从简单到复杂的过程。所以老子才说："道生一、一生二、二生三、三生万物"哩！

最后，"万物芸芸，各复归其根"，"天下万物生于有，有生于无。"于是万物又"复归于无极"——"道"。

如把以上几个程序示以图式，就是这样：

这就是老子所虚构的"道"，"无"创造世界的全部过程的图景。

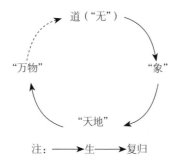

注：——→生 ——→复归

这个图景说明了什么呢？说明了以下几个甚为重要的问题：

第一，说明了老子在唯心主义营垒中，正如恩格斯所指出的归根到底是以这样的荒唐的形式承认，而且树立了"创世说"的。这就是说老子的哲学是很清楚的客观唯心主义哲学。

第二，说明了那些认为老子是唯物主义者的人所引用的论据是完全站不住脚的。其中被认为最重要最有力的论据是以下二段：

（1）"道之为物，惟恍惟惚。惚兮恍兮，其中有象；恍兮惚兮，其中有物；窈兮冥兮，其中有精，其精甚真，其中有信。"② 老子这一章，按照我们前面的图式过程的分析，正是老子的"道"派生自然界

① 《老子·五十五章》。
② 《老子·二十一章》。

或"创世"的过程的简要说明。但是把老子当作唯物主义者的人认为"道之为物……"说明"道"是属于哲学的物质范畴等等,这是完全不合老子哲学体系的,显然是违反老子原意的说法。因为"道之为物……"的"为"在这里是"造"的意思,这就是说"道"创造"物"是从"惟恍惟惚"地创造出来的。此后,老子就叙述了这个创造的过程。这不但符合老子的哲学原貌,而且在文章句法上也合乎逻辑的。由此可见,认为老子是唯物主义者,是没有根据的。

(2)"有物混成,先天地生"。[①] 把老子当作唯物主义者的人以此句为证也是站不住脚的。因为在这里,只是老子在叙述"道"即"无"创世过程以后所提及的这个过程中的一个阶段罢了,说明了"先天地生"的是"有物混成";但从老子的"道"全部创世过程来看,"物"却是从"象"、从"无"中派生出来的。由此可见,利用断章取义的办法,终归是无用的。

第三,说明了如果把老子这个完整的创世过程主观地片面地截为二段,就成为:

(1)道═══无──→象──→物;

(2)物──→天地──→万物──→道。

就(1)而论,结果将得出老子是唯心主义者;就(2)论,结果会得出老子是唯物主义者。哲学界对于老子哲学路线的争论所以弄不清楚,公说公有理,婆说婆有理,其原因也在于此,如果双方固执己见,不放弃这种主观片面的断章取义的研究方法,那争论将永远会是无结果的。马克思列宁主义是和主观、片面及断章取义的方法绝缘的。它总是从哲学家总的倾向上和体系上即其基本路线上来判定他们的哲学派别的。因此,我们断定老子哲学是客观唯心主义的结论,无疑是一个正确的结论。

---

① 《老子·二十五章》。

如果把老子的"道"创世图景和老子的"孔德之容,惟道是从"以及"人法地,地法天,天法道,道法自然"等等说法综合起来看,就可以得出这样的图式:

"道——自然界——玄德"

(无或神)(有、天地、万物)(人从"道",精神)

这和列宁在《哲学笔记》中介绍黑格尔所做的一个图式几乎完全一样。那就是:

"天——自然界——精神,打倒天,唯物主义"。①

这就是说,如果不打倒"天",黑格尔这个图式的实质是唯心主义的,就是客观唯心主义的。同样,如果不像列宁那样,打倒老子的"道",老子这个图式的实质就是唯心主义的,就是客观唯心主义的。但是,"道"却是老子哲学最顽固的基石,是老子哲学的核心。因此,我们研究老子就必须用革命的批判的精神,打倒老子的"道"来贯彻和发展唯物主义,这是中国哲学史家的最重要的任务之一。

---

① 列宁《哲学笔记》中文版 79 页。

重评王充论孔子

王充批评过谶纬迷信神化孔子的种种说法,批评过孔子本人的某些观点,如厚葬久丧,去食去兵等等。在"文革"的批林批孔运动中,这方面的内容被夸大、拔高,于是王充便被装点成反孔斗士。其实这是很片面的。从《论衡》全书看,王充对孔子很尊重,他认为孔子是作为"道德之祖"的圣人,伟大的教育家和文献家。他在三百多处引证孔子言论来证明自己的论点,他的人性论就是孔子性习说的进一步发挥,他的定命论源于孔子的天命观,不过更富于宿命论色彩。因此,说王充反孔是违反历史事实的。本文发表于 1987 年第 1 期的《孔子研究》。

由于众所皆知的原因,王充曾被虚构成反孔斗士的形象。《问孔》篇则被渲染成讨孔的檄文。其根据无非是王充曾自称"虽违儒家之说,合黄老义。"以及《问孔》中对孔子的某些逻辑反诘。这里,我们应首先弄清王充的本意。他反对的是将孔子神化的社会思潮,认为孔子是人不是神。作为人的孔子,则有着人本身所具有的是非功过。但在王充心目中,孔子仍然是一位伟大的历史人物。因此他受孔子学说的影响是相当广泛的,他对孔子的推崇是很高的。在此同时,王充也指出了孔子思想体系中的某些矛盾。下面,我们将从这样几个方面谈点自己的看法。

一、王充反对的是汉儒神化了的假孔子

王充所处的时代,正是谶纬神学极为盛行的时代。光武中元四

年（公元56年）宣布图谶于天下。谶纬神学遂成钦定官方哲学，统治着整个思想界。汉章帝建初四年（公元79年）的白虎观会议，则将谶纬神学更加理论化、系统化。为了巩固自身的政治统治和维护既得利益，封建统治集团及其御用学者，巧妙地利用孔子的巨大社会影响，借孔子口发出神学梦呓。如《孝经纬》说"（孔子）告备于天曰：《孝经》四卷、《春秋河洛》凡八十一卷，谨已备。天乃虹郁起，白雾摩地，赤虹自上下，化为黄玉，长三尺，上有刻文。孔子跪受而读之，曰：'宝文书，刘季握，卯金刀，在轸北，字禾子，天下服。'"这是说孔子得到天的启示，知道后世刘邦要做天子。又如《春秋纬》说："孔子曰：丘揽史记，援引古图，推集天变，为汉帝制法，陈述图录。"① 在这里出现在人们面前的孔子，已不再是凡人形象，而是能和上帝互通消息，代上帝发布指令的神。他之所以写书，主要是为汉代皇帝制定治国平天下的法则。但这决不是历史上的真孔子，而是被汉儒神化从未有过的假孔子。众所周知，王充是一位杰出的无神论者，一生以"疾虚妄"为己任。因此他对谶纬神学所塑造的神化了的孔子自然要进行无情的批判。他说："孔子见窍睹微，思虑洞达，材智兼倍，强力不倦，超逾伦等，耳目非有达视之明，知人所不知之状也。使圣人达视远见，洞听潜闻，与天地谈，与鬼神言，知天上地下之事，乃可谓神而先知，与人卓异。今耳目闻见与人无别，遭事睹物与人无异，差贤一等尔，何以谓神而卓绝？"② 王充不否认孔子的知识才能要超过一般人，孔子是一个圣人，但决不是神人，在王充看来，圣贤与神怪是有本质区别的。"神怪与圣贤，殊道异路也。圣贤知不逾，故用思相出入，遭事无神怪，故名号相贸易。故夫贤圣者，道德智能之号，神者，眇茫恍惚无形之实。实异，质不得同，实钧，效不得殊。圣神号不等，故谓圣者不神，神者不圣。"③ 这就是说，所谓圣

---

① 《公羊传序》疏引。
②③ 《论衡·知实》以下出自该书者仅注篇名。

贤，不过是对道德高尚、智识出众之士的尊称，它是真实可信的。可以在现实社会中找得到的，而神怪，则是虚无缥缈的代名词，是根本不存在的东西。因而圣贤与神怪二者不能相提并论。孔子作为圣人，是当之无愧的。如果因而说孔子可以"与天地谈，与鬼神言，知天上地下之事"，这就将孔子看作是神怪而不是贤圣了。事实上，孔子决不可能有这样的神通。纬书曾编造说孔子站在山东泰山之上可以看见苏州阊门之外系着的白马 ①。王充直言斥其为"虚言"。王充所持的依据仍是孔子"耳目闻见"、"遭事睹物"与别人"无异"、"无别"。通常"人目之所见，不过十里"②，站在泰山之上，是根本不可能见到苏州，更何况是苏州阊门之外系的一匹白马呢！所谓见到白马之说，这不过是骗人的神话。由此可以看出，王充反对的是汉儒将孔子神化的倾向和被神化的孔子。这与王充一生反神学的思想是一致的。王充是在将孔子还原成凡人的前提下，力求对孔子作出公允的评价。

二、王充认为孔子是无人能及的教育家

王充认为孔子教育人才的成就是空前绝后的。他说："孔门弟子七十之徒，皆任卿相之用，被服圣教，文才雕琢，知能十倍，教训之功而渐渍之力也。未入孔子之门时，闾巷常庸无奇，其尤甚不率者，唯子路也。世称子路无恒之庸人，未入孔门时，戴鸡佩豚，剪猛无礼，闻诵读之声，摇鸡奋豚，扬唇吻之音，聒贤圣之耳，恶至甚矣。孔子引而教之，渐渍磨砺，阊导牖进，猛气消损，骄节屈折，卒能政事，序在四科。斯盖变性使恶为善之明效也。"③王充认为孔子的七十多个门徒，在未接受孔子教育以前，都只是"闾巷常庸无奇"之辈，并不具备超众之才能，高尚之品质。其中子路是一个勇猛无礼，

---

① ② 《书虚》。
③ 《率性》。

作恶甚多的市井无赖。可是后来经孔子的长期教育，这些人知识才能有了很大的提高，堪充卿相之用，即使是子路，也懂得礼义，通晓政事了。王充指出，假使没有孔子，"七十之徒"，充其量只是一般的读书人罢了。他说："论者皆云：'孔门之徒，七十子之才，胜今之儒。'此言妄也。彼见孔子为师，圣人传道，必授异才，故谓之殊。夫古人之才，今人之才也。今谓之英杰，古以为圣神，故谓七十子历世希有。使当今有孔子之师，则斯世学者，皆颜、闵之徒也；使无孔子，则七十子之徒，今之儒生也。"① 这就是说，后世儒生之所以没有颜渊、闵子骞那样的德行与学问，关键在于缺乏像孔子这样善于培养人才之师，而不是今人资质才能不如古人。换句话说，只要有像孔子这样好的教育家，今之平常儒生，都可被造就成英杰之才。为什么资质平常的儒生，经过孔子的教育，就会有如此长足的进步的呢？王充认为，其中最主要的原因，就是作为教育家的孔子，具备广博的知识、高尚的道德。他推崇孔子为"道德之祖"②、"百世之圣"③、"周世多力之人"④。何谓力？王充解释说："博达疏通，儒生之力也。"⑤ 又说："《梓材》曰'强人有王开贤，厥率化民。'此言贤人亦壮强于礼义，故能开贤，其率化民。化民须礼义，礼义须文章，'行有余力，则以学文'，能学文，有力之验也。"⑥ 在王充看来，"扛鸿鼎，揭华旗"只是一种微不足道的"壮士之力"，而只有能"强于礼义"，通晓文章之儒，才是真正的"力"者。能够学文，就是有力的表现，而孔子"作《春秋》、删《五经》，秘书微文，无所不定"⑦，其力就非常人所及。如果说一般儒生是大木的话，那么孔子就是"山中巨木之类也。"⑧ 毫无疑问，和这样的"多力者"相处，就不能不受其影响。所谓"蓬

① 《问孔》。
② 《本性》。
③ 《别通》。
④⑤⑥⑦⑧ 《效力》。

生麻间，不扶自直；白纱入缁，不染自黑。此言所习善恶，交易质性也。儒生之性，非能皆善也，被服圣教，日夜讽咏，得圣人之操矣。"① 这也就是说，孔门七十之徒，从"闾巷常庸无奇"之辈，成为堪任卿相之才，是经过孔子长期熏陶，被孔子知识才能、道德操行影响所致。王充认为孔子非但亲自培养了当世的七十之徒，而且他的一些著述也使后世学者受益良多。《春秋》在孔子以前，不过是一部普通的鲁国编年史，但是经过孔子的笔删，"立义创意，褒贬赏诛"②，而赋予其新的涵义，从而列为儒家经典，成为封建知识分子必读教材。孔子在笔删《春秋》时，寄托了自己的最高社会理想，用他自己的话说就是："后世知丘者以《春秋》，而罪丘者亦以《春秋》。"③ 对此，王充给予极高的评价。他认为孔子笔删过的《春秋》，"采善不逾其美，贬恶不溢其过"④。有了《春秋》一书，后世就有了判断是非，臧否善恶的理论依据。《春秋》象征着"素王之业"⑤，实为治世不可缺少的法典。在这里，孔子是王充崇拜的楷模，而不是鞭挞的对象。因此说王充是反孔斗士，不是无知，就是欺骗。

三、王充肯定孔子"性相近、习相远"的人性论观点和以德治世思想

在人性论的问题上，王充并没有形成自己的独特见解，他基本上是奉孔子人性论为圭臬而展开的。王充说："九州田土之性，善恶不均。故有黄赤黑之别，上中下之差。水潦不同，故有清浊之流，东西南北之趋。人禀天地之性，怀五常之气，或仁或义，性术乖也；动作趋翔，或重或轻，性识诡也，面色或白或黑，身形或长或短，至老极死不可变易，天性然也。……余固以孟轲言人性善者，中人以上者也；孙卿言人性恶者，中人以下者也；扬雄言人性善恶混者，中人也。若

① 《程材》。
②④ 《超奇》。
③⑤ 《史记·孔子世家》。

反经合道，则可以为教，尽性之理，则未也。"① 王充从气禀说出发，认为人之性亦是禀气而成。气有渥薄，故而每个具体人之性是不同的，要对之具体分析，不能一概论之。他指出孟子、荀子、扬雄三家论性都各有所是，亦各有所偏。孟子所说的性善只适用于中人以上的圣贤，荀子的性恶论只符合中人以下的愚者。扬雄主张善恶混，只是中人之性。实际上王充对性的理解，和董仲舒的性三品说并没有原则分歧。所持的理论依据是孔子关于"生而知之者，上也；学而知之者，次也；困而学之，又其次也；困而不学，民斯为下矣"② 的论述。接着王充以孔子"性相近，习相远"之命题为指南，对告子的人性论进行了评论。他说："夫告子之言，谓人之性与水同也。使性若水，可以水喻性，犹金之为金，木之为木也。人善因善，恶亦因恶。初禀天然之姿，受绳一之质，故生而兆见，善恶可察。无分于善恶，可推移者，谓中人也，不善不恶，须教成者也。故孔子曰：'中人以上可以语上也，中人以下不可以语上也。'告子之以决水喻者，徒谓中人，不指极善极恶也。孔子曰：'性相近也，习相远也'。夫中人之性，在所习焉。习善而为善，习恶而为恶也。至于极善极恶，非复在习。故孔子曰：'惟上智与下愚不移。'性有善不善，圣化贤教，不能复移易也。孔子，道德之祖，诸子之中最卓者也，而曰'上智下愚不移'，故知告子之言，未得实也。"③ 平心而论，在各家论性的纷争中，告子主张性无善恶之分，相对地强调后天对性的影响，比较合理些，尽管这也不很科学。王充认为告子关于性的论述，和扬雄善恶混论一样，也是针对中人而言的，并不能概括所有的人性。在王充看来，关于人性的问题，只有孔子之说才是正确的。孔子既有"性相近，习相远"关于中人之性的论断，也有"惟上智与下愚不移"对上人与下人之性

①③ 《本性》。
② 《论语·季氏》。

的论述。告子的说法之所以错误，主要是违背了孔子"惟上智与下愚不移"的主张。显然，王充是把孔子的人性论作为判断衡量其他各家性论正确是否的准尺。凡是符合孔子的观点的说法，就是正确的，否则就是"未得实也"。

在如何治国安邦的问题上，王充也没有作更深的探索。但在其不多的论述中，人们还是可以看到孔子礼义观和以德治世主张对他的影响。王充认为对于一个国家来说，"礼义至重，不可失也。"[①] 谁要是以为只有耕战才有益于国，而礼义则无足轻重的话，那就从根本上错了。王充认为韩非重耕战、轻礼义的观点的错误，在于他一笔抹煞了礼义对治国的作用。王充指出："夫儒生，礼义也；耕战，饮食也。贵耕战而贱儒生，是弃礼义求饮食也。使礼义废，纲纪败，上下乱而阴阳缪，水旱失时，五谷不登，万民饥死，农不得耕，士不得战也。子贡去告朔之饩羊，孔子曰'赐也，尔爱其羊，我爱其礼。'子贡恶费羊，孔子重废礼也。故以旧防为无益而去之，必有水灾，以旧礼为无补而去之，必有乱患。"[②] 这是说治理国家，固然不能不重视耕战，否则就会缺少饮食，导致万民饿饥，无兵可战的状况。但是尤其要重视礼义，一旦废除礼义，情况就更加糟糕。王充认为礼义对于治国的作用好比防水之堤岸。有之，水不能为患，它的功用并不显著。然而万一撤销堤防，洪水就会立即泛滥成灾。王充认为孔子之所以不同意"子贡去告朔之饩羊"，就在于维系礼义，王充坚决反对韩非任刑不任德的治国之道。他认为虽然治国刑德不可偏废，必须"一曰养德，二曰养力"[③] 但相比之下，德比刑更为重要。他说："治国犹治身也。治一身，省恩德之行，多伤害之操，则交党疏绝，耻辱至身。推治身以况治国，治国之道当任德也。韩子任刑独以治世，是则治身之人任伤害也。韩子……以为世衰事变，民心靡薄，故作法术，专意于

———
①②③ 《非韩》。

刑也。夫世不乏于德，犹岁不绝于春也。谓世衰难以德治，可谓岁乱不可以春生乎？人君治一国，犹天地生万物。天地不为乱岁去春，人君不以衰世屏德。孔子曰："斯民也，三代所以直道而行也。"[①] 这是说，一个人要立足于世，没有德行尚且要招致耻辱，治理国家就更应该重视德的作用。盛世固然应该实行德治，衰世也应该以德治为主。绝对不能"以为世衰事变，民心靡薄"而"屏德"，"专意于刑"。因为无论世道如何衰薄，总不会没有德的，孔子说的"三代所以直道而行"，其依据就是"世不乏于德"。因此，无论在什么情况下，治国之道当以"任德"为主。王充关于治国之道的看法，虽不能说与孔子完全一致，但受孔子的影响非浅，则是可以肯定的。

四、王充受孔子"死生有命，富贵在天"命题的影响

一走进王充思想之厦，就可以闻到一股浓厚的命定论气味。不可否认，王充是一位有成就的素朴唯物论者，他提出了气一元论，认为"天地，含气之自然也。"[②] 天地万物，包括人在内，都是由"气"构成，自然而生。但同样不可否认，王充又是一个严重的命定论者，他说："凡人受命，在父母施气之时已得吉凶矣。"[③] 又说："凡人遇偶及遭累害皆由命也，有死生寿夭之命，亦有贵贱贫富之命，自王公逮庶人，圣贤及下愚，凡有首目之类，含血之属，莫不有命，命当贫贱，虽富贵之，犹涉祸患矣；命当富贵，虽贫贱之，犹逢福善矣。……命则不可勉，时则不可力。知者归之于天，故坦荡恬忽。"[④] 在王充看来，这种与人的意志全然无关的命，决定着人后天的一切。王充命定论的产生，其根源深藏在当时的社会之中，他一生怀才不遇，历经坎

---

① 《非韩》。
② 《谈天》。
③ 《命义》。
④ 《命禄》。

坷，面对着严酷的社会现实而又无力抗争。依靠自身的力量，他无法改变自己乖蹇之命，这就很容易使之产生命运不可捉摸之感，他从心底里发出了"命厚禄善，庸人尊显；命薄禄恶，奇俊落魄"的感叹。但是，王充命定论的最后形成却与孔子天命论有着极深的渊源。关于这一点，王充说得很清楚。"孔子曰：'死生有命，富贵在天'。鲁平公欲见孟子，嬖人臧仓毁孟子而止，孟子曰'天也!'孔子，圣人；孟子，贤者。诲人安道，不失是非，称言命者，有命审也。"① 在这里，王充是把孔子"死生有命，富贵在天"命题，作为自己命定论的理论基础。在他看来，连孔孟这样的圣贤都承认人后天的遭遇，完全取决于先天之命的安排。因此命的存在是无可怀疑的，王充在《自纪》中说："充性恬淡，不贪富贵。为上所知，拔擢越次，不慕高官；不为上所知，贬黜抑屈，不恚下位。比为县吏，无所择避。或曰：'心难而行易，好友同志，仕不择地，浊操伤行，世何效放？'答曰：可效放者，莫过孔子。孔子之仕，无所避矣，为乘田委吏，无于邑之心，为司空相国，无说豫之色。"② 王充认为人生在世，应随处而安。无论是拔擢越次，还是贬黜抑屈，都是命中注定的。他自己就以孔子为效放楷模而乐天安命。王充认为像孔孟这样的圣贤，由于命运不济，终身不遇明主圣君，故而不能成功立业，以致"生无尺土，周流应聘，削迹绝粮。……死于阙里。"③ 由此可以看出，王充命定论是以孔子天命论为酵母发展起来的，王充与孔子所不同的是，孔子虽然强调天命，但尚未完全取消人事，而王充则认为"命"决定一切，将一切偶然膨胀为必然，基本上否认了人在社会活动中的主观努力的作用，仅就这一点而言，王充不是比孔子进步了，而是确确实实地退步了。

---

① 《命禄》。
② 《自纪》。
③ 《幸偶》。

五、王充也指出了孔子思想体系中的内在矛盾

如前分析，王充是相当尊崇孔子的，并受孔子学说多方面的影响。但是王充坚持认为孔子是人不是神，他不可能没有缺点，他说的话也不能每句都是真理。王充指出："夫贤圣下笔造文，用意详审，尚未可谓尽得实，况仓卒吐言，安能皆是？"① 正是基于这种认识，他不随波逐流，坚持独立思考，依据大量的史实，运用逻辑的力量，很有见解地指出了孔子思想体系中的矛盾。他说："案贤圣之言，上下多相违；其文，前后多相伐者。"② 王充响亮地提出了"苟有不晓解之问，追难孔子，何伤于义？诚有传圣业之知，伐孔子之说，何逆于理？"③ 这和当时"非必须圣人教告，乃敢言也"的风气，形成了极其鲜明的对照。

首先，王充在认识论上不同意孔子"生而知之"的观点。他说："不学自知，不问自晓，古今行事，未之有也。"④ 又说："天地之间，含血之类，无性知者。"⑤ 还说："实者，圣贤不能性知，须任耳目以定情实。其任耳目也，可知之事，思之辄决，不可知之事，待问乃解。天下之事，世间之物，可思而知，愚夫能开精，不可思而知，上圣不能省。"⑥ 王充认为从古到今，无论是谁，都不可能"性知"，世界上的事情有的要先以"耳目以定情实"，然后经过思索就可以弄明白，而有些事情单凭自己闻见与思索仍弄不明白，必须向别人请教才行，所谓"待问乃解"、"学之乃知"。王充的这个观点坚持了唯物主义认识路线，而与孔子的"生而知之"先验论相对立。王充不仅否认"生而知之"的观点，而且坚决否认孔子是先知者。他在《知实》中，运用了大量人们熟知的史实驳斥了所谓孔子是先知者的说法。他

---

① ② ③ 《问孔》。
④ ⑤ ⑥ 《实知》。

说："颜渊炊饭，尘落甑中，欲置之则不清，投地则弃饭，掇而食之。孔子望见以为窃食。"① 又说："匡人之围孔子，孔子如审先知，当早易道以违其害，不知而触之，故遇其患。"② 像这类叙述，在王充著作中，尚可见多处。这些材料都是史籍明文所载，从而更显示了不可辩驳的逻辑力量。

其次，王充不同意孔子治国轻视足食的观点。《论语》曾载："子贡问政，子曰：足食、足兵、民信之矣。子贡曰必不得已而去，于斯三者何先？曰：去兵。子贡曰：必不得已而去，于斯二者何先？曰：去食。自古皆有死，民无信不立。"③ 孔子认为治理国家，应当具备足够的粮食和军备，取信于民。而在"食"、"兵"、"信"三者中，以"信"为最重要。要维持国家生存，在万不得已的情况下，宁可去食与兵，而保存"信"，因为自古以来，人总是要死的，没有粮食，充其量饿死几个人，没有足够的军事力量，大不了屈从于强国，而没有"信"，国家连一天都难以维持。无疑，孔子在此流露了轻视"足食、足兵"的倾向。这引起了王充的问难。他说："使治国无食，民饿，弃礼义，礼义弃，信安所立？传曰：'仓廪实，知礼节；衣食足，知荣辱'。让生于有余，争生于不足。今言去食，信安得成？春秋之时，战国饥饿，易子而食，析骸而炊，口饥不食，不暇顾思义也。夫父子之思，信矣，饥饿弃信，以子为食。孔子教子贡去食存信，如何？夫去信存食，虽不欲信，信自生矣；去食存信，虽欲为信，信不立矣。"④ 王充认为食是礼义的物质基础。统治者要取信于民，其前提就是要使民"足食"，民食充足，"信"的问题就会自然而然地解决。相反，粮食匮乏，百姓饥饿不堪，也就无所谓信。因此，王充认为"孔子教子贡去食存信"，实在是本末倒置，不知重轻。尽管王充的这一

---

① ② 《知实》。
③ 《论语·颜渊》。
④ 《问孔》。

看法尚有商榷之处，但相比之下，则比孔子的观点合理些。

再次，王充反对孔子提倡的厚葬久丧。孔子曾说："禹，吾无间然矣，非饮食而致孝乎鬼神"①，又说："子生三年，然后免于父母之怀。夫三年之丧，天下之通丧也"②。在孔子看来，大禹宁可自己平时饮食简朴，也要将大量的财物孝敬鬼神，这种举动无可挑剔。子女为报答父母的养育之恩，替父母守丧三年，是天经地义的。孔子这些观点成为儒家厚葬久丧的理论根据，所造成的社会危害是相当大的。社会上出现了"破家尽业，以充死棺，杀人以殉葬，以快生意。"和"竭财以事神，空家以送终"③的现象。对此，王充极为反感。他提出了相当严厉的批评。应该说明，王充不反对应当孝事父母，他认为父母活着的时候，子女尽心竭力孝顺父母，不仅是必要的，而且也是应该的。就这一点，他和孔子并无分歧。但是王充是无神论者，他不相信世界上有鬼神存在。人死之后就云消雨散，不复存在。因此厚葬久丧对死者来说是无益之举，而对生者却极为有害。他针对儒家关于"丧祭礼废则臣子恩泊；臣子恩泊则倍死亡先，倍死亡先则不孝狱多"的观点，指出："圣人惧开不孝之源，故不明死无知之实。异道不相连，事生厚，化自生。虽事死泊，何损于化？使死者有知，倍之非也。如无所知，倍之何损？明其无知，未必有倍死之害；不明无知，成事已有贼生之费。"④王充认为生者有知，死者无知，故而事生之道和事死之道是不同的。事生应该丰厚，否则就是对父母不孝，不利于教化。这是因为生者有知。如果死者同样有知的话，那么厚葬久丧就无可厚非。但问题是死者无知，所以事死菲薄，并不是不孝，对死者也无所谓损害。王充认为孔子为了有利于教化，加强人们对生者

---

① 《论语·泰伯》。
② 《论语·阳货》。
③④ 《论衡·薄葬》。

之"孝"，故意不说破死生有别，不点明死者无知这样的基本事实。殊不知这样一来，厚葬久丧之风一发而不可收，这样做，对死者并没有什么好处，但却白白地浪费了生者大量的生活之费用。从这个意义上说，孔子"不明死无知之实"的做法，是极其有害的。王充"死无知"的论断，不仅闪烁着无神论的光芒，而且对于当时社会上流行的厚葬久丧之风，是一个有力的纠正。

与此同时，王充还指出了孔子在《论语》中的不少前后矛盾之处。一篇《问孔》说得颇为详尽，在此不一一赘述了。王充的结论是孔子"言无定趋，行无常务"①，由于孔子在封建社会中的地位，王充对孔子的微词，竟成了王充"非圣灭道"的证据，这大概就是某些人断定王充反孔的有力佐证，其实这是经不起事实推敲的。我们认为这正是王充的过人之处。王充并不否认孔子是一位伟大的历史人物，值得仿效的圣人。据清人熊伯龙统计，一部《论衡》引孔子观点为自己立论依据就有三百多处，这足以证明孔子在王充心目中的地位是何等重要。同时王充又坚持认为孔子不是神人、完人，他反对汉儒神化孔子的倾向，比较客观地指出了孔子思想体系中存在的若干矛盾，王充对孔子的批评，应该说有对有错，这正如他对孔子的推崇有对有错一样。虽然，王充对孔子的评价说不上科学，但是他敢于对封建社会中的第一位圣人坚持一分为二的客观分析，其本身就是惊世骇俗之举，具有极大的可贵的理论勇气。

---

① 《问孔》。

何承天对佛教的批判

　　本文是 1996 年南京大学出版社出版的《范缜评传》书后所附《何承天评传》之第三章。何承天是四、五世纪之交的东晋思想家，精通经史百家，尤长于历算、音律，是当时著名天文学家。他对佛教神不灭论、因果报应和空、无思想所作的批判，为范缜反佛理论的前驱。

　　本文论述了何承天与僧人宗炳的有关形神问题的争论，坚持"生必有死、形毙神散"的观点，并袭用两汉时期思想家以薪火喻形神的方法，说明"形神相资"的道理。驳斥神不灭论。他又认为佛教的因果报应说是"乖背五经、故见弃于先圣"，违背儒家经典和先贤遗训。但更主要的是何承天用自然科学实证的方法，证明因果报应说的虚妄。以为任何事皆"远由近验、幽以显著"如欲知日月之运行就当凭借测天器进行观察。何承天用种种实例来论证佛教三世轮回说的荒谬。

　　何承天从一般的常识来批驳佛教的"空无"说，指出佛教讲"空无"的虚伪性。同时也指出佛教的"空无"与道家的"虚无"不同，认为道家主张"自生入死"、"自有入无"是自然界的必然规律。而佛教口头讲"空无"而实"爱欲未除"、"当以祈利"者。本文最后说明何承天站在儒家立场批评崇佛抑儒的观点、赞扬儒家"弘日新之业"积极入世的精神。然何承天在无神论的理论上也存有明显的缺陷，狭隘的儒家立场使之囿于儒经的教条而没有彻底否认鬼神的存在。但他的成就和贡献是主要的。

　　作为思想家的何承天，他的主要贡献是在对佛教神不灭、因果报应和空无思想所作的批判。这在当时产生很大影响，并构成了范缜反佛的理论前驱。

　　根据我们今天所能见到的材料，何承天反对佛教的斗争是在慧琳写成《黑白论》之后，而且至少有三次。第一次大约就在慧琳写成《黑白论》以后不久，由于何承天把这篇文章寄给宗炳看而引起的争论，现《弘明集》卷三收有他们之间来往的书信五篇，就是这次争论的产物。第二次是在第一次争论之后不久，由于宗炳针对慧琳的《黑白论》写了《明佛论》，于是何承天写了《达性论》以驳斥宗炳的《明佛论》而引起与颜延之的争论，现存《弘明集》卷四也有他们之间来往的书信五篇，当是此次争辩的产物。第三次是何承天作《报应问》，而与刘少府发生的争论，现《广弘明集》卷一八所收的刘少府《答何承天》一文，就是这次论辩的产物。

　　从这三次争论来看，何承天是在三条战线上作战：他用慧琳的《黑白论》去和宗炳争论，又用自己的《达性论》和颜延之往复辩难，最后，又以自己的《报应问》和刘少府应答。通过这三次争论，参加的人数多了，涉及的面也广了，对问题的认识也更加深入了，并且也引起了宋文帝刘义隆的兴趣。刘说："范泰、谢灵运常言，六经典文，本在济俗，为政必求性灵真奥，岂得不以佛理为指南邪！近见颜延之折《达性论》，宗炳难《白黑论》，明佛法深，尤为名理，并足开奖人意，若使率土之滨，皆敦此化，则朕坐致太平矣，夫复何事"[①]。

　　综观这几次争论，何承天继承和发展了东晋以来反对佛教的基本思想。他对佛教的批判可以归结为以下几个方面。

一、对"灵魂不灭"论的批判

　　佛教在传入中国后相当长的一个时期最重要的信条就是"灵魂不灭"、"因果报应"的说教。东晋的袁弘在《后汉纪》中也说：佛教"以为人死精神不灭，随后受形。生时所行善恶，皆有报应。故所

---

① 《广弘明集》卷一《宋文帝集朝宰论佛教》。

贵行善修道，以炼精神不已，以至无为，而得为佛也。"宗炳的《明佛论》的重点也在论证"神不灭"。他认为"人形至粗，人神实妙"，"形体"和"精神"是两种根本不同的实体，因此"形体"灭而"精神"不灭。人们之所以会有种种痛苦就在于"精神"与"形体"结合，这样就要在轮回之中受到报应。如果能够把"精神"修炼得不再更受形，"精神"才可与"形体"绝缘而"虚明独运"，这样的"精神"就成为"法身"，"法身乃无身而有神"。佛教的这一"神不灭"理论正是其"三世轮回"、"因果报应"的基础。因为如果没有一个"主体"的承担者，那么所谓的"轮回"和"报应"也就没有着落了。但肉体是要死灭的，它不可能成为"轮回"、"报应"的承担者，因此佛教就提出了看不见又摸不着的"精神"为"三世轮回"、"因果报应"的主体承担者。因之，要批判佛教就必须首先批判它的"神不灭论"。

从何承天和宗炳第一次论战中往返的几次书信来看，他们两人关于形神问题争论的核心问题有二：一是佛教的灵魂不灭的佛理是否真实可信？二是用薪火喻形神应如何理解？

宗炳在《明佛论》中着重论述了神不灭的道理。他开宗明义地指出："群生之神，其极虽齐，而随缘迁流，成粗妙之识，而与本不灭矣。"其意是说，人的精神是不能遗传的，故它必定另有来源，它存在于人出生之前："既本立于未生之先，则知不灭于既死之后矣。"宗炳接着发挥慧远神妙形粗的观点，指出神不是由形所生，而是和形相合；它既不随着形的产生而产生，也不随着形的灭亡而灭亡（"神非形作，合而不灭"）。他进一步论证说："若使形生则神生，形死则神死，则宜形残神毁，形病神困"，而事实却不是这样："据有腐则其身或属纩临尽，而神意平全者，及自牖执手，病之极矣，而无变德行之主，斯殆不灭之验也。"宗炳还一步指出，像五岳四渎，不过只是水土的聚积，如果承认它们有灵，那就更加表明，神不过是"感托岩流，肃成一体，设使山崩川竭，必不与水土俱亡。"总之，神与形其来源不同，它们成为一体，只不过是因缘和合罢了。所以，神是不会随着形体的消亡而消亡的。

何承天坚持把形与神看成是一体的，认为形体与精神是互相依靠的，并用"有生必有死"的观点来反驳佛教的"神不灭论"。他说："生必有死，形毙神散，犹春荣秋落，四时代谢，奚有于更受形哉？"①何承天用自然界的现象来说明"生命"现象，他认为人之所以有生有死，形体不存在精神也就消散了，这就像自然界中有"春荣"就必有"秋落"的"四时代谢"一样。人是自然界的一部分，有其自然的本性。有生就必有死既然是一种自然现象，那就不存在什么人死了之后"精神"还不死而又更受形的道理。他在《答宗居士书》中说："明天地之性者，不致惑于迁怪；识盛衰之径者，不役心于理表。"何承天在这里提出的"生必有死"的命题是正确的。他坚持形体与精神的统一，坚持用自然界"生必有死"的自然规律来说明生命的现象，反驳佛教的"神不灭论"，有着积极的理论意义。

何承天在《答宗居士书·释均善论》中对形神的统一关系又论证说："形神相资，古人譬以薪火。薪弊火微，薪尽火灭。虽有其妙，岂能独传。"何承天在这里论证说，形体和精神是互相依靠的，古人曾用薪火来比喻其间的关系。柴火快烧完了，火也就小了；柴火完全烧尽了，火也就熄灭了。虽然火也有它的妙用，可是哪能独自传化呢？何承天在这里承认火或神的灵妙，不同于薪和形气的粗，但即或如此，火还是不能独传。何承天的这一思想虽然并没有超出汉朝的一些唯物主义哲学家如桓谭、王充等对"形"、"神"关系的论述，但他用这个理论来批判佛教则是有其现实意义的。宗炳感觉到了这个比喻对佛教的威胁，他说"夫火者，薪之所生，神非形之所作。""精神

---

① 《达性论》。

极则超形独存。无形而身存，法身常住之谓也。"① 宗炳弥补了薪火之喻中无独燃之火的缺陷，指出形神关系不等同于薪火。火不独燃，但神可独燃。由此可见，以薪火喻形神，其缺点已经表面化了。这也表明，人们对精神的认识，已在逐渐深化。这有利于启发后来者范缜。范缜已不再使用薪火喻形神，而是把"形"和"神"的关系看成是"质"和"用"的关系，即认为"精神"是"物质"的作用，"形存则神存，形谢则神灭"，使这一问题的认识，更加深入了。这也说明，前人的理论辩难，有利于后人思维的深化，把问题的认识推向前进。

现在看来，何承天用"有生必有死"和"薪火之喻"来驳斥佛教的"神不灭论"，虽有其现实的进步意义，但从理论上来看，也有其理论上的局限与不足。说"有生必有死"在理论上自然是正确的，但用来反驳"神不灭论"则显得有些简单。因为佛教在这一问题上是采用了诡辩的手法。佛教认为，"形体"是有"生"的，所以"形"有灭；但"精神"是无始的，所以也是不灭的，它是能脱离"形体"而"独存"成为"法身"，达到"涅槃"境界的。所以慧远说："神也者，圆应无生，妙尽无名，……感物而非物，故物化而不灭"。② 固然，佛教所宣扬的"精神"是无生的观点是错误的，并且没有任何的根据，但何承天没有能针对这一点对佛教的错误观点加以反驳，而是简单地从"有生必有死"来论证"形毙神散"，这是不能彻底解决问题的。还有，用薪火喻形神的观点也有其严重的局限性，因为此一薪燃完了，另一薪是可以接着再燃烧的，火是可以从一块薪传到另一块薪的，但是"形"和"神"的关系却不同，"精神"是决不能由一个形体传到另一形体的。东晋时期的慧远曾抓住火可以从一薪传到另一薪的事实来论证"神"也可以从一形传到另一形，这虽说是诡辩，

---

① 《弘明集》卷三《答何衡书》之二。
② 《沙门不敬王者论》。

但也不能不说是钻了"以薪火喻形神"理论的空子。这些问题在范缜那里才得到很好的解决。范缜不再用薪火喻形神了，而是把"形"和"神"的关系看成是"质"和"用"的关系，并在"形质神用"唯物主义形神一元论观点的基础上，提出"精神"是活着的人的"质"才具有的特殊的作用，"形存则神存，形谢则神灭"，这就杜绝了把"形"和"神"看成是两个根本不同的实体的谬说，因而具有着重要的理论意义。

宗炳在《答何衡阳书》中还有一个论点，即认为："泥洹（按：即'涅槃'）以无乐为乐，法身以无身为身，……若诚能餐仰，则耽逸稍除，获利于无利矣。又何关利竞之俗乎！"[1] 这是宗炳针对《黑白论》中慧琳批评佛教是"施一以缴百倍"而提出的反驳。他认为"涅槃"并非追求安乐，而是"以无乐为乐"，"法身"乃"无身而有神"，因此修炼"精神"使之"虚明独照"，不再与形体结合，而达到"涅槃"境界，这并不是为了得到什么利益，而是"以无利为利"。何承天批评说："泥洹以离苦为乐，法身以接苦为身，所以使餐仰之徒，不能自绝耳。果归于无利，勤者何获？而云获于无利耶？此乃形神俱尽之证，恐非雅论所应明言也。"[2] 其大意是说，佛教所讲的"涅槃"实际上是要求"以离苦为乐"，"法身"是以"接苦为身"，如果依你所说信仰佛教真的不是为了得到什么利益，那么"神"就应无所谓得到或得不到"涅槃"了，这不正好证明形神都是同时消灭的吗？何承天的这个反驳对于揭露佛教的虚伪性是颇为有利的，但用来论证"形神俱尽"还有些勉强，不够有说服力。

在关于形神问题的论辩上，何承天也有明显的失误，这主要表现在他一方面主张"形毙神散"，而另一方面又承认祭祀，肯定了儒

---

[1] 《弘明集》卷三。
[2] 《弘明集》卷三《释均善论》。

家的祖先崇拜。他在《答宗居士书》中说："春耕秋收，蚕织以时。三灵格思，百神咸秩。方彼之所为者，岂不弘哉。"在《达性论》中说："诗云'恺悌君子，求福不回'，言弘道之在已也。'三后在天'，言精灵之升遐也。"① 这样在他的思想里实际上就包含着矛盾。何承天的另一个论敌在与何辩论时就抓住了这一漏洞反驳说："若精灵必在，果异于草木，则受形之论，无乃更资来说，将由三后粹善，报在后天邪。欲毁后生，反立升遐；当毁更立，固知非力所除。若徒有精灵，尚无体状，未知在天，当何凭以立。"② 认为既承认有"精灵在天"，就得承认有来世报应，承认"精灵"有凭依的实体。由此也可证是"形尽而神不灭"的，人生有来世的道理也是否定不了的。何承天对此的回答是："神魄惚悦，游鬼为变"③，虽说有精灵，但"精灵"是一个恍恍惚惚、没有实体因而不可捉摸的东西，所以圣人"仲尼（孔子）屈于知死"④，是不去讨论它的；另一方面他又解释说，过去人们说"三后在天，精灵升遐"是"以鬼神为教，乃列于典经，布在方策"⑤，完全是一种"神道设教"的说法，同时也表示人们对祖先的崇敬。但是说到底，何承天还是承认了有"鬼神"的存在，只不过把"鬼神"说成是有形质的生类，这就十分错误了。显然，何承天在这一方面的错误与局限具有一定的代表性，这一问题在中国古代无神论史上似乎都没有能够很好地解决。即使后来者如范缜，也存在同样的错误与局限。如范缜在《神灭论》中最后说："妖怪茫茫，或存或亡"，"有禽焉，有兽焉，飞走之别也。有人焉，有鬼焉，幽明之别也。"范缜虽然反对人死为鬼可更受形，但也承认有一种看不见的东西曰"鬼"，这同样是错误的。

---

① 《弘明集》卷四。
② 《释达性论》。
③④ 《答颜永嘉》。
⑤ 《重答颜永嘉》。

二、对"因果报应"说的批判

在中国传统的思想中有着所谓"福善祸淫"的说法，认为为善的人会由上帝给以善报，或其子孙得到报答；而为恶的人会由上帝给以惩罚，或殃及其后代。这一传统的思想与佛教的因果报应说进一步融合，变得精致起来。佛教认为，人们之所以会有种种苦难，完全是由于其自身的"无明"、"贪爱"所造成的结果，有着什么样的因，也就会造与之相应的果，这中间的因果关系是必然的。如东晋时的大和尚慧远就曾指出，人生在世，"无明为惑网之渊，贪爱为众累之府。二理俱游，冥为神用。吉凶悔吝，惟此之动。无明掩其照，故情想疑滞于外物；贪爱流其性，故四大结而成形。形结则彼我有封，情滞则善恶有主，有封于彼我，则私其身而身不忘。有主于善恶，则恋其生而生不绝。于是甘寝大梦，昏于所迷；抱疑长夜，所凝惟著。是故失得相推，祸福相袭。恶积而天殃自至，罪成则地狱斯罚。此乃必然之数，无所容疑矣！"意即无明则私己爱物，贪爱则儿女情长，生生不已。这样世世造孽，越积越重，"心以善恶为形声，报以罪福为影响"，最后报应自然到来，遭受天殃，堕入地狱[1]。但是，在现实社会生活中，明明有的人一生勤苦，结果还是无衣无食，转死于沟壑；有的人小心翼翼，却飞来横祸；而有的人作恶多端，却又享尽人间富贵，善终老死。因此，对传统的"天道福善祸淫"的说法早就有人表示怀疑。对于这些疑惑，慧远进一步提出了"三报"说，加以圆融解释。慧远的"三报"说也为宗炳所继承。

何承天在和宗炳的辩论中，宗炳曾提出"众圣老庄，何故皆云有神明。若有神明，复何以断其不实如佛言。"[2] 何承天回答说："明有

---

[1] 《明报应论》。
[2] 《答何衡阳书》。

礼乐，幽有鬼神，圣王所以为教，初不昧其有也。若果有来生报应，周孔宁当缄默而无片言耶？"由此我们可以看出，何承天在反对"神不灭"的问题上虽有其局限不够彻底，但在反对"三世轮回"、"因果报应"的问题上则十分地坚决，而且他反对佛教的"神不灭"主要的目的也在于否定"三世轮回"、"因果报应"。

宗炳报应说的基本立场，仍是慧远的三报论，但他也提出了自己的进一步论证。他说："夫辰月变则律吕动，晦望交而蚌蛤应，分至启闭而燕雁龙蛇飒焉出没者，皆先之以冥化，而后发于物类者也"①。这个说法从理论上来说是基本正确的。燕雁龙蛇的活动与分至启闭确有直接的关系。"先之以冥化"也可以理解为自然界在悄悄地发生着变化，到了一定的时候，变化的后果也就出现了。它强调的是自然现象的出现不是无原因的、突然的，而是先前一系列不易觉察的变化的后果。但问题的关键是，宗炳在这里使用了错误的推理法，由此得出了错误的结论。他说："今所以杀人而死，伤人而刑，及为缧绁之罪者，及今则无罪，与今有罪而同然者，皆由冥缘前遘，而人理后发矣"②。燕雁龙蛇的活动，是由于气候的变化对它们生存条件或生理状态的影响，这里的每一个条件都是实在的。但因果报应的前提是灵魂不死，这个前提却是虚假的。宗炳由此得出结论说："夫幽显，一也。夫蚌遘于幽而丑发于显既无怪矣，行凶于显而受毒于幽，又何怪矣。"③ 报应说就这样被证明了。

从报应说出发，宗炳对历史上的长平事件和项羽坑杀秦卒这两件事作出了自己的解释。他认为那被坑杀的"六十万人，虽当美恶殊品，至于忍咀群生，恐不异也。""害生同矣，固受害之日固亦可同。"④ 宗炳解释说那六十万人被坑杀的原因是因为他们吃鸡彘犬羊的杀生行为造成的，故他们同日遇害也就是理所当然的了。"若在往生，

---

①②③④ 《明佛论》。

能闻于道，敬修法戒，则必不坠长平而受坑马服矣"①。这么说来，这六十万人的悲惨命运乃是由于他们不信佛法所造成的。

何承天作《报应问》，依据当时的科学和常识对佛教的"报应说"进行了批驳，他说："报应说""言奢而寡要"、"譬迂而无征。"何承天在《报应问》一文中写道：

> 夫鹅之为禽，浮清池，咀春草，众生蠢动，弗之犯也。而庖人执焉，鲜有得免刀俎者。燕翻飞求食，唯飞虫是甘，而人皆爱之，虽巢幕而不惧。非直鹅燕也，群生万有，往往如之。是知杀生者无恶报，为福者无善应。

何承天批驳说，佛教不是说杀生要遭受报应吗？但天鹅在池塘中浮游只吃青草，不吃荤腥，却要被厨师杀了给人吃；而飞燕飞来飞去，专吃虫子，可是人们却很喜爱保护它。不但天鹅和飞燕如此，"群生万有"也往往是这样，"杀生者无恶报，为善者无善应。"何承天又进一步推论说："若谓燕非虫不甘，故罪所不及。民食刍豢，奚独婴辜？"这就是说，如果飞燕的本性就是食虫，所以不受惩罚，那么人喜吃猪羊，也是人的本性，可为什么确要受处罚呢？何承天由此得出结论说："西方说报应，其枝末虽明，而即本常昧"。何承天认为对待天地间种种现象的态度应该是："欲知日月之行，故假察于璇玑（古代测天象的器具）；将申幽冥之信，宜取符于见事。故鉴燧悬而水火降（古代用鉴取水，用阳燧取火），雨宿离而风云作（古代天文学认为月离于毕，即将下雨）。斯皆远由近验，幽以显著者也。"在这里，何承天对"报应说"的批判是有一定的说服力的。如果说真的依佛教所说有所谓的"报应"，那就应当是一种普遍适用的规律，可是"报

---

① 《明佛论》。

应"说不仅不能普遍适用，而且与事实相反。何承天进一步指出，学说是否正确需要在实际中考察，即使是一些不大显著的、离我们较远的事情也可以借助于一些器具去认识，而不能不顾事实、不由实际验证地瞎说一气。何承天在和颜延之的争论中又进一步提出了验证的要求，颜延之说："物无妄然，必以类感"①。也就是说，任何事物的发生都是有原因的，原因就是同类感召，善行得善报，恶行得恶报。何承天说：果真如此，那么就会"常善以救，善亦从之。势犹影表，不虑自来"②，并且会使"类感之物，轻重必伴，影表之势，修短有度"。也就是说，报应就应该像立表测影一样，不仅立竿见影，而且"轻重必伴"，"修短有度"，报应时轻重也应分毫不差才是。但在实际上，那些"致饰土木，不发慈悲之心"的人，却得不到惩罚，而"顺时搜狩，未根惨虐之性"者，却要受到恶报。"立法无衡石，一至于此"③。所主张的原则是如此的没个标准，又怎能让人相信。何承天的反驳无疑是有力的，其思想也是正确的，这都得益于他对自然科学的了解。

对何承天的《报应问》，宗炳没有作答。作答的是某少府刘氏，姓名不详。这位刘少府和宗炳一样，也借用自然界的因果链条来证明因果报应。他说："若许因果不谬，犹形之与影，征要之效，如合符也。若日月之行，幽明之信，水火之降，风云之作，皆先因而后果，不出感召之道"④。佛教的因果报应也是这一道理："若鹅之就毙，味登俎鼎，燕之获免，无取盐梅。故鹅杀于人，犹虫死于燕。鹅虫见世受，人燕未来报。报由三业，业有迟疾。"鹅虫的被杀，或许是它们前世干了什么坏事。人燕的杀生，说不定在几生几世后也会遭到报应。由此可见，刘少府的立论基础，仍然是慧远的《三报论》，并未

---

① 《重释何衡阳》。
②③ 《重答颜光禄》。
④ 《答何衡阳书》。

提出什么新的有价值的东西，他所申说和坚持的，仍然是无法验证的三世轮回说。因此，要驳倒佛教的因果报应说，就必须彻底批判否定佛教的"来世"说。

实际上，佛教的"报应"说与其"来世轮回"说是紧密相联的，因为佛教所说的报应不仅可实现于现世，而且也可实现于二世、三世乃至于千世、万世。来世报应的表现形态就是参与六道轮回，即行善者来世为人、升天，为恶者则来世下地狱、成饿鬼、畜生。他们为了论证这一点，说什么"物无妄然，必以类相感，常善以救，善亦从之，势犹影表，不虑自来。"① 因此，反对佛教的"报应"说也就必须批判其"来世轮回"的观点。

何承天又著《达性论》，依据《易传》的世界观，论证儒家的道德说教出于人的本性，并从人畜本性的根本不同去驳斥佛教的因果报应和轮回转世说。何承天在《达性论》中说："人非天地不生，天地非人不灵"。人"禀气清和，神明特达，情综古今，智周万物，妙思穷幽赜，制作侔造化"。这个论点是说，人是从天地中产生的，是万物中最灵智的东西，人能制定各种制度，从事道德生活，人的本性是勤俭、朴素和仁慈。人和动物有着如此的区别，又怎么能够"与夫飞沉蠕蠕，并为众生哉"！又说："生必有死，形毙神散，犹春荣秋落，四时代换，奚有于更受形哉。"这也就是说，人和动物是不同的，因此不能把它们都归为一类，都视作众生。而且生必有死，形体朽败，精神消散，不可能"更受形"，更不可能转生成飞沉蠕蠕这些所谓的众生。这也就从根本上斩断了轮回报应的链环。

何承天还指出："譬报应于影响，不亦善乎！但影响所因，必称形声；寻常之形，安得八万由旬之影乎！"② "由旬"是印度计算长度

---

① 见何承天《重答颜光禄》中所引颜文。
② 《答宗居士书》。

的单位，一由旬自四十里至八十里不等。何承天在这里指出，佛教把报应比作"影响"，但"影响"的成因，必定是有形才会有影，有声才会有响，但是我们没有看到一般的形可以有长达八万由旬的影子。何承天接着分析指出，说"于公以仁致封，严氏以好杀致诛"还可以（按："于公以仁致封"，事见《汉书·于定国传》；"严氏以好杀致诛"，事见《汉书·酷吏传》），因为这都是说自己或子孙得到善报或处罚，这都是可以看得到，得到证明的。而所谓精神更受形的后世受报说则是完全得不到证实的，这中间也找不出什么因果关系来。何承天得出结论说："类感之物，轻重必侔；影表之势，修短有度。"① 如果说"报应"是以类相感，那么以类相感的事情轻重一定相等；影子反映形体的长度也总要有个限度，而佛教所说的"报应"及"来世"则完全没有限度，因而使人们根本摸不着边际。这就否定了佛教的来世报应说。

慧琳在《黑白论》中曾批评佛教讲"因果报应"是"施一以徼百倍"、"永开利竞之俗"，因此宗炳在《答何衡阳书》中解释说这是"获利于无利"、"有欲于无欲"。何承天对此批驳说：佛教所说的"有欲于无欲"正是"常滞于所欲"②，所作好事完全是为了得到好的酬报，不作坏事也仅是怕受到报应。这种"勤施获积倍之报"的说教，是与中国儒家的文化传统不合的，更不是读书人所应该相信的。他认为儒者的人格风范要高于佛教徒。佛教徒的那种施恩惠是为了得到功德和名誉的作法比起儒者的高尚人格来说岂不显得更渺小吗？由此看来，何承天对佛教"因果报应"说虚伪性的批判是深刻的：佛教所宣扬的"报应"本身就包含有浓厚的功利目的，否则，如果不想从中得到什么好处或利益，又何需讲什么"报应"呢！

---

① 《重答颜光禄》。
② 《答宗居士书》。

三、对佛教"众生"观的批判

在何承天与佛教徒的论辩中，涉及了一个对"众生"的理解问题，双方在这一问题上有所分歧和辩难。如何承天作《达性论》以批判佛教的轮回报应说，颜延之的辩难，就是首先从人是不是众生的问题谈起的。如颜延之在《释达性论》中指出："然总庶类，同号众生，亦含识之名，岂上哲之谥。"这也就是说，佛教所说的众生，不过是因为他们都含有"识"，即具有对事物进行认识（"了别"）并作出反应的能力。把它们叫作"众生"，只是概括了它们这个共同特点而起的名字，并不是评价它们行为的高尚谥号。"且大德曰生，有万之所同，同于所方万，岂得生之可异？不异之生，宜其为众。"① 这千千万万个对象，由于它们的共同特点是都具有生命，故把它们称作众生。

在理论上，颜延之的提法并无大错。但问题的关键在于，佛教这样界定"众生"概念是为论证"六道轮回"的佛教教义服务的，佛教的"因果报应"说既然认为"精神"在得到解脱（即涅槃）之前都要更受形而在"轮回"之中，因此佛教便把有生命的东西总称之为"众生"，以便说明它们之间的"轮回"关系。宗炳在其《明佛论》的最后，也强调说明了这一观点。宗炳认为，万物的变化都是随缘的，而万化随缘就意味着不能摆脱宿命，这就是"报应"的根据。为什么人有圣人和氓鄙之分？为什么有的能成佛，有的则成为鸟兽虫鱼？宗炳认为这都是由于"精神"有得有失所形成的"轮回"造成的。鸟兽虫鱼之类既然同有生命，故与人同列为"众生"。"精神"既然不灭，也就必定要更受形而处于"六道轮回"之中。宗炳认为，摆脱"六道轮回"苦难的唯一方法，是信仰佛教，严守戒律，拯救自己的精神，这

---

① 《释达性论》。

样死后就可以使灵魂超脱，以至于最后成佛。因之，何承天对佛教"众生"观的批判，仍是出于否定"因果报应"和"轮回"说的需要。

何承天对佛教"众生"观的批判主要表现为把人与众生相区别。既然人与"众生"不同，也就不可能更生形转生飞沉蠕蠕这些所谓的众生。这就从理论上斩断了佛教轮回报应说"轮回"的链条，从而达到否定因果报应说的目的。

何承天把人与众生相区别的时候，他的立场，乃是传统儒家的。他是根据《易·说卦》中"顺性命之理"的思想作《达性论》的。《易·说卦》中说："昔者圣人之作易也，将以顺性命之理，是以立天之道曰阴与阳，立地之道曰柔与刚，立人之道曰仁与义，兼三才而两之，故易六画而成卦；分阴分阳，迭用柔刚，故易六位而成章。"何承天就是依据这一观点提出他立论的基础的："夫两仪既立，帝王参之，宇中莫尊焉。天以阴阳分，地以刚柔用，人以仁义立。人非天地不生，天地非人不灵。三才同体，相须而成者也。故能禀气清和，神明特达，情综古今，智周万物，妙思穷幽赜，制作侔造化，归仁与能，是为君长"，"安得与夫飞沉蠕蠕并为众生哉"？① 何承天认为，如果没有天地，人便无法产生和存在。而如果没有人存在，天地之间也就没有了聪明与智慧，因此天、地、人是宇宙间最重要的东西。而人又是这中间最尊贵的，因为人"禀气清和，神明特达，情综古今，智周万物，妙思穷幽赜，制作侔造化"，人又怎么能与"飞沉蠕蠕"的鸟兽虫鱼之类并列为众生呢？实际上，何承天在这里所讲的人"神明特达"云云，字面上似指所有的人，而实乃仅是指少数出类拔萃的圣人。因为按儒家的传统说法，能与天地相参，能与天地合德的所谓"三才同体"的，指的都是圣人。何承天说的："情综古今，智周万物"，"妙思穷幽赜，制作侔造化"，也决非一般的人所能作到。所以，

---

① 《达性论》。

何承天的议论便很快转到"归仁与能"的君长如何能"抚养黎元，助天宣德"上。颜延之抓住了这一点加以非难说："然则议三才者，无取于氓隶；言众生者，亦何滥于圣智。"① 意谓你何承天说人，并不包括氓隶，怎么一谈到众生，你就扯到了圣人。颜延之还认为，能与天地共成三才的"人"只能是指与天地合德的"圣人"，而决不是指一般的人，因此，除"圣人"外一般的人也就其和其他生物有生命这一共同点说可谓都是"众生"。何承天在《答颜光禄》与《重答颜光禄》中又作了进一步的说明。

何承天认为："人生虽均被大德，不可谓之众生，譬圣人同禀五常，不可谓之众人。奚取于不异之生，必宜为众哉。"颜延之又反驳道："夫不可谓之众人，以茂人者神明也，今已均被同众，复何讳众同？故当殊其特灵，不应异其得生。徒忌众名，未亏众实，无似蜀染逃畏，卒不能避"②。何承天认为，圣人虽和众人一样，同禀五常之气，有仁义礼智之性，但不能叫做众人。同样，人与动物虽同具生命，但也不能因此就叫作众生。颜延之回答说，圣人不同于众人的是"神明"。人与动物的区别，也仅在于人的思维能力"特灵"。至于他们都具有生命，却没有什么差异。所以，不应该为了忌讳那个名称而损害事物的真相。而且，这种忌讳也是徒劳无益的。何承天又反驳说，人都是由阴阳之气陶化而成的，都兼赋有刚柔之性，头是圆的脚是方的，容貌也都长得差不多，都有着恻隐和羞恶之心，而这些方面所有的人都是一样的，如果说只有"圣人"才能和天地并列为三才，那么比圣人差一点的贤人岂不也就和鸟兽虫鱼等同了吗？还有，人们的特殊聪明智慧既然和其他生物有区别，那么人们得到的生命的本质，又怎么能和其他生物一样呢？生命本有其存在的规律，而存在的

---

① 《释达性论》。
② 《重释何衡阳》。

规律不同，硬要把它们同样地都叫作"众生"，那么"众生"这个名称岂不就没有着落了吗？如果说有生命的东西都同样叫作"众生"而不去分别它们，那么所有的东西（包括非生物）也都可以说是一样的了，也就不必去分别什么"有生命"的和"没有生命"的了。何承天又说，如果这样，那就要"令惠人洁士，比性于毛羽；庶几之贤，同于介族。立象之意，岂其然哉"①。

何承天在这里与宗炳、颜延之等反复辩论"众生"问题，说明人不应与其他生物并列为"众生"的最后目的是为了否认轮回报应说。在他看来，既然人和天地并列为三才，就不能把人与"众生"并列，那么人们只要于众生取之有时，用之有道，这就是顺天时的，而众生为人所利用也自然是合乎道义的。人们有节制地利用自然是没有什么过错的，因此也就根本谈不上会有什么"报应"。

何承天的这些观点，从批驳佛教为建立其"轮回"、"报应"说而把人看成是"众生"之一这一点来看，在当时自有其积极的意义。但是从理论上说则有其严重的缺陷。佛教把"人"归为"众生"之一为其"轮回"、"报应"说服务固然是错误的，但把宇宙中有生命的东西都算作一类，从理论上说不是不可以的。何承天在批驳这一观点时，坚持的是传统儒家的观点。传统的儒家，坚持上智与下愚不移，如孟子说："人之所以异于禽兽者几希"②，也只是一种道德上的区别。他们不能科学地说明人与禽兽的不同，却在人与人之间划下了一道很深的鸿沟。那么，既然上智与下愚、君子与小人之间，虽鸿沟深刻，但仍可同称为人，那么人与禽兽又为何不可以同称作众生呢？何承天在批驳中没有看到这其中所包含的合理因素，而作了全盘的否定，这就不能说是正确的了。何承天继承传统儒家的观点，从人具有特灵的性

① 《重答颜光禄》。
② 《孟子·离娄下》。

质而把人与天地并列为三才，当然也不能说是科学的。人的最大特质在于他是社会关系的总和，他与生物的根本区别点在于人能改造自然，而人的聪明才智也就是在改造自然等生产实践中所形成的。

四、对佛教"空""无"观的批判

"贵无"与"崇有"问题，是魏晋玄学中争论的核心问题，它所讨论的是"本末有无"的问题，也即宇宙的本体是有还是无的问题，玄学家以对此问题看法的不同，而分为"贵无"和"崇有"两大派系。"贵无"派主张："有之为有，恃无以生。事而为事，由无以成。"即认为"有"之所以存在，是因有"无"，"无"是"有"的本体，因此天地间的事物只是本体"无"的表现。"贵无"之说，到了东晋，和佛教"般若学"的空无之说结合起来。佛教的"般若学"主张"诸法本无自性"，万有群生，都是"千变万化，俄然皆空"。玄学中的"贵无"说有利于佛教徒加以附会来传播佛教。当时已有一些佛教徒以玄学贵无派的思想来解释佛教"诸法本无自性"的学说，如东晋和尚道安所说的"无在万化之前，空为众形之始"就是一例。在鸠摩罗什译出解释《般若经》的《中论》、《百论》、《十二门论》等之后，佛教的"诸法本无自性"的学说更为流行。这一学说认为，世间的一切事物都是因缘和合而成的，故也就本无所谓"自性。"人们如果认识了这一点，也就不会去执着于什么，那么精神也就可以摆脱现实的束缚，而达到一种绝对"空无"的涅槃境界。由此可知，当时佛教所宣传的"空无"学说又是和其要求摆脱生死轮回，达到涅槃境界的目的紧密联系的。因此，要批判佛教的"三世轮回"、"因果报应"，也就必须批判其"空无"的学说。所以，何承天站在"崇有"论的理论立场，对佛教的"空无"说进行了批驳。

在何承天之前，慧琳就已对佛教的"空无"说展开了批判。佛教徒们认为，佛教说"空"，是说万物的"自性"，并不妨碍因缘和合而有的假象之体；生命的存在甚至连片刻的停留都没有（无常），事物都是兴灭无常的，是由因缘和合成的，并无"自性"，所以说它的本性是"空"的。慧琳对此观点批判说："今析豪空树，无伤垂荫之茂；离材虚室，不损轮奂之美，明无常增其渴萌之情，陈苦伪笃其竟辰之虑。"①慧琳的意思是说，客观事物是实实在在地存在的，并不会因为佛教用因缘说去"析豪空树"、"离材虚室"的分析而使它无"自性"而不存在。慧琳从综合着眼，认为正是这些部分构成了物的整体，而佛教所说的空，实际上并不能取消事物的存在，因而是错误的。佛教让人们相信"诸行无常"，这只能增加人们贪恋的情欲；陈述人生的苦难和不实在，只能坚定了人们惜时竞进的考虑，促进了人的贪恋。

何承天同意慧琳对佛教"空无"观的批判。他在《答宗居士书》中也讨论了这个问题。

先是宗炳在《答何衡阳书》中针对慧琳的"析毫空树，无伤垂荫之茂；离材虚室，无损轮奂之美"辩难说："佛经所谓本无者，非谓众缘和合者皆空也。垂荫轮奂，处物自可有耳，故谓之有谛；性本无矣，故谓之无谛。吾虽不悉佛理，谓此唱居然甚矣。自古千变万化，有俄然皆已空矣。当其盛有之时，岂不常有也必空之实？……愚者不睹其理，唯见其有。"宗炳认为，佛经所说的本无者，并不是说万物不存在，佛教是承认现象的存在（"有"）的，但从本体上来说，万物不过是各种条件（因缘）组合的暂时产物，且又处在永不休止的变化之中，所以说又是不存在（"无"）的。在他看来，现象是有，自性是"无"这种观点是有道理的，因为自古以来就千变万化存在着的"有"，不是一下就又什么都没有了吗？在事物实实在在存在的时候，岂不也可以看到"常有"（恒常的存在）在本性上又是"空无"的吗？世间愚昧的人不懂得这一道理，往往只是看到因缘和合而成的

---

① 《白黑论》。

现象的存在，却看不到自性的空无。对此，何承天在《答宗居士书》中回答说："如论云，当其盛有之时，已有必空之实。然则即物常空，空物为一矣。今空有未殊，而贤愚异称，何哉？昔之所谓道者，于形为无形，于事为无事，恬漠冲粹，养志怡神，岂独爱欲未除，缩缘是畏？唯见其有，岂复是过？以此嗤齐侯，犹五十步笑百步耳。"① 何承天在此指出，群生万有无不是有。正因为它们是有，才可以变而为无，假如它们还有时已经是无，那岂不就"空"和"有"成一回事了吗？如果"空"和"有"真的没有什么不同，那么为什么大家又说它不同呢？这在道理上又怎么说得通呢？何承天批驳佛教"空无"说的根据是一般的常识，它虽然不是很有力量，却是正确的。何承天接着又揭露了佛教讲"空无"的虚无性。他指出，佛教虽然口头上讲"空无"，但实际上并不"空无"，他们不仅"爱欲未除"，而且惧怕"生死轮回"、"因果报应"，这岂不正是把这些又都看成是"实有"的了吗？就此来看，佛教徒和认为天地万物为"实有"的人，不正是五十步笑百步吗？本质上是没有什么区别的。

何承天在批判中还区别了佛教的"空无"与道家的"虚无"。这是起因于宗炳用庄周所说的"藏舟于壑，藏山于泽"② 来说明"诸行无常"，以印证"物我常虚"。何承天认为宗炳曲解了庄周的原意。照何承天看来，庄周的原意是说"自生入死"、"自有入无"是自然界的必然规律，因此人有生有死也是自然的规律而不应以此为意，这才是对待生死变化的正确态度。他还认为，道家所讲的"虚无"，其意无非是教人"恬漠冲粹"、"少私寡欲"，而并不把世界看作是空无。佛教口头上讲"空无"，实际上却在追求名利，并不超脱。他们"区区去就，在生虑死，心系无量，志在天常"。"诱所尚以祈利，忘天属

---

① 《弘明集》卷三。
② 《庄子·大宗师》。

以要誉"①，实在是一些利欲熏心的俗物，这哪里是什么"物我常虚"呢？应该说何承天对佛教"空无"观在生死问题上所表现出的虚伪性的揭露与批判是深刻的。

总的说来，何承天对佛教"诸法本无自性""空无"说的批判虽比较简单，但在当时除慧琳外，却是仅有的，因而在理论上又是十分可贵的。

五、对佛教崇佛抑儒观的批判

在魏晋南北朝时期，儒佛之间表现出既融合又斗争的复杂关系。儒家以中国的正统思想的代表自居，以"华夷之辨"为理论根据，攻击佛教为外来文化，从现实的政治、经济利益出发，儒者往往持一种排斥佛教的态度。如东晋末年，环绕着"沙门不敬王者"问题所展开的争论，就反映出外来文化与儒家传统文化在礼仪道德问题上的冲突。士大夫们批判佛教僧侣聚敛社会财富，会导致国家衰亡，则反映了儒家知识分子在政治与物质利益上与佛教的冲突。佛教为了抬高自己，甚至不惜编造了"佛遣三弟子到震旦（中国）教化"的荒唐故事，把孔子、颜渊、老聃都说成是佛祖学生的学生。这些可笑的荒唐故事说明，佛教徒们已在不择手段地争地位，争正统了。何承天对宗炳崇佛抑儒观的批判，就是儒佛之间争地位、争正统斗争的继续。

宗炳在《明佛论》中对儒释孰优孰劣的问题，作有一个评论。他认为，"周孔所述，盖于蛮触之域，应求治之，箴感且宁，乏于一生之内耳，逸乎生表者，存而未论也。"②即认为儒家思想只是为了治理世事，解决的问题也仅限于一生之内，而对于整个宇宙的本体，对隐藏在表面现象后面的问题则是存而不论的，所以儒家所讲的伦常和佛

---

① 《答宗居士书》。
② 《明佛论》。

教所讲的整个宇宙问题、生死问题比较起来，就像秋毫与大海一样。二者相较，就如同"登蒙山而小鲁，登泰山而小天下"一样。宗炳对儒家的经典还大加贬低，在他看来，"世人又贵周孔书典，自尧至汉，九州华夏，曾所弗暨，殊域何感，汉明何德，而独昭灵彩。凡若此情，又皆牵附。"相反，"彼佛经也，包五典之德，深加远大之实，含老庄之虚，而重增皆空之尽，高言实理，肃焉感神，其映如日，其清如风，非圣谁说乎!"① 因此，儒经与佛经相比，要渺小得多了。

何承天站在儒家的立场上，对宗炳的这种崇佛抑儒观进行了批判。他为周孔之教辩护，批评那种认为佛教"善九流之别家，杂以道墨，慈悲爱施"，是以"超孔越老，唯此为贵"的说法，实是"好事者"所为，"斯未能求立言之本，而眩惑于未说者也。"② 并认为，周公、孔子等圣人对人世以外那些不可捉摸的事采取存而不论的态度才是正确的。而佛教所讲的"幽明之理"，是脱离人的现实的生活的。关于生死问题，他非常赞赏孔子所说的"未知生，焉知死"、"未能事人，焉能事鬼"、"不语怪力乱神"这些话，肯定孔子的存疑态度。他批评说，佛教所宣扬的天堂地狱、三世轮回、因果报应的说法，"其枝末虽明，而即本常昧。其言奢而寡要，其譬迂而无征。"③ 都是些夸大、荒诞而又无法验证的说法，是在追求一些根本作不到的事情。从这一点看，儒家就比佛教高明。儒家所主张的则是人生应当立身扬名，身体力行周、孔的道德教化，实践仁义的道德本性，全心全意地作一些有利于国家和人民的事情，而不在于借此得到福报。得志，则教化世人；不得志，或"扬名于后世"，或"陵高志于浮云，"而不去追求来世的虚幻生活。这也即是儒家传统的"穷则独善其身，达则兼善天下"的人生态度："处者弘日新之业，仕者敷先王之教。诚著明

---

① 《明佛论》。
② 《与宗居士论释慧琳黑白论》。
③ 《报应问》。

君，泽被万物。……及其不遇，考槃阿涧，以善其身；杀鸡为黍，聊寄怀抱。或负鼎割烹，扬隆名于长世；或屠羊鼓刀，陵高志于浮云。此又君子之处心也。何必陋积善之延祚，希无验于来世。生背当年之真欢，徒疲役而靡归？系风捕影，非中庸之美；慕夷眩妖，违通人之致。"①何承天在这里所提倡的"处者弘日新之业，仕者敷先王之教"这一儒家思想中积极入世的淑世精神，至今看来也是应当肯定的。人生在世，就应该为社会、为国家作点有益的事情，以留芳百代，而不应该去追求那些虚无缥缈的东西。这种积极入世的淑世精神，我们认为要比佛教逃避现实的出世思想更具有积极的进步意义。

何承天还说明了为什么流行外国的佛教不能适宜于中国。他认为这是由于中国和外国的情况不同："华戎自有不同。何者？中国之人，禀气清和，含仁抱义，故周孔明性习之教。外国之徒，受情刚强，贪欲忿戾，故释氏严五戒之科。……惩暴之戒，莫苦乎地狱；诱善之劝，莫善乎天堂。将尽残害之根，非中庸之谓。周孔则不然，顺其天性，去其甚泰，淫盗著于五刑，酒牟明于周诰。春田不围泽，见生不忍死，五犯三驱，钓而不纲。是以仁爱普洽，泽及猋鱼。嘉礼有常俎，老者得食肉，春耕秋收，蚕织以时。三灵格思，百神咸秩。方彼之所为者，岂不弘哉？"②何承天这一段论述的大意是说，中国人禀气清和，有仁义之心，所以周公、孔子才阐发"明性习之教"，强调道德的教化。而外国人则禀性刚强，人心贪欲暴戾，所以佛教严饬戒律来加以惩办。惩罚残暴，没有比地狱更苦的了；劝作善事的引诱，没有比天堂更美好的了。然而这些都不合于中国传统的中庸之道。周公和孔子则不是这样，他们顺从人们的天性，去其过分的欲求，将刑罚公之天下，鼓励人们行善，体现了天地的好生之德，并普遍地去推

---

① 《重答颜光禄》。
② 《与宗居士论释慧琳黑白论》。

行仁爱，使幼有所长，老有所养，春耕秋收，蚕织以时，这样的教化难道还不宏大吗？何承天的结论是：佛教不仅不合于中国之民性，而且也远不如中国传统的儒家思想切实可行。他说："士所以立身扬名，著信行道者，实赖周孔之教。子路称'闻之而未之能行，唯恐有闻'。吾所以行者多矣。何据舍此而务彼。"①

何承天从中国人和外国人的天性不同来分析儒家和佛教思想的不同，这是不可取的。思想意识是社会存在的产物，而不是渊源自所谓不同的"天性"之中。佛教之所以产生于印度和儒家之所以产生于中国，这都是由二者的特殊的社会状况所决定的。因此，何承天在这个问题上的错误是显而易见的。但这一错误，又是历史条件对他的局限，因为当时的理论思想发展的水平使他不可能得到正确的认识。但他在这里所揭示的儒家和佛教这两种不同的思想文化体系与这两个国家对社会人生态度之间的差异与联系，又是可取的。因为社会意识虽然为社会存在所决定，但一种社会意识、文化思想体系一经形成，又必然会对这个国家或民族产生普遍而深远的影响。不同的国家或民族各有其不同的特殊的社会条件，以及在此社会条件基础上形成的不同生活态度和文化类型，这也是应予重视的。

何承天对佛教的批判，是比较深入的，已触及到了佛教的本质，表明人们对佛教的认识也已愈益深入了。比如，何承天的前辈戴逵曾著《释疑论》，反对佛教的报应说，《释疑论》一开始，戴逵就首先列举了传统的天道报应观点："盖闻'积善之家必有余庆，积不善之家必有余殃'。又曰'天道无亲，常与善人'，此乃圣达之格言，万代之宏标也。"按照这种报应观，必"行成于己身，福流于后世；恶显于事业，获罪乎幽冥"。但实际情况又是怎样的呢？戴逵批驳说："又有束脩履道，言行无伤，而天罚人楚，百罗备婴；任性恣情，肆行暴

---

① 《与宗居士论释慧琳黑白论》。

虐，生得富贵，子孙繁炽。"圣人的格言和现实是如此的谬背，所说的报应，又在哪里呢？由此也可看出，戴逵主观上是要反对佛教的因果报应，但在实际上他所反对的只是中国传统的报应观念。只有何承天对报应说的批判，才能说是和佛教理论的直接交锋。戴逵只是用善恶舛错的事实去反对报应论。他根本无法从理论上驳倒佛教的三报说。而何承天却是将批判的矛头直指三报论。他在对佛教众生观的批判中，用人畜本性的不同，斩断了佛教轮回说的链条。他还提出了判断是非的标准原则在于事实的验证。在批判中他还涉及佛教的哲学理论基础，如佛教的"空无观"、"因缘说"等。他一人掀起了三场争论，面对强敌，他无所畏惧，力图从各个角度去推翻佛教的理论学说。何承天不愧是一个英勇的反对佛教宗教唯心主义的斗士。他也有缺点，如狭隘的儒家立场使他囿于儒经的教条而没有否认鬼神和神灵的存在。但他的成就和贡献是主要的。

古代中医学与范缜《神灭论》

本文为 1996 年南京大学出版社出版的《中国思想家评传丛书》之《范缜评传》中的一章，初步探讨了范缜《神灭论》与古代中医学的关系。

我国古代医学作为一门独立的科学，产生于春秋时代，它经历了逐步摆脱巫术的纠缠，而成为击破鬼神迷信的思想武器之一，古代中医理论坚持"精气"论，用元气和自然环境的变化解释人体生病的原因，以为疾病患者，都是由于"邪气"侵入，体气不顺所至。惟调节人体之气"阴阳均平"的"正气"，有了抗病能力，使人身体强健。《内经》用"阴阳互根"、"阴阳交合"、"阴阳转化"说明医理，以求达到辩证施治的目的。指出"拘于鬼神者，不可与言至德"的神学迷信危害性。这些中医学的元气论乃为范缜神灭论的理论前驱。《黄帝内经》在形神观上则以"人有五脏化五气，以生喜、怒、悲、忧、恐"。又认为五神（魂、魄、神、意、志）亦分别以五脏为基础，说明精神"神"是不能离开身体"形"而独立存在的。又《内经》又提出"卧不得安而喜梦"，企图以生理病理方面探索"梦"的原因，驳斥了神不灭论者援引梦境来论证灵魂可以出窍外游之说。此皆为范缜的"形谢则神灭"的理论，提供了医学理论的科学依据。至于《神灭论》中"心为虑本"、"是非之虑，心器所主"以"心"为思维器官之误，这种理论中的欠缺和不足是与古代哲人"心之官则思"和中医学"心者，君主之"的历史条件所限。

我国古代的中医理论中，有着丰富的无神论思想。这些无神论思想，既是范缜神灭论思想的理论前驱，又给范缜的神灭理论提供了医学理论的科学依据。同时，古代中医理论发展水平的局限，也造成了范缜神灭论的局限。

一、古代中医理论中的无神论思想

我国古代医学的产生与发展是与古代社会生产发展的状况相联系的。它是人类对人体自身发展的规律及其同外部自然环境相互影响的正确认识的结果。因此，医学的发展是同人类社会生产的发展成正比的，社会生产力越发达，人们的物质生活条件越改善，医学也就越发达。

古代医学作为一门独立的科学产生于春秋时期。这时，社会上出现了专门的医生，国家也设有医学组织，并有一定的医学分科，还设有病历记载与医疗考勤制度。但古代医学的发展却是曲折的，它经历了同巫术鬼神迷信的反复斗争。

长期以来，由于人们的科学文化素质不高，社会上对无神论和科普知识宣传不力，人们对自身的生理卫生的知识缺乏，常常误以为疾病是鬼神在作祟，治病也就必须祈祷鬼神。因此，医学便受到神学的束缚，医术同巫术往往纠缠在一起。秦汉时期，巫术又进一步同神仙方术结合。以至在当时的社会上，存在着一种十分活跃的"巫祝"阶层。他们自称能与鬼神相通，并在"神"的外衣下，进行着一些原始的医疗活动。史书上对他们的活动记载说："吾闻上古之为医者曰苗父。苗父之为医也，从菅为席，以刍为狗，北面而祝，发十言耳。诸扶而来者、举而来者，皆平复如故"①；"大荒之中……有灵山，巫咸、巫即、巫盼、巫彭、巫姑、巫其、巫礼、巫抵、巫谢，巫罗十巫从此升降，百药爰在。"② 由于巫术的盛行，以至于汉高祖"身病"，"得良医弗用"，而专求女巫。③ 汉武帝亦迷信巫术，求"神君"治病④。如

---

① 《说苑·辨物》。
② 《山海经·大荒西经》。
③ 见《新论·识通》。
④ 见《史记》卷二八《封禅书》。

果说巫术的产生是基于社会生产力的低下，那么随着社会生产力的发展而产生的古代医学从本质上而言，乃是同神学和巫术不相容的。随着医学发展，人们日益认识到巫术迷信的虚妄性和危害性。早在先秦，已有一些聪明的统治者生了病信医而不信巫。如《左传·昭公元年》记载："晋侯有疾，求医于秦，秦伯使医和视之"。《左传·成公十年》载："公疾病，求医于秦，秦伯使医缓为之。未至，公梦疾，为二竖子曰："彼良医也，惧伤我，焉逃之！"这个有趣的记载，说明疾病不惧鬼神，却惧良医。这是科学战胜鬼神迷信的有力见证，同时也说明古代中医既是保障人体健康的有力手段，也是击破鬼神迷信的思想武器。这一时期，已经有一些医学家力图同巫术划清界限，如扁鹊就把"信巫不信医"作为"六不治"之一。[①]《黄帝内经》则公开申明"拘于鬼神者，不可与言至德。"[②]

古代中医理论中所包含的无神论思想，主要者可以归结为以下几点：

第一，古代中医理论坚持了唯物主义的"精气论"，否定了唯心主义的天命论、鬼神论。"气"是中国古代思想家用以表述宇宙万物的物质概念。中国古代的思想家们，认为世界上的一切有形的物质实体都是极细微的元气所构成的。古人在长期的生活实践中还逐渐认识到，人与自然是同处于一个生态环境中的。自然界的变化（尤其是四时气候的变化）都对人体的生理状况有着很大的影响。四时变化的常规是春温、夏热、秋凉、冬寒，影响到人体，古代医学概括为春夏阳气发泄，气血就趋向于表，表现出皮肤松弛，疏泄多汗的生理现象；秋冬则阳气收藏，气血又趋向于里，表现出皮肤致密、少汗多溺的生理现象。人的生理是与自然的变化相适应的。古代的中医理论用元气和自然环境的变化来解释人体生病的原因。如自然界有金、木、

---

① 参见《史记·扁鹊仓公列传》。
② 《素问·五脏别论》。

水、火、土五行，与此相应，也就有风、寒、暑、湿、燥五气；五气反常，人就要产生疾病。不同疾病的产生也与四时环境的变化有关，如："四时皆有疠疾，春时有痟首疾（头痛病）；夏时有痒疥疾（疥、癣、热疖等皮肤病）；秋时有疟寒疾（疟疾）；冬时有嗽上气疾（咳嗽、气喘病）。"①古代医学家们由于时代的局限，不可能知道什么细菌、病毒之类，他们便用"邪气"来泛指一切能致病的因素，用"正气"来表示人体的抗病能力。按照他们的解释，人体的五脏、六腑，皆卫气、营气，扶持正气，抗拒邪气，以维持身体的健康而防御疾病。人体内的"正气"如果抵抗不过"邪气"就要生病。所谓的"邪气"，包括有"外邪"和"内邪"。"外邪"主要是"六淫"，即风、寒、热、湿、燥、火六气太过或不及所形成的不正常的气候。"内邪"则是由情志过度和饮食劳疲所致。"邪气"的种类不同，发病的性质和部位便也不同，如"风寒伤形，忧恐忿怒伤气。气伤藏（脏），乃病藏（脏）；寒伤形，乃应形；风伤筋脉，筋脉乃应。"②如"喜怒不节则伤藏（脏），风雨则伤上，清湿而伤下"。③巫术迷信则认为疾病是神灵对人的惩罚。显然，古代中医对产生疾病原因的解释，就是对鬼神论的否定。

第二，古代的中医理论用富有辩证法内容的阴阳五行思想概括了人体内脏机制的客观规律，排斥了阴阳五行说的神秘内容。我国古代的劳动人民从长期的生产实践中，对自然界运动变化的规律有了一定的认识，并用"阴阳"、"五行"的概念来加以表述。如古代的中医理论认为"气"有着阴阳的变化，"人与天地相应"，也有阴阳的变化。古代中医对这种阴阳的辩证关系的认识是比较深刻的。其主要见解如下：

---

① 《周礼·天官》。
② 《灵枢·寿夭刚柔篇》。
③ 《灵枢·百病始生篇》。

"阴阳互根"。古代中医认为,"孤阴不生独阳不长","阳根于阴,阴根于阳"。这表明古代中医在长期的医疗实践中已对事物内部的对立统一关系有所认识。

"阴阳交合"。古代中医认为,"阴阳相错,而变由生也"①,"阴阳和,故能有子"②;"两神相搏,合而成形"③。但古代中医并不把阴阳双方的矛盾"交合"仅仅看成是"斗争",而是把它看成是一个相互协调的运动过程。如《内经》中特别强调:"凡阴阳之要,阳密乃固。两者不和,若春无秋,若冬无夏。因而和之,是谓圣度。"④这说明,古代中医已认识到阴阳的协调才是符合人体正常运行规律的。所以,古代中医强调说:"阴阳匀平、以充其形,九侯若一,命曰平人"。⑤"阴阳和调而血气淖泽滑利",⑥即阴阳的匀平、和调是评判人体健康状况的基本标准。

"阴阳转化"。既然阴阳双方是相互对立的,那么,在一定的条件下,阴阳双方的相对平衡会被打破,而出现"阴胜则阳病,阳胜则阴病"⑦的病理状态,健康人也就会转化为病人。还有一种转化表现在病理状态中,也即在一定的条件下,阴病可以转化为阳病,阳病也可以转化为阴病。古代中医对这两类转化总结说:"阳胜则热,阴胜则寒;重寒则热,重热则寒"⑧。如果阴阳双方严重失衡,如一方耗损过重,以致无法继续保持原有的对立统一关系,病人也就到了危险阶段,严重者在临床上就表现为死亡:"阴阳离决,精气乃绝"。⑨

---

① 《素问·天元纪大论》。
② 《素问·上古天真论》。
③ 《灵枢·决气》。
④⑨ 《素问·生气通天论》。
⑤⑥ 同上《调经篇》。
⑦ 《内经·灵枢》。
⑧ 《素问·阴阳应象大论》。

古代的中医理论在阴阳学说的基础上，又总结概括出了辩证论治的"八纲"，即：表里、寒热、虚实、阴阳，使中医理论更加成熟。

古代的中医理论还运用五行学说来概括事物之间的相互关系。如《内经》以木、火、土、金、水为五种基本元素，以木生火、火生土、土生金、金生水、水生木为"相生"；以木克土、土克水、水克火、火克金、金克木为"相克"。以五行的相生相克为基础，详细地描述了人体内外的复杂关系，如与五行的"木火土金水"相应，人体有五脏（肝、心、脾、肺、肾）、六腑（胆、小肠、胃、大肠、膀胱、三焦）、五体（筋、血脉、肌肉、皮毛、骨）、五窍（目、舌、口、鼻、耳）、五荣（爪、面、唇、毛、发）、五液（泪、汗、涎、涕、唾）、五神（魂、神、意、魄、志）、五志（怒、喜、思、忧、恐）、五时（春、夏、暖、秋、冬）、五气（风、暑、湿、燥、寒）等等。它们之间既各守其则，又相互联系，相互制约。古代中医就是用这种办法来对人体内脏器官的机能及其相互关系进行归纳和演绎，用以说明生理、病理和诊断、治疗方面的内在联系。由此我们可以看出，古代中医理论企图通过五行论来寻求和说明自然界和人体的无限多样性的和谐统一，以求达到辩证施治的目的。这一理论虽不尽科学，但它具有浓厚的系统论思想和辩证法思想。这里没有天命论、神学目的论和鬼神的地位，而是和无神论相通的。

第三，古代的中医理论坚持预防保健原则，用人定胜天的思想给予"拘于鬼神"的宿命论以致命打击。古代的医学家们从亲身的医疗实践中深深地体会到，巫祝的迷信活动对人类的身心健康有着极大的危害。他们严厉地批判了各种违反医学的迷信活动。《史记·扁鹊仓公列传》中记载了医家的"六不治"，其中之一便是"信巫不信医"。《内经》中也指出："拘于鬼神者，不可与言至德"①。《伤寒论·原序》

———————
① 《素问·五脏别论》。

则进一步揭露了迷信巫术活动猖獗的根源就在于当时社会的腐败："怪当今居世之士，曾不留神医药，精究方术，上以疗君亲之疾，下以救贫贱之厄，中以保身长全以养其生，但竞逐荣势，企踵权豪，孜孜汲汲，惟名利是务，崇饰其末，忽弃其本，华其外而悴其内。皮之不存，毛将安附焉？卒然遭邪风之气，婴非常之疾，患及祸至，而方震栗，降志屈节，钦望巫祝，告穷归天，束手受败"。这就痛斥了统治者轻视科学、迷信巫祝的腐败风气，指明了政治上的腐败导致了巫祝迷信的泛滥。

古代中医理论还十分重视预防保健的思想，并认为人可以胜天，只要采取积极的预防保健措施，就可以防患于未然。如①中就有"导引"的记载：古代人民为预防"民气郁阏而滞着，筋骨瑟缩而不达"的致病因素，特创造了"作为午以宣导"的保健方法。如《内经》中也总结说："是故圣人不治已病治未病，不治已乱治未乱，此之谓也。夫病已成而后药之，乱已成而后治之，譬犹渴而穿井，斗而铸锥，不亦晚乎。"②即使感染上疾病，只要依靠科学的医治，例如"以五味、五谷、五药（草、木、石、虫、谷）养其病，以五气（五脏所出之气）、五声、五色视其死。两之（反复诊断）以九窍（指头部七窍再加下部前后二窍）之变，参之以九脏（肝、心、脾、肺、肾、胃、膀胱、大肠、小肠）之动。凡民有疾病者，分而治之。"③就可以使疾病痊愈，而不必去求助于占卜、祈祷和祭祀等迷信活动。这种把预防保健和科学医治放在首位的医学思想，强调了人类的主观能动性，这就从根本上否定了"拘于鬼神"的巫术迷信和认为人的生老病死是事先安排好的"定数"的宿命论思想。

---

① 《吕氏春秋·古氏篇》。
② 《素问·四气调神大论》。
③ 《周礼·天官》。

二、《黄帝内经》的形神观

完成于西汉初年的《黄帝内经》(以下简称《内经》),是我国第一部系统的医学经典,它包括《素问》和《灵枢》两大部分。《内经》全面地汇集和总结了我国春秋战国以来的医学成就,它所阐述的脏腑理论、经络学说、发病机理的预防、诊断,治疗疾病的原则,都为我国古代医学奠定了坚实的基础。同时,由于《内经》对诸如形神问题的论述和对鬼神巫术的批判,使其兼有科学和哲学的二重意义。

《内经》的形神观,是其医学理论的重要组成部分。古代的神学与巫术之所以宣扬疾病是鬼神作祟,其前提是"神不灭论",即认为人死灵魂不灭,精神可以离开肉体,如是才有鬼神的存在。因此,医学要同神学与巫术彻底决裂,就必须对形神关系问题作出科学的解答。《内经》从唯物主义的科学态度出发,对形神问题作了无神论的回答。

在《内经》中,形、神概念都具有极广泛的含义。"形"可概括一切有形质的东西。"神"既可指自然界的微妙变化(如"阴阳不测谓之神"),也可指动物的生命活动(如"根于中者,命曰神机")。但就人而言,"形"指肉体及其器官和组织,"神"则指精神意识活动。

《内经》对人形神的分析,是在继承先秦"精气论"的基础上进行的。它认为"精"或"精气"是人的生命的物质基础,人体的各种器官、组织最初都是由精气变化生成的。如《素问·金匮真言论》说:"夫精者,生之本也。"如《灵枢·经脉篇》说:"人始生,先在精,精成而脑髓生。"而后形成人体的骨、脉、筋、肉、皮肤、毛发等。"精"又有先天和后天之分。先天之精禀受于父母,后天之精来自"天气"(即空气)和"谷气"(食物)。先天之精产生生命,后天之精维持生命。精气在全身运动,就化为血液。由于血液是精气存在的一种形态,故又称之为"血气"。"血气"藏于五脏,产生人的精神意识，故"血气"又称为"神气"。精气、血气、神气这三个概念在《内经》中虽有范围广狭的不同，但所强调的东西在实质上是相同的。

《内经》既把精气看作是整个人体生命的物质基础，必然也就把精气（血气或神气）看作是精神意识的物质基础。如《灵枢·平人绝谷篇》说："神者，五谷之精气也。"《灵枢·天年篇》则讲得更为具体："何者为神？歧伯曰：血气（已）和，营卫（已）通，五藏（脏）已成，神气舍心，魂魄毕具，乃成为人。"这就把人所特有的精神、意识和魂魄之类的东西同人体特有的精气这一物质联系在一起。前者依赖于后者，即精神依赖于物质，精神是物质的产物。

《内经》还把精神的活动和人体的生理运动联系起来加以考察，认为精神是伴随着精气活动而产生的一种机能。如《灵枢·本神篇》说："生之来谓之精。两精相搏谓之神。随神往来者谓之魂。并精而出入者谓之魄。所以任物者谓之心。心有所忆谓之意。意之所存谓之志。因志而存变谓之思。因思而远慕谓之虑。因虑而处物谓之智。"在这里，"精"指精气，"神"指神气。对于二者的差异与同一，《内经》中也有所说明："荣卫者，精气也。血者，神气也。故血之与气，异名而同类"①。这些论述，都把人的精神现象（意、志、思、虑、智等）看成是"气"的表现形式，"精"与"神"两种气构成了人体的营养物质，流通于血脉之中，具有新陈代谢、防御病邪的功能，人体的精神状态就是人体这些生理机能的表现。关于神生于形、神依赖于形，《内经》中还有许多具体的论述。如《素问·阴阳应象大论》中说："人有五藏（脏）化五气，以生喜、怒、悲、忧、恐"。五脏发生变化，必然会引起不正常的情志反映，"心气虚则悲，实则笑不休"②。如果精气本身枯竭，精神意识也就要随之丧失，即出现所

---

① 《灵枢·经脉篇》。
② 同上《本神篇》。

谓"精坏神去"①的现象。所以，在《内经》看来，精神与人体都是在"气"这一物质基础上存在的。人体亡，则"气"灭；"气"灭，则"精神"亦灭。这无疑是对"神不灭论"的有力驳斥，已蕴含了人死无神无鬼的结论。这种新颖有力的观点，为范缜的"神灭论"提供了医学理论的依据。如范缜主张人死气灭："人之生也，资气于天，禀形于地；是以形销于下，气灭于上。"②认为精神是形体的功能、作用："形者神之质，神者形之用。是则形称其质，神言其用。形之于神，不得相异也。"③即认为形体是精神的物质基础，精神（意识）是形体的作用和性能。这无疑是受了《内经》形神观的启发，并在这一基础上，将传统的无神论思想推向了一个新的发展阶段。

"神不灭论"者常常利用人梦中下意识的活动，主张灵魂可以出窍外游，并将梦中的所见，作为灵魂可以独立存在的证明，甚至还宣扬说鬼神可以托梦。

人们在睡眠时做梦的这一生理现象，早在远古的时代就已存在了。人们做起梦来，会有一些非常奇异的现象，例如人们在梦中可以和别人打交道，甚至还能梦见死去了的亲人，这些亲人的模样和行为举止与他们生前没有什么异样。所有这些现象，在史前时期人们的思想中，都是非常神秘、不可理解的。大概到后来，由于社会生产的发展，人们思考能力的提高，在经过长期的思索以后，人们终于找出了一个在那时看来是合乎情理的解释，这就是认为每个人除了"肉体的我"以外，还有着一个"精神的我"存在，这个"精神的我"就是每个人的灵魂。灵魂寄居在人们的肉体之内，因是无形的，故是看不见、摸不着的。肉体是要死亡的，但灵魂却是不灭的。人们在死亡时，灵魂就离开了肉体，存在于另一个世界——阴间里，这就又成了

---

① 《素问·汤液醪醴论》。
② 《弘明集》卷九《答曹舍人书》。
③ 《神灭论》。

鬼神。灵魂和鬼神的观念，最初就这样产生了。

《内经》依据它唯物主义的形神论，用"淫邪发梦"来试图解释做梦的生理病理原因，并认为一定的生理病理状态也会出现一定的梦境梦象。如《灵枢·淫邪发梦篇》说："正邪从外袭内，而未有定舍，反淫于藏（脏），不得定处，与营卫俱行，而与魂魄飞扬，使人卧不得安而喜梦。"这里的"正邪"是泛指外界的各种刺激物。其大意是说，人在睡眠时，正邪之气侵入人体，如果没有固定在某一部位发生病变，它便会流入五脏，并与营卫之气一起运行周身，从而使人的精神失去控制，结果就"卧不得安而喜梦"。梦境梦象的特点，具体地说，"阴盛则梦涉大水恐惧，阳盛则梦大火燔灼，阴阳俱盛则梦相杀毁伤；上盛则梦飞，下盛则梦堕；甚饱则梦予，甚饥则梦取……"① 又如：正邪之气"客于心，则梦见丘山烟火；客于肺，则梦飞扬，见金铁之奇物……"②《内经》的"淫邪发梦"说，企图从生理病理方面探讨做梦的原因，这在中国科学史上是第一次企图科学地探讨梦因，并在这个特殊的问题上坚持了唯物主义的形神论。虽然它有着许多不足，诸如尚未论到做梦的精神心理原因，如把五脏同五行相比附（如心火、肺金……）来说明梦境梦象，而具有许多臆想的成分。但它对批判传统神秘的鬼魂观念仍具有着重要的意义，因而也就比先前和同时代的许多人高明。同时，在世界医学史与无神论史上，也具有着重要的意义。以后的中医理论吸取了这一成果，并有所发展。如《脉经》中认为："邪哭使魂魄不安者，血气少也。血气少者属于心。心气虚者，其人即畏。合目欲眠，梦远行而精神离散，魂魄妄行。"这就把梦远行归为是"心气虚"所致，并认为可以通过药物"虚则补之"，去进行治疗。治疗改善的是形，但同时也就改变了神。这就坚

① 《素问·脉要精微论》。
② 《灵枢·淫邪发梦论》。

持了唯物主义的形神观，否定了神可离形而存在的"神不灭论"。这些思想都给了范缜以很深的影响。如范缜对曹思文、萧琛等人援引梦境来论证神不灭论的反驳，就是明证。在反驳中，他坚持了《内经》对梦境阐释的无神论思想，指明了所谓梦境梦象不过是虚假的幻象而已。

梦的生理现象比较复杂。本世纪初俄国著名的科学家巴甫洛夫最先从生理学的角度揭示了做梦的秘密。巴甫洛夫认为：人在睡眠时做梦，乃是大脑的半球皮层的细胞活动所造成的。这些细胞在人睡眠时若完全不活动，人就不会做梦；若有一部分细胞仍在活动，于是就会做各种各样的梦。本世纪中期，著名心理学家、哲学家弗洛伊德又从潜意识的心理学角度，论述了梦境的成因，认定梦是人们潜意识的显露，宣告了灵魂与鬼神观念的破产。当然，关于梦的探讨还会不断地继续下去。但范缜吸取《内经》从生理病理的角度对梦的探讨和解释，揭示了人在睡眠时做梦与灵魂丝毫没有关系，这就从理论上打击了灵魂不灭和鬼神存在的观念，从而做出了可贵的理论贡献。这是我们应予肯定的。

三、古代中医学发展水平对范缜神灭论的局限

古代的中医学认为人的思维器官是心。先秦的孟子最早说过："心之官则思"，认为心是从事思维活动的生理器官。《内经》认为"心者，君主之。""官也，神明出焉。"并认为五神（魂、魄、神、意、志）分别以五脏为基础："心藏神、肺藏魂、脾藏意，肾藏精志"[①]。虽然《内经》也讲过脑为"髓海"[②]，但"髓海"的意思并不明确。

反映了南北朝时医学知识的巢元方的《诸病源候论》也持相同的

---

① 《素问·宣明五气篇》。
② 见《素问·五脏生成》、《灵枢·海论》。

观点。如："心为诸脏主而藏神。""思虑繁多则损心。"①

心主思虑，心是思虑的器官，这是当时医学知识对人的精神意识所依赖的生理器官的认识水平。这一认识水平一直持续到明清之际的王清任提出"灵机、记性不在心在脑"的命题之后，才有了新突破。

范缜的《神灭论》一文，就是依据这一医学成果，来论证"神灭论"的。如文中论敌问道："形即神者，手等亦是神邪"？范缜回答："皆是神分"。不过，"手等有痛痒之知，而无是非之虑"，"是非之虑"，仅是心的功能：

是非之虑，心器所主。

论敌接着又提出了以下两个问题："心器是五脏之心，非耶?""虑思无方，何以知是心器所主?"针对对方的提问，范缜不仅明确地肯定了心器就是五脏之心，而且还提出了证据：

心病则思乖，是以知心为虑本。

在这里，范缜借鉴和引用了当时医学上的成果。

心是思虑器官的命题是不正确的。恩格斯曾指出："我们的意识和思维，不论看起来是怎样超感觉的，总是物质的、肉体的器官即脑髓的产物。"② 近代自然科学的进展，使人们对高级神经活动及人脑的奥秘有了进一步的了解，也使我们对于意识和肉体关系的认识又深入了一步。本世纪初俄国生理学家巴甫洛夫用实验证明了动物有条件反射。条件反射是一种常见的生理现象，也是一种心理学家称之为联想

---

① 见《诸病源候论》卷六、卷三〇。
② 恩格斯：《路德维希·费尔巴哈与德国古典哲学的终结》,《马克思恩格斯选集》第四卷，人民出版社 1966 年版，第 223 页。

的心理现象。现代科学也已初步揭示了人脑的各个部分的结构及其功能，发现大脑皮层中有功能定位的现象，如大脑左半球主要管理使用语言、数学和逻辑的能力，而右半球则是司音乐，辨别视觉图像和表达情感的中心，这就更加清楚地说明了大脑与意识的密切联系。科学家们对大脑是如何工作的也有了进一步的了解。如脑有接受感觉信息、控制活动、使用语言、管理身体、产生情感、进行思考和记忆等功能。科学家们还对脑化学进行了研究，说明脑产生多种化学物质，对脑的功能也发生有一定的作用，脑内化学的不平衡对多种精神病有重要作用，某些药物也会影响脑的化学变化，从而起到治疗疾病的作用。尽管如此，现代科学对脑奥秘的认识还只能说是极粗浅的，这还有待于进一步的深入研究。范缜限于当时医学发展水平的局限，不懂得思想器官是大脑而不是心脏，他由此进行了一个抽象的、简单的推论，即认为贤愚圣凡的区别是根于心器构造的不同。"比干（纣贤臣，被纣剖腹观心）之心，七窍并列；伯约（三国时蜀汉的姜维，死时被剖腹）之胆，其大若拳。此心器之殊也"①。这就过分夸大了思维器官的先天差别及其影响，从而否认了社会实践对人类认识的决定作用，陷入了谬误。这也反映了范缜《神灭论》的历史局限性。

《神灭论》的历史局限性还表现它没有解决阐明生形与死形的区别，也即生形何以有知、即保持正常的精神活动的条件是什么。如论敌问道："木之质，无知也；人之质，有知也。人既有如木之质，而有异木之知，岂非木有其一，人有其二耶？"

论敌把"质"外延到了木，认为人和木都是一样的质，接着非难范缜说：为何人有知而木无知？其目的是为了论证神是可以脱离形体而存在的。为了驳倒论敌，范缜把人质和木质作了区别，认为人的质不同于木的质，因为人质有知，木质却是无知的。这样，范缜就把

---

① 《神灭论》。

形、质明确地界定为是人的形质。他说："人无无知之质，犹木无有知之形"。故不应把人的形质等同于木的形质。

论敌又非难说："死者之形骸，岂非无知之质邪？"这的确是一个很棘手的问题。范缜回答说：

> 死者有如木之质而无异木之知；生者有异木之知而无如木之质。

论敌马上又发问道：

> 死者之骨骼，非生者之形骸耶？

人质非木质，这是显而易见的。然而，死者的形骸，为什么又成了无知之质呢？范缜为了说明形神相即，而把死者的形骸说成是如木之质，论敌紧接着的发难，确实是抓住了范缜的弱点所在：死者的骨骼不是生者的形骸吗？为什么又说它是如木之质呢？在这里还包含有一个论敌没有说出的责难：既然死者的形骸也是人的质，为什么它又是无知的呢？

范缜在回答中，肯定了死者的骨骼是生者的形骸所变。但他没有去认真地考察为什么生形有知而死形无知，却只是反复地强调生形非死形，荣木非枯木，丝体非缕体。而问题的关键却在于搞清楚为什么生形有知而死形无知，也即使生形有知、即保持正常的精神活动的条件是什么？在西方，18世纪的法国唯物主义者，已经发现并证明了心灵的机能在脑，证明了心灵的机能依赖于其他物质条件，如身体的健康正常等。这就是说，人的精神活动不仅要依赖那个器官的存在，而且还要依赖于那个器官的正常活动。而那个器官的正常活动，又要依赖于其他的物质条件。由于时代的局限，古代的中医学没有能解决这一问题，这就造成了范缜在论述"生形何以有知"这一关键的问题时有所欠缺。

只有马克思的辩证唯物主义哲学总结了思想发展的历史和各门科学的新成果，才正确地说明了意识与肉体的关系。马克思主义哲学认为意识是人脑的机能，意识的物质基础就是人脑，没有人脑，没有把人脑和客观世界联系起来的各种传导途径的机制，就不可能有任何的精神意识活动。因此，意识是离不开人的肉体、人的感觉器官、神经系统及脑的。一句话，意识是人脑活动的产物，是对客观世界的心理反映的最高形式。意识是一种主观的、观念的东西，是对客观世界的主观映象。人的意识还指各种彼此不同而又密切联系的认识因素和情绪意志因素的完整的体系。马克思主义哲学还指出，要了解人的意识的本质，就必需了解人的社会性，人的实践性。因为只有人的社会生活、人的社会生产实践才产生了意识反映客观现实的必要性，才能使意识不断地发展。所以，只看到人脑的生理作用，而不了解人的社会性、实践性，同样也无法阐明人的精神意识的本质。人的精神意识的本质在于能动地反映客观世界，并要求人们用自己的行动来改造世界。可见，要真正了解意识与肉体的关系，不但要依靠生理学、心理学等自然科学，还需要依靠哲学和社会科学。只有这样，才能真正说明意识的本质、特点、起源及其同人脑、语言、人、社会的联系等问题。

现代科学对脑奥秘和精神与形体关系的认识成果，对于生活在公元五世纪时的范缜来说，是不可能知道的。况且，人们至今对脑奥秘和精神意识的认识还没有穷尽。因此，范缜《神灭论》理论中所存在的欠缺和不足，是古代医学发展水平对他的局限，是历史条件的限制所造成的。我们不能苛求他。

论石介

石介在理学发展史上，有着重要的地位，他与当世的孙复、胡瑗齐名，被誉为宋初三先生。本文论述石介的学说共分三个部分：石介的道统说；石介的"三怪"说；石介的进步政治观。石介认为，以封建伦理纲常为主要内容的"道"有一个产生、发展和完善的过程。然它本质上"皆为万世常行而不可易之道也"。石介的道统说上承韩愈，下启二程、具有继往开来的作用。他极度服膺韩愈的道统说，他对"道"的解释和后来的二程，朱熹所说的天理，本质上是相通的。他从维护儒家道统地位和华夏文化出发，对佛、老学说进行猛烈地抨击。指斥佛、老以及侈丽的文风（杨亿为代表的西昆体）为"三怪"。力主禁绝。他说："天地间必然无者有三：无神仙，无黄金术，无佛"，有反对迷信的积极因素。他又认为"淫文害正"，词藻艳丽之文有害圣人之道。认为禁绝"三怪"才能使儒家之道"昭明于千古"。

石介对北宋封建统治集团中的腐败现象深恶痛绝，深沉地揭露贪官暴吏对百姓的残害。甚至锋芒直指最高封建统治者"一人奉口腹，百姓竭膏血。民力输公家，斗粟不敢收。"他认为赏刑并重是治国的根本方针，强调对贪官暴吏的严惩"杀伤虽多，天地神明福之矣"，是"存阴德"之举。石介同情民间疾苦，提出"常欲饱暖天下人"的口号，认为"民者，国之根本也"。他对庆历革新变法的范仲淹、富弼等人全力支持。但石介"诋时太过"，公然逆批龙鳞，几"祸在不测"。石介政治观上显示了一定的进步倾向。

石介（1005—1045 年）字守道，兖州奉符（今山东泰安）人。曾因丁忧在其家乡徂徕山下讲学，故学者称之徂徕先生。石介是北宋前期著名的思想家。他政治上拥戴北宋中央封建集权，对封建统治集团的荒淫奢侈曾提出过尖锐的批评，同时也对人民的苦难遭遇表示过一定程度的同情，其旨在于维护封建统治的长远利益。学术上，石介力排佛老鬼怪之说，奉儒家学说为正统，主张以此作为治国安邦的理论依据。石介的学说对宋代道学的产生和发展起过重大影响，石介本人也因此受到道学家的尊敬。他与当世的孙复、胡瑗一起，被誉为宋初三先生。长期以来，石介的学说不被人们重视。我们认为石介的学说包含了不可忽视的积极因素，很有研究的必要。本文试图对石介的学说进行某些剖析，以期抛砖引玉。

一、石介的道统说

石介在道学发展史上，有着重要地位。朱熹认为石介等人对道学发展发表了值得重视的好意见。在石介等人以前，韩愈是孟子而降最有成就的人物。他已掌握了道之精髓的一半。相比之下，石介等要高出韩愈许多。要是后来不出现周敦颐、张载、二程（颢、颐）这些人，石介他们就是"第一等人"了。朱熹还指出在宋初三先生中，石介为人最为"刚介"。①朱熹对宋初三先生的评价完全是以道学为标准的，是否公允值得商榷。但是他认为石介刚介不阿，却完全符合实际情况。从朱熹的评论中，可以看出石介等人对于道学的发展确实贡献良多。

要准确地理解石介在道学中的地位，首先要考察他的道统说。何谓道？石介说："道者何谓也？道乎所道也。"②又说："夫天地、日月、山岳、河、洛，皆气也。气浮且动，所以有裂、有缺、有崩、有竭。吾圣人之道，大中至正，万世常行，不可易之道也，故无有亏焉。"③这是说构成天地日月山岳河洛以至整个物质世界的"气"，"有

---

① 《朱子语类》卷一二九。
② 《徂徕文集》卷二十《移府学诸生》。
③ 同上卷十九《宋城县夫子庙记》。

裂、有缺、有崩、有竭"，但是"道"则是永恒的、完美的、它永"无有亏"。显然，在道和气这对哲学范畴中，石介认为道比气要更为根本。石介没有对这个问题作进一步的铺陈。这个任务最终是由二程完成的。石介所说的道，尽管多少含有本体论的因素，然而主要还是指封建等级制度和与之相适应的伦理纲常。"圣人之作，皆有制也，非特救一时之乱，必将垂万代之法。故君臣之有礼而不可黩也，父子之有序而不可乱也，夫妇之有伦而不可废也，男女之有别而不可杂也，衣服之有上下而不可僭也，饮食之有贵贱而不可过也，土地之有多少而不可夺也，宫室之有高卑而不可逾也，师友之有位而不可迁也，尊卑之有定而不可改也，冠婚之有时而不可失也，丧祭之有经而不可忘也，皆为万世常行而不可易之道也。"① 又说："道于仁义而仁义隆，道于礼乐而礼乐备，道之谓也。"② 石介对道的这些解释，和后来二程所说的天理，本质上是相通的。这也就是二程"依旧尊他"的缘故。

石介认为，以封建伦理纲常为主要内容的"道"有一个产生、发展和完善的过程。他说："夫礼乐、刑政、制度，难备也久矣。始伏羲氏历于神农、黄帝、尧、舜、禹、汤、文、武、周公、孔子十有一圣人，然后大备矣。"③ 又说："道始于伏羲氏，而成终于孔子。"④ 这是说道起源于伏羲氏，其间经过神农至孔子等许多圣人的补充完善，到孔子为止，道就臻于完备。此时，道就不再需要任何补充和发展，当然更不能对之删改。后人的任务就是忠实地使之一代代相传下去。石介说："故自孔子来二千余年矣，……若孟轲氏、扬雄氏、王通氏、韩愈氏，祖述孔子而师尊之，其智足以为贤。孔子后，道屡塞，辟于

①③ 《徂徕文集》卷六《复古制》。
② 《徂徕文集》卷二十《移府学诸生》。
④ 《徂徕文集》卷七《尊韩》。

孟子，而大明于吏部。"①石介认为孟轲、扬雄、王通、韩愈等人最大的功绩就是"祖述孔子而师尊之"，使孔子之道大明于天下，正是因为这一缘故，这几个人才有资格称为贤者。换句话说，要想成为贤者，只有无条件地忠实于孔子的学说，只能"祖述"而不能"有作"。

既然道是最完美的，理所当然，它是治理社会的总原则。"孔子之道，治人之道也，一日无之，天下必乱。如粟米不可一日少，少则人饥；如布帛不可一日乏，乏则人冻死。孔子之道，君臣也，父子也，夫妇也，朋友也，长幼也。天下不可一日无君臣，不可一日无父子，不可一日无夫妇，不可一日无朋友，不可一日无长幼。万世可以常行，一日不可废者，孔子之道也。离孔子之道而言之，其行虽美，不致于远，其言虽切，无补于用。犹锦绣不可以御寒，珠玉不可以疗饥。"②石介认为体现封建伦理纲常的孔子之道，一天也不能缺少。凡是离开孔子之道的言与行，尽管看上去华丽和恳切，但没有什么实用价值。石介认为"周、秦而下，乱世纷纷"，究其原因，就在于背离了道的基本原则。他说："夫古圣人为之制，所以治天下也，垂万世也，而不可易，易则乱矣。后世不能由之，而又易之以非制，有不乱乎？夫乱如是。"③这是说要变乱为治，杜绝一切动乱的根源，根本的也是唯一的办法就是在治理社会的过程中，严格遵循道的原则。

石介的道统说，上承韩愈，下启二程，具有继往开来的作用。唐代韩愈曾在《原道》中首先虚构了一个道统说。认为从尧开始就有一个历代相传的道。他说："尧以是传之舜、舜以是传之禹，禹以是传之汤，汤以是传之文武周公，文武周公传之孔子，孔子传之孟轲，轲之死，不得其传焉，荀（况）与扬（雄）也，择焉而不精，语焉而不详"。韩愈认为孟子而降，即使像荀况、扬雄这样著名的学者，都未

---

① 《徂徕文集》卷七《尊韩》。
② 《徂徕文集》卷八《辨私》。
③ 《徂徕文集》卷五《原乱》。

能掌握道之精髓，加之"语焉而不详"，以至后世不仅传道无人，而且把道糟蹋得不成样子，俨以孔子之道嫡传者自居。石介极度服膺韩愈的道统说。他充分肯定了韩愈在儒道发展史上的地位，说："箕子、周公、孔子之时，三代王制尚在，孟子去孔子且未远，能言王道也，不为艰矣。去孔子后千五百年间，历杨、墨、韩、庄、老、佛之患，王道绝矣。虽曰《洪范》、曰《周官》、曰《春秋》、曰《孟子》存，而千歧万径，逐逐竞出，诡邪淫僻、荒唐放诞之说，恣行于天地间，无有御之者。大道破散消亡，睢盱然惟杨、庄之归，而佛、老之从。吏部此时能言之为难"①。石介认为孟子之时，把王道解释得清清楚楚并不是很困难的事，因为距孔子时代毕竟不是太远。而韩愈情况就不同了。这不仅距孔子时代已有"千五百年"，时久湮闻，难定真伪。尤其在这漫长的历史时期内，中国曾流行过杨朱、墨家、韩非、庄子、老氏和佛学等各种与道相对立的学说，在这些似是而非、"诡邪淫僻、荒唐放诞之说"的冲击下，孔子之道早已"破散消灭"，韩愈力倡道统，这个任务无疑是艰巨的。因此，韩愈为大明孔子之道所做出的贡献决不亚于孟子，甚至超过了孟子。石介认为，在"伏羲氏、神农氏、黄帝氏、少昊氏、颛顼氏、高辛氏、唐尧氏、虞舜氏、禹、汤氏、文、武、周公、孔子者十有四圣人"之中，孔子为"圣人之至"。而在"孟轲氏、荀况氏、扬雄氏、王通氏、韩愈氏五贤人"中，"吏部为贤人而卓"。②韩愈写的"《原道》、《原仁》、《原毁》、《行难》、《对禹问》、《佛骨表》、《净臣论》，自诸子以来未有也。呜呼，至矣。"③石介肯定韩愈卫道功绩的同时，亦以卫道斗士之姿态出现。"吾学圣人之道，有攻我圣人之道者，吾不可不反攻彼也。盗人主人家，奴尚为主人拔戈持矛以逐盗，反为盗所击而至于死且不避。其人

---

① 《徂徕文集》卷七《读原道》。
②③ 《徂徕文集》卷七《尊韩》。

诚非有利主人也，盖事主之道不得不尔也。亦云忠于主而已矣，不知其他。吾亦有死而已，虽万亿千人之众，又安能惧我也！"① 他认为自己卫道的勇气和忠诚决不亚于孟子，所谓"谁谓石介刚过于孟轲，勇则诚敢自许也。"② 他公开声明为卫道，可以"在所不计，至死方休"。正是由于这一点，石介才赢得朱熹"可谓刚介"的嘉语。

二、石介的三怪说

从维护儒家道统地位和华夏文化出发，石介对佛、老学说进行了激烈的批判。他说："夫自伏羲、神农、黄帝、尧、舜、禹、汤、文、武、周公、孔子至于今，天下一君也，中国一教也，无他道也。今谓吾圣人与佛、老为三教，谓佛、老与伏羲、神农、黄帝、尧、舜、俱为圣人，斯不亦骇矣！"③ 石介认为中国自古以来，只有儒教；称之为圣人的，也只有伏羲、神农、孔子等人。现在竟冒出佛老之说，和儒教齐驾并举；而佛和老聃现在也竟冒名圣人，实在是骇人听闻的事情。石介反对佛、老，主要论点有二：一，石介认为佛、老是外来宗教。它们所提倡的原则不符合圣人之道。他说："闻乃有巨人名曰'佛'，自西来入我中国；有庞眉名曰'聃'，自胡来入我中国。各以其人易中国之人，以其道易中国之道，以其俗易中国之俗，以其书易中国之书，以其教易中国之教，以其居庐易中国之居庐，以其礼乐易中国之礼乐，以其文章易中国之文章，以其衣服易中国之衣服，以其饮食易中国之饮食，以其祭祀易中国之祭祀。"④ 这是说，佛、老之教来源于处于天地之偏的"戎""狄"之地。和华夏相比，这些地区还停留在"被发衣皮"和"衣毛穴居"阶段，因此从这些贫瘠野蛮土地

---

① 《徂徕文集》卷五《怪说下》。
② 同上《上孙先生书》。
③ 《徂徕文集》卷十三《上刘公部书》。
④ 《徂徕文集》卷十《中国论》。

上生长出的佛、老学说，是根本无法和中国固有的儒家学说相比的。现在竟然让佛、老学说弥漫中国，大有以其道改造中国社会面貌的趋势，这是绝对不允许的。尤其使石介不能容忍的是佛老学说不符合中国的国情，它和儒家所倡导的礼乐制度相冲突。他说："夫中国者，君臣所自立也，礼乐所自作也，衣冠所自出也，冠婚祭祀所自用也，缞麻丧泣所自制也，果蓏菜茹所自殖也，稻麻黍稷所自有也。东方曰'夷'，被发文身，有不火食者矣；南方曰'蛮'，雕题交趾，有不火食者矣；西方曰'戎'，被发衣皮，有不粒食者矣；北方曰'狄'，衣毛穴居，有不粒食者矣。其俗皆自安也，相易则乱。"[1]石介认为中国和夷蛮戎狄各有自己赖以安定的社会风俗习惯，不能相互改变交替，否则就会引起混乱。佛、老所提倡的是戎狄之地的社会习俗，根本不适合于中国国情，这是引起社会动乱的因素。他说"夫君南面，臣北面，君臣之常道也。父坐子立，父子常道也。而臣抗于君，子敌于父，可怪也。夫中国，圣人之所常治也，四民之所常居也，衣冠之所常聚也，而髡发左衽，不士不农，不工不商，为夷者半中国，可怪也。夫中国，道德之所治也，礼乐之所施也，五常之所被也，而汗漫不经之教行焉，妖诞幻惑之说满焉，可怪也。"[2]石介认为佛老学说破坏了君臣父子的等级制度，亵渎了以礼乐五常为中心内容的传统道德，这是妖诞幻惑的学说。他指控佛老学说的主要罪状为"灭君臣之道，绝父子之亲，弃道德、悖礼乐、裂五常、迁四民之常居，毁中国之衣冠，去祖宗而祀夷狄"[3]。由此可见，石介对佛老学说的批判，是以儒家学说为标准的，其间还混杂了排外主义的倾向，甚至把土生土长的老聃说成是胡人，这就削弱了他对佛老批判的战斗性。石介反对佛、老理由之二是，佛、老之徒不事生产，崇尚奢侈，费了社会大量

---

① 《徂徕文集》卷十《中国论》。
②③ 《徂徕文集》卷五《怪说上》。

钱财。他说:"假使天下有僧万人,每日食米一升,岁用绢一匹,是至俭也,而月有三千斛之费,岁有一万匹之耗,何况五、七万辈哉!而又富僧巨髡穷极口腹,一斋之食,一袭之衣,贫民百家未能供给。此(辈)既不能治民,又不能力战,不造器用,不通货财,而高堂邃宇,丰衣饱食而已,不曰民蠹,其可得乎?"① 佛老之说是妖怪之说,佛僧则是社会的蠹虫!这些人对社会非但毫无贡献,相反空耗社会财产。因此,大量佛僧的存在是不可忽视的社会祸害。石介分析了佛老之所以能盛行的原因,说:"其佛者乃说曰:'天有堂,地有狱,从我游则升天堂矣,否则挤地狱。'其老者亦说曰:'我长生之道,不死之药,从我游则长生矣,否则夭死。"佛教刚传到中国时,"中国人犹未肯乐焉而从之",为了扩大市场,佛教凭空捏造了天堂地狱之说对愚昧的人们进行恫吓,胁迫人们从之。道家则谎称其有长生不老之药,诱人上当。"于是人或惧之,或悦之,始有从之者。"不少人一旦信佛、从老之后,尝到了"坐而衣食之"的甜头,于是皆"欢然而去之也,靡然而趋之也。"② 石介指出,世界上绝没有长生不老的神仙,也绝没有佑人上天堂、遣人下地狱的佛。他说:"吾谓天地间必然无者有三:无神仙,无黄金术,无佛。"③ 秦始皇、梁武帝,位处九五之尊可谓有求必获,如果说是世界上有的话,何以秦始皇想成仙而"远游死",梁武帝想成佛而"饥饿死"? 仙与佛并没有因此"勤已矣"而保佑他们免死长生。由此推断,世界上绝没有神仙和佛,否则他们为什么求而不得呢? 石介断然否定佛和神仙的存在,这从根本上否定了佛、老之说,其中,还包含着反对迷信的积极因素。

石介在反对佛、老之说的同时,还痛斥了以杨亿为首所提倡的侈丽文风。杨亿是西昆体的代表人物,其文词藻艳丽,内容贫乏。石介

---

① 《皇朝文鉴》卷四二。
② 《徂徕文集》卷十《中国论》。
③ 《徂徕文集》卷八《辨惑》。

认为杨亿之文是表述杨亿之道的工具，这种文体根本不可能表述孔子之道。崇尚杨亿之文，就会使圣人之道趋向灭亡。

石介将佛、老和杨亿之文风并贬为三怪，力主禁绝。认为"左法（佛、老）乱俗"而不禁，"淫文（杨亿）害正"而不禁，其结果只能使"中华夷"、"经籍息"。其意见极为明显，要想恢复天下太平，保持儒家和华夏文化的正统地位，就必须大张旗鼓地禁绝三怪。

三、石介的进步政治观

北宋政权是在五代废墟上建立起来的。国家的统一，带来了社会生活的安定和经济文化诸方面的繁荣，这不能不说是一种社会进步。石介虔诚地拥护北宋政权，热切地希望自己能为之出力。"我本鲁国一男子，少小气志凌浮云。精诚许贯国白日，有心致主为华勋。"[1] 他对于宋初几君的文治武功更是称颂不已。他衷心希望北宋政权"赫奕炜烨，昭于千古"。[2] 正是这一原因，促使石介对封建统治集团内部危及本阶级长远利益的行为进行了揭露与批判。从而也使其政治观显示了一定的进步倾向。

北宋开国之初，为了换取官僚地主阶级对中央政权的支持，对大官僚、大地主阶层十分优容、宽厚，以示仁德。这样就加速了官僚队伍的腐化。为此，石介指出整饬官僚队伍，应采取赏罚并重的措施。他说："天地之治曰祸福，君之治曰刑赏，其出一也，皆随其善恶而散布之。善斯赏，恶斯刑，是谓顺天地。"[3] 他认为治理天下只有罚没有赏固然不行，但只有赏而没有罚则更糟糕。因此"善斯赏，恶斯刑"是治国的根本方针。石介强调指出，对贪官暴吏一定要严惩不贷。"州方千里，牧非其人，千里受弊；邑方百里，宰非其

---

① 《徂徕文集》卷二《闻子规》。
② 同上卷一《庆历圣德颂并序》。
③ 《徂徕文集》卷十一《阴德论》。

人，百里受弊。使一牧、一宰有罪而罹其诛，孰多千里、百里无辜而受其弊？是仁一牧、宰而不仁于千里、百里也。暴我鳏寡，虐我茕嫠，天、地、君所欲除而存之，违天、地、君也。"①石介认为州牧和县宰是治辖地方、管理百姓的，他们的好坏决定着一州一县人的遭遇，如县宰贪赃枉法，一县之内的百姓就要遭殃；州牧是坏人，情况更糟，几千里范围内的百姓就不得安宁。推而广之，官做得愈大，愈贪暴，其危害则愈为严重。迁就这些人，对他们暴鳏虐茕嫠的行为不闻不问，其结果只能是"仁一牧、宰而不仁于千里、百里也。"在这里，石介突破了儒家传统见解，闪烁着人民性的异彩。石介进一步指出："夫人不达天地君之治，昧祸福刑赏之所出，行君威命，执君刑柄，发仁布令，代君诛赏，而硁硁焉守小慈、蹈小仁，不肯去一奸人，刑一有罪，皆曰'存阴德'。其大旨谓不杀一人，不伤一物，则天地神明之所佑也，苟不以己之喜怒，而以天下之喜怒，杀伤虽多，天地神明福之矣。……白额虎暴而害物，周处杀之而获福；两头蛇见而人死，叔敖斩之而得报。尸而官，涂而民，其害岂特白额虎、两头蛇之比也！而能除之，阴德隆奕而无穷矣！"②石介的这一观点实际上是对宋初以来优容地主官僚的祖宗旧法的否定，石介深沉地控诉了贪官污吏残害百姓的罪行。"嗟乎嗟彼县吏，剥肤椎髓民将死。夏取麦兮秋取粟，答匹红兮杖匹紫。酒臭甕兮肉烂床，马余粱兮犬余饫。雀腹鼠肠容几何，虎噬狼贪胡无已！"③这是一幅血淋淋的阶级压迫和剥削的画面。封建官僚地主阶级为了满足自身的奢侈欲望，残暴地杖答百姓，进行了剥肤椎髓的剥削，百姓几无生路。石介大声疾呼："害人不独在虎狼，臣请勿捕捕贪吏。"④虎狼对人的祸害自不待言，而贪

---

① 《徂徕文集》卷十一《阴德论》。
② 《徂徕文集》卷十一《阴德论》。
③ 《徂徕文集》卷三《彼县吏》。
④ 同上卷二《读诏书》。

官暴吏对百姓更加残忍,只有坚决严厉地捕杀这些两条腿的虎狼,社会才能稍微安定。石介对贪官污吏深恶痛绝,对于尸枕禄位、无所事事的昏官庸吏也怀有不小的愤慨。"狗当吾户,猫捕吾鼠,鸡知天时,有功于人,食人之食可矣。犀、象、麋、鹿、鹦鹉、鹰鸷,无功于人而食人之食,孟子所谓'率兽而食人也'。噫!无功而食,禽兽犹不可,彼素餐尸禄,将狗、猫、鸡之不若乎!"① 这是说连狗、猫、鸡都各司其能,"有功于人",而那些白白拿国家俸禄,却什么事情都不干的官僚,连它们都不如。石介这段话有强烈的针对性。宋代官僚队伍非常庞大,一官多人充任,以至冗官为患。石介说这话,难免要得罪大量权贵。连其好友欧阳修都认为他自许太高,"诋时太过"。他一生坎坷,实肇于此,石介勾画这些昏官庸吏嘴脸时说:"国家平安无事,乃将乃相,尔公尔侯,贪荣取宠,不知休止;聚财积货,不知纪极。饱而嬉,醉而眠,间则陈功劳,叙阀阅,矜材能,荐智略。恨爵位之不高,任使之不先,曾不曰才不称任,病不任事。国家一日有边鄙之忧,圣君倚之以安,诿曰:'臣病,臣不才'。至于两铨三班院,除人往西北边去,多不肯行。"② 太平之时嫌官小,动荡之时嫌官大,这并不是宋时特有的现象,但将此黑幕揭露出来,在那样的时代,无疑要给自己招来灾难,故而石介说这话,是需要点勇气的,尤其难能可贵的是石介还将批判锋芒直指最高封建统治者,在《汴渠》中他说:"一人奉口腹,百姓竭膏血。民力输公家,斗粟不敢收。"这实际上是说封建君主为了满足自己的奢侈,对天下百姓进行无休止的盘剥。如果说在《汴渠》中他的规谏只是泛指,而在《上枢密使王曾书》中则指名批评了当今仁宗皇帝。"正月以来,闻既废郭皇后,宠幸尚美人,宫廷传言,道路流布。或说圣人好近女色,断有失德,自七月、八月

① 《徂徕文集》卷八《责素餐》。
② 同上《责臣》。

来，所闻又甚，或言倡优日戏上前，妇人朋淫宫内，饮酒无时节，钟（鼓）连昼夜。"①石介公然逆批龙鳞，惹得"帝赫斯怒"，几"祸在不测"。这说明在封建社会中，要做到忠言直谏，没有铮铮铁骨是不行的。

对封建统治集团的揭露和批判与对人民疾苦的同情，在石介政治思想中是和谐的。他响亮地提出了"常欲饱暖天下人"②的口号。而达到这一目标，就必须爱惜民力，重视社会生产。他说："去年经春频肆赦，拜赦人忙走如马。五月不雨麦苗死，赦频不能活穷寡。……五月麦熟人民饱，一麦胜如四度赦。"③石介认为与其为显示仁德而频繁地颁布赦免令，倒不如设法使庄稼长得好点，解决百姓吃饭问题，就是最大的仁德。宋代常闹水灾，人民饱受其患，石介希望封建统治集团下决心疏通河道，使百姓免受其苦而"无愁色"。④在《河决》一诗中，他流露了对人民真诚的同情。石介之所以一再提醒封建统治集团要使天下人常饱暖，是因为他从历代王朝的兴亡中，敏锐地觉察到了人民伟力所在。他说："善为天下者，不视其治乱，视民而已矣。民者，国之根本也。天下虽乱，民心未离，不足忧也；天下虽治，民心离，可忧也。人皆曰'天下国家'，孰为天下？孰为国家？民而已，有民则有天下，有国家。无民，则天下空虚矣，国家名号矣。空虚不可居，名号不足守，然则民与其天下存亡乎？其与国家衰盛乎！""自古四夷不能亡国，大臣不能亡国，惟民能亡国。民，国之根本也，未有根本亡而枝叶存者。故桀之亡，以民也；纣之亡，亦以民也；秦之亡，亦以民也。汉有平城之危，诸吕之难，七国之反，王莽之夺，汉终不亡，民心未去也。唐有武氏之变，禄山之祸，思明、朱泚、宗

① 《续资治通鉴长编》卷一一五。
② 《徂徕文集》卷三《又送从道》。
③ 同上卷二《麦熟有感》。
④ 同上卷二《河决》。

权、希烈诸侯之叛，唐终不亡，民心未去也。"①石介高度肯定了民在社会治乱过程中的巨大作用，认为任何一种社会力量都无法和民力抗衡。尽管这一观点并非石介首先提出，但在封建统治集团内部，决不是每一个成员都能持有这种清醒认识的。由此出发，石介认为治理天下，"上策以仁义"。而下策是"弃德任智力"。②石介的这些观点，对后世理学产生积极影响，这是极为明显的。

石介政治观的进步性，还表现在他对庆历变法态度上。诚然，石介对庆历变法所言甚少，然而从其著名的《庆历圣德颂》来看，他对力倡庆历革新的范仲淹、富弼等人歌颂之至，将他们比作"一夔一契"，可以证明他是支持范、富等人的政治主张的。当然，石介确实说过不少循古道之类的话，但古道只是一个空瓶子，谁都可以在这里面装上自己的酒的。因此决不能以石介的一些学生在稍后的熙宁变法中持反对态度，从而作出石介政治上是保守派的结论。

综上所述，我们认为石介是一位进步的思想家，对他完全有进一步研究的必要，而我们的研究则刚起步。文中不当之处，就正于大家。

---

① 《皇朝文鉴》卷一〇二《策》。
② 《徂徕文集》卷三《过潼关》。

略论程颐的辩证法思想

本文对程颐的辩证法思想作专题论述，程颐提出的"万物莫不有对"，是对《周易》和《老子》辩证法思想的继承和发展。认为世界上任何事物不能孤立地存在，在谈到"一"与"二"关系时明确指出"盖天下无不二者，一与二相对，生生之本也"，这与同时代的张载"一物两体"思想颇为接近，都认为事物矛盾对立双方相互渗透不可截然分开。在讨论事物运动时提出"动静相因"、"消长相因"提出"动之端乃天地之心"即以"动"是天地造化的根本原则，又说"凡物参和交感则生，不和分散则死"，以运动是事物存在和发展的前提。"动"比"静"更为根本，纠正了周敦颐的"寂然不动"为宇宙最高境界的错误观点。程颐认为运动不息的事物才是有生命力，他把"动"和"恒"联系在一起"天下之理未有不动而能恒者也"，"随时变易"是普遍的原则。一切事物的运动总是处于一定的时空中。对于"空"，程颐没有更多的涉及，但对于"时"则非常注意。认为一切事物是"与时消息"，人们的行动当"随时而进"，"随时而宜"，"合宜适变"，"起居随时，适其直也"，企图说明"时"对人行动的重大影响。

从事物运动变化的观点出发，程颐提出"物极必反"的命题，如"危极必安，乱极则治"，然程颐认识到由"危"转"安"并非自然而然能如此的，而是必定通过要有"刚阳之才"活动才行。这表现了程颐思想中洋溢着朴素辩证法的气息。

程颐与其兄程颢，同为北宋时期"理学"的奠基人。他的哲学思想体系属于客观唯心主义，但他的唯心主义思想体系中具有不少辩证法思想内容。对此，我们应该将它看作是一笔可贵的哲学遗产而加以批判的继承。程颐的辩证法思想主要见诸《程氏易传》而在《遗书》、

《粹言》等著作中也不乏精彩的论述。

一、"万物莫不有对"

程颐继承了先秦以来的朴素辩证法思想家"有对"论的观点，认为世界上的一切事物都是矛盾地存在着的，任何事物都有其对立面。他说："道无无对，有阴则有阳，有善则有恶，有是则有非，无一亦无三。"① 又说"夫有始必有终，既终则必有始，天之道也。"② "以理言之，盛必有衰，始必有终，常道也。"③ 还说："质必有文，自然之理，理必有对待，生生之本也。有上则有下，有此则有彼，有质则有文，一不独立，二则为文。非知道者孰能识之？"④ 程颐认为阴阳、善恶，是非、始终、文质，上下、彼此，盛衰等等都是相对立而存在的，这是"天之道"和"自然之理"，并非出于任何事先的人为安排。对立的双方是同时存在的，没有先后之分。"阴阳开阖，本无先后，不可道今日有阴，明日有阳。如人有形影，盖形影一时，不可言今日有形，明日有影，有便齐有。"⑤ 程颐"万物莫不有对"的思想是对《周易》和《老子》相对待辩证观点的继承和发挥。

程颐认为世界上任何事物都不能孤立地存在。他在谈到"一"与"二"的关系时明确地指出："盖天下无不二者，一与二相对待生生之本也。"⑥ 这就是说天下没有孤立存在的"一"，"一"与"二"总是相互对立而又相互依存的。程颐的这个观点与同时代的张载"一物两体"的思想颇为接近。张载认为"两不立则一不可见，一不可见则两之用息。"⑦ 这里主要是说没有对立，也就没有统一，反之，没有统

---

① ⑤ 《遗书》卷十五。
② 《程氏易传》卷二《蛊卦》。
③ 《程氏易传》卷二《离卦》。
④ 同上卷二《贲卦》。
⑥ 《程氏易传》卷三《损卦》。
⑦ 《正蒙·太和》。

一，也就构成不了对立的关系。诚然，程颐在表述矛盾对立与统一的关系不如张载这样清楚和概括，但是他在对具体问题的论述中却随处散见，客观上也是对张载"一物两体"的补充。他曾以阴阳为例，论证了事物既对立而又统一的关系。他说："仇，对也。阴阳，相对之物，谓之初也。"① 他说："动静相因，动则有静，静则有动，物无常动之理。"② 又说："冬至之前，天地闭塞，可谓静矣；日月运行未尝息也，则谓之不动可乎？故曰动静不相离。"③ 动和静是相辅相成的，动中有静，静中也有动，虽然作为具体的事物总有静止的时候，所谓"物无常动之理"，但是天地的运行是一刻也不停止的，即使在"天地闭"的冬天，日月星辰也还都在运动不息。在"动"和"静""一对矛盾""动"比"静"更为根本。他提出了"动之端乃天地之心"的观点。认为："先儒皆以静为见天地之心，盖不知动之端乃天地之心也。非知道者，孰能识之？"④ 程颐认为先儒把"静"作为"天地之心"是错误的，只有"动之端"才是"天地之心"即天地造化的根本原则。他不仅辩证地理解了"动"和"静"的关系，而且认为运动是绝对的，静止则是相对的。纠正了周敦颐将动、静割裂，而以"寂然不动"作为宇宙的最高境界的错误。

运动是事物存在的形成，程颐认为矛盾的运动产生了世界万物。他说："天地阴阳之气相交而和，则万物生成，故为通泰。"⑤ 又说"女之归男，乃生生相续之道，男女交而后有生息，有生息而后其终不穷。前者有终，而后者有始，相续不穷，是人之终始也。"⑥ 由于天与地，阴与阳相互交感（运动）万物才得以生长，所以这叫"通泰"。

① 《程氏易传·鼎卦》。
② 《程氏易传·艮卦》。
③ 《粹言》卷二《天地篇》。
④ 《程氏易传》卷二《复卦》。
⑤ 同上卷一《泰卦》。
⑥ 《程氏易传》卷四《归妹》。

同样，由于男女的互相交感，才能繁衍后代，人类才能"生息而后其终不穷"。程颐明确指出："凡物参和交感则生，不和分散则死。"①这就是说只有事物的矛盾运动（交感）才能产生生命，"不交"，事物的生命力也就停止了。程颐具体论述了事物的交感现象。他说："天地之气开散，交感而和畅，则成雷，雷雨作而万物皆生发甲坼。"②又说："阴阳之交相摩轧，八方之气相推荡，雷霆以动之，风雨以润之，日月运行、寒暑相推，而成造化之功。"③又说："日往则月来，月往则日来，日月相推而明生焉。寒往则暑来，暑往则寒来，寒暑相推而岁成焉，往者屈也，来者信也，屈信相感而利生焉。此以往来屈信明感应之理，屈则有信，信则有屈，所谓感应也。"④还说："往来屈伸只是理也，盛则便有衰，昼则便有夜，往则便有来。"⑤这么一幅多么绚烂多彩的自然界的运动画面。阴阳摩轧，风气激荡，雷霆震动，风雨润泽，日月运行，寒暑相推，整个自然界都在运动不息，生机盎然。程颐还用阴阳两气的交感作用来解释自然界电雷和风雨等自然现象。何为电雷的成因？他说："电者阴阳相轧，雷者阴阳相击也。"⑥电是阴阳二气相倾轧，这如同两石相磨所以看到火光，而阴阳相碰撞则形成了雷。雷与电这二者是紧密联系在一起的。程颐关于雷的论述还见于多处。他说："雷者，阳气奋发，阴阳相薄而成声也。阳始潜闭地中，及其动，则出地奋震也。始闭郁，及奋发则通畅和豫。"⑦又说："雷行于天下，阴阳交和，相薄而成声，于是惊蛰藏，振萌芽，发生万物，其所赋予，洪纤高下，各正其性命，无有差妄，物与无妄

---

① 《遗书》卷六。
② 《程氏易传·解卦》。
③ 《程氏经说》卷一《易说·系辞》。
④ 《程氏易传·咸卦》。
⑤ 《遗书》卷十五。
⑥ 《遗书》卷二下。
⑦ 《程氏易传·豫卦》。

也。"① 雷能"成声"是由于"阴阳交和相薄"的原因，所以，一声春雷就可以"惊蛰藏，振萌芽，发生万物"。程颐还常把雷和风雨联系起来议论。"阴阳始交，则艰屯未能通畅；及其和洽，则成雷雨，满盈于天地之间生物乃遂。"②"雷雨二物，相益者也，风烈则雷迅，雷激则风怒，两相助益。"③ 在这里，程颐排除了对于电雷风雨两成因的神秘主义的解释，而把阴阳两气的交感作为发生雷电风雨等自然现象的依据。这种力图以自然界本身来解释自然现象，是有其积极意义的。

事物是事物存在的形式还有第二层意义，即只有运动不息的事物才有生命力。显然程颐也是指这种观点的，他常常把"动"与"恒"联系在一起。他说："天下之理，未有不动而能恒者也。动则终而复始，所以恒而不穷，凡天地所生之物，虽山岳之坚厚，未有能不变者也，故恒非一定之谓也，一定则不能恒矣，唯随时变易乃常道也。"④ 他认为"不动"就不能"恒"即永久地存在。这是因为在天地间唯有"动"是"恒而不穷"的。世界上所有的事物都在变动着，即使像山岳这样的坚厚之物也不能不动，不能不变。因此所谓"恒"不是指"一定"不变的意思，凡是一定不变的事物没有一个是能够保持"恒"的。只有"随时变易"才是普遍的原则。天地造化因为"动而恒久不已"所以才能"常"，日月星辰因为运行"恒久不已"所以才能"明"暑寒相推，四时革而不已所有才能成岁，等等。应该承认程颐的这些观点是很有价值的。

事物的运动的形式是多种多样的，但是决不是杂乱无章的，而是有其规律性的。程颐说："乾道变化，生育万物，洪纤高下，各

① 《程氏易传·无妄卦》。
② 同上《屯卦》。
③ 《程氏易传》卷三《益卦》。
④ 同上《恒卦》。

以其类，各正性命也。"① 何为性命，程颐解释说："天所赋为命、物所受为性。"② 即事物有着各自特有的性命即规律。所以他又说："天地之化，虽廓然无穷，然而阴阳之度，日月寒暑昼夜之变，莫不有常，此道之所以为中庸。"③ 天地之间的变化虽然无穷无尽，但是总有其"常"（规律），像阴阳日月，寒暑、昼夜之间的变化就是"常"的运动。顺循这个"常"的运动是永恒的，他还是以阴阳日月为例说："日月，阴阳之精气耳，唯其顺天之道往来盈缩，故能久照而不已。得天，顺天理也。四时，阴阳之气耳，往来变化，生成万物，亦以得天，故常久不已。"④ "天地之运，以其顺动，所以日月之变不过差四时之行不忒忒。"⑤ 程颐所指的"顺动"是指顺循"常"的运动。如天地的运行，日月的照明，阴阳往来，精气盈缩都是因为顺"天之道"而"常久不已"的。程颐在讨论事物矛盾运动时，很强调"顺"。他说："天地之道，万物之理，唯至顺而已"。⑥ 还说："天地造化。恒久不已者，顺动而已。巽而动，常久之道也。动而不顺，岂能常也?"⑦ 很明显他在这里所说的"顺"多少包含着按照客观规律运动的因素，因而是有可取之处的。

强调"顺"循事物的规律，并不意味着人在自然界和社会人事的活动中束手无策、无能为力。程颐注意到了人的作用。他说："天人之理，自有相合。人事胜，则天不为灾、人事不胜，则天为灾。人事常随天理，天变非应人事。如祁寒暑雨，天之常理，然人气壮，则不为疾，气羸弱，则必有疾，非天固欲为害，人事德不胜也，如汉儒之学，皆牵合附会，不可信。"⑧ 天之理与人之理是相同的。"人事"强

---

① ② 《程氏易传》卷三《乾卦》。
③ 《遗书》卷十五。
④ 《程氏易传·恒卦》。
⑤ ⑥ 同上《豫卦》。
⑦ 《程氏易传》卷三《恒卦》。
⑧ 《外书》卷五。

盛，"天"就不能对人造成灾难，相反，"人事"衰弱"天"就能对人构成灾难。"如祁寒暑雨"这是自然现象，如果人身体强壮，就不会生病，相反人的身体"羸弱"，就不免要生病。所谓"天人之理自有相合"是主张以积极的"人事"应付"天变"使"天不为灾"。这种天人相合与汉儒所说的"天人感应"是有一定区别的。"天变非应人事"因程颐所指的"仇"有以下两层意义：一，敌对对立，义近矛盾；二，对子、匹配。阴与阳这二者的关系是既相对立而又相互依存的。失去了一方，另一方也就不复存在，所谓"独阴不生，独阳不生"无论是阴还是阳都不能失去自己的对立面，失去了就不可能产生世界万物。矛盾的对立面是相辅相成的，这是普遍的法则，对于其他任何事物都是这样。"如天地阴阳，其势高下甚相背，然必相须而为用也。有阴便有阳有阳便有阴，有一便有二，才有一二，便有一二之间，便是三，已往更无穷。"① 矛盾的对立面，"其势甚相背"，然而又是"相须而为用"。他在解释"他山之石可以攻玉"时具体说明了"相须而为用"的道理。"玉者，温润之物。若将两块玉来相磨，必磨不成，须是得佗个粗粝底物，方磨得出。"粗粝底物是温润之玉的矛盾对立面，但是两块温润之玉相磨，就磨不出精美的玉器，只有用粗粝之物和温润之玉相磨，才能把玉雕成精美的器皿。用上述显浅的事例说明新事物是在对立面的矛盾中产生的。程颐的这个说法是对"和而不同"传统的辩证观点的发挥。

世界万物之间的差异是客观存在的，这种差异也是矛盾。唯其有差异才构成了丰富复杂的世界。"天地之化，既是二物，必动已不齐。譬之两扇磨行，便其齿齐，不得齿齐，既动，则物之出者，何可得齐，转则齿更不得复齐，从此参差万变，巧历不能穷也。"② 磨分上

---

① 《遗书》卷十八。
② 《遗书》卷二上。

下，齿有参差（凸凹）唯其这样，两扇磨相磨才有用途，否则磨也就不成其磨了。天地造化如同磨一样，唯其"不齐"，才能产生万物。程颐认为"物之不齐，物之情也"。庄周不懂得这个道理强要"齐物"，即取消事物之间客观存在的差异。事实上这是不可能的。所以"物终不齐也"。①

尤其值得重视的是，程颐认为矛盾的对立双方是互相渗透的，不可截然分开。他说："阴阳于天地间，虽无截然为阴为阳之理，须去参错，然一个升降生杀之分，不可无也。"又说："冬至一阳生，却须斗寒，正如欲晓反暗也，阴阳之际，亦不可截然不相接，厮侵过便是道理。天地之间，如是者极多。艮之为义，终万物，始万物此理最妙，须玩索这个理。"② 这就是说，阴与阳是相互"参错"、"厮侵"，即互相渗透的，"不可截然不相接"，如同在斗寒的冬天也有太阳，天要亮时反而显得格外黑暗一样，阴中有阳，阳中也有阴。事物矛盾的对立面相互参错的道理不仅适用于天地阴阳，也适用于其他一切矛盾的对立面。如动静、有无等矛盾的两个方面都是相互渗透的。他说："静中有动，动中有静，故曰动静一源"③，"消长相因天之理也"④ 这些观点表明程颐对矛盾对立统一法则的朴素理解，虽然这种理解尚属肤浅，然而这在当时却是非常可贵的。

程颐不仅肯定了对立的普遍性，而且认为矛盾的双方不是固定不变的，它总是在各自向着其相反的方面转化。他认为世界上的事物转化的具体形式丰富多样，难以统一于一定的模式，但是矛盾转化却是普遍现象，任何事物概莫能外。他说："早梅冬至已前发，方一阳未生，然则发生者何也？其荣其枯，此万物一个阴阳升降大节也。然逐枝自有一个荣枯，分限不齐，此各有一乾、坤也。各自有个消长，只

---

① ② 《遗书》卷二上。
③ 《粹言》卷一。
④ 《程氏易传》卷二《复卦》。

是个消息。唯其消息。此所以不穷，至如松柏，亦不是不雕，只是后雕，雕得不觉，怎少得消息。方夏生长时，却有夏枯者，则冬寒之际有发生之物，何足怪也"？① 尽管万木荣枯各有不同的特点。何时荣枯，亦"分限不齐"，不能一概论之。但是万木都有荣枯，这却是"一个阴阳升降大节"，无论哪一种树木都不能避免。即使像松柏这样的树木也有凋谢的时候，"不是不凋，只是后凋"，它凋谢之时一般人"不觉"而已。有夏天生长的，也有夏天枯谢的。因此，百花凋谢的冬天，唯有梅花开放就是很自然的事情了。程颐关于树木荣枯的论述很有一些过人之处，他已不是只停留在凭感官的直觉观察上。但是程颐的转化观尚未能摆脱循环论的倾向。他说："物理如循环，在下者必升，居上者必降。泰久而必否，故于泰之盛与阳之将进，而为之戒曰：无常安平而不险陂者，谓无常泰也。无常往而不返者，谓阴当复也，平者陂，往者复，则为否矣。"② 又说："无往不复，言天地之交际也，阳降于下，必复于上，阴升于上必复于下，屈伸往来之常理也。"③ 程颐企图用"物理如循环"来说明阴阳、升降，平陂、安险，泰否等矛盾转化的现象是不很确切的，有相当明显的循环论的倾向，但是并不能因此而否认其中所包含的辩证因素。

从事物对立转化的观点出发，程颐指出树木有荣有枯，同样地人也有生必有死。世界上绝没有长生不死之人。"如人生百年，虽赤子才生一日，便是减一日也，形体日自长，而日数自减，不相害也。"④ 人活在世上活一日少一日，即使对于刚生的婴儿来说也是如此。身体一天天长大，活的天数一天天减少，两者是不矛盾的，死对于任何人来说都是不可避免的。因而他指出："见摄生者而问长生，谓之大愚。

---

① 《遗书》卷二上。
②③ 《程氏易传》卷一《泰卦》。
④ 《遗书》卷十八。

见卜者而问之吉凶，谓之大惑。"① 进而他又批判了佛家的生死观。他说："佛学只是以生死恐动人，可怪二千年来，无一人觉此，是被他恐动也。圣贤以生死为本分事，无可惧，故不论死生。佛之学为怕死生，故只管说不休。"② 他认为佛学不明生死的道理，所以才以生死恐动人，"而圣贤则认为生死为本分事，没有什么可恐惧的，所以不谈生死的问题。他赞成对于生死采取"鼓缶而歌"的态度。所谓"人之终尽，达者则知其常理，乐天而已，遇常皆乐。如鼓缶而歌。"③ 但是和首倡"鼓缶而歌"的庄周相比，程颐对于人生并不悲观。他的人生观是积极入世的，程颐之所以赞成"鼓缶"，只是认为只有对于"死生存亡皆知所从来，胸中莹然无疑，"④ 才能对生死泰然处之。程颐用辩证法的观点来解释生命的现象，是对宗教唯心主义的批判，表现了他所持的无神论思想。

程颐并没有把对立转化的观点坚持下去，当一接触封建等级制度之道时，他认为这是无对的，所谓"道无对"。尊卑贵贱的封建等级制度是不可变动的。"天尊地卑，尊卑之位定，而乾坤之义明矣。高卑既别，贵贱之位分矣。阳动阴静，各有其常，则刚柔判矣。事有理，物有形也，事则有类，物则有群，善恶分而吉凶生矣，象见于天，形成于地，变化之迹见矣。"⑤ 这里他所说的定、分、常、判、见都是既定的、不变的矛盾现象。尊卑贵贱的社会等级制度是不可变动的。这不仅暴露了程颐封建主义卫道士的立场，同时也窒息了他在论述自然现象时所闪烁的对立转化的辩证法气息，陷入了形而上学的泥坑。

---

① 《遗书》卷二十五。
② 《遗书》卷一。
③ 《程氏易传》卷二《离卦》。
④ 《遗书》卷二上。
⑤ 《程氏经说》卷一《易说·系辞》。

二、"动之端乃天地之心"

矛盾就是运动。程颐在讨论事物运动时提出了"动静相因"、"消长相因"的观点。程颐认为汉儒之学（天人感应）实属"牵合附会不可信"① 中有这样一段记载，张子厚和程颐在洛阳相遇，张子厚告诉程颐自己去礼院"只定得礼个溢，并龙女衣冠"程颐听了很不以为然，他说："……大河之塞天地之灵，宗庙之祜，社稷之福，与吏士之力不当归功水兽。龙，兽也，不可衣人衣冠②"。在社会活动中，人的因素更是不可忽视的，他说："治必有为治之因，乱必有为乱之因。"③ 社会的治乱是有一定内在原因的。治有"为治之因"，乱有"致乱之因"。程颐认为无论"为治"还是"为乱"的原因都是"在人而已矣"。④ 因此由乱转化为治的关键在于人的努力。程颐的这种观点是有积极因素的。

三、"时者，圣人所不能违"

一切事物的运动总是处于一定时空中的。对于"空"，程颐没有更多的涉及，但是对于"时"，程颐却是非常注重的。他认为一切事物都是"与时消息"的。"日中盛极，则当昃昳；月既盈满，则有亏缺。天地之盈虚，尚与时消息，况人与鬼神乎？盈虚则盛衰，消息谓进退，天地之运，亦随时进退也。"⑤ 程颐认为日月天地的盈盛与昃缺是"与时消息"的。同样，一切社会人事活动也是与时进退的。"天下之事不进则退，无一定之理，济之终，不进而止矣无常止也，衰乱至矣，盖其道已穷极也，九五之才，非不善也，时极道穷，理当

---

① ② 《遗书》卷十八。
③ 《遗书》卷六。
④ 《粹言》卷一《论政篇》。
⑤ 《程氏易传》卷四《革卦》。

必变也，圣人至此奈何？"①天下的事情没有"一定"之理，不是进便是退，然而"进退"是与"时"紧密联系在一起的，不能不受"时"的影响。时间变了，事物也就要随之变化。他说："至如春夏秋冬，所生之物各异，其栽培浇灌之宜，亦须各以其时，不可一也，须随时。"②春夏秋冬四季时间各不相同，所生长的农作物也不同，因此各种"栽培浇灌"要"各以其时"才是适宜的。即使是同一块土地，由于时间的差异，收成也不一样。"正如春气盛时，生得物如何；春气衰时，生得物如何，必然别。今之始开荒田，初岁种之，可得数倍，及其久，则一岁薄于一岁，此乃常理。"③刚开垦的荒地，地有肥力，因此第一年种庄稼收成甚好，"可得数倍"。时间一长，肥力减退，因而收成是"一岁薄于一岁"。他的这个观点是符合客观规律的。不唯开荒种田有一个时间的问题，其他的事物也同样有时间的问题。他说："礼，时为大，须当损益。夏、商、周所因损益可知，则能继周者亦必有所损益。如云：'行夏之时，乘殷之辂，服周之冕，乐则韶舞。'是夏时之类可从则从之。……古之伏羲，岂不能垂衣裳，必待尧舜然后垂衣裳？据如时事，只是一个圣人都做得了，然必须数世然后成，亦因时而已。"④"孔子时，唯可尊周，孟子时方可革命。时变然也，前一日不可、后一日不可。"⑤"不席地而倚桌（桌），不手饭而七筋，此圣人必随时，若未有当，且作之矣。"⑥"制""礼"的最大原则是"时"，因此时不同，礼也应该有所"损益"。这从夏商周三代所行的"礼"中可以看出来。上古伏羲时不能做"衣裳"，像这样简单的事情伏羲完全可以做得了，但必须要等到数世之后的尧舜来完成，主要是因为伏羲之时尚提不出这种要求。同样，孔子与孟子虽然"道同"，但在孔子时只能"尊周"而不能"革命"。而到孟子时代，再

---

① 同上卷四《既济卦》。
②③④⑥ 《遗书》卷十五。
⑤ 《外书》卷九。

提"尊周"就显得迂腐，只能"革命"。"尊周"与"革命"是时云变然的缘故，"前一日不可，后一日不可。"对于器具也是如此，古时人们席地而坐，吃饭用手抓，现在倚桌而坐，吃饭用筷子"古今风气不同"，故器用亦异宜。

既然随着时间的推移，任何事物都要发生变化。因此要想取得事业的成功，人们的行动应该是"随时而进"、"随时而止"、"随时自用"。即使是圣人对于"时"也只能"因时处宜而不能违"，所谓"时者，圣人所不能违"，圣人和众人所不同的是"因时而处宜随事而顺理"。① 而众人则不能掌握（识）时机罢了。"若夫随时而动、合宜适变，不可以为典要，非造道之深，知几可与权者，不能与也"。② 他认为众人不能"随时而动、合宜适变"唯"造道之深知几"者能之。固然暴露了他轻视民众的本性，但也同时说明他对"随时而动"的重视。何为"随时之宜"呢？程颐自己有一段解释"圣人之主化，犹禹之治水耳，宜顺之而不逆宜遵之而不违，随时之义，亦因于此焉。"③大禹治水是根据水的自身特点采取疏导而不是堵塞的办法，因而获得了成功。"禹之治水"有按客观规律办事的因素。程颐认为"随时之义"是犹如"禹之治水"，这个观点是可取的。程颐还对"随时之宜"作了一个通俗的比喻。他说："君子观象以随时而动。随时之宜，万物皆然，取其最明且近者言之。君子以向晦入宴息：君子昼则自强不息，及向昏晦，则入居于内，宴息以安其身，起居随时，适其宜也。"④ 正常情况下白天"自强不息"，晚上就要及时"宴息以安其身"。人的起居是有规律的，违反了这个规律就要对身体造成不良影响。程颐以起居随时企图说明"时"对人的行动的重大影响，不仅是

---

① 《程氏易传》卷四《革卦》。
② 《粹言》卷一《论学篇》。
③ 《粹言》卷一《论道篇》。
④ 《程氏易传》卷二《随卦》。

明智的，而且是含有辩证因素的。

但是程颐认为其他一切事物都是"随时而变"的，唯有封建主义之法是"通万世不易"的。他说："三王之法，各是一王之法，故三代损益文质，随时之宜，若孔子所立之法，乃通万世不易之法。"① 从这里可以清楚地看出程颐为了坚持"孔子所立之法"（封建制度）而又走上形而上学的歧途。

四、"物极必反"与"革者，变其故也"

从事物运动变化的观点出发，程颐提出了"物极必反"的命题。他说："物极必返（反），其理须如此。有生便有死，有始便有终"，② 事物发展到顶点（极）就要走向反面，这是规律（其理如此），概莫例外。生命达到顶点就要走向死亡，而死亡了的生命通过转化分解又成为新生命所必需的成分，因而在新生命中得到反映。生死是如此，始终也是如此，对于其他一切事物都是如此。他说："物理极而必反，以近明之，如人适东，东极矣，动则西矣。如升高，高极矣，动则下也，既极则动而必反也。"③ 又说："物极则反，事极则变，困既极矣，理当变矣。"④ "物极必反"的道理是显而易见的。如一个人向东走，走到东方尽头了只要再一走动必然要朝西，同样，如升高升到高的极点了就要下降。事物到了极点，就要向反面转化。"物极必反"是一个普遍规律，它同样适用于社会的治乱安危。"物理极而必反，故泰极则否，否极则泰"。"极而必反，理之常也。然反危为安，易乱为治，必有刚阳之才而后能也"。⑤ 程颐认为虽然泰极必否，否极必泰，危极

① 《遗书》卷十七。
② 《遗书》卷十五。
③ 《程氏易传》卷三《睽卦》。
④ 同上卷三《困卦》。
⑤ 《程氏易传》卷一《否卦》。

必安，乱极必治这是"理之常"，但是由危转为安，由乱转为治，却又不是自然而然的事情，一定要有"刚阳之才"的活动才行。他的这个说法使他关于对立转化的观点大大前进了一步。"物极必反"是他哲学思想中最为精彩的命题。

既然任何事物发展到极点就要走向反面，因此要想不走向反面，就要注意不过"极"，程颐说："唯至明所以不居其有，不至于过极也。有极而不处，则无盈满之灾，"① 根据同一原则他提出了居安思危，居盛虑衰的观点。"大率圣人为戒，必于方盛之时。方盛而虑衰，则可以防其满极，而图其永久。若既衰而后戒，亦无及矣。自古天下安治，未有久而不乱者，盖不能戒之盛也。"② "当知天理之必然，方泰之时，不敢安逸常艰危而思虑，正因其施为如是则可以无咎。"程颐认为要想使"盛"与"安"能"永久"存在，只有在"方盛"、"方泰"之时高度警惕力戒骄侈。经常思虑艰危之时，就可以"无咎"。程颐认为大凡天下久安终不免于乱者，不外乎这样两个原因，一是因循守旧，"惮于更变"，二是"狃安富"而"骄侈生"，导致"衅孽萌"、"乱之至"。他说："自古泰治之世，必渐至于衰替，盖由狃习安逸，因循而然"。③ 又说："方其盛而不知戒，故狃安富而骄侈生乐舒肆则纲纪坏，忘祸乱则衅孽萌，是以浸淫不知乱之至也。"④ 他的这番议论是他"物极必反"在社会政治中的具体应用，说明事物向相反的方向的转化是具有一定的条件和过程的。诚然，程颐在当时政治变革运动中开始时曾赞成王安石变法而后由于政见的不同而转为反对者，倾向保守，他的政治态度与张载基本相似。他们也有自己的变革理论。他偏重抽象道德的修养而轻视具体功利之学，表现了理学家的思想特点，他与张载一样主张对当时的弊政作温和的变革，因而在哲学

---

① 《程氏易传》卷一《大畜卦》。
②④ 《程氏易传》卷二《临卦》。
③ 《程氏易传》卷一《泰卦》。

理论上也有某些"变易"的思想。他说:"推革之道,极乎天地变易,时运终始也。天地阴阳推迁改易而成四时,万物于是生长成终,各得其宜,革而后四时成也。时运既终,必有革而新之者",又说:"井之为物,存之则秽败,易之则清洁,不可不革在也。"① 天地、阴阳一直在"变易"之中,所以才能使四时成岁,万物各得其宜。井水一直不换,就容易秽败,只有经常变易才能清洁,所以"不可不革"。同理,社会也只有变革才能有生气。"王者之兴,受命于天,故易世谓之革命。汤武之王,上顺天命下应人心,顺乎天而应乎人也。天道变改,世故迁易,革之至大也。"又说:"革天下之弊,新天下之事,处而不行,是无救弊济世之心,失时而有咎也。"② 他的这些说法虽然没有摆脱传统的天命论影响,但是他承认革新时运与改朝换代是一种革命,是最大的变革。如果到了非变不可的时候而不变,就是"无救弊济世之心"而会招致"咎"。但是究竟怎样"革"?程颐过于小心以致流向保守。他说:"革者,变其故也。变其故,则人未能遽信,故必巳日,然后人心信从。……弊坏而后革之,革之所以致其通也。"③"事之变革,人心岂能便信,必终日而后孚在上者于致为之际,当详告申令,至于巳日,使人信之。人心不信,虽强之行,不能成也。"④ 变革现有的政治是件大事,一开始信从的人不多,因此必须反复"详告申令","使人信之"才能成功,不能取信于人的"革"是"不能成"的。应该说他的这个见解是有合理的因素,但他过分夸大了革变的艰巨性,片面强调客观具备的条件因而对政治变革抱消极的态度。王安石认为"新故相除"为自然界和人事社会的规律,对于"变故"的改革充满信心,在变革问题上程颐和王安石所持态度是不同的,他说:"变革,事之大也,必有其时,有其位,有其才,审虑而慎动,而后可以无悔。"⑤ 他认为只有同时具备了"位""时""才"这些条件才可以讨论

---

①②③④⑤ 《程氏易传》卷四《革卦》。

变革，臣子不该首倡"变革"，他说："然臣道不当为革之先，又必待上下之信……所逢之时，足以革天下之弊，新天下之治，当进而上辅于君，以行其道，则吉而无咎也。不进则失可为之时，为有咎也。"[1]因为臣不具备"位"这个条件，所以他不应当"为革之先"，只能辅助皇帝以"行其道"，这也就是他反对王安石变法的理论依据。事实上任何时候都不可能同时具备程颐所说的"变革"条件，这种理论发展下去势必导致否定变革。程颐说："天下之事，革之不得其道，则反到弊害，故革有悔之道。"[2]既"革有悔之道"岂不是不革为妙么！至此程颐就窒息了原有的变易思想而陷入形而上学。

---

[1][2]《程氏易传》卷四《革卦》。

论二程的变革理论和对熙宁新政的态度

本文发表于 1986 年的《学术月刊》, 同年被《新华月报》全文转载, 文章提出了不同于学术界曾长期以来认为二程 (颢、颐) 为 11 世纪反对政治变革的守旧派或顽固派的说法, 而论证了二程与王安石政治上的分歧, 是由于在"治国之要"上所表现的不同政见, 其实他们都希望北宋社会改变积弱和贫穷的局面。二程在政治上自有其理学家特点的变革理论。首先, 二程认为变革是天地之道, 人事政治也像"天道变改"一样。"礼"也是"以时为大, 须当益损", 后代对前代的制度是要有所"损益"的, 社会风气也是如此, "天下之习, 皆缘世变"。政治上更须革弊兴利, "时极道穷, 理当必变"。二程谈到如何变革时, 认为当"审稽公论"和取信于民。在进行"革天下之弊, 新天下之治"的政治活动中, 必须具备"时"(时机)、"位"(政治地位)、"才"(政治才干) 三个基本条件。

熙宁变法初期, 程颢参与新法, 但又"首为异论", 他们都打着"先王之道"的旗号, 但所具的内容却不同, 王安石的"先王之道"讲经世致用的功利之学。二程的"先王之道"乃在于"格君心之非", 注重克服君主思想道德上的缺点, 不同意王安石"理财"的兴利之道。二程把义与利、德与功完全对立起来, 从理学家的立场, 认为王安石变法只讲"兴利"会造成"尚德之风浸衰"人人"徇其私欲"的严重后果, 表现了理学家某些迂腐的思想。但二程较重视现实中的矛盾问题, 觉得非变革不可, 并提出有一定进步意义的变革见解。因此, 二程基本上仍属于历史上重视变革的思想家。

熙宁二年 (1069 年), 宋神宗接受王安石的建议, 实行变法, 史称熙宁新政。理学的奠基者程颢、程颐兄弟对熙宁新政及王安石的新学持反对态度, 并提出种种责难。然而, 二程和王安石之间的分歧并

不是历来所说的守旧派或顽固派与革新派之间的斗争。尽管他们在
"治国之要"的看法和做法上表现了不同的政见，但二程仍然是属于
历史上地主阶级中重视变革的政治思想家。本文拟就这个问题，进行
一些探讨，就正于学术界。

一

程颢、程颐在政治观点上较接近张载，而不同于王安石，自有其
具理学家特点的变革理论。首先，他们从素朴的辩证法观点认为变革
是天地之道。程颐说："推革之道，极乎天地变易，时运终始也。天
地阴阳推迁改易而成四时也。万物是生长成终各得其宜，革而后四时
成也。时运既终，必有革而新之者……天道变改、世故迁易，革之至
大也。"① 程颐认为天地阴阳的推迁改易形成春夏秋冬四时相互更替，
万物才得以生长成终，他们从变易不断的自然现象、又进而论述到社
会人事政治的变革。所谓"观四时而顺变革，则与天地合其序矣"②，
这就是说社会人事政治也像"天道变改"一样，要随时变革。程颐
说："三王之法，各是一王之法，故三代损益文质，随时之宜。"③ 程
颢说："圣人创法，皆本诸人情，极乎物理，虽二帝三王无不随时因
革，踵事增损之制。"④ 二程把法制归结为圣人创立，固然是历史唯心
主义观点，然而他们认为圣人创法，主要是根据人情物理制定，随着
时间推移，圣人的旧法也要"随时因革，踵事增损"，这种看法却含
有历史的积极意义。

二程认为对先王之法全盘否定是不行的；但对历史上的东西原
封不动地照搬过来、全盘承袭，则是徒知泥古、不知变迁。程颢说：
"苟或徒知泥古而不能施之于今，姑欲循名而遂废其实，此则陋儒

---

①② 《程氏周易传》卷四《革卦》。
③ 《二程遗书》卷十七。
④ 《二程文集》卷一《论十事札子》。

之见，何足以论治道哉！"①并指出一味"因循苟且"，只能"卒致败也"。程颐说："不席地而倚桌，不手饭而七箸，此圣人必随时，若未有当，且作之矣。"②古人席地而坐，以手抓饭，今人代之椅桌，食以刀叉筷相助、凡是前人不具备或不妥当之事，后人应随时增改损益。二程认为"礼"也是"以时为大，须当损益。夏、商、周所因损益可知，则能继周者亦必有所损益。"③这是说夏、商、周三代所用的"礼"是不完全相同的，后代对前代的东西也总是要有所损益。"礼"是如此，社会风气也是如此。"天下之习，皆缘世变。秦以弃儒术而亡不于踵，故汉兴，颇知尊显经术，而天下厌之，故有东晋之放旷。"④由此，二程认为"天下之习，皆缘世变。"程颐以掏井为例："井之为物，存之则秽败，易之则清洁，不可不革者也。故井之后，受之以革也。"⑤井开凿的时间一长，沉淀物会愈积愈多，腐烂发臭。要井水清洁，只有经常掏掘。程颐认为对于腐败的政治也要如此，指出："时极道穷，理当必变"。又说："已日而革之，征则吉而无咎者，行则有嘉庆也。谓可以革天下之弊，新天下之事，处而不行，是无救弊济世之心，失时而有咎也。"⑥这些话决非空论，而具有很强的针对性。二程多次规谏北宋政权励精图治，革弊兴利；程颐劝仁宗"勿徇众言，以王道为心，以生民为念，黜世俗之论，期非常之功。"⑦仁宗死后，英宗即位，程颐又劝说："法先王之治，稽经典之训，笃信而力行之，救天下深沈固结之弊，为生民长久治安之计，勿以变旧为难，勿以众口为惑"。二程主张北宋最高封建统治者打消顾虑，大胆进行改革，去深锢之弊，图长久之计。

---

① 《二程文集》卷一《论十事札子》。
②③ 《二程遗书》卷十五。
④ 《二程遗书》卷四。
⑤⑥ 《程氏周易传》卷四《革卦》。
⑦ 《二程文集》卷五《上仁宗皇帝书》。

对于要不要改革，怎样改革，二程提出的标准是听取公众舆论："守贞正而怀危惧，服从公论，则可行之不疑。革言，谓当革之论。就，成也，合也。审察当革之言，至于三而皆合，则可信也。言重慎之至能如是，则必得至当，乃有孚也。已可信而众所信也如此，则可以革矣。……不自任其刚明，审稽公论，至于三就而革之，则无过矣"。① 二程认为事情当革则革，不革就会"失时而为害"。怎样才能断定应不应改革呢？这不是哪一个人说了算的，必须广泛听取各方面的意见，审稽公共舆论，不可刚愎自用，自行其是。如果以为公共舆论不值得一听，那就错了。"或以为已安且治，听任者当矣，所为至矣。天下之言不足恤矣，如此则天之所戒也，当改而自新者也。"② 当然，所谓要审稽公论，只能局限在封建统治集团内部。关于这一点，程颐说得很清楚："所谓质之人言者，当其有方。欲询之于众人乎？众人之言可使同也。欲访之下民乎？下民之言亦可为也。察之以一人之心，而蔽之以众人之智，其可胜乎？是不足以辨惑，而足以固其弊尔。臣以为在外一二老臣，事先朝数十年，久当大任，天下共知其非欺妄人也，知其非覆败邦家者也。……礼而问之，宜可信也。"③ 这是说，众人和下民的意见不是不可听，其中也不是没有正确的一面，但是不可能把众人和下民的意见都一一征询不遗，能听到的只能是少数人的意见，难免有"察之以一人之心，而蔽之以众人之智"之流弊。因此征询公论有一个方法问题。最好是听取那些具有广泛代表性，政治经验丰富，为人正直的意见。联系当时宋朝内部的具体现状考察，不难发现，所礼而问之的对象，就是司马光、吕公著等人。要不要进行变革，公论固然要听，然而这不是决定要不要改革的根本因素。其决定性的因素是客观现实。二程曾认为王安石最大的毛病是刚愎自

---

① 《程氏周易传》卷四《革卦》。
②③ 《二程文集》卷五《代吕公著应诏上神宗皇帝书》。

用，不肯听取公论，别人愈是反对，他愈要坚持。程颢说："介甫性狠愎，众人以为不可，则执之愈坚。"① 程颢的这番话，是对审稽公论的补充说明，其目的是企图证明王安石变法违犯了公论。二程指出王安石变法中某些脱离现实、固执、主观、武断的毛病，这应该说是合乎实际的批评，但以此从总体上否定王安石新法，这就错了。

二程还认为改革必须取信于民，顺应人心。程颐说："事之变革，人心岂能便信，必终日而后孚。在上者于改为之际，当详告申令，至于已日，使人信之。人心不信，虽强之行，不能成也。先王政令，人心始以为短者有矣，然其久也必信。终不孚而成善治者，未之有也。"② 二程认为只有取信于民的改革才能成功，要使改革取信于民，必须在变革之际，把变革的内容详尽地申告天下，使人相信变革的好处。如果人们不是由于信服变革而自觉地实行变革，而采取强硬措施推行变革是不行的。当然，人心之信，要有一个过程。往往开始时，是抱着观望怀疑的态度。这是因为"人情习于久安，安于守常，惰于因循，惮于更变。"③ 然而只要是好的变革，"其久也必信"。如果"始以为疑，"而"终不为"，这种改革是不会成功的。要求变革顺应人心，认为不顺人心的改革不能致善治，这种理论本身有一定的可取之处。可是二程所说的顺人心，主要是指顺封建官僚地主阶级之心。他们多次指责王安石变法不顺人心。程颢曾说新法使得"四方人心日益动摇"，当面批评王安石做不顺人心之事："伯淳尝言：'管仲犹能言，出令当如流水，以顺人心。'今参政（王安石）须要做不顺人心事，何故？介甫之意只恐始为人所沮，其后行不得。伯淳却道，但做顺人心事，人谁不愿从也。"④ 这是说王安石变法之所以为人所沮，是因为其"不顺人心"，其实，在阶级社会中，从来就没有统一的人心，

---

① ④ 《二程遗书》卷二上。
② ③ 《程氏周易传》卷四《革卦》。

且不说地主阶级和农民阶级的人心是对立的，即使在地主阶级内部，官僚地主和中小地主所想的也不尽相同。二程在这里所说的人心是以封建官僚地主阶级为标准的。顺了这部分的人心，势必要放弃任何触犯封建地主阶级特权利益的改革，这是显而易见的事。

二程认为改革是一件了不得的大事，对此必须采取慎之又慎的态度。程颐说："变革，事之大也。必有其时，有其位，有其才，审虑而慎动，而后可以无悔。九，以时则初也，动于事初，则无审慎之意，而有躁易之象，以位则下也。无时无援而动于下，则有僭妄之咎，而无体势之重；以才则离体而阳也。离性上而体刚健，皆速于动也，其才如此，有为则凶咎至矣。"① 还说："上有刚阳之君，同德相应，中正则无偏蔽，文明则尽事理，应上则得权势，体顺则无违悖。时可矣，位得矣，才足矣，处革之至善者也。然臣道不当为革之先，又必待上下之信，故已日乃革之也。如二之才德，所居之地，所逢之时，足以革天下之弊，新天下之治，当进而上辅于君，以行其道，则吉而无咎也。"② 这就是说，要"革天下之弊，新天下之治，"必须具备"时""位"，"才"三个基本条件。"时"就是要遭逢亟待变革的时机，早了不行，迟了也不行。"位"，就是要有适宜变革的政治地位，能够得到上下信任，"才"是指要具备进行改变的非凡才干。"时"、"位"、"才"三者缺一不可。改革不得其时，是"无审慎之意，而有躁易之象"，缺乏很高的政治地位，位低而倡变革，就会发生人轻言微孤立无援的局面，"而无体势之重"，"有僭妄之咎"。不具备足够的变革才能，要想领导变革，就不能正确审时度势，举止失措，一有所为，"则凶咎至矣"。具备了"时"、"位"、"才"是否就能保证变革成功呢？还不行。因为还需要有主张改革的英明而善断的君主。提倡变革的权限在君不在臣。为臣的，是不可以在君主之先而提倡变革。必

---

① ② 《程氏周易传》卷四《革卦》。

须君倡之而后臣以正道辅弼君主，这样，变革才会成功。任何社会变革总是在特定的历史环境下进行的，总要具备一定的改革条件和社会基础，从这个意义上说，二程主张变革要有"时"、"位"、"才"为保证，不能说没有一定的道理。可是二程坚持认为不具备万全条件的变革不仅是徒劳无益的，相反会招之灾难，与其进行这样的变革，倒不如不革为好。"……革而无甚益，犹可悔也，况反害乎？"，"妄动，则有凶咎，……则不革而已。"① 至此，二程就完全窒息了自己的变革思想。

二

熙宁变法初期，程颢由御史中丞吕公著的推荐，"授太子中允，权监察御史里行"，就在王安石手下工作，参与新法。这说明程颢起初并不反对变法，至少没有站在熙宁变法的对立面。和王安石一样，二程认为当时天下岌岌可危。"强敌乘隙于外，奸雄生心于内，则土崩瓦解之势，深可虞也。"② 宋王朝犹置于一堆巨大的干柴之上，所谓"方今之势，诚何异于抱火厝之积薪之下而寝其上，火未及然，因谓之安者乎？"③ 形势严重到了非变革不可的程度。但是以什么学说（"道"）指导改革，采取什么样的改革措施，二程和王安石之间却是存在着严重分歧，并随着熙宁变法运动进一步深入而日益加剧。二程终于从赞成变法转变为激烈的变法反对者，史称程颢是"新法之初，首为异论"。程颢"数月之间，章数十上。尤极论者，辅臣不同心，小臣与大计，公论不行，青苗取息，卖祠部牒，差提举官多非其人及不经封驳，京东转运司剥民希宠不加黜责，兴利之臣日进，尚德之风浸衰等十余事。"④ 程颐此时尚是处士，不在朝廷供职，但反对新

---

① 《程氏周易传》卷四《革卦》。
②③ 《二程文集》卷五《上仁宗皇帝书》。
④ 《二程文集》卷十一《明道先生行状》。

法的激烈程度较之程颢有过之而无不及。他甚至说："居今之时，不安今之法令，非义也。若论为治，不为则已，如复为之，须于今之法度内处得其当，方为合义。若须更改而后为，则何义之有！"①在二程看来，王安石搞的新法必须立即废除。

是什么原因促使二程的态度发生如此剧变的呢？关键在于二者所理解的"治国之要"不同。尽管当时二程和王安石所打出的旗号都是"先王之道"。但是"先王之道"是一个极其抽象的概念，谁都可以在自己的学说上贴这块标签。这就发生了同名异实的问题。王安石说的先王之道是经世致用的功利之学，反映在政治实践中，即要求改革北宋迂腐空疏之政，努力增加中央政权的财政收入达到强国强兵的目的。二程所理解的先王之道是正心诚意的性命之学。因此他们主张改革必须从加强封建统治集团的道德修养着手。二程认为要想由天下转乱为治，首先要"格君心之非"。即克服封建君主思想道德上的缺点。程颐说："治道亦有从本而言，亦有从事而言，从本而言，惟格君心之非，正心以正朝廷，正朝廷以正百官。"程颐认为实行王道仁政的根本是君心之正（诚），格除君心之非，使归于正。就可以使朝政符合正道，百官也就会弃邪归正。如果君心不正，就必然会危及于政。"天下之治乱系乎人君仁不仁耳，离是而非，则生于其心，必害于其政，岂待乎作之于外哉？昔者孟子三见齐王而不言事，门人疑之。孟子曰：'我先攻其邪心，心既正，然后天下之事可从而理也'。夫政事之失，用人之非，知者能更之，直者能谏之，然非心存焉，则一事之失，救而正之，后之失者，将不胜救矣，格其非心，使无不正，非大人其孰能之？"②二程认为君主之心的"仁"与"不仁"或"正"与"不正"决定着天下安危治乱。君心"仁"与"正"，天下一切政务就

---

① 《二程遗书》卷十五。
② 《二程外书》卷六。

可以从容治理，也杜绝了一切乱政的根源，这才是治政之本。反之，听任君心不正，只是把主要精力耗费在纠正政务的失误和用人不当上，那么前者未救，后者又接踵而来，救不胜救。二程的这一观点显然是帝王意志决定论的唯心史观。二程反对王安石也是由此立论的。二程说："介父当初，只是要行己志，恐天下有异同，故只去上心上把得定，他人不能摇，以是拒绝言路，进用柔佞之人，使之奉行新法。"又说："如介甫之学，他便只是去人主心术处加功，故今日靡然而同，无有异者，所谓一正君而国定也。此学极有害。……今天下之新法害事处，但只消一日除了便没事。其学化革了人心，为害最甚，其如之何！"① 这显然是出于他们的偏见。

儒家历来有重义轻利、尚德不计其功的传统，二程在此基础上又进而把义与利，德与功完全对立起来。他们不同意王安石在熙宁变法中提倡的兴利之道，认为兴利必然丧德，尚德则必反利。在他们看来，王安石变法根本不会收到什么好的效果。即使在某些方面有所成就，从长远的利益考察，也是得不偿失。程颢说："设令由此侥幸，事小有成，而兴利之臣日进，尚德之风浸衰，尤非朝廷之福。"② 他认为王安石变法的根本目标是"兴利"，王安石新党都是一些"兴利之臣"。按照王安石之道进行改革，即使增长中央的一些财政收入，弥补部分国用不足，所谓"由此侥幸，事小有成"，但是却造成"尚德之风浸衰"的严重后果。程颐进一步指出"若乃恃所据之势，肆求欲之心，以严法令，举条纲为可喜，以富国家强兵中为自得，锐于作为，快于自任，贪惑至于如此，迷错岂能自知？若是者，以天下徇其私欲者也。勤身劳力，适足以致负败，夙兴夜寐，适足以招后悔，以是致善治者，未之闻也。"③ 程颐认为富国强兵是应该的，但不能以此

① 《二程遗书》卷二下。
② 《二程文集》卷一《再上疏》。
③ 《二程文集》卷五《代吕公著应诏上神宗皇帝书》。

作为最主要的目标去追求，否则"勤身劳力""夙兴夜寐"，孜孜以求治，非但不能"致善治"，相反只会"致负败""招后悔"。这是因为人君"恃所据之势，肆求欲之心"，势必会对天下人发生影响，大家都依此行事，人人"徇其私欲"，无所不为，就会置公义于脑后，泯灭道德，其后果不堪设想。

二程认为王安石新法不好，其中尤以青苗法为最坏，程颢曾多次请求宋神宗废除青苗法。他说："臣近累上言，乞罢预俵青苗法利息及汰去提举官事。"① 显然，从封建地主阶级长远利益考虑，青苗法令的推行是好事，它部分地缓和了阶级矛盾，其中唯一受到损失的是那些向农民贷款攫取高利息的大地主、大官僚。诚然，青苗法在贯彻执行过程中也有一些缺陷，一些负责向农民贷款的提举官，往往自行其是，根本不问哪个农民是否需要贷款，预先就把国家准备的贷款分配给农民，并先扣除利息，这就是程颢所说的"预俵青苗法利息。"程颢抓住这一点，全盘反对青苗法，认为国家推行青苗法，向农民贷款收息，这是"兴利"，危害极大。所以要首先反对。这也正是二程他们尚德不尚利理论的必然反映。

为了从根本上否定新法，二程对熙宁新政的理论基础——王安石新学进行了批判。首先，他们贬低新学的理论价值。"杨时于新学极精，今日一有所问，能尽知其短而持之。介父之学，大抵支离。伯淳尝与杨时读了数篇，其后尽能推类以通之。"② 这是说新学不成系统，其中并无新意。鉴于当时王安石新学在社会上的巨大影响二程提出必须以主要精力整顿新学。"今异教之害，道家之说则更没可辟，唯释氏之说衍蔓迷溺至深。……然在今日，释氏却未消理会，大患者却是介甫之学。……如今日却要先整顿介甫之学，坏了后生学者。"③ 二程

---

① 《二程文集》卷一《疏谏新法》。
②③ 《二程遗书》卷二上。

认为释、道两家之说是有害的异教，应该力辟，但这不是当前的首要任务，可以暂时不去"理会"。释、道两教对人们的毒害，以王安石的新学比较起来，实无足轻重，"大患者却是介甫之学"，它"坏了后生学者"，要首先加以整顿。二程关于改革有一个基本观点，即"革之有道"。程颐曾说："天下之事，革之不得其道，则反致弊害，故革之有悔之道也。"① 认为熙宁变法恰恰是以错误的王安石新学为理论基础的，可谓"革之不得其道"，因此应该彻底纠正过来。二程和王安石在变法指导思想上的分歧，终于演变成在变法运动中的严重对立。

三

二程对新法的态度和司马光还是有一定区别的。司马光是元祐党中的领袖人物，他对于新法一概否定，必欲急速地全部加以废除。二程则不以为然，有些新法还有可取可改之处。比如免役法就不便废除。"伊川每曰：'青苗法决不可行，旧役法大弊，须量宜损益。'"② 司马光上台后，全面废除新法，程颐要人带信给司马光"切未可动着役法，动着即三五年不能得定迭去。"③ 但这条意见未被司马光采纳，结果着役法还是被废除了，所谓"未几变之，果纷纷不能定。"④ 这说明程颐对新法还是区别对待的。二程曾婉转地批评司马光对新法的态度失之偏颇，很难与之讨论问题。程颢说："君实忠直，难与说，晦叔解事，恐力不足耳。"程颢为人向以平和著称，连他都感到司马光"难与说"，可见司马光执拗的程度了。至于程颐和司马光意见不合更为明显。二程的学生有一条记载："伊川与君实语，终日无一句相合。"⑤ "无一句相合"，这可能有点夸张，但二人意见经常相左，难以一致，当是事实。由于这一缘故，司马光重新执政后想重用程颐，而

① 《二程遗书》卷二上。
② 《二程外书》卷十二。
③④⑤ 《二程遗书》卷十二。

遭到了程颐的谢绝。"温公初起时，欲用伊川，伊川曰：'带累人去里，使韩、富在时，吾犹可以成事。'"① 程颐感到在司马光手下工作，难以成事，所以他认为司马光之召是"带累人"而不就。

在对待新党的问题上，二程的态度则比较冷静，认为变革问题上的论争是政见的不同，而不是根本利害的冲突。二程认为新法带来的弊端，新党固然要负主要责任，但旧党也有一定责任。二程说："新政之改，亦是吾党争之有太过，成就今日之事，涂炭天下，亦须两分罪可也。"② 他们认为，熙宁初年，旧法已经有不少弊病，以致天下岌岌可危。从这个意义上说，王安石想革除旧法，是可以理解的。程颢和孙觉事先已经了解到神宗倾向王安石，其实这时只要对王安石以诚相待，王安石未必坚持己见，可是张戬却过火地指责王安石之议为"大悖"。弄得王安石大怒，在神宗面前竭力争辩，从此形成水火不容的新旧两党。从上述二程的意见是，当时注意一些策略，必要时可顺从王安石的部分意见，然后再慢慢地劝说王安石回心转意，可能不至于产生党分，新法也就不至于遍行天下了。程颢还谈到："熙宁初，王介甫行新法，并用君子小人，君子正直不合，介甫以为俗学不通业务，斥去。小人苟容谄佞，介甫以为有才，知变通适用之。君子如司马君实不拜副枢以去，范尧夫辞修注得罪，张天祺以御史面折介甫被责，……君子既去，所用小人争为刻薄，故害天下益深，使众君子未之与敌，俟其势久自缓，委曲平章，尚有听从之理。则小人无隙可乘，其害不至如此之甚也。"③ 这是说王安石执政初期并没有和"君子"们格格不入，也希望司马光、范尧夫、张戬这些君子采取合作态度。然而君子们因为正直，看不惯王安石的做法，拒绝合作，以至王安石不得不从"并用君子小人"到专用小人。假若当时众君子以大局

① 《二程遗书》卷十二。
② 《二程遗书》卷二上。
③ 《二程外书》卷十二。

为重，不意气用事，"未与之敌"，王安石也不至于全用小人。等到时机成熟，新法也就慢慢改回来了，所造成的危害不会像现在这么大。二程的这一番话正说明了他们在对待新党的策略上和司马光等人有区别。他们在司马光重新执政后，也曾希望司马光对新党采取宽容态度。程颢认为旧党执政后，不能对新党进行全面罢黜。虽然他认为这些"元丰大臣"都是"嗜利者"，但不能对他们逼之太甚，否则容易因激生变。二程在当时的"党争"中，他们反对王安石的功利之学和"执拗"作风，但同时也对司马光一概废除新法，不讲"存其善而改其弊"的做法不满。

二程作为理学家，讲究道德性命之说，轻视功利，表现了某些迂腐的思想，但是他们也较重视现实中矛盾问题，清醒地看到当时封建王朝"土崩瓦解之势"，觉得非变革不可，并提出了有一定进步意义的变革见解，基本上属于地主阶级的改革派。不能由于他们与王安石政见上的分歧而论定其为守旧派。

二程对佛、道的批判和吸取

——兼论对鬼神说的批判和让步

　　本文发表于《浙江学刊》1986 年第 4 期，论述了宋理学主要奠基者程颢、程颐与佛、道的关系，两者间既有相融合，吸取的一面，又有互相排斥的一面。两宋时代理学家对佛、道采取"阳违之而阴奉之"的态度，乃是他们共有的基本特征。二程以儒为宗，其视佛、道为异端，大多是着眼于政治伦理方面，至于佛、道的哲理方面则予以某些肯定。"异教之书，虽小道必有可观者"，如程颢"不废佛老书，与学者言，有时偶举佛语"，认为佛、道之书"尽极于高深"也"窥见"得些"道体"。"佛亦是西方贤者，方外山林之士"。尤其是二程曾用"万理归于一理"的理学家最核心的"理一分殊"的命题来解说《华严经》的三观说。这是明显的例证。二程公然宣称"佛之'道'是也；其'迹'非也"。"然吾所攻其'迹'耳，其'道'则吾不知也"。他们要攻击和批判的是佛教之"迹"即伦理观上有逆伦常之处。如"出家"，逃避现实，其"归宿处不是，只是个自私"。二程对佛、道的"空"、"虚无"之说是不赞同的。认为虽有"高妙处"但无"实"处。指出佛、道鬼神说的谬误"释氏与道家说鬼神甚可笑，道家狂妄尤甚"，佛教的"轮回"说，道教的成仙说皆不合儒家以生死为"常理"。但二程又觉得还可以利用鬼神"祸福之说"去吓唬老百姓，使其"畏惧修省"，这是二程出于其维护封建统治的政治目的，采取了对鬼神说的某些让步。

　　理学是封建社会后期的官方哲学。它的基本特征之一是"以儒为统"，兼采佛、道，熔三教于一炉。作为理学的主要奠基者，程颢、程颐兄弟在创立理学体系的过程中，明显地利用了大量的佛、道两家的思想资料，使其成为理学体系的有机组成部分。

佛学，作为外来宗教，开始传播于东汉，盛于隋、唐，到北宋初、中期，势头犹减，然而仍有广泛的市场。陈淳说："佛氏之说，虽深山穷谷中，妇人女子皆为之惑，有沦肌洽髓牢不可解者。"① 二程认为问题的严重性倒不在于平民的崇教立像，而是士大夫、学者名流溺迷佛教，对佛理表现了令人担心的兴趣。程颢曾感叹地说：

> 昨日大会，大率谈禅，使人情思不乐，归之忧恨者久之，此说天下已成风，其何能故。古亦有释氏，盛时尚只是崇教设像，其害至小，今日之风，便先言性命道德，先驱了知者，才愈高明，则陷溺愈深，无可奈何他。
>
> 今日所患在引取了中人以上者，其有以自立，故不可回，若只中人以下，自不至此，亦有甚执持。②

程颢在当时俨成名流，与之相会的也决不可能是"中人以下者"的黎庶百姓，而是"中人以上者"的"知者"。这些人聚集在一起，"大率谈禅"，由此士大夫的旨趣可见一斑。尤其是这时崇佛已不是"崇教设像"，而是在谈禅过程中，涉及尽性知命、探究世界本源等方面的问题，这就使"以儒为统"的程颢"情思不乐"，"怅恨者久之"了。程颐也说：

> 今之学释氏者，往往皆高明之士。③
>
> 今人不学则已，如学焉，未有不归于禅也。……深固者难反（返）。④

---

① 《北溪字义·佛》。
② 《程氏遗书》卷二上，下简称《遗书》。
③④ 《遗书》卷十八。

> 世人之学，博闻强识者岂少？其终无有不入禅学者，就其间
> 特立不惑，无如子厚，尧夫，然其说之流，恐未免此数。①

程颐在这里透露了当时学术界一个值得注意的倾向，不少高明之士和
学者都以禅为归，就是连张载、邵雍这样"特立不惑"的人也"未
免此蔽"。而那些受佛教影响很深的人已到了很难醒悟的程度，在以
"使圣人之道焕然复明于世"为己任的二程看来，这决不是一件等闲
视之的事情。故他们以辟佛为己任。

关于道教，二程亦明确表示反对，他们以佛、老并称，不肯放
过。程颢说：

> 杨墨之害甚于申韩，佛老之害，甚于杨墨。……佛、老其言
> 近理，又非杨、墨之比，此所以害尤甚。②

二程认为道家和佛学都在力辟之列，然而由于道家已趋向没落，其影
响没有佛教广大。所谓"今异教之害，道家之说则更没可辟，唯释氏
之说衍蔓迷溺至深，今日是释氏盛而道家萧索。"③又谓："如道家之
说，其害终小，惟佛学今则人人谈之，溺漫滔天，其害天涯。"④故二
程认为不必对批判道家耗费更多的精力，注意力应集中于辟佛。

从表面上看，二程似乎对佛、老痛恶之至，然而，二程和当时的
"高明之士"一样，亦无例外地受到佛教的影响。全祖望曾说："两
宋诸儒，门庭径路半出于佛老"⑤纵观二程理学体系，其中有不少佛、

---

① 《遗书》卷十五。
② 《遗书》卷十三。
③ 《遗书》卷二上。
④ 《遗书》卷一。
⑤ 《题真西山集》。

老的基因，程颐说程颢自小"泛滥于诸家，出入于老、释者几十年，返求诸六经而后得之。"（《程氏文集》卷十一《明道先生行状》，以下简称文集）。《宋元学案·明道学案》谓："明道不废佛老书，与学者言，有时偶举示佛语。"程颐从小也喜欢与禅客交谈："先生少时，多与禅客语，欲观其所学浅深，后来更不问。"① 这里有一段值得注意的材料：

> 问："某尝读《华严经》，第一真空绝相观，第二事理无碍观，第三事事无碍观。譬如镜灯之类，包含万象，无有穷尽。此理如何？"曰："只为释氏要周遮，一言以蔽之，不过曰万理归于一理也。"②

从这个记载看，程颐对佛教理论相当熟悉，如果不是对佛经作过精深的研究，是很难用"万理归于一理"如此简洁的文字来概括《华严经》三观说的。事实上，二程没有忽视佛老理论的价值。所谓"异教之书，虽小道，必有可观者焉。"③ 又谓："佛庄之说，大抵略见道体，乍见不似圣人惯见，故其说走作。"④ 还谓："释氏之学，又不可道他不知，亦尽极乎高深。"⑤ 二程认为佛老之说，虽是异端，但其中也多少见到了一点"道体"，只是没有圣人看问题全面，加之"乍见"，故弄玄虚，"释氏之说终见得些，便惊天动地。"⑥ 故而"走作"，但是不能因此就断定佛老其学粗俗无知，佛老之学还是"尽极乎高深"的。程颢打了一个比方说：

"释氏说道，譬之以管窥天，只务直上去，惟见一偏，不见四旁，

---

① 《遗书》卷三。
② 《遗书》卷十八。
③ 《遗书》卷二上。
④⑤⑥ 《遗书》卷十五。

故不能处事，圣人之道，则如在平野之中，四方莫不见也。"①佛教是坐井观天。圣人是平野观天。佛教将天看小了，比不上圣人视野广阔。尽管如此，"谓他不见天不得，只是不广大。"②基于这种认识二程对后世佛教徒攻讦不遗余力，然而对于佛祖的批评是有分寸的。认为释祖"亦能窥测，因缘转化"。这一评价与"略见道体小"、"佛说直有高妙处"的说法是一致的。二程常说："佛亦胡人之贤智者安可慢。"③佛祖不是神，亦不可等闲视之。史称程颢对佛祖之像参拜甚恭，门人不理解，程颢说佛祖是一位长者，参拜他是应该的。与此相证的是《外书》十二上还有一则材料："明道先生尝至禅寺。方饭，见趋进揖逊之盛，叹曰：三代威仪，尽在是矣。"在以儒学为正宗，视佛教为异端的程颢来说能许以"三代威仪，尽在是矣"。这个评价是高得可以的了。

和同代人相比，二程兄弟作为辟佛甚力者，多是着眼于政治伦理方面。同时，二程又确确实实是撷取佛教理论甚多之人。理学之所以能创立，离开了佛、老之学所提供的理论思维，就无从谈起，至少没有现在这样博大精深。只要细心观察，就不难发现这种痕迹。二程说："看一部《华严经》不如看一艮卦。"④又说："如《中庸》言道，只消遣'无声无味'四字，总括了多少释氏言，非黄、非白、非咸、非苦，费多少言语。"⑤二程抬高《易》和《中庸》贬低《华严经》和释氏理论，这出于儒家正宗的立场，然而毕竟承认了《华严经》和《易》、《中庸》有共同之处，只是比不上《易》高明，也远不如《中庸》简洁明快。二程多次对门徒说："不可谓佛氏无见处。"⑥谢良佐曾说："吾曾历举佛说与吾儒同处，问伊川先生，先生曰：'恁地同处

---

①⑥　《外书》卷十二。
②③　《遗书》卷十八。
④　《遗书》卷六。
⑤　《遗书》卷十五。

虽多，只是本领不是，一齐差却。'"① 程颐虽然企图使自己的理学与佛教划清界限，强调"一齐差却"，然而却无法否认"同处甚多"的事实，这是二程面临的难题。因此，当门徒请教他们如何破佛时，就难以正面回答。

> "又问：'未知所以破他处，'曰：'亦未得道不是，百家诸子个个谈仁谈义，只为他归宿处不见。'"②

二程认为佛教讲的义理没有什么错误，只是"归宿处不见"。这种情况和先秦诸子类似。诸子都说仁说义，不是说仁、义不对，只是他们没有按照仁义的原则去行事。二程又说：

> 若杨墨亦同是尧舜，同非桀纣，是非则可也。其就上所说，则是成就他说也，非桀是尧，是吾本分事，就上过说，则是佗私意说个。③

杨、墨口头上也非桀是尧，虽出于私意，但话没有说错，所谓"是非则可"。一定要批评他们说得不对，正好中其圈套，反而"成就他说"。因此最好不要去理睬它们说什么，而是觅寻其行动之非。

> 先生不好佛语，或曰："佛之道是也，其迹非也?"曰："所谓迹者，果不出于道乎? 然吾所攻其迹耳。其道，则吾不知也。"④

---

① 《遗书》卷十七。
② 《遗书》卷十八。
③ 《遗书》卷二上。
④ 《遗书》卷四。

二程在这里答非所问，实际上是默认了"佛之道是也，其迹非也"的说法。至于说"其道，则吾不知也"这不是事实，而是装糊涂。二程不止一次地告诫门徒说："释氏之说，若欲穷其说而去取之，则其说未能穷，固已化而为佛矣。只且于迹上考之"①。程颐所以一再强调不要和佛教在理论上争个高低，"穷其说"，就是因为觉得佛教不好攻破，弄得不好，反而被佛学牵得鼻子走"已化而为佛"。这从反面证明，二程之学和佛教存在很深的理论联系。程颐曾和赵瞻就佛教发生一场辩论："……赵公闻之笑曰：程子未知佛道弘大耳。程氏曰：释氏之道诚弘大。吾闻传者以佛逃父入山，终能成佛，若儒者之道，则当逃父时已诛之矣，岂能俟其成佛也。"②在这场辩论中，程颐同意赵瞻"佛道弘大"的观点，但是他认为佛逃父入山，已属死罪，这是绝对不允许的。二程认为佛道弘大不好破，而其迹悖于人情，攻其迹则容易为人理解。

佛教作为一种宗教，无疑是剧毒的精神鸦片。它也服务于封建统治，否则就不能在中国封建土壤上立足。佛教提倡出世出家，竭力否定社会的现实性，诱导人们把希望寄托于彼岸，严重消磨了劳动群众的斗志，达到了间接为封建统治服务的目的。然而这种出世出家之说与儒家所提倡的直接服务于封建统治政治伦理学说有不少抵牾之处。尤其是佛教只讲个人的宗教修养，很少涉及治国平天下的问题，从这个意义上说，佛教固然能为封建统治效劳，毕竟是消极的。二程说："释氏之学，于敬以直内，则有之矣，义以方外则未之有也。""内"就是指个人的宗教修养，这一点二程是赞许的，称之为"有之矣"，"外"是以忠孝仁义治国平天下，佛教没有对这个问题表示积极的意

---

① 《遗书》卷四。
② 《遗书》卷二十一。

见，二程认为这是对封建主义国家不负责任。斥之为"未之有也"。在他们看来，如果不把个人的道德修养贯彻到治国平天下之中，就是无所"止定"。因此他们又说："佛者之学，若有止则有用。"①佛教如果能止于忠孝仁义，就很有用途了，然而佛教并没有这样的"止"。这就无用而有害了。所以二程多次批评"释氏无实"②，"无处捞摸"③。还说："今之学禅者，平居高谈性命之际，至于世事往往都不晓者，此只是实无所得。"二程认为佛学"不晓"世事，不能帮助封建统治者治国平天下，这样的性命之学说得再头头是道，也没有多大的实际意义。随着中央集权制的进一步加强，封建统治者迫切需要的是直接而又积极的服务，而不是像佛教这样间接而消极的配合。正是从这个意义上，二程展开了对佛教的批判，他们认为佛教的最大弊端是毁人伦。《遗书》卷二十二上曾记载这样一段故事：一僧之父依皈佛门之后，子为师祖，父为师孙。按照佛门规矩，父要参拜子，子觉有所不便，免父晚参，"遂更不见之"。二程以为这忤悖父子之分。从儒家的伦理原则看，子要早晚省其父，是不能"更不见之"，更不能父拜子。这就引起矛盾，定父子之分就破坏佛门之规，要循佛规就毁父子人伦，二者不可兼全。对于佛教不讲父子之分的行为，二程深恶痛绝。

其术，大概且是绝伦类，世上不容有此理。又其言语要出世，出那里去？又其迹须要出家，然则家者，不过君臣、父子、夫妇、兄弟，处此等事，皆以为寄寓。故其为忠孝仁义者，皆以为不得已尔。又要得脱世网，至愚迷者也，毕竟学之者，不过至似佛，佛者一點胡尔，佗本是个自私独善，枯槁山林，自适而已。若只如是，亦不过世上少这一个人。又却要周遍，谓

①《程氏粹言》卷一，以下简称《粹言》。
②《遗书》卷十三。
③《遗书》卷十五。

既得本，则不患不周遍。要之，决无此理。……今彼言世网者，只为些秉彝，又殄灭不得。故当忠孝仁义之际，皆处于不得已，直欲和这些秉彝都消杀得尽，然后以为至道也。然而毕竟消杀不得。①

这是说封建主义"秉彝"消杀不得，每个人都须按照自己的本分认真践履君臣、父子、夫妇、兄弟之间的义务。佛教出于自私的目的，想逃避这种义务，将其斥为羁绊自己的"世网"，为了摆脱君臣、父子、夫妇、兄弟这些人伦和应尽之本分，而倡出世出家说，实属错悖。"至于出世之说"，就更讲不通了。"至于世，则怎生出得，既道出世，除是不戴皇天，不履后土始得，然又却渴饮而饥食，戴天而履地。"②因而这种出世说等于揪住头发说离开了地球一样荒唐，纯属自欺欺人之谈。二程认为佛教徒如果是为独善其身而枯槁山林，权当世上少了这个人，倒也没有什么，问题在于佛教不只限于"自私独善"，而是要"以此率人"，这就非同小可了。程颐说："释氏自己不为君臣父子夫妇之道，而谓他人不能如是。容人为之而己不为，别做一等人。若以此率人，是绝类也。"③佛教徒仅仅是自己不愿认真践履人伦，可以另作别论。如果自己不愿做，而且硬说别人也"不能如是"，问题就严重了。结果势必要灭绝种类，威胁社会的生存。如果说佛祖的行为已属乖张，违犯"秉彝"，后世佛教徒就滑得更远，陷得更深。程颐说：

佛有发而僧复毁形，佛有妻子舍之而僧绝其妻，若使人尽为此，则老者何养，幼者何长，以至剪帛为祸，衣食欲省，举事皆

① 《遗书》卷二上。
② 《遗书》卷十八。
③ 《遗书》卷十五。

反常，不近不情，至如衣食后睡，要败阳气，尤意不美，直如奈
何不下。①

程颢说："若尽为佛，只是无人伦类，天下都没人去理。"② 十分明显，
二程批判佛教主要动机是因为佛教徒不尽君臣父子夫妇之道，不利
于维持封建"秉彝"。然而在其否定佛教出世出家之说的过程中，也
包括了积极的社会意义。那就是大家都像佛教徒弃家遁世、"枯槁山
林"，非但天下无人治理，陷于混乱，即便是老者也得不到应有的赡
养，幼者失去起码享受的抚育，这是一幅多么可怕的社会画面。二程
在这里决不是故弄玄虚，制造耸人听闻的危言，而是可以想象得出的
很严肃的现实。

应该指出，从政治伦理角度力辟佛老，并非自二程始，唐代韩愈
在这方面是很骁勇的，仅此一点，二程兄弟并未超越韩愈。二程比韩
愈的高明之处在于他们除了政治伦理的批判之外，还从理论思维方面
对佛老进行了较为深刻的批判，闪烁了可贵的辩证思维的火花。虽然
他们也从佛老之中吸取了部分思维理论。

二程首先批判了道家庄周提出的相对主义的齐物论。二程认为
世界万物之间的差异是客观存在的："天之生物无穷，物之所成却有
别"。③ "有别"就是"差异"。事物唯其"有别"，才形成了丰富复杂
的世界。二程说：

> 天地阴阳之变，便如二扇磨，升降盈亏刚柔，初未尝停息。
> 阳常盈，阴常亏，故便不齐，譬如磨既行，齿都不齐，既不齐，
> 便生出万变，故物之不齐，物之情也。而庄周强要齐物，然而物

---

① 《外书》卷十。
② 《遗书》卷二上。
③ 《遗书》卷六。

终不齐也。①

磨分上下，齿有参差，就是"有别"、"不齐"，唯其"不齐"，两磨相推，凸凹交错才有功用，否则磨就不成其磨。天地造化如同两扇凸凹之磨相推，"生出万变"，化成万物。二程认为"物之不齐，物之情也。"庄周不懂这个道理，人为地强求"齐物"，取消客观事物存在的差异，事实上这是不可能的。在此基础上，二程进一步批判了佛老要求人们从主观上取消是非界限的观点。程颐指出："学者多要忘是非，是非安可忘得？自有许多道理，何事忘为？"②是非是客观的，所谓"忘是非"实际上是混淆是非，否认"道理"的客观标准。

其次，二程着力批判了佛教宣扬的住空、无常、虚幻论。程颐指出：

> 释氏言成住坏空，便是不知道，只有成坏，无住空。且如草木初生既成，生尽便枯坏也。他以谓如木之生，生长既足却自住，然后却渐渐毁坏。天下之物，无有住者，婴儿一生，长一日减一日，何尝得住。然而气体日渐长大，长的自长，减的自减，自不相干也。③

他认为事物永远处于运动变化之中，从来没有不运动、不变化的事物。事物既有成长壮大的过程，也必定有衰败死亡的过程，却没有"住"的阶段。所谓"生长既足却自住"只是说事物在兴盛时，有一个稳定阶段，但这也不是真正的"住"，不过是运动变化不太显著罢了"天下之物，无有住者"。以人而言，一生下来，天天在长，又何

---

① 《遗书》卷二上。
② 《遗书》卷十九。
③ 《遗书》卷十八。

尝有住，形体一天天长大，活的天数一天天减少，两者是不矛盾的。既不能让生命停止运动，常住于某个阶段，又不能把事物的成坏现象归结为"空"。说事物有成坏是对的，但由此引申出"住空"的结论，"便是不知道"，完全错误了。二程进一步指出：

> 只如一株树，春华秋枯，乃是常理，若是常华，则无此理，却是妄也。今佛氏以死为无常。有死则有常，无死却是无常。①
>
> 有生者，必有死；有始者，必有终；此所以为常。为释氏者，以成坏为无常，是独不知无常乃所以为常也，……释氏推其私智所及而言之，至以天地为妄，何其随也。②

二程从事物运动变化的观点出发，认为人有生必有死，树有华亦有枯，物有始定有终，这是天地间的规律（"常理"）世界上决没有长生不死之人，常华不枯之树，有成无坏之物。释教竟把人死、树枯、物坏归之于"无常"，而要去追求什么另外"常"的境界，这是极端荒谬的。殊不知正是这种"无常"才是有常。

二程还指出物之生死存坏是客观的，真实的，不容有任何怀疑，蔑之为"虚幻"。二程说：

> 以为生息于春夏，乃至秋冬便却变坏，便以为幻，故亦以人生为幻，何不付他。物生死成坏，自有此理，何者为幻。③

二程反对佛氏将人生归结为幻，其积极意义不析自明。由此出发，二程深刻地批判了佛教的生死观。他们说：

---

① 《外书》卷十。
② 《外书》卷七。
③ 《遗书》卷一。

> 佛学只是以生死恐动人，可怪两千年来，无一人觉此，是被他恐动了。圣贤以生死为本分事，无可惧，故不论死生。佛之学为怕死生，故只管说不休。①

佛教"以生死恐动人"是因为他们本身怕死，所以才力图"免死生"②。而圣贤认为生死是寻常本分事，没有什么可怕，才不谈生死。二程赞成对生死采取"鼓缶而歌"，谓："人之终尽，达者则知其常理，乐天而已，遇常皆乐，如鼓缶而歌。""鼓缶"一说见于庄周，但在庄子那里表现为无可奈何的消极悲观情绪。二程赞成"鼓缶"，则是因为对生死知常达观，"胸中莹然无疑"。应该承认二程的这些观点对佛教不仅是诛心之论，而且包含了较为深刻的辩证因素。

佛道为了"欺诈天下"③，编造了大量的鬼神说。因此，二程的锋芒也指向于此。程颐明确指出："释氏与道家鬼神甚可笑。道家狂妄尤甚。"④ 他们认为世界上决没有可以能祸福于人的鬼神。程颐说：

> 生气尽则死。死则谓之鬼可也。但不知世俗所谓鬼神何也？聪明如邵尧夫犹不免致疑，在此尝言："有人家若虚空中闻人马之声。"某谓："既是人马，须有鞍鞯之类皆全。这个是从何处得来？"尧夫言："天地之间，亦有一般不有不无底物。"某谓："如此说，则须有不有不无底人马？"凡百皆尔，深不然也。⑤

---

① 《遗书》卷一。
② 《遗书》卷十五。
③ 《外书》卷十。
④ 《遗书》卷二十二上。
⑤ 《遗书》卷二下。

程颐和邵雍关于鬼的这场对话，断然否定世界上鬼神的存在。所谓鬼，就是死人。除此而外就再也没有鬼了。邵雍用世上"不有不无底物"为鬼神说存留了地盘，程颐则用同样的逻辑证明了鬼神说之虚妄。

> 又问："佛言生死轮回，果否？"曰："此事说有说无皆难，须自见得。圣人只一句尽断了，故对子路曰，'未知生，焉知死？'"①
>
> 问鬼神有无，待说与贤道没时，古人却因甚如此道？待说与贤道有时，又却恐贤问某寻。②

和前一段相比，这两段话说得较为婉转。他们没有明确说鬼神之无，这是由于古文献上多载鬼神之说，也出于维持孔子的隐衷，二程只得含糊"说有说无皆难"。但是从文句的基本倾向看，是主张无鬼神的。因为说有就"须自见得。""寻"得出来。如果"寻"不出来，也就是无了。程颐进一步指出：

> 古之言鬼神，不过善于祭祀，亦只是如闻叹息之声，亦不曾道闻如何言语，亦不曾道见如何形状。如汉武帝之见李夫人，只为道士先说与在甚处，使端目其地，故想出也。然武帝作诗，亦曰："是耶，非耶？"尝问好谈鬼神者，皆所未闻见。皆是见说，烛理不明，便人专以为信也。假使实所闻见，亦未足信，或是心病，或是眼病。③

---

① 《遗书》卷十八。
② 《遗书》卷三。
③ 《遗书》卷二下。

这是说鬼神之说都是以讹传讹，恍恍惚惚，谁也没有亲自"闻见"。但那些烛理不明的人却把道听途说当作真的有那么一回事。即使"实所闻见"，也不过是"心病"、"目病"所致，不足为凭。程颐的这个观点，不仅具有无神论的因素，而且在认识论上也有合理的地方。

二程还批判了道家的神仙说：

> 问："神仙之说有诸？"曰："不知何物，若说白日飞升之类则无，若言居山林之间，保形炼气，以延年益寿则有之。譬如炉火于风中则易过，置之密室则难过，有此理也"。①

二程明确地指出道家平时宣扬白日飞升的神仙是没有的，但是居住在山林之中，无忧无虑，可以延长寿命则是有的。好比炉火置在风头上，火势一旺，就容易成灰。置于密室之中，火势较弱，时间就相对长些。用这个比喻来比之人的延年益寿未必精当，不过这里却排除了迷信色彩，还是可取的。关于卜筮，二程也进行了批判：

> 至如阴阳卜筮择日之事，今人信者必惑，不信者亦是孟浪不信，如出行忌太白之类。太白在西，不可西行，有人在东方居，不成都不得西行。又却初行日忌，次日便不忌，次日不成不冲太白也？如使太白一人为之，则鬼神亦劳矣。大抵人多记其偶中耳。②

依照卜筮阴阳的说法，太白在西，难道住在东边的人都不能西行？又如第一日忌，第二天不忌，难道太白已转移了吗？如果真如此，太白也太辛苦了。程颐的这个驳斥颇有逻辑力量。又说："谢恁见程子，

---

① ② 《遗书》卷十八。

子留愔，因请曰：'今日将沐。'子曰：'岂必今日。'曰：'今日吉也。'子曰：'岂为士而惑此也邪？'"① 程颐反对谢愔择日而沐，基于其不信鬼神的态度。

限于科学和时代的局限，古人对成梦的原因十分神秘，往往和鬼神说扯在一起。对于这个问题，二程也发表了很好的意见：

> 问："日中所不欲为之事，夜多见于梦，此何故也？"曰："只是心不定。今人所梦见事，岂特一日之间所有之事，亦有数十年之事。梦见之者，只为心中旧有此事，平日忽有事与此事相感，或气相感，然后发出来，故虽白日所憎恶者，亦有时见于梦也。譬如水为风激成浪，风既息，浪犹汹涌未已也。"②

程颐对梦的成因是否准确不去讨论，但是他并没有把梦神秘化，而是认为所谓梦，不过是原先有这种事相感而成，这种说法具有唯物因素。

二程不信鬼神，认为这是佛老恐动人的伎俩，不足为信。但是二程却又不主张公开宣扬无神论。相反，他们觉得还可以利用鬼神"祸福之说"去吓唬老百姓，使其"畏惧修省"。他们说："经德不回，乃教上等人。祸福之说使中人以下知畏惧修省，亦自然之理耳。"③ 又说："不信鬼怪事，亦不得放猛，须是知道理。若是只放猛，不知道理，撞出来后，如何处置？"④ 这就清楚地表明二程为了维护封建统治而有意和鬼神论不划清界限，冲淡了自己批判的锋芒。然而他们又对佛教的地狱说提出异议：

---

① 《遗书》卷二十二上。
② 《遗书》卷十八。
③ 《外书》卷六。
④ 《外书》卷五。

> 或曰："释氏地狱之类，皆为下根之人设此，师令为善。"先生曰："至诚至天地，人尚有不化，岂有立伪教而人可化乎？"①

这是说地狱之苦况固然可以使人恐师畏惧，却不能使人甘心为善。这里的观点与前面说的"祸福之说使中人以下知畏惧修省"实为矛盾。作为哲人他们反对鬼神说，作为封建卫道士又不得不与鬼神说妥协，类似这种矛盾贯串于二程整个理学体系，这是无法克服的。

---

① 《外书》卷五。

略论二程的教育思想

本文发表于 1985 年 4 期的《中州学刊》，它专就二程兄弟的教育思想作了较为全面地论述。二程认识到教育对于巩固政权有不可忽视的作用。认为天下不治、风俗不好、才能不足，主要是缺乏应有的良好教育，要扭转这个局面"惟朝廷崇尚教育之"。二程强调"教化"的作用，提出了"民可明也，不可愚也"的主张。"明理致用，治经为本"这是二程所提倡的教育目的和内容，读书学习是"明理"的途径，而"为学、治经最好"，学习儒家的经典则是治学的内容。然"学贵于有用"，故"学者不可不通世务"。"学而无所见，学何为也"。二程注意到人才问题关系到社会治乱、国家的兴衰"天下之治，由得贤也；天下不治，由失贤也"。提出"教不立，学不传，人才不期坏而自坏"。并主张"养正于蒙"。童蒙教育的重要性。"学而知之，不学则衰"，二程认为人都是由"学而知"的，学习不能"避其所难而就其所易"，说"人之学不进，只是不勇"需要勇于探索精神，否则"懒怠一生，便是自暴自弃"。关于"学"与"思"的关系，认为"为学之道，必本于思"，又说"人思如泉涌，浚浚愈新"人的知识必须"日新"方能进步。"君子之学日新，日新者日进也，不日新者必日退，未有不进而不退者"，这种作为治学的格言，至今仍有启迪意义。

二程兄弟是理学的奠基者，又是中国封建社会后期具有相当影响的教育家。在长期教育实践中，二程形成了较为完整的教育思想，它一方面是其理学思想在教育领域中的具体运用，同时又是二程治学经验的总结，在中国古代教育史上占有一定的地位。

一、民可明之，不可愚之

教育总是为一定阶级政治利益服务的。二程充分认识到封建教育对于巩固封建统治的作用。程颐说：

> 刑罚虽严，可警于一时，爵赏虽重，不及于后世，惟美恶之谥一定，则荣辱之名不朽矣。故历代圣君贤相莫不持此以励世风。①

刑罚严厉，可以整顿一时的社会秩序，爵赏高厚，仅荣及一身而不延及后世，这都算不上维持社会稳定的万全之计。惟有以美恶之谥、荣辱之名激励人们改恶从善，形成普遍淳厚的社会风气，封建统治的巩固才从根本上得到解决。因此，他们认为要使老百姓接受封建统治，就不能不加强教化。程颐说："君子从化迁善，成文彬蔚，意见于外也。中人以上，莫不变革，虽不移之小人，则亦不敢肆其恶，革易其外以顺从君上之教令，是革面也。至此，革道成矣。"② 这就是说教化可以使"小人""不敢肆其恶"，"顺从君上之教令"，这样就会海内升平，天下晏然。程颢则把当时天下"人情未尽美，士人微谦退之节，乡间无廉耻之行，刑虽繁而奸不止"的混乱局面，归结为"教化未大醇"，"无以风劝养励之使然耳"。③ 程颐当面批评仁宗皇帝不注重教化是"陷人于辟"。他说：

> 州县之吏，有陷人于辟者，陛下必深恶之。然而民不知义，

---

① 《文集》卷九《为家君上宰相书》。
② 《程氏易传》卷四《革卦》。
③ 《文集》卷一《请修学校尊师儒取士札子》。

穷迫困复，放辟邪侈而入于罪者，非陛下陷之乎？必谓其自然，
则教化。①

他认为要使人民不至于"放辟邪侈而入于罪"，唯一的办法是向人们
灌输封建主义之"义"。程颐明确把"教化"作为当世急务之一，提
醒最高封建统治者予以重视。程颢则认为对人们"以道德义理教育
之"，乃是"万世行之"的"王化之本。"② 足见其重视程度。

如果上述的这些观点，只是对儒家传统思想的发挥，那么还有另
外一个很重要的原因，使二程不得不强调教化，这就是他们认识到一
味依靠愚民政策不足以维持封建统治。程颐说"民可明也，不可愚
也；民可教也，不可灭也；民可顺也，不可强也，民可使也，不可欺
也。"先秦时代《老子》曾提出"古之善为道者，非以明民，将以愚
之"的观点，在很长的历史阶段中，成为反动阶级制定愚民政策的圭
臬。在这个重大问题上，程颐突破了传统的历史偏见，认为民可明可
顺，不能不说是一个很大的历史进步。程颐敏锐地察觉到了民之伟
力，感到"愚民"、"强民"、"欺民"是注定行不通的，因而企图通过
加强教化，融民力于封建主义轨道。二程门徒向程颐请教"'民可使
由之，不可使知之'，是圣人不使之知耶？是民自不可知也"的问题，
程颐回答说：

圣人非不欲民知之也。盖圣人设教，非不欲家喻户晓，比屋
皆可封也。盖圣人但能使天下由之耳，安能使人人尽知之？此是
圣人不能，故曰：'不可使知之'。若曰圣人不使民知，岂圣人之
心？是后世朝三暮四之术也。③

---

① 《文集》卷五《上仁宗皇帝书》。
② 《文集》卷一《请修学校尊师儒取士札子》。
③ 《遗书》卷十七。

程颐认为孔子设教的目的就是为了家喻户晓，天下尽知，并非不要民知，否则还要设教干什么呢？只是天下广大，人民众多，无法使每个人都能"知之"。这是"不能"，不是"不欲"。这样"不可使知之"就成了"不能使知之"，显然，程颐这个解释掺和了自己的见解，并不符合孔子本意，正是这个改动，使二程高于孔子。他认为，存心不使民知，实质上是玩弄猴子的朝三暮四把戏，必须坚决摈弃；只要善于教化，"民"是能够接受教化的。

> 政也者蒲芦也。言化之易也。螟蛉与果蠃，自是二物，但气类相似，然视之久，便能肖。政之化人，宜甚于蒲芦矣。然蒲芦二物，形质不同，尚视之可化，人与圣人，形质无异，岂学之不可至耶？①

他认为果蠃和螟蛉是不同之二物，尚且可以成为螟蛉之子，何况民与圣人"形质无异"。只要教化得法，工夫到家，民可以成为封建主义的螟蛉，这就是他们强调教化的原因所在。

二、明理致用，治经为本

从巩固封建统治出发，二程提出了读书明理的主张。二程认为对于学者来说，最重要的是明确封建主义义理，所谓"学者所贵闻道"，② 读书学习必须以明理为前提。二程说："由经穷理"，③ 又说："论学便要明理，论治便要识体"。④ 在二程看来，读书学习是明理识体的途径，明理识体是读书学习的目标。如果读书而不明理，就等于

①② 《遗书》卷十七。
③④ 《遗书》卷五。

买椟还珠。二程说：

> 经所以载道也，器所以适用也，学经而不知道，治器而不适
> 用，奚益哉。①

二程认为学者之所以必须读书学习，就是将来能够为封建统治出力，
如果读了一辈子的书，仍然不知"道"为何物，源于义理，尽管"有
虽好读书，却患在空虚"，②对封建统治没有多大的实际意义。明理是
为了致用。二程在强调读书明理的过程中，着重论述了学以致用的问
题。程颐说："百工治器，必贵于有用。器而不可用，工不为也。学
而无所用，学将何为也？"③程颐进一步提出："夫人幼而学之，将欲
成之也；既成矣，将以行之也。学而不能成其学，成而不能行其学，
则乌足贵哉？"④他的意思是学者不能在实际中"行其学"，是不值得
珍贵的，这样的学者即使"尽治五经"，也不能算是会读书。他说：

> 今人不会读书。如诵诗三百，授之以政，不达使于四方，不
> 能专对，虽多，亦奚以为？须是未读诗时授以政不达，便四方不
> 能专对，既读诗后，便达于政，能专对四方，始是读诗。……大
> 抵读书，只此便是法。⑤

这就是说，在学习《诗》以前，"授政不达"不能"专对四方"是情
有可原的，而学习了《诗》之后，还是不谙政事，就说不通了。虽然

---

① 《遗书》卷六。
② 《遗书》卷一。
③ 《粹言·论学篇》。
④ 《遗书》卷二十五。
⑤ 《遗书》卷十九。

二程所讲的明理致用有着具体内容，然而作为一般的读书原则，却有其合理性。

二程认为："学者须学文。"① 但是却反对学者作文吟诗，练字。二程说：

> 忧子弟之轻俊者，只教以经学念书，不得令作文字。子弟凡百玩好皆夺志，至于书札，于儒者事最近，然一向好著，亦自丧志，如王、虞、颜、柳辈，诚为好人则有之。曾见有善书者知道否？平生精力一用于此，非惟徒废时日，于道便有妨处，足知丧志也。②

二程认为，人一旦迷恋某种东西，就会置其他一切可不顾，这就会导致玩物丧志。对于学者来说，整天和文字书札打交道，容易产生爱好书法的兴趣。为了自己字好，就得花很大精力去练，很难再有精力去知道明理，同样，作文和写诗也"于道便有妨处。"程颐说：

> 作文害道否？曰：害也。凡为文，不专意则不工，若专意则志局于此，又安能与天地同其大也？……今为文者，专务章句，悦人耳目，既务悦，非俳优而何？③

程颐反对作文的理由是凡为文之人，都想使己文工整以取悦于人，这就要"专意"。考虑为文的够多了，考虑明理知道就少了。关于作诗，程颐更加鄙薄之。他说：

---

① 《遗书》卷二上。
② 《遗书》卷一。
③ 《遗书》卷十八。

或问：诗可学否？曰：既学时，须是用功，方合诗人格，既用功，甚妨事。古人诗云：吟成五个字，用破一生心，又谓：可惜一生心，用在五字上。此言甚当。……王子真曾寄药来，某无以答他，某素不作诗，亦非是禁止不作，但不欲为此闲言语。且如今言能诗无如杜甫如云'穿花蛱蝶深深见，点水蜻蜓款款飞'，如此闲言语，道出做甚？某所以不常作诗。①

程颐反对作诗、练字和作文，其理由是经不起推敲。如果大家都不作文写诗，哪来的传道之文，又有什么书可读呢？这是二程教育思想中的糟粕，必须摈弃。

一定的教育目的决定一定的学习内容。二程认为要培养学者的封建主义品质和明确封建主义义理，最好是学习儒家经典。程颐说："为学，治经最好。"②所谓《经》主要是指《诗》、《易》、《论语》、《孟子》、《春秋》等儒家著作。二程认为这些著作概括了所有的封建主义义理，凝聚了古代圣贤一生心血，读这些书等于在当面聆听圣人教诲。程颐说：

某尝语学者，必先看《论语》、《孟子》。今人虽善问，未必如当时人，借使问如当时人，圣人所答，不过如此，今人看《论》、《孟》之书，亦如见孔、孟何异？③

他认为《论语》和《孟子》中不少篇章是针对当时人们提出的疑难问题而作的答复，从退化论的观点出发，程颐以为今人不如古人，今之学者提不出像古人提出的那样深刻的问题，学习这些篇章，对自己是

---

① 《遗书》卷十八。
② 《二程遗书》卷一。
③ 《二程遗书》卷十八。

一个很大的提高，即使"问如当时人"，学习《论语》、《孟子》，也相当于听了"圣人所答"，这和亲自拜见孔孟等先哲是没什么区别的。二程认为儒家经典都重要，然而学者必须先从《论语》、《孟子》学习起。这是因为"穷得《论》、《孟》，自有个要约处，以此观他经甚省力，《论》、《孟》如丈尺权衡相似，以此去量度事物，自然见得长短轻重。"在二程看来，《论语》、《孟子》全面反映了孔孟的原则立场和待人接物的态度方法，学习《论》、《孟》就可以从中学到判断是非的"丈尺权衡"，以此去量度事物，很容易知其"长短轻重"。因此他进一步指出：《论语》、《孟子》既治，则六经可不治而明矣。"① 这不是说学者只要治《论》、《孟子》就可以了，而是在学习《论》、《孟》的基础上，再攻读其他儒家经典就容易了。程颐说：

> 学《春秋》亦善，一句是一事，是非便见于此，此亦穷理之要，然他经岂不可以穷？但他经论其义，《春秋》因其行事，是非较著，故穷理为要。②

程颐认为《春秋》和其他经籍相比有一个显著特点，"他经论其义，《春秋》因其行事"，即通过具体历史事件的叙述表明其是非观的，比较形象、直观，所谓"是非较著"，因而学习《春秋》亦为穷理之要。关于《诗经》，二程认为《诗》和其他经典不同，并非出自一人手笔，参与"作《诗》者，未必皆圣贤。"特别其中有些篇章竟把君主比作硕鼠、狡童，不合义理，这是学《诗》时必须首先注意的问题。然而由于孔子在选编《诗三百》时"取其意思止于礼义"保留下来的绝大多数诗都是好的，学者必须学《诗》。程颢说："学者不可以不学诗，

---

① 《二程遗书》卷二十五。
② 《二程粹言》卷一《论学书》。

看诗便使人长一格价。"为什么看《诗》会"使人长一格价"呢？程颢说："学之兴起，莫先于《诗》,《诗》有美判，歌诵之以知善恶，治乱之废兴。"① 他认为《诗》是"礼之文"，时时歌诵之，不仅可以振奋人的学习精神，而且可以增加识别"善恶治乱之废兴"，这样人的身价自然提高了。在儒家经典中，二程最重视对《周易》的研究。《遗书》卷十八上有一则记载："曰：闻有五经解，已成否？曰：惟《易》须亲撰，诸经则关中诸公分去，以某说撰成之。"从这则材料可以看出程颐对《易》的重视程度。他认为别的经都可由门徒去注释，而《易》则非亲自动手不可。二程对《易》推崇备至，说《易》，圣人所以主道"，还说"圣人用意深处，全在系辞。"② 学者如果认真学习《易》，就不会有多大过失，所谓"学《易》可以无大过差。"《易》对"人人有用"。在二程看来，《易》是封建主义百科全书，结合本身具体情况学《易》就会"无所不通"。③ 因此，二程对《易》的注释倾注了最大心血。以程颐而论，利用在涪州编管期间，前后历时十三年，精心撰注了《程氏周易传》，书成之后，还一再表示："只说得七分，后人更须自深究。"④ 不肯轻易示人。另外二程还规定门徒要把《大学》、《中庸》作为入学的必读教材。总之，二程强调"为学，治经最好"，主要是因为治经是明理的根本途径之一。学习儒家之经，可以更好的明确义理掌握。

三、教学不立，人才自坏

天下是靠人来治理的，人才问题关系到社会治乱，国家兴衰。二程明确指出："天下之治，由得贤也，天下不治，由失贤也。"⑤ 二程

① 《二程遗书》卷十一。
② 《二程遗书》卷二上。
③ 《二程遗书》卷九。
④ 《外书》卷十一。
⑤ 《二程文集·上仁宗皇帝书》。

痛感当时朝廷内部人才匮乏。程颐曾感叹地说："某见居位者百事不理会，只凭个大肚皮。"① 程颢和张载专门讨论了当时宋廷内部的人才问题：

> 伯淳谓天下之士，亦有志于朝廷，而才不足，才可以为，而诚不足。今日正须才与至诚合一，方能有济。②

程颢认为天下之士中，有些人想为朝廷出力，但才能不足，而另一些人有才，却缺乏至诚。所谓人才必须是才和诚的统一，这才有补于世。那么贤才从哪里来呢？二程充分认识到了，教育在培养人才方面的重大作用。

> 王彦霖曰：人之于善也，必其诚心欲为，然后有所得，其不欲不可以强人也。子曰：是不然。任其自为，听其不为，则中人以下，自弃自暴者众矣。圣人所以贵于立教也。③

王彦霖认为人只有主观上要求向善，才能接受教育，勉强不得。二程不同意王的观点，他们认为世界上只有为数不多的上智者能诚心欲为之善，而绝大多数中人以下者，由于天资愚昧，不能生知义理，完全"任其自为，听其不为"就会自暴自弃，不肯为善，这对天下之治不利。因而必须对他们加强教育，把他们培养成为封建主义所需要的人才。二程认为当时天下"才能不足"，主要是教育不兴，学校不修所致。程颐说：

> 或问：道之不明于后世，其所学者如何？子曰：教之者能知

---

①② 《二程遗书》卷十。
③ 《二程粹言》卷一《论学书》。

之，学者之众，不患其不明也，鲁国一时贤者之众，非特天授，由学致也。圣人既没，旷千有余岁，求一人如颜、闵不可得。故教不立，学不传，人才不期坏而自坏。①

这是说孔子之世，"鲁国一时贤者之众"，人才济济，不只是天生精英，萃集于此，主要是孔子重视教育培养之故。后世找不到像颜曰、闵子骞这样德行之士，也不是世上无人，只是缺乏良好的训练，人才无以成长。结论是非常深刻的："教不立，学不传，人才不期坏而自坏。"程颐又说："古有教，今无教，以其无教，直坏得人质如此不美。今人比之古人，如将一至恶物，比一至美物。"②说古有教而今无教，今人不如古人这是历史退化论，不足为训，但是程颐认为教和人质之美存在内在联系，还是可取的。人的品质最终是恶还是美，不是短时期内形成的，而是长期潜移默化的结果。

　　天下之事，未有不由积而成。……其大至于弑逆之祸，皆因积累之至，非朝夕所能成也。明者则知渐不可长，小积成大，辨之于早，不使顺长，故天下之恶无由而成，乃知霜冰之戒也。③

任何事物都有一个发展过程，人的成长也是如此。人间"弑逆之祸"，时有所闻，却不是骤然发生，而是积小恶而成大恶，要使"天下之恶无由而成"，一定要"辨之于早"，及时加以制止。

　　人之恶，止于初则易，既盛而后禁，则扞格而难胜。故上之恶既甚，则虽圣人救之，不能免违拂，下之恶既甚，则虽圣人治

---

① 《二程粹言》卷一《论学书》。
② 《二程遗书》卷十七。
③ 《程氏周易传》卷一《坤卦》。

之，不能免刑戮。莫若止之于初，如童牛而加牿，则元吉也。①

这里，将"人之恶"比之牛角。牛犊开始长角，不及时驯化，"加之以牿"，角长大了就要"抵触"。这时再想办法扞格就迟了。最好是从小就对牛"牿以制之"，使它不能抵触人。同样人的恶念一产生就要扞格，这很容易收到效果，一旦恶念膨胀，再设法制止就困难了。有鉴于此，二程提出了养正于蒙的观点：

> 未发之谓蒙，以纯一未发之蒙而养其正，乃作圣之功也，发而后禁，则扞格而难胜，养正于蒙，学之至善也。②

人处童蒙阶段，犹如一张白纸，极易受外界影响，使之归于正道，不是困难的事，因而养正于蒙是很高明的教育方法。如果撇开"养正于蒙"的具体内容，二程这一见解无疑是极有价值的。二程认为人的教育必须从幼儿抓起：

> 所谓小儿无记性，所历事皆不能忘，故善养子者，当其婴孩，鞠之使得所养，全其和气，乃至长而性美，教之示以好恶有常。③

幼儿的模仿力和记忆力很强，而辨别是非的能力则弱，容易近朱赤、近墨黑，因此在这个阶段中教育显得特别重要，必须"教之示以好恶有常"。这样日后就容易趋于正道了。

学校是教育的世袭阵地，也是培养人才的重要场所。程颐说：

---

① 《程氏周易传》卷二《大畜卦》。
② 《程氏周易传》卷一《蒙卦》。
③ 《二程遗书》卷二下。

"古者八岁入小学，十五岁入太学，择其才可教者聚之，不肖者复之田亩，盖士农不易业，既入学则不治农……自十五入学，至四十方仕，中间自有二十五年学，又可利可趋，则所志可知。须去趋善，便自此成德。"① 谈古为了警今，这里寄寓着程颐本人的设想。他认为要尽量使可以教育的都能入学受训，经过长期的教育，其中品行兼优的在四十岁左右致仕，这样就可以趋善，成德。程颢则明确提出："凡公卿大夫之子弟皆入学，在京师者入太学，在外者各入其所在州之学。"② 朝廷要选拔各级官员必须到太学生中去挑选。他说："有当补荫者，并如旧制，惟不选于学者，不授以耻。"③ 这是说恩荫制度不必废除，但是不能授以恩荫补官者实际职权。只有经过太学深造，证明是德才俱优者才可"授以职"。这样，朝廷中"官虽冗而不足"的问题可基本解决。

二程认为封建国家所需要的应是懂得"帝王之道，教化之本"的贤才，而不是"惟专念诵"的"博闻强记之士"和"以词赋声律为二"的文学之士。程颐指出：

> 国家取士，虽以数科，然而贤良方正，岁止一二人而已，又所得不过博闻强记之士尔。明经之属，惟专念诵，不晓义理，尤无用者也，最贵盛者，惟进士科，以词赋声律为工，词赋之中，非有治天下之道也，人学之以取科第，积日累久，至于卿相，帝王之道，教化之本，岂尝知之？居其位，责其事业，则未尝学之。譬如胡人操舟，越客为御，求其善也，不亦难乎？④

他认为无论是"博闻强记之士"还是"以词赋声律为工"之人，都

---

① 《二程遗书》卷十五。
②③ 《二程文集》卷一《请兴修学校尊师儒取士札子》。
④ 《文集》卷五《上仁宗皇帝书》。

没有专门学习过"帝王之道，教化之本"，不晓义理，不具备实际治国安邦的才干，如果让他们"居其位，责其事业"，非坏天下之事不可，而科举取士正好使这些人得权，所以必须废除。为了使国家有贤可举，学校应该着重对学生进行义理教育，培养他们实际治国安邦的能力。程颐说："学者必求其师，记问文章不足以为人师，以所学者外也，故求师不可不慎，所谓师者，何也，曰理也，义也。"① 又说："学者不可不通世务，天下事譬如一家，非我为则彼为，非甲为则乙为。"② 二程认为学者经过长期的理义和世务的训练，就可以政治上绝对忠诚于封建国家，又会处理实际政务。这样封建地主阶级就不乏后继者了。二程在这里提出的培养目标很有借鉴意义，因为任何阶级都需要政治可靠的干练之才充当接班人。

四、学而知之，不学则衰

二程认为，人的一切知识都是学习而得。"人初生，只有吃乳一事不是学，其他皆是学。"不学习人就会愚昧。程颢说："盖好仁而不好学，乃所以愚，非能仁而愚，徒好而不知学乃愚。"世界上不存在不学而知的人，圣人也必须通过学习获得知识，所谓"圣人必须学"。程颐指出：

> 纵使孔子是生知，亦何害于学？如问礼于老聃，访官名于郯子，何害于孔子？③

这就是即使孔子是生而知之的人，也还请教别人，这并不妨害孔子的圣人形象。像孔子这样的圣人都要学习，世界上还有谁不需要学习

① 《遗书》卷十五。
② 《遗书》卷二十二下。
③ 《遗书》卷十五。

呢？二程认为从天赋上来说，虽有上智下愚之分，但是只要学习，下愚是可以向上智转化的，程颐说：

> "惟上智与下愚不移"，非谓不可移也，而有不移之理；所以不移者，只有两般，为自暴自弃，不肯学也，使其肯学，不自暴自弃，安不可移哉？①

显然，二程对孔子"惟上智与下愚不移"的论断的解释，断出己意，不合孔子本意。照二程的这一解释，所谓不移，是不肯移而不是不能移，只要不自暴自弃，不拒绝学习，下愚者是可移的。二程这个观点无疑要比孔子进了一大步。

二程认为学无止境，对学者来说只要活在世上一天，就要学习一天。程颐说："士之于学也，犹农夫之耕，农夫不耕则无所食，无所食则不得生，士之于学也，其可一日舍哉？"②农民如果不耕耘，就没有饭吃，无以生存，学者读书和这种情况是相似的，一天也离不开学习。一旦停止学习，其生命力也就停止了，所谓"不学便志则衰"，二程认为人应该抓紧时间学习，程颐说："学如不及，犹恐失之，才说姑待来日，便不可也。"就是说要珍惜今日而不能推诿于来日。否则就会引起思想上的松懈，所谓"懈意一生，便是自弃自暴。"③因此从少年起就要用功学习。但这不是说人老了就可以不读书。恰巧相反，人老而学，更显得迫切，也就更令人可爱。程颐说：

> 老喜学者尤可爱，人少壮则自当勉。至于老矣，志力须倦，又虑学之不能及，又年数之不多，又曰："朝闻道夕死可矣乎？

---

① 《遗书》卷十九。
② 《遗书》卷十八。
③ 《遗书》卷六。

学不多，年数之不足，不犹愈于终不闻乎？"①

二程的这番话包含了积极的进取精神，至今尚有很大的活力。

学习的敌人是骄傲自满。二程说："富贵骄人，固不善，学问娇人，害亦不细。"以富贵压人固然不好，同样地因有了一点学问就盛气凌人，亦为害不浅。程颐进一步指出："自夸者近刑，自喜者不进，自大者去道远。"②他认为真正知道者是永远也不会骄傲自大的，凡是取得一点成就就沾沾自喜的人，是不可能真正知道的。程颐又说："以能问不能，以多问寡，颜子所以为大贤也。后之学者有一善而自足，哀矣。"③还说"其次致曲者，学而后知也，而其成之也，与生而知之者不异焉。故君子莫大于学，莫害于画，莫病于自足，莫罪于自弃，学而不止，此汤武所以圣也。"④程颐认为从天生资质上看，汤、武、颜渊都不属于生而知之的人物，但是他们最终都成为圣贤，关键在于学而不止，以能问不能，以多问寡。后世学者之所以不能成为圣贤，掌握不了至道，也就在于"有一善而自足"，停留在一知半解的水平上。程颢比较正确地指出"人须知自谦之道"。二程认为人自足不能有，自信却不能无。程颐说：

> 信有二般，有信人者，有自信者。如七十子于仲尼得他言语便终身守之，然未必知道这个怎生是，怎生非也。此信于人者也，学者须要自信，既自信，怎生夺亦不得。⑤

学者应该首先相信师之善说，终身守之。如孔子的七十弟子便是这样做的。但这仅是相信别人，还没有达到炉火纯青的程度，只有完成从

---

① 《遗书》卷十。
②③④ 《遗书》卷二十五。
⑤ 《遗书》卷十八。

信人到自信的转变，才算根本上掌握了知识，到了自信的程度，就不会对所知发生动摇了。因此不自足和要自信是相辅相成的，二者缺一不可。

所谓自信，二程认为学者首先要立志弘大。相信自己是可以最终地成为圣人的。程颐说："有求为圣人之志，然后可与共学。""人皆可以至圣人，而君子之学必至于圣人而后已。不至于圣人而后已者，皆自弃也。"① 而要想至于圣人，必须在平时的学习中，力争第一等，不能以第二等为满足。程颐说：

> 志无大小，且莫说道，将第一等让与别人，且做第二等。才如此说，便是自弃。虽与不能居仁由义者，差等不同，其自小一也。言学便以道为志，言人便以圣为志，自谓不能者，自贼者也，谓其君不能者，贼其君者也。②

程颐认为学者一定要以第一等自期自许，这样在学习中就会激起巨大热情，那种自甘落后，不图进取的人，就永远不可能享受攀登学业高峰的喜悦。假使"自谓不能"，是"自贼"，认为别人不能，是贼人。尽管程颐说的第一等是以道为志，以圣人为的，深刻地烙有阶级的印记，但是其中包含了较为光辉的哲理：只有目标宏大，才能不断进取。

五、学本于思，日新月进

二程兄弟是治学严谨的学者，在长期治学过程中积累了丰富的经验，它是二程教育思想的精华所在，现兹述如次。

---

① 《遗书》卷二十五。
② 《遗书》卷十八。

首先，二程认为学习是极其广大的事业，必须勇和韧相结合，才能取得学业的成功。程颢说："人之学不进，只是不勇。"① 所谓勇，就是要锐意进取，不能有半点松懈的情绪。然而仅有勇是不够的，还要有长期打算。程颐说："学欲速不得，然亦不可怠，终有欲速之心，便不是学。学是至广大的事，岂可以迫切之心为之。"② 学习是一项长期任务，决不可能在短时期内完成，既不能因其长期而怠慢，又不能急于求成。如果在学习上存有"欲速"之心不仅不切实际，而且对学业的进步极为有害。必须严格遵循循序渐进的原则。程颐指出：

> 驯致渐进也，然亦大纲说，固是自小以致大，自修身可以至于尽性至命，然其间有多少般数，其所以至之之道当如何？荀子曰："始乎为士，终乎为圣人"，今之学者须读书，才读书便望为圣贤，然中间至之之方，更有多少。③

从道理上说，人人都可以通过学习，最终成为圣人。但是自己和圣人中间的距离是很大的，"有多少般数"，应该"驯致渐进"，脚踏实地。如果才读书就指望成为圣贤，具有高深的学问，无疑是痴人说梦。

正因为学习是极其广大的事业，所以又是极其艰苦的，在学习上任何害怕困难的想法都是错误的。二程说："人之于学，避其所难，而姑为其易者，斯自弃也已"，④ 二程认为学习不能避难就易，必须迎着困难前进，每克服一个困难，学业就前进一步，这种情况如同登山。他尖锐地批评了那些知难而退的学者。"今之为学者，如登山麓，方其迤逦，莫不阔步，及到峻处，便逡巡。"⑤ 在他看来，今之学者之

---

① 《遗书》卷十四。
②③ 《遗书》卷十八。
④ 《粹言》卷一。
⑤ 《遗书》卷十七。

所以不能和圣贤同功，就在于"及到峻处，便逡巡。"程颐的这个观点，无疑是治学的格言。

在名与学的问题，二程指出学者不应图虚名，而要求实学。程颐说：

> 学者须是务实，不要近名才是。有意近名，则大本已失，更学何事，为名而学，则是伪也。今之学者大抵为名，为名与利，清浊虽不同，然其利心则一也。今市井间庵三人，却不为名，为名而学者，志于名而是，然其心犹恐人之不知，……大抵为名者，只是内不足，内足者自是无意于名。①

程颐进一步指出：

> 君子不欲才过德，不欲名过实，不欲文过质，才过德者不祥，名过实者有殃，文过质者莫之与长。

这里说的"德"、"文"、"质"有其明确的内容，主要是指学者的封建主义道德修养，如果撇开这些概念的阶级内容，二程的这个说法是发人深省的。自此出发，二程认为学贵自得。程颐说："学莫贵于自得，得非外也也，故曰自得。"②所谓自得，就是变人知为己知。程颐说："大凡学问，闻之知之皆不为得，得者，须默识心通，学者欲有所得，须是笃，诚意烛理，上知，则颖悟自别，其次须以义理涵养而得之。"③程颐的这段议论基于读书明理的教育目的，而且流露了"上知"不学而知的倾向，这是应该首先注意到的，但是他认为仅是闻而

---

① 《遗书》卷十八。
② 《遗书》卷二十五。
③ 《遗书》卷十七。

知之尚不能算真正掌握了知，必须默识心通，才算真正领悟了"闻知"，有一定的意义。程颢还提出了自得的标准："学至于乐则成矣。笃信好学，未知自得以为乐。好之者，如游他人园圃。乐之者，己物尔。……亦是人之难能也。"① "己物尔"，即自得。他认为读书是很艰苦的事，要做到以读书为乐，这是"人之难能"。但是自得者必然以为乐，"学至于乐则成矣"。这时书本知识，人之所知，都会变为"己物尔"。

关于博和约。程颐说："博和约相对，圣人教人，只此两字。"博是博学多识，多闻多见之谓，约，只是使之知要也，② "相对"，义近对立统一。这是说博和约是相辅相成的。对于学者来说，既要博学多识，又要抓住关键问题深入研究。博是约的前提，所谓"学不博者不能守约"，③ 如果学者不博学多识，守约就是一句空话。因此学者当以不博而可耻："为士者当博学，己不博，可耻也。"④ 而要博，就要"日勉而已，又安可嫉人之能，而讳己不能也"，⑤ 这是说学者要博，就要"日夕不懈"，刻苦用功，同时不能嫉忌别"人之能而讳己不能"。但仅是博，而不"知其要约所在"，就有滥的危险。从这个意义上说："学不贵博，贵于正而已，正则博"。⑥ 因此作为学者要做到既博又约，二者缺一不可。

孟子曾说："尽信书，则不如无书"。二程师承了孟子这一思想，指出："学者要先会疑"。⑦ 为什么要"会疑"呢？二程认为"今之礼书，皆摭拾于煨烬之余，而多出于汉儒一时之傅会，奈何欲尽信而句为之解乎？"⑧ 这是说现存的《六经》是从秦始皇焚火中抢救出来的，

---

① 《遗书》卷十一。
②③④⑤ 《遗书》卷十八。
⑥ 《粹言》卷一。
⑦ 《外书》卷十二。
⑧ 《遗书》卷四。

残缺不全，中间又窜掺了汉儒的私货"傅会"，和圣人本意大相径庭，因此不能"尽信"。如果对于书本上每个字，每句话都坚定不疑，就难免以讹传讹，领悟不了其中蕴藏的义理，不仅自误，而且会误人。"解义理，若一向靠书册，何由得居之安，资之深，不惟自失兼亦误人。"①据谢良佐回忆："明道先去教余尝曰：贤读书，慎不要寻数行墨，"②"不要寻数行墨"，就是不要囿于书本，否则就会"字字相梗"：二程指出正确的读书方法"当观其文势，上下之意"，"善学者，要不为文字所梏"。二程指出当时的学者读书有三大毛病：

　　今之学者有三弊，一溺于文章，二牵于训诂，三感于异端，苟无此三者，则将何归，必趋于道矣。③

这里说的"牵于训诂"也就是为"文字所梏"。纵观二程说的"疑"，还有另外二层意义：一、在学习过程中要不带框框。程颢说："人之为学，忌先立标准，若循循不已，自有所至矣。"这里说的标准就是框框，成见。他认为学以前有了"标准"，就会读书不疑，发现不了书中"害义处"。二、要有独立见解。程颐说："学者于圣人无卓然之独见，则是闻人之言云耳，因曰亦云耳而已。"又说："思索经义，不能于简策之外脱然有独见，资之何由深，居之人何由，非特误己，亦且误人也。"④就是说学者读书提不出独立见解，只能人云亦云，就掌握不了新知识，而且原来之知也是似懂非懂。

　　二程充分肯定了读书要会疑的作用，但相比较之下，仅是自己怀疑还不如同学之间相互讨论。二程指出："疑甚不为剧论"。⑤"剧论"

① 《遗书》卷十五。
② 《外书》卷十二。
③ 《外书》卷六。
④ 《粹言》卷一。
⑤ 《遗书》卷二。

就是相互讨论。这是学习中不可缺少的环节。对于任何一个人来说，知识都是有限，而"剧论"，不仅可以释疑解难，而且会能扩大知识面，在别人的帮助下，纠正自己学习中的错误。所谓"学射者互相点检病痛"。学射要相互"点检病痛"，读书也必须如此。二程认为如果不懂装懂，耻于向别人请教，就永远不知。"耻不知而不问，终于不知而已，以为不知而必求之，终能知之矣。"①

在强调剧论的同时，二程高度肯定了"思"在学习中的地位。二程说：

> 为学之本，必本于思，不思则不得。②
>
> 不深思则不能造于道，不深思而得者，其得易失。然而学者有无思无虑而得者，何也？曰以无思无虑乃所以深思而得之也。以无思无虑为不思而自以为得者，来之有也。③

二程认为学习必须思索。不动脑筋是不可能真正学到什么知识的。即使偶然也获得一些常识，那是不牢固的。通常人们所说的无思无虑而得到某种真知，其实并不是真正"无思无虑"，而是经过长久的"深思而得之"。这就是思索既久，一朝得之。二程以张旭学书为例，说明了这个问题。

> 问张旭学草书，见担夫与公主争道，及公孙大娘舞剑而后悟笔法，莫是心常思念至此而感发否？曰："然！须是思，方有感悟处，若不思，怎生得如此，然可惜张旭留心于书，若移此心于道，何所不至。"④

---

① ② ③ 《粹言》卷一《论学》。
④ 《遗书》卷十八。

二程是不赞成学书的，但是他们又认为张旭之所以精于书法，自成一家，是由于他一直在思考笔法的问题，所以一见到公主和担夫争道以及公孙大娘舞剑时的风采，才感悟而化成草书。如果不是平时深思，就会对"担夫与公主争道及公孙大娘舞剑"熟视无睹，不能"知此"。二程"进一道及公孙大娘舞剑"的情况熟视无睹，不能"知此"。二程的结论是："思虑不可息"。怎样思虑才到应有的成效？二程认为只要用心思考，问题总会弄通弄懂的。"不曾见有一件事终思不到也"。只要工夫到家，自然会"智识明，则力量自进"。如果思考不专一，"汛乎其思，不若约可守也。思则来，舍则去，思之不熟也。"[1]另一方面，要开拓思路，不可局限于某一个问题上。程颐说：

> 若于一事上思不得，且别于一事思之，不可未守著这一事。盖人之知识，于这里蔽着，虽深思亦不通也。[2]

程颐这段议论确是经验之谈。往往有这样的情况，在这件事没有想出来的问题，而在那件事上倒反而触类旁通而得到启发。

二程坚持认为勤于思索，可以使人思路越来越清晰广大。程颐说"致思如掘井，初有浑水，久后稍引动，得清者出来。人思虑始溷浊，久自明快。"掘井引水，开始冒出的水总是浑浊的，然而掘之愈深，经过沉淀，清水也就出来了。人的思虑和这种掘井引水的情况大致相似，先是毫无头绪，看上去很混乱，时间一长，就明快起来了。程颐明确宣称："人思如涌泉，浚之愈新"[3]二程的这些观点不仅在治学上富有意义，而且在认识论上也是很积极的。

---

[1] 《遗书》卷十八。
[2] 《二程遗书》卷二十四。
[3] 《二程遗书》卷二十五。

二程正确地认识到学习犹如逆水行舟，不进则退，提出了日新月进的观点。程颐说：

> 君子之学必日新，日新者日进也，不日新者必日退，未有不进而不退者。①

所谓日新者就是每天要学习新东西，用新的知识充实自己这样才有利于自己的提高，所谓"学者求有考，须是日新"。如果做不到日新，就会退步，不进不退的事是没有的。二程的时代，尚不发生知识老化的问题，二程也不可能认识到不日新知识就要老化。但是作为治学的格言，日新月进至今仍是有很强烈的启迪意义的。

---

① 《遗书》卷二十五。

论朱熹

　　本文发表于 1981 年 2 期的《浙江学刊》，之后《光明日报》作了摘要报导。自 1950 年代以来，我国学术界对朱熹思想基本上持否定态度，尤其"文革"期间，朱熹被诬为历史上的"投降派"、"卖国贼"，甚至连坟墓亦遭捣毁。经拨乱反正后的反思，我们认为朱熹是理学的集大成者，也是宋代文化的重要代表人物，应重新研究，给以实事求是的评价。

　　文章从以下几个方面进行论述：其一，朱熹不是投降派。他力主抗金，但反对盲目用兵，重视"内修政事"，主张"攻守合一"，"蓄锐待时"以图"恢复"，其二，不是复古主义者而是有托古改制的思想，"立社仓"为"救荒恤民"，行"经界法"为限制豪强的土地兼并。其三，朱熹理学"会众说而折其中"包括融合佛、道，他反对佛教"以天地为幻妄"和道家的"虚无为体"而讲求现实人生。其四，朱熹理学体系中的合理因素。如认识论中的"格物穷理"和知行说中的"行为重"。辩证法思想中的论"一"与"二"，骤变和渐化的两种运动变化形式。其五，对自然科学的尊重，试图对自然现象作出合理的解释，如对海陆变迁，潮汐、虹、日月蚀等问题的研究和对天体形成的猜测，作出有超于前人的新贡献。其六，朱熹教育思想，无论在教育内容和方法上，有不少合理的可以借鉴之处。

　　从对朱熹的评价中，引出研究中国哲学史方法论的问题。认为对历史上那些有影响的思想家，思想往往是相当复杂的，既要把握其矛盾的主要方面，但也不能忽视其次要的矛盾方面，否则就不会得出确切的全面评价。

　　朱熹，是宋代理学的集大成者，他"博极群书，自经史著述而外，凡夫诸子、佛、老、天文、地理之学无不涉猎而讲究也。"① 其著作甚多，有《文集》，《语类》，《四书集注》等，在中国封建时代影响很大。清代全祖望曾称他的思想"致广大，尽精微，综罗百代矣。"② 这是用封建地主阶级的眼光来推崇朱熹的，当然不足为据。但是我们应当对朱熹给以怎样的历史评价呢？对此，学术界虽然存在着一些分歧的意见，但一般都是把朱熹看作是封建主义的卫道士、腐朽的道学家、开历史倒车的复古主义者、客观唯心主义者、"把董仲舒的说教系统化"的"高明"的神学家等等加以否定。尤其是"四人帮"编造了"法家爱国、儒家卖国"的谬论，朱熹就被戴上"投降派"和"卖国贼"的帽子，被"彻底地扫荡"了。其实，朱熹在政治上，虽然是一个竭力鼓吹封建主义的思想家，但并不是复古主义者，更不是什么"投降派"；在哲学上，虽然是一个主张"理在气先"的客观唯心主义者，但也并不是毫无合理因素的。因此，我们认为对于朱熹还得重新研究，从而给以实事求是的全面的评价。在这里，我们要提出以下的一些看法，就正于朱熹的研究者。

一、朱熹不是投降派

朱熹生活在宋金民族矛盾尖锐化的时期。当时金贵族统治集团兴兵占领了中原，宋迁江南，形成南北对峙的局面。在南宋对金有主战派和主和派之争。朱熹究竟站在哪一边呢？有一部中国哲学史专著说朱熹"散播失败主义情绪，认为抗金可以导致亡国，充分暴露出一副投降主义的反动嘴脸。"这显然是为了迎合"四人帮"编造"法家爱国、儒家卖国"的反动思潮所得出的结论。而我们的有些同志也跟着这么说，而且在文化革命前早就有人认为"在晚年，朱熹和当时那些只图一时苟安，不顾百年之大患的大官僚、大地主的立场已经没有什么原则的区别了。"但这是没有依据的，应当加以澄清。

---

①② 《宋元学案》。

其实，在主战派和主和派的斗争中，朱熹基本上是站在主战派一边的，虽然他对当时抗金形势和战略措施有自己的看法和主张。朱熹一直希望结束南宋半壁江山的局面。他在青年时代就曾发表过激烈的抗战言论，如说："和议不废则人存苟安之心，永无振作之变"，"讲和者有百害而无一利"，认为持求和之策，敌人就会得寸进尺，"以和要我而我不敢动，力足则大举深入而我不及支"，以致"跋前疐后而进退皆失"①。他在上宋孝宗的《戊申封事》中指斥"罢兵讲和"之举，"遂使宴安鸩毒之害，日滋月长，而坐薪尝胆之志，日远日望"。认为"恢复之计不难，惟移浮靡不急之费，以为养兵之资，则虏首可枭"②。他在晚年时期虽然没有像青年时期那样积极主战的激烈程度，但也从来没有肯定"和议"的好处。由于随着南宋社会阶级矛盾的日益激化，朝廷腐败，财政枯竭，政治混乱，军队无战斗力，朱熹感到在这种情况下如果盲目地用兵，难能取胜，易被敌人挫败，反而会使南宋陷于覆灭的危险。因此他从整个长远的战略上考虑，以为"内修政事"非常重要。他清醒地看到南宋社会的严重弊政，如果不作一番整顿，就无取胜之可能，责韩侂胄的开禧用兵的失败，就是证明。朱熹反对盲目地无胜利把握的开战，而主张利用时机"内修政事"，这决不是投降主义。这与投降主义的主和派有原则的区别，因为主和派委曲求全，承认"南自南，北自北"永远分裂的局面，满足小朝廷偏安的苟延残喘的生活。而朱熹则是从当时的实际情况出发，在敌我强弱悬殊的形势下，认为"恢复"的条件还不成熟，故此需要有一个防御固守的阶段，他说："今朝廷之议，不是战便是和，不和便战，不知古人不战不和之间，亦有个且硬相守的道理，却一面作自作措置，亦如何便侵轶得我！今五六十年间，只以和为可靠，兵亦不曾练得，

---

① 《壬午应诏封事》。
② 《朱子语类》卷一三三。

财亦不曾蓄得，说恢复底都是乱说耳。"①朱熹从激烈地主张出击到主张积极防御"且硬相守"，这同南宋社会的形势变化有密切的关系。宋孝宗初年，南宋和社会的抗战条件较好，而主战势力又占了上风。自从隆兴初年张浚北伐失败至宋金达成和议之后，南宋社会弊政日益严重，且"兵亦不曾练得，财亦不曾蓄得"，这个时候就无主动出击取胜的条件和可能。朱熹提出"且硬相守底道理"，主张先练兵蓄财，而批评那些空谈"恢复"的人，同时也批评"只以和为可靠"的糊涂虫。这能说是"投降主义的嘴脸"吗？朱熹自己也曾申辩说"守"是"蓄锐待时"，"战"是"因机亟决，电扫风驰"，两者"固不同，然犹同归于是，其与讲和之计不可同年而语"。②

可见朱熹在抗金的态度上，随着客观形势的变化，在战略上由"战"转为"守"的思想，并不是忘了"恢复"大计，而是主张"攻守合一"、"蓄锐待时"，以图"恢复"的。当然，朱熹同陈亮、叶适和辛弃疾等更为积极的主战派还有所不同，后者始终把重点放在抗金的事业上，陈亮不但发表了激烈的抗战言论，而且积极研究军事理论，亲自考察各处的军事地势，为抗战作准备。叶适和辛弃疾则是直接与金作战的英雄，曾立下了功绩。他们认为对金人的抗击不是"待机而发"，而是"机自我而发"，掌握抗金的主动权。朱熹毕竟是道学家，他谈论天理性命，反对功利主义，正如叶适所批评的"虚意多，实力少"，对抗金起了消极作用。所以不能与陈、叶、辛等主战派相媲美。但朱熹始终不是投降派，这是可以肯定的。

在民族矛盾和阶级矛盾交织在一起的南宋，朱熹从维护汉族地主阶级的利益出发，认为解决农民和地主阶级之间的尖锐矛盾乃是当务之急。他看到了促使阶级矛盾尖锐化的原因在于政府对农民的过分剥

---

① 《朱子语类》卷一三三。
② 《朱子大全》卷三十。

削和掠夺，从而引起农民起义。对于这种官逼民反的事实，朱熹举例说："李楫寇广西，出榜约，不收民税十年，故从叛者如云，称为李王，反谓官兵为贼，以此今日取民太重，深是不便。"[1] 并且指出当时官府："横敛无数，民甚不聊生"[2] 又云："州县直是视民如禽兽，丰年犹多饥死，虽百后夔亦呼召他和气不来。"[3] 因此，他主张把重点放在改革弊政上，一方面要减轻赋税，缓和阶级矛盾以免农民造反，形成不可收拾的局面，另一方面加强对农民的专政，实行武装镇压。他在上宋孝宗书中说："数年以来，纲维解弛，芊孽萌生，区区东南事，犹有不胜虑者，何恢复之可图乎？"因而建议当"先以东南之未治为忧，而正心克己，以正朝廷、修政事，庶几真实功效可以驯致，而不至于别生患害以妨远图"[4]。在这里，朱熹所谓"可虑者"是指农民起义，认为退敌恢复之大计应建立在封建统治秩序安定的基础上，先来对付农民起义，后图"恢复"之计；同时又提倡所谓"正心克己"亦即"存天理，灭人欲"等等的虚伪的道德性命之说，反对永嘉学派讲究实效的功利主义，这种主张无疑是荒谬的，甚至是反动的。但也不能因此就说朱熹是投降派。因为一则朱熹认为必须减轻赋税，缓和同农民的矛盾，这在当时还是具有一定积极意义的，二则朱熹毕竟是由于看到了南宋的严重弊政而主张"正心克己，以正朝廷、修政事"的，同时他虽然在哲学思想上与永嘉学派相矛盾，相对立，但在政治上并不如此，如在主战还是主和这个重大的政治问题上，他与主战的永嘉学派就没有争议，而叶适、陈亮还把他当作朋友。当朱熹被林栗等人弹劾被贬时，叶适曾挺身为之辩护。陈亮也曾自称与朱熹"结晚岁之好"。叶、陈从来没有把朱熹看作是主和派或投降派来加以指责。

---

① 《朱子语类》卷一三三。
②③ 《朱子语类》卷一〇八。
④ 《戊申封事》。

总之，把朱熹斥为投降派，或者说"朱熹和当时那些只图一时之苟安、不顾百年之大患的大官僚、大地主的立场已经没有什么原则的区别了"是歪曲事实的，没有根据的。

二、朱熹不是复古主义者

朱熹一生以继承孔孟"道统"为己任，因而竭力美化尧舜周孔之道，说了诸如"尧舜三王周公孔子所传之道，未尝一日得行于天地之间也"等等"颂古"的话。因此，有人就认为朱熹是"开历史倒车"的"复古主义者"，并说他顽固地"反对社会任何改革"等等。其实，这也是对历史事实的歪曲。

朱熹在政治上并不是真正主张复古，反对任何改革的，他与有些地主阶级的改革家一样，有托古改制的思想，认为封建主义的根本原则是不可改变的，即所谓"天下有不可泯灭之道"，但又认为尽行古法也是不可能的，"至今之世，若欲尽除今法，行古之政，则未见其利而徒有烦扰之弊。"① 他又说："封建井田乃圣王之制，公天下之法，岂敢以为不然，但在今日恐难下手，设有强做得成，亦恐意外别生弊病，反不如前，则难收拾耳。"② 朱熹肯定古今社会制度不同，不可能恢复古制。他认为改革弊政必须对旧的框框有新的突破才行，"后世徒知秦废古法，三代自此不复，不知后世果生圣人，必须别有规模，不用前人硬本子"③ 并说"欲整顿一时之弊，譬如常洗瀚不济事，须是善洗者一一拆洗，乃不枉了，庶几有益"④，"譬之犹补锅，谓之小补可也，若要做，须一番重铸。"⑤ 朱熹在这里针对当时的弊政，提出"一一拆洗""须一番重铸"的比喻说法，尽管并不是要对当时政治制度作根本改变，但主张对当时的社会进行某些改革，却是可以肯

①② 《语类》卷一〇八。
③ 《语类》卷一三四。
④⑤ 《语类》卷一一八。

定的。

朱熹曾批评过北宋时代司马光、二程等元祐党人的守旧思想，他说："……盖熙丰更张之失而不知其堕于因循，既有个天下兵须用练，弊须用革，事须用整顿，如何一切不为得。……元祐诸贤多是闭着门说道理底……"① 可见朱熹是反对因循守旧，反对脱离实际"闭着门说道理"的做法的。同时，朱熹指出司马光废除王安石变法中的免役法，就是离脱实际，不合民情的做法，他说："温公忠直，他只说不合全民出钱，其实不知民自便之，此是有甚大事，却如此舍命争。"② 尤其值得注意的是朱熹对于王安石变法，尽管批评王安石过分主观自信，但基本上是同情的，认为这是历史发展之"势"的必然，他说："熙宁更法，亦是势当如此"。③ 而对于苏东坡在变法问题上反复无常的态度，朱熹却甚有恶感，说他："凡荆公所变者初时亦欲为之，凡见荆公做得纷扰狼狈，遂不复言，却去攻他，其论固非持平。"④ 朱熹还曾感慨地说："自荆公以改法致天下之乱，人遂以因循为当然，天下之弊所以不知所终也。"⑤ 这也就是说王安石变法尽管失败了，但是弊政还是必须改革的，总不能"以因循为当然"，这正表明朱熹主张进行社会改革。

朱熹还肯定唐代柳宗元在《封建论》中提出的基本观点，认为历史的发展乃是势之必然，"封建"制的建立是"势不容已，柳子厚亦说得是：贾生（贾谊）谓树国必相疑之势甚然，封建后来自然有尾大不掉之势。"⑥ 这种认为郡县制必然代替封建制，前者比后者优越，无疑是合理的进步观点，这也表明朱熹并不是主张"开历史倒车"的历史退化论者。

至于朱熹曾奏请推行"经界法"，是否可以据此便说他是复古

---

① ② ③ ④ ⑤ 《语类》卷一三〇。
⑥ 《语类》卷一〇八。

主义者呢？这要作具体分析。其实有不少地主阶级的改革家，由于看到土地过分集中于少数豪强之手，造成严重的社会矛盾，因此提出"经界法"欲以限制土地兼并，这在实质上也是一种托古改制的方式，并非真正复古。北宋张载就曾试验过"经界法"。朱熹也作过小规模的试验，而遭到许多人的非议，大官僚地主林栗之流就曾攻击朱熹"妄行经界，骚动千里"，这种攻击显然不是由于朱熹复古倒退，而是由于触犯了豪族地主的利益，限制了他们对土地的兼并。朱熹说："土地者天下之大本也，春秋之义，诸侯不得专封，大夫不得专地。今豪民占田或至数百千顷，富过王侯，是自专封也，卖买由己，是自专其地也。"① 正由于如此，朱熹主张"宜以口数占田，为立科限，民得耕种，不得买卖，以赡贫弱，以防兼并"。② 同时还主张赋税亦应合理分摊，所以他设想了一个丈量地亩以定经界，就田计税以均负担的方案。这种方案是有利于中小地主阶级的，在客观上也是可以缓和对农民的剥夺的。同时他还主张"立社仓"来收藏和散发粮食，认为这可以济助人民在青黄不接时的困难，可以堵塞豪强囤积居奇，从中谋利。朱熹的这种主张，实际上与王安石的青苗法相似。当然，朱熹提出这种改革措施，目的在于巩固封建国家政权，他曾明白地说："试观自古国家倾覆之由，何尝不起于盗贼；盗贼发生之端，何尝不生于饥饿，赤眉、黄巾、黄巢之徒其已事可见也。"③ 因此他认为"救荒恤民"乃是今日之"急务"④ 这也就是朱熹提出上述改革措施的重要依据。由此可见，朱熹还是一个头脑比较清醒的地主阶级政治家，绝不是一个顽固地"反对任何社会改革"的复古主义者。

---

① ② 《朱子大全·井田类说》。
③ 《晦庵文集·上宰相书》卷二十六。
④ 《晦庵文集·与王漕书》。

三、朱熹对佛、道有所批判

《宋元学案》曾说朱熹的理学乃是"会众说而折其中"。这里所谓的"众说"也包括佛、道在内。这也就是说朱熹的理学与佛、道有着密切的关系，例如朱熹所谓"理一分殊"的观点实际上就是承袭了佛学所谓的"一多相摄"或"月印万川"和"一法遍含一切法"的唯心主义说法；朱熹所阐释"无极而太极"的观点乃是吸取了道家以"无"为本和"无中生有"的唯心主义之"道"，这是不可否认的事实。因此，哲学史家们一般地都认为朱熹对于佛、道的态度如同其他唯心主义理学家一样只是"阳奉之而阴违之"而已。然而朱熹在吸取佛、道的同时又对佛、道有以批判，这在哲学史上还是具有一定的积极意义的，这也是不能忽视的，否则对朱熹的评价也就欠全面了。

朱熹指责佛教在哲学理论上的不合理之处在于"以天地为幻妄，以四大为假合"[1]，把一切事物都看作是虚妄、假象、亦即是"空"的。他揭露了佛家这种观点的自我矛盾及其违反人们常识的荒谬性质，他说："佛家一齐都归无物，终日吃饭，却道不曾咬着一粒米，终日著衣，却道不曾挂着一条丝。"[2]朱熹在这里从人们的实际生活出发，用正常人对于客观事物的朴素观念，来批判佛家，这看来简单浅近，却是击中了要害的，对于人们反对唯心主义是很有启发意义的。朱熹还指出佛家在认识论上只讲"悟"的错误，他说："禅学悟入乃是心思路绝。"[3]这是佛家之"悟"窒息了人们的思维活动的能力。他又说佛家"枯槁其心，全与物不接，却使理自见"[4]，是没有道理的，因为在他看来必须"即物穷理"，不与"物"接触而要想认识物之

---

[1] 《语类》卷一二五。
[2] 《语类》卷一二六。
[3] 《语类》卷五九。
[4] 《语类》卷二五。

"理"是不可能的。尽管朱熹所谓"即物穷理"有其自己独特的理解（详后），但在这里否认佛家"全与物不接，却使理自见"的谬论，这在客观上却为唯物主义认识路线排除了一个障碍。朱熹还曾说："（佛家）只它根本处便不是，当初释迦为太子时出家，见生、老、病、死、苦，遂厌恶之，入雪山修行，以上一念，便一切作空看，惟恐割弃不猛，屏除之不尽。"① 这就是说佛教从它的诞生开始，就是根本错误的。在朱熹看来，佛教既把"一切作空看"，那就连他所尊崇的儒家之道和三纲五常等等封建制度也都否定了。因此，他又指责佛家"弃君背父"；"只是废三纲五常，这一事已是极大罪名，其他便不消说。"② 于是他进一步把儒、佛完全对立起来，"有我底着他底不得，有他底着我底不得"③，并说："佛说万理俱空，吾儒说万理俱实，从此一差，方有公私义利之不同"，二者"真似冰炭"④，势不两立。在这里，朱熹虽是从维护儒家的伦理观的立场出发来否定佛教的，但他用"万理俱实"的观点，亦即认为"理在事中"⑤，任何道理都是寓于实有的事物之中的观点来否定"万理俱空"的佛学唯心主义观点，这在客观上显然也是有利于唯物主义思想的发展的。

同样，朱熹对于道家老子和庄子也是有所批判的。虽然他首先也是从维护封建礼法纲常的立场来批判老庄的，如说："无世间许多礼法，如何辨得君子小人，如老庄之徒绝灭礼法则都打得没理会处。"⑥ 但也触及道家以"虚无为体"的思想，例如朱熹认为老子尽管鼓吹"虚无"之"道"，但它还不是太虚玄。他说："老氏依旧有，无欲观其妙，有欲观其皦"，故"道家说半截有，半截无"⑦，而庄子则

---

① ④ 《语类》卷十七。
② ③ 《语类》卷一二六。
⑤ 《语类》卷四十四。
⑥ 《语类》卷四十二。
⑦ 《语类》一二六。

把"道"说得太玄虚了,"走了老子意思",把"他那窠窟尽底掀翻了"①。因此朱熹认为"庄子是转调底老子"②。不难理解,朱熹在这里是否认绝对的"无"的,如同他否认佛家的绝对的"空"一样。这也是有利于唯物主义者反对唯心主义的斗争的。尤其值得注意的是朱熹着重揭露和批判了老子的权术阴谋。他说:"《老子》一书都是如此,它只要退步不与你争,如一个人叫哮跳踯,我这里只是不做声,只管退步,少间叫哮跳踯者自然而后屈,而我柔伏应自有余。老子心最毒,其所以不与人争者所以深争之也。其设心措意都是如此。闲时他只是如此柔伏,遇着那刚强底人,它便如此待你。"③又说:"缘黄老之术,凡事都先退一著做,教人不防他,到了逼近利害也便不让别人,宁可我杀了你。他术多是如此,所以文景用之如此,文帝犹善用之,如南越反,则卑词厚礼以诱之,吴王不朝,赐以几杖等事。这退一着都是术数。"④朱熹对老氏之术的揭露和批判,是符合于历史实际情况的。韩非之"术"及汉初黄老之术,无疑都是从《老子》一书中吸取而来。剥削阶级总是要搞权术阴谋的,因而老氏之术被称为"南面术",是有根据的。朱熹的这种批判,无疑也是有积极意义的。

列宁曾指出:"当一个唯心主义者批判另一个唯心主义者的唯心主义基础时,常常是有利于唯物主义的。"⑤因此,尽管朱熹是个客观唯心主义者,但在他吸取佛、道的同时又对佛、道唯心主义有所批判,就应当肯定对于唯物主义有利的方面及其积极意义。

---

① 《语类》卷六十三。
② 《语类》卷一二五。
③ 《朱子语类》卷一三五。
④ 《朱子语类》卷三十九。
⑤ 列宁《哲学笔记》第二八九页(中文版)。

四、朱熹客观唯心主义哲学体系中有某些合理的因素

朱熹的理学是一套主张："理在气先"的客观唯心主义哲学体系，其中竭力鼓吹"存天理，灭人欲"等道德性命之说，论证"三纲五常""万世不得磨灭"，把封建制度说成是天经地义的神圣机构，这些无疑是反动的，必须加以彻底批判。这在学术界几乎已经没有争议了。但是，在朱熹客观唯心主义哲学体系之中是否还有某些合理的因素呢？对此，一般哲学史著作比较忽视，有的连提都不提一下，似乎根本没有什么合理因素可言。其实，这是一个很值得研究的问题。因为朱熹的哲学思想尽管总体上说或从基本倾向上说是一套唯心主义体系，但这个"体系"在理论上并不十分严密、完全统一，而是存在着不少的矛盾的。朱熹"会众说而折其中"，企图综合、调和唯心主义和唯物主义的"众说"来建立他的客观唯心主义体系，然而正如清代李塨所指出的那样："朱子两顾依违而不能自定其说"。① 这就不能不在理论上发生矛盾，亦即存在着与他的"体系"相矛盾的具有某些合理因素的东西。

列宁在评论黑格尔客观唯心主义哲学思想时曾说："客观的（尤其是绝对的）唯心主义转弯抹角地（而且还翻筋斗式地）紧密地接近了唯物主义，甚至部分地变成了唯物主义。"② 我们认为朱熹的客观唯心主义也有与此相类似的情况，而且在他的"体系"之中还存在着某些朴素辩证思想因素。这主要地表现在以下几个方面：

（一）朱熹在论证"理"与"气"的关系问题时，其基本观点是认为"未有天地之先，毕竟也只是理；有此理，便有此天地"，有是理便有是气，但理是"本"，"气之所聚，理即在焉，然理终为主"，

---

① 《恕谷后集》。
② 《哲学笔记》第二八三页。

把"理"看作派生"气"以及天地万物的本原和主宰，这是客观唯心主义，毫无疑问。但是，朱熹又说"要之'理'之一字不可以有无论"①，"理气本无先后之可言"②，从而提出"万理俱实"、"理寓于气"、"理气相依"的观点。而这也就使他在理论上发生矛盾。从"不可以有无论"来看，如前所述，他否认佛、道的绝对的"空"和绝对的"无"而认为万理并非都是"空"、"无"的，因此，朱熹反对"人多把这个道理作一悬空之物"，而要求"人就事物上理会，如此方见实体；所谓实体非就事物上见不得，且如舟以行水，车以行陆"③。这也就是说"理不外事"④，"道理"是不能离开具体事物而"悬空"地存在的，因此，人们只能从具体事物上去"理会"那"道理"，如从航船行舟中去"理会"航船行舟的"道理"。这岂不是与他所谓在天地万物之先就有一个神秘的"理"存在相矛盾的吗？这岂不就是"客观的唯心主义转弯抹角地紧密地接近了唯物主义，甚至部分地变成了唯物主义"吗？再从"理气本无先后"来看，也是如此。朱熹曾说："若论本原，即有理然后有气，故理不可以偏全论。若论禀赋，则先有气而后理随以具，故有是气则有是理，无是气则无是理，是气多则是理多，是气少则是理少，又岂不可以偏全论邪？"⑤ 这里所谓"论本原"和"论禀赋"二者显然矛盾，前者认为"理"先"气"后，这是客观唯心主义，后者认为"气"先"理"后，或"理气相依"，这则是唯物主义。这正是客观唯心主义"翻筋斗式地""紧密地接近了唯物主义，甚至部分地变成了唯物主义"的表现。不过，朱熹在主观上是力求贯彻他的客观唯心主义思想的，但又感到像佛、道那样把"理"或"道"说成为"空"、"无"，既违反常识，不能令人信服，

①④《语类》卷五十八。

②《语类》卷一。

③《语类》卷十五。

⑤《朱子大全集》卷四十九。

而且会导致否定封建礼教的合理存在，因此他要"说的活"，于是就说"理"既在"气"先，又在"气"后等等。然而他又觉得这毕竟是矛盾的，因而企图在理论上克服这个矛盾，所以他就说了这样的话："怕说有气方具此理，恐成气先于理，何故却不看有此理后方有此气，既有此气然后理有安顿处。……要之'理'之一字不可以有无论，未有天地之时便已如此了也。"① 在这里朱熹以为只要首先看到"有此理后方有此气"，肯定了这个客观唯心主义理论的前提，就不必怕说"有气方具此理，恐成气先于理"了，而且既肯定了"有此理后方有此气"这个前提之后，再说"有气方具此理"，也就使"理有安顿处"即"理"就"安顿"在"气"中或"理寓于气了"②，这样，在理论上似乎就没有矛盾了。其实，朱熹是不能自圆其说的，因为他既然反对"万理俱空"之说，同时又认为只有把"理""安顿"在"气"中，才不致使"理"成为"悬空之物"，那就只能说"有气方具此理"或"气先于理"，变成了唯物主义，反之，如果坚持"有此理方有此气"或"理在气先"，那"理"在"未有天地之时"必然是个"悬空之物"，只是个无"安顿处"的神秘的东西，成为客观唯心主义。此二者"真似冰炭"之间的矛盾，不可调和。可见朱熹没有达到克服上述矛盾的目的，而且"两顾依违而不能自定其说"，其结果为了把他的客观唯心主义理论"说得活"些，却"转弯抹角地（而且还翻筋斗式地）"接近了甚至部分地变成了唯物主义。正因为如此，所以彻底的唯心主义者陆九渊就批判朱熹的哲学太"支离"，"拖泥带水，转说糊涂"。但在我们看来，朱熹的这种"支离"却使他的哲学体系之中有了某些合理的因素。

（二）朱熹在认识论上的基本观点是认为他那个先于物而存在

---

① 《语类》卷五十八。
② 《语类》卷四。

的"理"既在天上，又是在人的心中的，故说"总天地万物之理"都是"上天之载"，又说"心包万理，万理具于一心"，因而他所谓"格物致知"、"即物穷理"都是指认识这个先验的"理"或"本心之知"和"非从外得"而"吾自有之……底道理"。同时在知行问题上主张"知"先于"行"，而这"行"主要是指对封建道德的"践履"。这是唯心主义先验论，也毫无疑问。但是，正如前面所述，由于朱熹哲学的"支离"或矛盾，使他在认识论上又有某些违背唯心主义先验论的合理因素。如他既反对佛家所谓"全与物不接，却使理自见"的唯心主义观点，又提出"理在事中，事不在理外，一物之中，皆具一理，就那物中见得个理，便是上达"①，因而他的所谓"即物穷理"又包含着从与外在事物接触而获得对于事物之"理"的认识的内容。同时，朱熹认为"眼前几应接底都是物"，"天下之事皆谓之物"，而这些都是"致知"亦即认识的对象。因此，他的谓"格物致知"，除了在内心中去"格"如"刮剔"、"磨去"内心中的"物欲"、"昏蔽"，以致使"心"如明镜一样"四边皆照见，其明无不照也"②的意思之外，又有向外界事物普遍地接触而求得知识的意思。因此，他又反对"关门独坐"，苦思冥想，只讲"一个'悟'字"的认识方法，认为"学问无此法"③，而主张普遍地接触和观察周围的世界而去懂得"道理"。他说："今也须僧家行脚，接四方之贤士，察四方之事情，览山川之形势，观古今兴亡治乱得失之迹，这道理方见得周遍。士而怀居不足以为士，不是块然守定这物事在一室，关门独坐便了，便可以为圣贤。自古无不晓事情的圣贤，而无不通变的圣贤，亦无关门独坐的圣贤。"④上述这些观点，显然与他的"致知乃本心之知"的唯心主义先

① 《语类》卷四十四。
② 《大学章句·格物致知传》。
③ 《语类》一二一。
④ 《语类》一一七。

验论存在着矛盾，接近了唯物主义观点。在知行问题上，朱熹虽然坚持知先于"行"以及强调"行"先对于封建道德的"践履"这种唯心主义的迂腐观点，但他认为"知"与"行"应该"相须"一致，而且"行"能使"知之益明"，他说"方其知之，而行未及之，则知尚浅，既亲历其域，则知之益明，非前日之意味"①。所以他虽说"论先后，知为先"，但又说"论轻重，行为重"②。朱熹这种以"行为重"，"知行相须"的观点，显然也有其合理的因素，至少可以启发人们注意"行"在认识中的重要性，以及"知"与"行"的密切关系。后来的唯物主义者王夫之提出"知行并进"的观点，就不能说与朱熹的"知行相须"的观点毫无关系。同时，在朱熹的客观唯心主义体系中还有不少朴素辩证法的因素，因而他在认识论方面也不乏辩证观点。如他认为对事物的观察和认识不能孤立地去看，应该有全面的观点，他说："且如炭又有白底又有黑底，只穷得黑不穷得白亦不得；且如水虽是冷而湿者，然亦有许多样，只认得冷湿也不是格。"③又说："看道理，须要就那大处看，便前面开阔，不要就壁角里看。"④"只管在壁角里，纵理会得一事，只理会一事透，道理小事。"⑤他认为眼光窄小，没有全面的观点，就会陷于褊狭的境地。"若恁地看道理浅了不济事，恰似撑船放浅处，不向深流运动不得，须是运动游泳于其中。"⑥朱熹强调上述的观点，也是有意义的。在这里还值得一提的是许多迂腐的道学家都非常鄙视自然科学的实际知识，而朱熹却只是说它是"小道，不是异端；小道亦是道理，只是小。如农圃、医人、百工之类，却有道理在。只是一向上面求道理，便不通了。"⑦这里所谓"便不通了"，是指从自然科学上不能获得他所鼓吹的神圣的"天理"。

———————

①② 《语类》卷八。
③ 《语类》卷十八。
④⑤⑥ 《语类》卷一一七。
⑦ 《语类》卷四十九。

朱熹鼓吹唯心主义先验论的目的在于要使人们"存天理、灭人欲"，以维持封建伦理制度，这是很反动的。但在这里毕竟是肯定农、医、百工之类的自然科学知识"却有道理在"，而这些"道理"并不是从人的"本心"求得，而是从自然界求得，亦即是朱熹自己曾说过的与物接触而"理会"得到的，如从航船行车中"理会"得到航船行车的"道理"等等。因此，朱熹肯定这"小道"，实际上也是与他的唯心主义先验论相矛盾的。况且朱熹自己对自然科学上也有过研究，并作出一些贡献（详后）。以上说明朱熹在认识论方面也是有些合理的因素的。

（三）朱熹的客观唯心主义哲学体系中有不少形而上学谬论，但也有不少朴素辩证法的思想因素，而且在某些方面还为朴素辩证法宇宙观提供了一些新东西，这方面更应该给以肯定评价。朱熹特别重视张载"一物两体"的朴素辩证法观点，认为"此语极精"①。因而他自己也提出了"一分为二"的命题加以论证。他从"理先于气"的客观唯心主义观点出发，认为"理"派生"气"而形成天地万物的发展过程，"此只是一分为二，节节如此，以至于无穷，皆是一生两尔"。因此，凡事无不相反以相成，东便与西对，南便与北对。无一事一物不然。②朱熹的这个"一分为二"的命题可以说是统一物无不分为两个对立面的朴素辩证法的命题。如他所说："'一'是一个道理，却有两端，用处不同，譬如阴阳，阴中有阳，阳中有阴……所以神化无穷。"③再如"寒则暑便在其中，昼则夜便在其中，便有'一'寓焉。"④他把"一分为二"及其"相反以相成"看作是事物变化无穷的原因。同时，又认为"天地万物之理，无独必有对，看得破时，真个差异好笑。"⑤并说："盖所谓对者，或以左右，或以上下，或以前后，

---

① 《语类》卷九十八。
②③④ 《语类》卷六十二。
⑤ 《语类》卷九十五。

或以多寡，或以类而对，或以反而对，反复推之天地之间，真无一物兀然无对而孤立者。"① 这即是把"一分为二"以及"相反以相成"看作是普遍的规律（"天地万物之理"）。这可说也是对王安石所谓"偶之中又有偶焉，万物之变遂至无穷"② 的朴素辩证法思想的申述。虽然，王安石以及张载的朴素辩证法是朴素唯物主义的，而朱熹的则是唯心主义的，二者还不能等量齐观。

尤其值得注意的是，朱熹对于《周易》中说的"化而裁之谓之变"的命题作了新的发挥。他说："变、化二者不同，化是渐化，如自子至亥渐渐消化，以至于无。如自今日至来日则谓不变。变是顿断有可见处。横渠说化而裁之一段好。"③ 在朱熹看来，"化"是指"渐渐消化"的量变；"变"是指"顿断有可见处"的质变。他又说："化是个亹亹地去有渐底意思，且如而今天气渐渐地凉将去，到得立秋便截断。这已后是秋，便是变。"④ 事物渐变过程中的"截断"，这便有明显性质的变化。朱熹解释"裁而化之"的"裁"是裁衣服的裁，是指事物变化过程中的中断。他又说："这变、化字又相对说，那化而裁之存乎变底'变'字，又说得来重。……化则渐化尽，以至于无；变则骤然而去，变是自无而有；化是自有而无。"⑤ 因此，"化而裁之存乎变。只在那化中裁截取便是变。"⑥ 这是认为质变是在渐变发展的基础上产生，或者说是渐变发展到了尽头而"骤然"发生质的变化的结果。朱熹的这种观点可以说是对古代朴素的辩证法思想的一个新的贡献，因为前人没有这样具体而深刻地论述过。

当然，对于朱熹的朴素辩证法思想也不能评价过高，因为他又认为"大抵天下事物之理，亭当均平无对"，如果事物不是"亭当均平"

---

① 《朱子大全》卷四十二《答胡广仲》。
② 《洪范传》。
③④ 《语类》卷七十五。
⑤⑥ 《语类》卷七十四。

的话，那么"天下之理势，一切畸零赘剩，侧峻尖斜，更无齐整平正之处"①，而且认为事物的发展乃是"终而复始、始而有终，又未尝有顷刻之或停也"②的循环过程。这些无疑是均衡论和循环论的形而上学。但是如前所述，他的那些朴素辩证法思想因素，是应当给以肯定的。

总之，在朱熹客观唯心主义哲学体系之中，是有某些合理的因素的。因此，我们研究中国哲学史，就不能因为朱熹鼓吹了许多反动的唯心主义理学思想"以理杀人"（戴震语），就把他的这些合理因素也都忽视和否定了。

五、朱熹对自然科学是尊重的

尽管朱熹称自然科学知识为小"道"，但他自己却颇为注意对于自然现象的观察和研究。当然，由于他的客观唯心主义世界观的限制和危害，常常对自然现象作出了荒谬的解释，如认为由"阴阳相感"而产生的雷电"都是鬼神"③。"盖鬼神是气之精英"④；认为人类的产生先于万物，在天地之初先由"气凝结成两个人"，一男一女，"后方生许多万物"⑤；认为"人头向上所以最灵，草木向下所以最无知"，这是由于"本乎天者亲上，本乎地者亲乎下"⑥的缘故，等等。但是，如前所述，在朱熹的客观唯心主义体系中又有着某些合理的因素，这些合理的因素能够促使他对于自然现象作出某些合理的解释。例如他的关于宇宙发生之说，虽然还很幼稚而不科学，只是猜测性质的东西，不能与欧洲18世纪历史条件下产生的康德的星云说相比，但比

---

① 《朱子大全》卷四十二。
② 《朱子大全》卷七十。
③ 《语类》卷二。
④ 《语类》卷六十二。
⑤ 《语类》卷九十四。
⑥ 《语类》卷九十七。

康德早五六百年就提出宇宙最初是一个滚滚的气团的说法，却是很了不起的。他说："天地初间，只是阴阳之气。这一个气运，磨来磨去，磨得急了，便拶出许多渣滓，里面无处生，便结成了个地，在中央。气之清者为天，为日月，为星辰，只在外常周环运转。"① 又说："这一个气运，磨来磨去，……万物之生如磨中撒出""譬如甄蒸，气从下面滚到上面又滚到下，只管在里面滚，天地只是它许多气在这里无出处，滚一处便生物，他别无勾当，只是生物。"② 这虽未超出地球中心说，但认为天地日月星辰都是滚滚的气团相磨荡而形成的，这比以往唯物主义"元气"说关于宇宙形成的论述更为具体、详细了，而且这是与他神秘的唯心主义天理观相矛盾的。又如，朱熹对于地形的变化以及海陆变迁的解释，可以说是基本上接近了科学的猜测。他说："天地始初，混沌未分时，只有水、火二者，水之渣脚便成地。今登高而望群山，皆为波浪之状，便是水泛如此，只不知因甚么时凝了，初间极软，后来方凝得硬。"③ 他完全赞同并进一步证实北宋沈括从高山发现贝壳而得出海陆变迁的道理。沈括曾说："予奉使河北，遵太行而北，山崖之间，往往衔螺蚌壳及石子如鸟卵者，横亘石壁如带，此乃昔之海滨，今距东海已近千里。所谓大陆者，皆浊流所湮耳。"④ 朱熹经过自己的观察进一步证实了这种看法。他说："常见高山有螺贝壳或生石中，此石旧日之土，螺蚌即水中之物，下者却变而为高，柔者变而为刚。此事思之至深，有可验者。"⑤ 这个道理虽由沈括首先提出，但朱熹既"思之至深"，而又有"常见"之"可验者"，那就不是"抄袭"，而是进一步证明了真理。

诚然，朱熹对于北宋以来自然科学研究的成果是颇为尊重的。如

---

① 《语类》卷一。
②③ 《语类》卷五十三。
④ 《梦溪笔谈》卷二十四。
⑤ 《语类》卷九十四。

关于月本无光，其光乃日光的反照之说，朱熹不但承认，而且还加以宣传和发挥。这也应该加以肯定，不能说他仅仅是"抄袭"前人而已。我们知道与朱熹同时的唯物主义者叶适就不承认月本无光这一科学事实，硬说月亮会发光。在这一点上，连唯物主义者叶适都不如朱熹尊重科学事实，怎么可以说他仅仅是"抄袭"而加以否定呢？朱熹在与门人回答中还有这样一段对话："如或问月中黑影是地影否？曰：前辈有此说，看来理或有之，然非地影乃是地形倒去，遮了他光耳，如镜子被一物遮住其光，故不甚见也。"① 他以此说明日、月、地球三者位置变动的关系以及产生月蚀的原因。此外朱熹还谈及地球自转和绕日公转的道理；"一日固是转一匝，然又有大转底时候。"② 谈及潮汐与月亮的关系："潮汐迟速大小有常，旧见明洲人说月加子午则潮长。自有道理，沈存中《笔谈》中说亦如此"。③ 他对虹的出现的原因作了解释："虹非能止雨也，而雨气至是已薄，亦是日气时散雨气。"④ 驳斥了虹能止雨的谬论，而认为虹的出现乃是"薄雨为日所照成影"⑤。这些表明朱熹对自然科学的真理是比较尊重的，而且也是有所研究的，在某些方面是作了一些贡献的。尤其在宋代许多道学家都非常鄙视自然科学的研究，以为这是玩物丧志，真是迂腐不堪；而朱熹这个道学家却不如此，这样相形之下，朱熹在这方面就更显得与一般道学家有些不同了，更应该给以适当的肯定评价了。

六、朱熹的教育思想不乏可取之处

朱熹非常重视教育工作，而且始终未停止过对弟子门人讲授知识，可以说是一个教育家。他从事教育工作的目的当然是为封建统治阶级培养有学问的忠实奴才，尤其他教育人们"正心克己"，"存天理，灭人欲"死心塌地地服从封建礼教等等，是很腐朽反动的。但在

---

①②③④⑤ 《朱子语类》卷一。

他的教育思想中除了大量的封建糟粕之外，也不乏可取之处，因而也不能全盘否定。

朱熹虽然是为地主阶级培养有学问的忠实奴才，但他却反对把学生培养成"乡愿"类型即没有学术气节而善于奉迎拍马的人物，而要培养"狂狷"耿直之士。他说："狂狷是个有骨肋底人，乡愿是个无骨肋底人，东倒西扶，东边去奉人，西边去周全人，看人眉头眉尾，周遮掩蔽，惟恐伤触人。"① 并指斥"乡愿""以其务为谨愿不欲许欲以取容，专务狥俗使人无所非刺，既不肯做狂，又不肯做狷，一心只要说得好。"② 当然，朱熹所要培养的"狂狷"之人，还是以忠于封建伦理为前提，但"狂狷"之人与"无所非刺的"乡愿"相反，总是有所"非刺"的，这在某些场合往往会"非刺"了封建社会的现实，对历史的发展有利。

朱熹教育学生要在学术思想上力戒"骄"和"吝"，他认为"挟其所有是吝，夸其所无是骄"③，即是说人自以为有点学问就密而不传给他人，作为自己的看家本领，这就是"吝"；自己不学无术，却偏偏夸耀于人，这就是"骄"。朱熹反对"骄"和"吝"，就是主张做学问要采取谦虚老实态度，这当然是不错的。

在教学方法上，朱熹不是采取注入式，而是采取启发式。他曾说："某些间讲话时少，践履时多，事事都用你自去理会，自去体察，自去涵养，书用你自去读，道理用你去究索。某只是做得个引路底人，做得个证明人，有疑难处同商量而已。"④ 朱熹要求学生自觉学习，多"践履"，而教师"只是做得个引路底人"，尤其是在学术问题上教师要采取与学生"商量"的态度，这些都是对的。在封建时代朱熹提出这种观点，并且在自己教学实践中加以贯彻，是难能可贵的。

---

① ② 《朱子语类》卷六十一。
③ 《语类》卷三十五。
④ 《语类》卷八。

朱熹还要求学生"多闻多见",并且强调"学问",这同程颐叫他的学生门外立雪的迂腐做法不同。朱熹说:"多闻多见二字,人多经说过了,将以为偶然多闻多见耳。殊不知此正是合用功处。圣人所以'好古以敏求'又曰'多闻择其善者而从之,多见而识之',皆欲求其多也。不然则闻见孤寡不足以为学也。"① 这是阐述孔子的教育思想,也是合理的。而且朱熹对于孔子一些合理的教育思想还是有所发挥的,如对"温故而知新"的解释,朱熹说:"温故能知新,如所引学记则是温故,而不知新只是记得个硬本子,更不去里面搜寻得道理。"② 又说:"温故而知新是活底,故可以为人师,记问之学只是死底,故不充为人师"。"记问之学不足为人师,只缘这死杀了。若知新则引而申之,触类而长之,则常活不死矣"。③ 朱熹反对死背硬记地"温故",而要在"温故"的过程中灵活地去理解学术知识,能够触类旁通;强调在学习中要有个人的心得和见解。故朱熹认为"读书之法识得大义,得他滋味;没要紧处,纵理会得也无益。"④ 而且还要求学生阅读各种不同见解、互相争论的学术著作,借以互相比较,鉴别是非,从而开阔自己的思路。他说:"凡看文字,看诸家异同最可观,某旧日看文字,专看异同处,如谢上蔡之说如彼,杨龟山之说如此,何者为得,何者为失,所以为得者如何,所以为失者是如何。"⑤ 诚然,有比较才能有鉴别,才能判断是非得失,这是一个辩证的方法。朱熹还说:"某寻常见人文字未尝敢轻易,亦恐有好处,鞭着工夫看它"。"某所以读书自觉得力者,只是不先立论。"⑥ 读书要"不先立论",不存偏见或因人废言,善于从各方面认真地吸取人家的"好处"。这种态度,也是合理的。

在教学内容方面,朱熹当然是以传统的儒学经典为主,并无新的

---

①②③ 《语类》卷二十四。
④⑤⑥ 《语类》卷一〇四。

东西。但他对于这些儒家经典的解释，却有自己的新见解。例如他认为《周易》并不是有什么微言大义的经书，它不过是一部上古时代占卜迷信的书。他指出："古人淳质，遇事无许多商量，既然如此，又欲如彼，无所适从，故作《易》示人，以卜筮之事，故能通志，定业，断疑，所谓开物成务者也。"①并说"《易》只是空说道理"②，朱熹的这种看法基本上是符合实际情况的，在当时还是一种比较新鲜的见解，故曾遭到腐儒们的反对。但朱熹却坚持这种观点，并与许多人辩论。他说："如《易》，某便说圣人只为卜筮而作，不解有许多说话，但是此说难向人道，人不肯信，向来诸公力来与某辩，某煞费气力与他分析。而今思之只好不说，只好放那里，信也得，不信也得。……今人只是眼孔小，见他说得凭地，便有那至理，只管要求推求。"③再如对于《诗经》，朱熹打破了孔子所谓《诗》三百篇"思无邪"的教条，发现郑、卫大量诗篇乃是"民间男女相悦之辞"，并非歌颂后妃之德的作品，并对孔子删诗问题提出疑问，说："那曾见得圣人执笔删那个存这个，也只得就相上去说。"④再如对于《论语》，朱熹也有许多自己的解释。例如对于孔子所说的"犯而不校"，朱熹解释说："不是著意去容他，亦不是因他犯而遂去，自盖其所存者广大，故人有小小触犯处，自不觉得，何暇与之校耶？"又说："是他力量大，见有犯者如蚊虫、虮子一般何足为校……"⑤因此在朱熹看来，所谓"犯而不校"，并不是主张不反抗主义的意思。又如朱熹对"三礼"的解释，以《仪礼》为主，做为经文。大小戴《礼记》为《仪礼》之传。这也是符合历史事实的。朱熹还怀疑《古文尚书》是伪造的。这为清代考证《古文尚书》是伪书开了新路子。如此等等，不一而足，朱熹把儒家经典作为教学的主要内容，但并不因此盲目迷信传统的说

①②③《语类》卷六十六。
④《语类》卷八十一。
⑤《语类》卷三十五。

法，而是有其独立的新见解的。

总之，朱熹的教育思想，无论在教育内容和方法上，都还是有其合理的可以借鉴之处的。我们不能因为他传授封建主义之道，就将他的教育思想给以全盘的否定。

结　语

朱熹作为一个封建地主阶级思想家，终生为维护封建制度尽力，他的著作和思想一直为封建统治者和反动的资产阶级用来对人民进行精神奴役，在历史上曾起了很反动的作用，我们给以彻底的批判，是完全必要的。解放以来，学术界在这方面已写了不少批判文章和著作，在这方面所取得的成绩是不能抹煞的。但是，对于朱熹思想中所具有的某些合理的因素，却是不能忽视和否定的。因此本文主要论述这一方面的问题，以求更全面地实事求是地评价朱熹。

从对朱熹的评价中，我们觉得在研究中国思想史的方法结论上有以下几方面的问题是值得注意的：

一、一个思想家的政治倾向与其学术思想既是密切联系的，又是有所区别的，二者的关系相当复杂，不能把它们简单地完全等同起来，必须进行具体分析才行。因此，朱熹在政治立场上虽然是站在当时的主战派一边，主张社会改革，其主要倾向可以说是进步的，但是不能因此就说朱熹学术思想的主要倾向也是进步的，因为朱熹的学术思想尽管具有上述合理的甚至进步性的因素，但其主要倾向则无疑是反动的。反之亦然，朱熹的学术思想的主要倾向是反动的，但不能因此也就说他的政治倾向主要的也都是反动的。有些朱熹的研究者就是由于把上述二者的关系简单地完全等同起来，结果以为朱熹学术思想的主要倾向既然是反动的，因而也就硬把朱熹说成是在政治上主张"开历史倒车的复古主义者"，是和贪图苟安的大地主大官僚没有原则区别的投降派。反之，既把朱熹看作政治上反对改革的复古主义者和反对主战的投降派，也就硬把朱熹的学术思想全盘看作是反动的，完全忽视了他的某些合理的因素，有的甚至连提也不提一下。这显然不是实事求是的研究方法。

二、在历史上那些有影响的思想家，尤其像朱熹这样的封建地主阶级的大思想家，其思想往往是相当复杂而矛盾的，因而必须具体分析其思想的矛盾，把握其矛盾的主要方面，即其思想的主要倾向，加以评价，这当然是对的。但是也不能忽视其次要的矛盾方面，否则就不会得出确切的全面的评价。特别是这矛盾的次要方面如果正是合理或精华的部分，而把它忽视和否定了，那就更加错误。有些朱熹的研究者之所以忽视朱熹思想中的那些合理的因素，未能作出全面的实事求是的评价，其原因也在于此。例如朱熹哲学的基本性质和倾向是客观唯心主义的，但它毕竟是相当复杂而矛盾的，而有些哲学史专著大都仅仅说明他的这个基本性质和倾向而加以否定评价了事，甚至连他那些很明显的朴素辩证法因素也都给忽视了，更谈不到他的那些转弯抹角地接近了唯物主义的思想因素了。因此，也就不能不令人感到这是对朱熹的全盘否定。更有甚者，连古人李塨都明白地看到"朱子两顾依违而不能自定其说"亦即肯定朱熹哲学思想存在明显的矛盾，而我们有些朱熹的研究者，似乎连朱熹哲学思想的矛盾之处都没有看到，因而也就根本不去分析和揭示其矛盾，似乎朱熹的哲学并不复杂，只是纯粹的客观唯心主义而已。这样自然也不能给以全面的实事求是的评价。

三、在历史上有些思想家由于其思想的主要倾向是反动的，因此就得到历来反动封建统治者和资产阶级的称誉和赞扬，并利用他们来对人民进行思想奴役。于是有的朱熹的研究者就强调朱熹是如何反动，对于他的某些合理的思想因素就连提也不提了，而且也不敢提了，以为这样就是与称誉和利用朱熹的反动者"对着干"，唯恐划不清思想界限。但是这是不科学的。因为反动者称誉和利用朱熹是一回事，而朱熹本身的思想如何是另一回事。反动者称誉和利用朱熹的是他的反动思想，我们当然要加以批判，与其划清思想界限。但是朱熹本身的思想如何则要作别论，要进一步给以具体分析，揭示其矛盾，否定其反动的东西，肯定其合理的因素。简单地"对着干"是不能给朱熹作出全面的实事求是的评价的。简单地"对着干"的评论方法，绝不是辩证法，而是形而上学。这种形而上学的流毒，在学术界还是不少的，应该废止。

重评朱熹的历史观

1987 年秋在福建厦门召开朱子学讨论会，本人向大会提交该论文并作发言，后发表于 1988 年的《浙江学刊》。

本文认为朱熹的历史观贯穿着"陶铸历史，会归一理之纯粹"的主线，对于历史事件和人物基本上都是以"义理"为标准进行评断的。对后世政治、社会生活起着维护纲常名教的作用。但朱熹主张明"义理"（学习理论）和"读史书"两者不可偏废，反对仅知零碎史实而不能从理论上进行探索。强调"读史之法"当"观大伦理，大机会，大治乱得失"，必须多方面去综合分析历史众多复杂迷离的现象，总结历史上的重要经验和教训以供借鉴。他重视对史料的甄别，努力纠正以讹传讹的某些"粗率"、"不足信"的记载，提出了如何克服"史弊"的不少正确意见，主张忠实于历史，发扬"直笔"精神。

朱熹从所处的时代出发，提倡"正统"，讲究"夷夏之防"。宣扬名节忠义，如以诸葛亮的"忠义"，奉之为"三代而下"的典范，以范仲淹"毅然以天下国家为己任"的"杰出之才"。大胆地点明与秦桧相比较宋高宗赵构当是头号的民族败类，最大的卖国贼。朱熹的这些史学观点对当世或后世，在反对民族压迫和国家分裂，维护国家统一，注意民族气节等方面都有积极影响。故在评论朱熹的历史观时，应加以批判地继承。

朱熹是理学的集大成者。其历史观贯穿着理学的基本观点。有着明显的保守性。

首先，他评判历史的是非功过都是以"天理"为最高准绳。他认为"圣贤遗教"即先秦的儒家经典已将"天理"原则阐述得一清二楚。因此读书。首先要"以经为本"。然后方能阅读历史书籍。他说：

"着眼读书须以经为本而后读史。"① 朱熹认为"读经"与"看史"两者关系是本末关系。决不可任意颠倒。如果离开了儒家经典中阐发的"义理"指导，去泛览历史书籍。即使史籍读得再多，也是毫无收获的。在他看来，单纯地"看史，只如看人相打，有甚好看处。"②

其次，朱熹从"尊王贱霸"和"重义轻利"的理学观点出发。极力美化尧、舜、禹三代为"天理流行"的光明美好之社会。贬斥汉、唐以后的社会为"人欲横流"充满道德危机的黑暗时代。毋庸讳言，这种论调散发着历史退化论的浓烈气息。

再者，朱熹和大多数理学家一样。相信决定历史命运的"大根本"是帝王之"心术"。他说："所谓大根本者，固无不出于人主之心术。"③ 进而他认为天下一切大事的发展变化亦皆本之于"人主之心"。所谓"天下大事，千变万化，其端无穷，而无一不本于人主之心者，此自然之理也。"④ 这实际上是说社会的治乱安危完全取决于"人主"之"心术"的"正"与"不正"，因此，"正君心"就成为一切事务的关键。"天下事有大根本，有小根本，正君心是大本，其余万事各有一根本。如理财以养民为本，治兵以择将为本。"⑤ 朱熹认为世界上的事情千头万绪。但只要"君心"一"正"，其他诸如"理财"、"治兵"等有关的经济、军事诸方面的问题就会迎刃而解。十分明显，"心术"论也就是今人所说的主观意志论或思想动机论，以此来决定历史方向，这是比较典型的历史唯心主义观点。

还有，朱熹一贯主张必须将封建主义伦理道德原则不折不扣地贯注到史籍的编纂过程中，并以此作为评判历史书籍优劣的标准。他本

---

① 《朱子语类》卷一二二。
② 《朱子语类》卷一二三。
③ 《朱文公文集》卷六八《答张敬夫》。
④ 《朱文公文集》《戊申封事》。
⑤ 《朱子语类》卷一〇八。

人在这方面亦是竭尽全力。他同学生赵师渊合作，将司马光的《资治通鉴》改编为《资治通鉴纲目》(后世亦称之为《紫阳纲目》)，就是力图体现这一原则，事实上《紫阳纲目》在中国封建社会后期也确实起到了扶纲常、植名教的作用。

上述这几方面的内容，形成了朱熹唯心主义历史观的基本结构，这是大家所熟知的事实。哲学史界对此并不存在过多的歧义，故而本文在这方面不再赘述。使我们感兴趣的是，在朱熹唯心主义历史观体系中，似乎尚掺杂着某些有价值的颗粒，尽管这需要进一步挖掘，但惟有如此，方能对朱熹的历史观作出更为妥当的评价。

准确地说，朱熹并不完全否定或轻视历史的研究和学习。他所强调的只是在治史过程中必须以儒家经典中的"义理"为指导。他认为如果只是简单地记诵历史故事而缺乏对历史经验教训的精确概括，并从中找出规律性的东西。这就"见得浅"了，失去了研究和学习历史的真正意义，也就是说他不同意为历史而学习和研究历史。朱熹觉得历史研究和学习者，应该有明确的主导思想，即要为巩固封建统治服务，要将封建主义伦理道德原则贯彻在历史研究中去。尽可能地使历史书籍成为儒家伦理道德的教科书。这实际是要史学依附于经学，从而也就否认了史学本身作为一门独立的科学，故有"史什么学，只是见得浅"这种轻蔑的说法。

然而，朱熹在论述"义理"和"史书"两者关系时，也透露了一定合理见解。他说："读书既多，义理已融合胸中，尺度已一一分明，而不看史书，考治乱，理会制度典章，则是犹陂塘之水已满而不决以溉田。若是读书未多，义理未有融会处而汲汲焉以看史为先务，是犹决陂塘之水以溉田也，其涸也可立而待也。"①朱熹认为明"义理"(即相当于今天所说的学理论)和"读史书"。两者不可偏废，假如只通

———————————

① 《朱子语类》卷十一。

理论。"义理已融合胸中",而不去了解历史上具体治乱的过程,典章制度兴衰的背景,这样的"义理"懂得再多,也只能是空头理论而没有实用价值,这好比徒有满池塘的水却不用来灌溉田地。相反,只"看史"但"义理未有融会处",这种史学知识也犹如干涸无水的池塘,丰富的历史知识亦成为无用之物。正是基于这样认识,朱熹才强调学习"义理"的重要:"大率学者须更令广读经,史乃有可据之地。然又非先识得一个义理蹊径则亦不能读。"① 这里,朱熹是将"义理"作为读史书之"蹊径",而并没有以"义理"之学习取消或代替对历史的学习与研究。

作为一个有成就的学者,朱熹就具体的"读史之法"发表了不少好意见。他说:"读史当观大伦理、大机会、大治乱得失。"② 朱熹认为读历史书籍,应该密切注意社会政治道德的好坏和国家的兴衰。从中找出可借鉴的经验与教训,使历史成为后世之鉴。他又说:"凡观书史只有个是与不是,观其是求其不是,观其不是求其是,然后便见得义理。"③ 朱熹认为历史学者必须多方面去综合分析历史上众多的复杂迷离的现象,从公认肯定的事件中找出应予否定的因素,从值得否定的事件中挖掘应予肯定的东西,惟有这样,才能算是掌握了"义理",作出合乎历史本来面貌的正确评价,为后世提供一些有益的启迪。朱熹反对这样两种学习历史的方法和态度:一,只"不过记其事实,遮其词采以供文字之用";二,只是就事论事地"考其形势之利害,事情之得失。"因为仅仅知道一些零碎的史实,而不能从理论上进行总结和探索,就不能正确认识历史本质,充其量只能发人之所发,不能发人之所未发,所谓"于义理之精微多不能识而堕于世俗寻常之见。"④

---

① 《朱文公文集》卷三十二《答张敬夫》。
②③ 《朱子语类》卷十一。
④ 《朱文公文集》卷五十四。

朱熹一再告诫学者在学习和研究历史的过程中，一定要破除迷信。坚持独立思考，重视对史料的鉴别，学会去伪存真，还历史本来面貌。他认为对不足信的材料，应抱怀疑态度，对不合情理、不科学的历史记载要敢于质疑。这是因为以往不少历史学者存在着常以传闻作为信史之通病。他以司马迁编著的《史记》为例，具体地说明了这个问题。必须指出，朱熹并没有看轻司马迁，更没有抹煞《史记》所取得的史学成就，他曾说："司马迁才高，识亦高。"① 但即使像《史记》这样的史籍，亦有不少"粗率"处，这里说的"粗率"是指有些记载有夸大虚构之嫌。如关于战国末期，秦坑杀四十万赵卒于长平一说，朱熹认为这是令人难以置信的，其中定有失实之处。"常疑四十万人，恐只司马迁作文如此，未必能尽坑得许多。秦秋时相杀甚者若相骂，然长平坑杀四十万人，史过言，不足信。败则有之，尽坑四十万人，将几多所在，又赵卒都是百战之士，岂有四十万肯束手受死，决不可信。又谓秦十五年不敢出兵，窃山东之类，何尝有此等事，皆史之溢言。"② 平心而论，朱熹提出的疑问是有道理的。又如对《史记》中写刘邦之父为项羽所执为人质，项羽以此胁迫刘邦屈服之事，朱熹作了如下分析："广武之会，太公既又为项羽所执，高祖若去求告他，定杀了，只得以兵攻之，他却不敢杀。时高祖亦自知汉兵之强，羽亦知杀得无益，不若留之，庶可结汉之欢心。"③ 朱熹认真考察了汉、楚战争的军事形势，断言汉有强大的军事实力为后盾，所以刘邦才敢在其父被执的情况，毅然"以兵攻之"，而不是向项羽苦苦哀求放还生父。如其不然，刘邦弃"汉兵之强"的优势而不顾，屈从项羽旨意，定然会使项羽认为汉软弱可欺，反而容易断送刘太公性命。必须承认朱熹的这种分析，是比较客观的，合情合理，令人信

---

① 《朱子语类》卷十六。
②③ 《朱子语类》卷一三四。

服。关于项羽垓下之败，朱熹的分析亦不同凡响。他认为这并不只是韩信"布得阵好"，而是"自韩信左取燕齐赵魏，右取九江英布，收大司马周殷而羽渐困于中手足，翦则不待垓下之败，而其大势盖已不胜矣。"①朱熹认为项羽的失败乃是大势所趋，并非只是某一战术失误所造成的，这种看法也是十分中肯的。

朱熹之所以一再强调学者对史料要慎重对待，还有一个更重要的原因，这就是因为有一些历史书籍的编著者常常出于当时政治上的需要，对一些重大的历史事件故意"撰造掩覆"，歪曲历史真相。这就要求细心的读者，依据"义理"，进行认真思索，方能发现其中破绽。他以《左传》载晋灵公欲杀赵盾而不得为例，说："《左传》载灵公欲杀赵盾，今日要杀，杀他不得，明日要杀，杀不得，只是一个人君要杀一臣最易为力，怎地杀不得也，是他大段强了。今来许多说话，自是三晋既得政，撰造掩覆，反有不可得而掩者矣。"②朱熹认为灵公之所以杀不成赵盾，主要是赵氏势力太强大了，而非天佑赵盾之故。魏、韩、赵三家主政以后，为了掩盖它们分晋篡权的历史真相，撰造了不少虚假的记载，这可以欺骗一些人云亦云的学者，但在细心而又能思考的读者面前，势必会露出破绽，朱熹又说："史传尽有不可信处，尝纪五峰（胡宏）说着太宗杀建成、元吉事尚有不可凭处，……岂有一件事怎么大，兄弟构祸如此之极，为父者何故恁地恬然无事，必有不可信者。"③史书上曾记李世民杀建成、元吉后，李渊目睹惨祸，却心安理得地去泛舟作乐。这种记载悖逆人情，不足为信，朱熹的这些看法既是其以"义理""看史"的逻辑结论，同时也表明朱熹本人掌握和熟悉大量的历史知识和具有独立思考的精神，这决不是轻视或否定学习研究历史的人所能说出来的。

---

① 《朱子语类》卷一三五。
② 《朱子语类》卷一三七。
③ 《朱子语类》卷一〇七。

关于编著史书的问题，朱熹也有其独特见解。首先朱熹认为任何史书之编写，总会体现出编写者的主观意图。所谓"读史易见作者的意思。"①这就要求史书的编著者首先要有明确的指导思想，应为当时封建主义的政治统治和伦理道德服务。朱熹之所以要将司马光主编的《资治通鉴》改编为《资治通鉴纲目》，就是因为《资治通鉴》没有将"夷夏之辨"和"正统"观点放在突出的位置。这不利于偏安东南一隅的南宋王朝的封建统治，所以朱熹对《资治通鉴》批评最多的就是司马光记载三国对峙时期历史事件时，没有突出刘氏蜀汉的正统地位，有时在改朝年号上，反而倾向曹魏政权，不合《春秋》之法。他说："温公《通鉴》以魏为主，故书蜀丞相亮寇何地，从魏志也，其理都错。某所作《纲目》以蜀为主。"②朱熹认为此时汉室虽然式微，但毕竟没有灭亡，怎么可以改写魏之年号？这种写法有悖儒家正统观点，不值得仿效。同样的原因，朱熹对司马光崇尚东汉末年士人名节的态度亦提出异议："近看温公论东汉名节处。觉得有未尽处，但知觉锢诸贤趋死不避。为光武明帝之烈而不知建安以后，中州士大夫只知有曹氏，不知有汉室。……"③朱熹在这里说的"中州士大夫只知有曹氏，不知有汉室"。决非泛泛之论，而是有强烈的现实内容，即要求人们不可忘记南宋王朝的正统地位。其实司马光的正统意识亦非常强烈，他之所以这样处理三国史，有其无法言明的苦衷。因为北宋赵氏九五之尊，是靠发动陈桥兵变而取得的，这和三国时曹魏政权篡汉，并无本质的区别。如以蜀汉为正统，说不定会招致"逆鳞"之祸，对北宋统治也不利。然而到了朱熹的时代，情况则有所不同，这时金人入扰，分裂了中土故疆，这就很有必要辨明夷夏之分，大讲"正统"。当人问朱熹编写《通鉴纲目》动机时，他明确宣布："问

---

① 《朱子语类》卷五六。
② 《朱子语类》卷一○五。
③ 《朱文公文集》卷十三。

'纲目'主意，曰主在正统。"①他大讲"正统"目的在于提倡抗金的决心，振奋民族精神，扭转"人心士气委靡，销铄政事无纲，边备荡弛"之危机，这对于抗击金人侵略有一定积极意义。

真实性是历史书籍的本质要求，这就要求史籍的编著者发扬直笔的优良传统，不能因为政治集团间的党争而不敢反映实际情况，所谓"紧切处不敢上史。"换句话说，朱熹是赞成史官要不计个人得失，于"紧切处"要敢秉笔直书。这个意见无疑是正确的。

在此同时，朱熹对当时史学界编著史书首尾不相统摄的"史弊"提出了批评。他说："今之史官全无相统摄，每人各分一年去做，或有一件事，头在第一年，末梢又在二、三年，史官只认分年去做，乃至把来全斗不着。"②由于一部史籍多人去编，但没有专门负责统稿的史官，这就很难避免体例不统一，史实不连贯的毛病。朱熹接着说："而今史官不相绕捵，只是各自去书，书得不是，人亦不敢改更。……近世修史之弊极甚，史官各自分年去做，既不相关又不相示，亦有事起第一年，而合杀处在第二年，前所书者不知其尾，后所书者不知其头。有做一年未终而迁他官，遂空三、四月日而不复修者，有立某人传，移文州郡索事实而毫无至者。"③一部史书的集体编写，自然是由各人分头执笔，但这要注意各章节之间的"相统摄"，各撰稿人要相互关照，相互审阅所写的文字，不能"既不相关又不相示"。参加编写的人员要相对稳定，最好不要因为职位的调迁而中途易人，以免造成"前所书者不知其尾，后所书者不知其头"的混乱。朱熹提出的关于集体编著史籍的原则，可谓经验之谈，有一定借鉴意义。

诚然，朱熹是"心术"决定论者，他认为历史的变化发展很大程度上取决于帝王的主观动机和道德品质，但是他同时又认为历史

---

① 《朱子语类》卷一五〇。
②③ 《朱子语类》卷一〇七。

发展之本身毕竟存在着"非人力之可为者"的客观之势或"当然之理"。他说:"圣人固视天下无不可为之时,然势不到亦做不得。"① 又说:"会做事底人必先度事势,有必可做之理方去做。"② 这是说对于社会客观发展规律,即使是"圣人"也只能顺应它,决不能违背它。客观形势不允许时,圣人也只是无可奈何,要做成一桩事情,则一定要先正确审时度势,在客观条件允许的情况下,方可进行。正是基于这种认识,朱熹基本同意柳宗元《封建论》提出的观点。他认为历史发展乃势之必然。"封建制"的建立是"势不容己,柳子厚亦说得是,贾生(贾谊)谓树国必相疑之势甚然,封建后来自然有尾大不掉之势。"③ 如果说当初建立"封建制"乃"势不容己"的缘故,那么封建制发展到一定阶段,产生"尾大不掉"之局面,就必然会被郡县制所代替。这也是"势不容己",不可避免,朱熹坚决否定以五德终始说来说明社会历史的发展变化。"五德相承,古人所说皆不定,……三代而上未有此论。"④ 朱熹的这些观点,实际上是与其"心术"决定论相矛盾的。

朱熹一方面认为封建主义根本原则不可改变,说:"天下有不可泯灭之道。"⑤ 具有严重的保守倾向。但同时又认为如果一切都原封不动,因循守旧,也是行不通的。"至今之世,若欲尽除今法,行古之政,则未见其利而徒有烦扰之弊。"⑥ 又说:"封建井田乃圣王之制,公天下之法,岂敢以为不然,但在今日恐难下手,设有强做得成,亦恐意外别生弊病,反不如前,则难收拾耳。"⑦ 古今之世的社会有很大区别,因而社会制度也相应有所区别。有些制度尽管是出自古"圣王"所制,但时至今日,亦不可全部恢复,否则就会"别生弊病",

---

① ② ③ 《朱子语类》卷一二二。
④ 《朱子语类》卷一三四。
⑤ ⑥ ⑦ 《朱子语类》卷一〇八。

徒增"烦扰",难以收拾。他认为后世应该突破旧的框框,大胆改革弊政。"后世徒知秦废古法,三代自此不复,不知后世果生圣人,必须别有规模,不用前人硬本子。"① 正因为如此,朱熹非常崇尚历史上富有积极进取精神之人。二程是朱熹心目中的偶像。针对有人将二程看成是保守人物时,朱熹辩解说:"新法之行诸公实共谋之,虽明道(程颢)先生不以为不是,盖那时也是合变时节。"② 朱熹以程颢起初参与新法一事企图证明程颢不是守旧人物。明道岂是循常蹈故,块然自守底人?③ 朱熹对程颢这个评价是否确切,无关宏旨,重要的是从这里透露出两点。一、王安石变法本身无可厚非当时确实"合变";二、朱熹鄙薄"循常蹈故,块然自守"之人物。

作为二程后学,朱熹和王安石之学多有歧义,而和元祐党人有不少共同语言。但是他又委婉地批评了北宋元祐党人的保守思想。"盖熙丰更张之失而不知其堕于因循既有个天下兵要练,弊须用革,事须用整顿,如何一切不用得。……元祐诸贤是闭着门说道理底。……"④ 朱熹明确反对因循守旧,反对脱离实际地"闭着门说道理"。进而他指责司马光废除王安石新法中的免役法,是不合民情之举。"温公(司马光)直于事不甚通晓,如争役法,七、八年间直是争此一事。他只说不合令民出钱,其实不知民自便之,此是甚大事,却如此舍命争。"⑤ 相反,他尽管批评王安石变法"以其见道理不透彻",但对熙宁新法又基本持同情态度,认为这是历史发展之势之必然。"熙宁变法更是亦是势当如此。"⑥ 这就清楚地说明了朱熹的历史观中也多少包含了积极进取,革故鼎新之成分。

朱熹从理学伦理观出发,评判历史人物一直坚持以"忠孝义节"为标准。他说:"俯仰天地之间所以自立其身者不过忠孝二字,此天

---

① ④ 《朱子语类》卷一三四。
② ③ ⑤ ⑥ 《朱子语类》卷一三〇。

下之大义，不可须臾少忽也。"①但朱熹并没有脱离历史人物的具体业绩而作纯道德的评价。例如，他对宋代帝王大多持批评态度，然而对宋太祖赵匡胤的评价却很高，认为"本朝太祖有圣人之材"。在朱熹看来，宋太祖之成就又在于他"全无许多闲说"的"实做"精神。"秀才好立虚论事。……太祖当时亦无秀才，全无许多闲说，只是今日何处看修器械，明日何处看习水战，又明日何处教阅，日月着实做，故事成。"②他十分鄙视昏庸的徽宗、钦宗，认为他们无一看得是。徽宗不讲信义，"徽宗先与阿骨打盟誓，两边不得受叛降，……夷狄犹能守信义，而我之所以败盟失信取怒于夷狄。"③钦宗则是正邪不辨、软弱无能之辈。"但于臣下贤否邪正，辨别不分明，又无刚强勇决之操。"④对宋仁宗，朱熹的评价也不甚高。"仁宗有意于为治。不肯安于小成，要做极治之事，只是资质慈仁却不甚通晓，用人骤进骤退，终不曾做得一事。"⑤相比之下，他对宋神宗的评价则高得多。"神宗极聪明，于天下事无不通晓。真不世出之主，只是临头做得不中节拍。……西番小小扰边只是打一阵退便了，却去深入侵他疆界。"⑥朱熹认为北宋与西夏边界的摩擦，北宋只要将西夏赶回原地就可以了，不必扩大事态，侵入他人疆界，因为侵人疆界属于"残民蠹物"之举，有损于王朝巩固。

朱熹所处的时代，与北宋神宗朝的情况有了很大变化。南北对峙，国土分裂。从国家统一的愿望出发，朱熹对当世抗金名将赞赏备至，对卖国求荣的汉奸则予以无情鞭挞，朱熹评论南宋初年抗金名将张浚时说："张魏公（浚）材力虽不逮而忠义之心虽为人孺子亦皆知之，故当时天下之机惟恐其不得用。"⑦但张浚有一个致命的弱点，即不善于团结其他抗金将领，"不与人共事有自为之意也。"⑧这就很

---

① 《朱文公文集·续集》卷二《答蔡季通》。
②③④⑤⑥⑦⑧ 《朱子语类》卷一二七。

难在军事上取得大的建树。朱熹指出："天下事未有不与人而能济者。"① 这实际上否认了个人意志论。朱熹认为在高宗朝最有见识的抗金将领当推岳飞最有胆识，在这一点上，无论是张浚还是韩世忠都不能与之匹配。"张（浚）韩（世忠）所不及。却是它识道理了。"② 南宋除岳飞外，辛弃疾是朱熹评价最高的抗金将领。"如辛幼安亦是一帅才，方其纵恣时，更无一人敢逆他。"众所周知，朱熹对陈亮一向批评甚多。两人历史观差异甚大，但朱熹对陈亮的抗金决心和才能还是予以基本肯定，认为陈亮是可用之"人才"。朱熹认为这些抗金英杰富有自我牺牲精神，吃得起辛苦。他说："恢复之计须是自家吃得些辛苦，少做十年或二十年，多做三十年，岂有安坐无事而大功自致之理哉！"③

南宋时期，奸相秦桧是最大的民族败类之一。由于秦桧十分善于伪装，开始其卖国嘴脸不易为人识破。例如南宋初著名的理学家胡安国就曾被秦桧的假象所迷惑。"秦会（桧）之入参时，胡文定（安国）有书与友人去'吾闻之喜而不寐'，前辈看他不破如此。"④ 朱熹指出，秦桧的罪恶是"倡和议以误国，挟虏势以邀君，终使彝伦斁坏，遗亲后君，此其罪之大者。至于戮及元老，贼害忠良，攘人之功以为己有，又不与也。"⑤ 难能可贵的是，朱熹正确地指出，与秦桧相比，高宗当是首号民族败类。朱熹说高宗"力主和议"，排斥主战派，甚至在秦桧死后还说："和议出于朕意，故相秦桧只是赞成。"⑥ 这就明白无误地点明高宗实为秦桧的后台，属于南宋最大的卖国贼。这种讨论在当世确实是够大胆的。

在北宋诸多历史人物中，朱熹最推崇范仲淹。他认为"范文公杰

---

① 《朱子语类》卷一二七。
② 《朱子语类》卷一三三。
③④⑥ 《朱子语类》卷一三一。
⑤ 《朱子语类》卷一三二。

出之才，……自体秀才时，便以天下为己任，无一事不理会过，一旦仁宗大用之，便做出许多事业。"① 在朱熹看来，范仲淹讲完名节和才德。平日胸襟豁达。毅然以天下国家为己任，不计较个人之恩怨。"尝自谓平生无怨恶于一人"，因此才"招引一时才俊之士"。朱熹推崇范仲淹还有一个重要原因，就是认为范仲淹具有卓越的外交才干，他经略两部边界事宜时，不动干戈，就稳定了西北的局势，有利于人民的休养生息。朱熹以范仲淹为历史上才德兼备的典型，其用意是十分明显的，即要求南宋统治集团内部成员都要像范仲淹一样不谋私利，以天下为己任，恢宏国家统一大业。

当朱熹放眼两汉时代，有意将文帝和武帝作了一番比较。他说："文帝便是善人，武帝却有狂的气象，……文帝资质虽美，然安于此而已，以自循循自守，武帝病痛果多，然天资高，志向大，足以有为，……不能胜其多欲之私。"② 朱熹认为，文帝尽管品质虽好，资质虽美，但缺乏积极进取精神。相比之下，武帝就高明得多。他是一个有作为的君主，具备"狂的气象"。所谓"狂"，朱熹解释说："狂"是"有骨筋的人"，不是那种"乡愿"式似的"无骨筋底人"。只要武帝能以"天理"克去"多欲之私"，便可进入圣人境界。朱熹在评论张良和诸葛亮人品时说："张良一生在荆棘林中过，只是杀他不得，任他流血成川，横尸万里他都不知。""孔明学术亦甚杂广，云他虽尝学申韩，却觉意思颇正大。"③ 朱熹还认为"孟子以后人物只有子房和孔明。""三代而下，以'义'只有一个诸葛孔明。"④ 朱熹在这里突出诸葛亮"忠义"，奉为"三代而下"的典范，这与他所处的时代有密切关系。宋代，除了宋金政权对峙，还有一些伪政权（如刘豫）存在。因此，通观朱熹治史，其空出的一点就是辨明"夷夏之辨"之民

① 《朱子语类》卷一二九。
② 《朱子语类》卷一三九。
③④ 《朱子语类》卷一三五。

族思想，讲究忠孝节义，反对屈从外族奴役，这不仅在当时具有重要的政治意义，即使对后世也起着很大的风范作用。如著名的民族英雄文天祥、史可法、刘宗周、顾炎武等都是从这些思想中陶铸出来的。

朱熹以"义理"陶铸"历史"是不科学的，但他研究历史的目的是为了寻求解决民族危机之"蹊径"。在他心目中，希望能出现"谨重周密"而不是"恃才傲物"，能以"淳儒自律"的英雄。所以他认为岳飞、辛弃疾等人尽管是值得称道的抗金英雄，但并不符合"义理"之规范，因为他们尚未摆脱"恃才傲物"之习。"要做大功名底人越要谨密。"凡"以才自负自待以英雄，以至恃才傲物不能谨严，以此临事，卒至于败而已。"①他所较理想的人物是诸葛亮，既能维护正统，持守义节，又不"恃才傲物"。

我们认为，朱熹的历史观贯串着"陶铸历史，会归一理之纯粹"之主线，对历史事件和人物基本上都是以理学为标准进行评断的。对后世政治、社会生活起着维护纲常名教的作用。但朱熹重视对史料之甄别，独立思考，努力纠正以讹传讹之虚假历史，力图恢复事物的本来面貌。提出了克服"史弊"的不少正确意见，主张忠实于历史，发扬"直笔"精神，这些观点无疑是可取的。朱熹从所处的时代出发，提倡"正统"，讲究"夷夏之防"，宣扬名节忠义，这无论对当世还是后世，在反对民族压迫和国家分裂，维护国家统一，注意民族气节大义等方面都有一定积极的影响，因而在评判朱熹历史观时，应该努力挖掘这方面的内容，加以批判地继承。

① 《朱子语类》卷一百三十二。

朱熹论为人之道

本文是 1990 年秋在福建武夷山召开"朱熹诞辰 860 周年纪念与学术讨论会"上所提交的论文。收入 1991 年 12 月上海三联书店出版社出版的《朱子学新论》中。

本文论述朱熹的"为人之道"时，首先指出朱熹在圣人观上有新的理解，说"圣贤只是做得人当为底事"只要做到了人应尽的本色和义务，而"不要说高了圣人"。圣贤与普通人一样，不过"自古圣贤无不通变"有审时度势的经验和执着从善的要求。

朱熹认为人之所以为人，乃是人所具的道德价值所决定的"言人而不言仁，则人不过一块血肉耳"。强调为人在"大根本"上"立得住脚"、"硬着脊梁"者，不与"乡愿"式人物同流合污。朱熹主张评价人物的好坏"须看大规模"，人自身有优劣两者矛盾的品性，何者为矛盾的主要方面便决定了其人的本质。例如韩愈虽有"利禄之念甚重"的缺点，但总体上仍属"光明正大"的君子。作为道学家的朱熹较多谈"宽宏"待人，但对社会上的恶人力主严惩，对民族敌人，必须"犯而必校"。有与邪恶作斗争的勇气。他主张"天生一个人便须管着天下事"成为"刚强有为底人"。不"营营以求"物质享受，成为不"犯义""不丧志"的志士。朱熹主张对己要严"不敢自以为是"戒骄戒吝。主张为人求学都要采取谦虚老实的态度。体现了中国古代知识分子优良的传统。

朱熹继承和发扬了儒家的思想传统，同时又吸取历史上众家百流的精粹，成为博大精深的学者，在中国文化史上具有深远的影响。论为人之道是他学说中的一个组成部分，其中不免有表现道学家本色的迂阔之谈，然而却有不少言论是值得我们后人借鉴的。

为人之道的首先一个问题便是要作什么样的人？儒家的传统是以圣贤为"人之极至"，人们学习的最高典范。但也往往将圣贤神化，成为至善完美的偶像。朱熹在圣人观上，认为"圣贤只是做得人当为底事"[1]并不神秘，他们只是尽了人应尽的本色和义务，他们有实际活动的能力和审时度势的经验，指出"自古无不晓事情底圣贤，亦无不通变底圣贤，亦无关门独坐的圣贤"[2]。所以朱熹强调学圣贤"不要说高了圣人，学者如何企及，越说得圣人低，越有意思"[3]。圣贤与普通人一样，不过他们有执着从善的追求而已，"圣人所说工夫都只是一般，只是一个择善固执"[4]。圣贤是为人学习的典范人物，非高不可攀，经过努力是可以学得到的，不可自视过卑"凡人须以圣贤为己任，世人多以圣贤为高而自视为卑，故不肯进"[5]。朱熹认为圣贤本身也有存在不足之处的，他们的言行并非完善而无可怀疑和非议的，人们要本着实事求是的态度去看待这些问题，他说："若使孔子之言有未是处，也只是还他未是"[6]。主张"世间事是还是，非还非，黑还黑，白还白，通天通地，贯古贯今决不可易也"[7]。要还它客观事实的本来面目。朱熹甚至对于孔子的某些言行，也提出不可理解的疑问，如说"卫灵公无道如此，夫子（孔子）直欲扶持之，恋恋其国，久而不去，不知是何意，不可晓"[8]。又《左传》有记载孔子见赵盾弑君事而避"越境乃免"。朱熹则评论说圣人按理不该临阵脱逃的，否则，则专是回避占便宜者得计，圣人岂有此意？[9]朱熹看来，这是个历史的疑案。既然圣贤也难免无过，作为普通人就更不可能完美无缺的了。正因为上述的观点便导引出如何公正评价人物的优劣的问题。

---

[1][4][5] 《朱子语类》卷八。

[2] 《朱子语类》卷一一六。

[3] 《朱子语类》卷四四。

[6][7] 《朱子语类》卷一二二。

[8] 《朱子语类》卷九十三。

[9] 《朱子语类》卷八十三。

朱熹主张评价人物的好坏，应该从这个人的大节上（"大规模"），从其本质上去看，他说："品藻人物须看大规模，然后看它好处与不好处，好处多与少，不好处多与少，又看某长某短，某有某无，所长所短，是紧要与不紧要；所短所长是紧要与不紧要，如此互将来品藻，方定得它分数优劣"①。这种从人的优点、缺点两者矛盾间，何者为矛盾的主要方面来决定人本质的好坏的看法，却是富有辩证法观点的。

朱熹认为人之所以为人，乃是决定人的道德价值"人之所以得名，以其仁也……言人而不言仁，则人不过一块血肉耳"。②人所体现的具体道德行为，应该是"人须气魄大，刚健有为底人，方做得事成"。③他列举了历史上的"五君子"为榜样，这就是，诸葛亮、杜甫、颜真卿、韩愈、范仲淹"此五君子其所道不同，所立亦异，然求其心则皆所谓光明正大，疏畅通达，磊磊落落，而不可掩进也"④。这"五君子"各有其不同的本质特征，自然也有各自存在的某些缺点，尤其是韩愈的缺点更明显些，指出"退之（韩愈）只要做官如末期潮州上表，此更不足说了，利禄之念甚重"⑤。韩愈在仕途失意时，为求利禄而屈节乞求于公卿之门，朱熹虽对此深为不满，但从总体上仍认为韩愈还是属于"光明正大"的君子，值得人们学习的。这也正是朱熹品藻人物从"大规模"上看的合理见解。

朱熹认为人处在任何环境要做到宠辱不惊"于世间祸福利害不足以动其心，方能立得住脚，若不如此，都靠不住，况当世衰道微之时，尤用硬着脊梁，无所屈挠方得"⑥。不过他也不主张像功利学派陈

① 《朱子语类》卷十三。
② 《朱子语类》卷六十一。
③ 《朱子语类》卷四十三。
④ 《王梅溪文集序》。
⑤ 《朱子语类》卷一三七。
⑥ 《朱子语类》卷五十三。

亮那样，"才太高、气太锐，论太险，迹太露之过"①。以为为人亦不可锋芒太露，但为人在大根本上，当"立得住脚"、"硬着脊梁"者。朱熹平生最鄙视乡愿式的人物，"乡愿，乡人之愿者也，盖其同流合污以媚于世也"，"乡愿无其见识，其所愿，亦未必真愿，乃卑鄙而随俗之人耳"②。他们是一些无独立人格，随波逐流，善于奉承拍马的小人。"乡愿是个无骨肋底人，东倒西扶，东边去奉人，西边去周全人，看人眉头眉尾，周遮掩蔽，唯恐伤触人"③。并指出乡愿"以其务为谨愿不欲许欲以取容，专务狗俗使人无所非刺……一心只要说好"④。他认为"狂狷"是"有骨肋"的耿直之士，对封建社会的现实总是有新"非刺"和揭露的。

作为道学家的朱熹，是较多的谈为人"宽宏"，但是他不宣扬无反抗主义。主张"以其人之道，还治其人之身"。认为对付各种不同的人物，应有不同的整治方法。他说："人人本有许多道理，只是不曾依得这道理……念欲治之不是别讨个道理治他，只是将他原有的道理还以治其人"⑤。朱熹的为人处世的原则是对他人有微小触犯自己而未构成伤害者是可以"犯而不校"的。如果是形成大的威胁和危害的话，就要针锋相对，犯而必校的，所以他说："故人有小小触犯处，自不觉得，何暇与之校耶？……只是他力量大，见有犯者如蚊虫虱子一般何足为校"⑥。对于作恶多端的恶人是不能讲宽宏的，对于恶人"虽曰杀之而仁爱之实已行乎中，今非法以求其生，则人无所惩惧，陷于法者愈众，虽曰仁之适以害之"⑦除掉害群之马，本身就体现了"仁爱"。朱熹在长沙为官时便严惩欺压百姓的恶棍，"某在长沙，治

① 《朱子语类》卷三十六。
② 《朱子语类》卷二十。
③④ 《朱子语类》卷六十一。
⑤ 《朱子语类》卷六十三。
⑥ 《朱子语类》卷三十五。
⑦ 《朱子语类》卷七十八。

一姓张人……此人凶恶不可言：人只先平白地打杀不问。门前有一木桥，商贩者自桥上过，若以拄杖拄其桥，必捉来吊缚，此等类甚多，若不痛治，何以惩戒"①。朱熹对于贪赃受贿者更是深恶痛绝的，据记载先生一日说及受赃者怒形于言曰："某见此等人只与大字面配去，徐又曰今说公吏不合取钱，为知县者自要钱矣"②。对于地方恶棍、兵痞、贪官污吏欺压百姓和侵夺百姓钱财应受严惩，这是"犯而必校"的原则的体现。

对于金人的入侵，朱熹认为对敌是不能讲宽宏的。"讲和者有百害而无一利"认为持求和之策，敌人就会得寸进尺"以和要我而我不敢动，力足则大举深入而我不及支"③。朱熹对《论语》中的"犯而不校"的内容作了重大的修正，强调为人要爱憎分明，疾恶如仇，有与邪恶作斗争的勇气，保持其为人的崇高道德和气节而不顾自身的安危。正如朱熹自谓"某今头常如粘在颈上"④的无畏精神。

为人要严于律己，这是朱熹所反复强调的，他指出"人之病只知他人之说可疑，而不知己说之可疑"⑤。他曾说自己"某生平穷理不敢自以为是⑥，为人当有宽阔的心胸，广泛的听取和容受各种不同的意见，进行比较研究，使思路宽而灵活，不会僵化"须是容受得许多众理，若执著一见，便自以为是，他说更入不得，便是滞于一隅⑦。不能主观的自以为是，尤其要防止那种"便道自家底是，别人底都不是，便是先入为主了"⑧的事情发生。所以人要正确地对待自己，要有自知之明，经常要向自己提出问题"试以诘难他人者以自诘难，庶凡自见得矣"⑨。做人要谦虚谨慎，在思想上力戒"骄"和"吝"，他认为"挟其所有是吝，夸其所无是骄"⑩，即是说人自以为有点学问就

---

① 《朱子语类》卷一〇六。
②④ 《朱子语类》卷一〇七。
③ 《文集·壬午应治封建事》。
⑤⑥⑨ 《朱子语类》卷十一。
⑦⑧⑩ 《朱子语类》卷三十五。

密而不传给他人，作为自己的看家本领，这就是"吝"；自己不学无术，却偏偏夸耀于人，这就是"骄"。朱熹反对"骄"和"吝"，就是主张为人和求学都要采取谦虚老实态度。

朱熹要人戒骄戒吝，不能满足于现有的认识，认为自古圣贤是"无不通变"的，都是能因时制宜的，因为天地万物在不断地运动变化，人的思想亦应有所更新。朱熹引用古诗"道通天地有形外，思入风云变态中"来说明这道理①，对事物的认识要有发展的眼光去看待，他认为墨守成规的人是没有多大出息的。他举例范仲淹的政敌"吕夷简是个无能底人"，韩琦、富弼"二公也只守旧"而无所作为。元祐党人的守旧思想使他们"堕于因循"，"闭着门说道理"②。朱熹曾为二程开脱，以为二程是不同于元祐党人的"明道（程颢）岂是循常蹈故，块然自守底人，新法之行诸公实公谋之，虽明道先生不以为不是"③。因此，朱熹提倡"学者不可只管守从前所见，须除了，方见新意，如去了浊水，然后清者出焉"④。这种思想在他的一首诗中很典型地表述出来："半亩方塘一鉴开，天光云影共徘徊，问渠那得清如许，为有源头活水来。"⑤人必须随着客观事物的变化而不断接受新的知识。朱熹主张为人当对真理有执著追求的精神，不畏艰辛的道路，认为真理和谬误之间相距不远，因此要特别谨慎、严肃，遵循正确方向而不至于误入歧途。他的体会是"某旧时用心甚苦，思量这道理如过危木桥子，相去只在毫厘之间，才失脚便跌下去"⑥。尽管朱熹的理学体系，最终是失脚在客观唯心主义的泥潭中，但是他的"穷理"精神的严肃态度是值得后人学习的。

---

① 《朱子语类》卷十八。
② 《朱子语类》卷一三〇。
③ 《朱子语类》卷十三。
④ 《朱子语类》卷十一。
⑤ 《观书有感》。
⑥ 《朱子语类》卷一〇五。

当官是中国封建社会多数知识分子所追求的目标，也是参政活动的主要方面。孔夫子提出的"学而优则仕"则是基本的概括，所以知识分子的为人之道也就包括了他们的为官之道，朱熹对于那时社会中"当官者，大小上下，以不见吏民，不治事得策。曲直在前，只不理会……风俗如此，可畏！可畏！"①当官的不关心民瘼，不管民间的是非曲直已经形成了普遍的"风俗"。朱熹强调当官的要讲个"公"字，"官无大小，凡事只是一个公字，若公时做得来也精彩，使若小官，人也望风畏服，若不公便是宰相做来做去也只得个没下梢"②。意思说为官不公，即使像宰相这样的大官到后来也是下不了台阶（"没下梢"）的。当然，朱熹所讲的这个"公"是具有时代和阶级内容的，与我们今天所说的"公"诚然不可同日而语的。但朱熹强调当官的要公正，各尽其职，其历史的进步意义也是不可抹煞的。"公"表现在什么地方呢？首先朱熹要杜绝亲友的私情求荐，"有亲戚求举，先生（朱熹）曰，亲戚固是亲戚，然荐人于人亦须荐贤始得"③。坚持任人唯贤的原则，主张"公议举人"，其所谓"公议"一般是从庶族士绅阶层中来"公议"人选。"某看公议举人是个好人，人人都知，若是举错了本不是应付人情，又不是交结权势，又不是被人献谀，这是多少明白，人皆不来私恳。其间有当荐之人"④。他认为从民间"公议"推荐出来的人，总比之那些靠"交结权势"对之"献谀"而进入仕途的人大不一样，要可靠得多。朱熹对于科举制度亦甚不满，指出"大抵科举之学误人知见，坏人心术，其技愈精，其害愈大"⑤。认为只凭"科举之学"而当上官的，未必是称职者。朱熹的"公议举人"的想法，在当时是不可能实行的。

---

① 《朱子语类》卷一〇八。
② 《朱子语类》卷一一二。
③④ 《朱子语类》卷二〇七。
⑤ 《朱文公文集·答宋容之》。

朱熹认为，为官的目的是为百姓办点好事，不是为做官而做官，他指出有些官迷"只爱官职"可以表面上装作清廉的样子，实则是"私欲"很强的危险人物。他说："人最不可晓，不有奉身俭啬之其充，其操上食稿坏，下饮黄泉底却只爱官职，有人奉身清苦而好色，它只缘私欲不能克，临事见这个重，却不见别个了……只爱官职便弑父与君也敢"①。朱熹告诫当时的人们要警惕伪装"奉身清苦"、"奉身俭啬"的"好色"之徒和"只爱官职"而不择手段竟敢"弑父与君"者。朱熹认为对人的了解是很不容易的，"人最不可晓"，只有通过深入的考察，方能认识其本质的好坏。朱熹还认为不论当官或不当官，在位与不在位，为人应"不为其有名而勤，故亦不为其无名而沮，也不为有利而为，亦不为其无利而止也……独以天下理当然，而吾不得不然耳"②。一切是以其所谓"天理"之当否为准绳，对于名利观念应看得淡薄些才是，"学者常以志士不忘在沟壑为念，则道义重而计较生死之心轻，衣食至微末事，不得未必死，亦何用犯义分，役心役志营营以求之耶？某观今人因不能咬菜根而至于违其本心者众矣，可求戒哉"③。朱熹主张"志士"不追求物质生活的优裕，视衣食为"至微末事"，反对人们专注精力"营营以求"物质享受，即使过着最清苦的"咬菜根"的穷日子也不能"犯义"、"丧志"。只有追求高尚的道德境界和学问上的成就，这就是"士"的"本心"和远大志向。朱熹宣扬这种古代知识分子传统美德，在今天看来仍有可取的价值。

在人际交往的问题上，朱熹认为"朋友之于人伦所关至重"④。讲忠信，诚实是相互交往的基础。"与朋友交而不信乎？凡事要实，用自己实的心与之交，有便道有，无便道无"⑤。朱熹不但与自己学说观点相近的学者交往，而且与那些同自己学说观点相异的学者为友，学

---

① ④ ⑤ 《朱子语类》卷十三。
② 《晦翁文集》卷四十六《答公道一》。
③ 《朱子语类》卷二十一。

术上可以进行激烈的争论，互相诘难，如与心学派的陆九渊，与事功学派的陈亮等，在学说的问题上，争论归争论，朋友仍是朋友，认为学问上的切磋于彼此有益。"为学十分要自己著力，然亦不可不资朋友之助"①。论道问学，以文会友是中国学者中的传统，朱熹则是这方面的继承和发扬者。然而政治上的斗争则不同，如当时的大官僚林栗就攻击朱熹的讲学活动"形同鬼蜮"，贵戚韩侂胄等人斥朱熹学说为"伪学"。他们将朱熹的学说上的问题归为政治上异端邪说而加以打击，朱熹也是采取"以其人之道还治其人之身"的方法予以反击，指出那些政治上卑鄙小人的特点是"依阿淟忍，回互隐伏，纠结如蛇蚓，琐细如虮虱，如鬼蜮狐蛊，如盗贼诅视，闪倏狡狯不可方物者"②。可见朱熹主张学术上的以文会友，不同论点的自由讨论，这与政治上政敌之间的斗争是完全不同的。

朱熹认为人活着时就应该做他应尽的事业，其立功、立德、立言自有历史公正的评说，他反对为一般人写墓志铭，也不接受人家用厚礼恳请写虚而不实的溢美之词的死者碑文，据朱熹弟子记载："信州一士人，为其先人求墓碑，先生不许，诣之不已，又却之，临别送壬泽指云，赠公务实二字"③。又记载说："先生因人求墓铭曰，吁嗟！身后名于我如浮烟，人既死了，又要这物事做甚？或曰先生语此岂非有为而言。曰，也是，既死去了，待他说是说非有甚干涉，又曰所书者以其有可为后世法，今人只是虚要其亲，若有大功大业则天下之人都知得了，又何以此为，且人为善亦自是本分事又何必须要凭地写出？"④这里，说明朱熹在生死观上的科学态度，同时他认为人死后，就是完成了其人一生的"当然之理"，没有必要大肆宣扬。只有那些

---

① 《文集》卷五十八《答李子能》。
② 《文集·王梅溪文集序》。
③ 《朱子语类》卷二十一。
④ 《朱子语类》卷一〇七。

真正"可为后世传"的楷模人物，对后人有教育意义的，特别是为抵抗外族而牺牲的民族英雄才应该树碑立传。朱熹自己就说："身后名于我如浮烟"，强调人生在世要做"刚强有为底人"、"天生一个人便须管着天下事"。这种积极有为的人生态度，正是中国古代知识分子的优良传统。

论吕祖谦

吕祖谦是南宋理学家，与朱熹、张栻齐名，人称"东南三贤"之一，然吕氏思想"杂博"，学术界对它少有研究，本文对吕祖谦思想进行了专门的论述，可谓填补了中国哲学史研究领域中的一个空白。该文发表于《浙江学刊》的1981年。本文论述了吕祖谦的学术特点，他主张"泛观广接"克服学术上"主一偏之说"的门户之见，故力图调和朱学和陆学之间的学说矛盾，并兼取其长，同时又接受永嘉学派经世致用的思想。但宇宙观上偏重于陆九渊"心学"。

本文分别论述吕祖谦的政治、哲学、史学、教育等思想。政治上主张抗金和改革弊政，提出用严法峻刑对待"强暴者"，"用广大平易之道，与民安息。"反对土地兼并，但不同意朱熹托古改制的办法，认为"施行古先制度"是行不通的。哲学上讲"理无物而不备"似近朱学，在讲天理与人欲关系时说"天理在人欲中未尝须臾离也"又与永嘉学派相近。但他强调心学"心外有道非心也，道外有心非道也"。"通天下无非己也"。基本上偏重陆氏心学。教育思想上持"讲实理、育实才而求实用也"的原则。主张通过"讲学"来整顿伦理纲纪。在史学方面，独树一帜，认为"当史当如身在其中……"要求了解史事的本末源流和成败的前因后果，以取得借鉴。他用朴素辩证法观点"天下事必有对"、"天下事向前则有功"贯彻在历史观中，认为历史是发展的"有革有因"。"天下之势，不盛则衰，天下之治不进则退"通过人的积极活动而有所进步。此对朱熹的"三代"只是"天理流行"而无"人欲"等说法提出异议。

吕祖谦（1137—1181）是宋代的理学家，字伯恭，学者称东莱先生，浙江金华人，曾任著作郎兼国史院编修官，与朱熹、张栻齐名，人称之为"东南三贤"，"鼎立为世师"。他在政治上，主张抗金，改革弊政；在学术上，一方面力图调和"朱学"（朱熹）与"陆学"（陆九渊）之间的矛盾，并"兼取其长，而复以中原文献之统润色之"①，另一方面又接受永嘉学派经世致用的思想，"合陈君举（陈傅良）、陈同甫（陈亮）二人之学问而一之"②，从而自成一个学派——"吕学"，在当时的思想界颇有影响。朱熹曾说："伯恭目前只向杂博处用功，却与要约处不曾仔细研究。"③诚然，吕学确是"杂博"而欠"要约"，它是吕学中的一面杂色相间的旗帜，当时社会的各色各样的思潮都反映在上面了。因之从中可以了解到南宋时代思想界的矛盾和斗争及其历史特点。然而至今学术界对它却很少研究，许多中国思想史和哲学史著作都不提它，完全把它忽视了，在这里，我们想把它研究一下，以引起学术界的注意。

一

吕祖谦生活在南宋时代，当时社会动乱，阶级斗争和民族矛盾极其尖锐，复杂。一方面由于金贵族统治集团占据了中原地区，使得民族矛盾成为当时社会的主要矛盾，人民面临着抗金的任务；另一方面由于偏安于江南的宋王朝政治十分腐败，统治阶级生活荒淫，造成民不聊生的局面，人民纷纷要求进行社会改革。在这种情况下，吕祖谦所抱的政治态度，基本上是积极的，进步的，因为他是主张抗金和改革弊政的。

吕祖谦认为："今寇敌陆梁而国仇未雪，民力殚尽而邦本未宁，法度具存而穿穴蠹蚀，实百弊俱极之时"④。在这种情况下，要抗战，雪国仇，必须进行社会政治改革，增强国力民力才行，不能盲目地，无准备地开战。因此，尽管吕祖谦的两个弟弟祖俭、祖泰由于反对贵

---

① 《全谢山同谷山先生书院记》。
②③ 《朱子语类》卷二一。
④ 《东莱文集·淳熙四年轮对劄子二首》。

戚韩侂胄盲目用兵而被贬职，但他仍然坚持这种主张。对于社会政治改革，他一方面重视历史传统的经验，认为那些"祖宗化成风俗所以维持天下者"是不可以"朘削"的，另一方面又反对因循守旧，认为"今日治体其视前代未备固当激励而振起，其远过前代者尤当爱护而扶持。"①尤其在当今"民力殚尽"之时，必须减轻人民的赋税，这是当务之急，不然百姓们则"永无息肩之日"。

朱熹曾为了反对豪强地主兼并土地而提出经界井田的方案。吕祖谦认为"此固为治之具，然施之当有次第……傥人心未孚，骤欲更张，则众口哗然，终见阻格。""若未孚信之时，遽及施行先古制度，则或逆疑其迂，而吾说格而不得入关"②。这表明吕祖谦是反对土地兼并，要求对当时的土地制度加以改革的，但他并不同意朱熹那种托古改制的办法，认为"施行古先制度"于今日，毕竟是不可能成功的。

吕祖谦在做地方官时，曾提出一个"当官之法"，认为"当官处事常思有以及人，……使民省力，不使重为民患，其益多矣。""当官者不可徇其私意，忽而不治。谚有云曰'劳心不如劳力'此实要言也。"并为当官者订了如下的禁条："一、非旬休赴妓乐酒会；二、以私事差人出界；三、亲知雇船脚，用官钱或令来人陪备；四、买非实用物；五、受所部送馈的赴会。……"③吕祖谦可谓封建地主阶级官吏中的"克己奉公""清正廉洁"的人物。

还值得称道的是，吕祖谦在审理民间刑事案件时，很重视对横死者进行验尸的工作，认为这样可以有助于洗冤昭雪。他赞扬当时的某些地方官亲自验尸，不避臭秽的认真态度。他说："黄刚中尝为予言，顷为县尉，每遇验尸，虽盛暑亦必先饮少酒，捉鼻亲视，人命至重，不可避少臭秽，使人横死，无所申诉也。"④

---

① 《东莱文集·淳熙四年轮对劄子二首》。
② 《东莱文集·与朱侍讲元晦》。
③④ 《东莱文集·舍人官箴》。

从上述看来，吕祖谦这个理学家在政治上是有其进步性的。

二

南宋是理学占统治的时代。当时的思想界存在两个方面的矛盾和斗争，一是以朱熹为代表的客观唯心主义的"朱学"与以陆九渊为代表的主观唯心主义的"陆学"之间的矛盾，二是以叶适、陈亮为代表的永嘉、永康之学与"朱学""陆学"之间的斗争。吕祖谦就是处在这两方面的矛盾和斗争之间，来建立他的"吕学"的。他曾说："近日思得吾侪所以不进者，只缘多喜与同臭味者处，殊欠泛观广接，故与物情事理多所不察。"[①]他要求克服各个学派的门户之见，"泛观广接"，善于吸取人家之所长；以为只有如此，才能明察物情事理而有所长进。吕祖谦的这种观点本来还是不错的，但是，他所谓"泛观广接"，却是对于各个学派采取"委曲拥护"的态度和"权其大小轻重而持衡焉，未尝倚一偏主一说也"[②]的办法，换言之，就是调和折中、兼收并蓄各个学派的思想。例如他所组织和主持的一次著名的哲学辩论会——"鹅湖之会"，就是为了调和朱、陆之间的矛盾的。再如他在哲学上既与朱、陆一道站在唯心主义营垒方面，又接受不少永嘉学派的唯物主义思想。因此，兼收并蓄"朱学""陆学"及"永嘉之学"，调和折中其矛盾和斗争，从而显得十分"杂博"，而自相矛盾，这就成为吕祖谦哲学思想的一个显著特点。

吕祖谦哲学思想的这种特点，首先表现在他对于宇宙本体的看法上。《黄东发日钞》里曾说："晦翁（朱熹）与先生（东莱）同心者，先生辩诘之不少恕，象山（陆九渊）与晦翁异论者，先生容下之不少忤。"这说明吕祖谦与朱熹在哲学上虽有所"辩诘"，但基本上是"同心者"；对于朱、陆之间的"异论"，他则"容下之不少忤"，亦即要

①② 《东莱文集·与刘衡州》。

加以调和的意思。吕祖谦与朱、陆之间的这种关系，明显地表现在他们对于宇宙本体的看法上。朱熹认为"天下只有一个理"，宇宙万物都是由这一个精神本体"理"所派生的；"理一分殊"，由于一理分为万理，故有万物之理，但归根到底"只是一个理"。作为朱熹的"同心者"吕祖谦也说："理之在天下，犹'元气'之在万物也，一气之春，播于品物，根茎枝叶……名虽千万而理未尝一也。"① 这与朱熹的观点显然是一致的，都是客观唯心主义本体论思想。但是，陆九渊却与朱熹"异论"，认为派生宇宙万物的本体是"吾心"，"心即理也"，故云："宇宙便是吾心，吾心即是宇宙"。对此，吕祖谦也"容下之"，他说："道无待，而有待非道也。夫一彼一此而待之，名生焉。心之与道，岂有彼此之可待乎？心外有道非心也，道外有心非道也。"② 这里的"道"也就是"理"；所谓"心外有道非心也，道外有心非道也"，也就是"心即理也"的意思。因此，吕祖谦又断言"圣人之心万物皆备，不见其为外也；史，心史也；记，心记也"。③ 在他看来宇宙万物包括人类社会历史等等。都是"心"或"圣人之心"所派生的。这显然与陆九渊的观点完全一致，都是主观唯心主义本体论思想。可见吕祖谦对于朱、陆在本体上的"异论"，的确是两面皆"容下之"的。同时，他为了把朱、陆这两种唯心主义本体论调合在一起，就把"天理"与"人心"联系起来立论。他说："人言之发即天理之发也，人心之悔即天意之悔也。"④ 这种说法，在吕祖谦看来，是既不"忤"于朱熹的观点，因为朱熹认为"天理"既在天上，又存乎人心之中，又不"忤"于陆九渊的观点，因为陆九渊认为"心之体甚大，若能尽我之心，便与天同"。⑤ 这表明客观唯心主义和主观唯心

① 《东莱博议·颍考叔争车》。
②③ 《东莱博议·齐桓公辞郑太子华》。
④ 《东莱博议·鲁饥而不害》。
⑤ 《陆象山全集》卷三十五。

主义毕竟都是唯心主义，因而是可以调和的。尤其是吕祖谦从"天理"存乎人心等等理论，来论证封建等级制度之天然合理性及其永恒性，如说："夫理者理也，理无物而不备，故礼亦无时而不足，……在山则礼足于山，在泽则礼足于泽，在贫贱则礼足于贫贱，在富贵则礼足于富贵，随处皆足而无待外。"[①] 又说："此理虽新新不息，统不曾离原来去处一步，所谓立不易方。"[②] 这种说法，朱、陆都是完全同意的。

但是，从吕祖谦许多哲学理论来看，他的哲学思想的基本倾向毕竟是偏重于陆九渊的主观唯心主义的，如他认为整个宇宙皆依赖"吾心"而存在；"荧惑德星，欃枪柁矢（按：即妖星）皆吾心之发见也；俯而察人，醴泉瑞石，川沸山鸣亦吾心之发见也，……是非之吉，乃吾心之吉，是易之变，乃吾心之变……"[③] 甚至说："通天下无非已（按：亦"吾心"）也。"[④] 这种种说法则与朱熹的客观唯心主义不同。

吕祖谦上述唯心主义本体论，与永嘉学派、永康学派所谓"盈宇宙者无非物"（陈亮语）的唯物主义本体论，是完全对立的。

但是，吕祖谦在某些地方却又接受永嘉学派的观点。例如在"理"与"气"的关系问题上，他曾说："然物得气之偏，故其理亦偏，人得气之全，故其理亦全。"[⑤] 这无疑是说"理"之"偏"与"全"乃是由"气"来决定的。这种观点正是叶适所谓万物皆"气之所役"的唯物主义观点的重述。又如在"天理"与"人欲"的关系问题上，吕祖谦甚至一反朱、陆以及他自己所信奉的所谓"存天理，灭人欲"的反动说教，而明确地说："天理在人欲中未尝须臾离也。"[⑥]

---

① 《东莱文集·杂说》。
② 《丽泽讲义·易说》。
③ 《东莱博议·卜筮》。
④ 《东莱博议·齐桓公辞郑太子华》。
⑤ 《东莱博议·颍考叔争车》。
⑥ 《东莱博议》卷四。

这显然与永嘉学派如陈亮反对"舍人可以为道（理）"的观点相一致了。但是吕祖谦的这些唯物主义的思想因素与朱、陆以及他自己那些唯心主义思想，却始终处于矛盾对立的状态中，因为他既认为"气听命于心（即理）"，①那就不能说："心"或"理"是由"气"决定的；既要"存天理，灭人欲"，那就不能说"天理"是须臾离不开"人欲"的，两论相抗，不可调和。由此可见，在两种根本对立的哲学派别之间吕祖谦所谓"泛观广接"，"未尝倚一偏一而立一说也"，实际上是不可能做到的。

三

吕祖谦哲学思想的这种特点，还明显地表现在他的认识论上。

全祖望曾指出："宋乾淳以后，学派分而为三：朱学也，吕学也，陆学也。三家同时，皆不甚合。朱学以格物致知，陆学以明心，吕学则兼取其长。"并说：三家"门庭径路虽别"而其"归宿则一"。然而吕祖谦又吸取了永嘉学派的不少唯物主义的认识方法。因而，他的认识论也就更显得"杂博"而矛盾。

由于吕祖谦对于宇宙本体的看法是偏重于陆九渊的"吾心即是宇宙"的主观唯心主义的，因而他在认识论上就以"明心"为首要。而"明心"也就是"明理"，其方法就是"反求诸己"或"反视内省"。在他看来，"吾胸中自有圣人境界"，②而"圣人之心万物皆备，不见其为外也"，因而"明理"就不是向外界求得知识，而是求之于内心。他说："外有龃龉，必内有窒碍，盖内外相应，毫发不差，只有'反己'二字，更无别。"③又说："行有不得者，当反求诸己；外有龃龉，必内有窒碍，反视内省，皆是进步，不敢为时异势殊之说以自恕。"④

---

① 《东莱博议·楚武王心荡》。
②③ 《东莱文集·与学者及诸弟》。
④ 《东莱文集·与刘子澄》。

这就是说"明理"只能从自己的内心里进行自我反省，克服内心里的"窒碍"，排除外界的影响。这种观点与陆九渊所谓自存本心或发明本心的主观唯心主义的认识论观点是一致的。但是，陆九渊主张"顿悟"而"豁然大觉"，而吕祖谦则认为"明心"是一个"依次""涵蓄"的过程，而不能"躐等陵节"，否则便会"流于空虚"，所以他说："为学工夫，涵泳渐渍，玩养之久，释然心解，平贴的确，乃为有碍。"① 又说："明理"就像"登高自下，发足正在下学处。"② 因此，吕祖谦认为像陆九渊那样在"明心"方法上，单靠"顿悟"而"豁然大觉"是太"简易"了。这样，他就从朱熹以"穷理"为本的"格物致知"说中吸取所谓"今日格一物，明日格一物"以致使"吾心之全体大用无不明矣"的认识方法——即把"格物"看作是人借外物来"唤醒"自己内心固有的"良知"或给"明理""指个路头"、"作个样子"——与他的"反求诸己"的认识方法结合起来，这就是所谓"存养体察工夫"。他说："应事涉物，皆是体验处，若知其难而悉力反求，则日益精明，……要须实下存养体察工夫，真知所止，乃有据依，自进进不能已也。"③ 这里所谓"存养"就是"存心"、"养心"，即是要使内心无"窒碍"的意思；"体察"，就是"应物涉事"的"体验"，亦即朱熹"即物穷理"的意思。二者结合在一起，正是把陆九渊与朱熹的认识方法结合在一起。全祖望说吕祖谦"兼取朱、陆之所长"，正表现于此。但这方面毕竟还是唯心主义的认识方法。

在另一方面，吕祖谦在认识方法上又具有永嘉学派的务实作风，因而不乏唯物主义的因素。这首先表现他对于名实问题的看法上，认为名必须副实，否则就是自欺欺人，终究要被揭穿的。他说："名不可以幸取也，天下之事固有外似而中实不然者，幸其似而窃其名，非

---

① 《东莱文集·与潘叔昌》。
② 《东莱文集·与陈同甫》。
③ 《东莱文集·与邢邦用》。

不可以欺一时，然而他日人即其似而求其真，日以情见实吐，无不立败。"① 这显然与永嘉学派所谓"无验于事者，其言不合"(叶适语)的观点相一致。基于这种朴素唯物主义的观点，吕祖谦主张研究问题"不可有成心"，亦即反对主观成见和"师心自用"。这如同叶适所说要"以物用而不以己用"，反对以主观代替客观一样。他说："学者不进则已，欲进之则不可有成心；有成心者则不可与进乎道矣。故成心存而自处不疑，成心亡，然后知所疑矣，小疑必小进，大疑必大进，盖疑者不安故而进于新者也。"② 这就是说"学者"如果怀有主观成见，自以为对于客观事物什么都已明白，无所怀疑而没有问题了，那就不可能获得对真理(道)的认识而有所长进。吕祖谦认为天下之大，事物繁多，是不可能一时就被认识清楚的，因而就必须不断去发现和提出疑难的问题，加以"参合审订"，"再三商榷"才行。他说："夫一郡一邑之事，尚疑者半，参合审订，然后至于无悔，况天下大计果无可疑而无可难耶？……故先尽其所疑，极其所难，再三商榷，胸中了然无惑，然后敢以身任之，虽死不惮。"③ 他还认为"为学"必须"出窠臼外，然后有功"，④ 反对因循守旧，只是去"习熟"那些老调，而且还要做到既知其然，而又能知其所以然。他在《杂说》一文中引述了列子学射的故事之后说："夫人作文既工矣，必知所以工；处事既当矣，必知所以当，为政既善矣，必知其所以善。苟不知其所以然，则虽一时之偶中，安知他时之不失哉？"这显然是强调对客观事物的必然性及其规律的认识，这正与叶适所说的"非知道者不能该物，非知物者不能至道"的观点相一致。此外，吕祖谦还说："学者非特讲论之际始是为学。闻街谈巷语，句句皆有可听；见舆台皂隶，

---

① 《东莱博议》卷四。
② 《东莱文集·杂说》。
③ 《东莱文集·乾道六年轮对劄子二首》。
④ 《丽泽讲义·易说》。

人人皆有可取，如此德岂不进？"① 可见他对于民间的实际活动的经验也是颇为重视的。这些则是一般理学家所不能有的进步观点，与他前面所谓"内视反省"、"反求诸己"的唯心主义观点是相矛盾的。

四

在教育思想方面，吕祖谦提出"讲实理，育实才而求实用也"② 的原则，其在理论上亦有"调和"朱、陆及永嘉学派之间的矛盾观点的特色。

吕祖谦曾说："尝思时事所以艰难，风俗所以浇薄，推其病源，皆由讲学不明之故。"③ 因此，他非常重视"讲学"对于改革社会风俗的作用。不过，他"讲学"或"讲实理"不外乎封建伦理道德之类的东西，目的在于为封建地主阶级培养有用的人才，这与朱、陆并无根本区别。但他们在某些具体问题上诸如究竟培养什么类型的人才，采取什么方法等等却是有所不同的。而其主要不同之处又与永嘉学派的某些教育思想相接近。

吕祖谦认为"实理"是与封建等级名分不可分割地联系着的，他说过"有所谓理，又有所谓分（名分）……君子言分必及理，言理必及分，分不独立，理不虚行。"这与朱熹所谓"穷天理，明人伦，讲圣言，通世故"完全一样，都是主张在教育上要把"讲实理"或"穷天理"与明名分或"明人伦"结合在一起才行。同时吕祖谦对学生"讲实理"，强调内心道德涵养的工夫，即所谓"主静"、"主敬"的工夫，他说："静多于动，践履（道德践履）多于发用，涵养多于讲说，读经多于读史，工夫如此，然后可久可大。"④ 并认为"义理无穷，才

---

① 《丽泽讲义·史记》。
② 《东莱文集·大学策问》。
③ 《丽泽讲义·礼记说》。
④ 《东莱文集·与叶正则》。

智有限"；人要穷究"学问"，惟一的"只有'反己'二字，更无别法"。① 这种观点则又与陆九渊所谓"古人教人，不过存心，养心求放心"的观点相一致。都是主观唯心主义的修养经。但是，在"育实材而求实用"的问题上，吕祖谦又与朱陆有所不同，而与永嘉学派相接近。朱、陆所强调的是要培养什么"醇儒"实际上是一些空谈性命之道的道学家。而永嘉学派则强调培养"救时"之"英雄"。吕祖谦之所谓"育实材"就是培养既要有封建道德修养，又能够"整救"国家的"实用"的人才，他说："教国子以三德三行，立其根本，固是纲举目张，然又须教以国政，使之通达事达"，而在治理国家方面要懂得如何整救，如何措划，使之洞晓国家之"本末原委"，② 这与陈亮提倡"实学"，培养有"救时之志，除乱之功"为国有用的人才，显然是相一致的。因此，吕祖谦对于永嘉学派讲究"各务其实"的学风，极为赞赏，这同朱熹咒骂永嘉学派"在利欲胶漆盘中"的态度迥然不同。所以吕祖谦认为永嘉学派的代表人物都是"有用"的人才，例如说瑞安的薛季瑄，"士龙坦平坚决，所学确实有用，甚虚心"；盛称陈傅良"于田赋兵制地形水利，甚下工夫，眼前殊少见其比"③；称赞永嘉学派的后起之秀徐元德"极有立作，士人中殊难得"等等。可见吕祖谦所谓"育实材而求实用"，又与永嘉学派的教育思想相通，是有一定的积极意义的。

吕祖谦从"求实用"的观点出发，认为读书学习，也必须着眼于为世致用。他说："今人读书全不作有用看，且如人二三十年读圣人书，及一旦遇事便与闾巷人无异。或有听老成人之语，便能终身服行，岂老成人之言过于六经哉？只缘读书不作有用看故也。"④ 在这里

---

① 《东莱文集·与陈君举》。
② 《丽泽讲义·礼记说》。
③ 《东莱文集·与朱侍讲》。
④ 《东莱文集·杂说》。

吕祖谦虽然鄙视"闾巷人",但认为读书是为"有用"于事,这与叶适所说"读书不知接统绪,虽多无益,为文不能关政事,虽工无益也"的观点相一致。同时,叶适曾批评理学家"虚意多而实力少"。同样,吕祖谦也说:"大抵为学,不可令虚声多,实事少,非畏标榜之祸,当互相激扬之时,本心不实,学问已无本矣。"[1] 他还反对在文人学士之间相互吹捧,彼此标榜的虚伪作用,因而在他的《学观》中规定学者"毋得互相品题,高自标置",[2] 并强调"惇厚笃实"的作风。吕祖谦认为对学生就是要"教","教之以为法","教之以为戒,"才能培养出有用的人才来。这一点,又与陆九渊不同,陆九渊是轻视"教"的作用的,主张无师自通,强调"自得、自成、自道、不倚师友载籍"。这表明吕祖谦在哲学上的基本倾向与陆九渊虽然同是主观唯心主义先验论者,但吕祖谦却还能看到后天的教育对于人的影响作用,从而使之与永嘉学派有了相一致的地方。

吕祖谦之所以强调"教"对于人的影响作用,就在于他认为人的本性气质并不是固定不变的,而是可以改变的,这就涉及他关于"气质变化"的说法。在这方面,吕祖谦的观点也是相当复杂而矛盾的。

张载曾说:"为学大益,在自能变化气质"。二程也曾说:"学至气质变,方是有功。"他们虽是认为人的本性是天赋的,但人的气质都是可以通过"学"而改变的。吕祖谦基本上继承了这种观点,也认为通过"学"或"涵养"的工夫可以改变人的气质。据说他自己便是这方面的身体力行者。张栻曾说:"先生少时性极偏,后因病中读《论语》,至躬自厚而薄责于人,有省,遂终身无暴怒……"吕祖谦自己也说:"近思为学,必须平日气禀资质验之,如滞固者疏通,顾虑者坦荡,智巧者易直,苟未如此转变,要不得力。"[3] 又说:"暴戾者

---

① 《东莱文集·杂说》。
② 《东莱文集·规约》。
③ 《东莱文集·与陈君举》。

必用力于和顺，吝鄙者必用力于宽裕而后可以言学。"① 在这里，吕祖谦还只是认为经过道德的自我修养来说明气质之可以变化的道理，具有所谓"惩忿窒欲"，"迁恶从善"的意思。这种观点朱熹也是同意的，所以他称赞吕祖谦说："学如伯恭方是能变化气质。"但是吕祖谦却没有像朱熹那样讲究"气禀"说。朱熹认为"人之有生，性与气合而已"，每一个人皆是"理与气杂"，具有善恶相杂的气质之性；人的贤惠是由其所禀的气之清浊所决定的，"禀气之浊者"正如珠在浊水中，如要变化气质，就得如浊水中揩拭宝珠一样地进行道德的自我修养。而吕祖谦仅仅认为人的资质各有不同，只要通过"学"的工夫就可以改变。他说："大凡人资质各有利钝，规模各有大小，此难以一律，要须常不失故家气味"；"学者气质各有利钝，工夫各有浅深，要是不可限以一律。"② 这也就是说人的气质虽然各不相同，但是其所以不同、不"一律"也由于人在学习上下的"工夫各有浅深"的缘故，换言之，他认为后天的学习会改变人的气质。因此，他把人们的"应事涉物"都看作是"步步体验处"，从而"习其故，渐其俗"，使之改变气质。这种观点既与朱熹讲究"禀气"说不同，又与陆象山认为改变人的质性在于"收拾精神，自作主宰"，"当宽裕温柔时，自然宽裕温柔；当发强刚毅时，自然发强刚毅"等等只讲自我主宰，不向外学习的说法更是不同，而与永嘉学派的某些观点却是相接近了。如叶适说："人非下愚，未有无可成之质。"陈亮则认为人的性质可以通过后天的磨炼而改变，如同金银经过"百炼"而成为精美之器一样。吕祖谦认为经过后天的"教"、"学"、"习"可以改变原来的气质，虽然与永嘉学派的观点相通，可以说是接近朴素唯物主义的观点，但与其自身的主观唯心主义观点又相矛盾了。

---

① 《东莱文集·与陈君举》。
② 《东莱文集·与内弟曾德宽》。

五

吕祖谦与一般理学家不同的地方，还在于他非常重视对历史的研究，在这方面与陈亮很相似。尤其在发扬中原文献之学的传统方面，可以说是当时学术界独树一帜的现象，而且他的历史观还有某些进步性的东西。

他认为读历史书，应该是为了总结历史经验，寻找其兴亡成败的原因。他说："看史须看一半便掩卷，料其后成败如何。其大要有六：择善、警戒、阃范、治体、议论、处事。"① 并说："读史先自书（《尚书》）始，然后次及《左史》、《通鉴》，欲其体统源流相接。"② 这就是强调对历史作系统的研究，了解其发展源流和前因后果，总结经验。这与朱、陆完全不同。朱熹曾指责吕祖谦及陈亮研究历史是"被史坏了"，他说："看史，只如看人相打，相对有甚好处？陈同甫一生被史坏了。……东莱教学者看史，亦被史坏了。"③ 可见朱熹是多么蔑视历史！陆九渊也认为"千古一揆"，也极端仇视对历史的研究，甚至连朱熹也讥讽他"只怕说到无言处，不信人间有古今。"永嘉学派则不同，很重视研究历史，如叶适就曾说："不深于古，无以见后，不鉴于古，无以明前，古今并策，道可复兴，圣人之志也。"④ 再如陈亮的《酌古论》正是以历史为借鉴来发挥自己的思想的。在这方面，吕祖谦与永嘉学派更加接近。

吕祖谦认为历史是发展的。他不同意朱熹所说的"三代专以天理行，汉唐专以人欲行"的说法。吕祖谦强调凡要建立一个理想的社会总得要发奋图强，要有所"期"。他说："天下之势不盛则衰，天下

---

① ② 《东莱文集·杂说》。
③ 《朱子语类》卷一二三。
④ 《宋元学案·水心学案》。

之治不进则退，强而止于强，不能保其强"。①认为历史上不论实行
"王道"或"霸道"，都不能没有理想和奋斗的目标，而且都要通过人
的努力来加以实现。"天下之为治者，未尝无所期（理想）也。王期
于王，霸期于霸，强期于强；不有一的之，敦得而射之？……志也
者，所以立是期也。"②如果安于现状而不愿去作进一步改革，社会将
永远是贫弱、愚昧和落后的，"等以龃龉自保为量力，则人得自安于
弱，而终于弱矣，自安于愚，而终于愚矣；"③这也就是说社会历史
由于人的积极活动而有所进步。吕祖谦的这些言论实际上是对朱熹所
谓"三代"只是"天理流行"而无"人欲"等等说法的异议，是有其
一定合理之处的。

吕祖谦通过撰写历史著作，表达了他对历史人物和事件的评价，
也有不少合理的观点。《大事记》和《大事记解题》是他的历史方面
的代表作。他认为复古是不可能的，比如三代帝王之道，就是在春秋
战国时代也是不可能实行的。他说："战国之时，指以为帝王之道者
皆迂阔难行者也④。"并说："变古之难如此，况复古乎？"他不赞同
朱熹提倡的"经界井田"法，其理由也正在于此。这与陈亮所说"古
今异宜，圣贤之事不可尽以为法"的看法是相通的。吕祖谦对于历史
上的"法"治作了分析，他并不像一般理学家那样竭力贬责"法"治
思想，认为"法"在远古社会里就有了，它最初乃是圣人伏羲所制
订，尽管后来详略不同，但都"本于伏羲"并认为秦以后的"法"基
本大同小异，虽然"有革有因"，但"不能大异于秦"。由于吕祖谦认
为历史是"有革有因的"，因而对于历史上具有变革思想的活动家都
予以肯定评价，如对李悝、商鞅、范蠡、李冰、西门豹、赵武灵王
皆作过较高的评价。如说赵武灵王"变胡服"一事"可谓天下之大

---

① ② 《东莱博议·葵邱之会》。
③ ④ 《东莱博议》卷三。

志矣"，说范蠡用"赢缩转化"的道理图谋打败吴国，是有远大谋略的，说信陵君对"存韩安魏"的分析，是"深切综练，识天下之大世……"。在另一方面，他对于宋襄公的愚蠢无能，进行了讽刺，并批驳了后人的两种看法：一种认为宋襄公之败由于"为古道之累"，另一种认为"宋襄公无帝王之德而欲效帝王之兵，所以致败"。[①] 吕祖谦认为这两种看法都是错误的，他说："吾恐帝王之兵不如是之拙也。古之誓师曰殄歼乃仇，曰取彼凶残，凛然未尝有毫发贷其所宽者。"[②] 以此说明古代"圣王"并不是空讲"仁义"的，而是要以武力征服敌手的，决不会像宋襄公那样愚蠢。这表明吕祖谦不囿于理学家的迂阔之见，而从历史实际情况来揭示其真实。

吕祖谦认为帝王个人的才智和权力对于国家的统治来说是起着一定的作用的，但这也不是绝对的，而起着决定作用的是社会道德思想的力量。他驳斥了当时的一种看法"谓智力足以控制海宇，不必道德，权利足以奔走群众，不必诚信；材能足以兴起事功，不必经术"，认为依照这种观点行事，其结果必然带来严重的危害，"边隅小警，公卿错愕而顾利，将士迁言而却步，涣散解弛不相信属，果智力所能控制耶？……智力有时而不能远，权利有时而不可驱，材能有时而不足恃。"[③] 据此，他认为社会道德思想的作用远远超过了统治者个人的才智和权力的作用。他的这种观点虽然也是一种历史唯心主义观点，但是与朱熹将帝王的"心术"看作是历史发展的决定因素的观点却是有所不同的，因为他不是强调帝王个人的力量，而是强调社会普遍的道德思想的力量。这可以说比朱熹的观点稍为合理一些。

总之，吕祖谦虽是一个理学家，但与一般理学家又不同。其不同之点，主要的在于他企图调和朱、陆之间和朱、陆与永嘉学派之间的

---

①② 《东莱博议·宋公楚人战于弘》。
③ 《东莱文集·乾道六年轮对劄子二首》。

矛盾，并欲取各个学派之所长，从而建立自己的吕学，然而却使自己更加复杂地陷于种种矛盾之中。因此在吕学之中既有落后、反动的东西，又有合理、进步的东西。所以，我们只有把他的思想与朱陆及永嘉学派的思想作比较的分析，揭示其复杂的矛盾，才能给以正确的评价。依据我们前面的分析，吕学尽管以调和派或中间派的面目出现，但它在朱、陆与永嘉学派两种对立的哲学思想之间，毕竟还是较多地或主要地倾向于前者的唯心主义思想的。这正说明哲学上唯心主义和唯物主义这两条路线的矛盾和斗争毕竟是不可调和的。不过，我们对于吕学之中的那些合理、进步的一面，尤其是与永嘉学派的进步思想相接近、相一致的方面，仍然要给以适当的肯定而不加忽视。这才是符合实际的公允的评价。

论吕祖谦"兼容并蓄"的学术思想

　　本文发表于中国社科院哲学所和中国哲学史学会主办的刊物《中国哲学史》1992 年的创刊号上。文章论述了南宋思想家吕祖谦学术上"兼容并蓄"的特点。吕祖谦认为"人之相与，虽道合志同之至，亦不能无异同"故应具备求同存异之气度，当泛观广接、博取众长，不可"自大"、"自足"、"自炫"，更不能"以人言为讳，自以为是"。多次强调评价某种学术思想或某个学者"要须公平观理，而撤户牖之小"。文章还具体地论述了吕祖谦与朱熹、张栻、陆九渊以及与永嘉、永康学派学者的密切交往，突破一般理学家的偏见，学术上陶铸各家，浑成一体。

　　本文指出吕祖谦打破学术上的门户之见，博采各家之所长，求同存异，谦虚而不自大，善于与各不同意见的学者友善交往、坦诚交流己见，既讲学术上的气节，又有学术上宽宏的气度，正如陆九渊给予的评价"远识宏量，英才伟器"。吕祖谦的这种为人治学的优良传统，在今日的学术界亦有借鉴的意义。

　　作为南宋著名理学家，人称"东南三贤"之一的吕祖谦，他的思想、学风、治学方法在中国历史上产生了重要的影响。

　　吕祖谦在学术上以"杂博"著称，这反映了当时社会思潮的特征。所谓"思潮"，就不是只有一种学说定于独尊的地位，而是百川竞流，由各种不同的学说、思想在相互论辩、相互融合的同异交得中汇集而成的。南宋时代学派林立，但当时能成鼎立之势的却主要有以朱熹为首的理学派；陆九渊为巨子的心学派；陈亮、叶适为代表的功利学派。吕祖谦思想上的"杂博"也就是表现了这种历史的现实和特点。

吕祖谦在学说上折衷朱、陆而又吸取永嘉学派经世致用的功利之学，他打破各学派之间的门户之见，采取"泛观广接"、"未尝倚一偏，主一说"的居中持平态度，尤其是他所具有的学术上宽宏的气度，为当时任何学者所不能及。他为人谦逊、忠厚，对各种"相反之论"皆能虚心听取，并予以尊重，因此朱熹对吕祖谦的学术道德钦佩不已，并评论说他"有蓍龟之智，而处之若愚，有河汉之辩，而守之若讷，胸有云梦之富，而不以自多……恬淡寡欲，而持守不稍懈，尽言以纳，而羞为讦……是则古君子尚或难之，而吾伯恭（吕祖谦）犹欿然而未有以自大也"①。吕祖谦在学风上谦虚"未有自大"、博取众长乃深得时人的称赞，也为后人的楷模。虽然朱熹也认为"诸家异同处最可观"，张栻也主张学术上"交须而共济"，提倡学术上的自由交流，然而总不及吕祖谦那样身体力行。最明显的一例便是由他主持的1175年的"鹅湖之会"，这是具有较大历史影响的。吕祖谦为了筹办这一次学术讨论会是费了不少心血的，他在朱熹和陆九渊之间热心地穿针引线，还邀请朱、陆门人和自己的学生与会，人数不下几十人，筹办这样的历史上著名的哲学讨论会，它的意义实超过了会议的本身，它不仅影响当时南宋的知识界，而且也影响到以后，尤其是开了明代自由讲学论辩之风的先河。

吕祖谦治学的主要特点是不囿于门户之见，主张兼容并蓄。他认为在学术问题上应该具备求同存异的气度，因为世界上学术观点完全一致的情况是不存在的，即使彼此意气相投，学术见解相当接近的人，也总有不少不一致的地方。"人之相与，虽道合志同之至，亦不能无异同。且如一身早间思量事，及少间思之，便觉有未尽处，盖无缘会无异同"②。"道合志同之至"也总有分歧，这个道理并不难理解。

---

① 《宋元学案·东莱学案》。
② 《东莱文集》卷二〇《杂说》。

以同一个人而言，早上考虑的问题，过了一会再考虑时便觉得刚才的思考"有未尽处"，需要加以修正，何况是不同的人呢？学者对于不同的学术观点必须慎重对待，认真研究，而不能只凭个人的好恶喜怒决定向背取舍，否则就开拓不了眼界，所获得的知识也是极其有限，所谓"所感浅狭"。

吕祖谦提倡学者对于不同学术观点泛观广接。他认为只与自己意见相同的人交往，而拒不同观点的人于千里之外，是不利于自身学术水平的提高的。他说："近日思量吾侪所以不进者。只缘多喜与同臭味者处，殊欠泛观广接，故于物情事理多所不察，而根本渗漏处，往往鲁莽不见，要须力去此病乃可"①。这里，吕祖谦将学业"不进"，归结为"多喜与同臭味者处，殊欠泛观广接"。这是有道理的。吕祖谦坚决反对"道不同不相知"的观点，认为这未免"缺乏广大温润气象"②。指出将不同的学术观点视为洪水猛兽，严加防范，甚至加以诋毁"诚未允当"。不仅是不公允的，而且是极不妥当的。基于这种认识，才使他超越了当时诸家，使自己的学术"兼取众长"，形成了博大宏富的学术体系。吕祖谦对待各学派的这种泛观广接的态度，是很值得发扬光大的。

吕祖谦多次强调，评价某种学术思想或某一学者"要须公平观理，而撤户牖之小"③。如在对苏轼的态度上，吕祖谦则表现了公允的态度。北宋时期，洛学与蜀学素有门户之见，曾经互相激烈地攻讦过，作为蜀学的主要代表人物苏轼，历来受到洛学及其后学者的责难。朱熹等人对苏轼多有贬抑之词，认为其学术荒诞不经。吕祖谦虽然向以洛学传人自况，但他并没有因此而贬低苏轼思想的学术价值。他认为作为一个学者，苏轼不少学术主张还是很有见地的，他的

---

① 《东莱文集》卷四《与刘衡州》。
② 《东莱文集》卷四《与朱元晦》。
③ 《东莱文集》卷五《与陈君举》。

书不可不读。有一次朱熹出于门户之见，在他的注释中将"东坡"改为"苏轼"以示抑贬。对此，吕祖谦颇有异议。他认为这样做如果仅仅是出于编书统一体例的要求，那倒没有什么，但倘若是因为和苏轼的学术观点不同，心有余怨而作这样的改动，就大可不必了。对以往历史人物不可如此，对同时代的学者更不应如此。因为这一做法容易"因增其怒"，对于开展学术讨论不利。

尤其值得一提的，是吕祖谦对于王安石的态度。王安石在理学家那里，不啻是名教罪人。理学的实际奠基人程颢、程颐曾经认为王氏之学对于学者的危害最大。他们说："今异教之害，道家之说则更没可辟，唯释氏之说衍蔓迷溺至深，……然在今日，释氏却未消理会，大患者却是介甫之学，……如今日却要先整顿，介甫之学坏了后生学者"①。二程的门人说得更露骨："某于程氏之门所谓过其藩而未入其域者，安敢自附为党以攻王氏学？夫王氏之学，其失在人耳目，诚不待攻，而攻之者亦何罪耶？"②朱熹则对王安石破口大骂，断定王安石如果落到孔子手中，必然要受到"少正卯之诛"③。他花了相当大的力气收集攻击王安石的一切言论，把它们汇编成册，题名为《三朝名臣言行录》。清人蔡上翔指出，王安石之所以"得谤于天下后世，固结而不可解者，尤莫甚于《言行录》"④。吕祖谦政治上反对王安石变法，学术上他与王安石的分歧亦不小，但是他反对将王安石的学术思想一笔抹煞。他曾向内弟曾德宽建议说："且看欧（阳修）、王（安石）、（苏）东坡三集，以养本根"⑤。对朱熹所编的《言行录》，则屡次提出批评，指出"前辈言论，风旨日远，记录杂说"往往失真，以此道听途说的材料编为册子，留传人间，多有不妥，亦非是治学严谨

① 《二程遗书》卷二上。
② 《杨龟山先生集》卷十七。
③④ 《王荆公年谱考略》。
⑤ 《东莱文集》卷四《与内弟曾德宽》。

者所做之事。再三要求朱熹自己动手认真"整顿"《言行录》。这里固然反映了吕祖谦的严谨，但也说明了吕祖谦不赞成对王安石采取敌对诋毁的态度。就这一点来说，他的见识比程、朱等人高明、公允得多了。

吕祖谦不仅自己力求对不同观点的学者平允公正，而且明确要求门人对学术观点不同者要宽容温和，一再告诫他们"毋得……訾毁外人文字"①；同时也不要在同一学派内部互相吹捧，彼此标榜："毋得互相品题，高自标置，妄分清浊"②。吕祖谦还表现在他对于私交甚厚、学术观点颇为接近的学者，亦能持论公允。他曾批评好友陆九渊"病在看人不看理"，这批评无疑是相当尖锐的。吕祖谦和朱熹的关系是人所皆知的。双方相知，莫逆于心，多次进行学术合作。对于朱熹的学识，吕祖谦是很推崇的。但这并不意味着他对朱熹的所有学术观点都是无原则的赞同。如前面所说的他对朱熹《言行录》的态度。便为明证。吕祖谦曾很坦率地批评朱熹性子太急，学术气度欠恢宏。

吕祖谦之所以能对一些关系密切的学者治学欠妥之处，提出一些颇为中肯的批评意见，这是其不拘门户之见所致。由于吕祖谦能平和地对待各种学术观点，因而使得他在学术界有着广泛的联系。为此，朱熹批评他"驳杂不纯"。而吕祖谦却并不因此而难堪。相反，他认为能否与众多意见不合者相处平和，实际上是检验自己学力的一种方法："今之学者唯其不专意于讲习，故群居相与，多至于争是非、较胜负。使其一意讲习，则我之见处众之可乐，而不见其多事矣。学者欲自验为学之进否？观其处众之乐与否可也"③。他的意思说，学者如果都将精力专意于讲习学问，就不会把心思放在与别人争是非、比高低上面。大凡与人争论不休、固执是非胜负，因而不能与众人很好地

---

① ② 《东莱文集》卷十《学规》。
③ 《东莱文集》卷十四《易说·兑》。

相处的，都是没有把心思放在对学问的探求之上。这不仅影响到学问之"进"，而且会影响到个人道德的升华。因为"争校是非，不如敛藏收养"①。吕祖谦这种在学术上取人之所长的精神是应该称道的。但是学术上的"争是非"还是必要的，吕氏在这方面却稍表现软弱了一些。

在学术上能做到求同存异、博取众长，首先是学者自己必须有不"讳过自足"的谦虚的态度。吕祖谦曾以木匠造房子为例。在建造过程中惟恐柱不直、梁不正，惟恐自己的"斤削斫刻"有所失误，因而总希望旁观者发现问题马上指出来，以便立即更正，一点儿也不害怕别人的批评。这是因为他知道旁观者的批评有益于"吾室"之良。如果"以人言为讳，自以为是"，等到房子造坏了再认识这个问题就太晚了，而应该主动听取别人的批评，做到"随言随改，随改随正"②。

吕祖谦认为在学术上要防止自满自足，就要认识学无止境、教学相长的道理。"学然后知不足，教然后知困。知不足然后能自反也，知困然后能自强也。人皆病学者自以为是，但恐其未尝学耳，使其果用力于学。则必将自进之不足，而何敢自是哉？……不能自反自强，皆非真知者也"③。认为真正潜心学问的人，他连弥补自身之不足，解决自己困惑尚且不暇，又怎么敢"自以为是"呢？大凡自以为是的，往往是一些没有真才实学的人。"无文学者，恐人轻其无文学，必外以辞采自炫，实有者却不如此"④。一般说来有学问的人因有真才实学、内心充实、故而敛藏不露。而无学问的，因其无学问，故而"自炫"，掩盖其浅薄。吕祖谦指出："学者诚不可自足，又不可恐惧太

① 《宋元学案·东莱学案》附录。
② 《东莱文集》卷二〇《杂说》。
③ 《东莱文集》卷十六《礼记说》。
④ 《东莱文集》卷十六《易说·谦》。

过"①。因为"自足"就不想再学，而"恐惧"则不敢学，这两种倾向都要反对。吕祖谦在治学上不敢"自大"、"自足"，因而在学术交往上虚心接纳四方之士。陶铸各家、浑成一体。

吕祖谦出任太学博士期间，就与当时的众多著名学者交往密切："始于宫太学，日从四方之士游"。吕祖谦的门人也非常多，到丽泽书院听讲学习的差不多有三百人："士人相过聚、学者近三百人，时文十日一作，使之不废而已"②。吕祖谦不是一个擅长词令的人，他自称"某天资涩讷，交际酬酢，心所欲言口或不能发明"③。但是由于吕祖谦平易随和、气度恢宏、待人诚恳、无门户之见，因此当时各学派的代表人物都乐意与之交往，学术联系面甚广。这对于吕学风格的最终形成，起了决定性的影响。

吕祖谦之所以与朱熹、张栻被时人目为"东南三贤"，不仅是因为三人学识并重，并驾齐驱，而且是因为吕祖谦、朱熹、张栻三人之间的关系非同寻常。吕祖谦和朱熹交往数十年，两人之间的通信多达上百封，有时还长途跋涉，近千里专程探视对方，结伴而游。尽管吕祖谦和朱熹在学术上有不少见解"不甚合"，尤其在史学领域中，可谓南辕北辙。朱熹是当世批评吕祖谦史学观点最多的人，但另一方面他们又是相知以心的莫逆之交。朱熹几乎所有的重要文字在问世之前都要事先征求吕祖谦的意见，听听他的看法。如《论语要义》、《西铭解》、《太极图说解》等著述的初稿完成以后，均先送到吕祖谦处，请其过目，以期取得吕祖谦的批评。吕祖谦每次接到朱熹书稿后，总是认真阅读，坦陈己见。不惟如此，朱熹曾特地将爱子送往吕祖谦处学习，以期其子有所成就。以朱熹而论，亦为当世屈指可数的大学问家和教育家，如果不是因为崇尚吕祖谦的学识和教育有方，是断不会命

---

① 《东莱文集》卷五《答潘叔度》。
② 《东莱文集》卷四《与刘衡州子澄》。
③ 《东莱文集》卷九《祭张荆州文》。

其子师从吕祖谦的。

吕祖谦和张栻，从学术渊源上看，两人有同门之谊。张栻曾师从胡宏，吕祖谦之师胡宪则是胡宏之堂弟。自吕祖谦进入仕途后，与张栻两度共事，有同僚之谊，他们在学术上交流切磋，相互影响，张载向吕祖谦灌输"收敛操存"的修养方法，吕祖谦向张栻传治史的经验之谈，至于吕祖谦与陆九渊的关系，吕、陆两人第一次见面是在乾道八年。当时，吕祖谦为考官，陆九渊不过是一个名不见经传的考生。之后，吕祖谦不仅将陆九渊援引进了官场，而且将他荐举给当时的学术界。全力调停他与朱熹之间的学术分歧。而吕祖谦思想中的心学成分，抑或与陆九渊的影响有关。吕祖谦死后，陆九渊特地从江西赶到金华，为吕祖谦送葬。写的祭文中说："外朴如愚、中敏鲜俪……纤芥不怀，惟以自治……远识宏量，英才伟器……约偏持平，……不见涯涘"①。这里虽多溢美之词，但却反映了吕祖谦其人其学的特征。

以吕祖谦为代表的吕学，就其主要倾向而言，无疑是属于理学阵营中一个重要支派。其为学主旨乃是穷究和践行道德性命之理。故而它和当时倡言功利，反对讳言功利、尊王贱霸、流于空疏的道德性命义理之说的永嘉、永康学派存在着重大的理论分歧。然而学术观之的某些严重分歧，并没有妨碍吕祖谦和永嘉、永康功利学派代表人物所结下的纯真友谊。一般理学家喜与自己意见相同者处，而视不同意见者为异端。而吕祖谦超越了朱熹、张栻、陆九渊等人。他引永嘉、永康代表人物登堂入室，且时常命驾浙东，与薛季瑄、徐居厚、陈傅良、陈亮等人相会，甚至滞留忘返。同样，永嘉和永康诸人，亦时常来吕祖谦处，一住就是十天半个月。双方书信不断。他们为吕祖谦的忠厚为人和宏富学识所折服，受吕学影响不小，尤其是史学的观点和方法。功利学派所提倡的注重实效、经世济用等主张亦在吕学中得到了充分的反映，清楚地显示了吕学受功利之学影响的轨迹。

___

① 《陆九渊文集》卷二十六《祭吕伯恭文》。

　　吕祖谦与永嘉学派的薛季瑄曾在学术上相与讨论不少。吕祖谦曾评论薛季瑄："胸中坦易无机械，勇于为善。于田赋、兵制、地形、水利，甚下功夫，眼前殊少见其比"①。又说"士龙（季瑄）坦平坚决，所学确实有用，甚虚心"②。非常肯定薛季瑄经世济用的实事实功。吕祖谦在和别人的通信中，亦曾提及他与薛季瑄相与讲学之事，认为自己从薛处得益匪浅。他对潘叔度说"如（周）子充、（薛）士龙亦十数日乃一相见也。比来诸友讲论，当日有益。每得来书，书辞皆有蹴然不自安之意，学者诚不可自足"③。吕祖谦与薛季瑄的门人徐居厚亦交谊颇深。而陈傅良亦曾师事薛季瑄，他与吕祖谦同庚，均生于绍兴七年。曾多次向吕祖谦请教过宋朝的典章制度及其演变。"祖谦为言本朝文献相承条序"④。其史学成就得力于吕祖谦甚多。因此陈傅良与吕祖谦的关系乃在友、师之间。吕祖谦充分肯定了陈傅良的好学精神："陈君举最长处是一切放下，如初学人，正未易量"⑤。

　　在永嘉学派人士中，吕祖谦和叶适接触不多。因叶适小吕祖谦十三岁。叶适及第，此时吕祖谦已身患病，很少外出。但叶适曾提及吕祖谦批评过他对历史人物评价过于苛求。如说欧阳修"侵夺于官职"，即当官意识浓厚。吕祖谦不同意此说："东莱吕氏嫌予此论太高"⑥。吕祖谦与永康的陈亮的关系令人瞩目。陈亮为人豪迈不羁、卓然自立，勇于坚持自己的独立人格和学说。所以当朱熹企图以理学思想改造陈亮，要他放弃"义利双行、王霸并用"的功利学说时，引起了陈亮的极大不满，双方展开了长达数年之久的辩论。在正统理学家眼中，陈亮自然也是一个"大不成学问"的人，更不会主动接近陈亮，与之成为忠实朋友，这如同陈亮耻于与理学家为伍一样。然而陈

---

①②⑤《宋元学案·艮斋学案》附录。

③《东莱文集》卷五《答潘叔度》。

④《宋史》卷四三四"本传"。

⑥《宋元学案·永正学案》。

亮和吕祖谦却是一对莫逆之交。陈亮说"伯恭晚岁与亮尤好，盖亦无不尽，箴切诲戒，书尺具存。"①认为是生平无所不谈，谈无不尽的知心朋友："亮平生不曾会与人讲论，独伯恭于空闲时，喜相往复，亮亦感其相知，不知其言语之尽。伯恭既死，此事尽废"②。陈亮几乎每篇文稿俟成之际，总要先听听吕祖谦的看法。吕祖谦每收到陈文，亦欣慰异常。他曾给陈亮复信"伏蒙封示《孟子提要》，谨当细观深考，却得一一请教……公得兄坐进于此，遂有咨访切磨之益，喜不自胜"③。吕祖谦尤其欣赏陈亮早年的代表作《酌古论》。他认为此书"断句抑扬有余味，盖得太史公笔法"。④陈亮曾在《酌古论·武侯赞》中联系靖康之耻，多有发挥，吕祖谦看后拍案叫好，认为这"尤有补于世教"⑤，而朱熹却视陈亮为异端。这说明了在对陈亮之学的问题上，吕祖谦业已突破了一般理学家的偏见，做到了"公平观理所在"。

吕祖谦这种在学术上博采众长的学风对后来也有较大影响。南宋末的学者王应麟是吕祖谦的学术思想的后继者。清人全祖望在《谢山同谷三先生书院记》中说："王尚书深宁独得吕学之大宗，深宁论学，独亦兼取诸家。然其综罗文献、实师说东莱（吕祖谦）"。王应麟深得吕学的治学方法、注意综合各家学说、相互参证，为中国学术思想源流，提供了有价值的资料。这正是吕学讲究对史实"参合审订"的"文献之学"的传统。

吕祖谦在学术上持求同存异的态度，打破门户之风，博采各家之所长，谦虚而不自大，善于与各不同意见的学者友善交往，坦诚交流己见，既讲学术上的气节，而又有学术上宽宏的气度，深得当时知识界的赞许。吕学的这种为人治学的优良传统，在今日的学术界亦应加以发扬光大，树立起新的学术道德风尚。

---

① 《陈亮集》卷二十，《又甲辰答书》。
② 《陈亮集·复朱元晦秘书》。
③④⑤ 《东莱文集·与陈同甫》。

论吕祖谦的历史哲学

本文原发表于 1984 年的《哲学研究》，后又稍作修改，编入为 1992 年南京大学出版社出版的《吕祖谦评传》的第九章。

吕祖谦将朴素辩证法思想贯穿于其历史研究的过程中，成为他历史哲学的重要特色。具体地表现于以下三个方面：其一，"当如身在其中"的观史之法。从当时当地的具体历史环境来分析、考察问题，总结历史经验教训，摆脱了理学家"经本史末"的窠臼，具备了"求实学，不为腐儒所眩"的态度，为史学研究方法别开一代之风气。其二，"合群策、集事功"为历史发展的重要因素。认为决定国家大事和社会进步并非帝王"自任一己之聪明"所能奏效。必须"合群策、定成策，次第行之"，"广揽豪杰，集事功"才可。尤其是必须了解世务民情，主张"定国是以一民听"，强调"民听"、"群听"对于治理国家的作用"国之存亡，只看下情通塞"。其三，"有因有革"的历史发展观。反对历史不变论和历史复古论。历史是既有继承"因"，又有发展"革"，提出"视前代未备者，固当激励而振起，其远代前代者尤当爱护而扶持"。凡是前人所不完备的东西，后人应当"激励而振起"，进行大胆的改良。凡是后人发展了前人所没有的东西，更应该加以"爱护而扶持"，使之发扬光大。肯定了人始终是推动社会前进的主体力量。

吕祖谦（1137—1181）是一个理学家，同时又是一个以研究历史见长，颇有成就的史学家。在同代理学家中，吕祖谦的史学功底最为深厚，而为世人折服。不少有名的学者都曾向他请教过如何学习历史（如张栻）和某些典章制度的沿革（如陈君举）。吕祖谦的史学观是他整个思想体系中最精彩的部分，它集中体现了吕祖谦的"务其实"之学风及讲求经世致用的治学特点。

在研究历史的过程中，吕祖谦自觉不自觉地摈弃了一般理学家空谈性命义理的陈词滥调，反对将"天理"作为研究历史的准则，主张从历史的本身去了解、研究历史，总结历史发展的规律。吕祖谦这种史学观与朱熹的"会归一理"的史学观形成了尖锐的对立，因而引起朱熹的极大不满，他几次三番地指责吕祖谦的史学观，甚至在吕祖谦谢世后，仍怨声不绝。也正是在这一点上，吕祖谦受到了陈亮的特别推崇。

吕祖谦研究历史，是企图通过对历史的客观分析，讽谏南宋小朝廷总结历史经验，接受历史教训，避免历史之覆辙。而在其具体评论和叙述中，提出了不少独到之见解，富有启迪意义。尤其是他注意将朴素辩证法贯穿于其整个历史研究过程中，从而使自己的史学观增辉不小。

一、"当如身在其中"的观史之法

历史是现实的一面镜子。学习、研究历史的主要目的不是为了记住某些历史事件的本末始终，以示自己渊博；亦不是为了正确评价某些历史人物的是非功过，而表明自己见识高明；而是为现实提供有益之借鉴。

吕祖谦曾形象地将历史比作一座"药山"，其中蕴藏不少救世之灵丹妙药，几乎可以"随取随得"。① 问题是要有一个正确的采集方法。由此，他提出了"当如身在其中"的看史之法。吕祖谦说：

> 人之所游观其所见，我之所游观其所变。此可取以为看史之法。大抵看史见治则以为治，见乱则以为乱，见一事则止知一事，何取？观史当如身在其中。见事之利害，时之祸患，必掩卷

---

① 《文集》卷19《史说》。

自思，使我遇此等事，当作如何处之。如此观史，学问亦可以进，知识亦可以高，方为有益。①

其所谓观史"当如身在其中"，也就是要从历史的客观实际即从当时当地的具体历史环境来分析、考察问题，总结历史之经验教训，锻炼培养自己处世应事之能力。只有这样学习、研究历史，才能达到"经世致用"的目的。故而他反对人们将主要精力放在对历史事件、历史人物的"博学强记"之上，否则历史就起不到"药山"之作用，今人也就采集不到救世之丹药。由此，吕祖谦认为最要紧的是学会对历史的分析与思考：

看史须看一半便掩卷，料其后成败如何。其大要有六：择善、警戒、闻范、治体、议论、处事。②

必须承认，吕祖谦这种学习历史的方法，乃是治史的经验之谈。只要坚持不懈，确实可以收到"学问亦可以进，知识亦可以高"的效果。

然而吕祖谦这种强调从历史的实际出发了解历史的观点，却引起了好友朱熹的强烈不满。朱熹认为研究历史的唯一目的是要做到"合于天理之正，人心之安。"③故而他要求人们站在"天理"的高度去认识历史，把"天理"作为评论历史事件和历史人物的最高标准，所谓"陶熔历代之偏驳，会归一理之纯粹。"④即用理学家的主观标准去陶熔历史，准确地说这是在削足适履，这就难免要和吕祖谦发生严重分歧。

要了解和研究历史，就必须认真阅读和学习史籍。吕祖谦十分重

---

① 《文集》卷 19《史说》。
② 《文集》卷 20《杂说》。
③④ 李方子：《资治通鉴·纲目后序》。

视对历史著作的学习和研究。如对《左传》、《史记》、《资治通鉴》这些历史名著，他一生用工良多，颇有心得。曾以《左传》为题材，写下了《东莱博议》、《左氏传说》等重要著作，其中不少见解相当精辟，叙述严谨，议论奇宕，常给人以发人之所未发之感。

吕祖谦不仅本人认真学习史籍，而且还一再要求学生要经常翻阅玩味《左传》、《史记》等："伯恭劝人看《左传》、《迁史》"。① 对此，朱熹颇不以为然。他明确声称史籍不值得学习和研究。他说："看史只如看人相打，相打有甚好看处？陈同甫一生被史坏了，直卿（朱熹学生黄干）亦言：东莱教学者看史，亦被史坏。"② 认为阅读历史著作，只是看人打架，非但从其中得不到什么好处；相反弄不好还会把人看坏了。陈亮、吕祖谦之所以驳杂不纯，没有成为"醇儒"，就是史籍看得太多的缘故。

为了防止学者"被史坏了"，朱熹提出了"以经为本，而后谈史"的主张。"东莱聪明，看文理却不子细，向尝与较《程易》（指《伊川易传》），到《噬嗑》卦，'和而且治，'一本'治'作'洽'，据'治'字于理为是。他硬执要做'洽'字。'和'已有'洽意'，更下'洽'字不得。缘他先读史多，所以看粗着眼，读书须是以经为本，而后读史"③ 朱熹意思是说他和吕祖谦之所以在《伊川易传·噬嗑卦》文句上产生是"和而且治"，还是"和而且洽"的分歧，关键是吕祖谦没有先读经然后读史，而是"先读史多"之缘故。朱熹认为对于学者来说，一定要以经为本，视史为末才行。因为只有先读经多，掌握了义理，然后读史才有正确评价历史事件和历史人物的标准，也才能做到"合于天理之正，人心之安"，这样亦可避免"看粗着眼"和"被史坏了"的不良后果。从朱熹对吕祖谦的这段批评中，可以清楚看出吕祖

---

① ③《朱子语类》卷 122。
②《朱子语类》卷 123。

谦重视读史的程度。

和朱熹经本史末、经先史后的观点有所不同，在吕祖谦这里，经、史没有本末轻重先后之分。他常常将经、史相提并论，而且坚持认为儒家经典本身也是属于史籍之列，他说："观史先自《书》始"①明确把儒家经典之一《尚书》列为史籍。在一般理学家那里，《尚书》是经不是史，而在吕祖谦这里则是经亦是史，它与《左传》《史记》等历史著作一样，难分轩轾。后世"六经皆史"之说，亦可能发轫于此。

吕祖谦之所以重视对历史的学习，是基于这样一种认识，即任何人要想有所成就，都离不开对历史的学习，以孔子而论，也得要借助历史资料，才有建树。他说：

> 简编失实，无所考信，则仲尼虽欲作春秋以示万世，将何所据乎？无车则造父不能御，无弓则后羿不能射，无城则墨翟不能守。②

《春秋》原是鲁国的一部编年史，后来孔子根据自己的政治主张、学术观点对其加以修订笔删而传世。在封建社会中，《春秋》是封建地主阶级判断是非、臧否善恶的主要依据之一，一向被理学家抬得很高，视为万世不易之经典。然而孔子之所以能够笔删《春秋》，寓"微言大义"于其中，关键在于原先有这样一部史料翔实丰富的史籍，如其不然，孔子就笔删无本，也不可能"以示万世"了。这就如造父的御车能力再高，无车则无以发挥；后羿的射术再精，无弓则无法施展；墨翟守城本领再大，无城则守之无物。像孔子这样的圣人都离不开史

---

① 《文集》卷3《与张荆州》。
② 《东莱博议》卷2《曹刿谏观社》。

籍之助，又何况他人呢？

由此，吕祖谦大胆提出秉实写史的史官有功于圣人的观点。

> 春秋之时，王纲解纽，周官三百六十，咸旷其职，惟史官仅不失其守耳。……呜呼，文武周公之泽既竭，仲尼之圣未生，是数百年间，中国所以不沦丧者，皆史官扶持之力也。……春秋之时，非有史官司公议于其间，则胥戕胥虐，人之类已灭，岂复能待仲尼之出乎？史官非特有功于仲尼之未出也。……大矣哉！史官之功也。①

吕祖谦认为春秋之时，天下无道，上至周天子，下至各国之君，"其举皆非"，有违文武周公之道，而孔子这样的圣人还没有出世。中国在这几百年间还不至于"沦丧"，靠的就是一批忠于职守，秉实写史的史官。由于他们"身可杀而笔不可夺，铁钺有敝，笔锋益强，威加一国而莫能增损汗简之半辞"，才"终使君臣之分，天高地下再明于世"②。在这里，他把历史的发展，人类的生存归于史官不旷其职，"司公议"，表露了历史唯心主义观点，但是他认为史官和孔子一样伟大，只是靠了"史官扶持之力"，才有了"仲尼之出"，这种议论在理学家中是绝无仅有的。

吕祖谦对于史官的这种态度，引起了朱熹的强烈不满，两人终于在对待伟大的历史学家司马迁评价上发生了争执。据朱熹回忆说：

> 伯恭、子约（吕祖谦之弟吕祖俭）宗太史公之学，以为非汉儒所及。某尝痛与之辩。子由（苏辙）《古史》言，马迁浅陋而不学，疏略而轻信。此二句最中马迁之失。伯恭极恶之。迁之

①② 《东莱博议》卷2《曹刿谏观社》。

学，也说仁义，也说诈力，也用权谋，也用功利。然其本意，却
只在于权谋功利。孔子说，伯夷求仁得仁，又何怨，他一传中，
首尾皆是怨辞，尽说坏了伯夷。……圣贤六经垂训，炳若丹青，
无非仁义道德之说。今求义理，不于六经，而反取疏略浅陋之子
长，亦惑之甚矣。①

朱熹同意苏辙对司马迁"浅陋而不学，疏略而轻信"的评价，认为司
马迁虽然口头上也讲一点仁义，而心底里所赞成的却是"诈力"、"权
谋"、"功利"。因而人们学习义理应该取诸"炳若丹青，无非仁义道
德之说"的儒家之经典，而不应"取疏略浅陋之子长（司马迁）"。
吕祖谦则竭力反对"马迁浅陋而不学，疏略而轻信"之说，在他看
来，司马迁的道德学问在汉代是其他诸儒所无法比拟的，学习"太史
公之学"，同样可得到义理。在吕祖谦的影响下，其弟吕祖俭对司马
迁的评价更高。朱熹曾这样恨恨不已地说："今子约（吕祖俭）诸人
抬得司马迁不知大小，恰比孔子相似。"②认为司马迁无论如何是不能
和孔子相提并论的，而现在吕祖俭等人却将司马迁吹捧得和孔子并肩
而齐，真是"不知大小"。吕祖谦和朱熹在司马迁评价问题上的分歧，
说到底是两种对立史学观的曲折反映。

历史发展有着自身的规律，历史研究是一门科学。吕祖谦指出，
阅读、研究历史著作应该以历史发展的顺序为基本线索，有系统地进
行，这样即能前后比较，对历史的全过程"洞然明白"。

……史当自左氏至五代史，依次读则上下首尾洞然明白。至
于观其他书亦须自首至尾无失其序为善，若杂然并列于前，今日
读某书，明日读某传，习其前而忘其后，举其中而遗其上下，未

①② 《朱子语类》卷122。

见其有成也。①

吕祖谦这段议论不仅是其治史的成功之诀，同时也反映了他对历史学的重视。他认为像这样"上下首尾"、"无失其序"地学习历史，可以使人获得许多有益的知识。然而朱熹正与吕祖谦相反，他既看不起秉实书史的历史学家，亦根本不承认历史是门科学。据《朱子语类》卷一二二载："问东莱之学。曰：伯恭于史分外仔细，于经却不甚理会。……义刚（朱熹学生黄义刚）曰：'他也是相承那江浙间一种史学，故恁地。'曰：'史甚么学，只是见得浅。'"十分明显，在朱熹眼中，史学不过是经学的奴婢，既否定史学之为"学"，亦将史学家贬为"见得浅"的人。仅就这一点而言，吕祖谦要超越朱熹多矣。

吕祖谦不仅重视对已有的史籍的学习和研究，而且还亲自动手编著了大量的历史著作。关于史籍的编写方法，吕祖谦有其独特的见解。他曾这样说：

> 大抵史有二体。编年之体始于左氏，纪传之体始于司马迁，其后班范陈寿之徒纪传之体常不绝，至于编年之体则未有续之者。温公作通鉴，正欲续左氏。……然编年与纪传互有得失。论一时之事，纪传不如编年；论一人之得失，编年不如纪传。要之，二者皆不可废。②

吕祖谦认为撰写史书有两种传统方法：编年与纪传。前者发轫于《左传》，后者则由司马迁首创。这两种体裁形式各有优劣，不可偏废。在编写史籍的过程中，应视不同对象，而将这两种方法有机地交替使

---

① 《文集》卷 20《杂说》。
② 《文集》卷 19《史说》。

用。以吕祖谦晚年所编写的《大事记》而言，就基本上采取的是编年之体，但同时也吸取了纪传之体的不少写法，而"不尽用某书凡例"。《大事记》叙述史实十分严谨精密，对若干历史事件和历史人物有着不同于前人的见解，连朱熹也不得不叹服《大事记》乃"自成一家之言"，"其精密为古今未有"，而《大事记·解题》也是"煞有工夫"。

吕祖谦的史学观及史学研究的方法，实开当时一代风气。为此，朱熹十分恼火。他说："婺州自伯恭死后，百怪都出，至如子约别说一般差异底话，全然不是孔孟规模，却做管（仲）、商（鞅）见识，令人骇叹。然亦是伯恭自有些拖泥带水，致得如此，又令人追恨也。"① 又说："伯恭无恙时，爱说史学，身后为后生辈糊涂说出一般恶口小家议论，贱王尊霸，谋功计利，更不可听。"② 朱熹对吕祖谦史学观和治史方法论的这一批评，从反面印证了吕祖谦在治史问题已逐步脱离了理学家的窠臼，确实具备了"求实学，不为腐儒所眩"③ 的态度。这也正是其进步历史观的表现之一。

二、"合群策、集事功"为历史发展的重要因素

社会历史发展的决定因素是什么？以朱熹为代表的理学家坚持认为"天下之事，千变万化，其端无穷，而无不本于人主之心者。"④ 从而断定社会的兴衰、政治的好坏、社会历史的发展变化完全决定于封建帝王的"心术"之"正"与"不正"。吕祖谦虽然有时亦认为人主心术在历史发展过程中有着重大影响，但它决不是什么决定因素。他在《与周子充》的信中这样说："秦汉以后，只患上太尊，下太卑"。⑤ 这实际上是对君主专制制度的一种委婉批评。两宋时代，正

---

① 《朱文公文集·答刘子澄书》。
② 《朱文公文集·答刘子澄书》。
③ 《文集》卷2《太学策问》。
④ 《朱文公文集·戊申封事》。
⑤ 《文集》卷4。

是君主专制日益强化的时代，吕祖谦这一说法确实是惊世骇俗之论。

吕祖谦指出，所谓"天下之事""无不本于人主之心者"的理论极其有害，它只能加重"上太尊、下太卑"之患，助长君主的独断专行，其结果犹如人体血脉经络"少有雍滞，久则生疾。"为此，吕祖谦专门对君主"独运万机之说"进行了反复、详尽的驳斥。认为"独运万机"之说，至少有四大弊端：

第一，一个人独断天下之事，总不免有所遗漏，不能不贻误治效。他说：

> 琐微繁细，悉经省览，酬酢区划，日不暇给，而天下大计或有所遗，治效不进，岂不甚可惜乎？①

任何人的精力总是有限的。事无巨细，一人独揽，此人纵然有通天彻地之能，也是应付不了的。尤其是在小事情上耗费过多的精力，就会忽略大政方针，势必影响治国的效果。

第二，大臣有职无权，一旦天下有事，大臣就不能有力地辅佐君主。吕祖谦是这样分析的：

> 治道体统，上下内外，不相陵夺而后安。向者，大臣往往不称倚任。陛下不得已而兼行其事，大臣亦皆亲细务而行有司之事，外至监司、守令职任，率为其上所侵而不能令其下。……一旦有事，谁与招麾而伸缩之耶？②

吕祖谦认为比较理想的政治局面是不要相互侵权，而是各司其职。现在皇帝行大臣之职，大臣就去行政府各部长官之职，外而至于地方上

①② 《文集》卷1《淳熙四年轮对札子二首》。

的监司、守令的职权都为他们的上级长官所侵夺，这样他们就失去了约束其部下应有的权威，不能命令部下行事，容易形成下不服上的局面。一旦天下有事，君主就很难得到大臣以及各级官员强有力的辅佐。

第三，君主无人拥戴，有被架空的危险。

> 一命而上，大小相承，积而至于人主，然后尊重无以复加，苟万机独运，大臣而下皆为人所易，则人主岂能独尊重哉？①

这是说自低级官员（"一命"）以上，各级职务都为上级长官所夺，直至大臣之权为皇帝所夺，皇帝固然尊重无比，但自大臣以下各级官员都为其下属所轻视，皇帝怎能独自尊贵呢！

第四，容易造成宦官专权。君主事必躬亲，势必手忙脚乱，难以应付。这就很容易使身边的亲近佞小越俎代庖。如果这时有"妄意在旁者"，"工于揣摩"，投君主之所好，钻了空子，事情就不好办了。

吕祖谦的这段分析可谓条分缕析，具有很强的说服力。为了进一步驳斥"心术"决定论，吕祖谦以其丰富渊博的历史知识，又从社会伦理制度产生的角度予以论证。他指出社会伦理制度——"人纪"，并非是哪一位圣王建立起来的，而是"藉众人之力而共建"的社会历史产物。他说：

> 大抵人纪乃天下之物，非汤得而私有之。既不得私有则亦多与天下共之，固非汤一手一足之力。亦当籍众人之力而共建明之。故汤因自然之理顺而不咈，乃汤之肇修人纪也。②

---

① 《文集》卷 1《淳熙四年轮对札子二首》。
② 《东莱书说·伊尹第四》。

其言下之意是"天下之事","无不本于人主之心者"之说根本不可信。以"人纪"建立这样重要的事情，都不是由"汤一手一足之力"所能完成的，又遑论其他！因而凡是头脑清醒的君主都不应该迷信"独运万机"之说。

> 勿以聪明独高而谓智足偏察；勿详于小而遗远大之计，勿急于近而忘雍蔽之荫。①

吕祖谦曾当面规劝孝宗皇帝说，一旦相信"独运万机"之说，而包揽一切，结果只能是"天下徒闻陛下独运万机，事由中出，听其声，不究其实，……声势浸长，趋附浸多，过咎浸积"，② 对于国家的长治久安是极为不利的。

吕祖谦指出决定国家大事和社会进步的决不是帝王个人之事。必须"合群策、定成策、次第行之"，"广揽豪杰，共集事功"方能奏效。他以古之勾践、刘邦君臣共谋大事为例再次说明了这一观点。

> 如勾践、种（文种）、蠡（范蠡），如高祖、良（张良）、平（陈平），相与共图大计，反复筹划，至于今可考，曷尝敢易为之哉？……夫一郡一邑之事，尚疑者半、难者半，参合审定，然后至于无悔，况天下大计果无可疑而无可难耶？……故先尽其所疑，极其所难，再三商榷，胸中了然无惑，然后敢以身任之，虽死不惮。③

---

①② 《文集》卷1《淳熙四年轮对札子二首》。
③ 《文集》卷1《乾道六年轮对札子二首》。

勾践、文种、范蠡以及刘邦、张良、陈平等古之君臣，凡要作出重大决策总要事先互相质疑，非常慎重，不敢轻易决定，而不是由勾践、刘邦"独运万机"。因而，他们所定下来的大政国策就基本上不会出大的差错。这是一个很值得后世君主所吸取的范例。吕祖谦认为处理郡县的小事，尚且要再三斟酌才付之实行，更何况涉及天下大计之事呢，应该"尽其所疑，极其所难"才是。吕祖谦这一观点实际上是对心术决定论的否定和匡正。

与"合群策、定成策、次第行之"的观点相一致，吕祖谦坚决反对君主"自任一己聪明"的"师心自用"的独断论。他说：

> 舜格于文祖，询于四岳，明四目、达四聪，方说出治天下规模，如食哉惟时蛮夷率服之类，此是圣人之治天下手段，必先资诸人而后展出规模，后世兴王之君即位之初必自用，如高祖一入关便约法三章，晋悼公一即位亦便自用。[1]

吕祖谦认为古代圣王治理天下，要订立治国安邦的大政方针（"规模"），总是要广泛地征求他人的意见，做到"明四目、达四聪"，这也是他们能够使天下达到大治的根本手段。如舜就是这样做的。而后世君主一即位就不听取别人的任何意见，就"师心自用"，随随便便地颁布法令，这就很难避免失误。吕祖谦激烈地抨击了后世封建君主的"自任一己聪明以临天下"的行为。他说：

> 后世之君，自任一己聪明以临下，适足为不知，盖用众人聪明以临下，此乃大君之所宜。[2]

---

[1] 《文集》卷20《杂说》。
[2] 《文集》卷13《易说·临》。

在吕祖谦看来，尧舜这些古代圣人之所以超越"后世之君"，关键就在于他们在处理问题时，注意吸取"众人聪明"。"是以天下之耳目为耳目，是上下远近俱无雍蔽不通下情者，此舜即位第一件事。"①

吕祖谦这些论述不是无意义的。它不仅在客观上否定了权力过分集中的君主专制制度，而且还涉及对历史发展决定因素的有益探索。吕祖谦敏锐地察觉到了这么一个问题，即国家的兴亡，与"下情通塞"与否有着密切联系。指出：

> 汉武帝穷侈，淫刑、黩武，比秦、隋无几，然秦、隋亡而汉不亡者，要须深思。二世、炀帝只以下情不通，故亡。汉武下情却通，只轮台诏可见，外面利害，武帝具知之，国之存亡，只看下情通塞。②

这就是说，君主必须了解世务民情，才能维护自己的统治。如果与外界隔绝，"下情不通"，就会导致国家之衰与亡。为此，他主张"定国是以一民听"，"下孚群听"，强调"民听"、"群听"对于治理国家的作用。尽管吕祖谦所说的与我们今天所主张的倾听群众呼声，走群众路线不可同日而语，有着极为本质的区别，但就其观点本身而言，确属有识之见。

三、"有因有革"的历史发展观

历史究竟是前进的，还是倒退的？这又是吕祖谦和朱熹等人在历史观上严重分歧之一。朱熹曾露骨地宣扬历史退化论。他认为夏、商、周三代是天理流行的时代，实行的是王道政治，故而天下其乐

---

①② 《文集》卷20《杂说》。

融融，而三代之后，由于人欲横行，实行的是霸道政治，故而将天下搞得一团糟。吕祖谦则认为历史总是前进的，决不是什么一代不如一代，他反对历史不变论和历史复古论，强调历史的发展是"有因有革"。对于历史既不能采取虚无主义的东西，一概否定，推倒重来。例如"祖宗化成风俗，所以维持天下者，其可胺削乎？"①也就是说对封建等级名分以及与之相应的典章制度，政治伦理观念等只能是"因"而不是"革"。但尤其重要的是不能借谨守祖宗之法因循守旧，坐视其弊，而必须大胆革除已经过时的陈规陋习。他说：

> 祖宗之意，只欲天下安。我措置得天下安，便是承祖宗之意，不必事事要学也。②

在吕祖谦看来，祖宗之所以订立法令、规矩，目的是要求天下太平。而当这些祖宗旧章程妨碍了天下太平，后人及时加以革除，就是最好的师承祖宗之意，而不是每件事都要照老祖宗的办法去做。必须承认吕祖谦这一师祖宗之意不师祖宗之法的观点和王安石变祖宗之法的思想是相通的。

吕祖谦之所以强调对于祖宗之法，"不必事事要学"，是基于这样一种认识，即历史总是在向前发展的，"先世制度"只能适应"先世"，而不能适应"后世"。他指出"施行先世制度于今日"是注定不能成功的。例如，战国时期某些人所宣扬的"帝王之道"就因为已不符合当时的社会实际，而变成了"迁阔难行"的空谈。"战国之时指以为帝王之道者类皆迁阔难行者也，知王道之近思者惟孟子一人而已。"③意谓孟子的学说值得仿效之处在于他对于古之"帝王之道"作

---

① 《文集》卷 1《淳熙四年轮对札子二首》。
② 《文集》卷 12《易说·蛊》。
③ 《大事记·解题》卷 3。

了修订，不太迂阔。吕祖谦的这一观点与陈亮所说的"古今异宜，圣贤之事不可尽以为法"的思想是相契合的。

吕祖谦坚持认为历史是前进的，因此对于后人来说，就是要增添前人所不备的新内容。就这个问题，吕祖谦提出如下观点：

> 视前代未备者，固当激励而振起，其远过前代者尤当爱护而扶持。①

凡是前人所不完备的东西，后人应当"激励而振起"进行大胆的改良。凡是后人发展了前人所没有的东西，更应该加以"爱护而扶持"，使之发扬光大。

人始终是推动社会前进的主体力量。换句话说社会历史的发展依赖于人的主观努力。吕祖谦这样说：

> 大抵有人事有天理，人事尽然后可以付之天。人事未尽，但一付天，不可。②

在这里，尽管尚笼罩着一丝天命论的阴影，但很明显，吕祖谦所强调的是"人事"。他认为不能把什么都推诿于天。重要的是要尽"人事"，即发挥人的主观努力。与此相一致，吕祖谦高度重视人在历史变革中的重要作用。他说：

> 和气致祥，乖气致异，二气之相应，犹桴鼓也。物之祥，不如人之祥。故国家以圣贤之出以为祥，而景星卿云神爵甘露之祥

---

① 《文集》卷1《淳熙四年轮对札子二首》。
② 《文集》卷18《孟子说》。

次之。物之异不如人之异，故国家以邪佞之出以为异，向彗孛飞
流龟孽牛祸之异次之。①

吕祖谦认为物产的阜盛、天象的吉兆，都不如德才兼备的圣贤对于社
会的进步历史的发展、国家的安定有用途。只要社会上多几个杰出之
人才，历史的发展就会更快些。

南宋时期，在史学领域中爆发了一场著名的王霸之辩，辩论主要
是在朱熹和陈亮之间发生的。朱熹认为王、霸是对立的。"三代专以
天理行"，实行的是王道，故而一片光明。而汉唐以来，人欲横行，
实行的是霸道，故而社会混乱不堪，其实他所鼓吹的是历史退化论。
陈亮不同意朱氏之说。他认为汉唐诸君如刘邦、李世民等其"大功
大德""暴著于天下"，足以与三代圣王相媲美。霸道与王道不是对立
的，而是相辅相成的，没有霸道，就没有王道，其间透露了进化的历
史观。吕祖谦没有直接参加这场辩论，但不是说他对这个问题没有自
己的看法。吕祖谦认为王道与霸道是有原则区别的，两者不能混为一
谈。他说：

王者之所忧，霸者之所喜也。王者忧名，霸者喜名。名何为
而可忧耶？不经桀之暴，民不知有汤；不经纣之恶，民不知有
武。使汤、武幸而居唐虞之时，无害可除无功可见，与斯民相忘
于无事之域则圣人之志愿得矣。功因乱而立，名因功而生，夫岂
吾本心邪？是故云霓之望非汤之盛也，乃汤之不幸也；壶浆之
迎，非武王之盛也，乃武王之不幸也。霸者之心异是矣。王者恐
天下之有乱，霸者恐天下之无乱。乱不极则功不大，功不大则名
不高，将隆其名必张其功，将张其功，必养其乱。……噫，此王

————————

① 《东莱博议》卷1《盗杀仅寿》。

霸之辩也。①

吕祖谦认为王、霸区别的主要标志是，两者考虑问题的出发点不同。王者所想的是天下太平晏然，而不是自己名声的大小。他们特别害怕自己名望声誉与日俱长，播及天下。这是因为大凡名声的建立是要在除暴平乱中产生的。没有暴乱，就没有自己名声显赫的机会，抑或说自己名声大了，这就意味着天下有了暴乱。而有违其"与斯民相忘于无事之域"之夙愿。霸者则与王者相反，他们所考虑的是要自己出名，而且知名度愈高愈好。而要达到这一目的，就希望天下大乱，人民处于"暴"、"恶"的熬煎之中，而由自己解民于倒悬。但这怎么能比得上天下本来就太平呢？因而相比之下，王者要比霸者更高明。因此人们当以王道为期。他说：

> 天下之为治者，未尝无所期也。王期于王，霸期于霸，强期于强，不有以的之，孰得而射之，不有以望之，孰得而趋之，志也者所以立是期也，动也者所以赴是期也，效也者所以应是期也。②

要想达到天下之治，就必须有明确的奋斗方向，这好比射箭必须要有箭靶，走路要有目标一样。而且目标愈远愈大，就愈易激励人们奋发向上。对于统治者来说应该以王道自期自律才行。如果仅以霸道为满足，是不可能将其功业永远保持下去的。他在评论春秋五霸之首齐桓公晚年穷途末路时这样说：

---

① 《东莱博议》卷 2《齐侯救邢封卫》。
② 《东莱博议》卷 3《癸邱之会》。

呜呼，管仲辅桓公之初心，其自期何如邪？晚节末路至使桓公不能自定其子，区区偕仲，属之于宋襄焉。吾读书至此，未尝不怜其衰而哀其穷也。世之诋霸者必曰尚功利，五霸桓公为盛，诸子相屠，身死不殡，祸且不能避，岂功利之敢望乎？是知王道之外无坦途，举皆荆棘，仁义之外无功利，举皆祸殃。彼诋霸以功利者，何其借誉之深也。①

吕祖谦认为齐桓公晚年之所以发生不能"自定其子"，将其后事嘱咐给宋襄公这样的无能之辈，死后，由于五子各树党争立，相互屠杀，以致其尸体二月有余尚不能成殡，其根本原因就在于齐桓公向以霸者自期自律，尚权谋诈力而不尚仁义，一旦"葵邱之会悉偿所愿，满足无余，……所期既满，其心亦满，满则骄，骄则怠，怠则衰。"②吕祖谦断定"桓公之罪在于自期之时，而不在既满之时"。他设想，假使齐桓公"素不以霸自期，则下视霸功亦蚊虻之过前耳，……进霸而至于王，极天下之所期，无在其上者，其亦可以息乎？"③这就是说齐桓公以天下最高的政治目标王道自期自律，则永远不会到达终点，"悉偿所愿"，从而就会自强不息，汲汲而为，而根本不可能产生骄怠之心。吕祖谦不同意将"功利"与"霸"连接一起，认为批评霸者"尚功利"，实际上是在美化霸者。以五霸之盛者齐桓公尚且落得"身死不殡，祸且不能避"，哪里还有什么功利可言呢？在这里，吕祖谦虽然没有明确说王霸对立，实际是取尊王贱霸之说的。

但是吕祖谦亦不同意对三代帝王之德的无限拔高。他从历史考据的角度指出，古代传说的圣王之德并不符合历史之实际情况。他在《东莱博议·宋公楚人战于泓》中有如下一段议论：

---

① 《东莱博议》卷2《齐寺人貂漏师》。
②③ 同上《葵邱之会》。

> 说者乃以宋襄之败，为古道之累，是犹见者误评宫角，遂欲并废大乐，岂不过甚矣哉！或者又谓宋襄无帝王之德而欲效帝王之兵，所以致败亦非也。……吾恐帝王之兵不如是之拙也。古之誓师者曰：殄歼乃仇，曰取彼凶残，凛然未尝有毫发贷其所宽者，惟弗迓克奔而已。

吕祖谦认为古代圣王们在战争中并不那么仁慈宽厚，他们所采取的手段亦是十分凶残的，"凛然未尝有毫发贷其所宽者"。这就从根本上否定了朱熹等人所虚构的圣王形象，而还历史的真实。吕祖谦以确凿的古文献记载，说明了对"三代圣王"不可虚构美化，虽不及陈亮对朱熹复古主义所作的批判尖锐激烈，但却具有较大的说服力。

我们认为吕祖谦在王霸之辨上的矛盾态度具有调和朱熹、陈亮之倾向，其实这也不奇怪。作为理学家，吕祖谦自然要尊王贱霸，而作为历史学家，面对着确凿有据的历史资料，他亦不能容忍朱熹的虚构神话。

要之，吕祖谦的史学观就总的倾向来说，是进步的，其中含有不少积极之因素，虽然其中亦有若干消极之成分，但这毕竟是次要的。

论方以智的朴素辩证法宇宙观

本文发表于 1979 年第 5 期的《学术月刊》上，作者应该杂志编辑部之邀，撰专文以澄清 1964 年批判"合二而一"论而引出的历史疑案。

十五年前，哲学界曾经进行过一场关于"一分为二"与"合二而一"问题的激烈争论。由于当时有人引用方以智《东西均》中的"合二而一"一语，以为这是"中国古代的关于对立统一的光辉思想"，这就牵涉到对于方以智宇宙观的评价问题。那些认为只有"一分为二"才是对立统一的辩证规律的人，把"合二而一"看作是反辩证法的形而上学的命题，于是方以智就成了所谓"合二而一论"的形而上学者，而遭到无情的批判和全盘的否定。我们认为这是很不公正的。因此，对于方以智的宇宙观的性质问题必须重新给予正确的评价。

方以智的"火"一元论的朴素辩证法宇宙观

方以智（1611—1671）是明清之际的著名学者、唯物主义哲学家，而且对于文学、艺术和自然科学都有较深的造诣。他在少年时代就参加了当时社会的进步政治活动，"接武东林，主盟复社"，可谓从东林党到复社人物中的领袖之一。明亡之后，终于出家为僧，隐居深山古庙，至死不与清廷合作，这虽是避世逃禅的消极行为，但也是一种民族气节的表现。

明清之际是封建制度日益没落，资本主义萌芽生长的时代，用黄宗羲的话来说，乃是趋于"山崩地解"的历史变动时期。处于这样一个历史变动时期的方以智，作为一个进步的思想家，如同他的朋友王夫之一样，是肩负着批判继承和总结以往学术思想，并加以新的发展的历史任务的。他一方面"坐集于千古之智而折中其间"，"收千世之慧"而"折中会决"，对从古以来的学术思想加以批判地总结；另一方面又潜心于研究当代科学成果，并批判地吸取了从西方传入的自然科学知识。这样，也就使他的哲学思想有了某些新的时代特色——主要表现在他把自己的朴素唯物主义哲学思想与当时的自然科学知识密切联系在一起，把前者建立在后者的基础上，即他所谓"寓通几（哲学）于质测（科学）"。方以智曾提出一种关于哲学与科学之间的关系的新见解："质测即藏通几"，"通几护质测之穷"①。这意思是说，科学之中寄寓哲学，而哲学又可指导科学研究。他在《示山足斧》一诗中还说："且劈古今薪，冷灶自烧煮。"他就是把古今一切思想材料作为柴木，"烧煮"出自己的独立见解来。方以智的一生就是这样身体力行的，从而使他的朴素唯物主义哲学思想，在中国古代史上放射出新的异彩！

方以智的朴素唯物主义哲学是和他的朴素辩证法思想不可分割地联系在一起的，这突出地表现在他所提出的"火"一元论的宇宙观上。他认为世界的本源是物质性的"火"，因而提出"满空皆火"或"弥空皆火"的命题。方以智把世界的本源归之于具体的物质元素，并把"火"与"气"等同起来，如说"气者天也"或"物即是天"，因而"天与火同"，这虽然因袭了"五行尊火之论"的传统说法，但与其前辈相比较（如同古代的"阴阳"、"五行"、"元气"之说相比较），在具体内容上是有所突破的。方以智认为"火"是物质世界的

---

① 《愚者智禅师语录·示中履》。

本源。他说：

> 天恒动，人生亦恒动，皆火之为也。……天非此火不能生物，人非此火不能自生。①

又说：

> 物物之生机皆火也。火具生物、化物、照物之用。②

自然界和人类生活之所以永恒地运动着，都是"火"的作用的结果；没有这个"火"，自然界和人类生活就不能产生，也不能有什么运动、变化和发展。在这里，方以智猜测到运动是物质所固有的属性，世界上没有离开运动的物质，没有运动也就没有世界。

那么，为什么"火之为"会使由它构成的天地万物"恒动"呢？对此，方以智作了很好的回答：这是由于"火"本身就是一个矛盾着的统一体；"火"自身包含两个对立面："君火"和"相火"或"文火"和"武火"。他说：

> 五行各有其性，惟火有二，曰君火、……相火。……火内阴外阳而主动者也，以其名配五行谓之君……；因其动而可见，故谓之相。③

方以智认为"君臣（相）炮制"，它们之间是互相对立，互相排斥，互相斗争的；同时，"君相道合"，它们之间又是互相联系，互相统一

---

① 《物理小识》卷一。
② 《炮庄·养生主篇评》。
③ 《物理小识》卷一。

的。这两种"火"的互相作用，就引起运动。"火"本身既是如此，那么，由它构成的整个世界也无不如此。所以，方以智说：

> 试看天道变化，一寒一暑，炮制火候，一武一文。缓急无非中琴之节，张弛无非养弓之用。且道不落寒暑天，不问文武火，穿却缓急张弛底在甚么处？①

这就把"火"的"一武一文"的"炮制"（亦即对立矛盾）看作是"天道变化"的根源和普遍规律了。更值得注意的是，方以智把整个世界包括"天"和"人"都看作是一个"火"的大炉灶，都是处于"炼"的矛盾运动过程之中，并由此而引起新旧更替，以至于无穷的发展。他说：

> 天以生死炼乎！人以生死自炼乎！往来、动静、好恶、得失，凡相敌者皆生死也。②

这里的"生死"是指新旧更替或新陈代谢的意思。方以智认为自然界和人类生活都是在"往来"、"动静"等等对立面的"相敌"，即相矛盾相斗争的过程中得到发展的——新陈代谢的，这好像在大炉灶中"炼"出新的东西一样。而"火传不知甚尽"，因而事物的矛盾运动也就无穷无尽；如果一旦"息火"，那就世界也不存在了。方以智在这里强调"凡相敌皆生死也"，说明对立面的矛盾和斗争是事物发展的源泉；这是很有见地的辩证法观点。方以智还进一步指出："金木水土四行皆有形质，独火无体，而因物乃见"，因而作为万物的本

---

① 《愚者智禅师语录》卷二。
② 《炮庄·大宗师总评》。

源及其所固有的属性——运动的"火",便是"可见不可见,待与无待,皆反对也,皆贯通也;一不可言,言则为二,用二即一。"① 很清楚,在方以智看来,"火"本身就是对立统一的,因而"皆火之为也"的整个物质世界都是对立统一的存在。这就是方以智的"火"一元论的朴素辩证法宇宙观的基本思想。

方以智的"二而一,一而二"的对立统一理论

方以智基于他的"凡运动皆火之为也"的朴素辩证法宇宙观,针对反辩证法的形而上学,明确而尖锐地指出:

> 是故设教之言必回护,而学天地者可以不回护;设教之言必求玄妙,恐落流俗,而学天地者不必玄妙;设教之言惟恐矛盾,而学天地者不妨矛盾。②

这是所谓"设教之言",指的是那些由儒、道、佛"三教同源"而来的宋明理学——程、朱、陆、王唯心主义形而上学的宇宙观。所谓"学天地者不妨矛盾"的意思是,作为一个唯物主义者,必须"学天地",即把客观世界作为研究对象,认识和反映它;而作为朴素辩证法思想家,在"学天地"的过程中,就"不妨矛盾",因为由"火"构成的"天地"包括整个世界就是矛盾着的统一体。

我们知道在中国哲学史上最初使用"矛盾"一词是战国时代的韩非。韩非在他的著作中所讲的"矛盾之说",主要地是指言论上的自相矛盾之意。到了方以智那里"矛盾"一词已经成为表述事物的矛盾规律了。他说:

---

① 《炮庄·内篇评》。
② 《一贯问答》。

> 一切法皆偶（偶，匹也，亦即对立矛盾）也。丧偶者执一奇耶？奇与偶对，亦偶也。丧之，当立何处耶？莫是一往自迷头耶？莫堕混沌无记空耶？丧二求一，头上安头；执二迷一，斩头求活。①

这里的"一切法皆偶也"，是说一切事物现象都是对立矛盾的存在。这是对庄子在《齐物论》中所说的"彼是莫得其偶"那种否定事物的对立矛盾的形而上学的批判。而"奇与偶对，亦偶也"，则与王安石所谓"偶之中又有偶"的说法一样，是说矛盾之中又有矛盾，表明事物矛盾的复杂性。"奇"与"偶"两个对立面既是互相矛盾的，又是互相联系、互相依赖，互为存在的前提的，丧失了"奇"的一方，"偶"的一方也就不存在，反之亦然，故云"丧之，当立何处?"基于上述理解，方以智进而批判了两种形而上学的错误观点：一种是"丧二求一"，即抹杀和否认事物的对立和矛盾（"二"）而去追求绝对抽象的、超乎客观事物之上的"一"，如唯心主义形而上学者所说的"道"、"真宰"、"太极"、"真如"之类，这便是方以智所反对的那些"求玄妙"、"恐矛盾"的"设教之言"。这正如头上加头的双头怪物一样，实际上是不存在的。另一种是"执二迷一"，即虽然承认事物是互相对立的，但却否认对立面的双方是互相联系，互相依赖，亦即认为对立面双方是彼此孤立，而不相统一的。这就好像"斩头求活"一样可笑，实际上是不可能的。从上可知，"丧二求一"是否认对立，只讲统一；"执二迷一"是只讲对立、否认统一。这是违反对立统一规律的两个极端。因此，方以智批评了各持一个极端的两个名家代表人物惠施和公孙龙的错误，认为惠施的"合同异"论（这其实

---

① 《炮庄·齐物论评》。

就是"丧二求一")的错误在于"以我言之，无所不可"①，而公孙龙的"离坚白"论（这其实就是"执二迷一"）的错误在于"不通大小互换耳"②。在方以智看来，只有承认对立面既对立、矛盾而又互相联系、统一的观点才是最正确的。

方以智为了力图说明事物对立统一的辩证关系，曾写了一部专著《东西均》。方以智在此书中说："是何东西？此即万世旦暮之霹雳也。""均者，造瓦之具，旋转者也。"这"霹雳"即"火之为也"，可见所谓"东西均"就是指由"火"构成的事物本身的对立统一所引起的运动变化的意思。

《东西均》中提出的"二而一，一而二。分合，合分，可交，可轮"，可以说是基本上概括反映了方以智关于对立统一的思想。应该说方以智所论证的"基本命题"是"二而一，一而二"，而不仅仅是"合二而一"，后者不过是前者的一个方面或组成部分。

方以智认为天地万物都是"两端"（即矛盾）的存在：

> 虚实也，动静也，阴阳也，形气也，道器也，昼夜也，幽明也，生死也，尽天地古今皆二也。两间无不交，则无不二而一……。③"皆二"，就是任何事物都是对立矛盾的；"两间无不交"，对立面又是互相"交"、"合"而统一的。方以智还曾说：
>
> 一是多中之一，多是一中之多，一外无多，多外无一，此乃真一贯者也。……若为一贯所得，是为"死一"，非活一贯也。④

在这里，他认为离开无数的各种各样的互相矛盾的事物的那种绝对抽

---

① 《通雅》卷首之三。
② 《炮庄·秋水篇评》。
③ 《东西均·三征篇》。
④ 《一贯问答》。

象、超然的"一"是不存在的。所以只能讲"多中之一"（按："多"，质言之，也就是"二"），不能"丧二求一"，从"多外"求"一"。他要求"活一贯"，而反对"死一"，正是要反对离开事物的具体多样的（亦即"活"的）矛盾来讲统一。因此，方以智讲的"二而一"就不是像有些人所说的纯属排斥矛盾和斗争的融合论。诚然，方以智讲对立面的联系和统一，一般都是与对立面的矛盾和斗争相关联的，如他在《东西均》一开始就提出"相夺互通"的观点，并论述了"相害者乃并育也，相悖者乃并行也"。① 和"相反相因"等等道理。毛泽东同志在《矛盾论》中曾明确指出："我们中国人常说：'相反相成。'就是说相反的东西有同一性。这句话是辩证的，是违反形而上学的。"② "相反相成"这句话始见于班固的《前汉书·艺文志》，古人虽然常用来表述对立事物的互相关系，但像方以智那样把它看作"天地间之至理"，作为一个辩证法的普遍规律来加以理解，并加以具体的分析和论述，还是不多的。方以智论证说：

吾尝言天地间之至理，凡相因者皆极相反。……则所谓相反相因者，相救相胜而相成也。……千万尽于奇偶，而对待囿于流行。夫对待者，即相反者也。

例如：

霄壤县判而玄黄相杂，刚柔敌应而律吕协和，雌雄异形而牝牡交感，可不谓相因乎？水湿火燥，至相反也。
人身之水、火交则生，不交则病，可不谓相因乎？

① 《东西均·公符》。
② 《毛泽东选集》2 卷第 307—308 页。

　　　行路者，进一跬，舍一跬，则一步亦相反也。①

　　显然，方以智在说明"相反相因"的命题时，是贯彻了他的"二而
一，一而二"的对立统一的辩证法观点的，而且是强调了事物的"相
反"、"敌应"和"交感"的对立面矛盾和斗争的作用的。所以他又说
由于"物击物，物逆气，气触物，气感物"等等"皆与相鼓（相矛
盾，相斗争）"的作用才引起事物的运动、变化和发展。怎么能说方
以智是完全排斥和否定对立面的矛盾和斗争呢？

　　不仅如此，方以智还进一步试图探讨事物的对立统一的矛盾运动
的发展过程，提出"交"、"轮"、"几"的概念以及三者之间互相关
系的说法："交也者，合二而一也"②，这是指对立面的互相统一，如
"生死"、"虚实"、"寒暑"、"阴阳"、"彼此"等对立面的统一，亦即
是他的"一而二，二而一"中的一个方面或组成部分。在方以智的哲
学概念中，"感"和"敌"是指对立面的矛盾和斗争之意，因而他在
使用"交感"、"敌应"之语时，就包含着事物对立面既矛盾而又统一
之意，所以当他用"雌雄异形而牝牡交感"、"刚柔敌应而律吕协和"
来说明"相反相因"的辩证法规律时，也就包含着"交也者，合二而
一也"的这一方面的内容。"轮也者，首尾相衔也。""轮"是方以智
借用佛家用语。"佛辟天荒则创名曰'轮'"，原是佛学作为由人的主
观意识而变现的客观现象——"法"，不断地如车轮般变幻转化之意，
因方以智改造了它的内容，作了客观事物的对立面互相转化的意思。
诚然，方以智是看到了事物对立面可以互相转化的辩证关系的，如他
所说的"吉凶、祸福皆相倚伏，生死之几，能死则生，徇生则死"，
又如说"源而流，流复为源，乃一轮也"；"虚中之气，生生成轮"等
等。方以智的有些说法，还朦胧地意识到对立面的互相转化，要有一

①　《东西均·反因》。
②　《东西均·三征》。

定的条件，如

> ……一张一弛之鼓舞者天也。弓之为弓也，非欲张之乎？然必弛之养其力，乃能张之尽其用。急时张多于弛，已必弛多乎张，明矣。①

这是说"弓"是"张"与"弛"对立的统一，而"弓"之所以为"弓"就在于它能"张"而把箭射出去，然而"弓"之所以能"张"，乃是由"弛"转化而来；没有"弛"怎么能"张"？所以，必须在"弛之养其力"的条件下，才能有"弓"之"张"的作用。再说"几"，据《周易》"几者动之微"的说法，乃是指事物运动变化微妙难测之意。而方以智对于"几"却有不少解释，比较难解，其大意是指矛盾着的事物的对立面相"交"而"轮"的过程中的运动变化。在他看来，这种运动变化的"几"是永不停止的，如说"不息之几于代错"，表现着事物的新陈代谢向前发展的情况。故又说："生生之几者气也"，"如气之几几，如泉之滴滴，既有前后，亦名生死。……"这里的"气"亦即是"火"；"生死"如前所述亦即新陈代谢之意。在方以智看来，由于"气"或"火"的作用，引起事物的矛盾运动和变化，就使事物新陈代谢，生生不息地"如泉之滴滴"地前后相继而发展。

此外，方以智还把他的"二而一，一而二"的对立统一理论，贯彻到认识论中去，如他反复强调"小中见大，大中见小"，"长中见短，短中见长"，"此中见彼，彼中见此"②等等。尤其是他反对片面观点，要求全面地看问题，如说：

---

① 《东西均·张弛》。
② 《东西均·护信》。

众盲之于象也，尾之，蹄之，牙之耳，况抚铁牛以为象乎？不二如如，全牛矣。空全牛，其不二者以全，而适得不全之牛。① 这是说如盲人摸象，以局部代替全体，是完全错误的。他认为如果能全面地看待事物，那就"全并诸偏，偏亦不偏矣"②。

这就是说一个人如能了解"全并诸偏"，那他所了解的"偏"只是"全"的一部分，也就不会发生片面性了。还值得注意的是，在事物的特殊与一般，个性与共性的问题上，方以智指出：

物各一理，而共一理也，谓之"天理"。气分阴阳则二，其性分五行则五，其性人物灵蠢各殊，是曰"公性"，而"公性"则一也，公性在独性中。③

方以智这个"公性在独性中"的说法，涉及关于事物的矛盾问题的辩证法的精髓，闪耀着古代朴素辩证法思想的光辉。

关于方以智朴素辩证法宇宙观的缺陷及其评价问题

从总体上说，方以智的宇宙观的基本倾向不仅是朴素唯物主义的，而且是朴素辩证法的，但也还存在着严重的形而上学的缺陷。它除了旧唯物主义者所固有的在历史观方面的唯心主义之外，主要表现于两个方面：

第一，具有神秘主义的"象数"论的缺陷。这是由于他受到理学家邵康节的唯心主义"象数"学和佛学影响的结果。他虽然较深刻地论证了"火"一元论的唯物主义和朴素辩证法的宇宙观，但却又认

①② 《东西均·全偏》。
③ 《此藏轩会宜编》。

为自然界的运动变化是由什么"至定"的"象数"所安排和决定的。他说：

> 天地之象至定，不完者，气蒙之也；天地之数至定，不定者，事乱之也。①

把世界看作是有一定的"象"和"数"的东西，而这"象"和"数"又是"至定"的，绝对不动的，这不仅是神秘主义的唯心主义观点，而且也是十足的形而上学，是与他的"火"一元论的宇宙观相对立、相矛盾的。正由于这种错误思想的影响，所以方以智在论证"二而一，一而二"的对立统一规律之时，往往陷入自相矛盾的境地。例如他是反对"丧二求一"的，但他却又认为有一个"至一"或"真一"的存在，如说"所以代错者，无息之至一也"②，"主宗者用一化二，而二即真一，谓之不二。"③ 认为有个"不二"的"真一"和"至一"存在，岂不是"丧二求一"了吗？这个绝对的"至一"岂不是一种神秘主义的"头上安头"的东西吗？同时，方以智似乎意识到矛盾着的对立面双方总有一个占据着支配地位的，但是他却把那取得支配地位的矛盾的主要方面看作是"统"乎"两端"之间的一个绝对的超然的东西，例如"统"乎阴阳之间的是"真阳"；"统"乎天地之间的是"真天"；"统"乎善恶之间的是"至善"；"统"乎有无之间的是"太无"等等，看来这也就是所谓"至一"或"真一"这个神秘的东西。这显然是陷入形而上学了。这是由于方以智虽然具有东林、复社人物的那种反映着当时市民阶层的某些新的进步思想，但他毕竟还是属于封建地主阶级的知识分子，仍然还抱有浓重的封建主义思想的结果。

---

① 《物理小识》卷一《天类》。
② 《东西均·三征》。
③ 《东西均·开章》。

封建主义的伦理制度是要求"天"、"阳"、"夫"、"君"的支配地位是不能改变的，是要绝对地处于"统"的地位的。方以智不可能摆脱这种封建主义的传统思想，也就必然要陷入上述神秘主义的形而上学的泥潭。

第二，具有折中主义的缺陷。方以智在论证"二而一，一而二"的对立统一规律的过程中，有时往往过分强调了事物的对立面的统一，诸如"二者本一"的说法。尤其是他所说的"阴阳和平，中道为贵"①，"正中者立也，时中者权也"②"权者，无可、无不可之至衡也。知衡者，知太平矣"③ 等等说法，更是明显的折中主义的形而上学。这与他的朴素辩证法宇宙观相对立、相矛盾。同时，方以智曾说："古今以智相识，而我生其后，考古所以决今，然不可尼古也。"并说："古人有让于后人者"④，认为历史是在进步、发展的。但是他却又这样说："观玩环中，原其始终，古今一呼吸也。"⑤ 这就自相矛盾地陷于历史循环论的形而上学了。作为进步的朴素唯物主义思想家方以智如同王夫之一样，虽然对于当时封建社会现实有所批判和否定，要求革新，但是他们都仍然站在地主阶级立场反对和仇视当时风起云涌的农民革命，因此也就不可能把辩证法贯彻到底，终于陷于调和、折中的形而上学也是必然的。

但是，我们是否因为方以智的宇宙观具有上述严重的形而上学缺陷，就得出了他是一个"地地道道"、"明明白白的矛盾融合论"者，或者所谓"合二而一论"的形而上学者的结论而加以全盘否定呢？不能。因为从上述看来，在方以智的整个哲学思想体系中，他的"火"

---

① 《物理小识·总论注》。
② 《炮庄·秋水篇评》。
③ 《东西均·颠倒》。
④ 《通雅》。
⑤ 《曼寓草·周易时论后跋》。

一元论的朴素辩证法宇宙观和关于"二而一,一而二"的对立统一规律的辩证法思想,是占了主导地位的,尤其是与其前辈相比较是前进了一步的。因此,我们只能采取弃其糟粕取其精华的态度,绝不能像列宁曾经批判和嘲笑过的那种将婴孩连污水一起泼掉。否则在我们中国哲学史上,辩证法思想岂不所剩无几,化为乌有了吗?

其实,过去有不少人之所以对于方以智作了全盘的否定,主要是由于以下几方面的原因造成的。——这涉及如何正确理解对立统一规律和如何评价古代哲学思想的方法论问题,值得提出来讨论。

首先是有些人把对立统一规律的辩证法,片面地理解为"一分为二",并把它与"合二而一"完全对立起来,割裂了对立统一规律的两个有机的组成部分,因此就把"合二而一"当作反辩证法的形而上学来批判,加以绝对否定了。尤其是"四人帮"为了替他们左倾机会主义路线提供理论根据,肆无忌惮地歪曲马克思主义辩证法,只讲对立面的"斗争"而不讲对立面的统一。于是,如有人一讲"合二而一",就会遭到所谓"修正主义"大棒的袭击。正因为在这种错误思想的影响下,有些评论者就硬把方以智的"二而一,一而二"的对立统一的朴素辩证法思想加以支解和歪曲,从中抽出"合二而一"一语当作他的"基本命题",并且把它与"一分为二"——这在方以智那里就是"一而二"或"皆有二也"的命题——完全对立起来,加以批判和否定。这显然是片面的、错误的。我们知道方以智自己就朴素地了解"全"与"偏"的辩证关系。他甚至说:"自欲以一偏一曲诋大公而求胜,此吾所谓冤,安得合并为公之大人一雪(昭雪——引者)此乎?"① 这样,如果现在方以智复生,得知有人片面地理解他的朴素辩证法宇宙观,从而"以一偏一曲"而"诋"之,把它说成是纯属"合二而一论"的形而上学,给以全盘的否定,他岂不大叫"此吾所

---

① 《东西均·容通》。

谓冤"而要求"一雪此乎？"

其次，是由于苛求古人。有些评论者常常拿马克思主义的科学的辩证法理论与方以智的朴素辩证法思想相比较，如果发现后者不符合前者的要求，就说它不是辩证法，甚至是反辩证法的形而上学。在这里，让我们举个典型的例子来看看吧。毛泽东同志在《矛盾论》中论证矛盾着的对立面在一定条件下互相转化的问题时指出："在这里，条件是重要的，没有一定的条件，斗争着的双方都不会转化。"有些评论者就拿这个科学的辩证法观点去要求方以智，说方以智所讲的"轮"——对立面的转化，是没有条件的，所以就不是辩证法，是"任意颠倒"的"形而上学的循环论"。这就太苛求于古人了。马克思主义者并不是这样苛求古人的。例如，老子所讲的"祸兮福所倚，福兮祸所伏"，也没有讲"条件"，但是，众所周知毛泽东同志还是把它看作是辩证法的（朴素的）观点。总之，如果拿马克思主义哲学思想来要求古人，那么古代哲学思想也就没有什么值得肯定之处了，这岂不谬哉？

第三，是由于"批判"今人而株连古人。认为"合二而一论"是反对"一分为二"的革命辩证法的、必须批倒、批臭，又惟恐批不倒、批不臭它，就把现在要批倒的今人所引用的古人古语，也非批倒、批臭不可。这样，就由"批判"今人而株连古人。这在"四人帮"那里简直恶性发展到了极端荒谬的地步！这是一种封建统治阶级在刑法上一人犯罪株连九族、鞭尸辱祖的封建专制主义的残余和影响，同时也是一种随心所欲地摆弄历史的实用主义思想的流毒。这样，既然"合二而一"语出方以智，似乎不把方以智批倒，就不足以批倒引用方以智的话的今人。这是何等荒唐、可笑！现在我们要给搞错了的今人平反，也得给无辜受株连的古人以重新评价。当然，这应当是实事求是地给以科学的评价，而不能从一个极端到另一个极端，不加批判地加以颂扬。

论李退溪的教育观

　　1985 年 8 月应国际退溪学研究会之邀赴日本茨城举行的第七次国际退溪学研讨会，由韩国成均馆大学与日本筑波大学联合举办。本人以《论李退溪教育观》为报告题目，论文编入《论文集》由日本筑波大学出版。因考虑到当时我们国内学界对 16 世纪之初朝鲜李朝时代朱子学派的重要代表李滉（退溪）思想知之者甚少，特将此文发表于 1986 年第 3 期的《上海师范大学学报》。

　　文章论述退溪的教育思想如下几点：一、兴办书院，整顿学风。介绍退溪为兴办教育而作出的贡献，二、析理论道，虚心逊志。强调学习问题上师生平等，采取商量式的"析理论道"的谦虚态度。三、考诸说之异同，濯旧见以发新知。重视学术上的比较研究，鉴别各学说的得失，不囿"旧见"而获得"新知"。四、在学习方法上，他注意"学"、"思"结合，循序渐进；读书明理体察本意。不拘泥于训诂诵说，注重忠实原典本意，切己体察、明白义理。退溪对学习上的"博"与"约"问题是继承儒家传统看法，"博而反约"，认为有广博知识"博"，必须有综合概括的能力"约"。对于学习上的疑难问题，退溪主张通过"同志往复论难""到疑难处不主己见，必博采众论"。最后李退溪认为学习上徒有虚名，而不讲实学者是"古今之通患"。而要求培养成为"不为世俗威风所掀倒"的德崇望实的英才。

　　李滉（1501—1570）号退溪，朝鲜李朝时代杰出的哲学家、诗人，也是著名的教育家。他"博观经传兼通性理诸书"①。平生尤服膺晦翁之学，钻研勤苦而造诣甚深，成为当时朝鲜朱子学派的主要代

---

① 《退溪先生行实》。

表。善作善文、诗歌，书法、绘画方面亦独具风格，其他如兵法、水利、历数、地理等均有成就，确是博学多才的通儒。晚年隐居教书，门人云集"抠衣请学之士日以益多，更进迭问，无不随人浅深而启迪淳告焉"①由于他热心教育事业，故既能重视继承和运用先哲成功的教育方法及可取的教育内容，又能注意积累和总结自己的教学经验，形成其独自完整的教育观，其中有不少真知灼见，反映了人类认识的某些普遍规律，它是属于我们世界文化宝库中一笔可贵的遗产。

兴办书院整顿学风

退溪非常关心地方书院的建立，自谓"滉自到郡以来于书院一事，未尝不欲其心焉"，②认为书院林立才是国家"文化大阐"的表现。书院是培养人才的基地"乐育人才之地也"③。民间创办的书院与官办的学校相比，则有它的优越性，书院有幽静的读书环境，可专心"讲道肆业"而不汲汲于功名。但"国学乡校，在朝市城郭之中，前有学令之拘碍，后有异物之迁夺者，其功效岂可同日而语哉！"④在教学的方法上，国学乡校也远不如书院。官办学校往往"徒设文具，教方大坏，士反以游于乡校为耻"⑤因此退溪认为"惟有书院之教盛兴于今日则庶可以救学政之缺"⑥。而书院必须树立正派的道德院风，"知重道义，尚礼让，彬彬乎习于士君子之风，此书院之所以贵"⑦因为学校是"风化之源，首善之地"⑧。特别是书院的主持人"山长"必须以身作则，"当自重其身，率先郡士，励行才，而美院风"⑨又"其人才德望实，必有

---

① 《退溪先生行实》。
②⑥ 《退溪书抄》卷一《上沈方伯》。
③ 《退溪书抄》卷二《拟与荣川守论绍修书院事》。
④ 《退溪书抄》卷一《答闵判书》。
⑤⑨ 《拟与丰基郡守论书院事》。
⑦ 《退溪书抄》卷二《拟与丰基郡守论书院事》。
⑧ 《李子粹语》卷四。

出类超群之懿，卓然为一世之师表者"。① 退溪反对向学生采取高压的手段。他批判当时一个窃居主管书院之职的金仲文"倨傲鲜腆，视诸生如小儿，至发鄙贱之语，则诸生之激怒，空院而去"② 对学生缺乏人格上的尊重，造成与学生们情绪上的对立"怀忿怼、狭情憾，敌绪生而必纳之罪咎"③ 结果学生跑光、书院停闭。退溪先生认为这是严重的"失待士之道而坏院事"的事件，是应该记取的教训。

退溪一方面要求书院的"山长"有尊贤礼士的气度，而同时也不放松对书院诸生严格约束、不允许"傲物凌人，短于谨言，疏于检身"④ 指出"其无实而妄自高者最为心术之害"⑤ 所以学生必须"为学趋向正当，立志坚确为贵……更须志气坚定不为浇俗所移夺，刻苦用工久而不辍"⑥ 正确的学习态度，勤奋的学习精神是学生必具的条件，求学的目的不能只为了获得功名利禄，凡沉湎于名利则难以自拔，"可忧者声利海中易以溺人，若非在我者硬着脊梁，牢着脚跟，鲜不堕落于坑堑之中矣"⑦ 因此要"必常有不可夺之志，不可屈之气，不可昧之识见。而学问之力日淬月锻，然后庶可以牢着脚跟，不为世俗威风所掀倒也"⑧ 能做到既不迷恋于功名，也不为身处贫困的环境而动摇求学的决心"苟志于学不以穷苦而废，穷而废学，初非去学者为耳"⑨ 退溪认为书院的宗旨是"志于学"，培植才德具备的人才，成为"能终始不变，卓然立脚于颓波之中者。"⑩ 在书院中学习不是为了

① 《拟与丰基郡守论书院事》。
② 《退溪书抄》卷一《上沈方伯》。
③ 《退溪书抄》卷二《拟与荣川守论绍修书院事》。
④ 《退溪书抄》卷四《奇明彦问答》。
⑤ 《退溪书抄》卷十《完倅问答》。
⑥ 《退溪书抄》卷九《答李宏仲》。
⑦ 《退溪书抄》卷十二《与韩永叔》。
⑧ 《退溪书抄·答奇明彦》。
⑨ 《退溪书抄·答琴闻远》。
⑩ 《退溪书抄·答金应顺》。

应付科举。他指出科举制乃阻碍人才的发展"世间无限好人才尽为科目坏了"①学术上无成就则由于"但人皆先溺举于业，故不肯用力于此。"②

为了进一步整顿好书院的院风，退溪先生还亲自拟定了具体的学规，鼓励学生"立志坚固，趋向正直，业以远大自期，行以显义为归者为善学，"对那些"诡经反道，丑言辱亲，败群不率者，院中共议摈之，"规定"诸生常宜静处，各斋专精读书，非因讲究疑难，不宜浪过他斋虚谈度日，以致彼我荒思废业"③。李退溪一生为兴办教育事业、整顿学风作出了贡献。

析理论道虚心逊志

李退溪强调在学习问题上的讨论，不论师生均应采取商量式的方法，在"析理论道"上一律平等，而不把自己的意见强加于人，学问的增长"全藉朋友切磋之力。"他由此发表颇为精辟的议论。"夫非议前辈固后学之不敢轻人，然至于析理论道则一毫不可苟也，故晦庵与东莱订定《知言》之醇疵，南轩亦与焉，南轩，五峰之门人也，以弟子而议师门之书不以为嫌者，岂不以义理天下之公也。何先、何后、何师、何弟、何彼、何此、何取、何舍，一于至当而不可易耳……考论其得失而去其所可去，存其所可存，改刊以行于世，则后学之幸也"④。李退溪在上述的论述中，主要的观点是：一、"析理论道"，决非一人所独断，惟求达到"至当"的义理，就不应该论先后的资格，避师生之嫌忌，在天下之公的"义理"面前，人人平等。二、认为南宋时代的张栻毫无顾忌地与朱熹、吕祖谦一起修订他老师胡宏的代表

---

① 《退溪书抄》卷十二《与甲启叔》。
② 《退溪书抄》卷九《与具汝膺》。
③ 《李子粹语》卷四《教导》。
④ 《退溪书抄》卷三《答南时甫》。

作《知言》，坚持了"以义理天下之公"的原则，修订其师著作中的不足和不妥之处，这是值得赞扬的。三、肯定了前人学术上的历史功绩而同时又要修正其不足和错误之处"去其所可去，存其所可存"的科学态度，这是有利于人类，有益于后代（"后学之幸也"）的事业。

退溪在学术上做到"去取从违之间，知有义理而不知有物我，平心称停，无所各执"① 不能意气用事，做到持平而无所偏执，均以"义理"为准则。"当虚心下气，参听众论之不一，徐究而细察之，以庶几从其长而得其益"，② 他指出历来学术上的干戈门户、则是一种极有害的堕落的表现"观自古论学，往复之际，非唯难得肯可，至有立敌相攻如仇怨者、多矣"③ 的现象不应该让其存在下去。凡学习上的主观武断是不可能求得进步的，"遽自主张太过，略无虚心逊志，却步求进之意，深恐难于造道之极致也"④ 这就"必须先将平日私意独探、揣摸安排之习，一切扫除……熟读精思，反覆体验"，同时又要参考和吸取他人的学说见解，并在日常的实际运用中而加以体验，"旁推众说以尽其趣，习于日用以践其实"⑤ 李退溪的这种主张学术上的讨论当有"析理论道"、"虚心逊志"的态度是颇为可取的。

考诸说之异同濯旧见以发新知

退溪先生非常重视学说上的比较研究，他继承和发展了前人的优良学风，特别是接受了朱熹，吕祖谦的关于学说异同的比较法，朱熹说过"凡看文字，诸家说异同处，最可观……何者为得，何者为失，所以为得者是如何"⑥ 通过比较来判断是非得失。朱熹同时的吕祖谦

---

①③ 《自省录·答卢伊斋》。
② 《退溪书抄》卷十《答安道孙》。
④ 《退溪书抄》卷七《郑子中问答》。
⑤ 《自省录·答权生好文论乐山乐水》。
⑥ 《朱子语类》卷八。

也说过"近日思得吾侪所以不进者，只缘多喜与同臭味者处，殊欠泛观广接，故于物情事理多所不察"①主张对各种不同学术观点泛观博览，李退溪在朱、吕论说的基础上，又作了进一步地发挥，"所以弘德广业者，考诸说之同异，商彼此之得失，质之以往哲之言，参之以事理之实，濯去旧见以发新知"②认为只有在广泛考察的情况下，才能鉴别各学说的得失，才能有所发现，有所进步，不囿于"旧见"而获得"新知"李退溪将学说的比较法，作为知识更新的重要途径。他认为以往的经籍也不是绝对正确的，有些非正统的杂书往往也有某些好的见解可供参考，"仪礼经传犹有所未备，不可偏信而断事，世间杂书亦不可不看以相参验去取也"③。

退溪严厉地批评了那种专以自己意见为绝对正确而斥他人为错误者乃是违反"逊志察言，服义从善"的态度，其表现为"固同于己者则取人，不同于己者则或强之以为同或反之以为非"④用专横学霸式的手段抑制别人的意见，虽能取胜于一时，但也无济于时，错误的东西终究要暴露的，"虽使当时举天下之人无能与我抗其是非，千万世之下安知不有圣贤者出，指出我瑕隙，觑破我隐病乎？"⑤人的知识是在对各种异同学说的比较中获得增长的，所以在演说上展开论辩乃是很必要的。退溪先生认为"论人长短为为不可者，恐使人益长险薄"⑥指出"自古圣贤论当世人物长短自不可少，何可概谓之不要而一切禁断耶？"⑦"禁断"窒息学说，上争论是不可能的，而学术上的相互评论却是正常的。但在辩论之中双方必须以理服人，"其论辩之际气和辞畅，理明义正，虽群言并起而不为参错。说话必待彼言之

---

① 《吕东莱文集·与刘衡州》。
② 《李退溪书抄·奇明彦问答》。
③ 《李退溪书抄》卷四《答李仲久》。
④ 《李子粹语》卷二《穷格》。
⑤⑥ 《李退溪书抄·奇明彦问答》。
⑦ 《自省录·答金惇叙》。

定，然后徐以一言条析之，然亦不自为是，弟曰已见如此"①。态度和气，析理明畅，让对方将意见说完，然后再逐条论析，但也不以绝对正确者自居。因为"天下之义理无穷，岂可是己而非人"②在学说上能博采众长，而去各其所短，"与学者讲论到疑难处，不主己见，必博采众论，虽章句鄙儒之言，亦且留意听之，虚心理会，反复参证，终归于正而后己"③即使那些学识短浅的"鄙儒"的言论也要虚心听取，也可能对自己有所启发，"赖问难之至或多有警发处耳"④。

"学""思"结合循序渐进

退溪先生强调"学"与"思"结合，他认为"思"同"私意"是不同的概念，"思"是符合思维的逻辑，并不是胡思乱想。他说"若以义理论之，私意之生岂可谓思之罪也……凡人私意之生正为不思故也，今反谓才思便有私意，语意亦未精审也"⑤。排斥思考，是不能悟解事物的道理的，"绝思虑，近于坐忘"，"彼庄列之徒，徒知无事求静而欲以坐忘为道之极致"，⑥学习是离不开精思，"惟学者先须收敛身心，以冷淡家计作辛苦功夫，于此钻研嘴嚼，久久不辍辍，方始真知其味"⑦，又说"惟能忍辛耐烦愈读愈思，积久浸渐之余有渐开发处，有忽通透处，又必有问难处"，⑧主张"尽之所读，夜必思绎"⑨他是阐明孔子"学而不思则罔"的道理。

教育上的循序渐进，李退溪认为这是"孔门之遗意，先王之教法也"也是朱夫子教人"为学之序"他说："大抵儒者之学其升高必

---

① ② 《李子粹语》卷二《穷格》。
③ ④ 《李子粹语》。
⑤ 《自省录·答权生好问论乐山乐水》。
⑥ 《自省录·答金惇叙》。
⑦ 《李退溪书抄·奇明彦问答》。
⑧ 《退溪书抄》卷十《答洪胖》。
⑨ 《李子粹语》卷一。

门下，其陟遐而自迩，夫自下自迩固其迂缓，舍此又何自为高且遐哉！"①人的知识是有一个由浅而深的积累过程，由起初时的"未晓"而达到逐渐的"悟解"、"专心致志，研究精深，虽有未晓处，毋遽舍置，时时细绎，游意玩味，久久渐熟自然悟解，正欲速不得也"②凡学习上急于求成则适得其反，"读书有妨者，此欲速之心所使，故以此为患也，欲速不惟不暇温故，而方读之书亦不暇精熟，意绪匆匆常欲有所迫逐，本欲广读诸书而卤莽遗忘，厥终与初不读一书者无疑"③这种违反学习规律，必然失败。退溪认为，古代的圣贤如颜回、曾参、子贡，他们也都是遵照循序渐进的方法，而没有什么捷径可走。"学非一蹴可到……此事乃终身事业，虽到颜曾地位，犹不可言已了，况其下者乎"④读书不能贪多，"看书勿至劳心，切忌多看，但随意而悦其味，穷理须就日用平易明白处看破，教塾……积之之久，自然融会而有得"⑤因此读书贪多则嚼不烂，浮光掠影则无所得"历览诸书，匆匆涉猎，既过不能记忆，与不读无异"⑥所以在给学生讲授时，要按照订立的教程进行教学，根据学生的接受能力逐步施教"程课须严立，志意须宽著，所谓严立非务多也，谓量力立课而谨守之也，所谓宽著非悠泛也，谓虚心玩绎而无急促也"⑦，其所谓"量力立课"是很有道理的。

读书明理体察本意

读书为了明理，要从理解书中的"义理"着眼，"见得路脉入头

---

① 《李子粹语》卷一。

②③ 《自省录·答黄仲举白鹿洞规集解》。

④ 《退溪书抄》卷八《金而精问答》。

⑤ 《自省录·答南时甫》。

⑥ 《退溪书抄》卷十《答完侄问答》。

⑦ 《退溪书抄》卷九《答许美叔》。

处，不须更加许多强探索，许多闲安排"①，读古人之书要忠实于原意，不可强作解释，"凡圣贤言义理处，显则从其显而求之，不敢轻索之于微，微则从其微而究之，不敢轻推之于显，浅则因其浅不敢凿之深，深则止于深不敢止于浅，分开说处作分开说处看而不害有浑论，浑论说处作浑论看而不害有分开说"②，本来浅显的道理不要牵强附会为深奥的内容，原有深刻含义之处，也不能忽略而一笔带过，如何对其作综合分析，该看具体内容而定。退溪认为推理、比较的方法固然是不可少，但目的都是为了明白义理，"大凡为学虽曰以类而推，亦不责如此，径就杳茫不可知处，窥测影象，推求异同转使心路少明多惑，须先从义理显然明白平实处做将去，积之之久渐明，以驯至于精粗隐显一时融彻乃佳耳"③退溪强调读书"须先从义理显然明白平实处做将去"，如果离开了这种基础，即使用"以类而推"，"推求异同"的比较，推类方法也无法知得真切。

退溪主张读书应该切己体察，这样才能真正地明白义理，不能死啃古人文字"向故纸堆中寻逐已陈底粗迹，搜罗抄掇，以是为能事而止，则是定无蓄德尊性之功而反益粗心浮气之长矣"④，这正是同朱熹说的"读书不可只专就纸上求理义，须反来就自家身上推究"⑤的意思一样。退溪认为"君子深造之道，欲其自得之也，自得之则居之安，居之安则资之深，资之深则取之左右逢其原。"⑥"深造之道"的"自得"乃来自"反躬实践"的工夫，朱熹的弟子陈淳"长于辩说，门人鲜及之者，惜其局于所长，不屑践履工夫，正所谓智者之过也"⑦，资质聪颖的人，如不注重自我体察，就不可能有更大的成就，

---

① 《自省录·答郑子中》。
② 《退溪书抄》卷四《奇明彦问答》。
③⑥ 《退溪书抄·金而精问答》。
④⑦ 《自省录·答郑子中》。
⑤ 《朱子语类》卷十一。

退溪指出"知而为之者其知也非真知也"退溪以为"朱子发程门所未发","孟子发前圣所未发"①，其原因乃在于"反躬以实践"。退溪说："穷理以致知，反躬以实践，此乃妙心法而传道学之要，帝王之与恒人岂有异哉，抑真知与实践，如东西两轮缺一不可，如人两脚相待而进"②，退溪认为读书拘泥于文义是人们获得知识的障碍，"人之资质各有病痛，其易达文义者以为本无难晓，似不复留意于深求积功，以为实得之学其不及此者，缴绕于文义而不能超脱，似未乃得心融神会以超于真践履处"③退溪强调学习上"深求积功"而有实得的学问，反对人云亦云，拾人牙慧，他打了个比方，"如问别人食味如何，必食其食，味其味而后可也，自家本不曾食而问味于他人可乎？学者不可不深味之也"④学习如同吃东西一样，不可"问味于他人"，只能由自己"体察"、"践履"才是。退溪指出当时学者的通病，"今人为学不困于训诂诵说，则必眩于文词绘绣"⑤忽视了在明白"义理"上下功夫。"虽圣贤格言自陈左右亦空言也"⑥。

"故"有据而"新"不孤

退溪先生对"温故知新"说，作了辩证的发挥，将"温故"和"知新"的关系，说得透彻明了，他说："且就所常用力处，日加点检，温习必有渐得力处，比之生面工夫自是不同，如是而接以新做绪业，则旧有据而新不孤"⑦，新的知识不是凭空而来，是在承继以往知识的基础上发展而来的。正如朱熹说的"温故方能知新，不温而求新，知则亦不可得而求矣"⑧李退溪说的"旧有据而新不孤"则是说

---

① 《李子粹语·为学》。
② 《戊辰封事》。
③ 《退溪书抄》卷九《答具汝膺》。
④⑤⑥⑦ 《李子粹语·为学》。
⑧ 《朱子语类》卷二十四。

明脱离"故"或"旧"便失掉出"新"的依据，因此"新"也不是孤立而别出的，两者相互依存。学习上的温故知新，是苦去甘来的过程"初间须是耐烦忍苦，嘴嚼玩味，不以不可口而厌弃之，至于积功之多，渐觉苦中生甜"①李退溪也把温知新作为"穷理之话法"。凡前在温故中，尚未能了解到的疑难问题，可以"与已穷得底道理参验照勘，不知不觉地并前未穷底，一时相发悟解，是乃穷理之活法"②。

"博而反约"质难问疑

退溪对学习上的"博"与"约"问题是承继儒家的传统看法，"先博后约孔颜思孟皆有此说，本非不可，但凡徒博而不反约则恐有游骑出太远而无所归之弊，故有后说云云，若能以此立本立志而不落于徒博之失固为善矣"③，凡博及群书，有广泛的知识，但必须有综合概括的能力，成为一个有系统体系的学问。在"博"的基础上归之为"约"。"博极群圣之书而非言语文字之末也，说到至约之中而非幽深玄奥之旨也"④，"博"也并不是杂乱肤浅而"约"也不是如何玄妙高深，"博"和"约"是相互依存，不可分离。

李退溪很重视对疑难问题的提出和分析，指出读书发现疑难而解决疑难，这样才能进步。"真实著力研究，著脚推行，积渐积久，其间必有所深喜，亦必有所深疑，可指出以与同志往复论难，然后庶乎有益于彼此"⑤。疑难多是件好事"勿以疑多而厌烦，熟深之久将自通"⑥。通过"同志往复论难"，"到疑难处不主己见，必博采众论"等方式来解决。对疑难之处，更应该讲究分析，不可含混。"讲学而恶

---

① 《退溪书抄》卷三《与李大成》。
② 《自省录·答李叔献》。
③ 《退溪书抄》卷九《答许孙叔》。
④ 《李子粹语·为学》。
⑤ 《退溪书抄》卷三《答朴子进》。
⑥ 《答金而精》。

分析，务合为一说，古人谓之鹘囵吞枣，其病不少"① 尤其是发现前人所著述中谬误和可疑的地方，应加以辩证，"前贤著述之类，如或有义理大段乖谬误后人底，不得不论辩而归于正"② 因此"看书须痛加穷究，今其有满腹疑难处，则必有欲相见质问而恨不得相见之心，积此愤怀而及相见之后欲将得来疑难处说出……学者必有如此愤悱之心，然后能授教而可长进也"③。旧有的疑难之处得到悟解，而新的疑难问题又油然而生，这是人认识中的矛盾，人的学问就是在这种矛盾中前进的，"有悟解处亦必有大疑难处，如此更与商量，乃可谓有得也"④。圣贤之所以为圣贤，正是由于"惟其有疑不置，忍卒不辍"⑤，从辛勤不辍的学习中解疑除惑而成为有非凡智慧的人。

不求虚名惟讲实学

李退溪认为在学习上徒有虚名而不讲实学者是"古今之通患"，"人有为学之名，人必以自责归之，此危道也，况自相以无实之辞称美推许，以招人之笑怒哉！"⑥。这种自相标榜之学风是极危险的"举足之始，虚名先播于世，此古今之通患，甚可惧也……故吾侪一为人所知所誉，便是不好消息，其骤有进用于时，殊非可喜可愿之事"⑦。这种无真才实学而一举成名，并不是值得欣喜的事，尤其是那些靠弄虚作假的沽名钓誉者，终究要自取祸败，（"人有饰智矫情，掠虚造伪以得名得者，其陷于祸败固所自取"）⑧。又说："务饰外，图好看，其弊病及有甚于不知学之人也"⑨。李退溪谆谆告诫青年后学者不要因为

---

① 《答奇明彦》。
② 《退溪书抄》卷九《答彦宏伸》。
③ 《退溪书抄》卷六《答李刚而》。
④⑤ 《答金而精》。
⑥ 《退溪书抄》卷三《答洪应吉》。
⑦ 《自省录·与奇明彦·别纸》。
⑧ 《李子粹语》卷一。
⑨ 《退溪书抄》卷十《答李平叔》。

有了点小名气便沾沾自喜，态度失常。"吾见后生辈得小名字，自以为平生一大事，多失常性，如狂如醉，甚可闷笑"①。这些人便是"不务心得躬行而饰虚徇外，以求名取誉者是也"②，其结果容易堕落成为道德败坏者，"挟虚名，欺君父，见大利而忘己分，但知贪得，罔思有报不知礼义为何物，廉耻之为何事"③的寡廉鲜耻之徒。

退溪先生认为一个真正的学者是"不拘于毁誉荣辱"④的，"深知义理之无穷，常歉然有不自满之意，喜闻过，乐取于善而真积力久，则道成而德立"⑤，在学习上做"靡容一息之间断，然亦必积累工程，持以悠久"⑥，把求学问看成是终生的事业，"存养日益纯固，践履日加效学，向上之功进进不已，至死如一日。"⑦

教育的目的是为了培养"以明道术，以正人心者为新政之献焉"⑧的人才，懂得"识时度势"之士，"岂有不度时不量力而可以有为者乎"⑨认为"学末至而自处太高，不度时而勇于经世"⑩的人不能胜任大事，负大任者必须有高尚的道德素质，"德之末崇而遽任经论覆疏之阶也，诚之末孚而强聒不舍，辱身之道也"⑪。士人当珍惜自己的名节"富贵易得，名节难保，末俗易高，险道难尽，难易之间正当明著眼，牢着脚庶不负平生所学也"⑫。退溪认为学而优则仕，仕而优则学的孔夫子的遗训应当恪守，所以不论出仕或退隐，都应该履行仁义道德为准则，"则身既出而许国，则何可专守其退志，志以道义为准则，则何可有就而无去，直以夫子学优仕优之训为处身之节度"⑬。

---

① 《退溪书抄》卷十《答孙安道》。
② 《李子粹语》卷一。
③ 《退溪书抄》卷一《与宋台叟》。
④⑤ 《答奇正字明彦》。
⑥ 《自省录·答郑子中》。
⑦ 《李子粹语》卷一。
⑧⑩ 《退溪封事》。
⑨ 《退溪全书·拾遗》。
⑪⑫⑬ 《答奇明彦》。

士人在任何情况或出仕，或退处均应"洁身自好"。"夫士生于世，或出或处，或遇或不遇归结其身行其义而已，祸福非所论也"①。退溪不赞成"处江湖系朝籍"②退居时还挂官衔，但是作为"士"者的本分，应该关心国家的命运，"然其爱君忧国之诚也，虽闲居未尝一日而忘于怀"③。

李退溪心目中所培养的人才，不是那二类具极端倾向的人，建议朝廷对这二类人皆不足重用，"专倚于守旧循常之臣，则有妨于奋兴至治，偏任新进喜事之人则亦至于挑生乱阶"④，前者过于保守而无进取精神，后者过于偏激昌进。退溪说："激昂轩轾固胜于委靡颓塌，然苟持此自负而谓人之莫已若也，则必至于矜豪纵肆不循规度，傲世轻物其行于世也，有无限病痛悔吝"⑤。事业上有进取之心的人自然胜过那种委靡不振者，但这种人往往有恃才傲世，不循规度的行为。退溪所要求培养的人才则是属于儒家传统，合乎"中道"的人物。"儒家意味自别，工文艺者非儒也，取科第非儒也，叹世间许多英才混泊俗学，要有甚人能摆脱徇此科臼邪"⑥成为"硬着脊梁，牢着脚跟"，⑦"不为世俗威风所掀倒"⑧的德崇望实的英才。

李退溪是博大精深的学者，哲学家，他的成就表现在许多学术领域，为历史上的一代伟人，他的教育观仅是他思想体系中的一个重要组成部分。诚然，退溪生活在 16 世纪初的李朝时代，是具有当时的历史特点，因而也有其思想上的局限性，今天我们对退溪学派的探讨和研究，继承和发扬其思想遗产中的精华，是具有重大意义的。

---

① 《自省录·答奇正字明彦》。
②③ 《退溪先生行实》。
④ 《退溪全书·拾遗》。
⑤ 《退溪书抄》卷三《答宋寡》。
⑥ 《李子粹语》卷一。
⑦ 《退溪书抄》卷十《与韩承叔》。
⑧ 《李子粹语·为学》。

论严复的哲学思想

1986 年，友人叶鹏为洛阳师专校长，途经上海，向我索稿，顺便将手头写就的这篇文章交他，刊于 1986 年第 3 期的《洛阳师专学报》。本文介绍了严复所处中日甲午战后，民族危机严重，"救亡图存"爱国浪潮推动下，提倡"新学"、"西学"，反对封建文化，他可谓近代介绍西学到中国来的第一人。认为当务之急在于"鼓民力"、"开民智"、"新民德"，提倡资产阶级的民主、自由、平等的"天赋人权"论。他翻译出版的"天演论"其物竞天择，适者生存的理论成为当时鼓励人们发奋图强、保国存种的战斗武器。文章着重分析严复哲学的近代特点，对中国传统的固有概念加以改造，赋予新意。

本文论述了严复承认世界是物质构成的"物之存亡，系其精气"。物质与运动不能分开"大宇之内，质力相推"，然而运动是物体机械运动，有一定的"动路"和均衡的"速率"。"动路必直、速率必均"，且运动由"外因"所决定。这是严复思想的局限。在认识论上强调"物为意因"，提倡"实测"、"试验"，主张"但与万物直接研究"。反对程朱陆王的"心成之说"，认为先验的"良知"不存在"无所谓良知者矣"。

严复认为社会的进化只能是和平渐进"不可期之以骤""吾国变法当以徐而不可骤也"。当资产阶级革命派提出"立宪与革命，二者必居其一"的口号。严复日趋保守，从一个进步思想家而走向反面，竟然说"一线生机，仅留复辟"。拥护袁世凯称帝，支持张勋复辟，严复的历史功过，可留给后人作深切的反思。

一

严复（公元 1853—1921 年），福建侯官（今福州）人，原名宗元，字又陵，后改名复，字几道。十四岁考入洋务派举办的福州水师学堂，学习英语、船舶驾驶和自然科学知识，成为该学堂的第一届毕业生。毕业后被派往英国留学。三年后，归任北洋水师学堂总教习、总办等职。

中日甲午战后，民族危机日益严重，在席卷全国的"救亡图存"的爱国浪潮的推动下，严复奋笔疾书，在天津《直报》上连续发表文章，探索御外救国的主张。他认为"日本以廖廖数舰之舟师、区区数万人之众"[1]与中国交战，而中国却屡战屡败，丧师失地，刚刚建成的一支海军也被击毁，这是因为中国"民力已惙，民智已卑，民德已薄"[2]。所以当务之急在于"鼓民力"、"开民智"、"新民德"。所谓"鼓民力"，就是要首先禁食鸦片，去掉女子缠脚的恶习。所谓"开民智"，就是要人们从封建文化的桎梏下解放出来，接受西方资产阶级的文化。所谓"新民德"，就是要提倡资产阶级的民主、自由、平等。

严复愤怒地控诉了封建文化的罪恶。"垂髫童子，目未知菽粟之分，其入学也，必先课之以学（大学）、庸（中庸）、语（论语）、孟（孟子）"强迫年幼的儿童死背硬记四书五经之类的东西，叫他们学会"执简操觚"的礼仪，先生教给学生做八股文的"死法"而学生则"剽窃以成章。"这样一年复一年，江河日下，"适足以破坏人才"。[3]他认为，二千年"旧学"培养出来的人都是"徇利禄，守阙残"的庸人。"旧学"的主要内容就是以儒家经典和宣扬旧礼教为中心的八股。因此，他又把主要矛头指向八股。他列举了八股科举的三大害处：

---

①②③ 《原强》。

"一害曰锢智慧","二害曰坏心术","三害曰滋游手"。①"使天下消磨岁月于无用之地。隳坏志节于冥昧之中,长人虚骄,昏人神智,上不足以辅国家,下不足以资事蓄,破坏人才,国随贫弱。"②如果这个问题不解决,"虽练军实,讲通商,亦无益也。"

严复大声疾呼:"痛除八股而大讲西学"③,认为八股之学早一日废除,国家的情况就早一日改变;如果继续因循守旧,势必"行将无及",造成亡国的危险。严复讲的西学,就是西方资产阶级的政治经济文化。学西学之目的为了用来富国强兵,抵御外国的侵略,使中国能"发奋"改变贫弱的状况,成为强大的国家。这同洋务派搞的"洋务运动"是不同的。洋务派虽然开设几爿工厂,购买几只兵舰和一些新式武器,目的是为了榨取人民更多的脂膏以饱其私囊,并用外国的武器镇压国内人民的反抗。

当时人们存在着一种想法,认为用武力侵略中国的西方资产阶级国家是中华民族不共戴天的仇敌,为什么还要向西方学习呢?严复指出:要把自然科学本身与运用自然科学来进行侵略扩张的帝国主义分子区别开来,他打个比方说:不能因仇人拿刀子,就叫家里的人不要手执寸铁;也不能因为仇家广积粮食,就禁止自己的子女从事农业生产。"以恶其人,遂以并废其学"的做法是愚蠢的。严复所说的"西学"即资产阶级上升时期产生的经济、历史、政治等社会科学和自然科学,无疑比腐朽的封建文化要先进得多,有用得多。严复一边斥"中学"为"无用",一边又盛赞"西学"的"有用"。他说"不知曲线力学之理,则无以尽炮准来复之用;不知化学长率之理,则无由审火棉火药之旦;不讲载重力学,又乌识桥梁营造;不讲光电气水,又何能为伏椿旱雷,与通语探敌诸事也哉?"④

这就是宣扬要运用所掌握的数学、物理、化学等自然科学知识来

____

①②③④ 《救亡决论》。

发展国防工业，有效地抵御外国侵略者。

严复所受的西方资产阶级的教育比他同时代的任何人都多，这为他从事翻译、介绍和传播西学奠定了良好的基础。为了打破当时人们坐井观天的狭隘眼界，他翻译出版了赫胥黎的《天演论》(原名《进化与论理》)，成为轰动一时的大事。

严复介绍《天演论》的目的，是借用"物竞天择，适者生存"的自然规律，唤起人们对亡国灭种的威胁的警觉。中国只有适应历史的潮流，实行变法维新，才能由弱变强，兴盛起来，否则就会沦于亡国而被淘汰。广大知识分子也正是从这方面去理解《天演论》的意义的，《天演论》成了当时鼓励人们奋发图强，保国存种的战斗武器。

继《天演论》翻译后，严复又翻译了穆勒的《群己权界说》(原名《自由论》)、亚当·斯密的《原富》(资产阶级古典政治经济学著作)、穆勒的《名学》(形式逻辑著作)、斯宾塞的《群学肄言》(庸俗进化论著作)、孟德斯鸠的《法意》(宣传资产阶级三权分立)、耶方斯的《名学浅说》(形式逻辑著作)和甄克思的《社会通诠》(社会学著作)。严复将西方早期的具有朝气的资产阶级的政治经济理论直接地、较系统地介绍到中国，这在当时有着积极的进步意义的。"这种所谓新学的思想，有同封建思想作斗争的革命作用，是替旧时期的中国资产阶级民主革命服务的。"[①] 这些资产阶级新文化对于长期受封建主义旧文化束缚的中国的一般知识分子来说，犹如漫漫长夜中发现一闪稀微的火光，欣然乐受，并以此为批判的武器向封建旧文化开仗。鲁迅对此十分赞扬，他说严复"的确与众不同，是一个十九世纪末年中国感觉锐敏的人。"[②] 当然，严复在介绍资本主义革命时期的进步著作的同时，也搬进了帝国主义时代的庸俗进化论和反动社会学如斯宾

---

① 毛泽东：《新民主主义论》。
② 《热风·随感录二十五》·《鲁迅全集》第一卷第375页。

塞的《群学肄言》和甄克思的《社会通诠》，因而受到了资产阶级革命民主派的批判。

封建买办的洋务派迫于"向西方学习"这股热潮的压力，玩弄手法，狡猾地提出了"中学为体，西学为用"的口号，与资产阶级改良派"痛除八股大讲西学"的口号相对抗。洋务派的这一口号的要害在于保持原有的封建文化的完整体系，而同时又引进一些外国的技术，以此来加强和巩固封建专制制度。严复一针见血地揭穿洋务派的这一阴谋，指出洋务派"大抵皆务增新，而未尝一言变旧。"这就是说，洋务派是在新幌子下保持旧事物。他说任何一物的体和用都是不能分割的，"中学有中学之体用，西学有西学之体用，分之则两立，合之则两亡。"① 这就好像"有牛之体则有负重之用，有马之体则有致远之用"一样，那些想提出"中学为体，西学为用"的人，就好像取下千里马的四只蹄放在牛的"项领"上，而想使牛从此变为千里马，这是非常荒唐可笑的；并指出这些洋务派不过是"盗西法之虚声，沿中土之积弊"，挂羊头卖狗肉，顽图地维护旧封建主义文化传统而已。

资产阶级改良派反对"旧学"、"中学"，提倡"新学"、"西学"，虽然具有进步意义，但是这个运动仍然是少数人的运动，不是多数人的运动。严复的剥削阶级立场决定了他轻视劳动人民的作用，认为"穷檐之子，编户之氓"是没有教养、愚昧无知的，因而排斥他们参加，这就注定了资产阶级改良运动必然失败的命运。

二

在严复留学英国的时候，马克思主义已经在欧洲各国到处传播。但是严复所接受的却是英国近代唯物主义的鼻祖培根的机械唯物论。

严复承认世界是物质构成的。他认为古代哲学家所说的"一清之

---

① 《与外交报主人论教育书》。

气", 也就是近代物理学家所说的"以太", 是构成世界的物质元素, 而物质世界是不依赖人们的主观意志的客观存在。"物之存亡, 系其精气, 咸其自己, 莫或致之。"① 就是说, 物之存亡都是它自身精气所决定的, 不由于人们的主观意志所左右, "非人之能为存亡也"。物质和运动又是不能分开的, "大宇之内, 质力相推, 非质无以见力, 非力无以呈质。"② 他批判了宋明以来的理学家把"理"放在"气"之先的唯心主义思想。他说: "朱子主理居气先之说, 然无气又何从见理?"③ 从而肯定了物质是第一性, 精神是第二性的, 把被朱熹所颠倒了的理气关系的位置重新颠倒过来。他又进一步地阐述精神与物质的关系。"盖我虽为意主, 而物为意因(原因), 不即因而言果(结果)、则其意必不诚。"④ 也就是说, 客观事物的存在是人们的认识的原因和根据, 人们的认识只是客观事物的反映和结果。如果人们的认识不是从客观事物中来, 那么这个认识一定不可靠。

在"物为意因"的唯物主义命题下, 严复大力提倡"实测"、"试验"的认识方法, 认为"天下事所不可逃者, 实而已矣, 此非虚词饰说所得自欺, 又非盛气高言所可操劫也。"⑤ 对于客观存在的问题, 只有"皆就实事试察信否"的态度, 反对"纯向思辨中讨生活", 对事物经过"反复研证"之后, 才能得出"物理之真"的结论。

严复隐隐约约地意识到哲学上唯物主义和唯心主义的对立。他认为中国哲学史上有"言学"的一派(即唯物主义学说)和"言教"的一派(即唯心主义的学说)严复是倾向于"言学者"一边的, 揭穿"以天理属天, 私欲属人"的唯心主义观点, 主张努力掌握客观自然

---

① 《古今文钞序》。
② 《天演序论》。
③ 《天演论》八十三"按语"。
④ 《穆勒名学》。
⑤ 《救亡决论》。

规律"天行"，着眼于社会政治改革——"人治"。他强调"期于征实"，根据客观的情况"舍古从今"，而反对宋明以来理学家"期于维世"。严复对唐代的唯物主义哲学家柳宗元、刘禹锡和宋代唯物主义思想家王安石十分推崇，对韩愈、程朱陆王的唯心论则痛加驳斥。

严复也承认世界上的事物无不存在于对立矛盾之中。他说："天下无无对独立者也"，认为"仅此一事，则其别遂泯，其觉遂亡，觉尚不能，何能思议"。①如果认为世界上没有矛盾对立，这是"不可思议"的事，惟有宗教家才宣传"无对"和"不二之门"。严复还指出那些否认事物的矛盾，宣扬"无对"的人，总是不能自圆其说的，"推之至尽，未有不自相违反者。"②

严复虽然承认事物本身存在矛盾，但他并不认为事物的运动变化是由事物本身的矛盾所引起的，而认为是外力推动的结果，"静者不自动，动者不自静。"③"物形之变，要皆与外境为对待，使外境未尝变，则宇内诸形至今如其朔焉可也。惟外境既迁，形处其中，受其逼拶，乃不能不去故以即新。故变之疾徐，常视逼者之缓急。"④意思是说，事物的变化是外部环境"逼"出来的。外部环境变化的快慢，决定着事物本身变化的急缓。只看到事物变化的外部原因，看不到事物变化的内部原因，看不到外因只能通过内因才能起作用。这种事物发展的外因论，是机械唯物论的一般特点。

严复从机械唯物论出发，还把由外力推动事物变化看成是周而复始的循环。他说："世界物变，往往周而复始，是谓往复，往复者，其变自无始末，不知几度，而后之为变，常如其前，而每度所占时间，又复相等"。⑤他把事物的变化归结为"后之为变，常如其前"的

① ② 《穆勒名学》按语。
③ 《天演论序》。
④ 《天演论》导言十六，"按语"。
⑤ 《名学浅说》第111页。

简单重复，并且还以植物的生长为例加以说明。他说："植物由实成树，树复结实，相为生死，如环无端。"① 其实，果实变成树，树又结果实，这正是一个否定之否定的辩证过程，绝不是"如环无端"的循环过程。正如列宁所说："发展似乎是重复以往的阶段，但那是另一种重复，是在更高基础上的重复（否定的否定），发展不是按直线式而是按所谓螺旋式进行的"。②

严复还把"动路必直，速率必均"的机械力学原理应用于自然和社会领域，认为社会的发展变化也应当和物体的机械运动一样，有一定的"动路"和均衡"速率"。并且这种运动又是"井然不纷，秩然不紊。"③ 所以他认为君主专治之后，一定是君主立宪，君主立宪之后，才谈得上民主共和。因而当戊戌变法失败，资产阶级民主革命运动兴起的时候，严复的思想跟不上形势的发展，变成了顽固的保皇派，这是可以从他的机械唯物论的世界观中找到他的认识根源的。

三

严复的认识论有唯物主义的倾向。他以承认客观外界事物为认识的出发点。他说："人生世间，在与物相接，欲吾生之安，吾事之便，所急莫若知物。"④ 而"知物"的方法则是通过"观察"和试验。他说："一理之明，一法之立，必验之物物事事而皆然，而后定之为不易。其所验也贵多，故博大；其收效也必恒，故悠久；其究极也，必道通为一，左右逢源，故高大。"⑤ 认为人们对事物的认识正确与否，必须经过多方面的检验才能确定，只有经过检验的事物才是可靠的。他把

---

① 《天演论下·能实》按语。
② 《列宁选集》第二卷，第584页。
③ 《穆勒名学》甲部第54页"按语"。
④ 《名学浅论》第99页。
⑤ 《救亡决论》。

事物发展的规律称为"运会","运会既成,虽圣人无所为力,盖圣人亦运会中之一物,既为其中之一物,谓能取运会而转移之,无是理也。"① 从而肯定了规律不以人的意志为转移,"虽圣人无所为力"的客观性。

人们是怎样通过思维认识世界的呢?严复提出了逻辑学。他引用培根的话说,逻辑学"为一切法之法,一切学之学。"② 逻辑学中又有"内籀"(归纳推理)和"外籀"(演绎推理);他说:"内籀云者,察其曲知其全者也,执其微以会其通者也。外籀云者,据推理以断众事者也,……二者即物理之最要途术也"③。

"内籀"(归纳推理)是从个别到一般的认识方法,"外籀"(演绎推理)是从一般到个别的认识方法。在这两种认识方法中,严复比较着重于归纳法。他认为西方"学运昌明","以柏庚(即培根)氏之催陷廓清之功为称首"。④ 因为培根创建了形式逻辑的归纳法、摧毁了中世纪的种种"偶像",把人的认识方法建立在经验的基础上。

严复从逻辑归纳法出发,一方面认为人们在实际活动中不断地积累经验,使人类认识一代一代相传而具有历史继承性。他说:"而人道之所以成于今日者,自是识其经历为之,……是以前事不忘,后事之师,必赖古人所已得者,积久弥多,传之于我。"⑤ 他一方面又认为,人们不能完全迷信古人的知识,要不拘于"旧例",要立"新例"从现有的经验出发,进行判断和推理,得出新的结论。严复认为古人从长期经验中概括出来的"公例",现在的人可凭借它来判断事理,然而人们在实际活动中又发现新的原理,反复试验证明它是正确的,

---

① 《论世变之亟》。
② 《穆勒名学》甲部按语。
③ 《天演论·自序》。
④ 《原强》。
⑤ 《名学浅说·论内籀术》。

并且同旧的"公例"相矛盾。在这种情况下，则应"舍古从今"，如此"人类乃有进化"。他把人类认识的过程看成是不断发展和前进的过程，以新的发现打破旧有的定律的过程。

但是，由于严复过分偏重于归纳法，陷入狭隘的经验论。他把人的认识仅仅局限于耳目唇舌口感觉的范围，认为超越了别个范围，人就不能有所认识。他以影子为事物、鼓声和击鼓人的关系为比喻，试图说明人们只能了解事物的现象，至于事议的"真际"却是"不可解"、"不可思议"的。他说："意物之际，常隔一尘，因意果，不得经同"。① 这样就在人的主观意识和客观事物之间，筑起了一层厚墙，否认了人们的认识有正确反映客观事物的能力。如果有人不以此为止境的话，严复便认为这为"好高骛远，真无当也。"

严复的这种狭隘的经验论向唯心主义和神学打开了大门。他承认有"不可思议"的彼岸的东西的存在，认为对于"造化真宰、灵魂不死诸说，乃至佛氏所谓轮回"这些荒谬的有神论观点，就是"哲人于此，终不敢直斥其说为虚。"这就完全陷于不可知论的泥坑。

严复运用逻辑上的归纳法揭露了程朱理学、陆王心学的认识方法是"心成之说"的唯心主义的先验论；陆九渊、王阳明标榜自己不出户可知天下事，严复批判说："夫陆、王之学，质而言之，则直师心自用而已。自以为不出户可以知天下，而天下事与其所谓知者，果相合否？不径庭否？不复问也。自以为闭门造车，出而合辙，而门外之辙与其所造之车，果相合否？不龃龉否？又不察也。……盖陆氏于孟子独取良知不学、万物皆备之言，而忘言性、求故，既竭目力之事，惟其自视太高，所以强物就我。"② 严复认为这些唯心主义者脱离实际，不去考察外界的状况，从主观的猜想出发，必然作出与客观不

---

① 《天演论·论十》按语。
② 《救亡决论》。

"相合"的武断。他又对唯心论先验论者孟轲进行批判，驳斥孟轲的"良知"和"万物皆备于我"的说法，是"自视太高"、"强物就我"的唯心主义观点。他认为"良知"是根本不存在的。他曾说："心体为自身，而阅历为采和，无所谓良知者矣。"① 而主张"但与万物直接研究"和"实测"。

严复还用逻辑上的矛盾律，对唐代唯心主义者韩愈为维护封建阶级的等级制度和君主偶像所鼓吹的圣人保护人类的谬论进行了猛烈的抨击。韩愈宣扬"古之时人之害多矣，有圣人者出，然后教之以相生养之道，为之君，为之师"，"如古之无圣人，人之类灭久矣。何也？无羽毛鳞介以居寒热也，无爪牙以争食也。"严复认为，这是互相矛盾的说法。假如圣人是像韩愈所讲的那样，那么他和他的祖先必定要不是人才可以，必定要在身上长羽毛鳞介、长爪牙。如果是人，则圣人和其他人一样也没有羽毛鳞介可居寒热，无爪牙可争食，还未待他生下、成长，就早已受虫蛇禽兽饥寒木土之害而夭亡了。"又焉能为之礼乐刑政，以为他人防备患害也哉？"② 因此韩愈的"古之无圣人，人之类灭久矣"，纯属无稽之谈。

虽然严复在认识论上运用经验的归纳法，具有唯物主义的倾向，但是阶级立场又往往使他在逻辑上得出错误的结论。例如他竟然运用所谓逻辑归纳法去为曾国藩、李鸿章之流的媚外卖国行为辩护。他说："当曾文正公（曾国藩）办理塘沽教案之日，几人人以为媚夷，李文忠公（李鸿章）办理甲午东事之时，几人人以为卖国，使吾党而心习如是，则于名学内籀之术，迥乎远矣。"③ 严复完全从主观的错误前提出发，颠倒事实并妄图为曾国藩、李鸿章的卖国行为翻案。这里他的经验归纳法不是从客观实际出发，而是从他自己主观唯心主

① 《穆勒名学》部乙·插语。
② 《辟韩》。
③ 《名学浅说》。

义的"经验"里归纳出来的极端错误的结论；因而认为李鸿章和日本签订丧权辱国的《马关条约》不是卖国行为，而只是报纸上的宣传，不能作为根据。这里，一方面可以看出形式逻辑的局限性，它着重于研究思维形式的结构和规律，而不能保证思维内容的正确性；另一方面说明严复本人对洋务派的所作所为时而反对，时而赞同，左右摇摆，划不清界线。严复对帝国主义传教士对中国进行的文化侵略和奴化教育，也不能认识其本质，反而错误地进行美化，说什么欧美传教士足迹遍天下，大都"蒙犯霜露、跋涉险阻"，劳民伤财，其目的不过是宣扬"尽人事天"的道理罢了。这也同他盲目地崇拜西方，对于西方文化看不到资产阶级早期和帝国主义时期的区别而一律照搬有关；同他与中国资产阶级和外国帝国主义的千丝万缕的瓜葛有关。严复作为资产阶级改良派的代表人物，他具有阶级软弱性和妥协性，当他在认识论上反对"心成之说"的先验论，强调"观察"、"阅历"时，曾具有明显的唯物主义的倾向，但当他的立场向帝国主义和封建主义动摇过去时，他在认识论上就倾向唯心主义那边去了。

四

严复深受达尔文进化论的影响。他认为世界上的一切事物都是在演变的，要想不变是不可能的；社会从封建社会往资本主义发展也是不可改变的历史趋势。他说，天下的大势好像水向东流，自然地汇集于江河，如果要把这种水势阻挡住，叫它往高山上流，这是"人力所必不胜也"，表示了对中国往资本主义发展的希望。他继承了历史上的厚今薄古的变革思想，主张"力今胜古"，反对"好古忽今"，对那些"以复古为己任"的顽固派痛加指斥，认为"世事日新"，人们不能"逆流而反之古"，倒退是没有出路的。严复写了一篇文章《辟韩》，以对韩愈《原道》的批判为题，猛烈地抨击了封建君权，阐述了资产阶级民权的思想。韩愈站在封建卫道士的立场上，鼓吹君主绝对专制独裁，君主的意志和命令，臣子应忠实地执行，百姓们必须献出他们各种劳动果实来供奉在上的统治者。韩愈把这说成是"天意"。如果"民不出粟米麻丝作器皿通货财以事其上，则诛。"露骨地宣扬地主阶级专政的理论。严复对此进行有力地反驳："天之教固如是乎？道之原又如是乎？"并对君权从哪里来的问题发表了颇为新颖的看法。他认为"君臣之伦，盖出于不得已也。"人们本来不需要国君来统治自己，只是因为社会上产生了"相欺相夺"的现象，生命财产受到威胁，才"择其公且贤者，立而为之君"。因此，"君也臣也，刑也兵也，皆缘卫民之事而后有也。"但是封建君主并不是这样，非但不保护民众的胜益，反而"腹我以生，出令令我，责所出而诛我，时而抚我为后，时而虐我为仇"，成了"尤强梗者"、"最能欺夺者"、"大盗窃国者"。

严复还以西方资产阶级的"天赋人权"为理论武器，要求把国君盗窃来的权力归还民众，"故人人各得自由，国国各得自由"，认为自由乃是天赋给人们的神圣权利，不可侵犯，否则便是"逆天理，贼人道"的行为；严复还宣扬西方资产阶级所鼓吹的国家是人民的"公产"；王侯将相是全国民众的"公仆"。诚然，资产阶级所宣传的这些观点，对人民来说是一种欺骗，但严复处在当时还是封建专制制度统治下的中国，介绍了西方资产阶级"天赋人权"的思想，这不能不是对地主阶级专政的猛烈冲击。地主阶级顽固派对此十分恐慌，专门组织御用文人写文章进行反扑，结果反而扩大了严复的影响。当然资产阶级改良派所要求的民权，也不是把国家权力交给人民，只是要求交给它本阶级，由它来掌管和行使这一权力而已。所以，归根到底是要求资产阶级君主立宪制的权力。

但是，严复受资产阶级庸俗进化论思想影响很深，在社会变革方面，主张渐变，反对突变。他以斯宾塞的"万物天演之道，皆以为变不骤而生其亨，而群（社会）亦如此"。① 为自己尊奉的信条，认为社会政治只能逐步地改革，国家才会"綦而不乱"，逐步变为富强。他还不敢提出建立资产阶级民主共和国的口号，说现在抛弃君臣关系还不可以，"何则？其实未至，其俗未成，其民不足以自治也。"② 他主张社会改良，"本不变之道，制为可变之法，以利其群之相生养相保持而已。"③ 他反对社会革命，认为用暴力革命的手段推翻旧政权是可怕的，危险的。他在《政治讲义》序中讲，"夫人类之力求进步固也，而颠倒瞀乱，乃即在求进之时。其进弥骤，其涂弥险。"因此他提出："吾国变法当以徐而不可骤也。"④ 至于流血牺牲来从事社会革命，更是想也不敢想，他从改良主义的立场出发，力图在革命与守旧两派中搞折中调和。地主阶级顽固派千方百计要保持旧秩序，资产阶级民主革命派断然要建立新秩序，提出了"宁为更新之难，不为笃古之易"，"立宪与革命，二者必居一焉"的口号。严复竟然各打五十大板，说什么新旧两方都很片面，理论上各犯有"不详论"的毛病，而且双方不能心平气和，却"皆长杀机"，这是不符合自然进化的原理的。他又进而企图抹煞新旧两党的对立，把两者合为一体，"窃国之进也，新旧二党，皆其所不可无，而其论亦不可以偏废。非新无以为进，非旧无以为守。且守且进，此其国之所以骤发而又治安也。"严复在这里居然装出一副不偏不倚的公正之貌，欲以此来调和新旧两党的斗争。但是他想调和也调和不成，他在革命与守旧中间彷徨徘徊没多久，就一头栽到了守旧的行列。百日维新失败后，他绝口不谈变法维新了，向西方学习也仅仅停留在学习自然科学方面，至于社会政治制度，他认为国情不一样，不要学了。一反过去的激烈言词，说：

---

① 《群学肄言》第357页。
② 《辟韩》。
③ 《拟上皇帝万言书》。
④ 《群学肄言》眉批。

"君权之轻重，与民智之深浅成比例，论者动言中国宜减君权，兴议院。嗟呼，以今日民智未开之中国，而欲效泰西君民并主之美治，是大乱之道。"① 连建立君主立宪制也变成"大乱之道"了。随着资产阶级民主革命的兴起，他日趋保守和反动，他恶毒攻击中国资产阶级民主革命的先驱孙中山，说什么"幻气游魂，幸逃法外，死灰不燃，益己无疑。"② 攻击资产阶级民主革命是民族主义的做法，"民族主义将遂足以强吾种乎？愚有以决其必不能者矣。"③ 1913 年，他发起成立"孔教公会"，提倡尊孔读经。1915 年组成了六个人的"筹安会"，拥护袁世凯称帝，叫嚷"一线生机，仅留复辟"。1918 年支持张勋复辟，称张勋是"血性男儿，忠臣孝子"，并说张勋"复辟通电，其功指共和流弊，乃言人人之所欲言。"以后又反对白话文，反对五四运动，诬蔑说："从古学生干预国政，自东汉太学，南宋陈东，皆无良好效果。"④ 严复终于从一个进步的启蒙思想家堕落成反动的复辟干将，被历史所淘汰。

严复的前后变化表现了资产阶级改良派的必然归宿。社会变革只有通过暴力革命才能完成，要想不触动封建制度的根本，搞一点一滴的改良来实现封建制度到资本主义制度的和平过渡，是根本行不通的。资产阶级改良派反对突变，反对暴力革命，如果不在历史的进程中抛弃其错误的观点，那就必然要走向它的反面。这就是历史的经验。

---

① 《中俄交谊论》。
② 《论中国分党》。
③ 《社会通诠》。
④ 《与熊纯如书札》。

学术争鸣与学术评论

论荀况的朴素辩证法宇宙观

——与包遵信同志商榷

由于包遵信在《历史研究》1977 年第 4 期上发表的《论荀况宇宙观的形而上学特征》一文，认为荀况宇宙观是以形而上学为其"特征"的，"它没有能从根本上冲破形而上学宇宙观"于是否定了荀况宇宙观的朴素辩证法的基本性质。我们认为这种观点值得商榷，这牵涉到如何评价古代哲学思想问题，亦即研究哲学史的方法论的问题，特撰写此文，进行商榷，此文发表在《哲学研究》1979 年第 3 期上。

包文认为荀况形而上学宇宙观"特征"主要的论证有二：一是荀况提出"不求知天""不从宇宙构成上对于什么是自然的天作出唯物主义的解释"；二是荀况以为"学有所止"是"真理凝止观"，"学至乎礼而止矣"乃"把自然规律的客观探讨推出认识论领域之外"云云。我们的文章为此进行驳论，指出荀况"天人相分"的朴素辩证法思想的意义，荀况的不求"知天"，不是去"知"那种"从天而颂之"，"大天而思之"的人格化的"天"，而是提倡去"知"那"天地之变，阴阳之化"的自然界（天）。以达到"天地官而万物役"，"物畜而裁之"。至于说荀况是"真理凝止观"则不符历史事实，荀况认为"物之理"和"万物之变"是无穷的无限丰富的，一个人"无所疑（定）止"地认识"物之理"也是"没世穷年不能遍也"的。我们文章中最后指出，包遵信以荀况宇宙观为形而上学"特征"：一、不符合实际情况。二、在方法论上不大符合马克思主义原则，离开思想家的社会历史的条件而苛求古人。

荀况是战国时代新兴地主阶级的杰出思想家，朴素唯物主义无神论者。这是大家所公认的，在学术界几乎已经没有争论了。但是，荀况的宇宙观究竟是朴素辩证法的，还是形而上学的？在这个问题上，至今还有不同看法。我们认为荀况宇宙观的基本倾向是属于朴素辩证法的，虽然还有形而上学的缺陷和局限。但是，包遵信同志的《论荀况宇宙观的形而上学特征》一文（《历史研究》1977年第4期），认为荀况宇宙观是以形而上学为其"特征"的，"它没有能从根本上冲破形而上学宇宙观"。这就否定了荀况宇宙观的朴素辩证法的基本性质。我们认为包遵信同志的这种观点是很值得商榷的。这牵涉到如何评价古代哲学思想的问题，亦即研究哲学史的方法论问题。因此，我们就荀况宇宙观问题与包遵信同志进行商榷，想来对于开展哲学史研究是不无益处的。

一、荀况的"天人相分"的朴素辩证法思想

列宁曾经指出："马克思主义要求我们一定要用历史的态度来考察斗争形式问题。脱离具体的历史环境来提这个问题，就等于不懂得辩证唯物主义的起码要求。"[①]并说："在分析任何一个社会问题时，马克思主义理论的绝对要求，就是要把问题提到一定的历史范围之内。"[②]我们研究荀况的宇宙观时，必须如同列宁所指出的那样，把它提到荀况所处的春秋战国时代哲学上两条路线斗争的历史范围内，"用历史的态度来考察"，用阶级斗争的观点加以分析。这样，才能得出正确的结论。

大家知道，春秋战国时代是奴隶制崩溃，封建制逐步形成的时代。在这历史大变动的时代，阶级斗争极为尖锐、复杂，出现了"诸子蜂起、百家争鸣"的局面。当时哲学斗争的一个中心问题，就是"天"与"人"的关系问题，亦即是"天人合一"论还是"天人相分"论的问题。这在一定意义上来讲，是当时唯心主义和唯物主义两条哲

---

① 《列宁选集》第一卷第673页。
② 《列宁选集》第二卷第512页。

学路线斗争的焦点和集中表现。儒家的奠基者孔子及其继承者思孟学派，还有道家的庄周以及阴阳家邹衍等，都持"天人合一"论的观点；而代表新兴地主阶级的哲学家荀况和韩非等则持"天人相分"论的观点。"天人合一"论，不仅是唯心主义的"天命"论，而且是反辩证法的形而上学的宇宙观。例如，孔丘的"天命论"认为"死生有命，富贵在天"；在他看来"天"是有意志的人格化了的"神"或"上帝"，是主宰一切的，人们只能顺从"天"的意志（"天命"）行事，否则"获罪于天，无所祷也"。在他看来"唯天为大，惟尧则之"，故而必须"畏天命"。同时他又从这种唯心主义"天命论"观点出发，鼓吹"中庸之道"的形而上学（见《论语》）。子思和孟轲继承了孔丘的哲学思想，并且进一步发挥，认为天的本质就是"诚"。"诚"是"物之终始"，没有"诚"就"无物"。思孟学派还说："天地之道，可一言而尽也：其为物不贰，则其生物不测。"这是说"天地之道"本身纯一不二，所以它生育万物也就不可测度。所谓"不贰"，就是没有对立、矛盾。所以，他们认为"中也者天下之大本也，和也者天下之达道也。……致中和，天地位焉，万物育焉。""中和"是放之四海而皆准的根本道理，天地的安定、万物的产生和发展都是"致中和"，亦即是"诚"的体现的结果（见《中庸》）。这种"天人合一"论的"天命"观点，显然是唯心主义形而上学的宇宙观。这种唯心主义形而上学的宇宙观，在春秋战国时代极为流行，是当时没落奴隶主阶级反对社会变革的主要思想武器。而荀况站在新兴地主阶级立场上，写了《天论》等具有战斗性的哲学论文，针锋相对地提出"天人相分"论的思想。这个思想不仅是朴素唯物论的，同时也是朴素辩证法的宇宙观。这从历史上看，可以说是"冲破"了当时盛行的"天人合一"论的唯心主义形而上学的宇宙观的，具有重要的历史进步意义，应当给以肯定。

荀况在《天论》中开宗明义就说："天行有常，不为尧存，不为桀亡。应之以治则吉，应之以乱则凶。"认为"天"就是永恒运行着的、有规律的自然界，它是没有意志的，不以人们的善恶或主观意志为转移的客观存在；人们只能顺应着自然界的规律行事，不然就会失败。这就从根本上否定了"天人合一"论者把"天"看作是有意志的、人格化的"神"或"上帝"，并且能主宰一切的唯心主义观点。同时，荀况又说："天地合而万物生，阴阳接而变化起。"(《礼论》)这是说万物发生发展及其变化运动乃是"天"与"地"、"阴"与"阳"的对立而相"合"、相"接"亦即矛盾的结果。而"天职既立，天功即成，形具而神生"(《天论》)，人类也是自然界的产物，是自然的一部分。"水火有气而无生，草木有生而无知，禽兽有知而无义；人有气有生有知，亦且有义，故最为天下贵也。"(《王制》)阴阳二气乃是万物变化的本原，它的变化结果产生出比无生命的水火和有生命的草木之类更高级的有生命而有知觉的动物，甚至有"义"的人类。人类虽是自然界的产物，是自然界的一部分，但是人类却不是自然界的奴隶，只能屈从于自然界，或如"天人合一"论者所说的那样是受"天"的意志的支配的。人类是能够认识自然界及其规律，并且能够运用规律去改造和利用自然界，来为自己服务的。这就是荀况的所谓"知天"的思想。荀况说，人的"天官"——耳、目、鼻、口、形（身）和"天君"——"心"具有认识自然界的能力，而自然界及其规律也是可以认识的。如"天"、"地"、"四时"、"阴阳"等等都是可以被人"所志（知）"的。因此，人能"知其所为，知其所不为矣，则天地官而万物役矣。其行曲（周遍）治，其养曲适，其生不伤，夫是之谓'知天'"(《天论》)。这就是说人能"知物之理"(《解蔽》)，认识自然界和各种事物的规律，因而能够知道哪些是可以做的，哪些是不可以做的，即能"应之以治"，使自己的活动顺应着自然规律而得到成功，甚至达到"天地官而万物役"的地步。这就叫做"知天"。因此，荀况说："天地之变，阴阳之化，物之罕至者"，"怪之，可也；

而畏之，非也。"（《天论》）这就有力地否定了"天人合一"论者鼓吹"畏天命"的反动思想。不仅如此，荀况非常鲜明地强调说："大天而思之，孰与物畜而制之！从天而颂之，孰与制天命而用之！望时而待之，孰与应时而使之！因物而多之，孰与骋能而化之！思物而物之，孰与理物而勿失之也！愿与物之所以生，孰与有物之所以成！故错（措）人而思天，则失万物之情。"（《天论》）这里所谓"大天而思之"、"从天而颂之"等"错人而思天"的思想，主要的就是孔子的唯心主义"天命"论的思想。荀况认为这是"失万物之情"，即不符合或违反客观世界的实际情况的思想，必须加以否定。他主张"物畜而制之"、"制天命而用之"、"应时而使"、"骋能而化之"、"理物而勿失之"等等，就是强调发挥人的认识自然和改造自然界的主观能动作用，以达到所谓"天地官而万物役"的支配自然界的地步。这样，荀况就得出了与所谓"圣人配天"、"天人合一"论的思想完全相反的结论："故明于天人之分，则可谓至人矣"（《天论》）。荀况这种"天人相分"的观点，一方面认为人是自然界的产物，是自然界的一部分，人是受自然规律制约的，即人必须顺应自然规律才行；另一方面又强调人的主观能动作用，人能"知天"，认识、掌握自然规律，并用以改造和支配自然，来为人类服务，这是荀况哲学思想体系中最为可贵的思想。因此，我们认为荀况的"天人相分"的宇宙观，不仅是朴素唯物主义的，而且是朴素辩证法的。这就是在根本上**"冲破"**了春秋战国时代所流行的"天人合一"论的唯心主义形而上学宇宙观。

但是，包遵信同志却说："荀况作为古代一个战斗的唯物主义思想家，他的思想中还是包含着不少辩证法因素的，……但是，在荀况思想中，这些辩证法因素并没有得到充足的发展，而是倏忽即逝的，它没有能从根本上冲破形而上学宇宙观。"我们认为包同志的这一论断，是值得商榷的。在这里，我们先提出两点意见。第一，包同志说荀况"没有能从根本上冲破形而上学宇宙观"，究竟怎样才算是"从根本上冲破形而上学宇宙观"呢？是不是在根本上战胜了形而上学宇宙观才算是"冲破"了呢？看来包同志是这样认为的，因为他在文中曾说过，"不从宇宙构成上对于为什么是自然的天作出了唯物主义的解释，就不可能有效地战胜唯心主义"，所以在他看来，所谓"在根本上冲破"，也就是要"有效地战胜"形而上学宇宙观。我们认为这是离开了荀况所处的春秋战国的历史时代来论证问题，就是说这是违背"用历史的态度来考察"问题的原则的。因为古代朴素唯物主义和朴素辩证法的宇宙观，是不可能"从根本上""有效地战胜"唯心主义和形而上学的宇宙观的。这一点，毛泽东同志在《矛盾论》中早就指出过了，是大家十分熟悉的。如果我们"用历史的观点来考察"荀况的宇宙观问题，把："问题提到一定的历史范围内"来加以分析，即从荀况所处的春秋战国时期哲学上两条路线斗争这个特定历史范围内来考察，那么，如前所述，荀况的"天人相分"哲学思想，可以说是"从根本上冲破了形而上学宇宙观"的，这就是说他是"冲破"了当时盛行着的"天人合一"论的唯心主义形而上学宇宙观的。第二，包同志在文中认为荀况思想中包含着的"不少辩证法因素"，之所以"没有得到充足的发展"，"倏忽即逝"，就在于他的宇宙观的"特征"是"形而上学"。它"贯穿"在荀况"思想的各个方面，成为他整个思想体系的骨架"。包同志的论据之一就是荀况主张"不求知天"。其实，恰恰相反，荀况是竭力主张"知天"的。包同志也说"战国时期，哲学上两条路线斗争最集中的问题不是'物是什么'，而是'天是什么'，这是哲学根本问题在当时历史条件下的具体内容"，而且还明确肯定荀况"对从春秋以来争论了几个世纪的天人关系问题，作了大致符合当时生产和科学水平的唯物主义总结"，甚至"把唯物主义提到了新的理论高度"。如果荀况"不求知天"，他又怎能对"天是什么"的问题"作了"这样"新的理论高度"的"唯物主义总结"呢？既"不求知天"而又能如此深刻地在"新的理论高度"上"知天"，这岂不矛盾？其实，荀况的著名代表作《天论》的中心思想就是要人们懂得如何"知天"，要求人们唯物地去"知天"，从而"制天命而用之"，反对"错（措）人而思天"、"大天而思之"、"从天而颂之"等等。诚然，荀况在《天论》中确实说过"惟圣人为不求知天"的话，但这与荀况"知天"的主张并不矛盾。这一点，侯外庐同志在《中国思想通史》的第一卷中论述"荀况唯物主义的自然天道观"时早已谈到。侯外庐同志引《天论》关于自然天道观的言论之后，加以分析、评论说："所谓'大天而思之'，就是指去想象卜度'见象'、'见宜'等事；所谓'物畜而裁之'就是说要期之、息之、事之、治之，以达到'天地官而万物役'（即官天地而役万物的结果）的地步，以达到'其行曲治，其养曲适，其生不伤'的目的。这就是'知天'，这样就能够不'失万物之情'。由后一场合（即'物畜而裁之'）来说，他说'夫是之谓知天'；由前一场合（即'大天而思之'）来说，他说'惟圣人为不求知天'。所以，'知天'与'不求知天'，前后并不矛盾。因此，他不赞成'从天而颂之'。"[①] 侯外庐同志是从荀况唯物主义自然天道观和唯物主义认识论的总体上去分析、评论的。他指出荀况所谓"知天"与"不求知天"，"前后并不矛盾"：那些主张"物畜而裁之"的人是"知天"的，而那些主张"大天而思之"的人则"不求知天"，而荀况是站在"知天"的一边，扬弃了"不求知天"的神秘天道观的。我们认为侯外庐同志的意见是对的，因为它是符合荀况哲学思想的原意的。其实，春秋战国时代的不少唯心主义者都讲"知天"，如孔、孟就竭力主张"知天"，不过他们的"知天"是指"知天命"，孔子一再要求"君子""知天命""默而识之"，并颂扬"唯天为大"。荀况所讲的"惟圣人为不求知天"，其所指的就是这种唯心主义地去"知天"，其实是"不求知天"，即不求去真正地"知天"。而荀况自己则要求唯物地去"知天"，即他所讲的"知其所为，知其所不

---

① 《中国思想通史》，人民出版社 1957 年版，第 535 页。

为，则天地官而万物役矣。其行曲治，其养曲适，其生不伤，夫是之谓知天"。这就是要认识和掌握自然规律，从而成功地去利用和改造自然来为人类生活服务。包同志完全避开荀况"之谓知天"这个《天论》中最重要的认识论观点，而只从字面上来解释"不求知天"四个字，甚至以此作为论证"荀况宇宙观的形而上学特征"的重要根据之一，这就不符合荀况哲学思想的原意了。

二、荀况关于宇宙发展法则的朴素辩证法见解

毛泽东同志指出："在人类的认识史中，从来就有关于宇宙发展法则的两种见解，一种是形而上学的见解，一种是辩证法的见解，形成了互相对立的两种宇宙观。"①这对于我们研究人类的认识史具有重要的指导意义。对立统一的法则是辩证法的本质和核心，是宇宙发展的根本法则。凡是承认或者肯定对立统一法则的就是辩证法的宇宙观，反之则是形而上学的宇宙观。我们之所以认为荀况的宇宙观的基本倾向是属于辩证法的宇宙观——虽然还存在形而上学缺陷，就是因为荀况的思想基本上是符合对立统一法则的，并对于这一法则有所发挥（与他的前辈相比），但在某些方面又背离了这个法则，所以又存在形而上学的缺陷和局限。

那么，荀况关于宇宙发展法则的见解究竟如何呢？他有哪些朴素辩证法观点呢？除了在前面所论证过的荀况在"天"与"人"的关系这一当时哲学两条路线斗争的中心问题上，坚持"天"与"人"是对立统一观点之外，荀况还认为"天行有常"，自然界的变化运动是有规律的。这种规律的具体内容是什么呢？主要的就是他所说的"天地之变，阴阳之化"，"列星随旋，日月递照，四时代御"，"风雨博施，万物各得其和以生，各得其养以成"（《天论》）等等，所表现出来的

---

① 《毛泽东选集》第一卷，第 275 页。

"道"或"理"。而这个"道"或"理"包含对立统一规律的因素。荀况说:"万物同宇而异体。"(《富国》)他认为"同"中有"异","异"是差别,差别即矛盾;宇宙中的万物都是有差别,有矛盾的。"天地合而万物生,阴阳接而变化起。"(《礼论》)荀况以"气"作为构成宇宙万物的本原,阴阳二气相"接",相矛盾是宇宙万物变化运动的原因。"变化代兴,谓之天德"(《不苟》),由运动变化而不断更替和发展,这是自然界的本质或规律("天德")。自然界是如此,人类社会生活也是这样。基于这种观点,荀况又猜测到矛盾着的对立面是互相依存,相反相成的。如他说:"以其本知其末,以其左知其右,凡百事异理而相守也。"(《大略》)他又认为:"天下有二:非察是,是察非"。(《解蔽》)荀况甚至说:"涂之人(普通老百姓)可以为禹(圣人)","小人、君子者,未尝不可以相为也。"(《性恶》)另外,荀况在《性恶》、《儒效》等篇中还提出"积久移质"的辩证观点。例如,荀况说:"注错习俗,所以化性也;并一而不二,所以成积也。习俗移志,安久移质。……故积土而为山,积水而为海,旦暮积谓之岁,至高谓之天,至下谓之地,宇中六指谓之极,涂之人百姓,积善而全尽谓之圣人。彼求之而后得,为之而后成,积之而后高,尽之而后圣。故圣人也者,人之所积也。人积耨耕而为农夫,积斫削而为工匠,积反(贩)货而为商贾,积礼义而为君子。"(《儒教》)荀况这种"由""积"而"移质"的观点,无疑是含有朴素辩证法思想因素的。

荀况在《解蔽》篇中还批评了那些"蔽于一曲,而暗于大理"的形而上学,提出了"两疑则惑"的观点。"两疑"即对于矛盾的两方而混淆不清,如把"一曲"与"大理"两种不同之见混淆起来而不加以分析,就会迷惑不解,不能正确地判断问题。因而荀况批评"墨子蔽于用而不知文,宋子蔽于欲而不知得,慎子蔽于法而不知贤,申子蔽于势而不知知(智),惠子蔽于辞而不知实,庄子蔽于天而不知人。"(《解蔽》)同时又批评"慎子有见于后,无见于先,老子有见于诎（屈），无见于信（伸），黑子有见于齐，无见于畸（不齐），宋子有见于少，无见于多。"（《天论》）在名实问题上荀况提出"单""兼"的对立统一的辩证观点，来批评庄子所谓"山渊平"，宋子所谓"情欲寡"，是"惑于用实以乱名者也"，公孙龙所谓"白马非马"是"惑于用名以乱实者也"（《正名》）。如此等等的朴素辩证法观点是贯穿于荀况哲学思想的各个方面的。

但是，包遵信同志在他的论文中却忽视或忽略了荀况的这些关于宇宙发展法则的朴素辩证法观点，而舍弃这些极为重要的思想，来谈论荀况的宇宙观问题，怎么能得出正确的结论呢？我们觉得如果能明确地以"关于宇宙发展法则"的"见解"，即承认还是否认对立统一法则作为划分这两种宇宙观的基本原则，那就绝不会有这样的忽略。然而，包同志却主要地只是在荀况主张"不求知天"和"学有所止"等问题上论证所谓"荀况宇宙观的形而上学特征"，而且在这些问题上还有不少地方不符合荀况哲学思想的原意，这就很难把问题说清楚。

在这里，我们再举个例子来说明吧。

包同志断言："荀况的'不求知天'和'学有所止'，都是基于把认识论混同于道德论，而把自然规律的客观探讨推出认识领域之外提出的。"这就不大符合荀况的哲学思想。关于"不求知天"的问题，我们在前面已谈过了。关于"学有所止"的问题，我们留在后面再说。在这里，先就荀况是否"把认识论混同于道德论，而把自然规律的客观探讨推出认识论领域之外"的问题加以讨论。包遵信同志在这个问题上就是自相矛盾的。事实上，诚如他自己所说，荀况并"没有否认自然规律的可知性和认识它的必要性"，不仅如此，荀况还从"强调人类在认识自然、改造自然中的主观能动作用提出了'制天命而用之'的战斗口号"，从而"把唯物主义提到了新的理论高度。"荀况的《天论》、《解蔽》、《正名》和《礼论》等篇所探讨的认识论问题，虽也谈论了不少社会政治道德思想问题，而且其中包含着许多糟粕，但这并没有"把认识论混同于道德论"，也没有把自然现象排除在认识领域之外。这是很明显的事实。然而包同志却仅据荀况的"学有所止"、"学至乎礼而止矣"两句话，就说荀况"错误地把人的认识局限在'知礼'的范围之内，把认识论混同于道德论"等等，这显然是不全面的。诚然，荀况说过"学至乎礼而止矣"的话，但是荀况的"礼"是什么呢？包同志在自己的论文中也曾说荀况"把'礼'的内容由一种社会伦理制度扩展到自然界，最后使'礼'成为贯通自然与社会，包罗万象的普遍法则：'天地以合，日月以明，四时以序，星辰以行，江河以流，万物以昌，好恶以节，喜怒以当，以为下则顺，以为上则明，万变不乱，贰之则丧也，礼岂不至矣哉！'"（《礼论》）并且还引荀况认为"礼者，法之大分，类之纲纪也"（《劝学》）的说法，说明"'礼'是荀况思想的核心范畴"。这样，就按包遵信同志的理解，荀况之"礼"也不只限于"道德论"，也还包括"法"的社会政治制度等内容，尤其是它还包括自然现象及其法则。荀况曾说"礼者，养也"，"以财物为用"（《礼论》），这也就是"天养"，就是人类利用和改造自然来为自己的生活服务："财（裁）非其类，以养其类，夫是之谓天养。"（《天论》）包遵信同志自己也曾解释说："自然界既是人类的认识对象，又是可以被改造的对象，他（荀况）把这叫做'天政'、'天养'。"这样，所谓"学至乎礼而止矣"，也就不是"把自然规律的客观探讨推出认识领域之外"而"把人的认识局限的'知礼'（仅指道德——引者）的范围之内"了。至于包遵信同志说荀况"把认识论混同于道德论"的"错误"，这也是片面的。因为第一，荀况"天人相分"的理论的最重要之点在于把"天"（自然界）与人区分开来，从而反对唯心主义的"天人合一"论，而后者在论证"圣人"配天时，才发生了"把认识论混同于道德论"的错误。第二，认识论本身与道德论虽有区别，但二者之间有密切联系，因为认识论以自然界和社会的一切现象为对象，人类社会的道德伦理制度及其历史演变，难道不需要去认识它吗？何况直到现在哲学家还在争论如何看待道德问题哩。而荀况的道德论如性恶论等，的确属于唯心论的人性论，但其间也还掺杂着一些朴素唯物主义认识论的因素，不应该绝对化地一笔抹杀。最后，我们认为如果肯定包遵信同志关于荀况"把自然规律的客观探讨推出认识领域之外"这种说法，那么，结果必然要把荀况整个唯物主义自然天道观"推出""认识领域之外"，使之在认识史上化为乌有。

三、关于荀况朴素辩证法宇宙观的缺陷和局限问题

荀况的宇宙观虽然基本上属于朴素辩证法宇宙观，但是未能把朴素辩证法贯彻到底，存在着形而上学的缺陷，而且这种缺陷还是比较严重的。主要表现在以下两个方面：第一，在自然观上，他能在"天"与"人"的关系问题上强调人能"制天命而用之"，但是在社会历史观上却只强调统一，而否认斗争，认为"争则必乱"（《王制》）"争者祸也"（《富国》），甚至说："人之有斗，何哉？我甚丑之。"（《荣辱》）他还认为，封建社会的等级制度和秩序绝对不可纷乱，"少事长，贱事贵，不肖事贤，是天下之通义也。"（《仲尼》）第二，荀况虽然反对复古主义，认为"变化代兴"是自然规律（"天德"），人类社会的历史也是进化、发展的，但是他又认为"以类行杂，以一行万，始则终，终则始，若环之无端也，舍是而天下以衰矣。"（《王制》）以上种种，说明荀况确有唯心主义形而上学的一面。这种形而上学的观点，无疑是由于荀况的地主阶级立场及阶级偏见造成的。而这种阶级局限性，必不可免地使他不能把朴素辩证法贯彻到底，而陷入唯心主义形而上学的泥坑。但从荀况整个哲学思想来看，这种主要表现于社会历史观方面的唯心主义形而上学毕竟不是荀况宇宙观的全部，也不能把它说成是荀况"整个思想体系的骨架"。

马克思主义以前的唯物主义者，正如恩格斯所指出的那样，都是"半截"的唯物主义者，就是说他们在自然观上是唯物主义者，在社会历史观上则是唯心主义者。而在关于宇宙发展法则的见解上，似乎也有这样的情况。即在马克思主义以前的唯物主义者，除了本身就是以形而上学为特征的机械唯物主义者之外，往往在自然观上具有或有较多的辩证法观点，而在社会历史观上却又陷入或具有较多的形而上学观点。中国古代朴素唯物主义者大体上是这样的。因此，我们必须全面地具体分析历史上的哲学家的宇宙观问题。不能片面地夸大它们在社会历史方面的形而上学观点，更不可以偏概全地来否定其在自然观上的朴素辩证法思想。

我们评论古代的朴素辩证法宇宙观，只能采取历史的态度，根据在当时的社会历史条件下哲学家所能达到的理论水平，来加以分析、估价，不能苛求于前人。列宁就曾非常明确地说："判断历史的功绩，不是根据历史活动家没有提供现代所要求的东西，而是根据他们比他们的前辈提供了新的东西。"① 而包同志以"没有提供现代所要求的东西"来苛求荀况。这就必然夸大他的历史局限性，而否定了他比他的前辈提供了新的东西的功绩。因此，在包同志看来，荀况的宇宙观就不能不是以"形而上学"为其"特征"了。这也是一个关于研究哲学史的方法论的重要问题，是必须搞清楚的。在这里，我们就以包同志提出的一些问题来加以讨论吧。

例如，包遵信同志说："荀况'不求知天'的思想固然有反对当时唯心主义从自然之外之上去追求神秘的'知天'的积极作用。但从它的实际作用说，则是没有将对天体运行及宇宙构成进行客观探讨的科学活动，同'信机祥'、'营巫祝'的迷信活动区分开来。"因此，指责荀况在"宇宙到底如何构成的，世界有没有共同的物质本原"的

---

① 《列宁全集》第二卷，第150页。

问题上"没有给以唯物主义的回答"。大家知道,"宇宙到底如何构成"、"世界有没有共同的物质本原"等问题,直到现在还是自然科学的重要研究课题,我们不能要求两千多年前的哲学家荀况对这些问题加以解决。从哲学观点来看,古代的唯物主义理论,由于生产力和自然科学水平的低下而受限制,它对于宇宙的"解释",只能是直观的、朴素的、自发的,甚至只具有猜测性质,因而不可能是现代意义上的"科学"。因此我们只能从朴素唯物主义的哲学理论水平来要求荀况。如果是这样提出问题,那么,荀况实际上已经"给以唯物主义的回答"和"解释"了。如《天论》中所说的"天行有常,不为尧存,不为桀亡"、"列星随旋,日月递照,四时代御,阴阳大化,风雨博施,万物各得其和以生,各得其养以成"。《礼论》中所说的"天地合而万物生,阴阳接而变化起";《王制》中所说的"水火有气而无生,草木有生而无知,禽兽有知而无义,人有气有生有知,亦且有义"等等。在荀况以前春秋战国时代的一般朴素唯物主义者,曾把构成世界的物质本原看作是"五行"、"六气",而荀况则把它看作只是阴阳二气,这与他的前辈相比就是已经"提供了新的东西"了。包同志也承认这是"透露了一个可贵的理论突破"。但他却又把这只当作"一个哲学家论证某个问题所用的材料"而加以否定。包同志也曾说上述荀况的唯物主义的"天道自然论""包含着不少辩证法因素",但他又说"这些辩证法因素并没有得到充足的发展,而是倏忽即逝"而加以否定。我们认为,这样评价荀况是不符合实际情况的。

又如,包同志说:"从荀况'学有所止'立论的依据来看,他同样也看到了客观事物的无限丰富和永久变动性,看到了人的个人认识能力的有限性,但他却不知道这个主观和客观的矛盾,正是人类'智力进步的主要杠杆',错误地提出'学有所止'的办法,实际上是回避了矛盾而并没有真正解决矛盾。"并因此指责荀况"提出了'学有所止'的'真理凝止观'"。要求荀况"真正解决""认识论上相对真理和绝对真理的辩证关系"问题。我们知道关于认识能力的有限与无限的辩证关系的问题，曾是哲学史上争论不休的问题，尽管以往哲学家争论不休，却从未"真正解决"。因为他们都受历史的和阶级的局限，是不可能"真正解决"的，只有马克思主义的辩证唯物主义才把这个问题"真正解决"了。如恩格斯在《反杜林论》中所论述的那样："在这里，我们又遇到在上面已经遇到过的矛盾：一方面，人的思维的性质必然被看作是绝对的，另一方面，人的思维又是在完全有限地思维着的个人中实现的。这个矛盾只有在无限的前进过程中，在至少对我们来说实际上是无止境的人类世代更迭中才能得到解决。从这个意义来说，人的思维是至上的，同样又是不至上的，它的认识能力是无限的，同样又是有限的。按它的本性、使命、可能和历史的终极目的来说，是至上的和无限的；按它的个别实现和每次的现实来说，又是不至上的和有限的，"[①] 只有像恩格斯这样深刻地理解了认识的有限与无限的辩证关系，才能"真正解决"。要求两千多年前的荀况去真正的解决这个问题，这也是不切合实际的。

其实，荀况在这个问题上尽管不可能给以"真正解决"，但他所持的观点，在哲学史上却是有其积极意义的，至少也不是完全"错误"的。例如他在《解蔽》中指出："凡以知，人之性也；可以知，物之理也。以可以知人之性，求可以知物之理，而无所疑（定）止之，则没世穷年不能遍也。"并说："其所以贯理焉，虽亿万已不足以浃万物之变。"在这里，荀况认为"物之理"和"万物之变"是无穷的无限丰富的，因此，一个人即使是"无所疑（定）止"地认识"物之理"，也不能把它们认识周遍的，即使"贯理亿万"，也是"不足以浃（周）万物之变"的。这里，荀况既肯定客观真理的无限性和绝对性，又肯定人对客观真理认识的有限性和相对性，以及二者之间的矛

①《马克思恩格斯选集》第3卷，第126页。

盾。这实际上同时又肯定人对客观真理的认识是无止境的，因为客观真理是无穷的，认识不完的。这种观点并不是"真理疑止观"，而是具有朴素辩证法思想因素的，在哲学史上是有积极作用的，因为它并没有绝对地"封闭了取得客观真理的道路"，至少在自然观上是如此。这就是说荀况至多在社会历史观方面，提出"学""始于诵经，终于读礼"的观点，或如把他所谓"学至乎礼而止矣"的"礼"仅仅理解为封建伦理的话，才是"封闭了取得客观真理的道路"，这表现了荀况的地主阶级的局限。包同志以荀况在社会历史观上的形而上学的局限，来否定他在自然观上的朴素辩证法思想因素，这显然是不对的。再说，荀况关于"学有所止"的观点，也并不是一无是处，全无合理因素的。因为从个人的认识能力的有限性或思维的有限性来说，"学"的确是"有所止"的。同时，荀况的"学有所止"与他的"学至于行之而止矣"是相关联的，相一致的。对此，包同志也曾称颂荀况"以'学至于行'为认识的最高品格，确是唯物论的反映论的卓著识见"，这样，其"学有所止"的观点就不能一概否定。但是，包同志又说："他（荀况）笔锋一转，就又把'行'归结到'为圣人'：'行之，明也；明之为圣人'。这就用封建统治阶级的修养论将这个认识论的正确命题给窒息了"。并以此说荀况"把认识论混同于封建统治阶级的道德论"。其实，荀况所说的"行之，明也"，是说明"学至于行"之所以为"认识的最高品格"之理由；而"明之为圣人"则是指认识的目的，认识"明"了才能"为圣人"，有效地去为新兴地主阶级政治利益服务。前者是讲认识的方法论，后者是讲"学至于行"的目的。这里并没有"用封建统治阶级的修养论将这个认识论的正确命题窒息了"。不把"行"归结到"为圣人"，那就不"窒息了"，但这是不可能的，因为"行之，明也"总是要有目的的，人类的任何活动都是有目的性的活动。况且在阶级社会里目的是有阶级性的，不是这一阶级的目的，就是那一阶级的目的，我们不能要求荀况把"行"归结到别的什么抽象的"目的"或别的什么不致把"认识论的正确命题窒息了"的阶级目的。

再如，包同志说："荀况的'天人相分论'，在主观和客观、精神和物质的关系上，实际只承认认识论的反映论，而不承认认识论的辩证法，否认精神可以变物质、主观也可以转化为客观，因而大大限制了他的'制天命而用之'的实际意义。"并且说荀况提出的"制天命而用之"的战斗口号"所包含的人对自然的了解和利用，是带着极大的偶然性和被动性的"，因而说荀况"不承认认识论的辩证法。"我们认为这样要求古人是不切合实际。因为关于物质变精神，精神变物质的思想，只有马克思主义的革命的能动的反映论才能具有，马克思主义以前的任何哲学家都没有，而且也是不可能有的。但如果说这个"辩证法"是指朴素辩证法，而不是指物质变精神，精神变物质的马克思主义的唯物主义辩证法，那么，荀况还是"承认"的。包同志自己就肯定地说，荀况"强调人类在认识自然、改造自然中的主观能动作用，提出了'制天命而用之'的战斗口号"。荀况所"强调"的这种"主观能动作用"观点，就是"认识的辩证法"（朴素的）的观点。况且他还肯定人类能"认识自然"，又能把认识到的自然规律，用来"改造自然"，发挥了"主观能动作用"，以致"制天命而用之"，这种从客观到主观（认识自然）、主观反作用于客观（改造自然）的观点，就是"认识的辩证法"。在《解蔽》中，荀况竭力反对"蔽于一曲，而暗于大理"的形而上学观点，而要求全面地辩证地看问题，也是"承认认识的辩证法"的表现。

总之，我们认为包同志把荀况的宇宙观看作是以"形而上学"为"特征"的观点，是不符合实际情况的；他对于评论古代哲学思想所持的观点，在方法论上也是不大符合马克思主义原则的。所以，我们提出一些不同看法，与包遵信同志商榷。不对之处，请大家批评、指正。

关于柳宗元世界观的实质问题
——与丁宝兰同志商榷

丁宝兰同志在《柳宗元世界观的实质问题》(载《哲学研究》1979 年第 2 期)中，对于柳宗元世界观矛盾而复杂的现象加以探讨，并批判了"四人帮"把柳宗元看作"杰出的法家"的谬论，这是有意义的。但是，丁同志认为柳宗元世界观中的朴素唯物主义和反天命思想部分仅仅"居于被支配的、非主要方面的地位"，因而他的世界观的实质是唯心主义的，甚至说他没有"一星半点唯物主义战斗精神的气味"等等，这种观点，我们还不敢苟同。这不仅关系到对柳宗元这一唐代著名哲学家的评价问题，而且还涉及研究哲学史的方法论上的一些问题，因此，我们提出自己的一些看法，与丁同志商榷，也就教于大家。本文发表于《陕西师范大学学报》1981 年第 2 期。

一、关于宇宙本原"气"的哲学实质问题

丁同志认为柳宗元世界观的实质之所以不是唯物主义的，而是唯心主义的，首先就在于柳宗元所讲的"元气兼有物质本质和精神实体两重性格，那就很难认为是唯物主义的观点，退一步说，即使给以最好的评价，也不能得出唯物主义元气一元论的结论"。这个观点，是值得商榷的。

第一，丁同志借以说明柳宗元关于"气"的论述具有把"气"看作精神实体的唯心主义观点而提出的"两个较明显的证据"，我们认为是不充分的，至少其中的一个是不足为据的。丁同志认为柳宗元的《天爵论》认为，宇宙的气有'刚健之气'和'纯粹之气'二

种。……都是精神实体"。其实，柳宗元在这里所讲的两种"气"并不是从宇宙的本原上来立论的，而只是就人的精神即所谓"明"与"志"而言的。柳宗元说："刚健之气，钟于人也为志。……纯粹之气，注于人也为明。"什么是"明"，什么是"志"呢？他解释说："敏以求之，明之谓也；为而不厌，志之谓也。"并说："使仲尼之志之明可得而夺，则庸夫矣；授之于庸夫，则仲尼矣。"可见表现为"明"与"志"的"气"，只是指人的坚韧不拔、顽强不挠，"孜孜于嗜学"的刻苦勤奋的精神；而"圣人"（仲尼）与"庸夫"主要取决于有没有这种精神。因此把这种表现为"敏以求之"、"为而不厌"的进取精神的"气"理解为宇宙本原的"气"（精神实体），是不确切的。至于丁同志引柳宗元另一句话"气混溟兮德洋洋"，就说"这个气干脆倾泻道德了！"其实，这个"气"，也不是指作为宇宙本原的"气"，也只是就人的精神品质而言的。因为此句见于柳宗元的《南岳云峰和尚塔铭》，与其前一句"行峻洁兮貌齐庄"相对文，都是对和尚族郭氏德行的恭维之辞，怎么可以把它看作是柳宗元对于宇宙本原的理解呢？

在这里必须注意到："气"这一概念和范畴，在中国古代哲学史上，不同党派的哲学家是有不同的理解的，而且同一个哲学家在具体运用上也是有不同含义的。因此，在评论古代哲学思想实质时，除了把"气"作为宇宙本原来理解，要注意它是物质性的还是精神性的，亦即是第一性的还是第二性的问题，从而断定那是唯物的还是唯心的之外，还得注意这个"气"是否作为宇宙本原的问题。中国古代唯物主义"气"一元论者，主要是在自然观方面认为宇宙万物是由物质性的"气"所构成，它是第一性的，而唯心主义者则认为"气"是由"理"或"道"等精神实体所派生，有的唯心主义者也认为"气"是宇宙的本原，但把它看作是精神性的，如赋予神秘的道德属性等等。除此之外，古代朴素唯物主义者也并不是那么严格地把"气"这一概念处处作为宇宙的物质本体而用于自然观方面的，有不少场合也是用它来说明人的内心精神活动的状态的，或者作为人的道德素质，如"气节"、"气魄"之"气"等等。在这种场合，如果我们把它作为宇宙的本原来理解，自然会得出那是唯心主义观点的结论，但这显然是不确切的，不合原意的。同时，还应注意到，当"气"一元论的唯物主义者把"气"这个概念用于社会历史观方面，就常常因此陷入唯心主义泥潭。例如王充无疑是个"气"一元论的唯物主义者，但当他断言"夫天地气和，即生圣人"①时，就陷入唯心史观。然而这却无碍于我们称他在自然观方面是个"气"一元论的唯物主义者。柳宗元也是如此。柳宗元不仅在《天爵论》中有"刚健之气，钟于人也为志。……纯粹之气，注于人也为明"的这种说法，而且在他的一些寓言形式的文章中也有这种"禀气"说的观点，如《斩曲几文》讽刺社会上以奉承拍马、八面玲珑的圆滑手段来博取高官厚禄的"曲几"小人，说他们"敧形诡状，曲程诈力"，这是由于他们"禀气失中"的缘故。其他如《宥蝮蛇文》、《辩伏神文》等作品也有这类说法。这些嬉笑怒骂的讽刺之作，在政治思想方面是有其进步性的，但其中所说"禀气"，从哲学上讲，实属唯心主义的观点。然而这毕竟是属于社会历史观方面的唯心主义观点，是马克思主义以前的所有旧唯物主义者所不能避免的。况且，就人的"圣凡"、"智愚"而言，虽然其决定因素是后天的，但其在自然禀赋上也是有所差别的（尽管这种差别很小很小），这一点就连马克思也不否认的。因此，古代朴素唯物主义者一方面用他们的唯物主义认识观点，另一方面又用他们的"气"的观点来解释造成人的"圣凡"、"智愚"的原因问题，虽然后者常使他们陷入唯心史观，但毕竟是试图从他们的唯物主义自然观来加以解释的。这与那些十足的唯心主义先验论者还是有所不同的。丁同志没有注意到上述这些情况，而把柳宗元并不作为宇宙本原的"气"，也一

---

① 《论衡·齐世篇》。

概作为宇宙本原的"气"来理解，同时又把它的自然观和社会历史观混于一谈，显然是不妥当的。

第二，丁同志引柳宗元《南岳弥陀和尚碑》"铭"中的一段话"一气回薄茫无穷，其上无初下无终，离而为合蔽而通，始末或异今焉同？虚无混冥道乃融，圣神无迹示教功。"认为这是"把'气'这一范畴附会到佛教世界观去"。诚然，柳宗元在这里是失足了，使自己关于"气"的论述，陷于矛盾之中。但是，丁同志因此就说："退一步说，即使给以最好的评价，也不能得出唯物主义元气一元论的结论。"这就值得商榷。丁同志在文中曾引毛泽东同志所说的"事物的性质，主要是由取得支配地位的矛盾的主要方面所规定的"，认为"这是我们探讨柳宗元世界观的实质问题的指南"。那么，依据这个"指南"，柳宗元关于"气"的论述的上述矛盾，究竟哪一方面是"矛盾的主要方面"呢？按照丁同志的看法，显然是把上述所引一段话中所谓"附会到佛教世界观去"或作为"精神实体"的这个"气"的见解看作是"矛盾的主要方面"，因而其世界观的实质只能是唯心主义的。我们认为这种看法是把主次颠倒了。《南岳弥陀和尚碑》不过是柳宗元的应酬之作，并不是专门论述宇宙观的，更不是他的哲学代表作，怎么可以把其中提到的这一个"气"的性质及其"附会"性的观点，作为他关于"气"的论述的"矛盾的主要方面"呢？应该看到，柳宗元关于"气"的见解，主要的表现在他的《天对》、《天说》、《非国语》等等专门论述宇宙观问题的最为重要的具有代表性的哲学论著中。在这些论著中，柳宗元绝不是"附会"地，而是非常明确地论述了宇宙万物是由物质性的元气构成，而这元气不是由谁主宰的，也不是以任何人的意志为转移的；宇宙间"惟元气存"，元气即"阴与阳者，气而游乎其（天地）间者也，自动、自休、自峙、自流，是恶乎与我谋？自斗、自竭、自崩、自缺，是恶乎为我设？"气是自己运动变化着的，气的物质形式"埌"（时间）和"形"（空间）是无限的，

"无极之极，漭弥非垠；或形之加，孰取大（太）焉"。自然界各种现象的变化，都是物质性的"气"的作用的结果，"夫雷霆雪霜者，特一气耳，非有心于物者也"。元气即阴阳二气本身，是对立统一的矛盾存在，这是万物变化的原因。"合焉而三，一（元气）以统同，呴炎吹冷，交错而功"，天地万物都统一于物质性的元气，而元气内部的阴阳矛盾引起天地万物的不断变化、运动和发展，如此等等。总之，柳宗元在论述宇宙观方面，是把"元气"理解为构成宇宙万物的本原的。这才是他关于"气"的论述中的"矛盾的主要方面"，是决定他的宇宙观的性质的东西。这是很明显的。因此，在我们看来，不必"退一步说"，也不要"给以最好的评价"，只要不作主次颠倒的评论，也就完全可以得出柳宗元是一个唯物主义元气一元论者的结论的。

二、关于反天命的问题

丁同志认为柳宗元世界观的实质之所以不是唯物主义的而是唯心主义的，还在于他虽有"一些反天命的理论观点"，"但一接触到生活实践，就反其道而行之"，"因此，我们绝不能认为这种言行相悖、言论自相矛盾的思想作风为正当。……也没有理由认为他的一些反天命言论居于矛盾的主要方面。"这也就是说，在柳宗元世界观的矛盾中，"居于矛盾的主要方面"是他的"天命思想"，其论据主要有两条：一是柳宗元在《与萧翰林俛书》中所说的"今天子兴教化，定邪正，海内皆欣欣怡愉，而仆与四五子独沦陷如此，岂非命欤！命乃天也。"二是在《祭吕衡州温文》中所说的"……今化光（吕温名）之殁，怨逾深而毒逾甚，故复呼天以云云，天乎痛哉！"我们认为这种观点也是值得商榷的。

首先，丁同志所持的两条论据还必须加以具体分析，绝不能因为柳宗元文中出现了"命欤"、"天乎"的字句就简单的断定这是"天命思想"及其在他的世界观中占了支配地位或"矛盾的主要方面"。柳宗元在《与萧翰林俛书》中是充满了愤慨怨恨的情绪的。他申述自己在政治上的不幸遭遇乃是人为的原因造成的，"天命"只是假托之辞。他说自己受政敌谗言中伤，被罗织罪名，以致"万罪横生"；反对他的人"聚为仇怨，造作粉饰，蔓延益肆"，有些人则"自以速援引之路"，趁火打劫，从中获利，而"饰智求仕者，更訾仆以悦仇人之心"。同时在这封书信中还流露出对朝廷的强烈不满，认为"八司马案"是极不公平的。柳宗元说了"圣朝弘（宽）大，贬黜甚薄，不能塞众人之怒"之后，又说"今天子兴教化，定邪正，海内皆欣欣怡愉，而仆与四五子独沦陷如此！"这显然是愤懑之辞，而"圣朝弘大"、"今天子兴教化，定邪正"则是反语：正由于朝廷不"弘大"，连"邪正"也不分清楚，才使他们这些永贞革新派人物"沦陷如此"！柳宗元不敢正面非议朝廷，因为归咎"圣朝"和"天子"会被看作诽谤朝政，大逆不道，有杀头之祸的，故只好自叹自怨，以"岂非命欤"之语来掩饰。然而柳宗元并不甘心处于如此恶劣境遇，也不听天由命，故在下文又说，"然居理（升）平之世，终身为顽人之类，犹有少耻，未能尽意"，盼望有朝一日"得以见白"。从上述看来，就很难说柳宗元在这封书信中宣扬了"天命思想"。

至于《祭吕衡州温文》，这是柳宗元给"八司马案"中的人物吕温之死的祭文，其中深寄悲悼、怨愤之情。对于文中所说的"呜呼天乎！……吾固知苍苍之无信，莫莫之无神。今于化光之殁，怨逾深而毒逾甚，故复呼天以云云，天乎痛哉！"这一段话，丁同志认为柳宗元"既然本来已知道天无信无神，仍呼怨不能自已，这就不能说出于不自觉"，即以为柳宗元是在"自觉"地宣扬"天命思想"。我们认为这未免曲解了原意。其实，柳宗元明知天无信无神，而又呼怨不能自已，这恰恰表明他是"自觉"地要人们了解"天"是无信无神的，而我之所以"复呼天以云云"，实在只是处于无可奈何的境遇而已。这显然只是为了更强烈地更突出地表达他的悲愤之情，绝不是"自觉"

地要宣扬"天命思想"。柳宗元说得极为明白：他对和自己一样陷于"八司马案"的吕温之死，悲愤怨恨极深，但是愈是悲愤怨恨，愈会触犯朝政，愈要被处罪，故云"怨逾深而毒逾甚"。在这样的境况之下，由于怨恨至深，而赴诉无门，故无可奈何地"呼天"，用"天乎痛哉！"这种祭文的老套头，来表达自己无限悲愤之情。如果说"自觉"地要在这里宣扬"天命思想"，那就根本用不着特地声明"吾固知苍苍之无信，莫莫之无神"了。再则，柳宗元在祭文中特地为吕温的一贬再贬的遭遇鸣不平，说他"修正直以召灾，好仁义以速咎"，而"贪愚皆贵，险很皆老，则化光之夭厄，反不荣欤，所恸者志不得行，功不得施"，这也就批评了当时的朝政。如果说真有什么"天命"使吕温遭受"夭厄"，那么，人们看到祭文中的这种不平之鸣，也会感到"天"何其昏瞆，竟给"修正直"、"好仁义"的人加以灾咎！这至少会使人对"天命"加以怀疑了，又怎么可以说是"自觉"地在宣扬"天命思想"呢？丁同志还说柳宗元在《天说》中说过："'呼而怨，欲望其哀且仁者，愈大谬矣。'而上面那一段话，恰恰把自己摆在曾经严厉批判过的地位。在理论上否定了天命，在生活实践上还是逃脱不了它的支配。"这种观点，也不恰当。因为：一则把《天说》看作"理论"，而把《祭吕衡州温文》当作"生活实践"，以此区分同一哲学家的著作本身就不妥当，难道后文所说的"吾固知……"云云就不算"理论"吗？二则既然柳宗元在后文中声言"吾固知苍苍之无信，莫莫之无神"，那就用不着丁同志拿前文来"批判"后文了，这就是说柳宗元写这篇祭文并没有"把自己摆在曾经严厉批判过的地位"。换言之，柳宗元在"天命"问题上的矛盾并不表现在这里。

其次，在柳宗元的著作中，我们是看到他的一些"天命思想"的，如他的上皇帝的贺表以及其他碑文、墓铭之作等等。但是，丁同志把它看作是决定柳宗元世界观实质的"矛盾的主要方面"和"支配"思想，这也是把主次颠倒了。因为具有"天命思想"的上述贺表、碑文墓铭，都是一些官场的遵命文章和社交应酬之作，是不能作为他哲学方面的代表作的。他在"天命"问题上确有自相矛盾之处，我们当然不以这种"言行相悖"的"思想作风为正当"。但是，柳宗元毕竟是个封建地主阶级思想家，要求他在任何场合都一贯坚持言行一致，这未免太苛求了。况且理论和生活实践本身往往存在矛盾，不仅古人，就是今人也难免如此。这里的问题还在于柳宗元在天命与反天命的矛盾中，究竟哪一方面是"矛盾的主要方面"。

我们认为柳宗元的反天命思想不仅是主要方面，而且在当时是具有进步的战斗意义的。他不仅在《天对》、《天说》、《非国语》等著名哲学代表作中鲜明而较系统地表述了他的反天命的唯物主义思想，而且在《时令论》、《断刑论》、《封建论》等作品中也都贯彻了这一思想。他有力地否定了所谓有意志的"天"的存在及其支配着人类生活的神秘力量，而强调人为的作用，即所谓"生人之意"等等。他明确指出："圣人之道，不穷异以为神，不引天以为高，利于人、备于事，如斯而已矣。"① 又说："或者务言天而不言人，是惑于道者也；胡不谋之人心以熟吾道？吾道之尽而人化矣，是知苍苍者焉能与吾事而暇知之哉？"② 这是何等鲜明的反天命思想！柳宗元还更深刻地指出："古之所以言'天者'，盖以愚蚩蚩者耳，非为聪明浚智者设也，或者之未达，不思之甚也"。③ 他还触及了产生天命思想的根源问题，认为"力足者取乎人，力不足者取乎神"，而且认为王朝的更替也不是受命于天的，如说"受命不于天，于其人；休符不于祥，于其仁"④。由此不难看出，他的反天命思想是有一套较系统的理论的，是建立在"气"一元论的唯物主义宇宙观的基础上的，这怎么不是他的思想的"矛盾主要方面"呢？丁同志把柳宗元有一套较系统的唯物主义理论

---

①② 《时令论》。
③ 《断刑论》下。
④ 《贞符》。

的反天命思想看作是次要的、非实质性的，而把他缺乏理论系统的、零星散见于次要文章中的天命思想却看作是决定他世界观实质的"矛盾的主要方面"，这岂不是把主次颠倒了吗？柳宗元在唐朝天命论的反动思潮占了统治地位的时代，能够鲜明地挂起反天命的旗帜，这难道没有进步的战斗意义吗？因此，丁同志要取消给柳宗元以"反天命的无神论者的称号"，显然是"没有理由"的！

三、关于儒家思想在柳宗元世界观中的地位问题

丁同志认为柳宗元的朴素唯物主义和反天命思想部分，之所以"在他整个世界观中也就不能不居于被支配的，非主要方面的地位"，还在于他把"儒学"看作"是一个绝对的标准"，来"衡量一切"，因而他"对于同一个问题上相互排斥的两种见解，明明是两条哲学路线对立的表现，竟然可以说是都符合儒学宗旨而强行合二而一，统统予以肯定。这样一来，……对于唯心主义的东西，儒道佛兼收并蓄，而又认定儒为正宗，还把某些朴素唯物主义的观点附会为儒家的传统思想。这样，构成了他的世界观的主要方面。"这种观点更值得商榷。

首先，丁同志认为柳宗元是把"儒家思想"看作是"位置更高的哲学"，是"衡量一切"的"绝对的标准"，其所持的两个论据就不大恰当，因而也就不大符合柳宗元思想的实际情况。丁同志的一个论据是柳宗元《送僧浩初序》一文中所说的"浮图诚有不可斥者，往往与《易》《论语》合"这句话，他断言"这是说，儒学是一个绝对的标准，佛教思想既然符合它，所以绝对不容反对。"关于柳宗元与佛教的关系问题，我们将在下文论及，在这里仅就丁同志的这个论据提出商榷：柳宗元在此文中说"浮图往往与《易》《论语》合"，并不是普泛的说法，而是指佛家之为人的某些具体"性情""往往"符合于儒家之道。什么"性情"呢？柳宗元说得很清楚："与其人游者，未必能通其言也。且凡为其道者，不爱官，不争能，乐山水而嗜闲安

者为多。吾病世之逐逐然唯印组为务以相轧也，则舍是其焉从。吾之好与浮图游以此。"柳宗元就是指佛家的这种"性情奭然，不与孔子异道"。他认为这比那些在官场争名逐利之徒要高尚得多。其所谓"合"，所谓"有不可斥者"亦即指此。怎么能在这里不加具体分析，就笼统地、以偏概全地得出了柳宗元以"儒家思想"为"绝对的标准"，从而"绝对不容反对"佛教思想呢？更不用说，柳宗元的元气一元论的唯物主义宇宙观与佛教思想相对立了。

丁同志另一个论据是柳宗元"批判'董仲舒对三代受命之符'的说法，认为'非德不树'，否定君权神授，也是捧出'仲尼叙《书》'为据"。其实，柳宗元在《贞符》一文中不过是以"仲尼叙《书》，于尧曰克明俊德，于舜曰浚哲文明"等等为一个事例，说明"受命不于天，于其人；休符不于祥，于其仁"的反天命的思想而已。而他的这个思想与仲尼的思想却是不相容的，因为后者是个天命论的鼓吹者。因此，在这里，柳宗元在表面上虽说"仲尼叙《书》"云云，但从实质上看，绝不是像丁同志所说的是"以孔丘的言论……为标准"来批判董仲舒的。丁同志只看表面现象，而不看实质，这能说是符合柳宗元思想的实际情况的吗？

诚然，柳宗元对于儒家经典确是很尊崇的，但说他对于任何两种对立的哲学思想，只要是"符合儒家宗旨"的，就"强行合二而一，统统予以肯定"，这也很难说是符合柳宗元的思想实际的。因为：第一，儒家学派的思想，随着历史的发展，早已没有一个统一的"宗旨"了。就以先秦儒家来说，孔孟是唯心主义，荀子则是唯物主义；在汉代，董仲舒是唯心主义，而扬雄则有唯物主义思想；在唐代，韩愈和柳宗元都推尊儒家之道，但宋代王应麟早就看出"韩柳齐名而道不同"，这样，试问柳宗元拿来作为"绝对的标准"的"儒家宗旨"，究竟是什么呢？这个"宗旨"既没有确定的内容，是一个无定的、笼统、含糊的东西，又怎能作为"绝对的标准"呢？退一步说，如果真如丁同志所说的那样，这姑且也可以作为"绝对的标准"的话，那么韩愈和柳宗元都是推尊儒家之道的，也都"认定儒为正宗"的，这样，韩愈也是以此为"绝对的标准"了，但为什么韩、柳的哲学思想又如此不同呢？韩愈为什么不会"把某些朴素唯物主义也附会为儒家的传统思想"而加以"兼收并蓄"呢？第二，再说韩愈自称儒家道统人物，他的哲学思想可以说是"符合儒家宗旨"了吧，但柳宗元却批判了它？董仲舒也曾被称"为儒者宗"，他的哲学思想也可以说是"符合儒家宗旨"了吧，但柳宗元也批判了它；孟子与孔子合称为儒家"圣人"，孟子的哲学思想更是"符合儒家宗旨"了吧，但柳宗元也曾批判过它，如《天爵论》就是对孟子的"天爵"观点表示非议的；孔子是儒家的奠基者，柳宗元虽很推尊孔子，但他对孔子也有非议之处，他的唯物主义和反天命论的思想更与孔子的思想"宗旨"不合。由此可见，说柳宗元对于凡是"符合儒家宗旨"的哲学思想，都"强行合二而一，统统予以肯定"，这显然是不符合实际情况的。

其次，丁同志撰写他的这篇文章的目的本是要"探讨柳宗元世界观的实质"究竟是什么的问题，亦即要阐明其世界观究竟是唯物主义的还是唯心主义的问题，丁同志认为"朴素唯物主义和反天命思想部分"，在柳宗元"整个世界观中"只"居于被支配的、非主要的地位"，这就是说"柳宗元世界观的实质"是唯心主义的。丁同志这个观点虽是把主次颠倒了，但总还是在谈论"实质"问题。然而在这里，丁同志却又说"构成他的世界观的主要方面"是"儒家思想"。这也就是说柳宗元的世界观的实质就是"儒家思想"。前面我们曾指出儒家学派的思想随着历史的发展，早已没有一个统一的"宗旨"了，而丁同志自己也说"儒与佛，在唯心主义的原则上是有共性的"；同时又说柳宗元"世界观中朴素唯物主义和反天命思想部分，有些是儒家的东西"，由此可见，所谓"儒家思想"，就哲学党派性而言，早已成为一个非具实质的笼统不定的含糊概念和术语了，而丁同志却还把它用来说明和规定"柳宗元世界观的实质",这恰恰适得其反,将它的"实质"含糊地掩盖起来了。

值得进一步指出的是,丁同志对于形成柳宗元世界观实质的源流问题上,只说他是以"儒为正宗",为"绝对的标准",兼收并蓄儒道佛,"还把某些唯物主义的观点也附会为儒家的传统思想"而构成的。这显然是只讲"流"而不讲"源",似乎柳宗元是出于一种误会才把"某些唯物主义的观点"夹杂到他的世界观中来的;说柳宗元写了那么多的著名的唯物主义和反天命论的哲学著作,都是出于"附会为儒家的传统思想"的结果,而没有他所处时代的社会根源;似乎柳宗元之所以有佛教思想,也只是由于他以为佛教思想符合于"儒家的传统思想",而没有他的现实生活境遇上的社会根源,等等。如此研究哲学史恐怕不能算是"做到较全面地、如实地加以分析研究"而"透过现象抓住本质"的吧。这一点,我们再看看丁同志在柳宗元与佛教的关系问题上所作的评论,就会更加清楚的。

四、关于柳宗元与佛教的关系问题

柳宗元与佛教的关系相当密切,他既写了很多具有鲜明唯物主义思想的哲学论著,同时也写了不少赞扬佛家的文章,因而使他的世界观的矛盾显得很突出、复杂。我们评论柳宗元的世界观,当然不能回避其矛盾,把它看作"清一色"的东西。丁同志在文章中着力探讨的这个复杂而矛盾的实质问题,其中也还有值得商榷的地方。

(一)丁同志认为柳宗元把佛教哲学看作是符合于儒学这一"绝对的标准"的"绝对真理",因而"绝对不容反对",这种评论未免太"绝对"了。前面我们已经提到,事实上,柳宗元并非如此"绝对"而又"绝对"的。这里再举一例以明之:对于佛教宣传的绝对空虚的唯心主义观点,柳宗元是并不苟同的。例如,当刘禹锡在《天论》中从他的朴素唯物主义自然观出发,认为"空者,形之希微者也",并说"古所谓无形，盖无常形尔，必因物而后尔"时，柳宗元在《答刘禹锡天论书》中称赞说："所谓无形为常形者，甚善。"并说刘禹锡的《天论》"乃吾《天说》传疏耳"。《天论》对"空"的唯物主义解释，实际上是对于佛学关于"空"的唯心主义观点的否定。柳宗元"得《天论》"时表示"大喜"，誉之为"甚善"，这正表示了他对佛学关于"空"的观点的否定和反对。仅此一端就足见柳宗元绝没有把佛教哲学看作"绝对不容反对"的"绝对真理"。

（二）丁同志说柳宗元是个佛教的"虔诚信徒"，他"不仅谈佛，而且用于立身行事"，并举他女儿和娘皈依佛教的这一件事来说明"他的认真态度"。其实，柳宗元虽"谈佛"，但对于佛教的"信仰"并不是那么"虔诚"、"认真"的。前述他不苟同于佛教所说的"空"就是一个证明。同时，如果说柳宗元是非常"认真"地"虔诚"地把佛教思想"用于立身行事"，他就该出家去当和尚，念念佛经就行了，绝对不该去撰写那么多的宣传与佛教思想相对立的唯物主义和反天命论的论著了。至于柳宗元对于女儿和娘皈依佛教的态度，据他所写的《下殇女子墓砖记》所说：和娘"既得病，乃曰：佛我依也，愿以为役。更名佛婢。既病，求去发为尼，号之为初心。"可见和娘由于得病而自愿皈依为佛服役，自己要求"去发为尼"，并不是柳宗元自己出于对佛教的"虔诚"和"认真态度"而指使和娘去当尼姑的，而他为之"更名佛婢"，至多是出于对患病的女儿的怜惜之心。因为这可以设想一个得病的小女儿，一则"愿"，二则"求"去为尼，如果不迁就她的意愿，那就会更促使她的病重。况且和娘为尼之后，仅十岁就夭殇了，可见她一直在重病中。不过柳宗元的迁就和娘，毕竟是极其消极的，这不能不说是由于他自己受到佛教思想影响的结果。但也不能因此就说柳宗元把佛教"用于立身行事"，态度认真，是个"虔诚信徒"。

（三）丁同志说"柳宗元站在儒家立场，力陈佛教与《易》、《论语》合"等等，因而他就没有"一星半点唯物主义战斗精神的气味"了，并说把柳宗元"打扮成一位'无神论战士'，真的是一篇现代神话"。我们认为丁同志的这种说法不仅过于偏激，恐怕也是自相矛盾的。因为，如果说在柳宗元世界观中连"一星半点唯物主义战士精神的气味"也没有，那么他只能是"清一色"的纯粹唯心主义的了，没有什么矛盾的复杂性了。但是丁同志在文中却肯定柳宗元世界观中存在唯物主义和唯心主义的矛盾，并且用一节的篇幅论述他的朴素唯物主义思想，还说他的《天对》"表述的朴素唯物主义自然观……批判了创世说，在一定程度上论证了无神论"等等。这里的所谓"批判"，难道不是散发出"唯物主义战斗精神的气味"来了吗？难道不算是"无神论战士"的一种表现吗？

这里的问题在于：柳宗元写过不少赞扬佛家的文章，与佛教的关系密切，既如此怎能还把他称为"无神论战士"呢？丁同志说是"岂不是对中国无神论史的莫大嘲弄吗！"我们认为这种说法不见得妥当。在这里，在方法论上，不仅要科学地分析柳宗元世界观的矛盾诸方面，实事求是地说明究竟哪一方面是其矛盾的主要方面，而且还要把它提到其所处的历史时代的范围内来进行历史主义的考察才行。列宁曾教导我们说："在分析任何一个社会问题时，马克思主义理论的绝对要求，就是要把问题提到一定的历史范围之内。"① 前者我们已经说明反天命的无神论思想在柳宗元世界观的矛盾中是占了主要方面的地位的，现在我们再从后者进一步加以说明。

柳宗元生活在中国封建社会中期的唐代，当时封建统治阶级既尊儒，而又重道、礼佛，尤其是佛教盛炽，遍及全国，上至帝王公卿，下至庶民百姓，普遍地信奉佛教，有神论的迷信思潮到处泛滥。柳宗元就曾说当时"服勤圣人之教，尊礼浮屠之事者，比比有焉"② 在这

① 《列宁选集》第二卷，第512页。
② 《送文畅上人登五台遂游河朔序》。

佛教烟雾弥漫的社会里生活，作为一个封建地主阶级的思想家，特别是政治上遭受贬谪、极度痛苦的那种境遇，使他受到佛教思想的影响，因而带上某种沉重的佛教思想的锁链，这是难免的。但是另一方面又必须看到，正是他却又着力挣脱，从而写了诸如《天对》《天说》《非国语》《贞符》等等不少宣传反天命的唯物主义无神论思想的哲学著作。这是佛教唯心主义的有神论者所不能相容的。柳宗元以及刘禹锡的《天论》等著作，是从唐代儒道佛三教有神论占了统治地位的黑暗思想王国里透露出来的一线光明！丁同志诘问说："说他'出入佛道'；'入'是事实，'出'是什么意思？难道是柳宗元曾经对佛教决裂并反戈一击吗？"可以这样回答：柳宗元从唐代有神论占了统治地位的黑暗思想王国中透露出来的那一线光明，这就是"出"！丁同志认为"对佛教决裂"才算是"出"，这是太苛求了！离开具体历史环境和条件及其可能性而提出所谓"决裂"的要求，是不对的。要知道在古代历史上与唯心主义和有神论思想真正"决裂"的哲学家几乎是没有的。任何剥削阶级思想家，都不可能成为彻底的唯物主义者和无神论者。如果像丁同志那样苛求古人，那么历史上也就没有什么唯物主义无神论者了。何况在历史上唯物主义哲学家无一不是在处于某种思想矛盾的曲折过程中斗争和前进的。试问在唐代像柳宗元这样的哲学家能有几个？我们运用历史主义眼光来看问题，把柳宗元放在唐代这一特定历史范围内来考察，从而称他为"无神论战士"，这又何尝不可呢！在我们看来，这不是什么"现代神话"，也不是什么"对中国无神论史的莫大嘲弄"，而是历史的事实，也符合马克思主义的历史主义的研究方法。

评胡适的《中国哲学史大纲》卷上

20世纪80年代之初,《复旦大学学报(文)》编辑部约请有关学者撰写一组对胡适文化思想作较历史而客观的再评论的文章。本文便专就胡适的《中国哲学史大纲》卷上,给予如下的评析,认为《大纲》出版于"五四"前夕,是当时新文化运动的产物。它通过对中国古代哲学家的评述,宣传民主、提倡科学,具有反封建文化思想的作用,对旧传统观念作了一定的批判。

《大纲》采用西方哲学的体例来编写,改变了过去那种"学案"体的编纂方法。在《大纲》里提出了哲学史研究的对象和范围问题,如宇宙论、知识论、伦理学、教育哲学、政治哲学、宗教哲学等。又提出哲学史的目的和任务在于"明变","求因","评判",在于"知道古今沿革变迁的线索",力图理出哲学家思想产生的前因后果及其承传关系和古代思想演变的过程。《大纲》中对先秦诸子的论述、不乏创新、合理、可取的见解,对老子、庄子、荀子、韩非的思想分析有其独到的看法,尤对后期墨家逻辑思想的肯定,把"墨辩"六篇看作是"中国古代第一奇书"。又如对古代辩者二十一事的分析,基本上符合古代"辩者"关于事物动、静关系的朴素辩证思想。《大纲》中这些创见、是颇可称道的。诚然《大纲》中的也有不少谬论。

总之,《大纲》敢于倡导新说,破除以往尊儒为正统的旧哲学史观,构建新的中国哲学史的框架,其功不可没。

胡适的《中国哲学史大纲》(以下简称《大纲》)原分"上中下三卷。上卷述古代哲学,自为一册。中卷述中古哲学,下卷述近世哲学,合为一册",是作者在北京大学任教中国哲学史课时编写的,但仅出版了上卷——这是他在留学美国期间用英文写成的《先秦名学史》的基础上修改而成，主要论述春秋战国时代自老子至韩非等的哲学思想。成书后，胡适于1918年送交当时的北京大学校长蔡元培先生。蔡先生即为之作序，认为此书具有"证明的方法"、"扼要的手段"、"平等的眼光"、"系统的研究"等等"特点"，为研究中国哲学史提供了一种"门径"，并推荐给商务印书馆出版。据说当时商务印书馆的负责人看了书稿之后，认为不像学术著作，担心出版此书后会给书馆带来不利的影响。后几经交涉才勉强于1919年2月出版。结果出人意料之外，一出版就被读者争购一空，仅两个月即行再版。可见此书在当时是有相当的影响的。尽管胡适是用资产阶级立场、观点和方法来研究中国哲学史的，其指导思想主要是资产阶级的庸俗进化论，但我们仍应根据马克思主义的哲学史观点，对《大纲》作出实事求是的评价。

一

《大纲》出版于"五四"前夕，可以说是当时新文化运动的产物。这部哲学史著作之所以在出版后受到广泛欢迎，就在于它通过对中国古代哲学家的评述、宣传民主，提倡科学，具有反对封建文化思想的作用。而在政治思想上，对以儒家思想为代表的旧传统观念作了一定的批判，正是《大纲》较有积极意义的部分。这主要表现于以下几个方面：

首先，胡适对孔子的思想提出了批评，认为孔子所宣扬的"多闻多见而识之"、"好古敏以求之"、"信而好古"、"博学于文"等言论，没有一句说的是"实地的观察经验"。他指出："孔子的'学'并不是耳目的经验，而只是读书，只是文字上传授来的学问，所以他的弟子中，那几个有豪气的，都不满意这种学说"；在孔子思想影响下，"造成一国的书生废物"[①]。胡适还批评孔子实际上也是个有神论者：表面

---

① 《中国哲学史大纲》，第110页。

上"虽不深信鬼神，却情愿自己造出鬼神来崇拜。例如孔子明说'未知生，焉知死'，他却又说'祭神如神在'，一个'如'字，写尽宗教心理学。"①胡适认为儒家思想的这种"流弊"应该清除。同时，他还进一步批判了封建的伦理道德，特别指出"孔门的爱，是'有差等'的爱"，因此儒家"没有平等主义"、"没有'法律之下，人人平等'的观念"，"儒家不但有'礼不下庶人，刑不上大夫'的成见，还有'亲亲'、'贵贵'种种区别，故孔子有'子为父隐，父为子隐'的议论"②。在胡适看来，要实行民权就应该抛弃儒家传统的封建等级观念。这些虽然是从资产阶级的经验论哲学思想和资产阶级民主政治思想出发来批评孔子的，但在当时，却沉重打击了孔子奉为"至圣先师"和封建卫道者的陈腐观念，具有进步意义。

基于上述观点，胡适还对儒家伦理思想的核心——"孝"进行了抨击，指出"孝"、"礼"是中国社会的两大势力，从而揭露了中国封建宗法观念的反动实质。他认为儒家提倡的"孝"道，实际上是一种"孝的宗教"，"所以儒家的父母便和别种宗教的上帝鬼神一般"，"孝"道的大弊病"在于养成了一种畏缩的气象，使大销磨一切勇往冒险的胆气"③，"把个人埋没在家庭伦理里面了。"④在中国封建社会里，占统治地位的地主阶级一向认为"三纲五常"之类和封建礼教是"万万磨灭不得"的，而胡适却大胆地认为这是一种必须加以革除的社会弊病，这对于封建卫道者来说，又是一个沉重的打击。

其次，胡适对道家老子和庄子所宣扬的愚民政策和蒙昧主义作了批判。胡适指责"老子只要人肚子吃得饱饱的，做一个无思无虑的愚人，不愿做有学问知识的文明人"⑤，这是宣扬"毁除一切知识"的蒙

① 《中国哲学史大纲》，第133页。
② 《中国哲学史大纲》，第375页。
③ 《中国哲学史大纲》，第131页。
④ 《中国哲学史大纲》，第129页。
⑤ 《中国哲学史大纲》，第66页。

昧主义。同时他指责庄子主张"不谴是非",否定一切知识,表面上装得很"高超"的样子,"其实可使社会国家的制度习惯思想永远没有进步,永远没有革新改良的希望……以为人力全无助进的效能,因此他虽说天道进化,却实在是守旧党的祖师,他的学说实在是社会进步和学术进步的大阻力。"①

第三,胡适从资产阶级民主观念出发,说孟子"有一种平等主义"的思想,是"民权主义者",他的"民贵君轻"很带有民权的意味②。这固然是胡适对孟子政治思想的误解,但却反映了他在当时对资产阶级民主的追求。胡适还在《大纲》中表露了对战国时期出现的"百家争鸣"景象的向往心情,认为科学事业是在争鸣中发达起来的。他说:"哲学的发达全靠'异端'群起,百川竞流,一到了'别黑白定一尊'的时候,一家专制、罢黜百家,名为'尊'这一家,其实这一家少了四围的敌手和批评家,就如同刀子少了磨刀石,不久就要生锈了,不久就要钝了。"③这段话是说得相当有道理的,不自觉地流露了辩证的观点。他对历史上"百家争鸣"盛况的赞赏,其实也是对封建军阀推行文化专制主义的黑暗现实的非议,表明了他当时提倡科学和民主的思想倾向。

但必须指出,胡适对封建文化思想的批判是很不彻底的,其中包含有不少错误,甚至反动的观点。例如,他对孔子以"礼让为国"的反动政治主张,不但不加批判,而且加以赞扬,并说儒家所造成的"浓厚的礼义空气",具有"增进人类道德"的作用。同时还认为孔子的"正名是极大的德育利器"④这就非常荒谬了。尤其是胡适在评论老子思想时不加批评地说"老子生于这个时代,深知武力的竞争,

① 《中国哲学史大纲》,第 279 页。
② 《中国哲学史大纲》,第 297 页。
③ 《中国哲学史大纲》,第 395 页。
④ 《中国哲学史大纲》,第 122 页。

以暴御暴，只有去死，决没有止境。只有消极的软工夫，可以抵抗强暴"，并说"老子时的小国，如宋如郑，处列强之间，全靠柔道取胜"①。"五四"前夕，中国人民正处于帝国主义列强和封建军阀的残酷压迫之下，只有进行彻底的反帝反封建的暴力革命才有出路，而胡适在这里却不加批判地宣传什么"柔道取胜"，这在当时的影响无疑是极为恶劣的。

二

《大纲》采用西方哲学史的体例来编写，改变了过去那种"学案"体的编纂方法，使人感到新鲜。所谓"学案"体，就是把各个思想家的学说思想作平行的排列，而不注意哲学家和哲学学派思想发展的纵的关系。胡适则力图分析哲学家思想前后继承的脉络和演变的原因以及各个哲学学派相互影响的关系。虽然他是用"达尔文一派的进化观念"来解释社会历史现象的，有不科学的一面，但他试图从历史的"时势"与"思潮"中去探索哲学思想发展的原因，这比之当时墨守传统治学方法，可说是一个进步。

尤其值得注意的是，胡适在《大纲》里提出了哲学史的研究对象和范围的问题，这在研究哲学史方法论上是有相当重要的意义的，而在胡适之前研究诸子学的人是不谈这些问题的。他把哲学史要研究的对象归结为以下的几个方面：一、天地万物怎样来的（宇宙论）。二、知识思想的范围、作用及方法（名学及知识论）。三、人生在世如何行为（人生哲学，旧称伦理学）。四、怎样才可使人有知识、能思想、行善去恶（教育哲学）。五、社会国家应该如何组织、如何管理（政治哲学）。六、人生究竟有何归宿（宗教哲学）。②

---

① 《中国哲学史大纲》，第 67—68 页。
② 《中国哲学史大纲》，第 1—2 页。

胡适将以上的几个方面总括为"人生哲学"。他给哲学下了这样
的定义："凡研究人生切要的问题，从根本上着想，要寻一个根本
的解决，这种学问叫做哲学。"①而"把种种哲学问题的种种研究法和
种种方法，都依着年代的先后，如学派的系统，一一记叙下来，便
成了哲学史"②。这里的所谓"研究人生切要问题"，抽取了阶级内
容，抹煞了哲学的党派性，也避开了哲学的最基本问题即思维和存
在的关系问题，完全不讲哲学史乃是唯物论与唯心论、辩证法与形
而上学互相斗争的历史，否定了哲学史发展的规律，这无疑是唯心
主义的哲学史观。胡适把哲学史看作哲学家们的个人主观意见的
"记叙"，固不足取，但在"五四"前夕的历史条件下，与当时研究
诸子学的人相比，他能在中国哲学史的研究中确定了上述对象和范
围，却是一种新的见解，对于当时的哲学史研究者是有某些启发作
用的。

同时，胡适还提出研究哲学史的目的和任务就在于"明变"、"求
因"、"评判"③，在于"知道古今沿革变迁的线索"，并"要寻出这些
沿革变迁的原因。"他力图理出哲学家思想产生的前因后果及其承传
的关系和古代思想演变的过程，把哲学史理解为"一步一步循序渐进
的思想发展史"④。在这里，他所持的庸俗进化论观点是十分明显的。
从辩证唯物主义的观点来看，人类思维的发展在不同的时代是具有非
常不同的内容和非常不同的形式的；由于互相对立的哲学思想的矛盾
和斗争促使哲学思想的发展，它是有其由量变到质变的过程的。这当
然是胡适所不能理解的。但在"五四"前夕，他用这种庸俗进化论的
观点来研究哲学史，探究思维发展的原因，认为"大凡一种学说，决
不是劈空从天上掉下来的，我们如果能仔细研究，定可寻出那种学说

① 《中国哲学史大纲》，第1—2页。
② 《中国哲学史大纲·导言》。
③④ 《中国哲学史大纲》，第3—4页。

有许多前因，有许多后果"①，这对于"天不变，道亦不变"的封建教条是一种冲击。

还值得指出的是，胡适曾专门写了一篇《诸子不出王官论》附录在《大纲》的后面，其中批评了"今之治诸子学者，自章太炎先生以下，皆主九流出于王官之说。"这种"诸子出于王官论"在当时还是颇为流行的，甚至连章太炎也持这种陈腐观点，它完全否定了哲学学派的产生与时代的关系，认为先秦各种学派乃出自周代的什么司徒之官、理官、礼官、议官、稗官等等。胡适直截了当地指出这是"汉儒附会揣测之辞"。他认为先秦各种思想学派"其间交互影响之迹，宛然可寻，而皆与王官无涉也。故诸子之学皆春秋战国之时势世变所产生，其一家之兴无非应时而起。"②在这里，胡适认为哲学思想是"时势世变所产生"，并且以"时势世变"作为学说思想"沿革变迁"的原因，这比之当时"治诸子学者"显然高明得多了。诚如蔡元培所说，胡适确为当时研究中国哲学史提供了一种"门径"；它与前人比较，可以说是一个重大的突破。但也应该指出，胡适又曾说"时势生思潮，思潮生时势"，他把"时势"与"思潮"并列起来，并没有回答究竟是哪一个为主，哪一个是决定因素的问题，而且最后将不同"思潮"的产生说成是决定于哲学家"个人才性不同"，这又是在重复唯心主义的老调了。

胡适认为对古代哲学家的"评判"必须在"明变"、"求因"即对古代哲学家已了解其"思想的变迁和所以变迁的原因"之后，"用完全中立的眼光，历史的观念，一一寻求各家学说的效果影响，再用这种种影响效果来批评各家学说的价值。"同时他又提出评价哲学家的历史地位和作用的三条标准：

---

① 《中国哲学史大纲》，第 35 页。
② 《中国哲学史大纲·附录》，第 10 页。

"（甲）要看一家学说在同时的思想和后来的思想上，发生过何种影响；（乙）要看一家学说在风俗政治上，发生何种影响；（丙）要看一家学说的结果，可造出什么样的人格来。"①

胡适提倡用这种"客观的"态度和"历史的观念"来分析历史上各家学说在当时社会所产生的"效果影响"，并以此作为"评判"的准则，这种研究哲学史的方法尽管是从西方资产阶级那里搬来的，但在当时总还是一种新的法门，在刚刚开始把古代哲学作为一门历史科学来加以研究的情况下，具有启发人们去探求研究哲学史新路子的进步意义。此外，还值得一提的是，胡适用白话文撰写哲学史，其语言文字也比较通俗、易懂，论述古代哲学思想基本上做到简明扼要，这也是具有独特风格的。

三

胡适对于古代哲学家的评述，确有不少唯心主义的谬论，但其中也不乏合理的、可取的见解。

胡适把老子列为孔子之前的一个哲学家，在学术界一直有此一说，章太炎也有这种看法。有人认为此说是胡适对历史的虚构或歪曲。这并不妥当，因为至少孔子和老子是同时代人，既然如此，把老子列为孔子之前就未尝不可。胡适对老子"道"的学说的实质的分析是有见地的。他理解到老子哲学的核心和基石"道"即是"无"，指出老子的哲学乃是"无中生有的道理"，这个论断基本上是符合老子哲学的原意的。胡适还进而论述了老子"无中生有"即"道"派生万物的过程。他对老子所说"无状之状，无物之象，是谓恍惚。""道之

---

① 《中国哲学史大纲》，第4页。

为物，惟恍惟惚。惚兮恍兮，其中有象；恍兮惚兮，其中有物"的分析更有独到的见解。他说："这个'恍惚'先是'无状之状，无物之象'，故说'惚兮恍兮，其中有象'。后来忽然从无物之象变为有物，故说'恍兮惚兮，其中有物'。这便是'天地万物生于有，有生于无'的历史。"① 他的这段分析也是符合老子关于天地万物如何从"无"中产生的过程的原意的。因为老子的客观唯心主义哲学的实质就是一种从"无"到"有"的创世说，这用一个简单的图式来表示，即是"道"＝"无"→"象"（虚象）→"天地"→"万物"。胡适又认为老子主张"无名"是与他"绝圣弃智"的思想联系在一起的："老子虽然深知名的用处，但他又竭力崇拜'无名'，名是知识的利器，老子是主张绝圣弃智，故主张废名。"② 这说明老子宣传的是"毁除一切知识"的蒙昧主义和愚民政策。胡适对于老子哲学并不全盘否定，他肯定老子从政治上批评春秋末期社会的黑暗，"民之饥以其上食税之多"和对当时统治阶级所谓的"仁义"的虚伪性的揭露，这是对的。不过，当胡适肯定地把老子的自然"天道观"说成是"打破古代天人同类的谬说，立下后来自然哲学的基础"③，并进而给主张历史倒退到"小国寡民"社会去的老子冠以"革命家"的头衔的时候，他就陷于非常荒谬的境地了。他还说，"老子以为一切善恶、美丑、贤不肖，都是对待的名词"，而最后要把"善恶、美丑、贤不肖一切对待的名词都消灭了复归于无名之朴的混沌时代。"④ 这又表明胡适完全不懂得包含在老子哲学体系中的朴素辩证法思想在哲学史上的重要意义。

胡适把《易经》作为孔子的哲学思想的基础，这是牵强附会而不合历史事实的。他武断地说："孔子学说的一切根本，依我看来，都

① 《中国哲学史大纲》，第 59 页。
② 《中国哲学史大纲》，第 60 页。
③ 《中国哲学史大纲》，第 56 页。
④ 《中国哲学史大纲》，第 63 页。

在一部《易经》"①。《周易》分为经、传两部分，经的部分约出于殷周之际，传的部分大约完成于战国时代。孔子可能曾整理过《易经》，但《易经》决不是孔子学说的"根本"，因为孔子学说是很少有"变易"的辩证法思想的。胡适又将孔子的"正名"说成是"中国名学的始祖"，这也是牵强的。其实孔子认为用"名"可以正"实"，把"名"放在第一位，是与他保守的政治主张联系在一起的；他的"正名"主要还不是作为认识论和逻辑问题提出来的，这与后来的墨家所谈的名实问题和荀子的"正名论"在内容上是有所不同的。但胡适认为"孔子的正名主义的弊病在于太注重'名'的方面，就忘记了'名'是为'实'而设的，故成了一种偏重'虚名'的主张。"②这个观点却触到了孔子在"正名"问题上的唯心主义本质。

胡适在《大纲》里，对于墨子作了肯定的评价，尤其是对于墨家的知识论和逻辑思想的评价很高。虽然胡适没有也不可能从儒、墨不同的阶级属性上去分析两者在学术思想上的对立，但他却从知识论方面说明两家在认识方法上的根本不同。他首先肯定墨子知识论的基础即"非以其名，亦以其取也"，重视客观之"实"的思想；并指出老子"不讲耳目的经验，单讲心中的理想"，而孔子"所说的'学'大都是读书一类，唯有到了墨子始大书特书……'百姓耳目之实'"③。胡适强调说墨子"这种注重耳目的经验，便是科学的根本。"这样的比较分析是有见地的。对于墨子的"三表法"，胡适也作了具体的分析。关于第一表"本之于古者圣王之事"，胡适提出"墨子既然反对'复古'，为什么还要用'古者圣王之事'来作论证的标准呢？"的问题。对此，胡适引了《墨子·鲁问篇》中墨子驳斥彭轻生子"往者可知，来者不可知"的一段话，说明墨子"不是复古守旧"，而是"彰

---

① 《中国哲学史大纲》，第 78 页。
② 《中国哲学史大纲》，第 375 页。
③ 《中国哲学史大纲》，第 164 页。

往以察来"。胡适这个分析是符合墨子认识论的原意的。对于墨子的第二表"本之于百姓耳目之实",胡适一方面肯定"这种注意耳目的经验,便是科学的根本",同时又指出"耳目所见所闻,是有限的。"墨子误将鬼神视为实有就是这种"流弊"。诚然,墨子的认识论是具有狭隘的经验论的局限的,胡适所指墨子的这种"流弊"正是这个局限的具体表现。对于墨子的第三表"发以为刑政观其中国家百姓人民之利",胡适说它讲"实际上的应用"是好处;但"这一条最大的流弊在于把'用'字'利'字解得太狭了……譬如墨子非乐。"① 墨子的认识论具有狭隘的功利主义的局限,其"非乐"思想的确也表现了这个局限,所以胡适对墨子的这个批评也是有根据的。但胡适把墨家说成是一个宗教家,是创"墨教"的教主,这种理解则又是错误的。尽管墨子思想体系里存在着落后的鬼神的观念,但墨子决不是什么宗教家,况且他的"非命"观和"强力"论是与他的"天志"、"明鬼"的思想相矛盾的。而胡适却说"原来墨子不信命定之说,正因为他深信天志,因为他深信鬼神善而罚暴"。他在这里否定了墨子"非命"观的意义,将"非命"与"天志"等同起来,显然是谬误的。章太炎曾经很明确地指出"墨家尊信鬼神而言天命",是"自相刺缪"的 ②。

关于后期墨家即所谓"别墨",胡适认为墨子书中的《经》上、下和《经说》上、下及《大取》、《小取》都是"别墨"的作品。胡适称后期墨家为"科学的墨学",说这些作品"全没有一句浅陋迷信的话,全是科学家和名学家的议论。这可见这六篇书决非墨子时代所能做得出的"。并说"墨家的名学(逻辑学)在世界的名学史上,应该占一个重要的位置"。这里,胡适不但看出了后期墨家发展和丰富了墨子思想的积极部分,克服了墨子原来思想的某些局限之处,并且

① 《中国哲学史大纲》,第 162—163 页。
② 见《诸子学略说》。

特别重视墨家在逻辑史上的地位。他认为墨家的逻辑虽然在"法式"（形式）上远不如印度和欧洲的形式逻辑，却能把推论的基本观念如"故"、"法"、"类"和"辩"的方法"都说得很透彻，有学理的基本，却没有法式的累赘，这是第一个长处。印度希腊的名学多偏重演绎，墨家的名学却能把演绎归纳一样重视。"[1] 这种比较地分析墨家的逻辑思想，在"五四"前夕，还是相当新鲜的见解。不仅如此，胡适还把"墨辩"的六篇看作是"中国古代第一奇书"，认为其中还有数学、光学、力学等自然科学知识的"无数有价值的材料"。这也是符合实际情况的。

至于战国时期名家的代表人物惠施、公孙龙，胡适把他们列为"直接的墨者"，看作是"墨辩"的"坚白同异"争论中的一个派别。这也是一种独特的看法。不过我们从惠施、公孙龙同后期墨家的阶级属性的不同情况来看，二者应该是属于两个不同的学派。胡适认为惠施"是一个科学的哲学家，他曾做'万物说'，说明'天地所以不坠不陷、雨风雷霆之故'。"惠施的"历物十事"，依照胡适看来，"这十事只是'泛爱万物天地一体也'一个大主义，前九条是九种辩证，后一条是全篇的断案"，并认为"惠施说一切空间时间的分割区别，都非实有；一切同异，都非绝对：故下一断语是道'天地一体也'。"[2] 胡适对于惠施思想的分析基本上是符合惠施相对主义的特点的。但胡适说惠施是"一个科学的哲学家"，"惠施论空间，似乎含有地圆和地动的道理"，这便没有什么根据了。因为从当时的科学水平看来，是根本不可能达到地球是圆的这种科学认识的。尤其是他说惠施的"泛爱万物"即是"极端的兼爱主义"，而且这种兼爱主义"有科学——哲学的根据"，有别于墨家的"宗教的兼爱主义"[3]，这就更没有道理

---

① 《中国哲学史大纲》，第 225 页。
② 《中国哲学史大纲》，第 234 页。
③ 《中国哲学史大纲》，第 235 页。

了。因为名家和墨家是两个不同的学派，不能硬把它们等同起来，况且就是墨子的"兼爱主义"本身也并不是一种符合科学的思想，更不用说惠施所谓"泛爱万物"是从他的相对主义的诡辩论得出的结论了。

对于古代辩者二十一事，胡适将它们归为公孙龙一派的思想，在分析其中"镞矢之疾，而有不行不止之时"的命题时说："……从箭的'势'看去，箭是'不止'的。从'形'看去，箭是'不行'的。譬如我们看电影戏，见人马飞动；其实只是一张一张不动的影片，看影戏时只见'势'不见'形'，……影戏完了，再看那取下的影片，只见'形'不见'势'，始知节节分断、不连络、不活动的片断。"①认为此条与"飞鸟之景（影）未尝动也"的意思完全一样。胡适这段解释相当通俗明白，基本上符合于古代"辩者"关于事物动、静关系的朴素辩证法思想，这也可以说是胡适对于这两个命题的独到见解，是颇可称道的。

关于庄子的"不遣是非"的观点，胡适称之为"极端的守旧主义"，并说庄子的人生哲学"重的可以养成一种阿谀依违、苟且媚世的无耻小人，轻的也会造成一种不关社会痛痒、不问民生痛苦、乐天安命、听其自然的废物。"胡适对于庄子的这种批判是有道理的，而且也是符合当时新文化运动的精神的。他又说庄子的"是"与"非是"的议论，"会有一个真理。天下的是非本来不是永远不变的。世上无不变之事物，也无不变之是非"，但是庄子毕竟过分夸大了是非的相对性，走向极端而成为"破坏的怀疑主义"。这一观点虽然还没有击中庄子"彼亦一是非，此亦一是非"的无是非观的要害，但也是有些根据的，因为庄子的确可以说是一个怀疑论者和不可知论者。胡适又把庄子书中"万物皆种也，以不同形相禅"的话说成是专谈"物

---

① 《中国哲学史大纲》，第240—241页。

种由来"的道理，这显然是牵强附会。但他指出庄子的"天道自然"观否定人力的作用，"实在是守旧党的祖师，他的学说实在是社会进步和学术进步的大阻力"，他对庄子的虚无主义哲学基本上持否定的态度，这又是可取的。

胡适对于儒家学派的孟子，肯定他的"民贵君轻"的思想，但他将孟子"仁政"同孔子的"正名"作比较时，则说什么"孔子是'爸爸政策'，孟子是'妈妈政策'"。这种抽象的比较是毫无道理的。胡适对孟子"耳目之官不思而蔽于物，……心之官则思"的说法表示异议，指出"人的心思并不是独立于耳目五官之外的，耳目五官不灵的，还有什么心思可说?"[1] 这无疑是正确的。

胡适对于荀子和韩非的评论，也有不少可取的地方。他认为荀子是"戡天主义"者，其特点是不但要人与天争职而且要人"征服天行以为人用"，表现了人定胜天的思想。荀子强调后天的教育和"学"对人的决定影响，胡适认为"这种推崇'人为'过于'天然'乃是荀子哲学的一大特色。"他在评述荀子关于感觉和思维关系的观点时，认为荀子已经理解到"单有'心'不用'天官'也不能有知识。因为'天官'所受的感觉乃是知识的原料，没有原料，便无所知"。荀子所谓"天官"即是人的五官，他认为人要获得知识必须依靠五官接触到各种事物才行。胡适肯定了荀子的这个观点，就是肯定朴素唯物主义认识论的基本观点。在评价韩非时，胡适首先对"法家"的概念提出了自己的看法，认为古代本没有什么"法家"，"中国古代只有法理学，只有法治的学说，并无所谓'法家'。"[2] 他不同意"把一切讲法治的书统称为法家"，指出《管子》、《申子》、《商君书》都是假书，而管仲、子产、申不害、商君都是实行的政治家，不是法理学

---

① 《中国哲学史大纲》，第 296 页。
② 《中国哲学史大纲》，第 61 页。

家，故不该称为"法家"。他还说千万不可把"刑罚"和"法"混作一件事①。他反对任意伪造一批古代"法家"的人物，也是不无意义的。胡适认为韩非是法理学说的主要代表，"是一个极信历史进化的人……故他法治观念，也是进化的"，并肯定韩非在知识论上以"参验"和"功用"为认识准则的进步意义。同时胡适也指出"法家"的极端的偏向，称之为"极端的'功用主义'"，认为"这种极端的'功用主义'，在当时韩非对于垂亡的韩国，固是有为而发的议论。但他把一切'微妙之言'、'商管之法'、'孙吴之书'都看作'无用'的禁品……这便是极端狭义的功用主义的大害了。"②诚然，韩非是个狭隘功利主义者，胡适指出他的局限性，是有根据的。

总之，胡适论述和评价中国先秦各派的学说是有他自己独特的见解的，其中虽有不少谬论，在分析和评价哲学思想时都是离开当时社会阶级斗争及其历史发展进程来进行的，这就不可能是科学的，但也不无合理的见解和可取之处。

---

① 《中国哲学史大纲》，第 370 页。
② 《中国哲学史大纲》，第 384 页。

论《洛学源流》

　　本文评论徐远和同志的专著《洛学源流》，指出该书论述北宋理学思潮的兴起和洛学形成过程，乃是放在当时特定的丰富生动的社会历史画面中加以烘托。作者把洛学在发展过程中的各个主要环节贯穿起来，整理出内在联系的必然性规律，使人了解洛学的来龙去脉的轮廓。本书提出了颇有学术价值的精辟见解，打破了人们长期囿于习惯的看法，例如过去只看到洛学与新学的对峙，而忽视新学对理学的改铸、渗透作用，说明洛学与新学在方法论上相一致之处。他们"训释经义"也都重视"义理之学"与"性命之学"，虽然他们所贯彻的"义理"不相同，但新学对理学有催化作用。又如二程的圣人观问题，以往未被人重视，但本书作者指出二程圣人观是确立道统说、圣贤传心说的依据，为洛学的一大特色。

　　书中对洛学如何心学化，洛学如何闽学化，尤对这种思想演变过程中的中介人物思想二重性的特点和他们在沟通前后思想环节中的烙印，都有清楚的说明和交代。本文评论中也还指出该书还可补充洛学对浙学的关系和影响的内容，将会使该书更充实、丰满。本评论发表于《哲学研究》1988 年第 11 期。

　　近年来，我国学术界对宋明理学的研究逐渐向广度和深度方面进展，曾多次举行全国性和有部分国外学者参加的国际性的学术会议，也出版了不少有如研究关学、闽学、心学的论著，取得了显著的成绩。然而要比较透彻地了解和掌握宋明理学发展、演变的线索，就必须对宋明理学的理论的奠基者即洛学学派的创始人程颢、程颐的思想作深入的探讨。国内关于评述二程的论文也相当多，特别是 1988 年 4 月间在河南洛阳召开的"洛学与传统文化"的学术讨论会，对深入开展洛学的研究起了有力的推动作用。在这样的形势下，人们亟切期望有能从宏观的高度对洛学学派作整体上的精湛研究的学术论著出现。而徐远和同志的《洛学源流》则非常及时地满足了学人们的要求。

徐远和同志在《洛学源流》中，本着实事求是的精神对洛学学派的源和流作了苦心的探索，应该说是洛学学派研究成功的开拓者。

本书论述北宋理学思潮的兴起和洛学的形成过程，乃是放在当时特定的丰富生动的社会历史画面中加以烘托，说明北宋中期社会改革运动如何促使理学思潮兴起，而作为理学中的重大学派洛学又是如何与其他学派相互论争、融合、渗透的。有如洛学对周敦颐濂学的师承，洛学对张载关学的批判吸收，洛学与王安石新学的拮抗，洛学与苏轼蜀学的争斗，洛学与邵雍象数学的分歧等等，作者在书中一一作了异同比较的考察。这样使我们更深入了解洛学是如何在与同时代学派的论争中形成和发展起来的，同时有助于加深理解洛学的学术渊源和思想宗旨。本书论述洛学的创始人程颢、程颐的政治学术活动及他们的哲学思想，如天理论、泛神论、格物致知论、人性论、圣人观等，其中有不少独到见解（下文另作评述）。作者对洛学学派传人内部在承继师说上作了各自侧重不同的发挥，及其所发生思想上的微妙的变化，如洛学传人谢良佐、杨时、游酢、吕大临、尹焞等思想风格各异的特点，均给以具体而细微的刻画。作者通过对洛学传人的剖析，有力地说明洛学思想有各朝理学和心学方向迈进的二种倾向。紧接着则着重论述南宋时期洛学的心学化（张九成、陆九渊）和洛学的闽学化（朱熹理学）的两种倾向的发展。论述金元之际赵复、郝经、许衡等人在北方的传播和发展，其中的论析往往是别开生面的。

全书具体涉及的与洛学有关人物思想的论述和分析，乃是作者在吸取当前学术研究的成果的基础上，加以概括和新的发挥。作者主要的成就是把洛学在发展过程中的各个主要环节贯穿起来，整理出内在联系的必然性规律，叫人了解洛学的来龙去脉的轮廓。这正是作者预期的目的。

本书在洛学研究中，提出了颇有学术价值的精辟见解。作者依据历史的事实，论述了洛学与新学在政治学术思想上是从开始相近一致，而发展到相拮抗的过程及其变化的原因。认为洛学的一套变革理论受熙宁新政和荆公新学的强烈影响。作者打破了人们长期囿于习惯的看法，例如过去只看到洛学与新学对峙，而忽视新学对理学的改铸、渗透作用，尔后在具体社会变革的政见上产生了分歧。但洛学与新学也有在方法论上相一致之处，他们"训释经义"，各自都想从儒家经典中寻找变革社会的理论依据，也都是重视"义理之学"和"性命之学"。他们所贯彻的具体"义理"虽然很不相同，但新学对理学形成的催化作用是很显然的。作者的这些论证为研究洛学提供了一个方面的重要线索，是不容忽视的。关于二程天理论中的理气说，作者经过深层的分析之后，指出二程的"理"、"气"范畴不可简单地视为精神与物质的关系。二程的"理不离气"的命题，有规律不能离开事物本身而存在的意义，在"理"观念里掺进唯物的成分；然而二程以理为气本的观点则表露了唯心主义实质。作者对二程的"理一分殊"说，指出其有伦理哲学与自然哲学两方面的意义。伦理方面是用以论证亲亲、仁民、爱物的差等和次序。而比较突出的是阐明"理一分殊"在自然哲学上的意义，包含了一些朴素辩证法思想，开始接触一般与个别、抽象与具体的关系。二程"理一分殊"命题的提出，在中国哲学思维发展史上具有重大意义。作者上述的这些分析是精当而合乎历史事实的。还值得注意的是，作者对二程思想的主要方面为泛神论的性质的论析是颇有说服力的。首先指出"理或天理是二程哲学体系的中心范畴，而天、神、帝等范畴则是从属的"，而"二程挣脱有神论羁绊而走向泛神论，突出地表现于他们提出'天者理也'的著名命题中"，作者论证二程所谓的"天"不过是"自然之理"，以"理"

代替"帝"的主宰作用。"帝者，气之主也"，把帝看作自然界本身所具有的一种自然必然性。此外，二程的鬼神观是建立在天理论的基础上的，提出"鬼神者造化之迹也"的观点，认为鬼神普遍体现于万物变化过程中，体现着事物盛衰之理，这种鬼神观仍属泛神论，不过二程泛神论与理本体论相结合，成为唯心主义泛神论，而不同于张载以气的自然作用代替鬼神的唯物主义泛神论。作者的这些论断是很有启发意义的。

二程的圣人观在他们的思想体系中占据重要的地位，在以往许多论著中常被忽视，未能深究。作者对此作了专门的论述，有不少发前人所未发的独创见解。作者对以往思想家心中的圣人观作了历史的比较，认为二程圣人观在理论形态上显得更为完备，内容也大大超于前人。二程是把圣人作为理想人格的化身，是创造历史的超凡的圣者，作为人生追求目标。强调学者当体会圣人的精神境界"圣贤气象"，圣人是体现纯粹的天理至上神圣，而又是人人可学而至的。作者指出二程的圣人观是确立道统说、圣贤传心说的依据，为理学思想组成的部分，为洛学的一大特色。

书中写到洛学如何心学化，洛学如何闽学化，对这种思想演变过程的中介人物的承上启下作用，写好它确有相当的难度，作者是花了大气力来写的，其一，必须深刻揭示中介人物思想演变的二重性的特点；其二对中介人物在沟通前后思想环节中的烙印，都要有清楚的说明和交代。

洛学如何闽学化？杨时倡始的闽学，实质是洛学的延伸和发展，朱熹则是闽学的完成者。杨时在程门诸弟子中较多地吸收张载气的观点来充实洛学的理气观，他的格物致知说一方面要求通过多种途径遍格众物达到"极尽物理"，而同时又强调"反身而诚"，通过内省体验便可"致知"。杨时欲将两者调和起来，使其格物致知成为一个矛盾的体系。他从程颐那里接受"理一分殊"，但他侧重于"理一分殊"说的伦理观点,强调"分殊"观念以论证封建等级秩序的合理性。杨时的弟子罗从彦在理论上无多大建树,但他对于洛学继承和发挥较多的是伦理道德学说,重视封建教化,非常强调扶植封建纲常,提出"爱君如父"、"天下无不是底父母",表现了十足的封建宗法礼教思想。罗从彦的弟子李侗,他的理学思想对朱熹有很大影响,他在"穷理"学说上主张对理"分殊"的认识,即个别事物的特性的认识。认为人们当克服"好同而恶异,喜大而耻小"的缺点。李侗强调遇事"反复推寻,以究其理",以达到对事理的"融释"即透彻理解。朱熹是闽学学派的最大代表,洛学的闽学化乃是洛学在自身发展、逐渐积累的过程中形成,其中介人物杨时将洛学传到福建,经罗从彦、李侗的承传、发挥,逐步形成一个新的闽学学派,闽学最大代表是朱熹。正因为书中着重论述了从二程到朱熹的中介人物思想的变化,才能清楚洛学闽学化的必然趋势。

至于洛学的心学化,则是从洛学传人之一的谢良佐,对程颢思想中的心学因素作一定的发挥,经张九成的推阐,而以陆九渊为集成。谢良佐发挥二程天理论观点,同时也深受佛学影响,往往"以禅证儒",他承继程颢"仁者,以天地万物为一体""心与理一"的观点,认为"仁"是人心,又是天理,主观意识"心"则可达"与天为一"的境界。张九成用"心即理,理即心"的命题概括了程颢的思想,并且进而认为世界一切事物均是"心"的显现,"天下万事皆自心中来",提出了"本心"和"心之本体"的范畴,开始把心提升到宇宙本体的高度。张九成等将仁义归结为人的心理活动,修正了二程的心性说,张九成沿着洛学"心学化"方向突进了一步,到了陆九渊便是洛学"心学化"的实现者。

上述对洛学闽学化和洛学心学化,其所提供的发展线索及对中介人物的承前启后的关系的描述,正是作者成功地完成了写洛学源流的一个重要部分。

《洛学源流》是作者多年研究而写成的力作，它的学术价值和意义是不可低估的，社会与历史自然会给以公正的评价。当然这部书似乎在有些方面还可以再作适当的补充，如在写洛学心学化、洛学闽学化之外，当补写洛学对南宋浙学的关系和影响，特别是以吕祖谦为代表的金华学派和以薛季瑄、叶适为代表的永嘉学派。揭示洛学传入浙江东南后的思想演变而产生独具风格的学派，如吕祖谦的祖先吕公著、吕希哲崇尚洛学，"归宿于程氏（颢、颐）"，为道学中重要人物，但又博采诸家之学，这一"家风"一直为吕氏家族继承和保持。吕祖谦承受洛学主旨，而又"不私一说"，所以他调和朱（熹）陆（九渊）而又吸取永嘉学派经世致用的功利思想，而形成了杂博著称的吕学。将洛学传入永嘉，当以北宋末"永嘉九先生"之一的周行己为代表。但到了南宋的薛季瑄逐渐怀疑道学家的"道统"说，主张义与利的一致等学说，已初具道学异端思想，而叶适又进一步在理论上反对道学，与朱、陆对峙。我认为《洛学源流》把这部分内容补充进去，将会更丰满更充实。

板凳坐冷　文章做实

——评束景南先生的"朱子学"研究

1993 年年初，束景南同志以所著《朱子佚文辑考》和《朱子大传》二书赠我，并出示张师岱年给他的信，内有"可请上海的潘富恩写评论"之句。一来师命难违，二来觉得很值得一写。于是我同自己的学生徐洪兴博士合作，一起仔细地阅读了《大传》和《辑考》之后，我们借用范文澜先生题联中的"板凳要坐十年冷，文章不做一句空"之意。就以"板凳坐冷，文章做实"为正题，撰写了万余言的束景南"朱子学"研究的学术评论。发表于《哲学研究》1993 年第 5 期。

评论对《朱子大传》在具体研究的方法上的特色，归纳了三点：一、重视过程。依据时间发展，顺序考察思想家心路历程的历史方法，清晰地勾勒出朱熹思想演变的轨迹。二、重视实证。通过严密考证，解决"朱子学"研究中长期存在的悬案和错案。三、以诗证史。自觉利用朱熹以千数计的诗词，解决了一些以往人们所未能解决的问题。以诗证史实，以诗证思想家的思想倾向。

本评论指出《大传》作者是在大文化背景中对朱熹作多维研究，不仅是哲学的，而且是政治的、经济的、文学的、历史的，自然科学以及心理的，性格的，行为和道德的研究。《大传》作者提出"理学核心就是人学""朱熹理学文化的真正中心其实是人，而不是'理'……"的看法可供大家进一步思考与探索。评论还特别指出《大传》作者那刻苦自励的治学精神值得学习。

在中国古代思想文化史上，有影响的哲人可以举出不少，除儒学开创者孔子这位文化巨匠之外，朱熹也是从宋代之后影响甚巨的人物。作为中国近古时代大哲学家的朱熹，他那规模庞杂而又缜密精致的思想体系，在过去的近八个世纪里，高踞官方正统哲学的宝座，成为中国封建社会后期的统治理论基础和世人必须遵循的行为准则。元明清三代的中国思想界，受到朱熹学说的巨大影响，使得无论是拥护还是反对朱熹学说的人，都很难绕过朱熹建构的理论体系，尽管他们之间存在着自觉与不自觉、正面与负面的重大区别。朱熹的思想学说具有如此深广的影响力，以至于任何一个想要真正了解中国传统思想文化的人，都必须对朱熹其人其学予以足够的重视。

进而言之，仅仅以中国本土的范围来考察朱熹的影响还是远远不够的。朱熹的思想学说早已跨出了国界，其辐射面之广波及到东亚文化圈。如德川时代的日本、李朝时代的朝鲜，"朱子学"在思想文化领域乃至政治领域都拥有举足轻重的地位。所以，倘若你想真正认识受近代西方价值观念冲击以前的东亚社会及其文化，了解一点这些地区"朱子学"传播、流变和影响的状况，将是不可或缺的条件之一。

朱熹思想学说的重要性，决定了"朱子学"成为一个久盛不衰的研究热点。从南宋后期直至今日，潜心于朱熹的研究者可谓代不乏人，有关著作数不胜数。远的不说，就从最近三十年来看，海内外的"朱子学"研究成果就有不少。如牟宗三先生的《心体与性体》第三卷、钱穆先生的《朱子新学案》、陈荣捷先生的《朱子新探索》、刘述先先生的《朱子哲学思想的发展与完成》、张立文先生的《朱熹思想研究》、陈来先生的《朱熹哲学研究》、《朱子书信编年考证》等等，这些专著都属于有相当影响的上乘之作。至于那些中国哲学史、思想史著作中所辟出的朱熹专章，那些研究朱熹的专门论文，就更多得难以枚举；当然，还应包括不少东洋或西洋的汉学家们的论著。

现在，我们的案头又增添了两部厚实的新作，那就是束景南先生在极为艰苦的条件下，以"十年磨剑"的坚韧毅力而写成的力作——六十余万字的《朱熹佚文辑考》(江苏古籍出版社 1991 年版，下引简称《辑考》)和八十余万字的《朱子大传——多维文化视野中的朱熹》(福建教育出版社 1992 年版，下引此书简称《大传》)。这两部著作的问世，填补了"朱子学"研究中长期存在着的两项空白，是"朱子学"研究深化的一个新的表现。

束景南对理学文化及朱熹其人其学的系统研究，那是1981年他从复旦大学中文系古典文学专业研究生毕业以后正式开始的。他所选择的研究切入点，是首先为朱熹写一部像样的传记，因为他发现：以往的研究，大多"满足于对朱熹进行气势恢宏的抽象理论建构，而在关于朱熹生平事迹、交游、出仕、思想演变与学术活动上都留下大片大片的空白，几乎都只能依据清人白田王懋竑的一本简约的《朱子年谱》。"（《大传》，第1057页）然而，真正促使他选择这个课题的原因要比此点深刻得多，"科学总结清理朱熹这样一个以其博大细密的理学思想支配笼罩了整个封建社会后期的封建文化'圣人'，本来应是近代中国资产阶级思想家们肩负的文化批判任务，然而正同他们贫乏的政治革命一样，他们没有来得及、也没有能力来完成这一文化批判的任务就匆匆退出了历史舞台。同那些为召唤'理性王国'降生而写出了《耶稣传》的西方资产阶级思想家先辈们相比，姗姗来迟的东方资产阶级思想家们的文化批判显得特别的苍白无力，多半是发出些空洞的呐喊和激进的杀声，连一本像样的'孔子传'或'朱子传'都没有写出来。自此以后，中国历史悲壮坎坷的进程把这种似乎是脱离鲜血淋漓的斗争现实的文化批判抛向了后台，仿佛这些由玄思太空的哲人和书斋革命家们干的事早在上世纪就已经解决了似的。"（《大传》，第1055页）束景南向自己提出了一个极富历史使命感的艰巨任务："对一个未完成的中国近代历史遗嘱的现代完成"（同上）。

如所周知，中国人之注重历史具有世罕与匹的悠久传统，而为名人立传记、写年谱则又是中国文人学者们的一大嗜好。像朱熹这样的"名人"，其传记和年谱之多可想而知，略微统计一下至少不下数十种。除了《宋史》、《四朝闻见录》、《庆元党禁》、《宋元学案》之类人们熟知的史著中都有朱熹的专传外，从宋至清为朱熹定"行状"、"实纪"、"考订世家"、"年谱"、"年谱补遗"之类的也大有人在。但是，这些著述中有价值、尤其是在今人眼里有价值的实在不多。就以被学界公认为是最佳的王懋竑的《年谱》而论，不仅失之过简，而且舛误颇多，且不说其中还沾染了不少封建史家"为尊者讳"、"为贤者讳"的通病。前人并没有为束景南提供多少有用的资料。他要写一部具有文化批判意义的、详细真实且有血有肉的朱熹传记，没有什么捷径可走，他必须沉下去，从最基本的工作做起——清理材料。

要想清理朱熹的材料，那又谈何容易。朱熹大概算得上是中国历史上著作最多的学者之一，仅《宋史·艺文志》中著录的朱熹著作就多达四十余种，没有著录的尚有二十余种，另外由其学生或后人编纂的文集、全书、语录、诗歌等也至少有二十余种。这些著作由于朱熹的特殊地位而以惊人完善的程度流传至今，虽然其中大部分内容没有经过今人严格的整理校勘。朱熹的著作不仅数多而且量大，仅以其《文集》和《语类》为例，前者一百二十一卷，后者更有一百四十卷之多。只此两种文字的卷数，就足以使那些束书不观的"才子"们望而却步，更不遑论朱熹的那些较文集、语录远为难读的专著，如佶屈聱牙的经学论著、烦琐细碎的馆订考据、讲究"笔法"的史乘、玄虚高妙的丹经、文字怪谲的楚辞……。以上还仅仅是就朱熹本人的著作而言，至于研究一个历史人物必须同时把握与此人相关的大量其他材料，这本是历史研究中的常识，就不消我们赘述了。

不过，清理材料对束景南说来倒不是最大的困难。他毕业于南京大学历史系，以后又师从著名的文史学家蒋天枢先生，后者是近代两位最杰出的国学大师王国维和陈寅恪的高足。束景南的历史学和文献学功底毋需怀疑，再加上他兴趣广泛，于哲学、宗教、美学、文字学、书画、音乐等无所不窥。因此在学养上他是完全胜任的，所需的就只剩下肯花时间和耐得寂寞的勇气与毅力，而这两点束景南早有思想准备。对他来说最大的困难，莫过于当时他那极其艰辛的生活和研究条件："我埋头研究朱熹，每天上下午来回步行四个小时，从家里到学校图书馆抄阅资料，每天都因翻看大堆积满灰尘的线装书，把手指染黑了。那时我小女儿才出世不久，一家挤在一间十平方米的破败老屋里，杂物旧书包围着我，沉闷得令人窒息，我为了使小女儿能有一小块玩的地方，不得不经常立着书写。"（《大传》第1056页）这是常人难以忍受的困境。但是，束景南却坦然地忍受着。他聊以解嘲地把自己既斗且陋的居室冠以"十方立书轩"的雅号，还以"黑色幽默"的口吻声称："我颇羡慕为了把话写得简要而站着写小说的海明威"（同上）。宋代的理学家们非常热衷探究儒家所谓的"孔颜乐处"，其中对颜渊"一箪食，一瓢饮，在陋巷，人不堪其忧，回也不改其乐"尤多阐发。我们以为，束景南的境界大可与颜渊"陋巷自乐"相媲美，从中我们看到了中国知识分子对事业的执著追求和刻苦自励的奉献精神。

就在这个"十方立书轩"中，束景南整整进行了四年多时间的前期准备工作。他查阅了三千余种古籍，做了二百余万字的摘录笔记，收辑了数十万字的朱熹佚诗佚文，对朱熹《文集》中的诗文书札及他辑佚到的诗文一一加以考定系年，对朱熹众多专著进行了深入的考辨，完成了《辑考》和《朱熹年谱长编》（此书尚未刊行）二书。在完成了辑佚——系年——年谱长编三大浩繁的系列工程，探明了所涉及的各种相关史实以后，他才开始动笔写他的《大传》。工夫不负有心人，坚实的材料基础为《大传》的宏观叙述和众多的理论突破开辟了道路。学界前辈张岱年先生在为《大传》所作的序中称：这是"关于'朱子学'研究的新的重要成果"，"是用新观点写成的一部哲人传记，考证之精，辨析之细，都达到了新的水平"（《大传》张序）。陈荣捷先生在序文中亦称："考据精确，证引群籍。其学问方法，诚属上乘。且多新见。将必为发扬我国文化增一新生力，不特推进朱子研究而已也"（《大传》陈序）。

这里我们先简单介绍一下束景南的《辑考》一书。如前所述，朱熹著作之多常令学者惮窥，因此对其整理之作向不多见，而收辑朱熹佚文佚诗则更无暇问津。近年来，在整理朱熹资料方面颇多建树的作品，无疑当推钱穆的《朱子新学案》和陈来的《朱子书信编年考证》。前者撷采朱熹的思想资料细加分类，后者就朱熹《文集》中数千封书信详作考定，两书均为"朱子学"研究中之力作，颇便学者参考。现在束著《辑考》问世，与钱、陈二书交相辉映，堪称鼎足，为"朱子学"研究又添一"功德"之作。是书辑佚考订并重，厘为四编：首编《朱熹佚文辑考编年》，"凡今文集未收诗文，残简零章，一一采辑，以余所见，附以考辨，按年编次"；次编《单篇辑录》，"单著前人未有辑者，考订抄存"；三编《语类抄存》，"语录不见于朱子语类大全者，取其精而有据者为一集"；四编《朱熹著作真、伪、编、佚考》，"凡朱熹生平著述之真、伪、编、佚，乃就其有争议之重要悬案误说，详与考辨，自创新解，用殿其末"（见《辑考》自叙）。是书所辑佚的朱熹诗文、语录、单篇，散见于经史子集、方志金石、图书法帖、题刻碑铭、佛经道藏，其用工之巨、爬梳之勤，不言而喻。这些佚著经束景南搜集整理后重见天日，使我们于朱熹文集、语录、专著外，复睹其一重真实面目，其有裨于探究朱熹生平及思想演变之功，自不待言。然而更令我们叹服的是此书中那些精当的考证文字，真可谓言必有据，无征不信，颇得乾嘉朴学"实事求是"之个中三昧，难怪张岱年、陈荣捷二老对束景南的考据工夫如此激赏。有关此书考据之精，我们无法详举，仅拈一例为证，即《家礼》是否朱熹所撰。《家礼》一书因其所定仪礼于古有征而又不失通变简约，故宋元以降在民间十分流行，几乎家有其书，人人奉行。此书为朱熹所作，宋人不疑。自元朝至正间应氏作《家礼辨》（文见明邱濬所刻《家礼》本中），始疑此书非出朱子之手。迨清人王白田推广其说，作《家礼考》断为伪作，后人皆目为不刊之论。如清四库馆臣在《四库总目提要》中全录王氏之文，曰："懋竑之学笃信朱子，独于《易本义》九图及是书断断辨论，不肯附会，则是书之不出朱子，可灼然无疑。"即使现代各种朱熹研究专著与朱熹著述目录，也或以此书为伪，或不予提及，《家礼》之伪似成铁案。但束景南不迷信权威，对此详加考辨，旁征博引，从朱熹《文集》、《语类》、《张南轩文集》、《吕东莱文集》、《文定集》、《北溪先生文集》、《麈史》、《宋史》等多种文献中，找出大量证据，勾稽出朱熹从《祭仪》到《家礼》的撰作经过，《祭仪》的三次修订过程，《家礼》未完稿的失窃，《祭仪》和《家礼》的不同渊源，今本《家礼》被朱熹弟子及后人的窜乱改易，以及王懋竑立论所据的六条关键材料之不实，从而以不争的事实证明《家礼》确系朱熹所作，推翻了以往所谓的"定论"（见《辑考》第675—686页）。类似这样的考辨，在《辑考》中很多，我们相信这些考辨将为今后的"朱子学"研究提供很有价值的参考。

　　束景南在清理朱熹材料方面的成就不俗，可是他研究朱熹的兴奋点决不限于此，他之所以这么用力地爬梳考订，目的无非是为他写《大传》作铺垫的。因此，还是让我们把注意力集中到这部洋洋八十余万字的《大传》上。需要说明，束景南的这部著作体大思精，牵涉的面相当广泛，要想对其价值作出全面而精细的评估，不是我们这篇短短的评论文章所能胜任的。这里所谈，只能算是我们粗读此书后的一些看法。

　　首先引起我们注意的是此书所依据的方法论原则。束景南的这部《大传》，与我们通常所见的年谱、评传类的研究著作有很大的不同。据他自己说："我的这部著作，就是一部心态研究之书，是用传记体的形式研究道学文化心态的著作"（《大传》，第5页，下引此书仅列页数）；这是部"传记体的文化研究著作"（第1055页），"有点像一部'百科全书'式的断代的文化史"（第1058页）。他的这个观点来自选择一种认识："伟人都是时代的镜子，而一个时代的文化伟人又是一个时代的文化主脑和灵魂，巨人般站在时代之巅把握着一代人的精神追求和文化价值走向。他自己一生的思想活动和文化心态的发展历程，逻辑地再现了他所处时代的人类文化思想的历史进程；他个人一生曲折的心路历程浓缩了整整一部民族的心态史，犹如文化'胚胎'似地供后人对他那个时代人们的文化心理和文化模式的历史形成作'发生学'的研究，把他有限个体的一生当作一个时代的文化心态的展开来解剖。"（第 10 页）这个想法可以认为是与他"文化批判"的写作初衷相契合的。为了能够达到这个目标，束景南提出了他的研究方法——"文化还原法"。所谓"文化还原法"，就是"把一个时代的哲学意识、人生信念与政治追求还原为现实人的活的文化个性、文化心态。"（第 5 页）"把对文化一般的抽象研究还原为对文化主体的具体研究，把文化主体放到多维文化的宏阔视野中，审视他的深层文化心理结构……从文化主体的心态透视到整整一个时代一个民族的文化传统与文化心理。"（第 8 页）这里"文化主体"（人）及其文化心态成为突出的部分，因为任何一种类型的文化总要凝聚为文化主体的深层心理结构，才获得现实存在的意义。束景南认为：心态是在人、文化、社会的三维交叉、双向交流（人与文化及文化与人、人与社会及社会与人）的撞击中形成和发展的，因此"文化还原法的研究，就具体表现为在人、文化、社会三维交叉、双向交流的'大文化'背景中对心态生动形象的展现。"（第 6 页）这里既要对文化主体的心理结构作微观透视，又要对文化、社会作宏观展现，人、文化、社会三个层面组成了一个主体整合的结构。具体点说，在"人"上，要充分表现组成一个人心态系统的性格和行为系统，即要写出朱熹复杂的道学性格、道学行为、儒家自我和文化心理这一系列道学心态二极对立的全部复杂性，着重通过历时态的研究揭示他一生思想的演变发展与前后不同，避免一般哲学所采取的共时态研究那种缺少发展观念的引证论述。通过步步展现朱熹的思想历程，把对他的心态系统的动态展现变为一种文化发生学、文化心理学与文化历史学三者合一的描述。在"文化"上，把人置于大文化的历史背景中，在横向上写出朱熹所处的文化环境和文化氛围，在纵向上写出深刻影响他的文化继承线索和发展脉络，以文化传统和文化现实交叉点为焦点透视朱熹的道学心态。不仅写出文化环境对他的制约和规范，而且写出他怎样影响和改变着文化环境，揭示道学文化心态的出现是人化的文化环境与文化环境的人化的双向历史交流的必然。在大文化背景中对朱熹作多维研究，不仅是哲学的，而且是政治的、经济的、文学的、历史的、自然科学的以及心理的、性格的、行为的和道德的研究。在"社会"上，既要写出产生朱熹理学的一般社会环境，更要写出孕育朱熹独特心态系统的特殊社会环境。以一种文化性格的开放系统，展现朱熹一生纷繁复杂的社会交往活动。从宋代那个道德沉沦、利欲泛滥、"无一毛一发不受病"的社会中找到从儒家心态失范向道学心态重建转换的深刻动因，从而在一极上展现出朱熹作为理学文化创建人的最深层心理结构的全部复杂性，在另一极上又同时展现出他所处的整整一代社会的文化风貌的全部生动性。我们认为，束景南的"文化还原"理论，不仅是方法论而且是研究视角上的重大突破。显然，这是他充分吸收了80年代以来文化研究的成果后才能提出的。我们高兴地发现，束景南并不仅是一个只会翻检线装书的"学究"，而且也是一个颇能关注最新理论动态的"新人"。除了对中国传统的学问具有扎实的功底之外，他对一些就国内而言尚属较新的西方文化学、社会学、心理学、行为学、哲学等学科的理论也比较熟悉，并能够借鉴到自己的研究方法之中。这是应该称道，也值得学习的。

如果说《大传》在总的方法论原则及研究视角方面颇富创意的话，那么在具体的研究方法上，《大传》也很有特色。这些特色中给我们留下深刻印象的主要有以下三点：

其一是重视过程。依据时间发展顺序考察一个思想家心路历程的历史的方法，其长处就在于能清晰地勾勒出这个思想家思想演变的轨迹。作为传记体的《大传》，注重朱熹思想的发展过程，可谓题中应有之义，也属当行之法。所以，束景南对过程的把握和展示尤见功力，且多建树。试举一例：以往研究朱熹早年思想，大多从其师事延平李侗说起，而于此之前则或付阙如，或一笔带过，鲜有详加考察者。确实，从学延平是朱熹早年思想演变中之一大飞跃。但我们知道，在此之前青年朱熹曾经历过一个十分重要的思想阶段——杂糅儒佛道三家时期。这个原初的思想阶段，可以说在朱熹的心灵深处留下了一个永远无法消解的情结。尽管以后朱熹逃禅归儒，以辟佛老为己任，进而建构起新儒学的理论殿堂，但一直到死为止，他的心理深层结构中始终保留着那么一小块佛道思想的天地，就是想抹也无法抹掉。很明显，对这一过程的忽视，朱熹思想演变的完整性就打了折扣。《大传》则于此过程有详尽的描绘：从朱熹幼承庭训的家学引出，以后师事武夷"三先生"屏山刘子翚、白水刘勉之和籍溪胡宪；在交待清朱松及"三先生"的学术渊源和治学旨趣后，着重讲明他们对少年和青年时期朱熹思想的塑造。接着勾稽朱熹以后十余年出入佛老的经历，如中第后在临安结识名噪一时、精通《易》和《参同契》的道士虚谷子这位他第一个真正的道家老师；稍后又师事宗杲的高足道谦禅师，接受其"昭昭灵灵底禅"，踏上"就里面体认"的主悟心学之路；出仕泉州同安任上沉迷佛老之学，在通玄庵法眼宗韶国师的偈语中领悟"华严禅"之"即事而真"的底蕴等等，一直到绍兴二十七年（115）开始正式"延平答问"为止（以上内容详参第38—155页）。整个叙述丝丝入扣，脉络十分清楚。类似的过程展示在《大传》中贯穿始终，如从"中和旧说"到"中和新说"的过程、《四书集注》体系的形成过程、朱熹生平学问三次总结的过程等，都写得很精彩。

其二是重视实证。考证工夫本是束景南的擅长，所以在《大传》中又一次充分发挥了作用。他通过严密的考证获得了不少极有价值的发现，解决一些"朱子学"研究中长期存在着的悬案和错案。试举一例：宋孝宗淳熙九年（1182），朱熹在短暂的提举浙东任上曾六劾台州知州金华唐仲友。这件公案的原委历来众说纷纭：有谓唐与吕祖谦不合，朱祖护好友吕；有谓陈亮与唐争妓，情场败北后向朱进谗言；有谓唐之同僚高文虎妒忌唐的政声而挑拨离间；有谓朱与唐学术上不合，朱主二程之学，唐主三苏之学。而且，此案又因牵涉到一位据说是色艺双绝的妓女，即以那首"不是爱风尘，似被前缘误"的《卜算子》小词而闻名的严蕊，遂使之更加扑朔迷离。近人出于"反理学"之故，又多同情所谓"不畏酷刑，有正义感，重情义的女词人"，所以在朱唐之争中偏袒唐氏。在《大传》中，束景南以确凿的证据揭开了朱唐之争的真正实质，即唐仲友仗其姻党宰相王淮的势力，在台州大肆贪污。朱熹坚持秉公奏劾。同时考证出世传的《卜算子》为唐表弟高宣教所作，并非出于严蕊之手，而所传严蕊作词诉冤的故事，则是王淮的另一个党羽洪迈在与朱熹争周敦颐《太极图说》首句交恶后，在《夷坚志》中杜撰出来以污蔑朱熹的（以上内容详参476—497、663—684 页）。此外，《大传》有关"中和旧说"形成时间新考、有关"太极图"及其首句"无极而太极"的考证等等，也都证据充分，论证坚实有力。

其三是以诗证史。这是束景南的师门特长，读过陈寅恪先生《元白诗笺证稿》的人，对陈先生的以诗证史无不由衷钦佩。束景南从学于蒋天枢先生，于此亦可谓能窥堂奥。他在专研朱熹的过程中发现："最生动反映他的生平交游、道学性格与文化心态的十卷一千余首诗词，至今还几乎是一片未开垦的荒地"（第1057 页）。因此他在研究过程中，能十分注意自觉利用朱熹的这些诗词，并且通过以诗证史解决了一些以往人们所未能解决的问题。如关于朱熹佛学思想的渊源，其本人因悔少作而对自己早年学佛经历讳莫如深。学术界过去一般因袭清人童能灵《朱子为学次第考》中的说法，认为朱熹的佛学主要得自刘子翚，而所主为禅宗曹洞门下天童正觉的主静一派。束景南通过考证发现，朱熹佛学思想的真正渊源来自禅宗临济门下径山宗杲的主悟一派，这是他师事崇安五夫里仙洲开善寺的道谦禅师所得。他的证据来自李侗的文集、吕本中的诗、吕祖谦的《入闽录》和释晓莹的《罗湖野录》，但关键的一则材料是来自朱熹《文集》卷六中那首《游昼寒以茂林修竹清流急湍分韵赋诗得竹字》的长诗。从而揭开了朱熹早年从学于道谦的千古之谜，澄清了朱熹佛学思想的实质是"看话禅"而不是"默照禅"（以上详参 99—111 页）。又如朱熹在其"中和"思想演变过程中，于乾道三年（1167）有一次重要的湖湘之行。对这次出游交流学问，以往我们只能从一些零星的材料中略知一二。束景南利用了朱熹与张栻、林用中在衡岳互相唱酬的诗（经他考辨真伪后的《南岳唱酬集》），基本理出了这次出游的前后经过（见 240—257 页）。类似的以诗证史、以诗证思想，在《大传》中比比皆是，从而成为此书的一大特色。

在学术观点上，《大传》的出新之处，也为我们提供了许多新的思考的起点。试举几则基本论点以飨读者：

一、认为朱熹是中国传统文化的一个伟人，他的思想犹如一面镜子，反映或折射出中国传统文化的生命力及其内在矛盾。

二、认为朱熹所创建的理学，作为中国传统文化发展的一个特定历史形态，在当时的历史条件下是具有一定进步性的文化思潮，并非是反动的伪学。朱熹的"正心诚意"之学，有"批判君权"、"批判帝王独断"的意义。

三、认为朱熹的一生"始终是坚决的主战派"，而决不是什么"投降派"。朱熹的人格是"高尚的"，所谓"诱女尼为妾"、"虐待母亲"等，纯属无稽之谈。

四、认为朱熹的理学文化是一个"以伦理理性为本位、而不是以科学理性为本位的静态文化系统"。"朱熹的理学体系，就是用伦理理性的杠杆对这种静态文化系统作了一次成功的弹性应变，给发生危机的儒家传统文化注入了新的生命"。

五、认为作为中国传统文化核心的"伦理理性"，"造就了东方一个道德的民族，一个礼义之邦，成为一种坚不可摧的精神内聚力，维系了中华民族几千年的生存与发展，维系了几千年灿烂文明的绵延不绝……但儒家伦理理性随着世界进入近代以来就暴露了它深刻的内在矛盾，从它并不能直接实现民主与科学的'外王'。对儒家伦理理性的批判和改造，也就是对中华民族传统文化价值观念与文化心理结构中的合理成分的更新和创化，是传统文化走向现代化的历史使命"。

六、认为朱熹"理学的核心就是人学"。"作为朱熹理学文化体系的真正中心的其实是'人'，而不是'理'，人的问题，人性的问题被他放到一个空前突出的地位……他借助于古老的天人合一的文化模式，把'人本'与'理本'（'天本'）统一了起来，在他的体系中，人本、心本、理本便具有了同一的意义。朱熹是古典人本主义文化思想体系的真正完成者"。"朱熹的人本主义把人作为伦理主体提到了本体论的高度。人是宇宙之心，是天地之本，从而把全部世界问题的解决都归纳为人的问题的解决；而全部人的问题的解决，又最终归结为人性问题的解决。"

以上的这些观点，我们以为大多内涵丰富，思辨性强，精辟深刻，颇中肯綮。当然，这并不等于说这些观点能为学术界同仁毫无保留地完全认同。但这一点实际上并不十分重要，重要的是束景南通过自己的研究提出了他的结论，这些结论为我们大家进一步思考与探索提供了有益的启发。

事后，我们想说：我们佩服束景南在"朱子学"研究上的造诣，但我们更佩服的是他那刻苦自励的治学精神。史学大师范文澜先生曾有一联写照治学境界，曰："板凳要坐十年冷，文章不做一句空"。这种境界在商品经济大潮冲击下的今天已可作凤毛麟角之叹，但以它来形容束景南的"朱子学"研究似不为过。但愿束景南的研究成果，能成为推动国际"朱子学"扎扎实实的研究，乃至对整个中国传统文化扎扎实实研究的契机，是所望也！

求"道"的境界

——评张立文的"朱子学"研究

张立文教授是我 40 年代末中学时代的同学，我们既是温州同乡，又是从事中国哲学专业的同行，是素有交往的挚友。他著述甚丰，尤以"朱子学"研究著称于世。他 1981 年出版的 50 万字宏大篇幅的《朱熹思想研究》乃是填补国内学术界长期来缺项的《朱子学》研究专著的空白，也是我建国三十多年来的第一部朱子学巨著。而时隔十余年后的 1994 年 9 月，他的《朱熹思想研究》修订本问世，增加了三章内容，即朱熹的自然科学思想，美学思想和史学思想，但文字却从原来的 50 万字，精炼至 38 万字，反映了作者在"朱子学"的研究上更深化和更完善。

本文并非全面精细地评论这部专著，而着重讲张立文"朱子学"研究中的"求道"精神，说明该书是作者在"文革"极其险恶环境中，私下苦心专研的成果。作者深刻揭示朱熹哲学内在逻辑结构，从而全面把握朱熹思想体系，认为朱熹在理→气→物→理的哲学逻辑结构中展开人性论、道德论、伦理观、历史观的论证。书中尤对朱熹的经济思想的研究，是前人未涉及的，具有很高的学术价值。其他独到的创见，书中彼彼可见。海内外已有不少评论。但立文教授对此，并不固步自封，在朱子学研究的道路上如"登高山、探幽谷"进一步拓展和深入。这种学术上的"求道"精神正是我们学者一种高尚学术品德的表现，是值得大家学习的。本文发表《学术月刊》1995 年第 7 期。

张立文先生的《朱熹思想研究》修订版，前不久由中国社会科学出版社推出。这是他长期以来研究朱熹思想的心血结晶，也是国内学术界在"朱子学"研究方面又一可喜成果。

一

在中国思想文化演进的漫长历程中，影响堪与孔子相提并论者极少，南宋的朱熹无疑是这极少之列中的一个，后人有所谓"朱子乃三代下之孔子"一说。朱熹的思想体系规模庞杂而又不失缜密精致，按《宋元学案》作者之一的全祖望说法，是"致广大，尽精微，综罗百代矣！"它不仅集宋代理学之大成，而且还整合了汉晋隋唐以来儒佛道各家思想，把孔子所开创的儒家学说发展到一个新的阶段，因此又有"新儒学"（New-Confucianism）之名。

从元朝钦定《四书集注》为科举考试的标准解释，到20世纪初清朝灭亡，这整整600余年里，朱熹的思想始终高居官方正统哲学的宝座，作为中国封建社会后期的统治理论，支配着整个意识形态领域，影响渗透于政治、经济、文化各个层面。朱熹的学说在13世纪更跨出了国界，得到广泛传播，其辐射面之广波及整个东亚文化圈，在近古东亚文明的发展过程中起过重大作用。如李朝时代的朝鲜、德川时代的日本，"朱子学"作为那里的正统学说，在思想文化领域乃至政治领域，都拥有举足轻重的地位。

朱熹的思想具有如此深广的影响力，以至于任何一个想要真正了解中国传统思想文化的人，包括那些要了解受西方近代价值观念冲击以前东亚社会和文化的人，都必须对"朱子学"及其传播、流变的情况予以足够的重视。然而不无遗憾的是，自新中国成立后的30年里，国内学术界的"朱子学"研究，却一直处在一个很不正常的状态中。这种不正常不只是表现在研究成果的数量与朱熹思想在历史上的地位不相称，更突出地表现在研究本身带有明显的感情和政治色彩。严厉批判、断然否定、一骂到底者居多，而正面肯定、客观分析、认真总结思维理论教训者极少。① 之所以会出现如此情形，并不是偶然的，它既有历史的渊源，又有我们自己的失误。

历史渊源是始终没能脱出"五四"文化批判所造成的情绪化和片面性。自辛亥革命后，伴随着中国社会经济与政治结构的急剧变动，主导中国传统文化价值观念的儒家思想迅速没落，到"五四"新文化运动，儒家一贯强调的封建纲常名教、伦理道德更遭到一代先进知识分子的猛烈抨击，一直被奉为理学正宗的朱熹，自然难逃被声讨的命运。当然，与中国近代化或现代化进程相适应的文化批判和伦理革命有其不容抹杀的历史进步意义，凡是读过巴金《家》、《春》、《秋》的人，都会对当时"礼教吃人"留下深刻印象。然而这并不等于说，"五四"先辈们的每一个批判都必然具有文化和历史研究意义上的理性和客观。反之，由于心态的不平衡和运思的片面性，使得"五四"的文化批判多半仅停留在激进和空洞的呐喊上，缺乏一种实事求是的具体分析和理性的批判态度。这种不加分析的否定，是黑格尔所说的"抽象否定"，它实际上无助于达到文化批判的目的，因为真正的文化批判乃至文化超越，必须是建立在"具体否定"基础之上的。我们无意苛责"五四"先辈们，只是想指出，由于当时情绪化、片面化的批判，形成了一种错误的认识，即认为中国的传统文化都是过时的、有害的，应予全盘否定，要"立新"就须彻底"破旧"。这种认识误区，在新中国成立后不仅没能被突破，反而被当作正确的东西继承下来。因此，尽管离民国初期和"五四"时期的时代背景已相去甚远，但研究中的情绪化因素仍占据主导地位，不求甚解、人云亦云现象相当普遍，似乎朱熹的思想及作用以"存天理，灭人欲"、"以理杀人"就足以概括无遗了。

---

① 有关此点，详可参见辛冠洁：《朱熹研究回顾》，载上海三联书店 1991 年 12 月版《朱子学新论》，第 660—668 页。

我们自己的失误，那就是学术研究与政治始终没能分开。学术研究会带来一定的政治效果，那是不言而喻的，但学术与政治不是一回事，不能混为一谈。"文革"十年非常时期中的那些"大批判"文章，谈不上是学术研究，可以弃而不论；即使是"文革"以前的许多研究，其政治色彩就已很浓：上来就是"阶级属性"的定性，然后又有所谓"两个对子"的区分，即唯物还是唯心、辩证法还是形而上学。这种定性和区分本也无可厚非，但一旦与政治搅在一起就变得既荒谬又可怕了：如"唯物"、"唯心"本属区别物质与精神何为第一性的哲学概念，却成了"进步"和"反动"的同义语；所谓"阶级立场"时时在起作用，似乎学术研究就是要表明不同阶级间的思想路线斗争；"反动的客观唯心论"、"狡猾的僧侣哲学"、"为封建主义永恒存在辩护的反动理论"等等政治成见极深的论断与标签，触目可见。恩格斯在批评费尔巴哈对黑格尔哲学的简单否定时指出："仅仅宣布一种哲学是错误的，还制服不了这种哲学。像对民族精神发展有过如此巨大影响的黑格尔哲学这样的伟大创作，是不能用干脆置之不理的办法加以消除的。必须在它的本来的意义上'扬弃'它，就是说，要批判地消灭它的形式，但是要救出通过这个形式获得的新的内容。"① 这一论述同样适用于"朱子学"研究。像朱熹这样庞大严密且对中华民族产生过长期重大影响的思想体系，决不是用几句空洞的断语就可以解决问题的。我们也无意苛责当时的研究者，因为这是时代使然，黑格尔说得好："没有人能够真正超出他的时代，正如没有人能够超出他的皮肤。"② 回顾历史的目的在于总结教训，从中我们可以看到，过分地强调学术研究为政治服务，势必会给学术研究自身带来很大的损害。"朱子学"研究的历史教训即是一例。

---

① 《马克思恩格斯选集》第四卷，第219页。
② 黑格尔：《哲学讲演录》第一卷，第57页。

打倒"四人帮"、结束"文革",拨乱反正不仅使中国的政治、经济走上了正道,也给学术文化的研究带来了巨变。学术研究开始摆脱极"左"思潮的折腾,以批判否定为目的,教条化、公式化、简单化的做法逐渐被摒弃,实事求是、认真分析、客观评估之风开始兴起从而使"朱子学"研究得以有很大的发展。

二

谈到 80 年代起国内"朱子学"研究的发展,张立文先生的研究显然是不能不提的。是他最先为我们提供了一部专门的朱熹研究著作——中国社会科学出版社 1981 年 9 月出版、50 余万字的《朱熹思想研究》。

这部国内首出的"朱子学"研究专著,是张立文在"文革"时期私下苦心专研的成果。任继愈先生在书的序文中说道:"在政治运动接连不断的年月里,社会风气不鼓励读书、甚至打击读书的情况下,张立文先生居然挤时间,甘于寂寞,埋头读书,不怕坐冷板凳,这种好学态度值得提倡。"是的,在当时那种环境条件之下,能做到这一点确实不是易事。不过,我们以为更值得肯定的是,张立文此书在如何正确对待朱熹思想问题上率先迈出了很大的一步。在《前言》中,他为自己的研究确立了这样一些原则:"要坚持实事求是的原则,具体问题具体分析";"切忌采取简单化、公式化和直线性的方法。简单地肯定唯物主义,或简单否定唯心主义都是不对的。对朱熹这样的唯心主义,自不能采取简单化的态度。《朱熹思想研究》试图从朱熹的思想实际出发,实事求是,既不拔高,也不贬低,给以一定的应有的历史地位";"对于封建社会中儒家思想集大成的朱熹哲学,必须区别其精华和糟粕,剔除其糟粕,吸收其精华。这就是批判继承。《朱熹思想研究》努力避免把朱熹思想当作死狗一样扔掉,一笔勾销就算完事,而是试图从这个错误的但在当时历史条件下是不可避免的唯心主义形态中，从这个暂时的形式中剥取有价值的成果和合理的因素。"以上这些在今天看来理所当然的方法论原则，在当时就能较完整地提出，同样是不容易的，反映了著者思想之敏锐。本书从理学的形成发展到朱熹的生平经历，从朱熹的经济思想、政治学说、教育思想到哲学思想（包括哲学的逻辑结构、道德论、人性论、认识论、历史观等），以及朱熹思想的历史地位与作用，以 12 章，50 万字的宏大篇幅，比较全面深入地探讨了朱熹学说，填补了国内学术界长期以来缺项"朱子学"研究专著的空白。《人民日报》、《光明日报》、《中国社会科学》等报刊杂志对此书都作了报道和评介。此书第一次印刷发行8300 册，不久即告售罄，以后又加印至 13000 册，也很快脱售，说明它已经引起学界普遍关注。本书在当时一些有志于中国思想文化史研究的青年学子中也颇有影响，本文的作者之一，作为恢复全国高考后的首届大学生，当时正在就读，正是通过阅读张先生的这部专著而得以初窥朱熹思想的门径。

作为中国大陆首出的"朱子学"研究专著，《朱熹思想研究》在海外学界也引起了不小的反响。香港《镜报》1983 年第 7 期刊登署名文章，对此书有高度的评价，指出："三十多年来，中国内地不仅没有出版过一本有关朱子研究的专著，就连一本普通论述朱子的小册子亦难以找到。特别是'文革'期间，大批儒孔，由孔子而株连及朱子，加上一顶'大儒'的帽子，'扔进历史垃圾堆'，不值一顾了。难怪海外学者咸认为中国内地无人研究朱子。张立文长达 50 余万言的专著《朱熹思想研究》的问世，说明大陆对朱子的研究并未中辍。"文章还说："在中国内地学术空气遭十年浩劫的污染以后，张立文对朱子这个'大儒'所作的这样的分析研究，特别使人感到清新。……它企图使哲学基本概念的研究，不仅仅停留在对主要范畴的论证上，而着重于范畴之间的联结以及结合方式的不同的研究，说明由此构成各不相同的哲学逻辑结构或哲学体系。这样的研究方法，是能还各个哲学体系以本来面目的。因而《朱熹思想研究》是散发着浓郁的中国芬芳的著作，在中国哲学史、思想史重点人物的研究中，开拓了新的蹊径。"此外，旅美著名学者、"朱子学"专家陈荣捷先生，日本的宋明理学研究专家渡边浩教授等，都对张立文的研究成果予以好评。

以上我们充分肯定了张立文《朱熹思想研究》一书的历史地位和影响，但不等于说此书就已经十分完善了。应该承认，由于研究条件和时代氛围的限制，这部首出之作不可能不存在一定的欠缺。我们认为，此书的不足首先表现在某些论述不无粗糙之处；其次，在行文方面似还有不必要的重复拖沓；第三，在对朱熹思想的评价方面，还带有那个时代的某些痕迹。这些不足之处，随着学术自由空气的日趋浓郁，随着"朱子学"研究的迅速发展和一批高质量的专著相继问世（如陈来的《朱子哲学研究》、束景南的《朱子大传》等），就显现了出来。这些不足是完全可以理解的，也是学术研究中不可避免的。诚如任继愈先生在序文中指出的："研究朱熹这样的哲学家，不是仅仅从一个角度就能一眼看透的，即使看到了，也未必一眼就看得准。对朱熹的历史评价，是非功过，更不是一部书就能得出确定不移的结论的。现在有了第一部专著，就不愁第二部、第三部以至更多的有关这一方面的著作问世。百家争鸣、群星灿烂的局面终将到来。学问无止境，有如登高山，攀登愈高，所见愈远；有如探幽谷，行程愈深所见愈奇。研究无止境，研究就是学习。"

张立文正是朝这个方向努力的。他并没有因为《朱熹思想研究》而固步自封，在书的结语中他说："作为本书来说，就此结束；但作为对朱熹思想的研究来说，这仅仅是个开始，而没有结束。"这以后十几年一晃而过，我们看到，张立文继续在"朱子学"研究领域里不停地探索，不断深化、完善自己的认识。特别值得一提的是，他把"朱子学"研究进一步拓展到了"海东朱子"李退溪身上，在"退溪学"研究上又着先鞭。在这十几年的研究中，他又获得了不少成果。

单篇的论文不计，单从著作方面看，1985 年 7 月由中国人民大学出版社出版的《宋明理学研究》中，"朱子学"研究是其中很主要的一章，其中许多论述就超出了《朱熹思想研究》；1989 年 9 月由中国人民大学出版社刊行的、张立文主编的《退溪书节要》，是他在"退溪学"上的研究成果之一。1994 年 9 月，他的《朱熹思想研究》修订版问世，修订后的此书，增加了三章内容，即朱熹的自然科学思想、美学思想和史学思想，但篇幅却从原来的 50 余万字精炼至 38 万字。当然决非简单的一增一减，而是反映了作者在"朱子学"研究上的深化与完善，这种深化与完善不仅表现在研究领域的扩大，还表现在对自己以往研究的部分自我否定。我们认为，能够做到前一点不算太难，但能够做到这一点，就难能可贵了。然而，恰恰也正是这一点，在很大程度上纠正了他以往研究中不足之处，正应验了任继愈先生关于做学问如同"登高山"和"探幽谷"的生动比喻。

三

张立文的"朱子学"研究，持续时间颇长涉及的面相当广泛，要想对其研究成果的值作一全面精细的评估，不是我们这篇短的评论文章所能胜任的。这里，我们仅选择个方面，略作陈述。

首先，我们想谈一下由他所提出的朱哲学的"逻辑结构论"。如前所说，朱熹的学体大思精，全祖望所谓"致广大，尽精微，综罗百代"之语并不夸张，朱熹本人对自己的思想体系也自视甚高，尝自评曰："析之极其精而不乱，然后合之尽其大而无余"；"常谈之中自有妙理，死法之中自有活法"。可以这么认为，就思想体系的架构之庞大、条理之清晰以论证之严密而言，中国哲学史上几乎无人能出朱熹之右。这一特点，自然就造成了研究者对朱熹思想全面把握的困难。如何解决这个问题？张立文认为："近三十年来，对哲学家的思想，曾习惯地按其自然观、认识论、方法论、伦理观、历史观等方面，进行'分门别类'的论理和研究，这虽是研究工作的基础，是完全必要的，也取得了成绩，但停留在这个水平上是不够的。因为哲学家哲学体系的各个方面其基本范畴之间，是紧密联系的，从而构成一个整体。'分门别类'的研究，往往于整个哲学体系内在的逻辑联系注意不够，而只有深入揭示某一哲学范畴体系的内在的哲学逻辑结构，才能如实地反映该哲学体系的本来面目。"① 就是说，全面把握朱熹的思想体系，除进行"分门别类"研究外，更应注意揭示朱熹哲学的内在逻辑结构："一个哲学的逻辑结构，是指其哲学自身内在逻辑联系的方式"（27页）；"深入揭示其体系的内在逻辑结构，也就是它的范畴的互相联系、组合方式"（28页）。张立文将朱熹哲学的逻辑结构解释为"从'上推而下来'：理——气——物，或'下推而上去'：物——气——理。这就是朱熹哲学的逻辑结构，也即他的世界图式。理（太极、道）、气（阴阳）、物（事、五行）则是其哲学逻辑结构的基本范畴。"（127—128页）在总体揭示朱熹哲学的逻辑结构时，张立文有不少精彩的论述，这里我们节选两个片断如下：

理（太极、道）是朱熹哲学逻辑结构的形而上本体，它不仅是宇宙万物存在的根据，而且是人类社会最高的伦理道德原则。它借助于气这个中介，而变异为万物……人们对于理的认识，就是通过对每一事、一物中理的体认，达到理自己跟自己的合二为一。这样，理作为"无人身的理性"，便完成了自己跟自己的安置、对置、结合的过程。即从理出发，然后又回到理……理自己跟自己的"对置"，即理借助于气生万物的过程，就是朱熹"一分为二"、动静、变化的发展过程，这就构成了朱熹的发展观或变易观；通过"格物"，由"积累"而"贯通"，由浅入深，由粗到精等认知过程，使理自己跟自己相结合，从物返回到理，便构成了朱熹所谓"格物穷理"的体认论，这就

---

① 《朱熹思想研究》前言。下引此书，仅注修订本页码。

是朱熹哲学的逻辑结构及其基本范畴间的内在联系。（129 页）

在理——气——物——理的哲学逻辑结构中，朱熹还展开了他的心性论、道德论、伦理观和历史观的论证。理构成人的性，性即理，"性乃是我之理"。具有理的性曰"天命之性"；气构成人的形体，理与气相杂的性，叫"气质之性。"理借气而"安顿"，"天命之性"借"气质之性"而"安顿"和"挂搭"。……"天命之性"与"气质之性"的关系，即理与气关系，此即构成朱熹的心性论；理（天理）便是义理，即是没有"物欲"的"道心"。气（气质）便是功利，即是具有"物欲"的"人心"，便构成"存天理，灭人欲"伦理观；三代时，理（天理）流行，是王道政治，三代以后，"人欲横行"，是霸道政治，此便构成朱熹的历史观。（130 页）

我们认为，张立文通过揭示哲学逻辑结构的方法，抓住了朱熹哲学的本质和特征，比起那种几大块"拼盘"式的方法，更好地勾勒出了朱熹庞大而复杂的思想体系。

如果说"哲学逻辑结构论"是张立文"朱子学"研究中方法论的一项创新，那么在朱熹思想的具体论述内容上，他也颇富创意。如关于朱熹经济思想的研究，就属于很有特色的一章。朱熹的经济思想向来少有研究，原因正如张立文所指出的："历代学者囿于朱熹与陈亮的'王霸义利'之辨，以为朱熹只谈理气、心性而不言利，因而只注意其伦理道德学说，而甚少研究其经济思想。这种观点的症结所在是，将朱熹为国为政的经济、政治大纲和作为道学家个人的安身立命伦理道德规范混同起来。作为'君子'个人来说，朱熹注意修心养性，强调'正心诚意'，力倡'去人欲'而不讲利，甚至把利欲与天理对立起来，两者水火不容；但在为国为政之时，又不能不讲生产、消费、赋税、救荒、赈恤、节用等计功、计利的经济问题，解决物质生活资料，使人民安定而不流移，以致发生祸乱。"（94 页）这一区别，无疑是十分独到的。张立文通过朱熹的"贫富说"、"重农业生产与社会分工论"、"薄取于民"与"俭奢适中"以及"开源节流论"、"井田论"、"货币论"等方面,详细地论述了朱熹的经济思想,充分肯定了其中合理的成分及进步的因素"作为中华民族的历史文化遗产,是有价值的,是值得总结,值得研究的。"(95页)在我们看来,张立文的朱熹经济思想研究具有很高的学术价值,使我们于朱熹哲学思想外,认识了另一半、也可以说是更真实的朱熹其人。

和其他儒家思想家一样,道德哲学深为朱熹所重,是其思想体系中十分突出的部分。朱熹继承二程思想而展开的"天理"、"人欲"之辨,是"五四"以来人们集中抨击的一个方面。不求甚解者望文生义地把"存天理,灭人欲"当作否定人的一切欲望来理解,于是这句话成了鄙弃朱熹哲学乃至整个宋明理学的口头禅。张立文客观分析了朱熹"天理"、"人欲"的概念及两者间的相互关系,明确指出:"人欲又不尽同于欲,欲是指人们对于物质生活正当要求和欲望……朱熹并不否定人们追求维持生存的欲望。即肯定欲在一定限度内的合理性。于是他反对佛教笼统地禁欲、无欲……他在讲天理与人欲之分时,以至把人们延续生存条件的物质欲望,说成是天理,'饮食者,天理也;要求美味,人欲也。'天理之中便包括了饮食等欲望,而不是在外,否则就陷入佛教的谬误。"(386页)他进一步分析了朱熹的理欲观除有对立的一面,还有同一的一面,"朱熹从天理与人欲的同一出发,得出了'人欲中自有天理'的结论。'欲中有理'蕴含理存于欲的意思。由于天理与人欲相互包涵,其界限也很难分辨。'天理人欲,几微之间。''天理人欲,无确定底界','天理人欲,同行异情',两者胶着一起,界限以及划分的标准是相对的。朱熹的'天理人欲同体'说,'人欲中自有天理'说,蕴含着深刻的思想,但后来的统治者往往强调朱熹的'遏人欲而存天理'的观念,突出宣扬两者之间的不容并立。其统一性方面,为王夫之、戴震所发挥。"(388页)以上分析是符合朱熹思想实际的,也是深刻的。从学理来看程朱的"存天理,灭人欲"实质上具有义务论伦理学意义，它与康德的学说不无相通之处，康德在其《实践理性批判》中，也强调必须用理性的而不是感性的法则作为指导行为动机的社会普遍道德法则。所以，"存天理，灭人欲"在伦理学原理的一般纯粹性上说是可以成立的，问题不在于程朱提出了"存理灭欲"，而在于后来的统治者利用了这一命题中对自己的有利的一面，如张立文所说突出宣扬理欲的对立、而抹杀其中尚有同一的制约，把自己作为"天理"的化身，强调被统治者的义务而剥夺其权利，这才是真正的"以理杀人"。当然，并不是说朱熹思想中不存在错误。朱熹尽管并不一概排斥人的自然欲望，但他思想的总倾向是强调尽可能克制个人的欲望以服从社会的道德要求，而当时的社会道德要求恰恰是遵循封建等级制度，这就客观上为统治者利用其思想提供了方便。有关这些方面的问题，张立文在其朱熹伦理道德思想及朱熹思想为何成为官方哲学的研究中都有详尽论述，这里就不展开了。

在《朱熹思想研究》修订版后记中，张立文说他写此书是"以求道为目标"，修订此书也"旨在求道"。他的"朱子学"研究，包括他的中国哲学与文化的研究，实际上都在"求道"。他在一次答客问时曾表露："人生就在于前进，生命就在于创造，只要认定了目标，就要不断地追求，以达真、善、美的境界。"①不断追求，不断提高，以达真善美，这大概就是张立文的"求道"精神。他的"朱子学"研究正是这一"求道"精神的体现。

---

① 见《1985 年中国哲学年鉴》，第 315 页。

图书在版编目(CIP)数据

潘富恩自选集/潘富恩著.—上海:上海人民出
版社,2021
(日月光华·哲学书系)
ISBN 978-7-208-16978-4

Ⅰ.①潘…　Ⅱ.①潘…　Ⅲ.①哲学-研究-中国
Ⅳ.①B2

中国版本图书馆 CIP 数据核字(2021)第 041682 号

责任编辑　赵　伟
封面设计　小阳工作室

日月光华·哲学书系

潘富恩自选集

潘富恩　著

出　　版　上海人民出版社
　　　　　　(200001　上海福建中路 193 号)
发　　行　上海人民出版社发行中心
印　　刷　常熟市新骅印刷有限公司
开　　本　720×1000　1/16
印　　张　39.5
插　　页　6
字　　数　504,000
版　　次　2021 年 3 月第 1 版
印　　次　2021 年 3 月第 1 次印刷
ISBN 978-7-208-16978-4/B·1545
定　　价　168.00 元

"日月光华·哲学书系"书目

第一辑

01 《马克思早期思想的逻辑发展》 吴晓明 著

02 《熊十力的新唯识论与胡塞尔的现象学》 张庆熊 著

03 《思想的转型——理学发生过程研究》 徐洪兴 著

04 《阳明后学研究》(增订本) 吴震 著

05 《罗蒂与普特南：新实用主义的两座丰碑》 陈亚军 著

06 《从启蒙到唯物史观》 邹诗鹏 著

第二辑

07 《实践与自由》 俞吾金 著

08 《马克思主义经济哲学及其当代意义》 余源培 著

09 《西方哲学论集》 黄颂杰 著

10 《现代西方哲学纲要》 张汝伦 著

11 《差等秩序与公道世界——荀子思想研究》 东方朔 著

12 《孟子性善论研究》(再修订版) 杨泽波 著

第三辑

13 《资本与历史唯物主义——〈资本论〉及其手稿当代解读》
孙承叔 著

14 《中国哲学论文集》 李定生 著

15 《焦循儒学思想与易学研究》 陈居渊 著

16 《承认·正义·伦理——实践哲学语境中的霍耐特政治伦理学》 王凤才 著

17 《科学技术哲学论集》 陈其荣 著

18 《唯物论者何以言规范——一项从分析形而上学到信息技术哲学的多视角考察》 徐英瑾 著

第四辑

19 《潘富恩自选集》 潘富恩著

20 《休谟思想研究》 阎吉达著

21 《理性、生命与世界——汪堂家文选》 汪堂家 著 吴猛编

22 《从理论到实践——科学实践哲学初探》 黄翔、〔墨西哥〕塞奇奥·马丁内斯 著

23 《不丧斯文：周秦之变德性政治论微》 李若晖 著

24 《心智的秘密：论心智的来源、结构与功能》 佘碧平 著